Franz Helbing • Die Tortur

Dieser behutsam an den modernen Sprachgebrauch angepassten Neuausgabe liegt die erstmals 1910 erschienene Fassung zugrunde.

Franz Helbing: Die Tortur. Geschichte der Folter im Kriminalverfahren aller Völker und Zeiten, Teil I und II

Einbandgestaltung: agilmedien, Köln
Einbandabbildung: akg, Berlin
Satz & Layout: GEM mbH, Ratingen

Printed in Italy 2004

ISBN 3-89996-200-1

Franz Helbing

Die Tortur

Geschichte der Folter im Kriminalverfahren aller Völker und Zeiten

Zwei Teile in einem Band

Erster Teil: Vom Altertum bis zur Reformation
Zweiter Teil: Von der Reformation bis zur Gegenwart

Mit 42 Illustrationen

area

Inhalt

Zweiter Teil

Franz Helbing

Die Tortur

Geschichte der Folter im Kriminalverfahren aller Völker und Zeiten

Erster Teil:
Vom Altertum bis zur Reformation

Vorrede

Die Tortur oder Folter als Rechtsmittel, die peinliche oder harte Frage, wie sie in Deutschland früher gewöhnlich genannt wurde, bildet eines der grauenhaftesten und betrübendsten Kapitel in dem Buch der Geschichte der Menschheit. Wann und wo die Tortur derart zuerst zur Anwendung gelangte, wird sich wohl nie genau bestimmen lassen. Wir sehen sie überall und zu allen Zeiten zur Anwendung gelangen, bei unkultivierten wie bei hochkultivierten Völkern – bei diesen zumeist sogar mit einer systematischen und raffinierten Grausamkeit –, in den grauen Tagen der Vorzeit, im Altertum, im fanatischen Mittelalter wie in den helleren Tagen der Neuzeit. Selbst die unmittelbare Gegenwart, die so gern mit ihrer Humanität prunkt und prahlt, weist nicht selten die Anwendung der Tortur auf, wie durch Angaben in diesem Werk noch erwiesen werden soll. Aus unseren Gesetzbüchern ist zwar die »peinliche Frage« verschwunden, wenn auch erst seit verhältnismäßig kurzer Zeit, aber abgesehen davon, dass sie, wie erwähnt, heute noch hier und dort mit der ganzen Grausamkeit von einst zur Anwendung gelangt, kann noch so manches, was sich sonst in der Untersuchungshaft abspielt, mit gutem Recht als Folter gelten, wenn auch Daumenschrauben, spanischer Stiefel usw. dabei nicht zur Anwendung gelangen.

So allgemein die Tortur auch im Brauch war, die Mitteilungen darüber aus alter Zeit sind uns nur spärlich überliefert worden. Wenn wir das Unwahrscheinliche nicht annehmen wollten, dass just diese Berichte in Schrift und Bild größtenteils der Vernichtung anheim gefallen sind, so müssen wir uns der Ansicht nähern, dass das Bessere im Menschengeist einer ausführlichen Darstellung dieser Grausamkeiten abgeneigt war und sie selbst dort vermieden oder stark eingeschränkt hat, wo es sich um Schilderungen von Praktiken und Gepflogenheiten feindlicher oder sonst verhasster Völker galt. Ausführlichere Mitteilungen über die Folter besitzen wir erst aus dem späteren Mittelalter und der nachfolgenden Zeit, wozu auch manches Johannes Gutenbergs Erfindung der »schwarzen Kunst« beigetragen haben mag.

Die Erweiterung der Anwendung der Folter in Europa hängt allerdings mit der veränderten Rechtspraxis zusammen, mit der Einführung des römischen Rechts sowie auch mit der Machtentfaltung der katholischen Kirche, die sich bei den Ketzerverfolgungen und in den Hexenprozessen dieses fürchterlichen Mittels mit grausamer Härte bediente. Allerdings muss aber auch zugegeben werden, dass auch der Protestantismus mit den vermeintlichen Hexen nicht glimpflicher verfuhr, wenn es auch hier wie dort später nicht an Stimmen fehlte, die diese fanatischen Verfolgungen bekämpften.

Die Inquisition und die Hexenprozesse werden daher in diesem Werk ausführlich erörtert werden, daneben auch die Anwendung der Tortur bei den alten Völkern, bei Griechen und Römern, bei den Naturvölkern. Wir werden auch manches von der alten Gesetzgebung und Rechtspraxis in Betracht ziehen, die Ordalien und noch einiges andere. Wir werden auf einige Prozesse näher eingehen, bei denen die Folter angewandt wurde. Wir werden auch einiges über Selbstfolterung mitteilen, wo der religiöse Fanatismus den Menschen gegen sich selbst wüten lässt. Selbstverständlich soll es hier auch nicht an der Anführung der wichtigsten gesetzlichen Bestimmungen über das peinliche Verfahren fehlen, und zahlreiche sorgfältig gewählte Illustrationen sollen den Text erklärend unterstützen. Auch sonst noch enthält dieses Werk manches, was für die Beurteilung von Zeit und Rechtsverhältnissen von Bedeutung ist und dabei auch den Zweck erfüllt, einige Abwechslung in den von Qual und Schrecken erfüllten Stoff der Abhandlung zu bringen.

Die Tortur hat bisher keine ausführliche, umfassende Schilderung gefunden. Wenn hiermit der Versuch gemacht wird, diese Lücke in der Kulturgeschichtsschreibung auszufüllen, so geschieht es in der Hoffnung, dass dieses Unternehmen nicht nur in Fachkreisen, sondern auch in allen gebildeten Kreisen, für die dieses Werk hauptsächlich bestimmt ist, mit Beifall aufgenommen werden wird. So sehr der Verfasser auch bemüht war, die Materie vollständig und in befriedigender Form zu geben, glaubt er doch auch die Nachsicht der Kenner für etwa vorhandene Mängel erbitten zu müssen und erwarten zu dürfen. Es ist nicht leicht, fest und sicher auf einem nur spärlich betretenen Boden dahinzuschreiten, und nur zu leicht, bei der Fülle der vorhandenen Einzelheiten das eine oder das andere nicht festzuhalten und zweckmäßig anzuwenden.

Die Quellenwerke sind im Text an den geeigneten Stellen angegeben worden. Selbstverständlich fand für die Geschichte der Hexenprozesse Soldans bekanntes, vortreffliches Werk hierüber entsprechende Anwendung. Die Illustrationen sind, wie überall auch angegeben wurde, zumeist älteren Fachwerken entnommen, einige nach den Reproduktionen in Franz Heinemanns Monographie »Der Richter und die Rechtspflege in der deutschen Vergangenheit«, unter freundlicher Zustimmung der Verlagsfirma Eugen Diederichs in Leipzig.

Somit sei dieses Werk allen empfohlen, die für die Geschichte der menschlichen Kulturentwicklung, in der, genau genommen, jedermann seine eigene Familiengeschichte findet, das gebührende Interesse empfinden.

Einleitung

»Es erben sich Gesetz und Rechte – wie eine ew'ge Krankheit fort«, heißt es in der Schülerszene von Goethes »Faust«, und die Richtigkeit dieses Ausspruchs zeigt sich uns überall, wo wir »Gesetz und Recht« von einst und jetzt in Betracht ziehen. Auch für die Anwendung der Folter, ein Wort, das wir heute nur mit Entsetzen aussprechen und als Barbarei der Vergangenheit betrachten, gilt dieser Ausspruch. Der Ursprung ihrer Anwendung verliert sich in das Dunkel der Vergangenheit, und ohne einem Volk, ohne einer Epoche Unrecht zu tun, lässt sich wohl behaupten, dass sie immer und überall zur Geltung kam, mögen uns auch manchmal die Mitteilungen darüber fehlen und mag auch, was besonders für die unmittelbare Gegenwart gilt, ihre Form eine andere, scheinbar mildere geworden sein oder auch die Ausübung nicht dem Wortlaut des geltendes Gesetzes entsprechen.

Zweifellos war Asien, die Wiege der menschlichen Kultur, auch die Geburtsstätte der Folter, wenn auch die von alters her von dort uns überlieferten Schriften nur wenig davon zu vermelden wissen. Die alten Ägypter, die trotz des geografischen Widerspruches kulturell als Angehörige Asiens zu betrachten sind, sind zwar, entgegen ihrer sonstigen bildschriftlichen Redseligkeit, über diesen Punkt nicht sehr mitteilsam, aber immerhin können wir folgern, dass im Land der Pyramiden und Pharaonen, im Land der Knechtschaft und Unterdrückung das »sanfte« Druckmittel der Tortur ausgiebig und häufig in Anwendung kam. Gleiches lässt sich auch von Indien sagen, wo die Tortur heute noch fleißig gebraucht wird und sicherlich nicht erst in späteren Tagen aufgenommen wurde. Mehr aber noch gilt dies von China, dessen Justizpflege gegenwärtig bekanntlich eine Meisterschaft in der Anwendung von Folterwerkzeugen bekundet, wie hier später noch ausführlicher dargelegt werden soll. Auch das benachbarte und stammverwandte Japan hatte eine umfangreiche Anwendung der Folter aufzuweisen, die wohl auch seit 1868, dem Jahr, wo dieses Reich europäische Kulturformen anzunehmen begann, nur teilweise von ihrer Ursprünglichkeit abgewichen ist. Dass Persien und andere asiatische Despotien diese Marter einst anwandten und auch jetzt noch, soweit sie vorhanden sind, anwenden, muss leider als selbstverständlich gelten.

Merkwürdigerweise finden wir nicht die geringsten Belege darüber, dass die Tortur bei den Juden angewandt wurde, auch nicht Sklaven gegenüber, und wenn wir die biblische Gesetzgebung in Betracht ziehen, so können wir als ausgeschlossen annehmen, dass die Marter wenigstens in älterer Zeit bei ihnen in Brauch war. Aus der Bibel ersehen wir, dass bei den Juden die Blutrache zur Anwendung kam, dass für Verbrechen Steinigung und andere Todesstrafen galten, dass für zufällige Tötung Zufluchtsstätten für den Täter vorhanden waren, ferner, dass zur Überführung der Schuld mehrere Zeugen nötig waren. »Und der Herr redete mit Moses und sprach: »Rede mit den Kindern Israel, und sprich zu ihnen: Wenn ihr über den Jordan ins Land Kanaan kommt, sollt ihr Städte auswählen, dass sie Freistädte seien. Dahin fliehe, der einen Totschlag unversehens tut. Und sollen unter euch solche Freistädte sein vor dem Bluträcher, dass der nicht sterben müsse, der einen Totschlag getan hat, bis dass er vor der Gemeinde vor Gericht gestanden sei.« (4. Moses 35, 9–11) »Auf zweier oder dreier Zeugen Mund soll sterben, was des Todes wert ist, aber auf eines Zeugen Mund soll er nicht sterben.« (5. Moses 17, 6) »Wenn ein frevelnder Zeuge gegen jemanden auftritt, um gegen ihn eine Übertretung zu bezeugen, so sollen die beiden Männer die eine Sache miteinander haben vor dem Herrn, vor den Priestern und Richtern stehen, die zur selben Zeit sein werden. Und die Richter sollen wohl forschen. Und wenn der falsche Zeuge ein falsches Zeugnis wider seinen Bruder gegeben hat, so sollt ihr ihm das antun, wie er dachte, seinem Bruder anzutun, dass du den Bösen von dir wegtust. Auf dass die anderen hören, sich fürchten und nicht mehr solche bösen Dinge vornehmen zu tun unter dir. Dein Auge soll ihn nicht schonen. Seele um Seele, Auge um Auge, Zahn um Zahn, Hand um Hand, Fuß um Fuß.« (5. Moses 19, 16–21) Dass neben der Steinigung auch der Galgen als Strafmittel zur Anwendung kam, ergibt sich aus 5. Moses 21, 22: »Wenn jemand eine Sünde getan hat, die des Todes würdig ist, und wird also getötet, dass man ihn an ein Holz hängt, so soll sein Leichnam nicht über Nacht an dem Holz bleiben, sondern du sollst ihn am selben Tag begraben, denn ein Gehängter ist verflucht bei Gott. Auf dass du dein Land nicht verunreinigst, das dir der Herr, dein Gott gibt zum Erbe.« Auch die Prügelstrafe sehen wir in Anwendung, doch wird diese auf höchstens vierzig Schläge beschränkt: »Und so der Gottlose Schläge verdient hat, soll ihm der Richter befehlen niederzufallen, und man soll ihn vor ihm schlagen nach dem Maß und Zahl seiner Missetat. Wenn man ihm vierzig Schläge gegeben hat, soll man ihn nicht mehr schlagen, auf dass er nicht, wenn man mehr Schläge gibt, zu viel geschlagen werde und dein Bruder scheußlich vor deinen Augen sei« (5. Moses 25, 2, 3). In Josua 20 finden wir die Feststellung der Freistädte in Kanaan. Auch in dem Neuen Testament finden wir keine Stelle, die auf Anwendung der Folter bei den Juden hinwiese, obgleich damals bereits im Rechtsverfahren wie in anderem so manches vom Griechentum und Römertum in das jüdische Kulturleben eingedrungen war. Bei den Griechen und Römern wurde, wie im folgendem Kapitel dargelegt werden soll, die Tortur angewandt. Zum besseren Verständnis des Nachfolgenden dürfte es jedoch gut sein, hier einiges über die Rechtszustände bei diesen Völkern vorzubringen:

»Die Gerichte«, schreibt J. J. Eschenburg in seinem Werk »Griechische und römische Altertümer«, II. Auflage, S. 19 etc., »hielt man an öffentlichen Plätzen, und die ganze Sitzung und Versammlung bildete dabei gewöhnlich einen Kreis. Die Richter saßen auf steinernen Bänken, und man wählte dazu Männer, die durch Alter und Erfahrung ehrwürdig waren. Diese hatten zum Abgehen Zepter oder Stäbe in der Hand. Die Rechtssache wurde von den streitenden Parteien selbst mündlich vorgetragen, und von diesen wurden auch die Zeugen herbeigeführt. Die Könige oder Fürsten hatten bei einer solchen Gerichtsversammlung den Vorsitz, auf einem hohen Sessel oder Thron. Richtschnur des Rechts und des Endurteils waren hauptsächlich Billigkeit und Herkommen, und in der Folge waren es bestimmtere Gesetze, die zuerst von Phoroneus und noch mehr und allgemeiner von Cekrops in Griechenland eingeführt wurden. So wie diese in den älteren Zeiten einfach und einzeln waren, so auch die daran bestimmten Strafen, deren es nur wenige für Hauptverbrechen gab. Den Mord bestrafte man gewöhnlich mit der Verbannung, die entweder in freiwilliger Flucht des Mörders bestand oder die ihm ausdrücklich auferlegt war. Ihre Dauer erstreckte sich aber nur auf ein Jahr, und man konnte zuweilen diese Strafe durch Lösegeld abkaufen. Die Freistätte war nur für Urheber einer zufälligen, unvorsätzlichen Entleibung. Auch der Ehebruch wurde scharf, gemeiniglich mit dem Tod bestraft. Raub und Diebstahl hingegen waren in dem früheren Zeitalter Griechenlands sehr häufig und wurden anfänglich nicht für strafbar gehalten, weil überall das Recht der Stärkeren galt, besonders da, wo List und Klugheit mit dem Raub verbunden war. Man strebte daher bloß nach der Wiedererlangung des Geraubten oder rächte sich durch gegenseitige Beeinträchtigung. In der Folge aber wurden auf diese Vergehungen eigene Strafen gelegt.

Insofern die Bewohner der Insel Kreta, ihrer gemeinschaftlichen Sprache wegen, mit zu den Griechen gehören, sind auch ihre, von dem ersten Minos eingeführten Gesetze hier zu erwähnen, weil sie für die ältesten schriftlichen Satzungen gehalten, und in der Folge von Lykurg zum Muster gewählt wurden. Kriegerische Tapferkeit und Eintracht des Volkes waren die vornehmsten Absichten derselben. Abhärtung des Körpers und gesellige Vereinigung der einzelnen Mitglieder des Staats sind daher fast in jeder Anordnung des Minos sichtbare Zwecke. Um diesen Gesetzen desto mehr Ansehen zu schaffen, gab er eine ihm von Zeus unmittelbar erteilte Offenbarung vor …«

Der Regierungszustand Griechenlands erfuhr mit der Zeit mancherlei Veränderungen. Aus der beschränkten Monarchie ging in manchen der zahlreichen Griechenstaaten eine Aristokratie hervor, die in Oligarchie ausartete, mit noch größerer Bedrückung des Volkes als früher. Doch wurde in den meisten Staaten die Regierungsform mit der Zeit demokratisch. Die hervorragendsten Griechenstaaten waren bekanntlich Athen und Lakedämon. Ersterer wurde anfangs von Königen regiert, deren Macht jedoch im Frieden sehr beschränkt war. Nach dem Tod von Kodrus (1068 v. Chr.) wurde jedoch Athen Freistaat, dessen Regierung von Archonten versehen wurde, die anfangs auf Lebenszeit (bis 752 v. Chr.), dann auf eine bestimmte Dauer gewählt wurden. Die Eigenmächtigkeiten der Archonten wurden durch Drakons strenge Gesetze eingeschränkt (624 v. Chr.), mehr noch aber durch die gemilderten Gesetze Solons (594 v. Chr.), wo von Ersterem nur die, die den Mord betrafen, unverändert geblieben waren. Doch auch diese Gesetze wurden bald wieder abgeändert, und es erfolgte bis zur Eroberung Athens durch den Römer Sulla noch so mancher Wechsel.

Die Bewohner des attischen Gebiets waren eingeteilt in freie Bürger, Schutzgenossen und Sklaven. Die freien Bürger waren der Kern, der angesehenste Teil der Bevölkerung. Die Schutzgenossen waren Fremdlinge, die sich im attischen Gebiet niedergelassen hatten, keinen Anteil an der Regierung hatten und in Rechtssachen sich einen freien Bürger als Beschützer wählen mussten. Die am zahlreichsten vorhanden gewesenen Sklaven waren öffentliche, d. h. Staatssklaven oder Privatsklaven. Sie standen völlig unter der Gewalt ihrer Herren, die sie oft sehr hart behandelten. Sie konnten sich mit ihren Ersparnissen loskaufen, ohne jedoch als Freigelassene das Bürgerrecht erwerben zu können. Zur Zeit des Demetrius Phalereus (317 v. Chr.) gab es in Athen 400 000 Sklaven.

»Unter den Gerichtshöfen der Griechen«, berichtet Eschenburg weiter auf S. 56, »war keiner so berühmt wie der von den römischen Schriftstellern Areopagus genannte zu Athen. Die Zeit der Entstehung desselben ist ungewiss, aber sehr alt, und früher als die Lebenszeit Solons, der den Areopagus nicht zuerst stiftete, sondern nur verbesserte und sein Ansehen erhöhte. Zu Mitgliedern dieses Gerichts wurden anfänglich die rechtschaffensten und einsichtsvollsten Bürger jeden Standes, nach Solons Anordnung aber alle gewesenen Archonten berufen. Ihr Amt dauerte auf Lebenszeit. Alle größeren Verbrechen: Diebstahl, Raub, Meuchelmord, Vergiftung, Mordbrennerei, Frevel wider die Religion usw., wurden vor dieses Gericht gebracht und man erkannte darüber Todesstrafen oder Geldbußen ... Das gefällte Urteil wurde sogleich vollzogen. Übrigens hielt man dieses Gericht unter freiem Himmel. So ehrwürdig und streng indes der Areopagus in der früheren Zeit war, so traf doch in der folgenden auch ihn das allgemeine Sittenverderbnis.

Von ähnlicher Strenge und Gerechtigkeitsliebe waren die Epheten zu Athen, welche den Gerichtshof zum Palladium bildeten und von Demophoon, einem Sohn des Theseus zuerst angeordnet sein sollen. Wahrscheinlich ist aber Drakon als der eigentliche Stifter dieses Richterkollegiums zu betrachten. Man wählte dazu aus edlen Familien einundfünfzig unbescholtene Männer, die alle älter als fünfzig Jahre sein mussten. Solon bestätigte die Einrichtung der Wahl. Nur übertrug er die Untersuchung der wichtigeren Rechtssachen allein den Areopagiten und ließ den Epheten hauptsächlich nur das Gericht über unvorsätzlichen Mord, über Misshandlungen, die den Tod zufolge gehabt hatten, und über Nachstellungen gegen das Leben eines Bürgers. – Die merkwürdigsten übrigen Blutgerichte zu Athen waren das delphische, das prytaneische und das phreattische. Aber auch in diesen Gerichtshöfen wurde späterhin von den Epheten Recht gesprochen, namentlich im delphischen über solche Totschläge, die nach der Behauptung des Beklagten gesetzlich waren, z. B. aus Notwehr, im prytaneischen über Tötung durch Unglücksfälle und gewaltsame Totschläge, wo aber der Mörder unbekannt war. Das phreattische Gericht am Meeresufer beim Piräus, wobei der Beklagte während der Verhandlung auf einem Schiff sein musste, wurde selten in Anwendung gebracht.«

An Strafen wurden ausgesprochen: Geldstrafen, die zuweilen noch durch andere Strafen geschärft wurden, Ehrlosigkeit in verschiedenen Graden, Sklaverei, die jedoch nach Solons Gesetzen nur gegen Fremde verhängt wurde, Brandmale auf Stirn oder Hand als Strafe entlaufener oder sonst schuldiger Sklaven, die Schandsäule, auf die der Name des Verbrechers und seine Schuld geschrieben wurde, Gefangenschaft in Ketten oder Banden. Bei letzterer wurde auch entweder eine Art hölzernes Joch angewendet, das den Nacken niederhielt, oder ein Fußblock, ein Brett. Ferner wurde als Strafe Ausweisung ohne Hoffnung auf Rückkehr ausgesprochen und Einziehung des Vermögens. Der so genannte Ostrazismus war keine eigentliche Strafe, sondern eine Verbannung auf zehn Jahre, ausgesprochen durch Abstimmung mittels Scherben durch die Bürger. Es mussten wenigstens sechstausend Stimmen abgegeben werden gegen einen Mitbürger, dessen steigender Einfluss für staatsgefährlich betrachtet wurde. Todesstrafen wurden mittels Schwert, Strang, Giftbecher, Ertränken, Herabstürzen von einem Felsen vollzogen. Auch die Kreuzigung kam zuweilen vor.

Bei den Lakedämoniern, den der Jugend so begeisterungsvoll in Erinnerung kommenden Spartanern, gab es eine dreifache Gerichtsbarkeit: den König, den Senat und die Ephoren, deren jeder sich mit einer besonderen Art von Prozessen befasste. Kriminalangelegenheiten kamen in der Regel vor den Senat, die Strafen glichen so ziemlich den athenischen, doch scheint als Todesstrafe hier die Erdrosselung zumeist angewandt worden zu sein. Diebe wurden weniger der Tat wegen bestraft als ihrer Ungeschicklichkeit wegen, die das Ertappen ermöglichte. Die einfache und mit geringen Abänderungen acht Jahrhunderte in Geltung gebliebene Gesetzgebung rührte größtenteils von Lykurg her und wies so manche Eigentümlichkeit auf. Die Sklaven wurden ziemlich hart behandelt. Es scheint von ihnen nur eine Klasse gegeben zu haben, Heloten genannt, die aus der von den Spartanern eroberten Seestadt Helos ursprünglich herrührten und zu denen auch die im zweiten messenischen Krieg gefangenen Messenier gezählt wurden. Sie hatten eine sie unterscheidende, armselige Tracht, mussten die schwersten Arbeiten verrichten und waren den ärgsten Misshandlungen, selbst meuchelmörderischen Anfällen der Spartanerjugend ausgesetzt. Es wurde sogar jährlich eine förmliche Jagd auf sie veranstaltet. Wie in Athen war auch hier ihre Anzahl sehr groß.

Die römische Rechtspflege beeinflusste bekanntlich die spätere Gesetzgebung aller europäischen Völker und weist demnach in manchem große Ähnlichkeit mit unseren gegenwärtigen juristischen Gepflogenheiten auf. »Die Rechtspflege und Gerichtshaltung der Römer«, bemerkt Eschenburg a. a. O. auf S. 149, »betraf entweder öffentliche oder Privatstreitigkeiten. Jene gingen die öffentliche Ruhe und Sicherheit an, diese nur die Ansprüche und Rechte einzelner Personen. Die öffentlichen Gerichte waren entweder ordentliche oder außerordentliche. Die letzteren gehörten nicht für eine besondere Obrigkeit, noch für gewisse festgesetzte Orte und Zeiten, sondern es wurde dazu ein besonderer Gerichtstag oder eine eigene Volksversammlung angesetzt. Bei allen öffentlichen Gerichten wurde eine gewisse Ordnung und eine Folge bestimmter Gebräuche beobachtet. Der Ankläger (*actor, accusator*) hielt gewöhnlich eine Rede wider den Beklagten (*reus*), hierauf wurden die Zeugen abgehört, und dann wurde von den Richtern mündlich oder schriftlich gestimmt und das Urteil gefällt. Letzteres geschah durch Täfelchen, die entweder mit dem Buchstaben A (*absolvo*) oder C (*condemno*) oder N L (*non liquet*) bezeichnet waren. Der Losgesprochene konnte, wenn er Grund dazu hatte, seine Ankläger wegen falscher Beschuldigung (*calumnia*) vor Gericht belangen, der Verurteilte hingegen wurde den Gesetzen gemäß bestraft …

Zu den vornehmsten peinlichen Verbrechen, welche öffentliche Untersuchungen erforderten, gehörten *crimen majestatis* oder Verletzung der Würde und Sicherheit des römischen Volkes und der Magistrate, *crimen perduellionis*, oder Hochvorrat an der Volksfreiheit, *crimen peculatus*, oder Veruntreuung des öffentlichen Schatzes, Kirchenraub, Prägung falscher Münze oder Fälschung öffentlicher Urkunden, *crimen ambitus*, Bestechung des Volks um Stimmen bei einer Wahl zu obrigkeitlichen Ämtern zu erkaufen, *crimen repetundarum*, wenn von Prätoren, Quästoren usw. in den Provinzen ungerechte Gelderpressungen verübt waren, deren Ersatz gefordert wurde, *crimen vis publicae*, wozu besondere Verschwörungen zum Aufstand und mancherlei persönliche Gewalttätigkeiten gerechnet wurden. Außerdem waren auch manche Privatverbrechen, z. B. *crimen inter sicarios, crimen veneficii, parricidii, falsi, adulterii* und *plagii*, Gegenstände öffentlicher Untersuchungen.

Die Strafen, wozu die in den Gerichten schuldig Befundenen verurteilt wurden, gab es bei den Römern mancherlei Arten. Die vornehmsten darunter waren: die Geldstrafe, (*damnum, mulcta*), die anfänglich höchstens in dreißig Ochsen und zwei Schafen bestand, die man nachher in Geld rechnete. Die Bande (*vincula*), die entweder in Stricken oder in Ketten an Händen und Füssen bestanden. Die Schläge oder die Geißelung (*verbera*) mit Stäben der Lictoren für Freigeborene und mit Peitschen oder Ruten für Sklaven. Die Widervergeltung (*talio*) oder die Zufügung des nämlichen Schadens, den der Kläger erlitten hatte. Die Entehrung (*infamia*), die Verbannung (*exilium* oder *capitis deminutio*), die entweder auferlegt oder freiwillig und mit Entziehung aller Ehrenstellen verbunden war. Wurde dabei kein besonderer Ort des Aufenthalts angewiesen, so hießen die Verbannten *interdicti*. Geschah das aber, verbunden mit öffentlicher Unehre, so hießen sie *relegati*. Noch härter war die Strafe, die man *deportatio* nannte, indem man den Verbannten in ganz entlegene öde Orte oder Inseln bringen ließ. Dazu kam noch die Verkaufung in die Knechtschaft und endlich die Todesstrafe, die bei den Sklaven gewöhnlich die Kreuzigung war.«

In der ersten Zeit des römischen Staats war die Rechtsprechung sehr schwankend und willkürlich. Es sollen daher im Jahr 455 v. Chr. drei Männer nach Athen und Sparta gesandt worden sein, um dort die Gesetze Solons und Lykurgs zu sammeln. Nach ihrer Rückkehr wurden zehn edle Römer mit der Prüfung des Materials und dem Entwurf von Gesetzen betraut. Diese wurden erst auf zehn, dann auf zwölf Tafeln verzeichnet, deren Inhalt auch noch in späterer Zeit als Grundlage der recht mannigfaltigen römischen Gesetzgebung galt.

Zahlreich, wie bei den Griechen, waren auch bei den Römern die Sklaven und wurden von diesen auch in ähnlicher Weise behandelt. In der Geschichte der Tortur spielen die römischen Sklaven eine große Rolle, indem die Folter hauptsächlich gegen sie zur Anwendung gelangte, wie später noch ausführlicher erörtert werden soll. Auch von dem Kriminalverfahren anderer Völker soll an geeignetem Ort ausführlich die Rede sein.

Ziehen wir die so genannten Naturvölker in Betracht, deren Verfahren uns im Allgemeinen Schlüsse ziehen lässt auf die Anwendung der Folter in der menschlichen Gesellschaft von einst, so kann hier natürlich kaum von einer Untersuchung in Straffällen die Rede sein. Der Häuptling, oder wer sonst mit der Urteilfällung betraut ist, entscheidet nach eigenem Ermessen über Schuld oder Nichtschuld, und dem folgt die Strafe, gewöhnlich der Tod, unmittelbar. Eine Marter findet aber nicht selten gefangenen Feinden gegenüber statt.

In der »Allgemeinen Kulturgeschichte« von Klemm II, S. 146, wird nach »Davies History of the Caribby Islands« berichtet, das die Karaiben ihre Gefangenen in eine Hängematte einschnüren, hoch aufhängen und mehrere Tage hungern lassen, bevor sie sie öffentlich hinrichten und dann verzehren. »Andere Amerikaner haben die Sitte, den Gefangenen nur dann zu morden, wenn sie sehen, dass er bei ihren Martern und Drohungen Furcht und Angst zeigt. So stellen die Seucis den Mut ihrer Gefangenen auf die Probe, indem sie ihre Pfeile und Bogen auf ihn richten, spannen, aber nicht losfahren lassen. Zeigt der Gefangene keine Furcht, so ist er ein willkommener Gast.

Ernsthafter und bedenklicher sind die Prüfungen, womit die Nordamerikaner nach dem einstimmigen Zeugnis der früheren Reisenden ihre Gefangenen quälen. Selbst diejenigen, die mit Begeisterung von dem Wesen der Amerikaner erfüllt sind, stimmen darin überein, wie z. B. Sir John Crevecour und Heckewelder. Doch versichert Letzterer, dass diese Gräuelszenen bei weitem nicht so häufig sind, dass die Indianer vielmehr die Gefangenen für verstorbene oder verlorene Freude und Verwandte adoptieren, dass grausame Marter nur dann stattfindet, wenn eine Völkerschaft im Krieg viel verloren hat und man es für nötig hält, die in der Schlacht gefallenen Krieger zu rächen, oder wenn mutwillige und vorsätzliche Mordtaten an Weibern und Kindern von einem Feinde verübt wurden, in dem Fall die ersten Gefangenen, die man macht, hingeopfert werden. Ein glücklich beendeter Krieg bringt auch den Gefangenen milde Behandlung.« Freilich dürften diese Vorgänge nunmehr schon als der Vergangenheit angehörig betrachtet werden können. Totschlag innerhalb eines Stammes dürfte wohl nicht vorgekommen sein, auch nicht Diebstahl. Dagegen scheint Letzterer bei den Kamtschadalen nicht selten gewesen zu sein. »Erhaschten sie einen Dieb, der mehrmals oder sehr viele bestohlen, so banden sie ihn an einem Baum, spannten ihm die Arme aus und befestigten diese an eine Stange, banden ihm Birkenrinde um die Handwurzeln, zündeten sie an und verbrannten ihm die Hand dergestalt, dass die Finger lebenslang einwärts in die hohle Hand gebogen blieben und er sofort als Dieb erkannt wurde.« (Klemm, a. a. O., S. 207.) Ist dies auch als Strafe selbst zu betrachten, so liegt doch dabei die Vermutung nicht fern, dass dieses Foltermittel gelegentlich auch zur Erpressung einer Aussage benutzt wurde. Bei anderen Stämmen des Nordens, wie z. B. bei den Samojeden und Ostiaken, sind Verbrechen fast unbekannt. Bei den Tungusen wird in Streitfällen zur Erforschung der Wahrheit der Eid

(Adakatschan) angewendet, wovon man dreierlei Arten hat. »Der geringste Eid ist, wenn der Beschuldigte gegen die Sonne mit einem Messer treten, gegen sie fechten und ausrufen muss: ›Bin ich schuldig, so lasse die Sonne die Krankheit wie dieses Messer in meinen Eingeweiden wüten.‹ Schwerer ist der Eid, wenn der Beklagte auf gewisse Berge, z. B. am Baikal auf Schamanenklippen steigen und laut ausrufen muss: ›Bin ich schuldig, so will ich sterben, oder Kinder und Vieh verlieren, oder immer ein unglücklicher Jäger sein‹, welche Formel ihm nun eben zuerkannt worden ist. Der schwerste Eid aber ist, wenn bei einem Feuer ein Hund geschlachtet wird, den die Ältesten entweder aufspießen, verbrennen oder auch fortwerfen, den Beklagten aber etwas von dem Blut trinken lassen, wobei er sagen muss: ›So gewiss ich dieses Blut trinke, rede ich die Wahrheit. Lüge ich, so will ich umkommen, verdorren oder verbrennen wie dieser Hund.‹ Wenn der Krone der Eid geleistet werden soll, so berührt der Tunguse eine Kanone, Flinte oder einen Degen und küsst sie nachher. Demnächst finden wir auch den Zweikampf, der ehedem im Wechseln der Pfeile (Kuschigera) bestand und mit einer gewissen Feierlichkeit vollzogen wurde. Man setzte den Ort und die Entfernung fest, und ein dritter gab das Zeichen zum Beginn. Seitdem die Russen dort herrschen, kommt dieser Zweikampf selten vor, und wird dann ganz im geheimen vollzogen. Für den Mord im Zweikampf wird niemand bestraft, da die Schuld auf beiden Teilen gleich schwer lastet. Ein Tunguse wird auch keinen bei der Regierung wegen eines im Zweikampf verübten Mordes anklagen, weil die Beklagten außer den Schlägen auch noch verschickt werden. Einen gewöhnlichen Mörder bestraft man mit Prügeln, und er wird verurteilt, die Hinterbliebenen des Ermordeten zu ernähren. Totschlag beschimpft übrigens keinen Menschen, er gibt ihm vielmehr den Ruf der Tapferkeit ... Diebe müssen das Gestohlene ersetzen und bekommen Prügel, sind auch übrigens für ihre ganze Lebenszeit verachtete und beschimpfte Leute.« (Georgis Reise, I, S. 272–274)

Bei den Mongolen finden wir neben dem Eid auch das Ordal, das als Vorgänger der Tortur zu betrachten ist. Es wird bei bekannten Verbrechern angewendet und dabei ein Beil vom Stiel genommen und glühend gemacht. Dann wird es mit einer Zange herausgenommen und auf zwei mit dem Oberteil in die Erde gesteckte Steigbügel gelegt. Der Beklagte muss es nun auf die Hand nehmen und in eine in geringer Entfernung befindliche Grube werfen. Gelingt dies nicht das erste Mal, so kann die Feuerprobe noch zweimal wiederholt werden. Nachdem dies geschehen ist, wird dem Beklagten der Ärmel um die Hand zugenäht, damit kein Heilmittel angewandt werden könnte. Nach einigen Tagen wird die Hand von den Richtern besichtigt. Ist die Brandwunde in der Heilung begriffen, so wird der Beklagte freigesprochen, andernfalls aber verurteilt. Von den Ordalien wird übrigens noch ausführlich die Rede sein. Dass die Tortur in Rechtsuntersuchungen, bei halb- oder unkultivierten Völkern verhältnismäßig weniger, als man glauben sollte, zur Anwendung gelangte, mag seine Ursache auch in dem Aberglauben und Zauberwesen haben, mit denen der Glaube dieser Völker und Stämme überaus reichlich durchsetzt ist und deren Trug nicht selten zur Auffindung von Schuld und Schuldigen benutzt wird, wobei allerdings der Unschuldige oft leiden muss. Übrigens tritt aber dergleichen zuweilen auch in unseren Volksschichten in Erscheinung.

Bei den Kaffern in Afrika gilt der Diebstahl als schweres Verbrechen. Ein bei der Tat ertappter Dieb darf getötet werden. Ein des Diebstahls Angeklagter, der seine Unschuld nicht beweisen kann, wird zum Verlust seiner Habe verurteilt, und ähnlich werden auch Hehler und Helfer bestraft. Im Allgemeinen herrscht bei den Negervölkern die Blutrache, und auch das Ordal ist bei ihnen zu finden. Klemm schreibt in III, S. 339: »Kann nun das Gericht die Schuld oder Unschuld einer angeklagten Person nicht ermitteln, so wird ein Ordal veranstaltet, dergleichen wir schon bei den Mongolen fanden. Der Verbrecher muss entweder ein glühendes Eisen angreifen, oder den entblößten Arm in einen Kessel voll siedenden Öles stecken und einen Schlangenkopf, einen Ring oder sonst etwas herausholen, das man für diesen Zweck hingetan hat. Wenn er sich verbrennt, so ist man überzeugt, dass er das Verbrechen begangen hat. Andere lassen sich mit einer großen Anzahl Nadeln die Zunge durchstechen, streichen ein glühendes Messer über den Arm und dergleichen mehr. Die Feuerprobe besteht in Angola darin, dass der Beschuldigte eine glühende Kohle in der Hand halten muss, die seine

Unschuld erweist, wenn sie keine Spur in der Hand zurücklässt. Die größte Probe ist jedoch die des roten Wassers …

Ist nun der Verdacht des Mordes auf jemand gefallen und demselben Erlaubnis geworden, durch Proben seine Unschuld zu beweisen, so findet dieses unter großem Zulauf der Menge statt. Die größte Probe ist das Trinken des roten Wassers. Um das rote Wasser zu bereiten, nimmt man die Rinde eines Baumes, den die Bullanier Kevon, die Timmaner Okwon, die Susuer Millen nennen. Sie wird im Wasser geweicht, welches dadurch eine purgierende Wirkung erhält. Da es in einigen Fällen tödlich gewirkt hat, so ist es nicht unwahrscheinlich, dass der Angeschuldigte ganz in der Gewalt der das Mittel bereitenden Person ist. Indessen wird die ganze Feierlichkeit mit dem Schein der größten Öffentlichkeit vollzogen. Der Angeklagte muss sich auf einen drei Fuß hohen Stuhl setzen, die eine Hand in die Höhe halten und die andere auf das Dickbein legen. Unten um den Stuhl herum werden eine Menge frischer Pisangblätter gestreut. Rings um ihn wird ein Kreis gezogen, den niemand betreten darf als der Mann, der das rote Wasser zubereitet. Die Rinde wird öffentlich zur Schau vorgelegt, um zu zeigen, dass sie echt ist. Der Fetischmann, der die Zeremonie leitet, wäscht sich zuvor die Hände, dann auch die Rinde, den Mörser und den Stampfer, womit sie zu Pulver gestoßen wird, um die Umstehenden zu überzeugen, dass nichts Unrechtes dazu genommen wird. Wenn er nun die Rinde zu Pulver gestoßen hat, so nimmt er soviel davon, als in eine Kürbisflasche geht, schüttelt es in eine große Kupferpfanne mit Wasser und peitscht diese Masse mit einem Besen so lange durcheinander, bis sie wie Seife schäumt. Dies geschieht unter allerlei Zeremonien und Gebeten. Auch wird der Angeklagte auf feierliche Art ermahnt, das ihm angeschuldigte Verbrechen zu gestehen. Kurz vorher, ehe er den Trank nimmt, muss er sich den Mund mit Wasser ausspülen und es ausspucken, damit er kein Gegenmittel im Mund verbergen kann. Dann gibt man ihm ein wenig Reis oder ein Stückchen Kolatnuss zu essen, und das ist alles, was er in den letzten zwölf Stunden vor dem Ordal essen darf, weshalb er denn auch während dieser Zeit sorgfältig bewacht wird. Nun sagt man ihm ein Gebet vor, das er nachsprechen muss und wodurch er den Wunsch äußert, dass ihn ein Fluch treffen möge, wenn er das Verbrechen wirklich begangen habe und ein falsches Bekenntnis ablege. Hierauf wird ihm das rote Wasser gereicht, und zwar in einer Kürbisflasche, die ein halbes Nössel enthält, und die er acht, zehn, auch zwölf Mal hintereinander ebenso geschwind austrinken muss, als sie gefüllt werden kann. Gemeiniglich fängt nun der Trunk an als Brechmittel zu wirken, dennoch muss er so lange damit fortfahren, bis er den Reis oder die Kolatnuss von sich gibt, was sich auf den Pisangblättern bald wahrnehmen lässt. Wenn aber kein Erbrechen erfolgt und die Medizin als Laxanz wirkt, so wird der Angeklagte auf der Stelle als schuldig erkannt. Lässt sich vermuten, dass derselbe nicht alles, was er zu sich genommen, weggebrochen habe, so wird er zwar entlassen, jedoch mit dem Vorbehalt, ihn nicht eher für unschuldig zu erklären, bis man mit voller Gewissheit überzeugt worden sei, dass der Trank bis zur nämlichen Stunde des folgenden Tages noch nicht gewirkt habe. Erfolgt das Gegenteil, so wird er für schuldig erklärt. Sechszehn Kürbisflaschen sind die stärkste Portion. Bleibt das Wasser bei dem Beschuldigten, so empfindet er ein Schneiden in den Gedärmen, was wohl als Zeichen der Schuld angesehen wird. Man sucht ihn dadurch zu helfen, dass man ihm das Brechen erleichtert, gibt ihm rohe Eier und dergleichen. Außer dem roten Wasser wird dem Angeschuldigten auch noch gestattet durch Verschlingen vergifteter Nahrungsmittel vor den Fetischen und unter Anrufung derselben seine Unschuld zu beweisen. In Fantin muss er ein Stückchen Doomrinde kauen und ein paar Kalebassen kaltes Wasser nachtrinken. Bricht er die Rinde weg, so ist er unschuldig. Die Bangos und die Neger am Kongo trinken vergiftetes Getränk, das der Unschuldige ohne Schaden von sich bricht.«

Wir schließen hiermit diese Einleitung, um Näheres über die Ordalien im nachfolgenden Kapitel anzuführen.

I. Kapitel

Ursprung der Ordalien – Wasserproben – Feuerproben – Glühendes Eisen – Kreuzprobe – Geweihter Bissen – Abendmahlsprobe – Bahrrecht – Scheingehen – Zweikampf – Frauen im Zweikampf – Sachsenspiegel – Gottesurteile – Kriminalprozesse gegen Tiere

Aus dem Vorhergehenden sehen wir, dass die Ordalien bei Mongolen wie bei Kaffern zur Anwendung gelangen, bei denen sie sicherlich eine Überlieferung aus grauer Vorzeit sind. Der Ursprung des Ordals dürfte bei den Indern zu suchen sein, und in den verschiedenen religiösen Schriften der alten Völker finden wir Andeutungen auf diesen Brauch. Auch bei den Juden kam er zur Anwendung, wie in der Bibel wiederholt zu ersehen ist, wo vor dem Gebrauch des »bitteren Wassers« und dem »Gehen durch das Feuer« zum Erweis von Schuld oder Unschuld gewarnt wird. Bei den Germanen war das »Gottesgericht« schon in heidnischer Zeit Brauch und erhielt sich bis zur Neuzeit, ja, es lässt sich sagen, dass es heute zwar aus der Gerichtspraxis verschwunden ist, aber im Volksbewusstsein noch immer lebt und auch aus manchen Ausdrücken noch zu erkennen ist. Als Überbleibsel der Ordalien können wir schließlich auch das Duell betrachten, dessen Ausrottung von vielen ebenso eifrig wie vergeblich erstrebt wird. War doch der gerichtliche Zweikampf ein Hauptbestandteil der Ordalien.

F. Nork schreibt in seinem Werk »Die Sitten und Gebräuche der Deutschen etc.«, Stuttgart 1849, S. 1088 ff.:

»Diese Gottesgerichte, bekannt unter der allgemeinen Benennung Ordalien (das Wort ist altdeutsch und lautete ursprünglich Or dael, Urspruch. Man befragte nämlich mittelst einer solchen Zeremonie die Gottheit um ihr Urteil, das man aus dem Erfolg wie sonst aus dem Los deutete), beruhten auf den festen Glauben, dass jedes Mal der Schuldige unterliegen müsse. Diese aus Indien stammende heidnische[1)] Sitte hatte im Volksglauben so tiefe Wurzel geschlagen, dass die Kirche sie nicht nur dulden musste, ja sogar in 4. Moses 5, 12 ff., als eine solche von Moses selbst angeordnete Unschuldsprobe hinwies, sondern auch durch eigentümliche Gebräuche heiligte. Die Vorschriften, die man in jenen Zeiten über Gebete, Gesänge, Beschwörungen, Messen und andere die Gottesurteile begleitenden Zeremonien hatte, hauptsächlich von Bischöfen festgesetzt, sind in mehreren neueren Werken gesammelt, welche bei Schrökh K. G., Bd. 23, S. 242, aufgeführt sind. Die Legende lässt die Wahrheit des christlichen Glaubens durch Gottesurteile verteidigen. Gewissen Klöstern wurde das Recht verliehen, Feuer- und Wasserproben zu halten (Grimm, S. 910.). Einige Gottesurteile, namentlich der Zweikampf, erforderten immer die Zuziehung beider Teile, die Wasser- und Feuerurteile hingegen lasteten meist nur auf dem Angeklagten, der sich reinigen sollte[2]. Nur eine Ausnahme von der Regel bildete es, wenn beide die Hand ins Feuer oder siedende Wasser steckten. Solche Mittel konnten, wenn der Beweisende keinen Schaden an seinem Körper litt, nur für eine wunderbare, unmittelbar durch Gottes Einwirkung erfolgte Rechtfertigung gelten. Da die Chronisten fast nur von Beispielen glücklich ausgefallener Prüfungen berichten, so leuchtet ein, dass hie und da Trug und künstliche Mittel angewendet wurden[3], und die Seltenheit der Fälle ist daraus zu vermuten, dass die Anwendung dieser Art Gottesurteile auf Unfreie eingeschränkt blieb. Den ohnehin an harte Behandlung gewöhnten Knecht drückte ein übler Erfolg nicht sehr nieder. Seine verbrannte Hand war bald wieder geheilt, und sein Herr zahlte die Buße für das erwiesene Verbrechen. Dass also nur Unfreie oder Männer, die keine Eideshelfer finden konnten, in diese Gefahr kamen, versteht sich von selbst. Das gleiche gilt von Frauen, die keine Kämpfer für sich finden konnten, und erklärt, wie viele Hexen, die fast alle aus der ärmsten Volksklasse waren, zur Wasserprobe verurteilt wurden.

Die Schwierigkeit, sieben Eideshelfer aufzutreiben, veranlasste in der Folge die Gerichte, damit nicht von der Zahl der Konjuratoren die Freisprechung oder Verurteilung eines Unschuldigen abhängig gemacht werde, vom Kaiser, obschon nur mit Mühe, eigene Freiheiten auszuwirken. Die Stadt Freiburg erhielt schon im Jahre 1120 in ihren Statuten die Begünstigung, auf das Zeugnis zweier unbescholtener Augenzeugen Recht sprechen zu dürfen. Die Regierung Maximilians I. zeichnet sich durch eine ganze Reihe von Privilegien aus, wodurch er einzelne Fürsten, Grafen, Städte und andere Gerichtsherren, besonders in Franken, davon befreite. Die meisten derselben stimmen darin überein, dass die Richter auf gichtigen Mund oder Leumund und ihr selbst Bekenntnis richten und strafen und die Übeltäter ferner zu besiebnen nicht schuldig sein sollen«[4)].

Vom Besiebnen war die nächste Folge der Missbrauch des Reinigungseides, weil ein durch Anzeigen noch so sehr verdächtigter Übeltäter, wenn er nur nicht in flagranti ergriffen worden ist, samt einigen Eideshelfern zur eidlichen Reinigung mit Berührung der Heiligtümer zugelassen wurde. Auf welches Gemisch von Wunderwerken dieser Reinigungseid gebaut gewesen und wie er in Deutschland aufgekommen ist, belehrt uns die Geschichte der Ordalien, auf die schon die ältesten Gesetzsammlungen wie auch der Sachsen- und der Schwabenspiegel Rücksicht nehmen. Diese Gottesurteile teilte man in folgende Arten ab:

1) Die Wasserprobe. Sie geschah bald mit siedendem, bald mit kaltem Wasser. Dem Priester war die Anweisung gegeben worden, denjenigen, der sich der Probe unterziehen sollte, zuerst in der Kirche niederknien zu lassen und drei Gebetsformeln zu sprechen, in denen Gottes Schutz erfleht wurde. Darauf folgte Messe und Abendmahl, wenn der Inkulpat es nahm, sprach der Priester: »Dieser Leib und das Blut unseres Herrn sei euch heute zur Probe.« Sodann ging er an den Ort, wo die Probe angestellt wurde, mit Kreuz und Evangelium, sang daselbst eine kurze Litanei und beschwor das Wasser, ehe es heiß war, dass es die Schuld des Beklagten durch seine Wirkung zu erkennen gebe. Der Inkulpat zog nun reine Kleider von einem Diakon an, küsste Kreuz und Evangelium, trank auch von dem eingesegneten Wasser, sprach das Vaterunser und bezeichnete sich mit dem Kreuz. Hierauf steckte er die Hand ins Wasser. Bei den Friesen wurde ein eiserner Ring aus einem wallenden Kessel herausgeholt[5)]. Auf dieses *examen caldariae* beziehen sich die salischen Gesetze. Bei den christlichen Deutschen war sie sehr gewöhnlich und geschah in einem Kessel, der sich zu diesem Zweck am Eingang der Kirche befand. Im schwäbischen Landrecht wird diese Probe für Diebe, Räuber und Falschmünzer vorgeschrieben. Der Inkulpat musste, nach vorhergegangenem Gebet des Priesters, aus dem Kessel voll siedenden Wassers einen Ring oder auch einen Stein mit bloßer Hand herausnehmen. Hierauf wurde diese Hand mit geweihtem Wasser versiegelt, und wenn man sie nach drei Tagen unbeschädigt fand, erfolgte die Lossprechung, hatte sie gelitten, so wurde er für schuldig erklärt. Adeligen und Geistlichen blieb es freigestellt, ob sie diese Probe durch einen anderen verrichten lassen wollten.

Die kalte Wasserprobe (*judicium aquaticum*) bestand darin, dass man den Beklagten mit einen Strick um den Leib in den Fluss warf. Wer gut schwimmen konnte, war verloren, denn man nahm an, dass das Wasser den Verbrecher nicht aufnehmen möge, eine Vorstellung, die sich durch die aus dem Heidentum vererbte Verehrung der Elemente erklären lässt[6]. Um nun den Untersinkenden vor dem Ertrinken zu bewahren, wurde er mit einem Strick gebunden hinabgelassen, damit er schnell heraufgezogen werden könnte. Im sächsischen Landrecht wird dieses Gottesurteil vorgeschrieben, wenn keine Zeugen für das Recht an einem streitigen Gut aufgebracht werden können.

2) Die Feuerprobe (*judicium ignis*) bestand in den meisten Fällen in dem Schreiten über glühende Kohlen, oder es wurden diese auf dem bloßen Busen getragen. Sie kommt in den ripuarischen Gesetzen vor. Auf diese Art wurde die Echtheit der Reliquien erprobt[7]. Ein anderes Mal (1067) ging ein Mönch zwischen brennenden Scheiterhaufen durch, um zu beweisen, dass ein gewisser Bischof der Simonie schuldig sei[8].

Eine zweite Art der Feuerprobe war die Probe des wächsernen Hemdes, bei welcher der Beklagte, ehe er durchs Feuer ging, ein mit Wachs getränktes Hemd anziehen musste.

Eine dritte Art der Feuerprobe war die des glühenden Eisens. Der Angeschuldigte musste mit bloßen Füßen darüber weggehen oder es in die bloßen Hände nehmen. Die Zahl der glühenden Eisenstangen – manchmal waren es Pflugscharen – betrug neun bis 15. Ein solches Eisen war ein bis drei Pfund schwer. Ritter mussten die bloße Hand in einen glühenden eisernen Handschuh stecken. Diese Probe ist in einem Kapitular aus dem Jahre 803 vorgeschrieben, das Zusätze zum salischen Gesetz enthält.

In einem Gesetz Kaiser Friedrichs I. wird vorgeschrieben, dass der Knecht, der eines Diebstahls beschuldigt ist, sich durch das glühende Eisen reinigen oder sein Herr für ihn schwören soll. Nicht immer wurde die Feuerprobe als Reinigungsmittel gegen ein angeschuldigtes Verbrechen entweder freiwillig oder auf Erkenntnis des Richters vorgenommen, sondern oft bediente man sich ihrer auch zur Entscheidung ungewisser Sachen. Ein Beispiel dieser Art war im Jahr 876 bei der Teilung unter den Söhnen Ludwigs des Deutschen vorgekommen[9]. Auch konnte, wenn jemand eines Verbrechens angeklagt worden war, sein Diener durch Bestehung der Probe des glühenden Eisens ihn von der Beschuldigung reinigen[10]. Diese Art der Reinigung war nicht nur in Deutschland üblich – die des Ehebruch angeklagte Gemahlin Kaiser Heinrichs des Heiligen ging unversehrt über eine glühende Pflugschar –, sondern auch in England, wo sie Emma, die Mutter Eduard des Bekenners, bestanden hat. Ferner Adam von Bremen zufolge (Buch II., Kap. 26) auch in Dänemark. Saxo Grammaticus (Buch XII., S. 245) führt ein Beispiel aus Norwegen an, und Helmold (chron. Slav. I., c. 83) fand die Feuerprobe auch bei den slawischen Völkern. Das glühende Eisen wurde vorher durch den Priester geweiht und eingesegnet, wobei ein besonderes Formular eingeführt war[11].

3) Die Kreuzprobe (*judicium crucis*) war vorzüglich bei den Franken, Sachsen, Friesen und Langobarden in Gebrauch. Es gab zweierlei Arten: Bei der einen mussten beide Teile mit in Gestalt eines Kreuzes ausgebreiteten Händen oder mit kreuzweise, zuweilen auch mit bloß aufgehobenen Händen an einem Kreuz stehen. Dieses währte so lange, bis eine bestimmte Anzahl Messen gelesen war. Wer die Hände zuerst sinken ließ oder sie bewegte, wurde für schuldig gehalten[12].

Die zweite Art geschah auf folgende Weise. Der Beklagte wurde, nachdem er sich durch zwölf Zeugen von dem ihm angeschuldigten Verbrechen gereinigt hatte, in die Kirche oder zu den Reliquien der Heiligen geführt. Hier machte man zwei Würfel, von denen der eine mit einem Kreuz bezeichnet, der andere aber leer gelassen wurde. Diese legte man mit einem reinen wollenen oder leinenen Tuch umwickelt auf den Altar oder die Reliquien, und der Priester rief Gott an, durch sie ein Zeichen offenbar werden zu lassen, ob der Beklagte falsch geschworen hatte. Nun musste ein Priester oder ein unschuldiger Knabe einen der Würfel herausziehen. Kam der mit dem Kreuz bezeichnete zuerst heraus, so war die Unschuld des Beklagten oder die Wahrheit seiner Sache hinlänglich erwiesen. Diese Art der Kreuzprobe ist in den alten Gesetzen der Friesen vorgeschrieben. Majer vermutet mit Recht, dieser Brauch sei bei den Völkern des Nordens schon vor Einführung des Christentums im Gebrauch gewesen, weil bei ihnen das Kreuz eine heilige Rune, Odins Zeichen war, die man auf Urnen, Grabsteinen usw. anzubringen pflegte.

4) Der geweihte Bissen (*offa judicialis*) war ein Stück Brot oder Käse, das der Priester dem Beklagten unter allerlei Verwünschungsformeln in den Mund steckte. Wurde es ihm zu schwer, den geweihten Bissen zu verschlucken, oder konnte er ihn gar nicht hinter bringen, hielt man ihn für schuldig. König Kanut (517) schreibt diese Unschuldsprobe im fünften Hauptstück seiner Gesetze vor (Canciani Barbar, leges ant. Vol. IV., S. 301.). Bei du Fresne (Glossar, s. v. Corsned) liest man, dass ein Graf Godwin, des Brudermords angeklagt, sich durch den geweihten Bissen habe reinigen wollen, aber sogleich nach Verschluckung desselben gestorben sei. Ein Überbleibsel dieser Art Ordalien hat sich in der Redensart: »dass mir das Brot im Halse stecken bleibe« erhalten.

5) Die Abendmahlsprobe (*purgalio per sacram Eucharistiam*) war der vorher beschriebenen verwandt. Der Beklagte bediente sich, während er den Bissen in den Mund steckte, der Worte: Corpus Domini sit mihi hodie in probationem. Man glaubte, dass dieser Genuss dem Schuldigen schädlich werden müsse[13)]. Diese Probe wurde meist von den Klostergeistlichen angewendet, wenn etwas im Kloster entwendet worden und der Täter nicht zu ermitteln war. Alle Mönche mussten in diesem Fall nach der Messe zu diesem Zweck das Abendmahl nehmen. Aber auch bei anderen Gelegenheiten und von Laien wurde die Abendmahlsprobe zur Reinigung von irgendeiner Beschuldigung genommen. So reinigte sich Judith, Witwe des Herzogs Heinrich von Bayern, wegen der Beschuldigung eines verbotenen Umgangs mit einem Bischof von Freising. In der Regel aber machten nur Geistliche davon Gebrauch. In der Folge ist sie als strafbarer Missbrauch dieses Sakraments beseitigt worden, doch hat sich die Erinnerung an diese Art von Unschuldsprobe noch in der Beteuerungsformel »ich will das Abendmahl darauf nehmen« bis in unsere Zeiten erhalten.

6) Eine andere Art der Ordalien, die für untrüglich gehalten wurde, um bei einer geschehenen Mordtat den unbekannten Täter zu entdecken oder die Unschuldigen vom Verdacht zu befreien, war das *Bahrrecht* (*jus cruentationis*). Wenn nämlich eine Mordtat verübt worden war, der Täter aber nicht ermittelt werden konnte und auf mehrere der Verdacht fiel, so wurde der entblößte Körper des Ermordeten auf eine Bahre gelegt, und nun mussten sich alle, die man im Verdacht hatte, der Leiche nähern und sie berühren. Derjenige, bei dessen Berührung der tote Körper anfing zu bluten, wurde für den Täter gehalten[14)].

Ein Schriftsteller des 17. Jahrhunderts schreibt davon Folgendes: »Bahrrecht wird es genannt, weil die verdächtigen Personen an die Bahre, auf der der Tote liegt, geführt und dabei ihres Verdachts und der Missetat ernstlich erinnert werden. Und müssen die herzugebrachten verdächtigen Personen ihre Finger auf den Nabel, auch auf die Wunden des Entleibten legen und gewisse Worte nachsprechen: zu versuchen, ob man, so die berührte Wunde bebt oder blutet, den rechten Täter mittels solcher wunderbaren Anzeige offenbar machen könne.« Eine besondere Art des Bahrrechts war das Scheingehen. Wenn einer des Mordes beschuldigt war, wurde er zu der aufgehobenen Hand des Ermordeten geführt, die, wenn er schuldig war, anfangen sollte zu bluten. Dieses Scheingehen war in Bremen, Itzehoe und der Umgegend gebräuchlich[15)].

»Eine schon bei den alten Germanen übliche Art von Fehde«, schreibt Otto Henne am Rhyn in seiner »Geschichte des Rittertums«. S. 126 etc., »war der Zweikampf, der aber im fränkischen Reich der Merowinger in den Rechtsgang Aufnahme fand und zum Gottesurteil (Ordal) wurde. Als solches ging er auch in das deutsche Reich über. Sogar auf Reichstagen wurde er zur Entscheidung von Rechtsfragen angewandt. So ließ Otto der Große 938 zu Steele zwischen einer Partei, die den Enkeln, deren Väter gestorben waren, das Erbe der Großväter bestritt, und einer anderen, die es ihnen zuwenden wollte, die Waffen entscheiden, und die Sache der Enkel siegte, so dass ihre Oheime fortan mit ihnen teilen mussten. Derselbe Kaiser ließ 967 durch den Reichstag in Verona auch für Italien den Zweikampf an Stelle des Eides einführen. So verfuhren auch seine Nachfolger.«

In der Ritterzeit wurde der Zweikampf als das vorherrschende Ordal, ja das einzige eines Ritters würdige betrachtet. Ehe man jedoch zu den Waffen schritt, versuchte man den friedlichen Weg vor den Richter. Konnte der Kläger seine Sache nicht durch den Eid als gerecht erweisen, so wurde der Zweikampf angeordnet, der den Sinn hatte, dass der Beklagte seine Unschuld durch ein Gottesurteil zu beweisen versuchte. Nach einigen Angaben warf der Kläger seinen Handschuh als Herausforderung hin, und der Beklagte hob ihn auf. Nach anderen überreichte der Beklagte den Handschuh zum Pfand seines Erscheinens am bestimmten Tag. Überdies hatten beide Parteien Bürgen (*parrains*) zu stellen, die für ihr Erscheinen einzutreten und im Fall ihres Ausbleibens an ihrer Stelle zu büßen hatten. In Frankreich wurden beide Gegner bis zum festgesetzten Tag im herrschaftlichen Gefängnis festgehalten. Kam dieser Tag, so schworen sie, vollständig bewaffnet, vor dem Richter auf das Kruzifix und das Evangelium oder auf Reliquien, jeder, dass seine Sache gerecht und die des anderen falsch sei und dass er – kein Zaubermittel(!) bei sich trage. Dann wurde alles zum Kampf vorbereitet.

In der Regel fand ein gerichtlicher Zweikampf nur auf die Anklage wegen todeswürdiger Verbrechen statt, und zwar wenn ein solches nicht bewiesen werden konnte, aber doch Verdachtsgründe dafür vorlagen. Leute unter 21 und über 60 Jahren, Geistliche und Frauen konnten sich durch einen Kämpen (*Champion*) vertreten lassen. Verschiedenheit des Standes schloss den Kampf nicht aus. Aber der Ritter, der einen Hörigen anklagte, musste wie ein Höriger kämpfen, mit Stock, Schild und in Lederkleidung. Klagte hingegen ein Höriger gegen einen Ritter, so kämpfte dieser als Ritter, in Rüstung und zu Pferd. Knappen kämpften zu Fuß mit Schwert und Schild, Bauern und Hörige mit Messer und Stock.

Der Kampfplatz wurde mit festen Schranken umgeben, um die Zuschauer vor Einmischung oder Störung abzuhalten. Für die Kampfrichter wurden Schaubühnen errichtet, auf denen auch die vornehmen oder beteiligten Zuschauer Platz fanden, und eine Wache wurde aufgestellt, welche die Parteien in Schranken hielt. Für Aufrechterhaltung der Ordnung sorgten die Grießwarte.

Zwischen den Kämpfern wurde Sonne und Wind gleich geteilt. Die für den Beginn des Kampfes festgesetzte Stunde, war die des Sonnenaufgangs, und auf säumige Kämpfer wartete man bis Mittag oder spätestens bis 3 Uhr nachmittags. Kam dann der eine noch nicht, so wurde er verurteilt. Nach dem Sachsenspiegel sollten die Kämpfer nur leicht gekleidet sein und nur ein Schwert und einen Schild, dessen Buckel allein von Eisen sei, tragen. Das wurde aber von den Rittern nicht beachtet, die vielmehr in voller Rüstung zu Pferde kämpften. Ein Ausweichen oder Fliehen war durch die Schranken verhindert, und wenn der eine Kämpfer abgeworfen wurde, so stieg auch der andere ab, und sie kämpften zu Fuß weiter mit den Schwertern, und zwar so lange, bis einer zu Boden fiel, den dann der Sieger zur Ergebung aufforderte, und wenn es der Beklagte war, zum Schuldgeständnis. Er konnte ihn auch sofort töten.

Frauen hatten indessen das Recht, selbst den gerichtlichen Zweikampf zu bestehen. Dabei war vorgeschrieben, dass ihr Gegner bis zur Mitte des Leibes in einer Grube stehen und sich nur eines Stockes oder Kolbens bedienen durfte. Die Frau aber hatte einen Stein in einem Riemen oder in ihren Schleier gebunden, womit sie kämpfte und den Gegner zu umschlingen versuchte.

Den Unterliegenden traf, wenn er am Leben blieb, die Todesstrafe, die auf das Verbrechen gesetzt war, dessen er angeklagt wurde, oder den Gegner angeklagt hatte. War aber der Beklagte auf der dritten Ladung nicht erschienen, so stach der Kläger zweimal gegen den Wind, was als Sieg galt und die Verurteilung des Gegners zu Folge hatte. Seit dem Landfrieden von 1156 hatten zum gerichtlichen Zweikampf nur noch die Nachkommen von Edlen ein Recht.

Stets war die Geistlichkeit gegen den Zweikampf als einen heidnischen Brauch und zog die Ordalien des kalten und heißen Wassers oder des glühenden Eisens vor. Zwar verboten Kaiser wie Friedrich II. und Päpste wie Innozenz III. (1215) alle Ordalien, aber ohne Erfolg.

Es kamen auch gerichtliche Kämpfe von mehr als zwei Personen, kleine Treffen von gleich vielen Kämpfern auf beiden Seiten vor, so 1351 in Ploermel von 30 Bretonen gegen 30 Engländer und 1499 bei Trani von elf Franzosen, unter ihnen der berühmte Bayard, gegen elf Spanier. Das waren aber seltene Ausnahmen. Seit dem 16. Jahrhundert kam der Zweikampf als Rechtsmittel außer Übung und wurde zur so genannten »Privatehrensache«. Welche alte Einrichtung der Zweikampf ist, der immerhin als Gottesurteil aufzufassen ist, ersehen wir häufig aus der Geschichte, und es sei hier nur an den Kampf zwischen David und Goliath erinnert.

Im »Sachsenspiegel«, dem im dreizehnten Jahrhundert von Eike von Repkau verfassten sächsischen Rechtsbuch, lauten die auf den Zweikampf sich beziehenden Stellen in der von Ludovici gegebenen hochdeutschen Übertragung wie folgt:

Der neun und dreyssigste Artickel

Die ihr Recht mit Dieberey, oder mit Raub, verloren haben, ob man sie Dieberey oder Raubes anderweit beschuldiget, sie mögen mit ihrem Eyde nicht unschuldig werden, sondern sie sollen haben dreyerley Wahl: Das heiße Eisen zu tragen vor ihre Unschuld: oder aber in einen wallenden Kessel zu greifen, bis an den Ellenbogen, oder mit kämpfen sich erwähren.

Der drei und sechzigste Artikel

Wer will Kämpfflichen ansprechen (d. i. zum Zweikampf fordern) einen seiner Genossen, der muss den Richter bitten, ob er sich unterwinden möge eins seines Friedbrechers zu Recht, den er da sehe: Wann ihm das Urteil geteilt wird, dass er es tun möge, so frage er, wie er sich sein unterwinden sol, dass es ihm hülfflichen sey zu seinem Rechten? So findet man nun zu Recht gezogen bey dem Häuptgerhete (d. i. die Öffnung im Kleid, durch die der Kopf gesteckt wird). Wann er sich nun sein unterwunden hat und mit Urteil wieder von sich gelassen, so sol er ihm verkündigen, warum er sich sein unterwunden habe. Das mag er zur Hand tun, ob er will, oder ein Gespräch darum nehmen. So mag er ihn dann beschuldigen, dass er den Fried an ihm gebrochen habe, entweder auf des Königs Straßen oder in dem Dorf, und soll sagen, zu welcher Weise er den Fried an ihm gebrochen hab. Und zu derselbigen Weise klag er auch auf ihn. So beschuldige er ihn dann aber, dass er ihn gewundet und Not an ihm getan habe, die er wol beweisen mög. Darum so weise er die Wunden oder die Narben, ob sie heil sind. So klag er dann fort, dass er ihn beraubet hab seines Guts und ihm das genommen, also dass es nicht ungetreulicher möcht geschehen sein oder böser, und es sey wohl Kampfes wert. Diese drey Ungericht soll er zugleich klagen. Verschweiget er der eins, so hat er den Kampf verloren, so spreche er dann fort: da sah ich selber ihn selbst und beschrey ihn mit dem Gerüfft: will er bekennen, das ist mir lieb, bekennt er das aber nicht, ich will es ihn bereden mit allem Rechten, das mir das Land-Volk erteilet, oder die Schöppen, ob es unter Königs Bann ist. So bitte jener dann die Gewehr, die soll man ihm tun. Doch mag der Mann seine Klage wohl bessern für der Gewehr. Wann dann die Gewehr getan ist, so biete jener seine Unschuld, das ist seinen Eyd, und ein rechten Kampf, dadurch scheinbar werden soll, ob er ihn zu Recht gegrüst habe, ob er es anders derbe ist, ob er es kämpfflichen vor lemde seines Leibes vollbringen kan. Ein ieglich Mann mag Kampfes wegern dem, der nicht als wohl geboren ist als er. Wann er aber bass geboren ist, so kann ihn der weniger geborne nicht verwerfen umb der bessern Geburt willen, ob er ihn anspricht. Kampfes mag auch ein Mann wegern, ob man ihn nach Mittag darum anspricht oder grüßet: es war dann ihr beyder Will und Gunst darbey. Der Richter soll auch pflegen eines Schildes und eines Schwerts dem, den man da beschuldiget, ob er es bedarf. Kampfes mag auch ein Mann seinem gebornen Freund wiedern, ob sie nahe Freunde sind, und er das gewähren kan auf den Heiligen selb siebend, dass sie so nahe Freund sind, dass sie durch Recht nicht zusammen fechten sollen. Der Richter soll zween beystender geben, ihrem ieglichen einem die da fechten solle, die da sehen, dass sie angelegt werden nach rechter Gewohnheit. Leder und leine Ding mögen sie wohl antun, als viel als sie wollen. Haupt und Füße sollen ihn fornen bloß seyn, und an den Händen sollen sie nicht mehr haben, dann dünne Handschuh, ein bloß Schwert in der Hand, und eines oder zwey umbgegürt (das stehet dann an ihr beyder willkör) einen runden Schild in der andern Hand, da nichts denn Holz und Leder an sey, die Bockein aber mögen wol eisern seyn: ein Rock ohne Ermeln über den Harnisch. Fried soll man den Volk gebiethen bey dem Hals, dass sie niemand irre an ihren Kampf. Ihrem ieglichen soll der Richter einen Mann geben, der seinen Baum oder Scheidstangen trage, der soll sie nicht irren. Wenn aber einer felt, dass er den Baum unterwerfe, oder ob er auch gewundet wird, oder des Baumes oder Stangen begeret: dasselbige mag er aber nicht tun, er habe dann Urlaub von dem Richter: nach dem dann dem Volk Friede geboten worden, sollen sie des Ringes zu Recht begeren: den soll ihn der Richter erlauben, die eisern Ortband sollen sie von den Schwerdscheiden brechen, sie haben dann Urlaub von dem Richter. Vor dem Richter sollen sie auch beyde angeleget gehen und schweren: der ein, dass die Schuld wahr sey, da er jenen umb beklagt habe, und der ander, dass er unschuldig sey: dass ihn Gott so helf zu ihrem Kampf. Die Sonne soll man ihn gleich teilen, als sie erst zusammen gehen. Wird der überwunden, auf den man geklagt hat, man richtet über ihn. Ficht er aber zu Siege, man lesst ihn mit Gewer und Busse ledig. Der Kläger soll von ersten in den Ring kommen. Ob aber der ander zu lang bliebe, der Richter soll ihn lassen vorheischen mit den Fronbothen in dem Haus, da er sich anlegt, und soll zween Schöppen mit senden. Also soll er ihn auch laden zu dem andern mal, und zu dem dritten mal. Kommt er zu der dritten Ladung nicht vor, der Kläger soll aufstehen und sich zum Kampf bieten, und schlag dann zween Schläge an seinen Schild, und thu einen Stich gegen der Sonnen. Damit hat er jenen überwunden solche Klagen, als er ihn angesprochen hat. Und der Richter soll über ihn richten, als ob er ihn überwunden hätt mit Kampf.

Der vier und sechzigste Artikel

Also soll man auch überwinden[16] einen toten Mann, ob man ihn an Dieberey oder an solcher Tat erschlagen hätt. Mag man aber den Toten mit siebener Mann Gezeugnisse überwinden, so darff man sich zu Kampf nicht darum erbieten. Beut aber einer des Toten Freund, wer er sey, ihn zu vertreten mit Kampf umb solche Ansprach des Raubes oder Dieberey, der verlegt alle Gezeugniss. Dann so mag man den Toten ohne Kampf mit Beweisung nicht überwinden, er sey dann der Tat halben vorhin geechtiget.

Der fünf und sechzigste Artikel

Als hievor gesagt ist, überwindt man auch den, der zu Kampf gefangen und darumb angesprochen ist, und gelobt oder Bürgen setzt fürzukommen, und nicht fürkömmt zu rechter Tag-Dingen. Wer sein Leib oder Hand lediget mit Gelde, die ihm zu recht verteilet sind, der wird rechtlos. Wer auch borget einen Mann um Ungericht fürzubringen, ob er ihn nicht fürbringen mag, er muss sein Wehr-Geld geben und schadet dem zu seinem Rechten nicht, der ihn geborgt hat. Wehr-Geld gibt man über zwölf Wochen von der Zeit, als es gewunnen wird. Alle Schuld mag man wol gelten, dem man sie gelten soll, also dass man sie gelte an der Statt, da sie jener, dem man sie gelten sol, unbekümmert von dannen bringen mög. Des soll er aber Gezeugen haben, ob er es bedarf, an zweyen Mannen, die das sahen, dass er ihn bezahlt, oder mit Pfennigen, die geng und gebe waren, und es jener wieder mit Unrecht zu nehmen.

Der neun und sechzigste Artikel

Wer auch einen tötet, oder einen gewundten Mann gefangen vor Gericht bringet und ihn zu einem Friedbrecher machen wil, mit Kampf oder ohne Kampf, überwindet er ihn nicht, man soll über ihn selbst richten nach Friedbrechers Recht.

Johannes Scherr schreibt in seiner »Kultur- und Sittengeschichte«, III. Auflage, S. 182 ff.:

»Die Gottesurteile hatte die mittelalterliche Strafjustiz aus den germanischen Wäldern überkommen. Der Volksglaube hielt an den Ordalien so hartnäckig fest, dass die Kirche, eine anderweitig befolgte Politik auch hier befolgend, für das Klügste erachtete, die heidnische Natur der Sache hinter christlichen Formen zu verbergen. Durch kirchliche Bräuche sanktionierte sie also die

Gottesurteile, deren eine Art, der Zweikampf, in unserem Duell noch heute fortbesteht. Außerdem ergaben die Proben mit Feuer oder Wasser und andere das Gottesurteil. Bei der Feuerprobe hatten der oder die Beweisende gewöhnlich ein glühendes Eisen mit bloßen Händen zu tragen oder mit bloßen Füßen zu beschreiten. Ersteres war noch um 1445 im Rheingau üblich. Das Verbranntwerden oder Nichtverbranntwerden von Hand oder Fuß ergab Schuld oder Nichtschuld. Da und dort musste der oder die Angeschuldigte im bloßen Hemd durch einen brennenden Holzstoß gehen. Sagenhafte Berichte sprechen sogar von Wachshemden. So erzählt die ›Kaiserchronik‹ von der Feuerprobe, der Karls des Dicken Gemahlin, Richardis, unterworfen wurde: ›Sie slouf in ein hemede, daz darzuo gemachet was; in allen vier enden ze vuozen und zu henden daz hemede sie intzunten; in einer lützelen stunden daz hemede gar von ir bran, daz wahs an daz pflaster ran, der vrowen arges nine was – sie sprachen deo gratias.‹ Fand die Wasserprobe statt, so musste der Angeklagte aus einem zum Sieden gebrachten Kessel mit bloßer Hand einen Stein oder Ring herauslangen. Oder auch der Angeklagte wurde nackt ins kalte Wasser geworfen. Blieb er oben schwimmen, so war er schuldig, sank er unter, nichtschuldig – was wohl aus der heidnisch-religiösen Vorstellung herzuleiten ist, das reine Element nehme kein Unreines, keine Missetäter, in sich auf. Diesem Ordal wurden namentlich Hexen, noch im 16. und 17. Jahrhundert, so häufig unterworfen, dass dasselbe hievon den Namen der Hexenprobe erhielt. Bei der Kreuzprobe hatten Kläger und Angeklagter regungslos und mit erhobenen Armen an einem Kreuz zu stehen. Wer zuerst die Hände rührte, die Arme sinken ließ oder zu Boden sank, hatte verloren. Das Ordal des geweihten Bissens (*judicium offae*) bestand darin, dass dem Verdächtigen eine Schnitte geweihten Brotes oder Käse in den Mund gesteckt wurde. Konnte er ihn leicht zerbeißen und essen, galt der Mann für nichtschuldig. Beim Bahrgericht endlich musste der des Mordes Verdächtige dem auf der Bahre liegenden Ermordeten sich nähern und dessen Wundmale berühren. Fingen diese wieder an zu bluten, so lag darin der Beweis der Schuld. ›Swa man den mortmeilen bi dem toten sihet, so bluotent im die wunden‹, heißt es im 17. Abenteuer des Nibelungenliedes, und der ganze Auftritt ist dort ergreifend geschildert. Ein höchst merkwürdiges Beispiel von Anwendung der Bahrprobe noch in späterer Zeit fand ich in der (i. J. 1861 zum ersten Mal gedruckten) Schweizerchronik des Luzerners Diebold Schilling (nicht zu verwechseln mit dem gleichnamigen Berner). Der Bauer Hans Spiess von Ettiswyl hatte seine Frau erwürgt. Es entstand Verdacht. Die Tote wurde ausgegraben und der verdächtige Mann der Bahrprobe unterzogen. Splitternackt und am ganzen Leibe geschoren, musste er zwei Finger seiner Rechten auf die rechte Brust der Ermordeten legen und so seine Unschuld beschwören. Aber der Leichnam fing stark zu bluten an, und der Mörder bekannte seine Tat. Übrigens liegen uns ausreichende Zeugnisse vor, dass schon frühzeitig List und Trug bei den Gottesurteilen mit im Spiel waren. Die Geistlichen auf der einen, die Büttel auf der anderen Seite konnten dabei vieles machen. Höchst anmutig beschreibt Gottfried von Strassburg im Tristan, wie die blondgehaarte Isolde mittels einer allerliebsten Weiberlist das Ordale paralysierte. Wenn Gottfried noch hinzufügt: ›Da wart wol goffenbäret und al der werlt bewäret, daz der vil tugenthafte Krist wintschaffen als ein ermel ist‹, so zeigt dieser herbe Spott, wie schon zu Anfang des 13. Jahrhunderts erleuchtete Geister von dem Institut der Ordalien dachten.

Schon früh fing man an, übelberüchtigte Personen statt einem Gottesurteil der Folter zu unterwerfen, und aus diesen Anfängen entwickelte sich jene scheußliche Marterkunst, welche mit dem im 16. Jahrhundert bewerkstelligten Übergang des Anklageprozesses in den inquisitorischen Schritt für Schritt zum Empörendsten fortging.«

Pierre Dufour weiß uns in seiner »Histoire de la Prostitution«, deutsche Ausgabe »Geschichte der Prostitution«, Berlin, Verlag J. Gnadenfeld & Co., III. Band, S. 111 und 112, Folgendes von Ordalien unter den Karolingern zu erzählen: »Jedermann hatte das Recht, eine Frau der Prostitution, des Ehebruchs oder eines anderen Vergehens anzuklagen. Der Richter nahm die Klage an und gab ihr Folge, aber die Rolle des Anklägers konnte einige Unannehmlichkeiten zur Folge haben, die es ratsam erscheinen ließen, nur sehr vorsichtig vorzugehen. Der Ankläger musste nämlich seine Behauptung beweisen, entweder durch einen Zeugenbeweis oder durch die Probe mit kochendem Wasser oder mit heißem Eisen oder endlich durch den Zweikampf. Die angeklagte Frau ließ sich dabei von einem Ritter vertreten. Am ungefährlichsten war noch die sogenannte Kreuzesprobe, bei der es weniger auf den Zufall als auf die körperliche Kraft ankam: derjenige der beiden Gegner, der am längsten in der Haltung des gekreuzigten Jesu aushalten konnte, gewann den Rechtshandel, der andere musste Strafe bezahlen und die Buße auf sich nehmen, die auf dem behaupteten Vergehen stand. Fand die angeklagte Frau keinen Vertreter, der sich an ihrer statt den Proben aussetzen wollte, so musste sie sich selbst, ohne Rücksicht auf ihr Geschlecht und ihre Schwäche, ihnen unterziehen. Bei der Kreuzprobe kam es sehr häufig vor, dass die Frau, obgleich sie in der Regel schwächer war, den Sieg davontrug. Mit Vorliebe wurde die Kreuzesprobe auch angewendet, wenn eine Frau behauptete, ihr Gatte erfülle seine ehelichen Pflichten nicht, während er es bestritt. (*Si qua mulier proclamaverit quod vir suus numquam cum ea coisset, exeant inde ad crucem, et si verum fuit, separentur*). Häufig nahm eine des unsittlichen Lebenswandels angeklagte Frau lieber die harten Strafen auf sich, als dass sie die Proben über sich ergehen ließ.

Eines der bemerkenswerten Beispiele dieser Proben fand gegen das Jahr 858 bei Gelegenheit der Ehescheidung Lothars, des Königs von Lothringen statt. Dieser Fürst, der zweite Sohn des Kaisers Lothar, hatte vor seiner Heirat mit Theutberge ein junges Mädchen namens Waltraute geliebt. Als diese ihm einen Sohn geboren hatte, wünschte er seine legitime Ehe aufzulösen. Es fanden sich Zeugen, welche Theutberge des unerlaubten Verkehrs mit ihrem Bruder Hugbert beschuldigten und sich nicht scheuten, darüber ganz genaue Einzelheiten zu verbreiten. (*Fratrem suum Hucbertum sodimitico scelere sibi commixtum*). Theutberge wählte darauf einen Ritter, der sich an ihrer Stelle der Probe des heißen Wassers unterzog. Die Probe bestand darin, dass ein Stein in einen Kessel mit kochendem Wasser gelegt wurde. Der Ritter griff mit dem entblößten Arme in das Wasser hinein und holte den Stein heraus. Sein Arm wurde sofort mit einem Sack umhüllt, auf den der Richter sein Siegel klebte. Nach Verlauf von drei Tagen öffnete man den Sack und da der Arm unverletzt gefunden wurde, so wurde dadurch die Unschuld Theutbergens gewiesen.«

Noch vieles ließe sich über die Anwendung der Ordalien anführen, doch dürfte das bisher Vorgebrachte für unsere Zwecke genügen. Noch viele andere Seltsamkeiten aus der Rechtspflege des Mittelalters und auch der späteren Zeit könnten vorgebracht werden, Mitteilungen voll Schrecken und Entsetzen, aber auch Mitteilungen wieder, die ein heiteres Lächeln auf den Lippen erstehen lassen. Von Ersteren können wir an dieser Stelle ganz absehen, zumal dergleichen im weiteren Verlauf unserer Darstellung nur zu oft vorgebracht werden muss. Von Letzteren seien hier nur die das frühere Rechtswesen auch kennzeichnenden Kriminalprozesse gegen Tiere als heitere Abwechslung erwähnt.

Im Jahre 1266 wurde zu Fontenay aux Roses, Frankreich, auf richterlichen Befehl ein Schwein lebendig verbrannt, weil es ein Kind gefressen hatte. Im Jahre 1386 wieder wurde zu Falaise ein Schwein, das ein Kind verletzt hatte, verurteilt, dass ihm vor dem Rathaus Fuß und Kopf abgeschlagen werde. Dabei wurden dem Tier vorher Kleider angezogen. Drei Jahre später wurde zu Dijon ein Pferd, das den Tod seines Herrn verursacht hatte, zur Enthauptung verurteilt. Chasseneux, Präsident des Parlaments der Provence, veröffentlichte 1531 ein Werk, in dem dieser hohe Justizbeamte die Frage aufwarf, ob Tiere vor das Strafgericht gezogen werden können, und diese Frage bejaht. Er führt unter anderem einen Prozess gegen die Maikäfer von Beaume an, die gerichtliche Verfolgung der Schnecken zu Autin im Jahre 1487, zu Lyon 1500. Im Jahr 1488 wurde zu Autin auch den Ratten ein Prozess gemacht, wobei der genannte Verfasser die Verteidigung der Angeschuldigten übernahm. Nach geschehener formeller Vorladung der »Verbrecher« versuchte deren Anwalt wiederholt mit Erfolg den Termin zu verschieben. Zuerst machte er den Einwand, dass eine einzelne Vorladung nicht genüge, weil seine Klienten zahlreich wären und in den Dörfern umher zerstreut lebten. Der Einwand wurde anerkannt und die Vorladung in allen zugehörigen Orten öffentlich verkündet. Dann wieder brachte er den Einwand vor, dass die Ratten unmöglich kommen könnten, weil sie wüssten, dass ihre Feinde, die Katzen, auch von der Sache erfahren hätten und ihnen nun auf allen Wegen und

Altdeutsche Gerichtsverhandlung

Stegen auflauerten. Als dieser Einwand nicht gelten gelassen wurde, appellierte er an die Menschlichkeit und Gerechtigkeit der Richter, ohne jedoch, wie es scheint, Gnade für seine Klienten gefunden zu haben. Das Pariser Parlament verurteilte 1604 einen ihrer Ansicht nach verbrecherischen Esel zum Tod durch den Strang. Köstlich ist auch folgender Raupenprozess: Im Jahre 1699 herrschte in der Auvergne eine große Raupenplage. Die Bäume waren fast kahl, und die Obsternte schien hoffnungslos. Da beschloss denn das hochweise Parlament der Auvergne, das den höchsten Gerichtshof der Provinz bildete, diese Schädlinge zu züchtigen. Es wurde ihnen ein Prozess wegen Beschädigung fremden Eigentums gemacht, sie wurden regelrecht vor Gericht geladen. Das freche Raupengezücht wollte aber nicht erscheinen, mit trotzigem Übermut missachtete es den strengen Befehl. So wurde ihnen denn von Gerichtswegen ein Verteidiger gestellt, der sich auch die größte Mühe gab, für seine Klienten einen Freispruch zu erlangen. Mit dem größten Aufwand juristischen Wissens versuchte er darzulegen, dass die Bezichtigten trotz der Schädlichkeit ihrer Handlungsweise zu dieser laut Gesetzesparagraphen berechtigt waren und auch naturgemäß handelten. Wer ihn reden hörte, der hätte glauben können, dass die Bäume überhaupt nur der Raupen wegen grünen und blühen. Doch seine Beredsamkeit war vergeblich. Fast einstimmig wurden die Beschuldigten verurteilt, an einem festgesetzten Ort zur festgesetzten Zeit zu erscheinen, um sich vernichten zu lassen. Da geschah aber das Unerhörte, dass die frechen Tierchen dieses klare, bestimmte Urteil des hohen Gerichtshofes missachteten und zur Exekution nicht erschienen. Die Ausrede, dass sie hiervon keine Kenntnis erhielten, konnte nicht angenommen werden, denn es wurde klüglich Vorsorge getroffen, dass die weise Entscheidung auf Feld und Flur schriftlich verbreitet und auch verlesen wurde. Die meisten Bewohner waren entsetzt über diesen frevelhaften Widerstand. Sie besprachen die Sache so eifrig, dass ihnen auch jetzt keine Zeit blieb, gegen die Raupen angriffsweise vorzugehen. Einige wenige aber hielten diesen Prozess für eine Lächerlichkeit, wurden aber dafür wegen Unterstützung der Widersetzlichkeit gegen die Behörde zu empfindlichen Freiheitsstrafen verurteilt. Von Rechts wegen!

II. Kapitel

Die Tortur bei den Griechen – Die Tortur bei den Römern – Sklavenfolterung – Majestätsverbrechen – Schmauchen – Salzfolter – Ziegenfolter – Hungerfolter – Zeugniszwang – Beccaria, über die Tortur

Wenden wir uns nun, nach der komischen Abschweifung am Ende des vorhergehenden Kapitels, der Anwendung der Tortur bei den Griechen und Römern zu, über deren Rechtsverhältnisse einiges bereits bemerkt wurde. Als wahrscheinlich ist anzunehmen, dass die Griechen die Tortur wie manches andere von Afrika oder Asien überliefert erhielten, und es mögen wohl die Ägypter oder Phönizier hierbei ihre Lehrmeister gewesen sein. Aber immerhin muss dann auch gesagt werden, dass die Schüler auch damit ihre Meister übertrafen, denn die Folter wurde von den Hellenen ziemlich umfangreich und mannigfaltig angewendet. Finden wir doch schon in der Mythologie dieses Volkes Vorgänge, die als grausame Folter bezeichnet werden können. Es sei hier nur an Prometheus erinnert, den Zeus an einen öden Felsen am Meeresstrand anschmieden und den Aischylos klagen lässt:

Seht her! Seht her! wie in Not und Pein
Jahrtausende lang ich quälen mich soll
Zerbrochenen Leibs! –
Das tat an mir, der zum Herrn sich gemacht
In der Welt: Er hat mich beladen mit Schimpf
Und gefesselt mit Schmach! Weh klag ich nun heut
Weh' klag ich um morgen, was kommen auch mag!
Umsonst! Umsonst! Wie schau ich den Tag,
Wo endet die quälende Trübsal?

(Übersetzt von Oswald Marbach).

Die ursprüngliche gerichtliche Beweisführung bei den Griechen war die Zeugenaussage, wie bei den Juden. Erst später wurde die Folter eingeführt, die jedoch nur gegen Sklaven zur Anwendung kam, grausam und rücksichtslos, hauptsächlich als Zeugenfolter. Denn dem Sklaven, der als Zeuge in einem Straf- oder auch Zivilprozess vernommen wurde, wurde seine Aussage nicht geglaubt, wenn sie nicht unter Anwendung der Tortur aufrechterhalten wurde. Ferner hatte auch jeder freie Grieche das Recht, nicht nur seine eigenen Sklaven der Tortur zu unterziehen, sondern auch zu verlangen, dass ihm die Sklaven eines anderen zu diesem Zweck ausgeliefert wurden, wobei er höchstens nur den Besitzer des Sklaven zu entschädigen verpflichtet war, wenn dieser durch die Marter erkrankte, dauernd arbeitsunfähig wurde oder starb. Ferner mussten zur Privattortur Zeugen zugezogen werden, die aber der Unternehmer beliebig aus dem Kreis seiner Freunde und Bekannten wählen konnte. Dass dem griechischen Bürger derart freigestellt war, den Untersuchungsrichter zu spielen und dem Richter sozusagen das fertige Material in die Hände zu liefern, dürfte seine Ursache in der, wie bereits erwähnt, großen Anzahl von Sklaven haben, in deren schlechter Behandlung überhaupt und in der häufig angewandten Tortur, die von Amts wegen nicht bewältigt werden konnte. Diese Privattortur konnte von dem Betreffenden auch wiederholt vorgenommen werden und wurde es auch, wenn ihm die durch die erste Vornahme erpresste Aussage nicht gefiel. Möglich, wahrscheinlich sogar, dass bei dieser Grausamkeit die raffinierte und entartete Sinnlichkeit der Griechen eine wesentliche Rolle spielte und sowohl den Peiniger zu der Tat wie die Zeugen zur Teilnahme veranlasste. Der Anblick von Marterungen galt allzeit als ein sexuelles Erregungsmittel. Beweise hierfür finden wir selbst aus der jüngeren Zeit nicht selten. Casanova erzählt uns in seinen berüchtigten Memoiren einen Fall dieser Art, und Ähnliches wird in der neueren Psychiatrie als Sadismus bezeichnet, nach dem berüchtigten Marquis de Sade, dessen pornografische Schriften von Grausamkeiten erfüllt sind. Krafft-Elbing bemerkt in seiner »*Psychopathia Sexualis*« VIII. Aufl., S. 57: »Dass Wollust und Grausamkeit häufig miteinander verbunden auftreten, ist eine längst bekannte und nicht selten zu beobachtende Tatsache. Schriftsteller aller Richtungen haben auf diese Erscheinung hingewiesen.« Und er verweist dabei auf »Novalis-Fragmente« und Görres »Christliche Mystik«. Wir werden übrigens noch Gelegenheit haben, bei der Besprechung der Selbstfolterung auf diesen Gegenstand zurückzukommen.

In seinem Werk »Die Tortur bei den Griechen, Römern und Deutschen«, Leipzig 1785, schreibt Ernst Christian Westphal:

»Die Griechen kannten die Tortur und behielten sie bei, als sie geschriebene Gesetze bekamen. Die Athenienser bedienten sich ihrer der Regel nach nur bei Knechten, zuweilen aber und außerordentlich auch bei freien Bürgern. Bei Leuten, die der Leibeigenschaft unterworfen waren, machte man keinen Unterschied des männlichen und weiblichen Geschlechts, auch nicht der Jugend und des Alters. *Reitemeier de orig. et rat. quaest. per torm. ap. Graec. et Rom.*

Die Knechte wurden teils als Zeugen gemartert, teils dann, wenn sie eines Verbrechens beschuldigt wurden und solches nicht bekennen wollten. Ihr Zeugnis mussten sie in bürgerlichen und politischen Sachen mit der Marter bestärken. *Reitemeier 1. c. p. ir, ig.*

Es war ein unbegreiflicher Grundsatz der Alten, dass eines Knechts Aussage nur dann Glauben verdiene, wenn er solches unter Schmerzen auf der Folter getan. Petitius schaltet daher den L. L. Attic. L. 4, tit. 7, ein Gesetz ein: *Servis testimonii dictio ne esto, nisi per tormenta.*

Dass, wenn ein Knecht als Zeuge oder Missetäter gemartert werden sollte, dazu schon vorhandene, anderweitige Vermutungen und Beweise erforderlich gewesen, davon enthalten die Gesetze nichts. Ebensowenig findet man darin festgesetzt, dass ein Knecht nicht zu Zeugnis wider seinen Herrn auf die Folter gebracht werden konnte. Auch war nichts von sonstigen Schranken der Tortur vorgeschrieben.

Ein Freier oder nur Freigelassener sollte rechtlich mit der peinlichen Frage nicht angegriffen werden. Doch finden wir, dass, wenn das Gemeinwohl es forderte, in Staatsverbrechen zuweilen von der Regel abgewichen wurde, wozu vielleicht das Volk, oder wer sonst dazu berechtigt war, die Erlaubnis erteilte. Die freien Bürger wurden aber nur als Verbrecher zu Erteilung ihres Geständnisses gemartert, wenn sie eines Verbrechens verdächtig waren, nie aber zur Bestätigung ihrer Aussage. Es gab eine öffentliche und eine private Tortur. Jene wurde von der Obrigkeit angeordnet und geleitet, diese dagegen von Privatleuten unter Zuziehung von Zeugen. Letztere konnte nur Sklaven gegenüber geschehen, natürlich nur bei Zustimmung ihrer Herren. Die Veranlasser mussten für den Schaden aufkommen, falls es sich ergab, dass die Tortur mit Unrecht vorgenommen wurde. Sonst aber waren diesem Akt der Willkür keine Schranken gesetzt. Bei der von Amts wegen vorgenommenen Tortur, der öffentlichen, konnte ein Sklave auch ohne Zustimmung seines Herrn peinlich befragt werden. Wie stark die Beweiskraft der Aussage gemarterter Zeugen gewesen, ist nicht deutlich zu ersehen. Es muss aber solche Aussage Gewicht gehabt haben, weil man sich sonst nicht so viel Mühe gegeben hätte, die Tortur aufrecht zu halten. Die Marter-Instrumente und -Mittel waren: Peitsche, Rad, Leiter, Essig in die Nase, Aufdrückung von Dachziegeln, Abschälung der Haut, Aufhängen an einer Säule. Auf die Leiter erfolgte das Aufziehen, und das Rad wurde dazu gebraucht, die Streckung mittels der Stricke zu fördern. Dem Tympanum der Griechen kam später der Equuleus der Römer gleich. Die Tortur in den andern griechischen Staaten unterschied sich kaum von der atheniensischen.«

Mit andern kulturellen Errungenschaften hat Rom von Hellas auch die nicht so sehr rühmliche Tortur übernommen und weiter ausgebildet. Fremd dürfte sie zwar schon vorher diesem Gebiet nicht gewesen sein, bei den Aborginern war sie ebenso in Brauch wie bei den Etruskern, wie wir, was Letztere betrifft, wenigstens aus einigen überlieferten plastischen Darstellungen vermuten können. Auch die frühe Besiedlung dieser Länder durch die Phönizier lässt annehmen, dass diese Grausamkeit dort schon früher verübt wurde, bevor die Nachkommen Trojas in italienischen Gefilden ansässig wurden. Westphal schreibt:

»Ob die Römer ihre Marter von den Griechen entlehnt haben, ist unbekannt, doch wahrscheinlich, weil sie noch manches ihrer Rechtssachen daher genommen haben und die römische Tortur in vielen Stücken mit der griechischen übereinstimmt. Sie wurde schon zur Zeit der freien Republik angewandt und erhielt allmählich durch die heimische Gesetzgebung vieles, was den Griechen unbekannt war.

Die römischen Marter-Instrumente und -Mittel waren:

1) *Equuleus*, eine der späteren Streckleiter gleichendes Instrument.
2) *Castata* war eigentlich nur der Name des Gerüstes, worauf der Equuleus stand, doch wurde zuweilen auch dieser selbst so benannt.

3) *Fidiculae* waren die Schnüre, womit aufgezogen wurde. Zuweilen werden sie auch nervi genannt, doch dienten sonst nervi im Stock, cippus, zur Befestigung des Verhafteten.
4) *Unci* waren einzackige Haken, womit man den Aufgezogenen ins Fleisch riss.
5) *Ungulae* waren zweizackige Haken und
6) *Cardi* eiserne Kämme zu demselben Zweck.
7) *Rotae*, die Winde zum Strecken.
8) *Plumbatae* und *Flagella*, zwei Peitschenarten.
9) *Ignes*, Pfannen und andere Feuergerätschaften zum Brennen des Gemarterten.
10) *Cyphri, jugum*, ein Umschlag um den Hals, eine Art Joch.
11) *Catapulta*, eine Torturmaschine, von der nichts näheres bekannt ist.

Die in den Gesetzen vorkommende *mala mansio* scheint kein besonderes Instrument anzuzeigen, sondern ein Name zu sein, der zuweilen vom Gefängnis oder der Tortur gebraucht wird.

Sehr vernünftig ist die Verordnung des Römischen Rechts über die Tortur *L. 7 ff. de quaest. Quaestionis modum magis est judices arbitrari oportere: itaque quaestionem habere oportet, ut servus salvus sit, vel innocentiae vel supplicio L. 10 § 3 cod. Tormenta autem adhibenda sunt, non quanto accusator postulat, sed ut moderatae rationis temperamenta desiderant.* Diese Stellen reden zwar nur von dem Fall, wo der Gemarterte als Verbrecher behandelt wird, die erstere betrifft auch unmittelbar nur Knechte. Allein man sieht leicht, dass das, was von Verbrechern gilt, noch mehr für Zeugen zu gelten habe und die Mäßigung, die bei Sklaven vorgeschrieben wird, noch mehr bei freien Personen gebraucht werden müsse.

Auch die Römer wandten, gleich den Griechen, die Tortur zur Erreichung eines Geständnisses sowie bei Sklaven zur Bekräftigung der Aussage an. Von ersterer Art urteilten die Gesetze ganz billig, dass man sie behutsam anwenden müsste, weil sonst sich der Schuldige dadurch befreien, der Unschuldige aber zur unverdienten Strafe kommen könnte. *L. I. § 23 ff. de question. Questioni fidem non semper nec tarnen numquam habendam, constitutionibus daclaratur, et enim est fragilis et periculosa et quae veritatem fallat. Nam plerique patientia sive duritia tormentorum ita tormenta contemnunt, ut exprimi iis veritas nullo modo possit: allii tanta sunt impatientia, ut in quovis mentiri, quam pati tormenta velint. Ita sit, ut etiam vario modo fateantur, ut non tantum se, rerum etiam aliis comminentur (criminentur).*

Zur Zeit der Republik gab es bei den Römern ebenfalls auch eine private Tortur, die jedoch später abgeschafft worden sein muss. Denn es wird ihrer in der Kaiserzeit nicht mehr erwähnt. Wenn auch gewöhnlich nur Sklaven als Zeugen gefoltert werden konnten, so geschah dies zuweilen doch auch bei Freien: bei Freigelassenen, Ehrlosen und in der Aussage Schwankenden. *L. 21 § 2 ff. de testib. Si ea rei conditio sit ubi harenarium testem vel similem personam admittere cogimur, sine tormentis testimonis ejus credendum non est.* Gewöhnlich konnten Ehrlose in peinlichen Sachen nicht Zeugen sein und wurden auch nicht zur Anklage zugelassen. Aber in *Crim. Laes. Maj., annonaf etc.* ist eine Ausnahme, *L. 7 ff. ad. L. Jul. Maj. L. 13 ff. de accus.* Auf diese Ausnahmefälle beziehen sich die Worte: *Si ea rei conditio sit.* In späterer Zeit scheint die Tortur bei Freien als Zeugen oft vorgekommen zu sein, besonders, wo es sich um Majestätsverbrechen handelte. Freigelassene konnten weder in bürgerlichen noch in Kriminal-Rechtsfällen gemartert werden, aber eben deswegen war es nicht zulässig, Sklaven die Freiheit zu geben, um sie der Tortur zu entziehen. Der Sklaven Zeugnis war stets mit der Tortur verbunden. Dies lehrt *L. 15 de quaest. Intel rogari servos de facto suo non solum in criminali causa sed etiam in peeuniaria (vetati quando, per eos depositi vel commodati nomine, vel aliis causis legibus cognitis res aliis prestitiae sunt) posse, non ambigitur.* Man konnte sich zum Zeugnis auch der Sklaven eines anderen bedienen, der sich diesen Gebrauch gefallen lassen musste. Nur war streitig, ob in bürgerlichen Prozessen die Sklaven auch gegen ihren eigenen Herren zum Zeugnis mit der Marter gebraucht werden könnten. Cujacius tritt dafür ein, wenn andere Beweismittel fehlten, andere aber stellten es in Abrede.

Dass gegen den Herrn der Sklave nicht Zeuge sein dürfte, war ein Grundsatz, der sich *ex more majorum*, vermutlich also aus den zwölf Tafeln herschrieb. Er ist auch in der Folge durch ein *Senatus consultum* bestätigt worden und blieb bis in die neuesten Zeiten als Regel beibehalten. Selbst wenn der Sklave als Missetäter auf die Tortur kam, durfte er nicht seines der Mitschuld verdächtigen Herrn wegen gefragt worden. Ausnahmen, wo der Sklave wider seinen Herrn Zeugnis ablegen durfte, waren schon von der Zeit der Republik her Staatsverbrechen und Inzest. Was unter letzteren verstanden wurde, ist streitig, da manche Forscher auch die Schändung der vestalischen Jungfrauen und sonstige Verunehrungen des öffentlichen Gottesdienstes dazu rechneten. Später kamen noch Ehebruch und andere Verbrechen dazu. Die Art, wie Sklaven bei der Tortur befragt wurden, war so beschaffen, dass sie in der Regel nur mit Ja oder Nein zu antworten hatten. Doch durfte der Name der Person, oder was sonst die Tat betraf, nicht hinterlistiger Weise an die Hand gegeben und in den Mund gelegt werden. Man sollte auch nur solche Zeugen zur Tortur vorführen, von denen gewiss oder wahrscheinlich war, dass sie von der Tat etwas wüssten.

Eine andere Art von Tortur war die, wo ein Angeklagter und Verbrecher zum Geständnis seiner Tat auf die Tortur gebracht wurde. Einen besonderen Fall erwähnt der Codex, der etwas eigenes zu haben scheint. Wenn ein Schiffbruch entstand, so war eigentlich keine Kriminalsache vorhanden, dennoch verordnete *L. 2, 3, C. Th. de Naufrag.*, woraus *L. 3, C. Just. h. t.* entstanden, dass die Leute, um die Umstände des entstandenen Schadens heraus zu bringen, auf die Tortur kommen sollten. Diese Art der Tortur, wodurch man Geständnisse erpresste, kam bei Sklaven und auch bei Freien vor, sofern letztere nicht vom Gesetz ausdrücklich ausgenommen wurden.«

Ähnlich wie in Griechenland war also in Rom die Lage der Sklaven. Hier wie dort konnten darin glaubwürdige Zeugenaussagen nur durch die Folter hervorgebracht werden, hier wie dort gab es eine Privatfolter, die zu Rom allerdings in der Cäsarenzeit abgeschafft wurde.

In derselben Zeit aber hörte auch der freigeborene Römer auf, vor der Tortur geschützt zu sein. Zwar konnte diese an ihm nur bei Majestätsverbrechen angewandt werden, doch diese Anklagen ließen sich rasch herstellen, so dass sie als etwas Selbstverständliches bei jeder bemerkenswerten Anklage erschienen. Auch die Bestimmung, dass Sklaven zu Aussagen wider ihren Herrn nicht gefoltert werden dürften, wussten die Cäsaren schlau zu umgehen. Von einem Prozess wider Libo Drusus berichtet Tacitus in seinen Annalen: »In einem Papier jedoch sollten, wie die Ankläger behaupteten, von Libos Hand den Namen der Cäsaren oder Senatoren Zeichen offener oder magischer Gewalt beigefügt sein. Da der Beklagte leugnete, wurde beschlossen, den geständigen Sklaven auf der Tortur zu vernehmen. Weil aber nach altem Senatsbeschluss ein derartiges peinliches Verhör gegen das Leben des Herrn verboten war, befahl der listige und in neuen Rechtsregeln erfinderische Tiberius, dass ein Sklave nach dem anderen an den Fiskus verkauft werden sollte, damit dann, trotz der Senatsverordnung gegen Libo, das Verhör der Sklaven vorgenommen werden könnte.« Andere ähnliche Stellen des genannten Werkes lauten in der Übersetzung: »So ließ er die Sklaven Lapidas, die sich in militärischer Haft befanden, zu den Konsuln bringen, gab aber nicht zu, dass sie über das, was sein Haus anging, auf der Folter vernommen werden.« Dass bei Majestätsverbrechen doch von dieser Regel Abstand genommen und auch freie Römer der Tortur unterzogen wurden, ergibt sich aus anderen Stellen. Drusus war beschuldigt worden, die Absicht gehabt zu haben, Tiberius zu vergiften, hätte aber aus »Furcht und Scham« selbst den vorbereiteten Giftbecher genommen. »Dies allgemein verbreitete Gerücht kann, abgesehen davon, dass es von keinem vertrauenswerten Gewährsmann bestätigt wird, leicht widerlegt werden. Jeder, der einige Besonnenheit besaß, besonders der in so wichtigen Verhältnissen wohl erfahrene Tiberius, würde sicherlich nicht dem Sohn, ohne ihn anzuhören und ohne Reue zu empfinden, Selbsttötung geboten haben. Er hätte vielmehr den Diener vor der Vergiftung foltern lassen, dem Urheber nachgeforscht und sicherlich auch die ihm angeborene, auch gegen Fremde bekundete zaudernde Bedenklichkeit auch gegen den vorher keiner Schandtat überwiesenen Sohn bekundet haben ...« – »Unter denselben Konsuln wurden, als furchtbares Beispiel des Jammers und der Tyrannei, als Angeklagter ein Vater, als Kläger sein Sohn, beide mit Namen Vibius Serenus vor den Senat gebracht, der Vater aus der Verbannung zurückgeschleppt, schmutzbedeckt und auch jetzt, wo der Sohn wider ihn auftrat, mit der Kette gefesselt. Der Jüngling eigens vorbereitet, in großem Staat, mit froher Miene. Angeber und Zeuge zugleich behauptete er, dem Fürsten seien Nachstellungen bereitet worden, es seien nach Gallien Aufwiegler zum Krieg gesandt worden. Er fügte noch hinzu, der frühere Prätor Cäcilius Cornutus hätte das nötige Geld hergegeben. Der Sorgen überdrüssig und weil schon die Gefahr dem Untergang gleich galt, hatte sich der letztgenannte rasch selbst getötet. Ganz anders zeigte sich der Angeklagte. Ungebeugten Mutes schüttelte er, dem Sohn zugewandt, die Fessel und rief die Rachegötter an, dass sie ihn wieder in die Verbannung brächten, wo er fern von solchen Sitten leben konnte, und dass den Sohn noch das Strafgericht ereilen möge. Dabei beteuerte er, Cornutus sei unschuldig und nur von einem Wahn eingeschüchtert worden. Leicht wäre dies zu erweisen, wenn noch andere angegeben werden sollten, denn Fürstenmord und Staatsumwälzung würde er doch nicht nur mit einem Genossen auszuführen beabsichtigt haben. Nun nannte der Kläger Gnäus Lentulus und Sejus Tubero als Mitschuldige, zur größten Betroffenheit des Kaisers, da es die ersten Männer im Staat und seine vertrautesten Freunde waren und Tubero überdies körperschwach, Lentulus hochbejahrt war. Doch sie wurden auch sofort der Sache überhoben. Gegen den Vater verhörte man die Sklaven, deren Aussage gegen den Kläger ausfiel, der wie wahnsinnig ob des Frevels und erschreckt über die Reden des Volkes, das mit Kerker, dem Felsen oder Vatermörderstrafen drohte, aus der Stadt floh. Von Ravenna wieder zurückgebracht, wurde er genötigt, die Anklage weiter zu verfolgen, wobei Tiberius aus seinem alten Groll wider den Verbannten Serenus keinen Hehl machte. Denn dieser hatte nach der Verdammung Libos dem Kaiser in einem Schreiben vorgeworfen, dass nur seine Bemühungen unbelohnt geblieben wären, und noch manches in einem trotzigeren Ton zugefügt, als bei einem stolzen, leicht zu beleidigenden Mann rätlich ist. Dies trug ihm der Kaiser noch acht Jahre nach, die Zwischenzeit verschiedentlich anschuldigend, obgleich die Folter durch Halsstarrigkeit der Sklaven dawider sich entschieden hatte …« An einer anderen Stelle wieder heißt es: »Unterdessen wurde in Rom aus keiner offenkundigen, auch später nicht bekannt gewordenen Ursache der römische Ritter Gnäus Nonius in der Versammlung, die den Fürsten begrüßen sollte, mit einem Schwert umgürtet aufgefunden. Als er auf der Tortur gemartert wurde, gestand er, ohne jedoch Mitwissende anzugeben und ohne dass man erfuhr, ob er diese nur verheimliche.« Wir sehen also hier auch einen römischen Ritter der Tortur unterworfen, in derselben Kaiserzeit, in der die Privatfolter aufgehoben, das Foltersystem jedoch andererseits wieder erweitert wurde.

Von den Rechten, die im Allgemeinen römische Staatsbürger bei Verhaftungen und anderen Kriminalpraktiken genossen, erfahren wir auch einiges aus der Apostelgeschichte, wo Paulus wiederholt diesen Rechtschutz betont. So z. B. 16, 36–38: »Und der Kerkermeister verkündete diese Rede Paulo: Die Hauptleute haben hergesandt, dass ihr los sein sollt. Nun ziehet aus, und gehet hin mit Frieden. Paulus aber sprach zu ihnen: Sie haben uns ohne Recht und Urteil öffentlich gestäupt, die wir doch Römer sind, und in das Gefängnis geworfen und sollten uns nun heimlich ausstoßen? Nicht also, sondern lasst sie selber kommen und uns hinausführen. Die Stadtdiener verkündigten diese Worte den Hauptleuten, und sie fürchteten sich, da sie hörten, dass sie Römer wären.« Eine andere Stelle wieder ist 22, 25–29: »Als er ihn aber mit Riemen anband, sprach Paulus zu dem Unterhauptmann, der dabei stand: Ist es auch recht bei euch, einen römischen Menschen ohne Urteil und Recht zu geißeln? Da das der Unterhauptmann hörte, ging er zu dem Oberhauptmann und verkündigte ihm und sprach: Was willst Du machen? Dieser Mensch ist römisch. Da kam zu ihm der Oberhauptmann und sprach zu ihm: Sage mir, bist Du römisch? Er aber sprach: Ja. Und der Oberhauptmann sprach: Ich habe dies Bürgerrecht mit großer Summe zuwege gebracht. Paulus aber sprach: Ich aber bin römisch geboren. Da traten alsbald von ihm ab, die ihn erfragen sollten. Und der Oberhauptmann fürchtete sich, da er vernahm, dass er römisch war und er ihn gebunden hatte.«

Weniger Rücksicht nahm man aber, wie bereits bemerkt, dort, wo es sich um Majestätsverbrechen handelte, mit deren Bezichtigung man übrigens rasch bei der Hand war. Besonders grausam wurde verfahren zur Zeit, als der Cäsarenwahnsinn seinen Schrecken äußerte, als die Christenverfolgungen eintraten, bei deren Martern es sich allerdings weniger um Bekenntnisse als um Verschärfungen der Strafen handelte.

Die Tortur selbst wurde anfangs bei den Römern völlig nach griechischem Muster ausgeführt, bis später neue Erfindungen und »Verbesserungen« in dem Martersystem eingeführt wurden. Am häufigsten wurde das Prügeln angewandt, das Stäupen mit Ruten, das Peitschen, das Schlagen mit der dreschflegelartigen *flagella*. Gewöhnlich wurde das Opfer dabei auf eine Bank gebunden, den Rücken nach oben, in ähnlicher Weise, wie bei uns vor noch nicht allzu langer Zeit die Prügelstrafe verabreicht wurde. Über die Foltermittel wurde bereits oben das Nötige angeführt. Bei der Feuertortur (*Tormentum ignis*) wurde der Gefolterte barfuß über glühende Kohlen getrieben oder in einen Bock gesteckt, wo dicht unter den hervorragenden unbedeckten Füßen Gefäße mit glühenden Kohlen gestellt wurden, oder er wurde auf eine Bank ausgestreckt gefesselt und ihm Metallbecken, in denen sich Glut befand, auf den Leib gesetzt. Als ähnliche Torturmethode kann auch das Schmauchen betrachtet werden, das von Neros Vertrauten Tigellinus als langsam wirkendes Hinrichtungsmittel erfunden worden sein soll, wahrscheinlicher aber aus dem Orient stammt, wo derlei Grausamkeiten mit unübertrefflicher Meisterschaft verübt wurden. Beim Schmauchen wurde das Opfer über ein aus Reisig, Dünger und andere übelriechende, mehr Rauch als Flammen entwickelnden Feuer gehängt, zumeist mit dem Kopf nach unten. Um das Opfer nicht ersticken und somit durch den Tod von seiner Pein und seinen Peinigern befreit zu werden, wurde das Feuer von Zeit zu Zeit unterdrückt, um es später wieder aufs Neue qualmen zu lassen. Dieses Verfahren kam besonders häufig bei den Christenverfolgungen zur Anwendung. Eine besondere Widerstandsfähigkeit beim Schmauchen soll bei der im Jahre 303 von Diokletian veranstalteten Christenverfolgung der Märtyrer Clemens Ancyron bekundet haben. Die meisten dieser Peinigungen wurden übrigens auch in späteren Torturverfahren in gleicher oder doch ähnlicher Weise angewandt, und es soll an den betreffenden Stellen noch näher davon die Rede sein.

Nicht minder qualvoll, vielleicht sogar noch viel peinigender mögen einige andere, scheinbar gelinde Torturarten gewesen sein, von denen manche in gewissen Verhältnissen auch heutzutage inmitten unserer stolzen Kulturwelt zur Anwendung gelangen. Vor allem ist hier zu nennen: die Salzfolter (*Tormentum ex sale et linteo*), wobei dem Angeschuldigten ein mit einer starken Salzlösung gesättigtes Linnenstück gewaltsam in den Schlund getrieben wurde, bis die Erstickungsgefahr sehr nahe war. Ferner die Ziegenfolter (*Tormentum cum capra*), wobei der Beschuldigte auf eine Bank gelegt angebunden wurde. Sodann wurden ihm die Fußsohlen stark mit Salz eingerieben, das von einer Ziege abgeleckt wurde. Dieser Vorgang war anfangs mit einem unerträglichen Kitzel verbunden, der sich durch die Wiederholung zu einem sehr schmerzvollen Empfinden steigerte. Die raue Zunge der Ziege wetzte Haut und Fleisch zuweilen bis auf die Knochen fort. Die Hungerfolter (*Tormentum famis*) bestand, wie schon der Namen klar macht, aus anhaltender Nahrungsentziehung, die Durstfolter (*Tormentum sitis*) aus der Entziehung jeglichen Trunkes, wobei der Durst noch durch scharf gewürzte Speisen und Aufenthalt in einer heißen Zelle gesteigert wurde. Auch eine Wachfolter (*Tormentum vigiliae*) gab es, wobei der Gefolterte gehindert wurde zu schlafen, mit roher Hand aufgerüttelt, wenn trotz aller Hindernisse und Störungen die Natur dennoch ihre Rechte geltend machte. Wieder eine andere Art der Folterung bestand darin, dass dem Bezichtigten Hornissen oder andere stechenden Insekten dermaßen auf die Haut gesetzt wurden, dass die Tierchen sich nicht entfernen konnten.

Noch manches ließe sich anführen, wobei das Rom der Kaiserzeit eine besondere Virtuosität in Erfindungen von Martern bekundete, insofern das meiste hiervon überhaupt nicht orientalischer Import gewesen war. Immerhin lässt sich aber auch sagen, dass fast nichts anders von dem gestürzten Römerstaat so komplett der Nachwelt überliefert wurde wie eben die Tortur und ihre Mittel. Bemerkenswert ist, dass bei den Römern gewöhnlich in den festlichen Tagen des Jahres Folterungen nicht vorgenommen wurden.

Das Byzantinische oder Oströmische Reich, dessen Geschichte auf jedem Blatt Mord und Grausamkeit aufweist, nahm selbstverständlich die Tortur mit all ihren Gräueln von Mutter Rom, wozu sich noch die orientalischen Praktiken gesellten. Auch Italien, Spanien, Frankreich, die Töchter der weströmischen Herrschaft, folgten darin willig, und auch andere Völker, die mit dem Romanentum in Berührung kamen, wie die Goten, wandten die Tortur an. Wieder sei Westphal das Wort gegeben: »Die ersten Spuren der Tortur, die wir in deutschen Gesetzen finden, zeigen, dass sie den Römern entnommen wurden. Die Gesetze der Ost- und Westgoten, Burgunder, Salier und Bajuvarier enthalten davon etwas. In dem *Edicto Theodorici* des ostgotischen Königs ist hiervon, wie auch sonst, nur das römische Recht wiederholt. Ebenso deutlich sind die Spuren des römischen Rechts in dem Gesetz der Westgoten, nur dass diese noch einige Zusätze oder Abänderungen vorgenommen haben. Dieses Gesetz kennt eine Tortur der Sklaven und auch der Freien. Erstere wurden, wie bei den Römern, als Verbrecher oder als Zeugen gefoltert, konnten aber nur bei schweren Verbrechen wider ihre Herren Zeugnis ablegen. Freie wurden nur als Verbrecher gefoltert, doch musste in diesem Falle der Kläger vornehmer als der Angeklagte sein. Anklage und Gesuch auf Tortur mussten so erfolgen, dass der Beschuldigte von der Vernehmung und Tortur vorher nichts erfuhr. Überstand er die Folter und wurde er freigesprochen, so sollte der Kläger sein Sklave werden oder ihm so viel an Gut zugeben, als er forderte. Sowohl Kläger wie auch Richter konnten dafür verantwortlich gemacht werden, wenn der Gefolterte bei der Marter starb oder stark verletzt wurde.

Die *Lex Salica Tit. 43*, kennt nur eine Tortur der Sklaven, besonders bei Diebstählen, und bestimmt die Marterinstrumente. Die *Colaphi* oder *Colpi* entsprach der römischen *Equuleus, senum*, die Sehne, dem *fidiculis*. Den römischen Rutenstreichen entsprechen hier Gertenhiebe, wobei der Betreffende auf einer Bank, mit dem Rücken nach oben, ausgestreckt lag. Die Anzahl der Streiche war festgestellt, und diese Tortur konnte nur bei Diebstählen von einer gewissen Höhe des Betrages stattfinden. Bekannte bei der Marter der Sklave, so musste dessen Herr den Kläger schadlos halten. Leugnete er, so konnte der Kläger die gesetzlich festgestellte Anzahl der Schläge überschreiten, doch musste er dem Herrn des Sklaven Kaution bieten. Bekannte bei dieser Fortsetzung der Marter endlich der Sklave, so gehörte er dem Kläger, ohne dass dieser den bisherigen Herrn entschädigen musste. Blieb aber der Sklave auch jetzt noch standhaft beim Leugnen der Tat, so wurde er freigesprochen, wurde seinem

Herrn zurückgegeben, sofern dieser von dem Kläger nicht als Entschädigung die Bezahlung des Wertes beanspruchte.

Auch die *Lex Bajuvarior Tit. 8 c. 18* kennt nur eine Tortur der Sklaven und verordnet, dass der Kläger dem Herrn, dessen Sklaven er ungerechtfertigt foltern ließ, zwei Sklaven zu ersetzen hatte. Dasselbe verordnet auch die *Lex Burgund. Tit. 7.*

Bei Griechen, Römern und andern Völkern wurden, wie bereits angegeben, häufig als Zeugen auftretende Sklaven der Tortur unterzogen, eine Maßnahme, die in vielen Fällen sogar als unerlässlich galt. Dies nötigt uns einen raschen Blick auf die Entwicklung des Zeugniszwanges zu werfen, wobei wir den Wortlaut einer kleinen Schrift, »Der Zeugnis-Zwang im Strafverfahren in geschichtlicher Entwicklung«, von Dr. Paul Kayser, Stadtrichter in Berlin, 1879, teilweise anführen: »Schon im alten Testament wird die Zeugnispflicht als ein Gebot der Religion aufgestellt: »Wenn eine Seele sündigen würde, dass er einen Fluch höret und er des Zeuge ist, oder gesehen und erfahren hat und nicht ansaget, der ist einer Missetat schuldig«, (3. Moses 5, 1), ein Satz, der in den Sprüchen Salomons (29, 24) in seinem Inhalt wiederholt wird. Der Ungehorsam der Zeugen ist, wie es in einem theokratischen Staat, wo Sünde und bürgerliches Vergehen einander decken, gar nicht anders erwartet werden kann, eine Sünde gegen Gott, die nur durch ein Opfer gesühnt wird (3. Moses 5, 6). Im Übrigen ist uns aber das Strafverfahren in dem jüdischen Staat aus der Bibel so wenig bekannt, dass wir auch nicht wissen, ob später zu dieser religiösen Sühne – die als Gottesgesetz nicht geändert werden konnte – noch eine bürgerliche Strafe hinzugekommen ist. In dem Recht des Talmud wird zwar ebenfalls, besonders in Kriminalfällen, die allgemeine Verpflichtung, Zeugnis abzulegen, wiederholt, allein selbstverständlich kann bei dem Mangel eines staatlichen Organismus von Zwang oder Strafe für die Verweigerung nicht die Rede sein. Entsprechend dem Grundcharakter des talmudischen Strafrechts, dass möglichst zu Gunsten des Beschuldigten verfahren werden soll, wird der Grundsatz ausgesprochen, »dass, wer ein Zeugnis weiß, das seinem Nächsten zu Gute kommt und es nicht sagt, zwar nicht vom menschlichen, aber vom göttlichen Gericht gestraft werde.«[1]) – So hat die Vorschrift des alten Testaments, die sich auf die Anklage bezog, durch den Talmud nach Seite der Verteidigung die entsprechende Ergänzung erfahren. In Hellas hat der Zeugenbeweis selbst in den Fällen des schriftlichen Verfahrens eine ganz hervorragende Bedeutung, und schon hieraus muss das Bestehen einer allgemeinen Zeugnispflicht geschlossen werden. Einen direkten Zwang, vor Gericht zu erscheinen, hat es jedoch nicht gegeben, vielmehr machte sich der ungehorsame Zeuge teils regresspflichtig, teils strafbar. Wie sich aber die Folgen des Ungehorsams näher gestaltet haben, darüber ist eine Aufklärung aus den Quellen nicht zu schöpfen. Ankläger wie Angeklagter konnten ihre Zeugen selbst vor Gericht bringen. Wer von diesen nicht erschien, der wurde auf Antrag der Partei mit Erlaubnis des Gerichtsvorstandes durch den Herold geladen und bei seinem nunmehrigen Ausbleiben in eine Strafe von 1000 Drachmen (etwa 750 Mark) an den Staat verurteilt. Daneben findet sich noch eine Klage wegen Zeugnisverweigerung, die vermutlich eintrat, wenn zu der allgemeinen Zeugnispflicht noch ein besonderes Versprechen des Zeugnisses abgegeben, aber nicht gehalten wurde. In diesem Fall erhielt wahrscheinlich der Beschädigte die gedachte Strafe. Endlich konnte nach Beendigung des Verfahrens der beschädigte Teil gegen den ungehorsamen Zeugen den Ersatz des Schadens fordern.[2)] – Bei den Römern knüpft sich die Zeugenpflicht an die Form der Rechtsgeschäfte. Dieselben bedurften in der historischen Zeit, soweit es sich um Veräußerung von Grundeigentum, um Errichtung von Testamenten und dgl. handelte, der Zuziehung von fünf Zeugen, welche die fünf Klassen des römischen Volks vertraten und als dessen Repräsentanten gleichsam über die Gültigkeit dieser wichtigen Akte zu wachen hatten. Deshalb verordnen schon die zwölf Tafeln, dass ein solcher Solennitätszeuge, der später zum Zeugnis aufgerufen wurde, dasselbe verweigerte, »ehrlos und zeugnislos« sein sollte, d. h., auch er ein anderes Zeugnis nicht beanspruchen durfte und daher unfähig wurde, gewisse Rechtsgeschäfte abzuschließen.[3)] Es wird somit in den zwölf Tafeln ein Zwang auf die Zeugnisverweigernden nicht geübt, sondern, entsprechend dem in jener Zeit geltenden Talionsprinzip »Aug' um Aug', Zahn um Zahn«, wird derselbe in gleicher Weise gestraft, als er gefehlt hat. Er hat die ihm als Vertreter des Volks obliegende Pflicht verletzt, und deswegen werden ihm die entsprechenden Bürgerrechte entzogen. Auch in der späteren Zeit wird die Zeugnispflicht als eine allgemeine bezeichnet, ohne dass jedoch angegeben wird, wie dieselbe erzwungen oder ihre Verweigerung bestraft wurde.[4] Es liegt aber die Annahme nahe, dass wenigstens bis in die Kaiserzeit hinein die alte Strafe der Intestabilität fortbestand. Es lässt sich aber auch ferner annehmen, dass die Pflicht, dem Aufrufenden ein Zeugnis abzulegen, so sehr anerkannt war, dass es da der Gesetze nicht bedurfte, wo schon die gute Sitte ausgereicht hat. Wenigstens finden wir erst in Zivilsachen den Zeugniszwang von Justinian im J. 350 eingeführt,[5] und im Kriminalverfahren findet sich in älterer Zeit die Vorschrift, dass nur der Ankläger jemanden wider Willen zum Zeugnis veranlassen konnte.[6] Hieraus darf aber gefolgert werden, dass derjenige, der zu Gunsten des Angeklagten aussagen konnte, niemals sein Zeugnis verweigert haben wird. Diese Zeugen, sowie in der Kaiserzeit auch die Schutzzeugen[7], wurden von dem Richter gefordert, in dessen diskretionärer Gewalt es gewiss lag, dieselben auch zwangsweise vorzuführen.[8] Denn es ist offenbar kein neues Recht, wenn Justinian in Nov. 90 aus dem Jahr 539 anordnet, dass in Kriminalprozessen, um das Zeugnis zu erzwingen, unter Umständen auch von der Folter Gebrauch gemacht werden soll.[9] So sahen wir zu Beginn des römischen Rechts eine Strafe gegen den ungehorsamen Zeugen verhängen und am Schluss einen Zwang gegen ihn üben – zwei Arten, die fortan bestimmend auf die Zeugnispflicht bis auf den heutigen Tag gewirkt haben.

Für das ältere deutsche Recht muss vor allem daran erinnert werden, dass der Zeugenbeweis eine sehr untergeordnete Rolle spielte. Nichtsdestoweniger finden sich schon in den alten Volksrechten ganz ausdrückliche Vorschriften gegen den ungehorsamen Zeugen. Aus den beiden einzigen Quellen, die wir darüber besitzen, sehen wir jedoch, dass sich die Zeugen freiwillig den sie Anrufenden zu stellen pflegten und dass erst, wenn sie diesem Aufruf nicht folgten, eine Ladung an sie erging. Auch hier wird also die gute Sitte ein Gesetz in den meisten Fällen unnötig gemacht haben. Ein wirklicher Zwang wird aber auf Zeugen, die ausbleiben oder zwar erscheinen, aber keine Aussage machen wollen – denn beide Fällen werden gleichgestellt –, nicht geübt, vielmehr werden sie nur zu einer hohen Geldbuße verurteilt.[10] Unter den Karolingern richten sich die Prozessreformen auch auf eine größere Ausdehnung der rationellen Beweismittel durch Zeugen, und eben deshalb finden wir vielfach in den Kapitularien das Gebot, auf Ladung vor Gericht zu erscheinen.[11] Eine Mitteilung jedoch darüber, wie dieses Gebot erzwungen wurde, wird uns nicht gemacht, und wir können deshalb nur annehmen, dass der Ungehorsam von Zeugen, wie früher, als ein eigentümliches Vergehen gegen die Rechtsordnung mit Geldstrafen geahndet wurde.[12] Es wäre aber gewiss verkehrt, wenn man hieraus schließen wollte, dass dem germanischen Recht aus Rücksicht auf die individuelle Freiheit der wirkliche gegen die Person geübte Zwang fremd gewesen ist. Man muss diesen Zustand vielmehr als eine Schwäche der öffentlichen Gewalt bezeichnen, die noch nicht imstande war, selbst die strafbaren Handlungen zu ahnden. Vielmehr wurden Letztere noch zum größten Teil von dem Verletzten selbst oder dessen Familie »per corpus« mit Selbsthilfe in der Fehde bestraft. Im späteren Mittelalter aber, zur Zeit der Rechtsbücher (Sachsen- bzw. Schwabenspiegel), war das Beweisverfahren so sehr verwildert und auf das rohe Element der Fäuste gestellt, dass man den Zwang auf Zeugen gewiss hat entbehren können. Aber das deutsche Recht hat doch das Verdienst, in der vorliegenden Materie einen neuen Vergehensbegriff eingeführt zu haben, den Ungehorsam gegen die verlangte Rechtshilfe, wenn es auch sonst den eigentlichen Zwang nicht gekannt hat.

In dem kanonischen Recht, dem dritten Faktor der universalen Rechtskultur des Mittelalters, ist die Pflicht zum Zeugnis nicht nur anerkannt, sondern es wird die Entziehung derselben von dem heiligen Augustinus offenbar im Anschluss an die mosaische Vorschrift sogar als eine Sünde gegen Gott bezeichnet, denn wenn der unwahre Zeuge zu schaden wünsche, so wolle derjenige, der seine Aussage zurückhalte, nicht nützen, beides sei von gleichem Übel.[13] Die Kirche stellt zwar ihrer Mission gemäß den Grundsatz auf, nur mit Ermahnungen gegen widerspenstige Zeugen vorzugehen, allein dies ist bloß eine leere Redensart, weil von dieser Regel die Ausnahmefälle viel zahlreicher sind. Denn einmal waren Zwangsmittel gegen diejenigen gestattet, die aus Hass, Furcht oder Gunst ihre Aussage verweigern – andere Beweggründe lassen sich kaum denken[14] –, sodann aber wurden dieselben auch in dem Notzustand zugelassen, wenn die Wahrheit anders nicht ermittelt werden könne.[15] Das Ziel der Kirche ist es, nicht zu strafen, sondern zu bessern. Daher sucht sie zunächst freilich durch Ermahnungen zu wirken und greift erst, wenn diese fruchtlos sind, zu ihren Heil- und Zuchtmitteln (*censurae, poenae medicinales*), um durch dieselben den widerspenstigen Zeugen zum Gehorsam zu bringen. Geistliche werden, bis der Zwang gebrochen ist, von Amt und Einkommen suspendiert, endlich auch exkommuniziert. Gegenüber den Laien treten die gewöhnlichen Zensuren, teilweise oder gänzliche Entziehung von der Gemeinschaft, ein.[16]

Wie diese verschiedenen Gesichtspunkte in der Praxis der Gerichtshöfe zur Geltung gekommen sind, darüber ist freilich eine sichere Kunde nicht zu uns gelangt. In der großen Prozessordnung, die von Karl V. ihren Namen trägt, aus dem Jahre 1532, wird die Zeugnispflicht nicht einmal erwähnt. Dass sie aber als selbstverständlich vorausgesetzt wurde, ergibt sich aus der Bestimmung über das Verhör auswärtiger Zeugen, deren Aussage durch Vermittelung der auswärtigen Obrigkeiten herbeigeführt werden soll.[17] Die Mittel, durch welche die Zeugenaussagen zu erzwingen waren, werden auch in diesem Gesetzbuch nicht angegeben, sondern wie viele andere Dinge der Gerichtsübung überlassen, die allmählich den ganzen Prozess umgebildet hatte. Solange es nämlich eine Verfolgung von Amts wegen nicht gegeben hat, solange war auch das Recht und die Pflicht des Staates, Verbrechen zu strafen, noch nicht zur vollen Geltung gelangt. In den Vordergrund tritt immer noch das Objekt der strafbaren Handlung, der Verletzte. Er ist es, der zunächst die Sühne verlangt, an der die gebrochene Rechtsordnung, der gestörte Frieden nur mittelbar beteiligt ist. Deshalb ist auch die Stellung des Übeltäters und der Zeugen eine viel freiere und unabhängigere, und die Letzteren, wenn sie ihre Aussage verweigern, verweigern dem Verletzten nur ihre Rechtshilfe, die Rechtsordnung aber beschädigen sie nur mittelbar. Je weniger man den Staat selbst durch die strafbare Handlung geschädigt ansah, desto weniger erschien es im Interesse dieses, den ungehorsamen Zeugen zu zwingen. So sehen wir auch in Roms ältesten Zeiten keinen Zwang, sondern es wird dem sich weigernden Zeugen die gleiche Hilfe versagt. So sehen wir auch in den deutschen Volksrechten diese verweigerte Rechtshilfe zwar nicht bloß als eine moralisch verwerfliche, sondern auch als eine mit einer Geldbuße, aber nur mit einer solchen zu sühnende Tat charakterisiert, ein Zwang gegen den Zeugnisverweigernden wird nicht angewendet. Erst die Umwandlung des Strafprozesses in eine Verfolgung und Untersuchung von Amtswegen, wie sie namentlich durch die Dekrete des Lyoner Konzils begründet wurde, führt eine Änderung herbei. Der Beschädiger steht jetzt nicht mehr einem Privatankläger, sondern der verfolgenden Obrigkeit gegenüber, die von ihm Rechenschaft verlangt. Um ihn aber zu bestrafen, muss er des Verbrechens überführt werden – was bei der vorhandenen rein formellen Beweistheorie vielen Hindernissen begegnete –, oder er musste gestehen. *Confessio regina probationum.* Als ein Mittel, von dem Beschuldigten die Wahrheit, d. h. das Geständnis seiner Schuld, zu erlangen, verfiel man bekanntlich auf die Tortur. Es würde zu weit ablenken, sollte hier auseinander gesetzt werden, wie nur in den geistlichen Ketzergerichten die Tortur von der Willkür geistlicher Richter abhängig war, die sich in der Gesinnung von ihren Henkersknechten nicht viel unterschieden, und wie dagegen in Deutschland ein gründliches wissenschaftliches System entstanden ist: über die Fälle, wann zur »peinlichen Frage« geschritten werden sollte, über die Art derselben in ihren verschiedenartigen Stufen, über die Dauer, ihre Wiederholung, falls der »Gemarterte« später widerrief u. dgl. m. Für den vorliegenden Zweck soll diese Andeutung genügen, um darauf hinzuweisen, dass diesem Verfahren das Recht des Staates auf Erforschung der Wahrheit zu Grunde lag und dass man zur Erreichung dieses Zweckes Zwangsmittel anwandte. Denn dass die Tortur keine Strafe, sondern nur ein Zwangsmittel – oder, wie man in euphemistischer Täuschung sagte, ein *medium eruendae veritatis* – gewesen ist, das ist eine jedem Laien bekannte Tatsache[18)]. Sie hat mit der Strafe zwar gemein, dass der Beschuldigte die gleichen Schmerzen fühlt. Die Strafe aber ist – abgesehen von sonstigen Unterschieden – eine begrenzte, das

Zwangsmittel ist unbeschränkt und wird lediglich, wie die peinliche Gerichtsordnung Karls V. in Art. 58 vorschreibt, »nach Ermessung eyns guten vernünftigen Richters fürgenommen.« – Man wird nun nicht fehlgehen, wenn man aus dieser veränderten Stellung des Angeklagten im Inquisitionsprozess auch einen Schluss auf die Stellung der Zeugen macht. Die Verweigerung ihrer Aussage schädigt nicht mehr eine Partei, sondern greift die Existenz des Staates an. Wie dieser von dem Beschuldigten das Geständnis erzwingt, so jetzt auch von dem Zeugen sein Erscheinen und seine Aussage. Die Sühne, die in der Bestrafung für die Verweigerung gefunden werden könnte, ist nicht mehr ausreichend, der omnipotente Staat verlangt die Ablegung des Zeugnisses. Deshalb werden in dem auf die Gerichtsordnung Karls V. folgenden sog. gemeinen Kriminalprozess gegen den ungehorsamen Zeugen überhaupt nur Zwangsmittel angewandt und die Bestrafung desselben fallen gelassen. Denn es ist die höchste Staatsräson, dass Verbrechen nicht ungestraft bleiben. Als Mittel, die Zeugen zu zwingen, werden Geldbußen, Freiheitsentziehungen und endlich die Tortur bezeichnet. Da in jener Zeit noch nicht der erhabene Grundsatz von der Gleichheit der Personen vor dem Gesetze galt, so wurden die zuerst gedachten Zwangsmittel vorzugsweise gegen Personen von »einigem Stand« angewendet. Nur Personen geringeren Schlages wurden durch die Tortur zu ihrer Zeugnispflicht angehalten, und auch dann nur, wenn man andere Zeugen nicht haben und den Beschuldigten trotz Folterung zu einem Geständnis nicht veranlassen konnte sowie wenn es sich um ein Kapitalverbrechen handelte. Einige verlangten noch, dass die Zeugen bei dessen Begehung anwesend gewesen sein müssen, damit ihre Kenntnis und ihr böses Verschweigen klar erhelle. Auch musste die Art der Tortur geringer sein, als die gegen den Beschuldigten angewandte und wurde selten über den ersten Grad hinaus erstreckt.[19)] Als nun später die Folter abgeschafft wurde, was zuerst in Preußen durch die Kab. Ordre vom 3. Juni 1740, zuletzt in Hannover durch die Verordnung vom 25. März 1822 geschehen ist, so blieben als Zwangsmittel gegen den ungehorsamen Zeugen nur Geldbußen und Einsperrung übrig, denen man es äußerlich freilich nicht ansehen kann, ob sie zur Strafe oder zum Zwang dienen, und deren Unterschied namentlich der davon Betroffene für höchst gleichgültig erachten wird. Derselbe liegt aber, wie bereits erwähnt, in der Unbegrenztheit der Zwangsmittel, in der Verschärfung derselben – die Strafe darf nur so vollstreckt werden, wie sie verhängt ist – und in der Abhängigkeit von dem Willen des Betroffenen – während die Strafe, soweit sie erkannt worden ist, auch verbüßt werden muss …

Ähnlich wie in Deutschland verhielt es sich in dieser Sache auch in den anderen europäischen Staaten. Von dem Zeugniszwang in neuerer Zeit, wo die Folter gesetzlich nicht mehr zur Anwendung gelangt, können wir hier absehen, weil es außerhalb des Rahmens unserer Darstellung liegt. Dasselbe gilt auch von den Ländern des Orients etc., wenn auch aus anderen Gründen, die wohl nicht erst dargelegt werden müssen.

Mitgeteilt zu werden verdient hier, wie sich der bekannte italienische Schriftsteller Cesare Bonesano de Beccaria in seiner berühmten, 1764 erschienenen Schrift »*Dei delitti e delle pene*« (übersetzt von M. Waldeck), die Voltaire »das Gesetzbuch der Menschlichkeit« nennt, über die Folter äußert:

»§ 16. Von der Folter. Eine durch den Gebrauch bei den meisten Nationen geheiligte Grausamkeit ist die Folterung des Angeklagten während des Prozesses, um ihn entweder zum Geständnis eines Verbrechens zu zwingen oder die Widersprüche, in die er verfallen ist, anzugeben oder die hirnlose und unbegreifbare Reinigung von der Ehrlosigkeit zu bewirken oder endlich ihn zum Geständnis anderer Verbrechen, denen er schuldig sein kann, aber nicht angeklagt ist, zu veranlassen.«

Ein Mensch kann nicht vor der Verurteilung durch den Richter schuldig genannt werden, und die Gesellschaft kann ihm nicht den öffentlichen Schutz entziehen, solange es nicht entschieden ist, dass er die Verträge verletzt hat, deren Schutz ihm bewilligt wurde. Worauf also, wenn nicht auf Gewalt, gründet sich das Recht, das einem Richter die Macht gibt, einen Bürger zu bestrafen, solange es zweifelhaft ist ob er schuldig oder unschuldig sei? Nicht neu ist das Dilemma: entweder ist das Verbrechen gewiss oder nicht. Ist es gewiss, so kommt ihm keine andere Strafe zu wie die von den Gesetzen bestimmte, und unnütz sind die Qualen, weil das Geständnis des Angeklagten unnütz ist. Ist es ungewiss, so darf ein Unschuldiger nicht gefoltert werden, weil es den Gesetzen nach ein Mensch ist, dessen Verbrechen nicht bewiesen sind.

Aber ich füge noch hinzu, dass es willkürlich ist und alle Begriffe verwirrt, wenn man verlangt, dass ein Mensch zu gleicher Zeit Ankläger und Angeklagter sei,[20)] dass der Schmerz der Schmelztiegel der Wahrheit sein soll, gleichsam als ob deren Beweise in den Muskeln und Nerven der Unglücklichen ihren Sitz hätten. Es ist ein sichereres Mittel, um kräftige Schuldige freizusprechen und schwache Unschuldige zu verurteilen. Das sind die schrecklichen Folgen dieses angeblichen Kriteriums der Wahrheit, das wohl eines Kannibalen würdig ist und das selbst die in mehr als einer Beziehung barbarischen Römer nur für die Sklaven aufbewahrten, (?) die Opfer einer wilden und zu oft gelobten Tapferkeit. Was ist der politische Zweck der Strafen? Den anderen Schrecken einzuflößen. Aber welches Urteil sollen wir über die geheimen und privaten Martern fällen, deren Gebrauch die Tyrannei sowohl auf die Schuldigen wie auf die Unschuldigen ausdehnt? Es ist wichtig, dass jedes offene Verbrechen nicht ungestraft bleibt, aber es ist unnütz nachzuforschen, wer ein Verbrechen begangen hat, das in Dunkelheit begraben ist. Ein schon begangenes Übel, gegen das es kein Mittel gibt, kann von der politischen Gesellschaft bestraft werden, nur insofern, als sie einen Einfluss auf die anderen ausübt, damit sich diese nicht der Hoffnung auf Straflosigkeit rühmen können.[21)] Wenn es wahr ist, dass die Zahl der Menschen größer ist, die aus Furcht oder Tugend die Gesetze achten, als die derer, die sie brechen, so muss die Gefahr, einen Unschuldigen zu foltern, um so höher angerechnet werden, je größer die Wahrscheinlichkeit, dass ein Mensch sie unter gleichen Umständen eher achtet als verletzt.

Ein anderer lächerlicher Grund für Anwendung der Folter ist die Reinigung von der Ehrlosigkeit, d. h., ein von den Gesetzen als ehrlos verurteilter Mensch soll seine Aussagen durch das Zerbrechen der Knochen bestätigen. Ein solcher Gebrauch müsste im achtzehnten Jahrhundert nicht mehr geduldet werden. Glaubt man, dass der Schmerz, der eine Empfindung ist, von der Ehrlosigkeit, also einer rein moralischen Beziehung, reinigen kann? Ist er vielleicht ein Schmelztiegel und die Ehrlosigkeit ein unreiner, zusammengesetzter Körper? Es ist nicht schwer, zu dem Ursprung dieser lächerlichen Gesetze hinaufzusteigen, weil selbst die unsinnigsten, von einer ganzen Nation angenommenen Sachen stets zu den anderen gewöhnlichen und geachteten Gedanken derselben Nation in Beziehung stehen. Dieser Gebrauch scheint den religiösen und geistigen Ideen entsprungen zu sein, die einen so bedeutenden Einfluss auf die Gedanken der Menschen, der Völker und der Jahrhunderte ausüben. Ein unfehlbares Dogma versichert uns, dass die aus menschlicher Schwäche begangenen Fehler, die nicht den ewigen Zorn des höchsten Wesens verdient haben, durch ein unbegreifbares Feuer gereinigt werden sollen. Nun ist die Ehrlosigkeit aber ein bürgerlicher Makel, und weswegen sollten nicht, wie der Schmerz und das Feuer die geistigen und unkörperlichen Flecken entfernen, die Folterqualen den bürgerlichen Schandfleck, die Ehrlosigkeit, fortschaffen können? Ich glaube, dass das Geständnis des Schuldigen, das bei jedem Gericht als Hauptgrund zur Verurteilung des Schuldigen verlangt wird, einen nicht unähnlichen Grund hat, denn in dem geheimnisvollen Beichtstuhl bildet das Geständnis der Sünden einen Hauptbestandteil des Sakramentes. So missbrauchen die Menschen die hellsten Lehren der Offenbarung, und da diese sich allein die Zeiten der Unwissenheit hindurch erhielten, so nimmt die gelehrige Menschheit zu ihnen bei allen Gelegenheiten ihre Zuflucht und wendet sie auf die abgeschmackteste und unpassendste Art an. Aber die Ehrlosigkeit ist ein weder den Gesetzen, noch der Vernunft, sondern der öffentlichen Meinung unterworfenes Gefühl. Die Folter selbst macht den wirklich ehrlos, der ihr zum Opfer fällt. Wie kann also durch sie die Ehrlosigkeit aufgehoben werden, da sie doch selbst die Ehrlosigkeit gibt?

Der dritte Beweggrund für die Folter ist, dass angebliche Schuldige bei der Untersuchung in Widersprüche verfallen, als ob nicht die Furcht vor Strafe, die Ungewissheit des Urteils, die Entrüstung und Würde des Richters und die fast allen Verbrechern und Unschuldigen gemeinsame Unwissenheit nicht wahrscheinlich ebenso wohl den Unschuldigen, der fürchtet, wie den Schuldigen, der sich zu decken sucht, in Widersprüche verwickeln würden, als ob sich Widersprüche nicht schon häufig bei

Menschen finden, die ruhig sind, wie vielmehr müssen sie also in der Verwirrung des Geistes zunehmen, der ganz in den Gedanken versunken ist, sich vor drohender Gefahr zu retten.

Dieses entsetzliche Mittel, die Wahrheit zu entdecken, ist noch ein aus der alten und wilden Gesetzgebung übernommenes Denkmal, als noch Gottesurteile die Proben mit Feuer und kochendem Wasser und das Ungefähr der Waffen genannt wurden, als ob die Glieder der ewigen Kette, die in dem Schoß des höchsten Wesens ruht, in jedem Augenblick durch die frivolen Bestimmungen der Menschen verwirrt und getrennt werden könnten. Der einzige Unterschied zwischen der Folter und den Feuer- und Wasserproben ist, dass der Ausgang der ersten von dem Willen des Angeklagten und der der zweiten von einer rein physischen und äußerlichen Ursache abzuhängen scheint, aber dieser Unterschied ist nur scheinbar, nicht wirklich. Es herrscht ebenso wenig Freiheit, die Wahrheit unter den Qualen und Martern der Folter zu sagen, als sonst möglich war, ohne Betrug die Wirkungen des Feuers und kochenden Wassers zu vernichten.[22)]

Jede Tat unseres Willens ist stets der Kraft des fühlbaren Eindrucks, der sie hervorruft, proportional, und die Fähigkeit des Fühlens ist bei jedem Menschen begrenzt[23)], daher kann das Gefühl des Schmerzes so wachsen, dass es alles beherrscht und dem Gequälten keine Freiheit lässt, für den Augenblick den kürzesten Weg zu wählen, sich der Strafe zu entledigen. So ist also die Antwort des Beschuldigten ebenso unausbleiblich wie die Eindrücke des Feuers oder des siedenden Wassers. Dann wird der empfindsame Unschuldige sich für schuldig erklären, sobald er dadurch ein Aufhören der Martern zu erlangen hofft. Jeder Unterschied zwischen ihnen verschwindet durch das Mittel selbst, das sich die Auffindung der Wahrheit anmaßte. Es ist unnötig, das Licht dieser Wahrheit durch die Aufzählung zahlloser Beispiele von Unschuldigen zu verdoppeln, die sich unter den Qualen der Folter für schuldig erklärten. Es gibt kein Volk und keine Zeit, die nicht die ihrigen aufzählen könnte, aber weder ändern sich die Menschen, noch ziehen sie Schlüsse daraus. Es gibt keinen Menschen, der seine Gedanken über die Bedürfnisse dieses Lebens erhebt, der nicht hin und wieder der Natur zueilte, die ihn mit leiser und schüchterner Stimme zu sich ruft, die Gewohnheit aber, der Tyrann der Geister, stößt und schreckt ihn wieder zurück.

Der Ausgang der Folter ist also eine Sache des Temperamentes und der Berechnung und variiert in jedem Menschen im Verhältnis zu seiner Schwäche und Empfindsamkeit, so dass ein Mathematiker diese Frage besser als ein Richter lösen würde. Die Stärke der Muskeln und die Empfindlichkeit der Nerven eines Unschuldigen ist gegeben, und der Grad des Schmerzes ist zu finden, der ihn veranlassen wird, sich eines gegebenen Verbrechens für schuldig zu erklären.

Die peinliche Frage eines Angeklagten geschieht, um die Wahrheit zu erfahren, aber wenn diese Wahrheit sich schon schwer in den Mienen, Gesten und der Physiognomie eines ruhigen Menschen offenbart, wie viel weniger wird sie sich einem Menschen zeigen, in dem die Zuckungen des Schmerzes alle die Zeichen verändert haben, wodurch die meisten Menschen oft wider ihren Willen die Wahrheit ausdrücken. Jede gewaltsame Handlung verwirrt und lässt die höchst geringen Unterschiede der Gegenstände verschwinden, durch die sich sonst das Wahre vom Falschen unterscheidet.

Diese Wahrheiten waren den römischen Gesetzgebern wohl bekannt, welche die Folter nur gegen die Sklaven anwandten, denen jede Persönlichkeit abging: Sie sind es auch in England, bei dem Volk, dessen Ruhm in den Wissenschaften, dessen Überlegenheit des Handels, der Reichtümer und folglich seiner Macht und dessen Beispiele von Tugend und Mut keinen Zweifel gegen die Güte der Gesetze aufkommen lassen. Die Folter ist in Schweden abgeschafft, aufgehoben von einem der weisesten Monarchen Europas, der die Philosophie auf den Thron gehoben hat und der befreundete Gesetzgeber seiner Untertanen ist. Er hat sie gleich und frei in der Abhängigkeit von den Gesetzen gemacht, was die einzige Gleichheit und Freiheit ausmacht, die vernünftige Menschen unter den gegenwärtigen Verhältnissen verlangen können. Für überflüssig hält man die Folter in den Gesetzen für die Soldaten, die doch zum größten Teil aus dem Auswurf der Völker bestehen und bei denen sie doch nötiger als irgendwo anders sein sollte. Eigentümlich erscheint es dem, der nicht in Betracht zieht, wie groß die Tyrannei der Gewohnheit ist, dass die

Zivilgesetze erst den von den Menschen, deren Geist durch Blutvergießen und Metzeleien verhärtet ist, eine menschlichere Art des Richtens lernen sollen.

Diese Wahrheit wird endlich auch von denen verworren gefühlt, die sie von sich halten. Nichts gilt das während der Folter abgelegte Geständnis, wenn es nicht durch einen Eid nach derselben bekräftigt wird. Bestätigt aber der Angeklagte nicht, so soll er von neuem gefoltert werden. Einige Gelehrte und Nationen gestatten diese entsetzliche *petitio principii* nur dreimal, andere überlassen es der Willkür des Richters, so dass von zwei gleich unschuldigen oder schuldigen Menschen der starke und mutige freigesprochen, der schwache und furchtsame hingegen nach dem folgenden, bündigen Schluss verurteilt wird: »Ich, der Richter, soll Euch eines solchen Verbrechens für schuldig finden. Du Starker hast dem Schmerz zu widerstehen verstanden, und deshalb spreche ich Dich frei. Du, Teufel, hast ihm nachgegeben, und deshalb verdamme ich Dich. Ich weiß zwar, dass das Euch von der Folter entrissene Geständnis keine Kraft hat, aber ich werde Euch von neuem martern, falls Ihr das nicht bestätigt, was Ihr ausgesagt habt.«[24)]

Eine sonderbare Folge, die notwendigerweise aus dem Gebrauch der Folter entspringt, ist, dass der Unschuldige sich in einer schlimmeren Lage als der Schuldige befindet, denn wenn beide auf die Folter gespannt werden, so hat der erste alles gegen sich: Gesteht er das Verbrechen, so wird er verurteilt, erklärt er sich für unschuldig, so hat er eine unverdiente Strafe erlitten. Der Schuldige hat hingegen einen günstigen Fall für sich, sobald er nämlich entschlossen der Folter widersteht, weil er dann als unschuldig freigesprochen werden muss. Er hat also eine größere Strafe gegen eine geringere ausgetauscht. Deshalb kann der Unschuldige nur verlieren und der Schuldige nur gewinnen.

Das Gesetz, das die Folter anempfiehlt, sagt: »Menschen, widersteht den Schmerzen, und wenn die Natur euch eine unauslöschliche Selbstliebe eingepflanzt und Eurer Verteidigung ein unentfernbares Recht geschaffen hat, so rufe ich einen entgegengesetzten Effekt in euch wach, also einen heldenmütigen Hass gegen euch selbst, und befehle euch, euch selbst anzuklagen und die Wahrheit zu sagen, selbst wenn euch die Muskeln zerrissen und die Knochen zerbrochen würden.«

Die Folter wird angewandt, um zu entdecken, ob ein Angeklagter außer den Verbrechen, deren er angeklagt ist, noch andere begangen hat, nach dem Grundsatz: »Du bist eines Verbrechens angeklagt, also ist es möglich, dass du noch tausend andere begangen hast; dieser Zweifel drückt mich, und ich will mich durch das Kriterium der Wahrheit versichern: Die Gesetze martern dich, weil du angeklagt, bist, weil du schuldig sein kannst und weil ich will, dass Du schuldig seiest.«

Endlich wird ein Angeklagter gefoltert, um zu entdecken, ob er noch Mitschuldige hat[25]. Aber wenn sich gezeigt hat, dass die Folter kein sicheres Mittel ist, um die Wahrheit zu entdecken, wie kann sie dann dazu dienen, die Mitverbrecher zu enthüllen, da dies doch einen Teil der zu erforschenden Wahrheit ausmacht? Als ob der Mensch, der sich selbst angeklagt hat, nicht noch leichter andere anklagen würde. Ist es gerecht, die Menschen der Verbrechen eines anderen wegen zu foltern? Lassen sich die Mitschuldigen nicht aus den Zeugnissen, den Aussagen des Angeklagten, den Beweisen und dem *Corpus delicti*, mit einem Worte, nicht aus allen denselben Mitteln nachweisen, die das Verbrechen bei dem Angeklagten feststellen sollen? Die Mitschuldigen entfliehen meist sofort, nachdem ihr Gefährte eingekerkert wurde. Die Unsicherheit ihrer Zukunft verurteilt sie schon von selbst zur Verbannung und befreit das Volk von der Gefahr neuer Angriffe, während die Strafe des Angeklagten, die in Kraft bleibt, ihren einzigen Zweck erfüllt, den, die anderen Menschen von einem ähnlichen Verbrechen zurückzuschrecken.«

III. Kapitel

Verstümmelnde Körperstrafen – Abschneiden von Nase, Ohren und Brüsten – Zerschmettern von Knochen– Blendung – Bastonade – Arabisches Gerichtsverfahren – Chinesisches Gerichtsverfahren – Japan – Harakiri – Tortur in China – Indien – Die schwarze Höhle

Als Folterungen bei den Römern sind zumeist auch die verstümmelnden Körperstrafen zu betrachten, die gegen Sklaven und leichte Verbrecher zur Anwendung kamen, besonders aber bei den Christenverfolgungen angewandt wurden. Die meisten dieser Strafen finden wir bereits früher bei den orientalischen Völkern als Brauch, so wie sie dort auch heutzutage noch vorzukommen pflegen. Es lässt sich daher mit Gewissheit annehmen, dass sie bei den Römern auch Überlieferungen aus dem hellen Osten waren, wie die Folter überhaupt. Fast überflüssig ist es zu bemerken, dass diese Körperverstümmelungen als Straf- oder Schreckmittel nicht mit dem alten Rom untergingen. Auch sie wurden der nachfolgenden Kulturepoche überliefert, und wir finden sie in der europäischen Rechtspflege noch im achtzehnten Jahrhundert teilweise in Anwendung.

Am allgemeinsten war das Abschneiden von Ohren und Nase. Bei den alten Ägyptern war das Abschneiden der Nase eine Strafe für Ehebrecherinnen, und auch bei den Römern kam es an Ehebrechern zur Anwendung, zumeist allerdings als Rache des gekränkten Gatten. Julius Cäsar wandte das Abschneiden von Nase und Ohren gegen seine sträflichen Krieger an, und dieses Disziplinarmittel scheint sich im römischen Heer erhalten zu haben, denn wir finden es selbst noch im oströmischen Reich, wo z. B. Kaiser Justinian dieselbe Strafe anwandte. Selbst die deutschen Krieger viel späterer Zeit mussten zuweilen nicht sehr große Vergehen mit Verlust eines dieser Körperteile büßen. Auch Sklaven konnten dermaßen im alten Rom von ihrem ungnädigen Herren bestraft werden. Wahrscheinlich kam es mit anderen Grausamkeiten bei den Christenverfolgungen zur Anwendung. Von dem Ausbrechen der Zähne gilt dies als zweifellos. Das Abhauen der Hand oder des

Fußes oder auch beider dieser Gliedmaßen kam bei diesen Verfolgungen gleichfalls häufig vor wie früher schon als Strafe gegen flüchtige Diebe und flüchtige Sklaven. Gegen Frauen wurde bei jenen Anlässen nicht selten das Abschneiden der Brüste angewandt, wie z. B. von der heiligen Martina erzählt wird. Diese Grausamkeit kam früher und auch später oft noch vor, und die Stadt Wimpfen soll einem derartigen Vorfall ihren Namen verdanken, wie eine einstige Inschrift auf dem dortigen Rathaus bezeugte:

»Cornelia war diese Stadt
Vorzeiten genannt, ietzund so hat
Sie den Nahmen verwandelt, heist
Wimpfen, kömmt daher wie man weiß
Dass zur Zeit des Königs Attila
Die Hungarn sie zerschleift gar.
All Mannsbild sie töten behend,
Die Weibsbilder erstlich all geschänd:
Hernach ihre Brust abgeschnitten
Darum die Stadt auf Teutsche Sitten
Weibs-Pein, ietzt Wimpfen, sonst gar fein
Mulierum poena zu Latein.«

Sehr üblich, und besonders als Privatstrafe gegen Sklaven, war das Zerschmettern der Knochen (*Crurifragium*), wobei den für schuldig Betrachteten mit einer Keule die Schenkelknochen entzweigeschlagen wurden. Etwas »milder« war das *Lumbifragium*, das nur eine Lähmung der Beine zur Folge hatte, indem der Ärmste lange mit Knütteln rückwärts geschlagen wurde. Das *Crurifragium* scheint auch bei der Kreuzigungsstrafe zur rascheren Herbeiführung des Todes Brauch gewesen zu sein, wie sich aus Evangelium Johannes 19, 31–33 ergibt: »Die Juden aber, dieweil es der Rüsttag war, dass nicht die Leichname am Kreuz blieben den Sabbat über (denn desselbigen Sabbats Tag war groß), baten sie Pilatus, dass ihre Beine gebrochen und sie abgenommen würden. Da kamen die Kriegsknechte und brachen dem ersten die Beine und dem anderen, der mit ihm gekreuzigt war. Als sie aber zu Jesus kamen, da sie sahen, dass er schon gestorben war, brachen sie ihm die Beine nicht.«

Häufig sehen wir die Blendung zur Anwendung gelangen, ein altes Straf- und Rachemittel – zuweilen auch Vorsichtsmittel –, wie schon die Bibel lehrt, wo erzählt wird, dass Simson von den Philistern geblendet wurde. Bei den Griechen galt die Blendung als Strafe für einige Verbrechen, ebenso bei den Römern. Wie erzählt wird, ließ Pompejus einen Krieger blenden, der ein Weib unsittlich berührt hatte. Diocletian wandte dieses Mittel bei seinen Christenverfolgungen häufig an, wobei glühendes Eisen gebraucht wurde oder auch ungelöschter, mit Essig befeuchteter Kalk. Häufig auch sehen wir die Blendung in dem oströmischen Staat vorgenommen werden. Es sei hier nur auf Belisar verwiesen, den siegreichen Feldherrn, den der besonders durch seine Gesetzgebung bekannte Kaiser Justinian (527–68) undankbar genug, blenden ließ, und auf Konstantin VI., dem 797 von seiner herrschsüchtigen Mutter das Gleiche widerfuhr. Übrigens begnügte man sich bei dieser Grausamkeit, die sich durch Jahrtausende fortpflanzte und selbst noch im achtzehnten Jahrhundert zur Anwendung gelangte, wie später dargelegt werden soll, zuweilen mit der Blendung eines Auges.

Die Grausamkeit der Kastration dürfte eines der ältesten Straf- und Rachemittel sein und vielleicht zum ersten Mal von einem rächenden Gatten oder Liebhaber angewandt worden sein oder auch von wilden Kriegern ihren Feinden gegenüber. Die Einführung der Kastration wird übrigens Semiramis zugeschrieben. Immerhin ist anzunehmen, dass sie als Strafe früher zur Anwendung gelangte als zur Schaffung eines Eunuchentums, so alt dieses auch ist. Bei den Christenverfolgungen scheint dieses Mittel seitens der Römer nicht zur Anwendung gelangt zu sein, so raffiniert auch sonst damals die Grausamkeit betrieben wurde.

Wie schon früher bemerkt wurde, haben Hellas und Rom die Tortur mit ihren Grausamkeiten und Gräueln sicherlich vom Orient übernommen, obgleich es nahe liegt anzunehmen, dass der Gedanke, durch Peinigung auf die Aussage eines anderen einzuwirken, so ursprünglich erscheint, dass er recht gut bei alten Völkern spontan entstanden sein könnte. Indes ist auch in Betracht zu ziehen, dass die ältere Kultur Asiens und Afrika im Wechselverkehr auch hier zur Geltung kamen und jüngere Völker oder Staatsgebilde ohne weiteres Bedenken das übernahmen, was sie für ihre Zwecke geeignet dachten, selbst wenn es tatsächlich nicht besonders der Fall war. Dass sich im Orient die Folter üppig entwickeln konnte, hat außer in dem Charakter der betreffenden Völker großenteils auch in den despotischen Beherrschern dieser Länder seinen Grund, zu deren Regierungssystem Maßregeln dieser Art recht gut passten. Hätten der Hellenismus und der von seiner Kultur durchsetzte Romanismus nicht ein umfangreiches Sklavenwesen aufzuweisen gehabt, die Tortur wäre höchst wahrscheinlich bei ihnen nicht zur Geltung gekommen, wenigstens nicht bis zu den Tagen sittlichen Verfalls.

Beachtenswert oder doch betrachtenswert ist der Umstand, dass die Völker des Ostens im Lauf der Zeit ihre Rechtsanschauungen und Lebensgepflogenheiten nur wenig verändert haben und die Tortur wie vieles andere dort heute noch in derselben Weise ausgeübt wird, wie vor Jahrhunderten oder gar Jahrtausenden. Besonders mag dies von dem klassischen Staat des Stillstandes, von China gelten. Als Hauptmittel der Tortur finden wir fast überall die Prügel, die im Grunde genommen auch das einfachste Mittel sind, Schmerzen zuzufügen. Wie einst, so wird jetzt noch in jenen Ländern Stock und Peitsche eifrig gehandhabt und zur orientalischen Bastonade wurde, wird heute noch die Fußsohle verwendet, eine Körperstelle, der überhaupt bei der Tortur eine besondere Aufmerksamkeit gewidmet wird. Mehr als allgemein angenommen wird, dürfte bei dieser Prügelverabreichung ein sexuelles Motiv vorhanden sein. Die Türken und andere mohammedanische Staaten wenden heute noch die Bastonade oder Falaka – Letzteres ist die dort übliche Bezeichnung – als Untersuchungs- und Strafmittel ziemlich umfangreich an. Hierbei wird in der Regel der hierzu Auserkorene gefesselt auf die Erde oder auf eine Bank gelegt, die Beine werden am Knie eingebogen und an einem Stock oder Pfahl senkrecht befestigt und die bestimmte Anzahl Hiebe, oft einige hundert, mit dem Stock erteilt. Es kommt vor, dass der Misshandelte dabei seinen Geist aufgibt, mindestens aber blutig zerfetzte Fußsohlen aufweist. Als »Gnade« mag es noch gelten, wenn die Bastonade nicht auf die Fußsohlen, sondern in der auch in Westeuropa üblich gewesenen Weise erteilt wird. Bei den Chinesen pflegt auch hierbei als Körperstelle die Wade gewählt zu werden, was den Schmerz noch fühlbarer machen soll.

Über das orientalische Gerichtsverfahren mit ihren obligaten Prügelszenen geben uns europäische Reisende so manche lehrreiche Mitteilungen. In Hildebrandts »Reise um die Erde« von Ernst Kossak I, S. 27, lesen wir aus Kairo: »Der nächste Tag ist mir durch eine großartige Prügelei und ihre richterliche Entscheidung unvergesslich. Zwei Araber waren übereinander hergefallen und schlugen fürchterlich darauf los. Wenn ich Dragoman Abdallah richtig verstanden habe, so betrug das Streitobjekt noch nicht einen Silbergroschen. Der Kampf war nahe daran, in Mord und Totschlag auszuarten, als die Polizei sich ins Mittel legte. Die beiden Streiter wurden in Begleitung eines Zeugen vor den Kadi geführt. Ich konnte der Versuchung nicht widerstehen, der Eskorte – doch leider nicht der gerichtlichen Verhandlung – zu folgen. Die Entscheidung des alten Rechtsgelehrten ist mir noch heute unerklärlich, denn er verurteilte nicht nur die beiden Kampfhähne, sondern auch den Zeugen zur Bastonade, die sogleich, ein musterhaftes Beispiel schneller Gerechtigkeitspflege, in seiner Gegenwart mit dünnen Bambusstäben vollstreckt wurde. Mein Vertrauen zur orientalischen Rechtspflege hat durch die Abprügelung des nichts ahnenden Zeugen nicht gewonnen. Als später ein bekannter preußischer Abgeordneter in der Kammer dem Justizminister in den Bart warf: er für sein Teil wolle sich im Orient lieber an den nächsten Kadi wenden als an den preußischen Konsul, fiel mir der alte Grimmbart von Kairo ein, und ich glaubte als Antwort auf diese starke Behauptung das Jammergeschrei des Zeugen zu hören. Nach eingezogenen Erkundigungen erfuhr ich, dass derartige Fälle nicht vereinzelt dastehen; man glaubt durch eine gleichmäßig verteilte körperliche Züchtigung allen in einen Auflauf Verwickelten einen heilsamen Schrecken einzuflössen. Das Gerichtsverfahren ist übrigens öffentlich …«

Von einer chinesischen Gerichtsverhandlung erfahren wir (II., S. 43 f.) Folgendes: »So erregte vor einem stattlichen, jedoch etwas düster aussehendem Gebäude ein Haufen Individuen, die sämtlich mit Ketten belastet waren, an denen sie überdies etwa fünfzig Pfund schwere Steine hinter sich herschleppten, meine

Verwunderung. Das Gebäude war ein Gefängnis, und die Kettenträger waren seine Bewohner. Im Gegensatz zu dem sonstigen furchtbaren Kriminalverfahren der Chinesen schienen die Sträflinge mit leidlicher Milde behandelt zu werden. Da eine Menge von ihnen vor der Hausfront auf der Straße lustwandelte oder auf dem Pflaster der Höfe umherlungerte, ließ sich nicht wohl annehmen, die Spazierstunde der Gefangenen habe begonnen. Den Gefangenen mochte im Ganzen größere Freiheit gegönnt werden als in Europa, wo die Wachtposten sie nicht aus den Augen verlieren dürfen. Von niemandem aufgehalten, durchschritt ich mehrere Höfe und kam im dritten derselben endlich vor die Tür der Gerichtshalle des Kriminalgefängnisses. Sie stand zwar offen, doch waren alle Unberufenen durch eine zwischen den Pfosten aufgespannte schwere eiserne Kette ausgesperrt. Eben musste eine Verhandlung stattfinden, denn der Saal war mit Menschen gefüllt, und so weit ich sehen konnte, lagen einige Subjekte auf dem Bauch und drückten die Nase auf den Fußboden, mutmaßlich also Angeklagte. Einer der Richter, gleichviel ob Rat oder Hilfsarbeiter, in dessen Gesichtskreis ich geriet, durchbohrte mich mit so ingrimmigen Blicken, dass ich für geraten hielt, mich zu entfernen, um so mehr, als meine Anwesenheit den Mob von Kanton anzog und ein Teil der Zuhörer sich um mich versammelte. Es war nicht schwer, sich die fernere Prozedur auszumalen. Die lieben Landsleute hatten mir genug davon erzählt, und ich wurde später wiederholt unfreiwilliger Augenzeuge. Die chinesischen Richter plagen sich nicht mit feinen Untersuchungen, ob in einem gegebenen Fall Gefängnis oder Geldstrafe zu verhängen sei. Ist der Angeklagte seines Vergehens schuldig erklärt, so ergreift der Vorsitzende unverzüglich einen vor ihm stehenden Becher voll Schicksalsstäbchen, wirft durch eine rasche Schwenkung eine gewisse Anzahl zu Boden, lässt sie zählen und dem Verurteilten die entsprechende Summe von Hieben mit einem Bambusrohr verabreichen. Die Prügelstrafe ist in China nicht mit entehrenden Vorstellungen verbunden. Selbst höhere Beamte werden bei geringeren Verschuldungen nicht gleich vor einem Disziplinargerichtshof gestellt, dessen Ausspruch vielleicht ihre ganze künftige Karriere zu Grunde richten würde; der Chef des Departements lässt den straffälligen

Staatsdiener auf dem Fußboden ausstrecken, jenen konservativen Körperteil entblößen, den Eulenspiegel so oft zu höhnischen Ostentationen zu missbrauchen liebte, und denselben in ausreichender Weise mit Bambus bearbeiten. Ob die Kollegen sich vorkommenden Falls diese bürokratischen Gefälligkeiten untereinander erweisen oder ob man sich dazu besonderer Subalternen bedient, vermag ich nicht anzugeben. Da jede derartige Tracht Prügel die an anderen Orten landesübliche ›Nase‹ vertritt, wird jedenfalls alljährlich eine Menge unnötiger Schreiberei erspart. Dass dem ganzen Verfahren nur väterliche Gesinnung zu Grunde liegt, geht aus dem Schlussakt der Zeremonie hervor. Der Abgestrafte hat dem Richter für richtigen Empfang seinen Dank auszusprechen. Gemeine Verbrecher werden noch anderweitig bestraft; man spannt sie in einen schweren hölzernen Halskragen (spanische Fiedel), steckt sie in einen engen Käfig, in dem sie weder sitzen noch ausgestreckt liegen können, und hängt sie mit hinten zusammengebundenen Händen und Füßen an einem leicht gezimmerten Gestell auf. In der Vollziehung der Todesstrafen teilt man nicht die Scheu europäischer Gerichtshöfe. Die im Lauf eines Jahres in Kanton vollstreckten Hinrichtungen werden auf mehr als tausend veranschlagt. Die übliche Form ist die Enthauptung. Der Henker ergreift den Kopf des vor ihm knienden Delinquenten, zieht den Kopf an seinen Unterschenkel und schneidet ihn mit einem breiten Schwert vom Rumpf. Auf raffiniertere Todesarten komme ich wahrscheinlich später zurück. Eine derselben ist die Verurteilung zum Hungertod. Der Verbrecher wird mit einem schweren, tonnenähnlichen Holzgefäß umgeben, aus dem nur sein Kopf hervorragt, und vor eine vielbesuchte Restauration gesetzt. Bei Todesstrafe ist es allen Vorübergehenden verboten, ihn mit Speise und Trank zu erquicken. Durch den Duft der Speisen zur Verzweiflung gebracht, muss der chinesische Tantalus in dieser Lage verschmachten …«

An einer anderen Stelle wieder, II. S. 299, wird uns mitgeteilt: »Wenn man im Gesandtschaftshotel gut unterrichtet ist, spricht es für den Sittlichkeitszustand Pekings, dass Mordtaten überaus selten vorkommen, desto häufiger sind räuberische oder diebische Angriffe auf das Eigentum. Eine geringe Gabe der Unterscheidung zwischen ›mein und dein‹ ist dem chinesischen Volksstamm angeboren. Die strenge Kriminalgerichtsbarkeit leistet zur Beseitigung des Übels nur wenig. Der dritte Raub und Diebstahl wird in manchen Ländern mit lebenslänglicher Zuchthausstrafe, in China mit Enthauptung bestraft. Das Leben steht nicht sonderlich hoch im Preis. Ist ein Gefängnis überfüllt, so werden, nur um zu räumen, einer ausreichenden Anzahl von Sträflingen die Köpfe abgeschnitten. In der Verschmitztheit haben es die Diebe aller Welt- und Handelsstädte sehr weit gebracht, doch scheinen die Talente von Peking allen anderen den Rang abzulaufen. Häufig kommt es vor, dass ein auf frischer Tat ertappter Verbrecher, wenn er von den Polizeibeamten der Landessitte gemäß am Zopf gepackt und in Gewahrsam gebracht wird, diesen in der Hand des Häschers zurücklässt und entspringt. Da er gewöhnlich den Originalzopf schon durch frühere Bestrafungen eingebüßt hat, hat er sich einen falschen zugelegt, der in derartigen kritischen Fällen seinem Inhaber die besten Dienste leistet.«

Ähnliches erfahren wir auch aus Japan vor dem Reformjahr 1868. Im Reich des Mikado scheinen sehr strenge Bestimmungen geherrscht zu haben, denn auf Reisausfuhr stand Todesstrafe, und wer da wagte, Opium zu rauchen, wurde ebenso verbrannt wie der Verüber mehrerer Diebstähle. Bekannt ist auch die japanische Todesstrafe Harakiri, über die jedoch schon seit langem in Europa irrige Vorstellungen herrschten. Heute dürfte sie wohl überhaupt nicht mehr zur Anwendung gelangen. »In Europa«, heißt es in Hildebrandts »Reise um die Erde« II. S. 184, »ist noch die Meinung verbreitet, dass die Verurteilten, um ihren Hinterbliebenen Ehre und Vermögen zu erhalten, selber zum Schwert greifen und sich mit kreuzweisen Schnitten den Unterleib aufschlitzen. Dieser Brauch besteht schon lange nicht mehr. Der Taikun sendet dem Staatsverbrecher, dessen sich der hohe Rat der Dreizehn entledigen will, nur eine zierliche Handwaffe, das Symbol des Todes. Nach ihrem Empfang ist er verpflichtet, wenn er sich und seine Angehörigen nicht den Folgen einer gewaltsamen Hinrichtung durch Henkershand, d. h. wegen Beschimpfung des Namens und Konfiskation von Hab und Gut, aussetzen will, seinem Leben vor Sonnenuntergang ein Ende zu machen. Gemeinhin veranstaltet der Verurteilte ein Abschiedsmahl und freut sich mit Verwandten und Freunden des Lebens, solange noch das Lämpchen glüht. Im letzten Augenblick begibt er sich in das Innere der Gemächer. Nur sein Busenfreund und einige Zeugen begleiten ihn. Er kniet nieder, entblößt den Unterleib und deutet mit der offiziell übersandten Waffe den Kreuzschnitt an. In demselben Augenblick versetzt ihm nach Verabredung der Freund mit dem großen Schwert, das jeder Yakonin bei sich führt, einen tödlichen Streich in den Nacken. Auf diese Weise hatte auch, nach der einstimmigen Versicherung aller Europäer, der Sohn des Fürsten Mita geendet. Der wissenschaftliche Ausdruck der Japaner für diese Art der Todesstrafe ist: Harakiri.

Dem Harakiri ähnelt bekanntlich die Strafe der »seidenen Schnur« in der Türkei, die jedoch nichts weniger als nur Symbol ist und gegenwärtig wohl noch in der alten Weise zur Geltung kommt.

China verfährt bei Anwendung der Todesstrafe ziemlich grausam, und eine seiner Kaiserinnen früherer Zeit gilt als Erfinderin des Bratofens, so könnte man ihn benennen. Es ist dies ein hoher Eisenofen, an den die Verurteilten, vielleicht die zur Folterung bestimmten, an Händen und Füßen dicht angeschlossen werden, wo dann der Ofen geheizt wird, stärker oder minder, wie es dem Befehlenden just gefällt.

Auch was ausschließlich die Folter betrifft, bekundet China ein Raffinement der Grausamkeit wie es – leider muss es gesagt sein! – nur eine entwickelte Kultur zu ersinnen vermochte. Wir finden dort alle uns bekannten Folterarten in Anwendung, mit gleichen oder ähnlichen Instrumenten, und überdies noch einige, die noch mehr Tücken als Grausamkeiten erweisen. Von diesen sei nur das Zusammenpressen der Ohrmuscheln erwähnt, ein Vorgang, der recht arge Pein bereiten soll, mit so wenig Schrecken er auch verbunden ist.

Ähnliche Torturverfahren wie in China hatte auch Indien unter seinen despotischen Nabobs aufzuweisen, und welcher Grausamkeiten diese fähig waren, ersehen wir aus einem Vorfall, den Macauley in seinem Essay über Lord Clive erzählt. Es handelt sich hier um die Überrumplung des Forts St. William durch Suraga Dowtaf. Diese Stelle lautet in J. Moellenhoffs Übersetzung:

»Nun wurde jenes großes Verbrechen begangen. Denkwürdig wegen seiner besonderen Scheußlichkeit und wegen der furchtbaren Vergeltung, die darauf folgte. Die gefangenen Engländer wurden der Willkür der Wachen überlassen, und diese beschlossen, sie für die Nacht in das Gefängnis der Garnison einzusperren, einer unter dem schrecklichen Namen ›der schwarzen Höhle‹ bekannten Stube. Dieses Gefängnis würde für einen einzigen europäischen Verbrecher unter einem solchen Klima sogar zu klein und eng gewesen sein. Der Raum beschränkte sich auf zwanzig Quadratfuß. Die Luftlöcher waren schmal und verstopft. Dabei war es um die Zeit des Sommersolstitiums, einer Jahreszeit, wo die glühende Hitze Bengalens für Engländer kaum erträglich zu machen ist durch luftige Hallen und durch beständig in Bewegung erhaltene Fächer. Die Zahl der Gefangenen belief sich auf hundertsechsundvierzig. Als ihnen befohlen wurde, in die Zelle einzutreten, hielten sie dies für einen Scherz der Soldaten; und da sie guten Mutes waren, weil der Nabob ihnen das Versprechen gegeben hatte, ihr Leben zu schonen, lachten und scherzten sie über einen so tollen Einfall. Aber bald erkannten sie ihren Irrtum. Jetzt machten sie Vorstellungen, sie klagten, sie baten und flehten. Indessen alles umsonst. Die Wachen drohten jeden, der zögerte hineinzugehen, niederzustoßen. Mit gezogenen Schwertern wurden die Gefangenen in die Zelle hineingetrieben und die Tür augenblicklich hinter ihnen zugeschlagen und verriegelt.

Nichts, was in der Geschichte oder Dichtung geschildert wird, nicht einmal die Erzählung, die Ugolino, nachdem er sich die blutigen Lippen an der Kopfhaut seines Mörders abgewischt hat, in dem von ewigem Eis starrenden Meer erzählt, ist auch nur annähernd den Schrecken zu vergleichen, wie sie von den wenigen Überlebenden jener Nacht geschildert werden. Sie flehten um Gnade. Sie versuchten die Tür zu sprengen. Holwell, der selbst in dieser aufs Äußerste gestiegenen Not einige Geistesgegenwart bewahrte, bot den Kerkermeistern große Geschenke an. Aber die Antwort lautete, dass ohne die Befehle des Nabobs nichts geschehen könne, dass aber der Nabob schlafe und in Zorn geraten würde, wenn jemand es wagen wollte, ihn zu wecken. Die Gefangenen gerieten vor Verzweiflung in eine wahre Raserei. Sie traten einander zu Boden, kämpften um die Stellen an den Fenstern und um den kärglichen Vorrat von Wasser, womit die grausame Barmherzigkeit der Mörder ihrer Todesqualen spottete. Sie tobten, beteten, fluchten und flehten die Wachen an, mit dem Gewehr unter sie zu feuern. Während dieser Szenen traten die Kerkermeister mit brennenden Kerzen an die Gitter und brachen in schallendes Gelächter aus über die verzweifelten Anstrengungen ihrer Opfer. Endlich verstummte der Tumult. Nur noch leise Wehklagen und gepresste Atemzüge waren zu vernehmen. Der Tag brach an. Der Nabob hatte seinen Rausch verschlafen und gestattete, die Tür zu öffnen. Aber es dauerte längere Zeit, bis die Soldaten durch die Haufen der Toten für die Überlebenden einen Weg gebahnt hatten, bis die Leichname, an denen das glühende Klima bereits sein ekelhaftes Werk begonnen hatte, zu beiden Seiten aufgeschichtet waren. Als endlich ein Durchgang hergestellt war, wankten dreiundzwanzig geisterhafte Gestalten, die von ihren eigenen Müttern nicht mehr erkannt sein würden, eine nach der anderen aus diesem Totenhaus hervor. Augenblicklich wurde eine Grube aufgeworfen. und die Körper der Umgekommenen, hundertdreiundzwanzig an der Zahl, wurden durcheinander hineingestürzt und mit Erde überdeckt.«

Allerdings haben es später die Engländer, wie bereits angedeutet wurde, an Widervergeltung nicht fehlen lassen, wie überhaupt, um mit Macaulay zu reden, die Regierung der Engländer »eher einer Herrschaft von Dämonen als der Herrschaft tyrannischer Menschen glich.« Ähnliches und noch Ärgeres ließe sich aus dem indischen Aufstand vom Jahre 1857 melden, sowohl seitens des bekannten Führers Nena-Sahib wie auch seitens der Engländer.

Viel von dem in diesem Kapitel Angeführten stammt aus der jüngsten Vergangenheit und scheint demnach wenigstens verfrüht vorgebracht zu sein. Doch ist hier zu berücksichtigen, wie ebenfalls bereits erwähnt wurde, dass in jenen Regionen Verhältnisse und Zustände seit Jahrtausenden schier sich kaum oder nur gering verändert haben und die Beispiele der Gegenwart uns auch ein Bild der Vergangenheit geben.

IV. Kapitel

Selbstfolterung – Flagellanten – Erotische Selbstfolterung – Masochismus und Sadismus – Matheo von Casale – Seine Selbstkreuzigung – Selbstverstümmlung

Bevor wir die geschichtliche Entwicklung der Tortur weiter verfolgen, dürfte es geeignet sein, eine kurze Erörterung dessen vorzunehmen, was wir Selbstfolterung genannt haben, was am besten in Verbindung mit der gleichfalls bereits erwähnten, mit jener im Zusammenhang stehenden aktiven Lust an Peinigungen, die wir erotische Tortur nennen können, geschehen dürfte.

Die Selbstpeinigung ist bei religiösen Schwärmern und Fanatikern keine seltene Erscheinung und schon seit langer Zeit zu finden. Es sei hier an die indischen Fakire, mohammedanischen Derwische, die christlichen Säulenheiligen und Einsiedler erinnert, an Fanatiker wie Origenes, der, um die Sinneslust zu töten, an sich selbst die Kastration vornahm, an die Flagellatori in Italien, die Flagellanten in Frankreich, die Flegler in Deutschland. Über die letztere seltsame Erscheinung schreibt Scherr (a. a. O., S. 146 ff.): »Die namenlose Rohheit der religiösen Vorstellungen, verbunden mit der Lockerheit der Sitten, der sich das höllische Strafgericht drohend in der Ferne zeigte, hatte die Kasteiung des Fleisches durch Geißelung, wie sie insbesondere durch die Bettelorden gangbar gemacht worden war, zu einem beliebten Sündentilgungsmittel erhoben. Es wurde zuerst in Italien in großem Stil angewandt, indem dort im Jahre 1620 lange Züge von Büßenden erschienen, die bis zum Gürtel nackt, mit verhüllten Häuptern unter Anstimmung von Bußpsalmen einher wandelten und sich bis aufs Blut geißelten. Der Beginn dieses Flagellantismus im großen, der Anfang der ›Geißelfahrten‹ ist, wenn auch die ganze Erscheinung mit Wahrscheinlichkeit auf den 1231 gestorbenen heiligen Antonius von Padua zurückgeführt werden kann, wohl unzweifelhaft in das genannte Jahr 1260 zu setzen. Damals, wo Italien in Folge der Kämpfe zwischen Kaiser und Papst zur Wüste geworden war, wo die furchtbare Zerrüttung aller sozialen und moralischen Verhältnisse eine schwärmerisch-religiöse Aufregung begünstigte, wo endlich die welfisch-päpstliche Partei nach den Siegen Manfreds und der Ghibellinen einem neuen Impuls mit Begierde nachkam – damals ging von der welfischen Stadt Perugia der Ruf zur Buße und zu einer allgemeinen Geißelfahrt aus, und der Wahnwitz wilder Askese verbreitete sich rasch über die italienischen Lande. Unser nüchternes Deutschland wurde von dieser psychischen Seuche erst dann angesteckt, als 1348–50 die furchtbare, unter den Namen ›der schwarze Tod‹ oder ›der große Sterbent‹ bekannte physische Pest die Gemüter verwirrt hatte.«

Doch nicht nur der Wahnwitz wilder Askese griff zu Geißel und anderen Marterinstrumenten, sondern schon im Altertum war dergleichen zur Erregung der Sinnlichkeit in Brauch und in den nachfolgenden Zeiten nicht minder.

Auf der dritten Kupfertafel von Hogarths »Buhlerin« sehen wir über dem Bett der Lustdirne eine Rute hängen, und der geistreiche Lichtenberg bemerkt in seinen Erklärungen dieser Bilder: »Wie kommt aber, wird man fragen, die pädagogische Faschine oder der Staubbesen der Philanthropie hierher, und gerade an die Bettwand? Das Problem, ich muss gestehen, ist fürwahr nicht leicht. Ich wünschte, es wäre schwerer oder gar so schwer, dass es schlechterdings nicht aufgelöst werden könnte. Indessen, wir wollen es versuchen, doch stehen wir hier bei einer Stelle, wo selbst die Moral das Moralisieren verbietet und die gesprächigste Hermeneutik verstummt oder, wenn sie genötigt wird zu sprechen, wenigstens nichts weiter sagt als: ›Ich bin stumm!‹

Die Weltweisen haben längst bemerkt, dass Erblinden die Hälfte des Todes sei, und wirklich scheint die Natur diese Meinung zu unterschreiben, das eben nicht immer der Fall bei Bemerkungen der Weltweisen ist. Ich zweifle nämlich, ob es gegen irgendein Übel in diesem Jammertal mehr Hilfsmittel gibt als gegen das Nichtsehenkönnen. Bliebe die Sonne aus, gut, so stecken wir Lichter an. Das ist eine Kleinigkeit. Verschließt der Star das Fenster, wiederum gut, so macht der Augenarzt den Laden wieder auf. Wird der Mensch Myops (Kurzsichtiger) oder sieht er von dem Universo nichts als die Spitze seiner Nase oder wird er Presbyt (Weitsichtiger) und sieht den Kirchturm deutlich, aber nicht seinen Nächsten, der vor ihm steht, so ist der ganze Handel mit zwölf Groschen abgetan, die man an den Glasschleifer bezahlt. Mit Hilfe dieser großen Tripel-Allianz von Lichterzieher, Augenarzt und Glasschleifer hat der Mensch bisher die absolute sowohl als relative Blindheit so kräftig bekämpft, defensiv wenigstens, dass ihre Eingriffe, die sie dennoch hier und da tut, kaum der Rede wert sind …

Aber ach, wenn es doch auch Telegraphen für die übrigen Sinne gäbe! Allein da sieht es erbärmlich aus. Wer da ein Licht anzünden oder den Star ausziehen oder eine Brille schleifen könnte! Oh, es wäre der Stein der Weisen, ich meine des Alters, ohne den keine Weisheit möglich ist. Man hat es tausendmal versucht, aber mit welchem Erfolg? Der Geist, erst voraus und willig, und das Fleisch, hinterdrein und schwach, eröffnen den Zug. Dann folgt armselige erzwungene Willigkeit des Fleisches, hinter dem der Geist erbärmlich herkroch und endlich – war gar kein Zug mehr, und Geist und Fleisch und Auge und Brille waren verloren. – Aber wir sprechen von dem Edukations-Besen an der Bettwand. Ist denn das eine Brille für – Presbyten? Die Wahrheit zu gestehen, ich weiß es selbst nicht, nur so viel weiß ich, dass sie, wenn es eine ist, nicht auf die Nase appliziert wurde …«

Mit weniger Humor und auch mit weniger Zurückhaltung haben sich schon viel früher, wie auch noch viel später, andere über den sexuellen Flagellantismus geäußert, und die Bücher, die über diesen Gegenstand geschrieben wurden, könnten eine ganze Bibliothek für sich bilden. Tatsche ist, dass die Hautreizung bei der Prügelung und wohl auch die Aufregung bei dem Anblick dieser und ähnlicher Zufügung von Körperschmerzen geschlechtlich aufregend wirkt, ein Umstand, der u. a. gegen das Prügeln in der Schule spricht. Rousseau erzählt in seinen »Confessions«, dass er als Knabe, so oft seine Gouvernante seine Kehrseite mit Stock oder Rute bearbeitete, zum »Mann geworden« wäre, so dass sie schließlich davon erschreckt lassen musste.

Die neueste wissenschaftliche Forschung hat die sexuelle Gier für eigene Körperschmerzen als Masochismus und die gleichartige Gier, sie anderen zuzufügen oder andere darunter leiden zu sehen, als Sadismus bezeichnet, nach den Schriftstellern Sacher-Masoch und Marquis de Sade, die sich mit diesen Problemen in ihren erzählenden Schriften bis zum Überdruss häufig beschäftigten. Die psychiatrische und forensische Bedeutung dieser geschlechtlichen Verirrungen erörtert Prof. Dr. R. v. Krafft-Ebing in seinem bekannten Werk »*Psychopathia sexualis*«, worauf hiermit hingewiesen werden soll.

Die Selbsttortur aus religiösem Fanatismus, häufig vom Geschlechtstrieb beeinflusst, war nicht nur im Altertum und Mittelalter, nicht nur in dem fantastisch auflodernden Orient keine seltene Erscheinung, auch in unseren Tagen und in unserer Kultursphäre kommt solches nicht selten vor, und der von Hitzig und Häring herausgegebene »Neue Pitaval« bringt uns einige merkwürdige Beispiele dieser Verirrung, von denen eines hier vollkommen wiedergegeben werden soll:

Matheo Covet war der Sohn sehr armer Tagelöhner zu Casale im Gebiet von Belluno, wo er im Jahr 1759 geboren wurde. Er wurde daher später in Venedig nur der Matheo von Casale genannt. Das Dörfchen lag fern von jeder Straße, abgeschieden eigentlich von jedem Verkehr. Er sah nur Leute ebenso arm wie seine Eltern, die alle im Schweiße ihres Angesichts ihr Brot sich verdienen mussten. Die einzigen, die nicht hinter dem Pflug gingen und mit dem Karst auf die Berge mussten, waren der Pfarrer und sein Kaplan. Es waren die einzigen Glücklichen in seiner jugendlichen Vorstellung. Sie besaßen alles an Reichtum, Macht und Einfluss, wovon er Kunde hatte in seiner kleinen Welt.

Der Gedanke, diesen Erwählten ähnlich, also auch Priester zu werden, war sehr natürlich. Er ging bei dem Kaplan in Unterricht und lernte von ihm lesen und notdürftig schreiben. Aber die Familie war zu arm, um den armen Studenten nur einigermaßen zu unterstützen. Er musste seine Hoffnung aufgeben, und er wählte das Schuhmacher-Handwerk, vielleicht weil es seiner Neigung doch näher kam als der saure, anstrengende Landbau.

Man hat die Bemerkung gemacht, dass das gezwungene Verlassen eines Lebensberufs und die unfreiwillige Wahl eines anderen oft auch sonst gesunde Geister aus ihrer Seelenharmonie gebracht und nicht selten traurige Zerrüttungen zur Folge gehabt hat. Matheo wurde kein Genie in seinem neuen Fach. Er arbeitete weder sehr elegant, noch förderte er sein Tagewerk, ohne nur deshalb faul oder träge zu sein. Er war im Gegenteil fleißig, aber er arbeitete ohne inneren Trieb.

Die sitzende Lebensart, das beständige Schweigen, wie es die Meister von ihren Lehrlingen und Gesellen in der engen Werkstube fordern, machten ihn zu einem Grübler. Er wurde einsilbig und verdrossen. Ein Krankheitszustand mag hinzugekommen sein, seinem beschränkten Geist die eigentümliche Richtung zu geben, indem er, besonders zur Frühjahrszeit, an einem flechtenartigen Ausschlag litt. Seine beschränkte Erziehung, die ihn nichts Schöneres, Edleres, Erhabeneres kennen lehrte als den Dienst, zu dem der Priester berufen ist, war in seinem Handwerksdienst nicht fortgeschritten. Der grübelnde Schuster sann nur den Werken und Satzungen nach, wie er sie buchstäblich von seinem Kaplan und Pfarrer gehört hatte, und sein beschränkter Geist fixierte sich immer mehr, nicht in der Freudigkeit und dem Trost des Christenglaubens, sondern in den trüben Vorstellungen des Martyriums.

Aller Wahrscheinlichkeit nach hätte man nichts von Matheo von Casale gehört ohne seinen Tod. Bis zum Juli 1802 verstrich sein Leben so ruhig wie das irgendeines an seine Bank gefesselten Schuhmachergesellen. Nur durch seine außerordentliche Frömmigkeit zeichnete er sich aus. Er sprach in der Unterhaltung nur von Predigten, Fasten, Heiligen und Kirchenfesten. Da verschloss er sich eines Tages in seine Kammer, ohne dass jemand an ihm irgendetwas Besonderes vorher bemerkt hätte, was einen so außerordentlichen Entschluss motivierte. Hier ergriff er das erste beste schlechte Schuhmachermesser und vollzog an seinem Leib die vollständigste Kastrierung. Dann öffnete er das Fenster und warf alle abgeschnittenen Teile auf die Straße.

So wenig als man ihn schreien und wimmern oder später über die rasche Tat beklagen hörte, weiß man, was ihn zu der grausamen Tat bewogen hatte. Einige meinten, es sei aus Verdruss geschehen, weil ein junges Mädchen seine Liebesanträge abgewiesen hatte. Wahrscheinlicher ist es, wenn man seine fanatische Richtung betrachtet, dass er schon damals in einem Anfall von Schwärmerei, erschreckt über die Versuchungen des Fleisches, sich mit einem Mal und auf immer des gefährlichsten Feindes, der ihm stets wieder drohen und seiner Heiligkeit schaden konnte, entledigte. Übrigens hatte er mit vollem Vorbedacht gehandelt. Bevor er an die Tat ging, hatte er verschiedene Kräuter, die bei den Landleuten seiner Gegend als blutstillend galten, sich zusammengelegt und kleingehackt, auch alte Leinwand zum Verband. Diese schwachen Mittel erprobten sich in der Tat auch dermaßen, dass er in kurzer Zeit vollkommen wiederhergestellt war. Ja, er spürte nach seiner Heilung nicht die geringste Unbequemlichkeit und Unbehaglichkeit und wurde durch den Verlust in seinen natürlichen Verrichtungen nicht im Mindesten behindert. Ein halbes Wunder für die Ärzte. Für ihn selbst wahrscheinlich eine Aufmunterung, im Martyrium fortzufahren. Die Tat konnte nicht verborgen bleiben. Das ganze Dorf sprach von Matheo. Man wusste nicht, worüber man sich mehr wundern soll, über seine Torheit, seine Herzhaftigkeit oder das Wunder seiner Heilung.

Matheo hatte die Tat nicht für die Welt, nicht aus eitler Ruhmbegier vollbracht, sondern um sich selbst zu genügen. Das Aufsehen, das sie machte, lag ganz außer seiner Berechnung und seinem Wunsch. Überall begegneten ihm spöttische Mienen, und die Dorfjugend zog mit lautem Spott hinter ihm her, wo er sich zeigte. Dies allein war ihm schmerzhaft. Er schloss sich deshalb mehrere Tage hindurch ein und ging selbst nicht zur Messe aus.

Da es nicht besser wurde, ging er im Monat November nach Venedig, wo ein jüngerer Bruder von ihm in einer Goldspinnerei als Arbeiter diente. Angelo Covet hatte keinen Platz in seinem Quartier, er mietete den älteren Bruder bei einer Witwe Osgualda ein, wo er sich fast ein Jahr lang anscheinend vernünftig verhielt und ruhig und fleißig bei einem Schuhmacher arbeitete.

Aber am 21. September des Morgens sahen ihn Leute, die durch die Calle della croce di Biri gingen, wie er im Begriff war, mitten in der Straße auf einem hölzernen Kreuz, das er aus den Brettern seiner Bettstelle gezimmert hatte, sich selbst festzunageln. Natürlich verhinderten sie es. Doch auf alle ihre Fragen, was er denn tun wollte, ob er bei Sinnen sei, wer ihn dazu getrieben habe, wusste er keine Antwort zu geben. Nur gegen seinen Bruder, der aufs Äußerste in ihn drang, sich ihm zu erklären, äußerte er im Vertrauen: Es sei ja heute das Fest des heiligen Mattheus, seines Patrons, mehr könne er ihm aber nicht sagen.

Der Witwe Osgualda wurde nun der stille Mensch unheimlich. Sie wollte ihn nicht mehr in ihrem Haus dulden und kündigte ihm die Wohnung. So sah er sich genötigt, als auch diese seine zweite Tat ruchbar wurde, ebenfalls Venedig zu verlassen. Er kehrte in seinen Geburtsort zurück, wo er längere Zeit blieb.

Doch finden wir ihn bald darauf wieder in Venedig. Nachdem er bei mehreren Meistern gearbeitet und sich überall ruhig und zu deren Zufriedenheit betragen hatte, mietete er sich, um seinem Meister Lorenzo della Mora näher zu sein, in der Straße della Monacha eine Kammer in der dritten Etage. Kaum aber war er hier eingemietet und durch sein stilles, verständiges Wesen seinem Wirt lieb geworden, als man ihn oben in seiner verschlossenen Kammer hämmern, sägen und nageln hörte. Er war abermals auf seine Kreuzigungsgedanken zurückgekommen und arbeitete Tag und Nacht daran, sich ein Kreuz zu seinem Martyrium zu bereiten.

Nicht ohne Mühe hatte er sich alle Dinge, die dazu gehörten, verschafft, und nicht ohne erfinderischen Scharfsinn ging er dabei zu Werke. Schon besaß er alles, was notwendig war, die Stricke, Nägel und die Dornenkrone. Das Kruzifix war aus zwei massigen Baumstämmen zusammenhauen. Die doppelten Querhölzer wurden, zu besserem Halt, noch durch zwei spitze Querhölzer an den Stamm befestigt. Aber da er an die Möglichkeit dachte, dass er sich nicht fest genug an das Kreuz nageln und der Gefahr ausgesetzt sein könne, herunterzufallen, so webte er sich vorsorglich ein großes Netz, das, um das Kreuz gespannt, ihn aufhalten sollte. Er schnürte es unten an der horizontalen Kreuzstange fest zusammen, unterhalb der Stütze, auf der seine Füße ruhen sollten. Dann ging es allmählich auseinander und war oben – das Ganze etwa in Gestalt einer geöffneten Börse – an die beiden Enden der Querstange befestigt.

Das Kreuz, an dem er hing, sollte diesmal selbst frei in der Straße hängen. Es kostete diese Operation die größten Vorbereitungen und Berechnungen. Denn an das schon hinausgehängte Kreuz konnte er sich nicht nageln. Wenn er sich aber an das in seiner Kammer fertig liegende Kreuz so genagelt hatte, wie er beabsichtigte, war die Schwierigkeit nicht gering, sich und das Kreuz ohne Hilfe eines Dritten zum Fenster hinauszuhängen.

Ein Querbalken, der frei durch seine Kammer ging, und das sehr niedrige Fenster derselben, halfen ihm über diese Schwierigkeit hinweg. Mit einem starken Strick, der auf der einen Seite um die Querhölzer und den Stamm des Kreuzes fest geschlungen war, befestigte er das Kreuz selbst oben an den Querbalken. Der Strick blieb aber so lang und frei, dass das Kreuz, das jetzt auf dem Boden lag, nachher, wenn es zum Fenster hinausgelassen war, frei an der äußeren Mauer schweben könnte. Ein anderer Strick von derselben Stärke, gleichfalls oben an den Balken geknüpft, diente dazu, das Netz noch besonders fest zu halten, ein dritter Strick, seinen Leib an den Mast des Kreuzes fest zu binden.

Alle diese Veranstaltungen verrieten keinen geringen Aufwand von Erfindungskraft für den Verstand des armen Schusters. Und nicht, um einer kranken Eitelkeit zu frönen geschah dies alles, es galt ihm einzig und allein, dieselben Schmerzen wie der Heiland zu empfinden und in derselben Lage wie der Letztere vor sich selbst zu erscheinen. Da das Kreuz, an dem er litt, auf der Höhe und im Freien gestanden hatte, da Jesus daran geschwebt und nicht darauf gelegen hatte, verdoppelte der Arme seine Qual, indem er Mittel aussann, statt sich einfach auf das Kreuz zu nageln, was immer schon seine Schwierigkeiten hatte, von einer Höhe herab und im Freien daran herabzuhängen.

Am 19. Juli 1805 in der Morgenstunde waren alle Vorbereitungen fertig. Matheo setze sich die Dornenkrone auf, von der drei oder vier Stacheln in die Stirnhaut drangen. Ein weißes Taschentuch befestigte er um die Lenden und kroch alsdann, fast ganz nackt, in das Netz hinein, so, dass er auf dem Kreuz vorerst saß. Hier war seine erste Operation, dass er einen der für die Hände bestimmten Nägel, der glatt zugespitzt war, sich in die Fläche der rechten Hand hinein drückte und dann so stark mit der verwundeten Hand den Nagelkopf gegen den Fußboden schlug, bis der Nagel zur Hälfte durch den Rücken der Hand hindurch war.

Dann legte er seine Füße auf die zu diesem Zweck an den Kreuzmast angebrachte Stütze, den rechten über den linken und bohrte sich einen 15 Zoll langen Nagel, eben so glatt zugespitzt wie der vorige, in beide Füße. Während seine linke Hand den

Nagel hielt, dass er in der Richtung blieb, hämmerte er darauf mit einem Hammer mit derselben rechten Hand, die schon von dem Nagel durchbohrt war! Das Eisen durchschnitt und durchfuhr beide Füße, und so richtig hatte Matheo gehämmert, dass die Spitze des Nagels, als sie an der unteren Fußsohle herauskam, gerade das Loch traf, das er vorsorglich vorher in die Holzstütze gebohrt hatte. Die Füße saßen nun fest am Kreuz.

Auch diese furchtbare Operation hatte weder seine physischen noch seine moralischen Kräfte erschöpft. Er sank in keine Ohnmacht, er zögerte auch nicht einen Augenblick, in dem furchtbaren Werk fortzufahren, vielmehr stieß oder schlug er sich den bereitgehaltenen dritten Nagel in die linke Hand mit derselben Ruhe und Sicherheit wie vorhin in die rechte. Dann schnürte er sich – und dies scheint in Anbetracht der beiden durch die Nägel zerrissenen und gelähmten Hände das Merkwürdigste – den dritten Strick, den er schon vorher zweimal um den Kreuzstamm geschlungen hatte, fest um den Leib und knotete ihn auf der Brust zu.

Noch blieb, um dem sterbenden Heiland gleich zu sein, eine mörderische Operation übrig, der Lanzenstich in die Seite. Zu diesem Zweck lag schon ein Schustermesser bereit. Hier irrte er zum ersten Mal, insofern man annimmt, das er sich alle Wundmale des Heilands beibringen wollte. Er stieß sich in die linke Seite und nicht in die rechte. Auch da nicht an der Stelle, welche die Evangelisten angeben, sondern tief nach unten. Zwar ging der Stich tief, war aber nicht todesgefährlich. Aus verschiedenen Richtungen und Ansätzen muss man schließen, dass er bei dieser Operation länger zauderte. Er wollte sich entweder nicht töten, oder, zum ersten Mal vom Schmerz übermannt, er suchte eine Stelle, wo der Stahl minderen Widerstand fand.

Damit war zwar das blutige Geschäft zu Ende, die Tat selbst aber noch nicht vollbracht. Matheo musste sich gekreuzigt dem Volk zeigen. Blutend aus fünf Wunden, mit drei Nägeln in seinem Fleisch, übte er die letzte Anstrengung, die nach unseren Begriffen in solchem Zustand die außerordentlichste ist. Die Fensterbrüstung seiner Kammer war, wie gesagt, sehr niedrig. Den Fuß des Kreuzes hatte er schon vorher darauf gelegt, es galt jetzt nun, dass er sich mit demselben hinausschob. Seine Füße waren angenagelt, sein Körper fest an den Baum geschnürt, ihm blieben nur beide Arme frei, aber mit zwei mit Nägeln durchbohrten Händen! Diese konnte er jedoch nicht frei gebrauchen, da ihn die Eisen hinderten, die ganze flache Hand auf den Fußboden zu stemmen. Somit setzte er die Ballen beider Hände auf die Erde, und mit letzter Anstrengung schob er sich und das Kreuz weiter zum Fenster hinaus. Es gelang nur mit verschiedenen Ansätzen. Glücklich, als die Kräfte ihn schon verließen, brachte er das Kreuz durch einen letzten Ruck so weit über die Fensterbrüstung, dass der Schwerpunkt draußen war. Es schoss über, und er flog hinaus und hing in der Stellung, die er erstrebt hatte.

Noch war Matheo bei Besinnung. Es fehlte noch etwas zum vollkommenen Heiland, auch seine beiden durchbohrten Hände mussten an die Querstangen angenagelt sein. Die Löcher waren zu beiden Seiten angebracht. Er hob seine Arme, aber es gelang ihm nur, den Nagel der linken in das Loch zu bringen und sie fest zu machen. Als er mit der rechten den Versuch machte, schwanden seine Kräfte, er vermochte die Stange nicht mehr zu erreichen. Der Arm fiel über das Netz, und der obere Körper und der Kopf senkten sich mit hinüber.

In diesem Zustand bemerkten ihn die zuerst Vorübergehenden, es war gegen 8 Uhr morgens. Man stürzte augenblicklich ins Haus hinauf, erbrach seine Tür, hob das Kreuz herein, band ihn los, zog die Nägel aus Füßen und Händen und legte ihn in sein Bett. Glücklicherweise waren die ersten, die sich Matheos annahmen, nicht Juristen oder Geistliche, sondern Mediziner. Unter ihnen der venetianische Arzt Cesar Ruggieri, dem wir einen authentischen Bericht über diesen unerhörten Vorfall verdanken und der sich die körperliche und geistige Sorge für den Kranken besonders angelegen sein ließ.

Ruggieri fand ihn mit geschlossenen Augen und einem fieberhaft gehenden Puls. Er antwortete auf keine Fragen. Erst auf dem Wassertransport zu der kaiserlichen Klinik seufzte er, als er seinen Bruder neben sich in der Barke gewahrte: ›Ach, ich bin sehr unglücklich.‹ Unter der wundärztlichen Behandlung verhielt er sich ruhig und tat willig alles, was man von ihm verlangte. Aber während seine Wunden heilten, sprach er mit niemandem. Düs-

Selbstkreuzigung des Matheo von Casale. Aus: »Neuer Pitaval«, VI.

ter und in sich gekehrt, hielt er die Augen fast immer geschlossen. Nur mit Mühe brachte Ruggieri allmählich so viel von ihm über das, was der Tat vorangegangen war, heraus, dass man über die Operation des Selbstkreuzigens, die vielen unbegreiflich schien, das erfuhr, was oben darüber zusammengestellt ist. Auch zu diesen Mitteilungen schien er nur durch die Furcht bewogen zu werden, dass Unschuldige der Verdacht treffen könne, sie hätten das Gräuelstück an ihm verübt. Mehrmals beteuerte er, er allein habe es vollbracht und kein anderer ihm geholfen. Über seinen Beweggrund gab er keine andere Antwort als die, dass der Stolz der Menschen gedemütigt werden und er am Kreuz sterben müsse. Ja er war so überzeugt, dass der höchste Wille ihm gerade diese Verpflichtung auferlege, dass er es der Justiz anzeigen wollte, damit sie das vollbringe, was ihm misslungen war.

Matheo klagte nur in den Augenblicken über Schmerzen, wenn er aus seinem dumpfen Hinbrüten erwachte. Während dieses letzteren Zustandes verriet nichts, dass er sie überhaupt empfände. Sobald seine Hände so weit waren, dass er ein Buch halten konnte, bat er um ein Gebetbuch und las eifrig darin. Schon Anfang August war er ganz geheilt, er konnte Arme und Hände vollkommen frei bewegen, ohne dass er Schmerzen oder nur Unbehaglichkeit empfand. Nun wollte er das Hospital verlassen, weil er nicht anderer Brot, wie er sagte, um nichts essen wollte. Als man es ihm abschlug und, um seine Flucht zu verhüten, seine Kleider behielt, entsprang er im bloßen Hemd. Aber die Wächter des Hospitals holten ihn wieder.

Dorthin gehörte er nicht mehr, denn er war gesund. Aber wohin? Dreißig Jahre später hätte man wahrscheinlich einen Kanonisationsprozess begonnen, denn ohne Wunder war seine Tat und seine Rettung nicht, wunderbarer vielleicht als die mancher wirklich heilig gesprochener Märtyrer. Aber das Italien vom Jahr 1805 hatte kein Verlangen und Bedürfnis nach neuen Heiligen. Man erklärte ihn nicht für einen Heiligen, sondern für einen Narren und brachte ihn in das Irrenhaus von San Servolo.

Hier war Matheo die ersten acht Tage hindurch ruhig und anstellig. Von da ab verfiel er wieder in sein dumpfes Schweigen und weigerte sich, Nahrung und Trank zu nehmen. Keine Vorstellungen und Drohungen hatten Macht über ihn. Einmal fastete er so, ohne einen Bissen oder Tropfen einzunehmen, sechs, ein anderes Mal 14 Tage. Man musste ihn durch Nährstoff enthaltende Klistiere am Leben erhalten. Da er sich keine anderen Martern antun konnte, stellte er sich wenigstens in die heiße Sonne hin, bis das Blut unter seiner Haut kochte. Man musste ihn oft mit Gewalt in den Schatten reißen.

Endlich war seine physische Kraft erschöpft, ein Brustübel machte sich bemerkbar, und er starb nach einem kurzen Todeskampf am 2. April 1806.

Selbstmörder wollen ihre Qualen durch den Tod beenden. Matheo von Casale war kein Selbstmörder, denn er suchte Qualen, nicht den Tod. Auch solche Schwärmer hat die letztere Zeit einige hervorgebracht, keinen aber, der mit gleichem Vorbedacht, so nüchtern ohne Beihilfe und Aufmunterung ähnlich fanatisierter Glaubensgenossen, und mit solcher Ausdauer das Attentat gegen sein eigenes Fleisch und Blut ins Werk setzte. Der italienische Märtyrer, der nur unter denen Indiens seinesgleichen sucht, war den Ärzten seines Vaterlandes ein Problem, für das sie eine Erklärung nur in der Beobachtung fanden, dass Wahnsinnige in der Regel schwer zu reizen und gegen den Schmerz unempfindlich sind. Ihr immer auf einen Gedanken gerichteter Geist wird von den Eindrücken, den andere Dinge hervorbringen können, weniger berührt, und ihr Nervensystem ist ein mangelhaftes. So ertrugen die Märtyrer der Vorzeit die entsetzlichsten Folterqualen, weil ihr ganzes Empfindungsvermögen aufging in der Ahnung und Vorfreude der himmlischen Seligkeit. Ruggieri wollte in Matheos krankhafter Leibesbeschaffenheit besondere Symptome entdecken, die nicht allein die Haut, sondern auch den ganzen Körper unempfindlich machen. Es war ein Glück, dass die Untersuchung den Ärzten allein überlassen blieb.«

Auch aus den heimatlichen deutschen Gefilden ließen sich Vorfälle von Selbsttortur mehrfach anführen, selbst aus der unmittelbaren Gegenwart, die von den Frommen aller Lande als besonders ungläubig verschrien wird. Wir haben es eben bei Fällen dieser Art mit zwei Gefühlsgroßmächten zu tun, die alles andere überwinden und stets überwunden haben: dem religiösen Fanatismus und dem Geschlechtstrieb. Beide werden wir später noch, bei Erörterung des Hexenwesens, ihren unheilvollen Einfluss ausüben sehen.

Noch einer nicht selten vorkommenden Selbsttortur oder Selbstverstümmlung sei hier gedacht, der Selbstverstümmlung nämlich, Abhacken eines Fingers und dergleichen, die junge Leute vornehmen, um sich der Pflicht des Militärdienstes zu entziehen. Es kommt noch heutzutage vor, allerdings seltener als vor einigen Jahrzehnten noch, wo der Militärdienst viel strenger und von längerer Dauer war.

Wir glauben, diesen nur als Ergänzung hier eingefügten Abschnitt nun abschließen zu können.

V. Kapitel

Die Germanen – Knechtschaft und Sklaverei – Stände – Gerichtsverfassung – Fehderecht – Gottesfreuden – Feme – Der ewige Landfrieden – Sachsenspiegel– Schwabenspiegel – Kanonisches Recht – Gegner der Tortur – Die Tortur im alten Russland – Iwan, der erste Zar – Iwan der Schreckliche – Peter der Große – Strelitzen-Aufstand – Polen

Von den Versammlungen der Germanen sprechend, bemerkt Tacitus in seiner »Germania« (übersetzt von Wilhelm Bötticher): »Erlaubt ist vor der Versammlung auch zu klagen und auf Todesstrafe anzutragen. Der Unterschied der Strafen richtet sich nach dem Vergehen. Verräter und Überläufer hängen sie an Bäumen auf. Feige, Kriegsscheue, am Körper Geschändete versenken sie, noch eine Hürde darüber werfend, in Schlamm und Sumpf. Die Verschiedenheit dieser Bestrafung deutet darauf hin, dass man Verbrechen durch die Strafe an das Licht bringen, Schändlichkeiten dagegen verhüllen musste. Doch auch auf die leichteren Vergehen steht eine angemessene Strafe. Die Überführten müssen mit einer bestimmten Zahl von Pferden und Schafen büßen. Ein Teil der Buße wird dem König oder der Gemeinde, der andere den Beleidigten selbst oder seinen Verwandten entrichtet … Feindschaften, sei es des Vaters oder eines Angehörigen, ebenso wie Freundschaften derselben zu übernehmen ist Gesetz. Doch dauern sie nicht unversöhnlich fort. Denn selbst der Totschlag wird mit einer bestimmten Zahl von Rindern oder Schafen abgebüßt, und das ganze Haus lässt sich die Genugtuung gefallen, ein Glück für das allgemeine Wohl, weil ja Feindschaften neben der Freiheit umso gefährlicher sind. ... Das Würfelspiel treiben sie, worüber man sich wundern möchte, nüchtern, ganz wie ein ernstes Geschäft, mit solcher Verwegenheit bei Gewinn und Verlust, dass sie nichts mehr haben, auf den äußersten und letzten Wurf sogar ihre Freiheit und Person setzen. Der Überwundene begibt sich freiwillig in die Knechtschaft. Ist er auch jünger und stärker, so lässt er sich dennoch binden und verkaufen. So groß ist ihr Starrsinn bei solcher Verkehrtheit, sie selbst nennen es Worthalten. Sklaven dieser Art verkaufen sie, um sich zugleich auch von der Schande ihres Sieges zu befreien. Die übrigen Sklaven verwenden sie nicht so wie wir, dass die Geschäfte unter die Dienerschaft verteilt sind, sondern jeder schaltet über Haus und Herd als sein Eigentum. Eine bestimmte Menge Getreide, Vieh oder Kleidungsstücke legt ihm der Herr wie einem Lehensmann auf, und insoweit gehorcht er als Sklave. Die übrigen Geschäfte des Hauses verrichten Frau und Kinder. Einen Sklaven geißeln oder durch Bande und Arbeit zu züchtigen, ist selten. Zu töten pflegt man sie, nicht der Zucht und Strenge wegen, sondern in der Aufwallung und im Zorn, wie einen Feind, nur dass es ungestraft geschieht. Freigelassene sind nicht viel mehr als Sklaven, haben selten einiges Gewicht im Haus wie in der Gemeinde, lediglich die Völkerschaften ausgenommen, die unter Königsherrschaft stehen. Denn da erheben sie sich selbst über Freigeborene, selbst über den Adel. Bei den übrigen ist eben das Nachstehen der Freigelassenen Beweis der Freiheit.«

Obgleich nun Tacitus die Verhältnisse der Germanen mit römisch gefärbter Brille betrachtet hat und manche seiner Angaben nur vom Hörensagen zu machen wusste, müssen wir ihn doch in diesen Dingen bei den geringen Überlieferungen, die uns sonst darüber überkommen sind, als vertrauenswerte Autorität betrachten. Von einer Anwendung der Tortur bei den Germanen weiß er uns nichts zu vermelden, ein Umstand, der jedoch keineswegs zu der Folgerung berechtigt, dass sie bei ihnen nicht vorgekommen sei. Tacitus könnte diese Sache, vom Standpunkt eines Römers, als zu geringfügig außer Betracht gelassen haben. Die wenn auch selten vorgekommene Geißelung und andersartige Züchtigung der Sklaven sowie deren ungestraft gebliebene Tötung geben nur zu sehr der Vermutung Raum, dass auch in germanischen Gauen die Folter, wenigstens den Sklaven gegenüber, zur Anwendung gelangt sein mochte. Noch mehr wird die Vermutung, dass diese Peinigungsmittel den Germanen überhaupt nicht fremd geblieben sind, bestärkt durch eine Stelle in der Edda. König Geirödr ließ einen Fremden namens Grimner, der ihm verdächtig schien, weil die Hunde vor ihm zurückwichen und der auf alle an ihn gerichtete Fragen keine Antwort gab, zwischen zwei Feuer setzen, um ihn zur Aussage zu nötigen. Grimner ertrug acht Tage lang schweigend diese Folter, und erst dann, als seine Kleidung Feuer fing, war er zu sprechen bereit.

Johannes Scherr schreibt (a. a. O., S. 43): »Von altdeutscher Freiheit ist viel gesagt und gesungen worden. Unverzeihliche Unkenntnis und verzeihlicher Enthusiasmus haben in gleicher Weise daran gearbeitet, den staatlichen Haushalt unserer Ahnen mit einer Glorie der Freiheit zu schmücken, deren phantastischer Schimmer vor dem Licht unparteiischer Forschung nicht hat bestehen können. Es ist wahr, es lag in der altgermanischen Freiheit der Verfaultheit der römischen Welt gegenüber ›die Ankündigung einer zweiten Jugend Europas‹, allein ebenso wahr ist es, dass von einer Freiheit im jetzigen Sinne, d. h. von Erstreckung der ewigen Menschenrechte über alle Klassen der Nation, in den altdeutschen Wäldern überall gar keine Rede war. Es gab Freie, ja, aber Sklaven gab es noch weit mehr. Das ganze Volk schied sich zuerst in zwei große Stände, in Freie oder Bevorrechtete und in Unfreie oder Rechtlose. Die letzteren übertrafen die ersteren an Zahl bedeutend: zu allen Zeiten hat ein Herr, eben um den Herrn spielen zu können, viele Knechte nötig. Der Stand der Freien und der Stand der Unfreien teilten sich dann später wieder jeder in zwei Unterarten, nämlich der erste in edle Freie (Adalinge, Edelinge, in den alten Rechtsbüchern nobiles genannt) und in gemeine Freie (Gemeinfreie, ingenui oder liberi), der zweite in zins- und dienstpflichtige Hörige (Liten, liti) und in eigentliche Sklaven (Schalke, servi). Die Sklaven, ein ursprünglich aus Kriegsgefangenen gebildeter Stand, werden in den alten Rechtssatzungen ausdrücklich mit den Tieren auf eine Stufe gestellt. Der deutsche Sklave war eine Sache, eine Ware, ein Tauschmittel. Der Herr konnte ihn ungestraft misshandeln, verwunden, töten, weil nach altgermanischer Gerichtsverfassung nur Freie im Schutz des Rechtes standen. Die Hörigen oder Liten unterschieden sich von den Schalken dadurch, dass ihnen von den Herren Grundstücke zur Bebauung und Nutznießung gegen gewisse Dienstleistungen und Abgaben (Feod) überlassen wurden und dass sie nur zugleich mit dem Grundstück, auf dem sie saßen, verkauft werden konnten. Auf dem ökonomischen Verhältnis der Hörigen zu den Grundbesitzern beruht das später ausgebildete Lehns- oder Feudalwesen (eben von ›Feod‹). Besser dran als der eigentliche Sklave war der Hörige allerdings, namentlich deshalb, weil ihm die Gelegenheit des Erwerbes und damit die Möglichkeit geboten war, sich aus der Knechtschaft loszukaufen, wobei jedoch anzumerken ist, dass eines freigewordenen Liten Nachkommen erst im dritten Geschlecht in den Genuss sämtlicher Rechte der Freien eintraten. Solange er hörig war, hatte er ebenso wenig wie der Sklave ein Klagerecht oder die Befugnis, vor Gericht zu erscheinen, sondern musste sich durch einen Freien vertreten lassen. Die ganze Brutalität des Verfahrens gegen Unfreie verrät schon der Rechtssatz, dass einem Knecht, der seinen Herrn eines Verbrechens zieh, nicht geglaubt werden durfte. Je größer nun die Rechtlosigkeit der Unfreien, um so größer die Vorrechte der Freien. Nur diese hatten das Recht, Waffen zu tragen, nur sie hatten Sitz und Stimme in der Volksversammlung, nur sie konnten Ankläger, Zeugen und Richter sein, nur sie konnten das Priesteramt bekleiden. So war also Kult, Gesetzgebung, Staatsgewalt und Richteramt ausschließlich in ihren Händen. Von einem demokratischen Zug, der durch unsere Urzeit hindurchgehe, kann man demnach nur sprechen, sofern man den Begriff ›Volk‹ auf eine Minderzahl von Bevorrechteten, auf die Herren, die Freiherren einschränkt. Für das eigentliche Volk aber bestand die altdeutsche Freiheit in schweren Arbeiten und Entbehrungen, starken Abgaben, Frohnden und Stockschlägen. Sein Los, das der Hörigen und Sklaven, war ein sehr trauriges. Es hatte für seine müßig gehenden Herren zu schaffen und bei dem geringsten Vergehen Misshandlungen zu erfahren. Rechtlos in diesem Leben, hatte es auch keine Aussicht auf ein jenseitiges: Nur Freie fanden Zutritt in Wotans Walhalla.

In der frühesten Vorzeit bildeten den bevorrechteten Stand allein die Adalinge (daher auch Unfreie, Semperfreie genannt), die sich im Besitz eines Allod, d. h. eines nach dem Recht der Erstgeburt vererbbaren Freigutes, befanden. Grundbesitz und Adel waren demnach ursprünglich ein und dasselbe Ding. Deshalb wird auch das Wort Adal oder Adel selbst zurückgeführt auf Odal (von Od, d. i. Gut), wobei freilich zu bemerken ist, dass diese Ableitung streitig ist, indem anderweitig behauptet wird, Adel habe uranfänglich Geschlecht (*genus*) bedeutet mit dem Nebensinn von Nobilitas, wie ja auch im Mittelalter die adeligen

Stadtbürger »Geschlechter« hießen. Der Stand der Gemeinfreien bildete sich allmählich aus frei gewordenen Liten. Aus den Adalingen ging später der hohe, aus den Gemeinfreien der niedere Adel hervor, während die Gefolgschaften, die sich um einzelne berühmte Kriegshelden scharten, die Pflanzschule des durch die Völkerwanderung bedeutend gewordenen Waffenadels waren. Dem Allodbesitzer stand die Mundschaft und Herrschaft über seine Familie (Sippschaft) zu. Seine männlichen und weiblichen Verwandten (Schwertmagen und Spill- oder Spindelmagen) schuldeten ihm Gehorsam (standen in seinem Bann). Mehrere Allode machten in freier Vereinigung eine Mark oder Gemeinde aus. Gemeinsamkeit der Interessen vereinigte eine Anzahl von Gemeinden zu einem Gau, dessen öffentliche Angelegenheiten in einer Versammlung der Freien unter freiem Himmel beraten und entschieden wurden. In solchen Versammlungen wählte man durch Besitz, Mut und Kriegsruhm ausgezeichnete Männer zu Herzögen, die vor dem aus Allodbesitzern und ihrem Gefolge bestehenden Heerbann als Führer herzogen, daher der Name, ferner die Priester und die Gaurichter Grafen, vom altdeutschen gerefa (Einnehmer, Richter). Von diesen Beamten gingen die auf Gewohnheitsrecht beruhenden, wohl auch mittels der Runenschrift fortgepflanzten Gesetze aus. Fassen wir das Gesagte zusammen, so ergibt sich, dass den losen, lockeren Staatsverbänden von Altdeutschland mit Fug und Recht der Name Adelsrepubliken, aristokratischer Freistaaten gegeben werden darf.

Die germanische Gerichtsverfassung blieb im Wesentlichen von der ältesten bis zum Ende der karolingischen Zeit die gleiche. Dass nur Freie Ankläger, Zeugen und Richter sein konnten, ist schon erwähnt worden. Die Stätten, wo Gericht gehegt wurde, die Mallen, befanden sich im Freien bei geheiligten Bäumen und Quellen, was schon erraten lässt, dass die Schlichtung der Rechtshändel im Heidentum von religiösen Gebräuchen begleitet war und das Priestertum an der Rechtspflege seinen Anteil hatte. Anfangs waren die Priester selbst Richter, später wurden die Richter durch die Freien aus ihrer Mitte gewählt, und der Graf saß dem Gericht vor. Das Verfahren war ein öffentliches vor dem versammelten Volk, d. h. vor dem rechtsfähigen Teil desselben, woraus sich ergibt, dass die Urteile entschieden auf der Basis der öffentlichen Meinung ruhten. Dem uralten Rechtsgrundsatz: ›Wo kein Ankläger, kein Richter‹ gemäß war die Form des Verfahrens die des Anklageprozesses. Das gangbarste Beweismittel von Schuld oder Nichtschuld war der Eid, abgelegt auf des Schwertes Griff oder Schneide, unter Anrufung dieses oder jenes Gottes. Männer schwuren auch auf ihren Bart, während die Frauen beim Schwören die Hand auf ihre Brust oder an ihren Haarzopf legten. Mit dem Eid war das eigentümlich germanische Institut der Eidhelfer verbunden. Bei den meisten deutschen Stämmen galt nämlich der Grundsatz, der Ankläger habe nicht die Schuld des Angeklagten, sondern dieser seine Unschuld zu beweisen. Deshalb musste sich der Angeklagte vermittelst eines Eides reinschwören, aber sein Wort allein genügte nicht, um das öffentliche Vertrauen zu ihm wiederherzustellen. Darum musste er sich nach einer Anzahl Freunde umsehen, die bereit waren, mit ihrem eigenen Eid zu bekräftigen, dass sie der Versicherung seiner Unschuld glaubten. Sie legten also nicht sowohl Zeugnis über den Tatbestand ab als vielmehr über die Glaubwürdigkeit des Angeklagten, sie halfen ihm bei seinem Eid, daher die Bezeichnung Eidhelfer. Die Zahl derselben war je nach der Schwere des in Frage stehenden Verbrechens verschieden, bei den schwersten stieg sie bis auf 40, 70 und 80. Wenn aber der Ankläger dem Eid des Anklagten und dem der Eidhelfer desselben nicht traute, so blieb ihm noch übrig, auf gerichtlichen Zweikampf als auf ein Gottesurteil (Ordâl, wovon das lateinische *ordalium*, angelsächsische Wortform, althochdeutsch urteili) – zu provozieren, denn in solchen Fällen, meinten unsere Ahnen, müsse man das Urteil der Gottheit selbst anheim stellen, die dem unschuldigen Teil Sieg verleihen würde. Auch der Angeklagte musste sich, wenn er keine Eidhelfer finden konnte, durch Zweikampf reinigen oder aber sich einer anderen Art von Gottesurteil unterwerfen, nämlich der Wasser- oder Feuerprobe … Einem angeklagten Freien war nur in zwei Fällen jedes Schutzmittel entzogen, wenn er nämlich von der ganzen Gemeinde auf handhafter Tat ergriffen wurde oder wenn die ganze Gemeinde den Tatbestand zu seinem Ungunsten bezeugte. Gegen überwiesene Unfreie lautete in Kriminalfällen von irgendwelcher Bedeutung das

Schwur und Wasserurteil. Aus: Heidelberger Sachsenspiegel, Handschrift, 13. Jahrhundert.

Urteil kurzweg auf Tod in mannigfachster Gestalt oder wenigstens auf grausame Verstümmelung.

Über Freie jedoch konnte die Todesstrafe oder eine körperliche Strafe überhaupt nur dann verhängt werden, wenn sie durch Mord des Heerführers, durch Landesverrat und dergleichen mehr als unmittelbare Feinde und Schädiger des Gemeinwesens auftraten. Alle sonstigen Verbrechen, Mord nicht ausgenommen, büßte der Freie bloß durch Erlegung von Sühngeld (Wergeld, *compositio*), das an die Familie des Beleidigten, Geschädigten oder Getöteten fiel. Diese Buße, deren Höhe nach der Schwere des Verbrechens sich bestimmte und gerichtlich festgestellt wurde, wurde in Geld oder in Ermangelung desselben in Vieh oder anderer Habe entrichtet, und diese Bestimmung würde roher Willkür und Lasterhaftigkeit der Reichen allerdings Tür und Tor geöffnet haben, hätten nicht die ziemlich hohen Wergeldsansätze einigermaßen einen Riegel vorgeschoben. Bei den Franken z. B., wo der Wert einer Kuh einem *Solidus* (Schilling) gleichstand, musste der Mord einer wehrlosen Frau mit 600 *Solidis* oder Kühen gesühnt werden, und in diesem Verhältnis wurden auch geringere Verletzungen und Beleidigungen, namentlich solche gegen weibliche Schwäche und Ehrbarkeit, gebüßt. Wer z. B. einer Frau in beleidigend unehrbarer Weise die Hand streichelte, musste es mit 15 Schillingen oder Kühen büßen. Streichelte er ihr den Oberarm, so hatte er es, natürlich bei erfolgter Klage und Überweisung, mit 35 Schillingen oder Kühen zu sühnen. Wagte er gar, ihr die Brust zu betasten, so stieg die Buße auf 45 Schillinge oder Kühe. Noch ist hervorzuheben eine weitere wichtige Seite des germanischen Strafrechts, das Faust- oder Fehderecht, das einesteils in dem uralten Brauch der Blutrache seine Wurzel hatte, andernteils in der Auffassung des ganzen Rechtsverhältnisses als eines Friedensverhältnisses von seiten unserer Vorväter. Wer das Recht brach, brach damit auch den Frieden mit dem Verletzten und dessen Sippschaft. Der unpolizierte altgermanische Staat überließ es nun dem Beleidigten, falls derselbe nicht bei den Gerichten Recht suchen wollte, sich selber Genugtuung zu verschaffen, zum Faust- oder Fehderecht zu greifen, das darin bestand, dass dem Geschädigten gestattet war, mit seinen Sippen und Freunden gegen den Schädiger Fehde (*Faida*) zu erheben und den Bruch des Rechtsfriedens mit dem Blut des Friedenbrechers zu sühnen, wenn er dazu imstande war oder wenn nicht ein rechtzeitiger Vertrag das Äußerste verhütete. So bildete zum Recht auf Wergeld das Fehderecht eine Ergänzung; auch war es nicht ohne Einschränkung, denn bei bloßen Zivilansprüchen durfte nicht zur Fehde gegriffen werden.«

Das Fehderecht ist auch unter dem Namen Faustrecht bekannt, um dessen Beseitigung sich später mehrere deutsche Kaiser vergeblich bemühten. Die verkündeten »Landfrieden« fanden nur wenig Beachtung, obgleich die Übertreter zuweilen zu der schimpflichen Strafe des Hundetragens verurteilt wurden, so im Jahre 1185 selbst der Pfalzgraf Hermann und andere Grafen[1]. Damals war übrigens das Faustrecht noch zulässig und nur an gewisse Formen gebunden. Der Landfrieden vom Jahre 1187 fordert nur, dass die Fehde dem Gegner drei Tage vorher angekündigt werden musste.[2] Auch die Kirche trat wider diese private Kriegsführung auf und stiftete den Gottesfrieden (*treuga Dei*), wonach von Mittwoch bis Montag und an anderen geweihten Tagen jede Fehde ruhen müsste. Der Bruch des Gottesfriedens wurde mit dem Kirchenbann bestraft, dem, wenn er nicht in einer gewissen Frist gelöst wurde, die Reichsacht folgte. Der erwähnte Vorfall des Hundetragens scheint sich eigentlich auf Gottesfriedensbruch bezogen zu haben.

»Diese Zustände eines allem Recht Hohn sprechenden Faustrechts«, schreibt Wächter in »Vehmgerichte und Hexenprozesse in Deutschland«, S. 26 f., »wurden in ganz Deutschland als eine wahre Landplage empfunden. Und doch währte solche Herrschaft roher Gewalt und kräftiger Fäuste bis gegen Ende des fünfzehnten Jahrhunderts, nur ein wenig gezügelt durch den ritterlichen Sinn, durch einzelne energische Kaiser, durch den Einfluss der Kirche und durch die Entwicklung der Städte.

So war es einem Verbrecher nur gar zu leicht möglich, sich den Gerichten zu entziehen und sogar auch ihnen offen zu trotzen im Vertrauen auf seine Burg und auf seine und seiner Genossen Fäuste. Der Schwache und Wehrlose wurde unterdrückt und musste alle Unbill über sich ergehen lassen. Inmitten dieser anscheinend unentwirrbaren Rechtlosigkeit und gegenüber der Ohnmacht fast aller Gerichte, sehen wir in Westfalen einfache Volksgerichte, von Ungelehrten, meist Bauern besetzt, sich erheben, einen Hort des Rechts für jeden durch Verbrechen Geschädigten. Es sind dies die Vehmgerichte, die bald mit unwiderstehlicher Macht ihrer Ladung und ihrem Richterspruch bis an die fernsten Grenzen des deutschen Reichs Geltung zu schaffen wussten.

Immerhin aber war es ein ungesunder Zustand, wenn wegen Machtlosigkeit der einheimischen Gerichte der Freistuhl auf roter Erde auch von dem in anderen Gauen des Reichs Verletzten angerufen werden musste. Es galt daher das entartete Fehderecht völlig zu beseitigen. Dies geschah, zunächst freilich noch auf dem Papier, auf wiederholtes Andrängen der Reichsstände und Kaiser Maximilians I. im Jahr 1495 durch den sogenannten ewigen Landfrieden. Durch dieses Reichsgesetz wurde das Reichskammergericht, das für Ordnung und Frieden im Reich sorgen sollte, neu organisiert, das Fehderecht ganz aufgehoben und jede Fehde bei Strafe des Landfriedenbruchs verboten. Aber noch lange Zeit wurde das Verbot übertreten, so dass es Sprichwort war: Man traue den Landfrieden nicht.

Die Gerichte gelangten allmählich zu größerem Ansehen und ausreichender Machtstellung. Aber im Strafverfahren selbst vollzog sich eine tief einschneidende Änderung. An Stelle des alten Anklageverfahrens schritt man mehr und mehr von Amts wegen ein. Für diesen inquisitorischen Prozess bildete sich ein geheimes und schriftliches Verfahren. Den Beweis der Schuld suchte man vorzugsweise durch Geständnis des Verdächtigen zu erbringen. Und hierbei geriet man auf die folgenschwerste Verirrung, nämlich darauf, das Geständnis durch die Folter zu erpressen.«

Diese Veränderung der Rechtszustände trat bereits Ende des zwölften Jahrhunderts ein, wo die zahlreichen in Deutschland geltenden Gesetze durch das römische unter Justinian zusammengestellte Recht verdrängt wurden. Es war nur zu selbstverständlich, dass die römisch-deutschen Kaiser, die sich gewissermaßen als die Nachfolger der römischen Kaiser betrachteten, in dem von ihnen regierten Reich auch die Satzungen der alten Weltbeherrscher zur Geltung zu bringen suchten. Allerdings wollte man die alte Gepflogenheit nicht leicht aufgeben, und besonders die Städte waren später bemüht, ihre Rechte zu sammeln, wobei allerdings auch manches »Römische« eindrang. Manche dieser Sammlungen, »Weistümer« sind uns überliefert worden und bilden recht beachtenswerte kulturhistorische Zeugen der Vergangenheit.

Zwei dieser Rechtsbücher sind die bereits angeführten »Sachsenspiegel« und »Schwabenspiegel«. Ersterer enthält die norddeutschen, Letzterer die süddeutschen Rechtsregeln. »Außerdem«, bemerkt Wessely in seinem »Deutschlands Lehrjahre«, »ist das alte alemannische Recht zu nennen, die älteste Gesetzsammlung, die im ursprünglichen germanischen Volksrecht seine Wurzel hat. Später wurde es umgearbeitet, bei welcher Gelegenheit das kanonische Recht großen Einfluss auf dessen Umgestaltung nahm. Es enthält eine ausführliche Beschreibung aller damals vorkommenden Gesetzübertretungen nebst Bemessung der Strafen, die durchweg Geldstrafen sind: Wer einen Bischof insultierte, muss so büßen, als ob er einen Fürsten beleidigt hätte. Auf den Tod eines Priesters sind sechshundert, auf den eines Mönches vierhundert Gulden Strafe gesetzt, ein hoher Preis nach damaliger Währung. Dagegen wurde der Mord eines gewöhnlichen Mannes nur mit neun, eines Weibes mit achtzehn Gulden bestraft. Wer am Sonntag arbeitet, verliert ein Drittel seines Erbes, und wer nochmals betreten wird, der soll in die Leibeigenschaft gegeben werden. Weil er Gott zu Ehren nicht feiern wollte, soll er ewig dienstbar bleiben, begründet erbarmungslos das Gesetz seine Strafe. Auch die ehelichen Verhältnisse sind aus dem Gesichtspunkt des kanonischen Rechts aufgefasst. Die Entführung einer Braut musste mit zweihundert Gulden gebüßt werden. Auch die Verstümmlung einzelner Gliedmaßen wurde hart gestraft; beim Ohr, Auge, bei der Nase usw. sind viele Fälle und Variationen der möglichen Verstümmlung vorgesehen, und nach dieser Auseinandersetzung müssen unsere Vorfahren jener Zeit rechte Raufbolde gewesen sein. Wenn das kanonische Recht, das auf Moses Dekalog fußte, auf die Handhabung der Gerechtigkeit einen immerhin wohltuenden Einfluss übte, so

Mittelalterliches Gericht in der Holzschranke. Im Hintergrund die verschiedenen Todesstrafen. Aus: Petrarca, Trostspiegel, Augsburg 1539.

hat es anderseits die Gesetzgebung mit einer Anstalt belastet, die der Menschheit stets zur Schande gereichen wird, mit der Inquisition und dem Ketzergericht. Man wusste sehr geschickt die erste als eine politisch notwendige Anstalt zu deklarieren. Die katholische Kirche war Staatsreligion. Wer gegen diese frevelt, ist nicht allein ein Abtrünniger und Feind der Kirche, sondern auch des Staates …«

Es ist stark in Zweifel zu ziehen, dass das kanonische Rechte (*Jus canonicum*) einen heilsamen Einfluss auf die deutschen Rechtzustände ausgeübt hat. Indes ist es leicht erklärlich, dass zu einer Zeit, wo die Kirche oder vielmehr das Papsttum zu einer Großmacht oder vielmehr Allmacht herangewachsen war, diese Institution auch bemüht war, dem wichtigsten Faktor im Leben jedes Volkes, der Rechtsprechung ihr Gepräge zu geben.

Zweifellos ist auch, dass die Inquisition, mit der wir uns noch ausführlicher beschäftigen werden, die Tortur im großen Umfang und mit unmenschlicher Grausamkeit zur Anwendung brachte, wobei eben die Machtbestrebungen des Papsttums und der bis zum Wahnwitz gesteigerte religiöse Fanatismus, auch in Verbindung mit anderen Motiven, die Urheber dieser Scheußlichkeiten waren. Irrig wäre es aber anzunehmen, dass das päpstliche Rom immer der Anwendung der Folter geneigt war und die europäischen Staaten allzeit von dieser Seite her Anregung und Aufmunterung zur Anwendung dieser Marter erhielten. Die Traditionen des alten Römerstaates haben sich vielmehr auch in diesem Punkt erhalten und fortgepflanzt, nicht nur bei den unmittelbaren Erben jener Kultur, sondern auch bei Germanen und Slawen. Es kam sogar vor, dass das Papsttum, wenigstens zur Zeit, wo es noch nicht auch politisch völlig als Herr der Welt sich gebärdete, gegen die Anwendung der Tortur entschieden auftrat. So wissen wir von Papst Nikolaus I. (858–867), der auch der Große genannt wurde, durch Exkommunikation des Patriarchen von Jerusalem Photius die erste Spaltung der abendländischen und morgenländischen Kirche hervorrief und der fränkischen Kirche seine Oberhoheit aufzwang, ein Papst also, dem es keineswegs an Machtbewusstsein fehlte, dass er den Fürsten der Bulgaren nachdrücklichst zur Unterlassung der Tortur ermahnte, die damals bei diesem Slawenvolk auch gegen unter

Verdacht des Diebstahls Stehenden angewandt wurde. Er schrieb ihm, dieses Vergehen sei wider alle göttlichen und menschlichen Gesetzen: »Und wenn ihr nun durch alle von euch angewandten Strafen kein Bekenntnis von dem Angeklagten erpressen könnt, schämt ihr euch nicht dann wenigstens und erkennt ihr dann nicht, wie gottlos ihr richtet? Gleicherweise wenn einer durch die Marter dazu gebracht worden ist, sich dessen schuldig zu bekennen, was er nicht begangen hat, wird dann nicht die Schuld auf den fallen, der ihn zu einem solchen lügenhaften Bekenntnis zwingt? Verabscheut also von ganzem Herzen, was ihr bisher in eurem Unverstände zu tun pflegtet.«[3)]

Auch bei den anderen Sklavenvölkern finden wir die Tortur in Anwendung. Iwan I., der erste Zar von Russland (1462–1505), gab seinem Volk ein neues Gesetzbuch, in dem auch die Folter eine große Rolle spielt. Graf von Segur urteilt in seiner »Geschichte Russlands« über dieses Werk: »Übrigens ist in diesem Gesetzbuch alles scharf wie das danach alles zerschneidende Schwert. Der Zweikampf entscheidet den größten Teil der Kriminalverbrechen. Im Falle eines Verdachts und wenn ein unantastbarer Ruf mangelt, muss die Tortur die Justiz aufklären. Die Strafen in Iwans Gesetzbuch sind Güter-Entziehung, die Knute, Sklaverei, der Tod, die seinem Despotismus die Waage halten, und deshalb hat auch Russland durch seine blinde Knechtschaft Europa in Staunen versetzt.« Von Zar Iwan II. (1553–84), auch »der Schreckliche« genannt, wird nach dessen Sieg über Nowgorod und den nachfolgenden Grausamkeiten gemeldet:

»Jetzt erklärte er, dass der Gerechtigkeit Genüge geleistet sei; er zog sich zurück, empfahl sich ernstlich dem Gebet der Überlebenden, die sich denn auch wohl vorsahen, gegen das Gebot ihres Erdengottes nicht zu verstoßen. Auch Twer und Pskow erfuhren seine Gegenwart. Endlich sah Moskau ihn wieder, und an demselben Tag füllten glühende Kohlenpfannen, ungeheure Kessel von Erz und 80 Galgen den Markt. Fünfhundert der angesehensten, von der Folter bereits zerrissene Edelleute wurden dort hingeschleppt, und ein Teil derselben unter dem wilden Jubel der Leibwächter niedergemetzelt, während die größere Zahl von ihnen unter den langsamen Messerschnitten der Höflinge des moskowitischen Ungeheuers ihr Leben aushauchte.

Die Frauen wurden ebenso wenig geschont. Iwan ließ sie an den Türen ihrer Wohnungen aufknüpfen und zwang ihre Gatten, diese nicht anders als vermittelst Durchkriechens unter den Leichnamen ihrer Lebensgefährtinnen, und zwar so lange, bis sie in Fäulnis übergegangen und auf sie niedersinken würden, zu betreten und zu verlassen. Ferner wurden tote Männer und Kinder auf den Stellen, die sie an dem Familientisch sonst einnahmen, festgebunden, und ihre Frauen und Mütter genötigt, sich mehrere Tage hindurch den teuren und entseelten Hüllen der Ihrigen gegenüber zu setzen.

Hunde, Bären, die der Wahnwitzige spaßeshalber auf das Volk losließ, mussten den durch verstümmelte Leichname gesperrten Markt säubern[4]. Mit jedem Tag ersann er neue Martern, die seine alles Maß überschreitende, stumpf gewordene Tyrannei doch nicht ausreichend fand. Es verlangte ihn nach Bruder- und Vatermord. Basmanoff war gezwungen, seinen Vater, Prozorowski seinen Bruder zu töten! Dann ließ das Ungeheuer 800 Frauen ersäufen, durchstöberte mit wilder Raubgier die Wohnungen seiner Schlachtopfer, und durch schreckliche Folterqualen nötigte er die übrig gebliebenen Angehörigen, ihm die Stellen, wo sie ihre Schätze verborgen gehabt haben, zu zeigen. Die Güterbeschlagnahme, verbunden mit Monopolen, Auflagen und Eroberungen, häuften in seinem Palast die Schätze des Reichs und der Tataren auf, wozu noch die des geplünderten, wenngleich nicht eroberten Lieflands sich gesellten.

Bei seinen langen und fruchtlosen Kriegen gegen die Schwertritter bezeichneten schreckliche Todesmartern seine flüchtigen Erfolge. Der mutige Widerstand, den der Feind ihm entgegensetzte, schien ihm Empörung, und seine Gefangenen ließ er in glühende Kessel werfen oder auf Lanzen aufspießen, auf Kohlenpfannen, die er selbst anschürte, lebendig braten.«

Diese Rechtszustände, sofern bei einer despotischen Regierung überhaupt von Rechtszuständen gesprochen werden kann, währte auch fort, nachdem das Herrschergeschlecht Rurik von den Romanow abgelöst wurde. Bis zur Zeit Peters des Großen und vielleicht auch noch später gab es in Russland auch eine Eisfolter. Auf einem der größten Plätze Moskaus stand eine steinerne Säule, an welcher der Inquisit im Winter in sehr dünner

Bekleidung gefesselt wurde. Konnte ihn die Kälte nicht dazu bringen, das zu gestehen oder auszusagen, was man wollte, so wurde von einer über der Säule befindlichen Galerie auf ein Zeichen des Verhörenden ein großer Kübel kaltes Wasser auf den Inquisiten gegossen, das sogleich zu Eis wurde. Verlor der Gemarterte dabei die Besinnung oder schien es sonst ratsam, so wurde er dann in einen warmen Raum gebracht und mit Reibung und anderen Mitteln wieder zu Bewusstsein gebracht. Dann wurde er wieder befragt und, wenn seine Aussage nicht befriedigte, der Vorgang wiederholt, auch mehrmals wiederholt. Es soll nur selten bei dieser Qual einer mit dem Leben davon gekommen sein. Dann wurde sein Leichnam so lange begossen, bis sich eine dicke Eisrinde bildete, und in diesem Zustand blieb er bis zum Abend als warnendes Exempel ausgestellt.

Als Peter der Grosse den Strelitzen-Aufstand niederschlug, kam ebenfalls die Tortur zur Anwendung. Segur berichtet:

»Seine Rache war entsetzlich, die Strafe milder denn das Verbrechen. Anfänglich die Folter, dann die gliedweise Verstümmlung, dann, als nicht mehr Blut genug vorhanden war, um Schmerz zu empfinden, der Tod. Zum Beschluss wurden ihre Köpfe auf der Spitze einer Säule zur Schau gestellt und die Gliedmassen gleichsam wie zur Verzierung ebenmäßig rund umher geordnet. Eine Sitte, die sich für eine Regierungsform von Gebietern und Sklaven, die sich gegenseitig zum unvernünftigen Vieh herabwürdigen und deren einziger Gott die Furcht ist, eignet.«

Von einem bald darauf folgenden zweiten Strelitzen-Aufstand, der ebenfalls niedergeschlagen wurde, wird mitgeteilt:

»Peter, der sich damals in Wien aufhielt und im Begriff stand, nach Italien zu gehen, traf gerade bei dem Sieg der Ordnung gegen die Unordnung wieder ein und benutzte ihn. Aber wie wollte er wohl eine Umbildung bewirken, als er aus gesitteten Ländern wiederkehrend, in jene rohen und wilden Sitten so zurücksank, dass er mit seinen eigenen Händen zwei tausend jener elenden Janitscharen marterte und zerfleischte? Zwar waren es die nämlichen Barbaren, die ehemaligen Mörder der Großen des Staats, die Henker seiner Familie, die dreifachen Meuchelmörder seiner Kindheit und Jugend. Jene Übermütigen waren es, die mit dem Beil in der Hand darauf bestanden, in ihren blutigen Saturnalien den Staat zu regieren. Jene Anführer, die, für den Augenblick noch doppelte Verräter an ihrem Vaterland, dessen Grenzen verlassen hatten, um dessen Regierungsform umzustoßen, um es wieder in das tiefe Dunkel zu versenken. Gleichwohl kann das Übermaß so mannigfacher Verbrechen keinen Grund zu der Abscheulichkeit so gehäufter Todesmartern abgeben. Das Fortreißen damaliger Sitten und Gewohnheiten kann sie ebenso wenig entschuldigen als die Bedrängnis der Lage und die rohen Formen, deren Anwendung bei wilden und stumpfen Sklaven unerlässlich ist.

Die einzelnen Umstände (jenes verabscheuungswürdigen Verfahrens) sind schrecklich. Die Geschichte kann sie nicht verschweigen. Peter selbst vernahm die Verbrecher auf der Folterbank. Dann, um Iwan, den Tyrannen, nachzuahmen, wurde er ihr Richter, ihr Henker. Er nötigte die ihm treugebliebenen Adligen, den straffälligen Standesgenossen, denen er das Todesurteil gesprochen hatte, die Köpfe herunterzuschlagen.

Von seinem Thron trockenen Blickes niedersehend, wohnte der Grausame den Hinrichtungen bei. Er tat noch mehr! Denn mit den Freuden der Festlichkeiten vermischte er den Schauder der Todesmartern. Trunken von Wein und Blut, in der einen Hand das Glas, in der anderen das Beil, deuteten zwanzig in einer einzigen Stunde nach und nach dargebrachte Libationen auf den Fall von zwanzig Strelitzen-Köpfen, die er herunterschlug und dabei auf seine fürchterliche Geschicklichkeit stolz tat. Im darauf folgenden Jahr, mochte es nun von dem Aufstand jener Janitscharen oder von der Abscheulichkeit ihrer Todesstrafe herrühren, wurde aus des Reiches entlegener Ferne ein Rückschlag laut, andere Unruhen brachen aus. Achtzig mit Ketten beladene Strelitzen wurden von Asow nach Moskau geschleppt, und ihre Häupter, die ein Bojar an den Haaren festhalten musste, fielen nach und nach noch unter dem Beil des Zaren. Er verlangte, dass fünf volle Monate hindurch Galgen und Rad fortwährend aufgerichtet werden und ihre Beute zur Schau ausstellen sollten.«

Peter gab Russland auch ein neues Strafgesetz. Es ist kaum nötig hierbei zu erwähnen, dass dieses neue Gesetz die Anwendung der Tortur zuließ, eine Tatsache, die übrigens umso weniger zu verwundern ist, als damals noch in ganz Europa die Tortur angewandt wurde und viele Jahre später sogar noch Maria Theresia für ihre Erbländer neue ausführliche Bestimmungen dieser Art erließ.

Auch bei den Polen kam die Folter vor, von der aber Adel und Geistlichkeit, wie in Österreich und Bayern, ausgenommen waren.

Wir haben, um die Darstellung nicht zu zersplittern, mit einigem die dieser Abteilung unseres Werkes gesteckten Zeitgrenzen überschreiten müssen und kehren wieder zum Mittelalter zurück. Wir finden hier überall die Tortur als Zwangsmittel zu gerichtlichen Aussagen, zumeist als Überlieferung vom alten Rom, ohne aber dabei behaupten zu können, dass sie bei den meisten Völkern nicht schon ursprünglich vorhanden gewesen wäre. Ja, für diese Annahme ist sogar die Wahrscheinlichkeit groß. Wir finden die Kirche als Gegner dieses Zwangsmittels, sehen aber, und werden noch weiter zu erkennen Gelegenheit haben, dass es von ihr mit ihrer Machtzunahme bedeutend zur Anwendung gelangte, umfangreicher sogar, als dies von weltlichen Mächten vorgenommen wurde. Man hat nicht mit Unrecht den Kreuzzügen einen Einfluss auf die Anwendung der Tortur in Europa zugeschrieben. »Auf allen Gebieten des europäischen Lebens«, schreibt Henne am Rhyn in seiner »Kulturgeschichte der Kreuzzüge«, S. 208 ff., »in Handel und Verkehr, Gemeinde und Staat, Kunst und Wissenschaft zeigte sich seit den Kreuzzügen eine größere Lebendigkeit statt der früheren geistigen Harmlosigkeit, eine größere Selbständigkeit gegenüber der vorher herrschenden Engherzigkeit. Diesem lebhaften Treiben fehlten aber auch die Schattenseiten nicht. Das Völkergewühl in den Kreuzzügen brachte eine Verschlimmerung der Sitten, eine Zunahme der Rauf- und Fehdelust und das Raubrittertum neben einer Abnahme des echten Rittertums und der feineren Lebensart. Trunksucht und Völlerei nahmen überhand, die Frauenhäuser wurden allgemeine Unsitte. Die Verbrechen nahmen zu und wurde die Folter, wurden die barbarischen Todesstrafen allgemeiner.«

Allerdings ist den Kreuzzügen in den Orient ein großer Einfluss auf das nachfolgende Leben in Europa zuzuschreiben. Allein es ist dabei nicht außer Acht zu lassen, dass diese Kreuzzüge selbst schon Symptome veränderter Verhältnisse und veränderter Anschauungen waren. Dann aber ist es auch ziemlich fraglich, ob die im Orient ziemlich stark zur Anwendung gelangte Tortur derart die Kreuzfahrer beeinflussen konnte, dass sie auf deren heimische Rechtspflege so verderblich einwirkte, wie der Tatbestand später zeigte. Wenigstens ließe sich für diese Behauptung kein stichhaltiger Grund ausfindig machen.

VI. Kapitel

Die Kreuzzüge – Papst Urban II. – Die verschiedenen Kreuzzüge ins Morgenland – Die Tempelritter – Untergang des Tempelordens – Philipp der Schöne – Inquisitor Imbert – Kreuzzüge gegen die Slawen – Ketzer – Kreuzzüge gegen die Katharer – Albigenser – Waldenser – Stedinger

Der erste der Kreuzzüge gegen den Osten – es lässt sich nicht gut sagen gegen die Anhänger des Islams, denn diese Kreuzzüge waren teilweise auch gegen das christliche oströmische Kaiserreich gerichtet – fand seinen Ursprung auf dem Konzil zu Clermont, 1095, wo Papst Urban II., von dem byzantinischen Kaiser Alexios I. um Hilfe angerufen, zum Kampf gegen die Seldschuken und zur Befreiung des heiligen Grabes von der Herrschaft der Ungläubigen die Abendländer aufforderte. Einige schon vorhergegangene Versuche, Kreuzheere zu bilden, können hier daher unbeachtet bleiben. Urbans Aufruf erweckte begeisterte Zustimmung. »*Deus lo volt!*« (Gott will es!) war der allgemeine Ruf, und jeder beeilte sich, das rote Kreuz, das Abzeichen der Kreuzfahrer an sein Kleid zu heften. Noch gesteigert wurde diese Begeisterung durch die Predigten der umherziehenden Mönche, von denen besonders der Eremit Peter von Amiens zu erwähnen ist. Im Jahr 1096 gingen unter Führung Peters einige Scharen Kreuzfahrer ab, zumeist Gesindel aller Art, das plündernd und mordend die Länder durchzog und teils schon auf dem Weg von der erbitterten Bevölkerung, teils nach ihrem Anlangen in Asien von den Türken niedergemetzelt wurden.

Erst den nachfolgenden geordneten Haufen unter Führung von Gottfried von Bouillon gelang es, Jerusalem zu erobern (1099) und zu einem christlichen Königreich zu machen, dessen Beherrscher Gottfried wurde unter dem Titel »Beschützer des heiligen Grabes.« Der Königstitel dünkte ihm zu hoch. Er wollte nicht dort eine goldene Krone tragen, wo Christus die Dornenkrone trug. Seine Nachfolger dachten minder bescheiden, und schon sein Bruder Balduin I., unter dem freilich das Königreich Jerusalem eigentlich erst erstand, nahm den Königstitel an. Beiläufig sei bemerkt, dass diese Eroberung mit einer Fülle von Morden und anderen Grausamkeiten begleitet war. Auch äußerten sich dabei Feindseligkeiten gegen das oströmische Reich, das von dem Kreuzheer Beistand gegen ihre Bedränger die Seldschuken erwartet hatte. Ein im Jahr 1100 nachfolgendes Kreuzheer von angeblich 300000 Köpfen zeigte sich dem griechischen Kaisertum gegenüber noch feindseliger und wurde in Asien von den Türken gänzlich aufgerieben. Ein neuer, vom Papst Eugen befohlener, von Kaiser Konrad III. und Ludwig VII. von Frankreich geführter Kreuzzug (1147–49), der in der Geschichte als zweiter bezeichnet wird, war erfolglos. Der so genannte dritte Kreuzzug (1189–92) unter Führung von Kaiser Friedrich I., Philipp August und Richard Löwenherz ergab zwar die Eroberung Akkas, hatte aber sonst weiter keinen Erfolg gegen die Europa bedrängenden Mohammedaner aufzuweisen, zumal Friedrich 1190 in Cilicien starb und die Könige von Frankreich und England sich entzweiten. Der vierte Kreuzzug (1204) richtete sich eigentlich unter Führung Venedigs gegen das griechische Kaisertum. Auch dieser hatte nur wenig Erfolg aufzuweisen und konnte als vom Papst verboten und gegen Christen gerichtet, nicht als Kreuzzug gelten. Wenig Erfolg gegen die Muslime hatten auch die nachfolgenden Kreuzzüge aufzuweisen, der auf Papst Gregors Drängen 1228 von Kaiser Friedrich II. unternommene, trotzdem es ihm gelang, sich in Jerusalem die Königskrone aufzusetzen, eine Tatsache, die auch die nachfolgenden deutschen Kaiser – wie heute noch den Kaiser von Österreich – veranlasste, den Titel König von Jerusalem anzunehmen, der sechste (1248–50) und siebente Kreuzzug (1270), die Ludwig der Heilige unternahm und besonders die Eroberung Ägyptens bezweckte. Ludwig starb 1270 im Lager vor Tunis. Noch der ein und andere inzwischen ausgegangene Kreuzzug mag seiner völligen Bedeutungslosigkeit unerwähnt bleiben, und es werde höchstens noch seiner Seltsamkeit wegen der lächerliche Kinderkreuzzug vom Jahr 1212 angeführt, der natürlich sein Ziel nicht erreichte und nur viele unschuldige, vom Wahn der Zeit erfasste Kinder ins Verderben brachte. Die mohammedanischen Bedränger setzten in Palästina ihren Kampf gegen die Christen fort, und als am 18. Mai 1291 Akka (Ptolemais) fiel, waren ganz Palästina und auch Ägypten wieder in ihren Händen. Von anderen »Kreuzzügen« die in Europa wider »Ketzer« geführt wurden und bei denen die Folter ganz besonders zur Geltung kam, soll später die Rede sein.

Henne am Rhyn bemerkt in seiner »Kulturgeschichte der Kreuzzüge«, S. 227: »Es ist wahrscheinlich die auf den Kreuzzügen zutage getretene Grausamkeit und Rücksichtslosigkeit gegenüber den Nichtchristen, die zur Folge hatte, dass man diese Charakterzüge gegenüber allen Äußerungen und Handlungen anwenden zu sollen glaubte, in denen eine Verletzung der damals herrschenden Begriffe von christlichen Glauben lag. Denn während der Kreuzzüge und der Blüte des Rittertums begann die gerichtliche Barbarei ihre Schrecken zu entfalten, und zwar in zwei Richtungen, in der entsetzlichen Folter der Angeklagten und in der ausgesucht grässlichen Hinrichtung der Verurteilten.«

Es dürfte, wiederholt sei es bemerkt, kaum zutreffen, den Kreuzzügen alle Wandlungen zuzuschreiben, die um jene Zeit im Tun und Denken der europäischen Völker vor sich gingen, wenn auch zugegeben werden muss, dass der Einfluss des Orients sehr stark war. »Ein fanatischer Eifer«, schreibt Friedrich Schiller in seinem Aufsatz »Über Völkerwanderung, Kreuzzüge und Mittelalter«, »sprengt den verschlossenen Westen wieder auf, und der erwachsene Sohn tritt aus dem väterlichen Haus. Erstaunt sieht er die neuen Völker sich an, freut sich am thrakischen Bosporus seiner Freiheit und seines Muts, errötet in Byzanz über seinen rohen Geschmack, seine Unwissenheit, seine Wildheit, und erschrickt in Asien über seine Armut. Was er sich dort nahm und heimbrachte, bezeugen Europas Annalen, die Geschichte des Orients, wenn wir eine hätten, würde uns sagen, was er dafür gab und zurückließ ... Hinter dem Kreuzfahrer schlägt der Kaufmann seine Brücke, und das wieder gefundene Band zwischen dem Abend und Morgen, durch einen kriegerischen Schwindel flüchtig geknüpft, befestigt und verewigt der überlegene Handel, das levantinische Schiff begrüßt seine wohlbekannten Gewässer wieder, und seine reiche Ladung ruft das lüsterne Europa zum Fleiß.«

Wie überhaupt gegen die Geschichtsschreibung unseres großen Dichters, so lässt sich auch gegen diese Stelle ein Einwand erheben. Nicht die Kreuzzüge schufen eine neue Zeit, sondern sie wurden von einer neuen Zeit geschaffen, deren Flügelschlag schon aus dem Raunen und Rauschen der vorhergegangenen Tage vernehmbar war, jener Tag voll chiliastischen Wahns im Glauben vom Untergang der Welt um das Jahr Tausend. Zweifellos hat das Papsttum, das damals auf der Höhe seiner Macht stand, die Kreuzzüge geschaffen, die fast zwei Jahrhunderte währten, Millionen von Menschenleben kosteten und erfolglos waren. Aber es war nicht der religiöse Fanatismus allein, der viele veranlasste, das Kreuz auf ihre Schultern zu heften. Auch Naturereignisse wirkten darauf ein: eine große Hungersnot in Frankreich, häufiges Nordlicht und die das »heilige Feuer« genannte mysteriöse Seuche, wobei irgendein Glied des Köpers von einer heftigen und peinigenden Rose befallen wurde, das betreffende Glied sich schwärzte und abgeschnitten werden musste, wenn der hiervon Befallene nicht einen qualvollen Tod sterben sollte. Ferner verstanden es die Päpste auch, durch übertriebene Vorrechte und Begünstigungen zur Teilnahme an den Kreuzzügen zu veranlassen. Die Pflicht der Schuldenbezahlung wurde bis zur Rückkehr aufgehoben, ebenso die Zahlung aller Zinsen und Abgaben. Die Teilnehmer konnten ihre Lehensgüter ohne Anfrage bei ihren Lehnsherren veräußern, freilich nur an Kirchen und Geistliche. Alle ihre Habe, ihre Person, ihre Familienmitglieder standen unter unmittelbarem Schutz des Papstes, und die fürchterlichsten Bannflüche drohten jenen, die ihre Abwesenheit benutzen wollten, um sie zu schädigen. Auch waren die Kreuzfahrer von jeder bürgerlichen Gerichtsbarkeit ausgenommen und konnten nur von Geistlichen Urteilssprüche erhalten. Dass die Kreuzfahrer Grausamkeit nicht erst im Orient lernen mussten,

Siegel und Fahnen der Templer

bewiesen sie schon auf ihren Zügen durch die christlichen Länder Europas, und schon ihre ersten Eroberungen im Orient waren mit einem Morden und Wüten verbunden, die eine vollendete Meisterschaft dabei bekundeten.

Was die Kreuzzüge noch besonders bemerkenswert machte, war die Gründung von geistlichen Ritterorden, von denen der Tempelritter in der Geschichte der Tortur eine gewisse Rolle spielte, indem seine Mitglieder selbst bei der Auflösung des Ordens dieser qualvollen Marter unterworfen wurden. Wir können daher der Geschichte dieses Ordens eine kurze Schilderung hier widmen.

Im Jahre 1118 verbanden sich in Jerusalem die Ritter Hugo de Pagus und Geoffroy de Saint Omer mit sieben anderen Rittern zur Stiftung eines Ordens, der unter dem Namen »die armen Ritter Christi« neben den drei Mönchsgelübden nach der Regel des heiligen Benedikt sich auch noch verpflichtete, stets die Ungläubigen zu bekämpfen und christliche Pilger zu schützen. König Balduin II. räumte ihnen in seinem neben den Ruinen des salomonischen Tempels gelegenem Palast eine Wohnung ein, wovon sie später den Namen Ritter des Tempels, Templer, Tempelherren erhielten. Die Domherren des heiligen Grabes schenkten ihnen dann ein Grundstück, das sie in der Nähe des Palastes besaßen, worauf sie Kirche und Häuser bauten. Die ersten zehn Jahre lebten sie still und bescheiden und zeichneten sich auch durch Sanftmut aus. Die Synode von Troyes bestätigte 1128 den Orden und erteilte ihm eine Ordensregel und das weiße Ordenskleid der Zisterzienser, dem Papst Eugen III. 1146 ein rotes Kreuz auf der Brust zufügte.

»Die Templer«, schreibt Henne am Rhyn in seiner »Geschichte des Rittertums«, S. 191 f., »die in ihrer Stiftungsurkunde die ›armen Genossen des Tempels in der heiligen Stadt‹ hießen, hatten schon nach einem halben Jahrhundert ihres Bestehens ausgedehnte Besitzungen in Asien und Europa, die ihnen Könige und Fürsten aller christlichen Länder zu verleihen wetteiferten. In der ersten Zeit ihrer Gründung lebten sie noch bescheiden und mäßig, kleideten sich schlicht, vermieden allen Aufwand und Schmuck, jagten nur nach schädlichen Raubtieren und enthielten sich aller Unkeuschheit. Mit der Zeit jedoch, als sie reich wurden, nahmen Hochmut, Aufwand, Müßiggang, Liederlichkeit usw. unter ihnen überhand, ja sie wurden vielfach ihrer Bestimmung untreu, gestatteten sich Gewalttaten und übten sogar während der Kreuzzüge oft Verrat an ihren Waffengefährten. Auch waren sie nicht mehr gewissenhaft in der Aufnahme neuer Mitglieder und ließen unter diese eine Menge Leute von unlauterem Charakter und dunkler Vergangenheit zu.

Ursprünglich hatte der Orden nur weltliche Ritter, wenn auch mit geistlicher Regel, gehabt, das Streben nach Unabhängigkeit, das ihn mehr und mehr beseelte, führte ihn jedoch mit der Zeit dahin, auch wirkliche Geistliche aufzunehmen, die dann eine besondere Klasse, die der Kleriker bildeten, den Gottesdienst und die Seelsorge innerhalb des Ordens zu versehen hatten und von jeder geistlichen Gewalt außerhalb derselben unabhängig, allerdings auch von jeder Bekleidung geistlicher Stellen in der Außenwelt ausgeschlossen waren. Innerhalb des Ordens aber hatten sie keinen Einfluss und mussten in allem den Willen der Ritter tun.«

Der Verfasser zählt dann ferner auf als Zugehörige: Servienten oder dienende Brüder, die Knechte und Soldaten der stolz gewordenen Ritter, Affiliierte, Männer und Frauen, die außerhalb im Interesse des Ordens wirkten und ihn oft als Erben einsetzten, Donaten, die sich freiwillig verpflichteten, dem Orden Dienste zu leisten, und Oblaten, die schon als Kinder von ihren Eltern zum Eintritt in den Orden bestimmt waren und dementsprechend erzogen wurden. Die Klassen hatten unterschiedliche Kleidung, doch nannten sich alle »Brüder«, was auch auf dem Ordenssiegel zum Ausdruck kommen soll, wo zwei auf einem Ross sitzende Ritter abgebildet sind. Der Verfasser fährt fort:

»Ein Staatsgebiet hatten sie sich nicht zu verschaffen gewusst, denn das Königreich Aragon mit Navarra, das ihnen 1131 König Alfonso I. vermachte, konnten sie, mit Ausnahme einiger fester Plätze, nicht gewinnen, da das Testament nicht vollzogen wurde, und die Insel Zypern, die sie 1191 dem König Richard Löwenherz, der sie erobert hatte, um 100 000 Goldbyzantiner[1)] abkauften, verloren sie infolge ihrer Gewalttätigkeit gegen die Bevölkerung durch einen Aufstand derselben. Besser verstanden sie, das Geld zusammenzuhalten; im Jahre 1307 bezog der Orden, der

Großmeister der Templer

damals 20 000 Ritter zählte, sechzig Millionen Mark heutigen Geldes (der König von Frankreich nicht ganz zwei Millionen!). Die Templer trieben Handels- und Wechselgeschäfte, liehen den Fürsten große Summen, vermieteten ihre Flotten und wagten Spekulationen aller Art. Aber weder für wohltätige Zwecke verwendeten sie ihre Kapitalien noch für Gastfreundschaft, ausgenommen gegen hohe Personen, die ihnen von Nutzen sein konnten, ja nicht einmal, wenn sie nicht dazu gezwungen wurden, zu Gunsten des heiligen Landes. Das Gold war ihr Gott! Im

Besitz solcher Macht strebten die Templer nach keinem geringeren Ziel als nach einer Art von Weltherrschaft, die sie mit Hilfe des Papstes zu erreichen hofften, dessen Garde sie zu bilden, den sie aber in Wahrheit nur als ihr Werkzeug zu betrachten dachten.

Durch diese Tendenzen wurde der Orden eine Gefahr für die Staaten. Er wurde aber auch eine solche für die Kirche, mit deren Hilfe er emporsteigen wollte, denn er war, wenigstens in seinen Hauptteilen, besonders in Frankreich, wo er mächtiger war als anderswo, nicht nur nicht kirchlich gesinnt, sondern geradezu kirchenfeindlich. Die Misserfolge der Kreuzzüge trugen vorzugsweise dazu bei, dass er diese aufgeben und sich in das Abendland zurückzuziehen wünschte, um hier seine Reichtümer zu genießen. War schon dies dem päpstlichen System zuwider, so war es noch bedenklicher, dass in manchen Teilen des Ordens eine mit dem kirchlichen Christentum durchaus unvereinbare, unfromme, ja frivole Gesinnung Platz griff, die in einer geheimen Lehre und einem geheimen Kultus Ausdruck fand.«

Die Vergehen, die den Templern vorgeworfen wurden und die sie teilweise auch eingestanden haben, unter dem zarten Zwangsmittel der Folter natürlich, mit der man, wie viele Beispiele beweisen, jedes gewünschte Geständnis zuwege bringen konnte, diese Vergehen also stellen in der Tat die Templer als Ketzer, Gotteslästerer und sonst noch alles mögliche Sündhafte und Schlechte hin. Doch wenn man aber in Betracht zieht, dass diese Beschuldigungen von Gegnern ausgingen, die sich die Güter der Templer aneignen wollten, dass diese Geständnisse, die in manchen Fällen nach der Tortur wieder zurückgenommen wurden, durch die Art und Weise, wie sie zustande gebracht wurden, völlig wertlos waren, so geht man wohl nicht fehl, wenn man annimmt, dass die größte Schuld der Templer ihr Reichtum war, mag ihr Gebaren auch in manchen Fällen wirklich auch unsittlich und verächtlich gewesen sein. – Doch geben wir wieder unserem Autor das Wort:

»Nachdem die Erfolge der Kreuzzüge vollständig zunichte geworden waren und die Europäer auf dem Festland Asiens keinen Fußbreit Boden mehr ihr eigen nannten, am Ende des dreizehnten Jahrhunderts, beschäftigten sich die Päpste mit der Frage nach der künftigen Aufgabe der geistlichen Ritterorden. Es waren aber … nur noch die Tempelritter ohne eine andere Betätigung als die der Verwaltung ihrer weitausgedehnten Güter. Die meisten Ordensglieder ergaben sich einem müßigen Leben in ihren europäischen Besitzungen; nur der letzte Großmeister Jakob von Molay residierte mit seinen Beamten und dem Konvent zu Simissol auf der Insel Zypern.

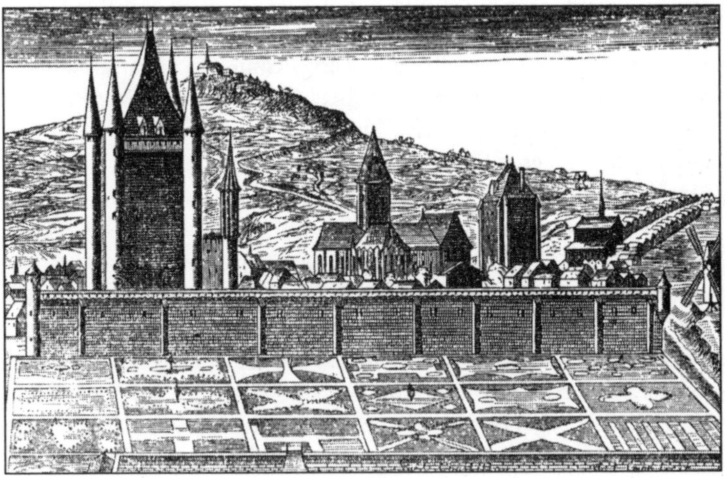

Der einstige Temple zu Paris

Nun dachte damals (um 1305) der in Frankreich gewählte und in Avignon wohnende Papst Clemens V. an eine Vereinigung der bedeutendsten Ritterorden zu einem einzigen und an Wiederaufnahme der Kreuzzüge mit dessen Hilfe. Seine Anordnung traf bei den Orden auf Widerspruch. Zugleich war König Philipp IV., der »Schöne«, von Frankreich dem Tempelorden gegenüber, dessen Pläne er ahnte (der Autor könnte statt dessen wohl sagen: dessen Reichtümer er gerne haben mochte), höchst ungnädig gesinnt, und so vernahm er nicht ungern, dass bei der französischen Inquisition Klagen über die Ketzerei der Templer einliefen, infolge derer der Inquisitor Imbert ihn zum Einschreiten gegen die ungläubigen Ritter aufforderte. Derselbe richtete seine Klage auch an den Papst, der nun, ob deshalb oder nicht, ist unklar, die beiden Ordensmeister der Johanniter und der Templer zu einer Besprechung über den von ihm geplanten neuen Kreuzzug einlud. Da aber der Johanniter, der eben Rhodos belagerte, verhindert war zu erscheinen, so folgte nur Molay der Einladung, aber gegen den Wunsch des Papstes mit seinem ganzen Konvent, dem Archiv und dem Schatz des Ordens, der 150 000 Goldgulden und zwölf Pferdeladungen Silbergeld betrug – und rannte damit in sein Verderben. Es ist nicht bekannt, ob Clemens damit einverstanden war, dass Philipp in der Nacht vom 12. zum 13. Oktober 1307 alle Templer in ganz Frankreich verhaften und ihre Güter mit Beschlag belegen ließ. Dass er dabei vor allem den Reichtum des Ordens im Auge hatte, beweist der Umstand, dass er sofort im Ordenshaus, dem sogenannten Temple, das damals noch außerhalb der Mauern von Paris lag und den nach Frankreich gebrachten reichen Ordensschatz barg, seine Wohnung aufschlug. Er ahnte nicht, dass nicht ganz ein halbes Jahrtausend später einer seiner Nachkommen in demselben Gebäude ein Gefangener sein werde.[2)]

Hier begann der Prozess gegen den Orden, dem man verschiedene Arten von Ketzerei und ausschweifendes Leben zur Last legte, wobei die Folter nicht gespart wurde. Dem Papst jedoch lag die Sache nicht recht, da er den Prozess als in seine Kompetenz gehörend betrachtete. Endlich verständigten sich aber beide Potentaten, und der Papst ordnete die Verhaftung der Templer auch in den übrigen Ländern an, die aber in Portugal nicht vollzogen wurde. Seitdem war der Prozess Sache des Papstes, der mit anerkennenswerter Milde verfuhr und die vom König verlangte Todesstrafe ablehnte. Aber je weiter die Untersuchung ging, desto mehr verflüchtete sich diese Milde, und die Bischöfe, denen der Papst die Sache übertragen hatte, handhabten die Folter scharf. Die Haltung der Angeklagten sprach nicht sehr zu ihren Gunsten. Sie verwickelten sich in viele Widersprüche, namentlich benahm sich Molay sehr schwankend, und er wie andere legten bald Geständnisse ab, bald widerriefen sie solche.

Während der Untersuchung starben 36 Templer im Kerker zu Paris. Am 12. Mai 1310 wurden ihrer 54, später noch 8 und in

Reims 9, die ihre Geständnisse zurückgenommen hatten und alle ihre Unschuld beteuerten, verbrannt. Clemens war es nun, der auf die äußerste Härte drang und 1312 auf Andringen des Königs den Orden aufhob, ohne das in Vienne versammelte Konzil zu beraten, vor welchem Abgesandte der Ritter um Gnade baten. Das Trauerspiel endete damit, dass der in letzter Zeit standhafte Großmeister und einer seiner Beamten ohne gerichtliches Urteil auf Befehl des Königs am 11. März 1313 auf einer Insel der Seine bei langsamen Feuer verbrannt wurde. Acht Monate nach ihm starb der König, nach fünf weiteren Monaten auch der Papst.

Merkwürdig ist nur, dass in Spanien, Deutschland und England und sogar in der päpstlichen Stadt Avignon die Templer schuldlos befunden worden waren und auch in Italien wenigstens kein Todesurteil gegen sie erfolgte. Viele Templer wurden lebenslänglich eingekerkert. Viele aber, die der Verhaftung entgangen waren, irrten in Gebirgen und Wäldern umher oder traten zu den Johannitern über, denen der Papst die Güter des Tempels geschenkt hatte, während der König das Ordenshaus und den Schatz behielt. In Portugal aber waren die Ritter nicht nur nicht verhaftet worden, sondern dort allein wurde die Auflösung des Ordens nicht vollzogen. Er nahm dort unter König Dionys den Namen des »Ordens Jesu Christi« an, blieb aber, wie übrigens schon bisher, von der Krone abhängig, und einer seiner Großmeister, Prinz Heinrich, der Seefahrer, nahm hundert Jahre später die Güter des Ordens zu seinen wichtigen Entdeckungsfahrten in Anspruch, durch welche die Auffindung des Seeweges nach Ostindien vorbereitet wurde. Jetzt ist er auch ein päpstlicher Orden. Im übrigen haben sich mehrere Herren, Orden, Kirchen und Klöster kleinerer Hinterlassenschaften des Tempelordens bemächtigt, der, so schuldig auch viele seiner Glieder sein mochten, durch einen Gewaltakt unterdrückt wurde, der nur als Justizmord bezeichnet werden kann.«

Von der Macht des Tempelordens gibt am besten ein Beispiel die Tatsache, dass der Orden zur Zeit seines Untergangs nicht weniger als 10 500 Ordenshäuser und Burgen besaß. Der Versuch, das Freimaurertum mit dem Tempelorden in Verbindung zu bringen, Ersteres von diesem abstammen zu lassen, verdient ebenso wenig eine Erörterung wie andere Verbindungen, die mit der Behauptung einer gleichartigen Herkunft später auftauchten, um bald aber im Zeitenstrom unterzugehen.

Den Kreuzzügen nach Osten waren noch andere Kreuzzüge in Europa selbst zugesellt, und sie hatten deren auch als Nachfolger. Zum Teil galt hierbei gleichfalls der Kampf gegen Ungläubige, zum Teil auch gegen Abtrünnige, Ketzer. Was Erstere betrifft, so galt es der Bekehrung oder Ausrottung heidnischer Slawen, wie Wenden, Litauer und Preußen, zu deren Bekämpfung bekanntlich auch der dem Tempelorden ähnliche deutsche Orden nach Preußen gerufen wurde, wo er zur Macht gelangte, zu Reichtum, aber gleichfalls auch zu einem ungünstigen Ruf. Ein schwedisches Kreuzheer unter König Erich dem Heiligen zog 1157 gegen die heidnischen Finnen, die nach langen Kämpfen zurückgedrängt wurden.

Bei all diesen Kreuzzügen fehlte es nicht an Grausamkeiten, doch scheint dabei kaum etwas vorgekommen zu sein, was als Anwendung der Tortur gelten könnte. In großem Umfang war Letzteres aber der Fall bei der anderen Art von Kreuzzügen, die gegen die so genannten Ketzer geführt wurden, gegen Albigenser, Waldenser, Stedinger und andere. »Das Vorbild der Anklagen, die man gegen die Ketzer erhob«, schreibt Soldan in seiner »Geschichte der Hexenprozesse«, 1880, I. S. 145, »können wir nämlich im Wesentlichen in dem finden, was einst Minucius Felix seinen Caecilius als Repräsentanten der heidnischen Volksmeinung, gegen die christlichen Urgemeinden sagen ließ. Die Christen erscheinen dort als eine verworfene, verzweifelte und lichtscheue Fraktion, zusammengesetzt aus verdorbenem Gesindel und leichtgläubigen Weibern, die gegen das Göttliche wütet, gegen das Wohl der Menschen sich verschwört und der Welt Verderben droht.«

Es würde zu weit führen und von dem Gegenstand unserer Abhandlung zu sehr ablenken, wollten wir aufzählen und näher erörtern, was da in den ersten christlichen Jahrhunderten und auch noch später alles als Ketzer und Ketzergenossenschaften gegolten hat. Es genügt wohl, mit der im elften Jahrhundert entstandenen Sekte der Reinen, den Katharern zu beginnen. Sie ging in dieser besonders unsittlichen Epoche von verschiedenen

Punkten aus, verbreitete sich rasch über alle romanischen Länder und drang auch in Deutschland ein. Die Katharer, die ein ganz neues »Reich Gottes« herstellen wollten, in dem auch Satan eine bedeutsame Rolle spielte, gewannen nicht nur viele aus dem Volk für ihre Lehren, sondern auch Männer vom Adel und selbst Geistliche. Die Italiener nannten sie Gazzari, woraus wahrscheinlich unser Wort Ketzer entstanden ist. Die Franzosen nannten sie u. a. Bougres, Bulgaren, d. h. Bogumilen, liederliche Menschen, Albigenser, von dem katharischen Bistum Alby in Südfrankreich. Am häufigsten aber wurde zu ihrer Bezeichnung der Name Manichäer gebraucht, nach der alten gnostischen Sekte. Die Katharer wurden schon frühzeitig verfolgt, hingerichtet oder lebendig verbrannt, besonders vom Erzbischof Heribert von Mailand um das Jahr 1035. Es wurden ihnen die ärgsten Schändlichkeiten zugesprochen. Trotzdem gewannen sie immer mehr Anhänger und wurden vom Volk, nebst den Anhängern der verwandten, von Petrus Waldus um 1170 gegründeten Sekte der Waldenser, allgemein die guten Leute (Bons Hommes) genannt. Zu Beginn des 13. Jahrhunderts zählte fasst der ganze südfranzösische Adel zu den Bons Hommes.

Im Jahre 1198 wurde Innozenz III. Papst, einer der eifrigsten Kämpfer für die Macht des Papsttums, das er durch die Katharer-Sekten bedroht sah. Er forderte zum Kreuzzug gegen diese auf, wobei er den Teilnehmer dieselben Begünstigungen verhieß, die den Kreuzfahrern nach dem Morgenland zuteil geworden waren. Der ketzerische Adel sollte seine Güter verlieren, wer sie eroberte, als sein Eigen betrachten können. Im Jahre 1209 begann dieser Verfolgungskrieg, der bis 1229 währte, äußerst grausam geführt wurde und fast mit der gänzlichen Vernichtung der Abigenser endete. Ebenso erging es den Waldensern, von denen sich nur ein geringer Rest in das Gebirge von Savoyen und Piemont rettete, wo sie, trotz aller späteren Verfolgungen, bis heute sich noch erhalten haben. Nikolaus Lenau hat diesen Kampf in seiner Dichtung »Die Albigenser« behandelt, die mit den Worten schließt:

Das Licht vom Himmel lässt sich nicht versprengen,
Noch lässt der Sonnenaufgang sich verhängen
Mit Purpurmänteln oder dunkeln Kutten;

Den Albigensern folgen die Hussiten
Und zahlten blutig heim, was jene litten;
Nach Huss und Ziska kamen Luther, Hutten,
Die dreißig Jahre, die Cevennenstreiter,
Die Stürmer der Bastille und so weiter.

Doch den Albigensern folgte auch etwas anderes: Zu ihrer gänzlichen Vernichtung und zur Ausrottung aller antipäpstlichen Bestrebungen wurden nach Abschluss dieses Kreuzzuges erst in Toulouse, dann noch an anderen Orten ständige Inquisitionsgerichte gebildet. Die Inquisition selbst bestand schon früher, doch lag deren Ausführung in den Händen der Bischöfe, die nur selten es gar zu arg damit trieben. Die ständige Inquisition, mit der wir uns noch ausführlich beschäftigen werden, machte die Tortur zu ihrem Hauptmittel. »Zwei Monarchen«, schreibt Soldan a. a. O., I., S 159., »von übrigens erhabenen Eigenschaften, Ludwig IX. von Frankreich und Kaiser Friedrich II., erniedrigten, durch die Macht des Vorurteils und der äußeren Umstände verleitet, in einer Reihe von Edikten die weltliche Macht zur Schergin des geistlichen Despotismus. Die Ketzerei galt von jetzt an als eines der ärgsten öffentlichen Verbrechen, das bürgerliche Gesetz bestrafte sie mit Ehrlosigkeit, Kerker, Tod und Konfiszierung der Güter. Die Obrigkeit verfolgte und verhaftete, das geistliche Gericht entschied über Schuld und Unschuld, und der weltliche Arm ging blindlings zur Vollstreckung vor.«

Auch Deutschland war, indem die katharische Bewegung in seinen Gauen Eingang gefunden hatte, alsbald zum Schauplatz der rohesten Verfolgungen derselben geworden. Schon 1052 wurden zu Goslar Katharer zum Tod verurteilt. Im Jahre 1146 disputierte Evervin, Propst von Steinfelden, mit mehreren Häuptern der Sekte zu Köln, konnte sich jedoch nicht vor der Wut des Pöbels retten. Auch 1163 kamen in Köln Verbrennungen vor. Im Jahre 1212 ließ der Bischof von Straßburg an einem Tag gegen hundert Personen verbrennen.[3)] Im Jahre 1232 erfolgte endlich die Reichsacht gegen die Ketzer im Reich. Schon vorher hatte Konrad von Marburg als Generalinquisitor (*inquisitor generalis haereticae pravitatis*) für ganz Deutschland seine Blutarbeit begonnen. Unter den Zeitgenossen herrschte über ihn nur eine

Stimme. »Wer ihm in die Hände fiel«, so berichtet der Erzbischof von Mainz an den Papst[4], »dem blieb nur die Wahl, entweder freiwillig zu bekennen und dadurch sich das Leben zu retten oder seine Unschuld zu beschwören und unmittelbar darauf verbrannt zu werden ...« Dass Konrad ganz gegen die kirchlichen Gesetze die Probe des heißen Eisens vorzunehmen pflegt, erzählt Trettenheim[5]. Konrads Gewalttaten, die ihm bekanntlich selbst ein gewaltsames Ende zuzogen, hatten besonders im Elsass, im Gebiet um Mainz und Trier ihren Schauplatz. Das merkwürdigste Ereignis jedoch, in dem er als mitwirkende Person auftritt, ist der Kreuzzug gegen die Stedinger[6]:

Die Stedinger, im heutigen Oldenburg und Delmenhorst, lebten in Zwist mit dem Erzbischof Hartwig von Bremen und misshandelten einige Geistliche, die den Zehnten einholen kamen, was die Stedinger nicht für berechtigt hielten. Der Erzbischof betrachtete diese Tat als Ketzerei und holte sich von Rom Erlaubnis zu einem Kreuzzug gegen die Stedinger. Anfangs wurde der Kampf im Kleinen und mit wechselndem Glück geführt. Im Jahre 1219 starb Hartwig, und Gerhard II. wurde sein Nachfolger. Zu dieser Zeit geschah es nun, dass eine vornehme Stedingerin einem Geistlichen einen Beichtpfennig gab, den jener als zu gering betrachtete, und daher schob er beim Abendmahl der Frau statt der Hostie den Beichtpfennig in den Mund. Der Gatte dieser Frau, ärgerlich über den ihm angetanen Schimpf, schlug den Geistlichen und wurde deshalb mit dem Bann belegt, worüber sich aber weder der Betroffene noch die anderen Stedinger kümmerten. Damit erneuerten sich die Feindseligkeiten. Bald fiel der Erzbischof mit verbündeten Herren in das Gebiet der Stedinger, wurde aber zurückgeschlagen. Nun wandte auch er sich an den Papst und stellte die Stedinger als arge Ketzer hin. Papst Gregor IX. erließ nun (1232) an die Bischöfe von Minden, Lübeck und Ratzeburg eine Bulle, die den Kreuzzug gegen diese Ketzer anordnete. Im nachfolgenden Jahr brach denn auch ein Kreuzheer in das Ländchen ein. Ein Teil der Bewohner fiel tapfer im Kampf, und die anderen unterwarfen sich dem Erzbischof, der sie vom Bann lossprach.

Dies ist in aller Kürze der Kreuzzug gegen die Stedinger. Viel zum Vernichtungsbefehl des Papstes soll der Bericht des Generalinquisitors Konrad von Marburg beigetragen haben, den jedoch bald die gerechte Strafe für seine Missetaten traf. Auf dem Weg von Mainz nach Paderborn wurde er nämlich am 30. Juli 1233 auf der Heide bei Marburg von einigen wider ihn erzürnten Edelleuten erschlagen. Dieser Gewaltakt hatte zur Folge, dass die Inquisition in Deutschland erlosch, zumal sich niemand fand, der die Stelle des ermordeten Wüterichs Konrad einnehmen wollte.

VII. Kapitel

Ketzerei – Konzil zu Verona – Verfolgung der Ketzerei – Die Inquisition – Foltermaske – Würgbirne – Akkusationsprozess – Kanonisches Strafverfahren – Die Folter – Innozenz IV. – Die Tortur im Inquisitionsprozess – Gegner der Inquisition – Ermordung von Ketzerrichtern – Die Inquisition in Frankreich – Die Inquisition in Spanien – Marranos – Eymericus – Ketzerschmecken – Torquemada – Peter Arbues

Auf dem Konzil zu Verona (1183) wurde auch die Ketzerei in Südfrankreich erörtert und beraten, welche Mittel dagegen in Anwendung gebracht werden sollten. Noch in demselben Jahr ließ Papst Lucius III. durch den zum päpstlichen Legaten ernannten Erzbischof von Reims zahlreiche der Ketzerei angeklagte Personen verbrennen, ein Vorgang, den wir als Einleitung zu der fluchwürdigen Institution der Inquisition betrachten können. »Dieses Jahr 1183«, schreibt Soldan a. a. O., I, S. 207 f., »kann als ein verhängnisvoller Wendepunkt in der Geschichte der Kirche angesehen werden. Von diesem Jahr an wurde nämlich allmählich der Begriff der Ketzerei ein anderer, und das Strafverfahren der Kirche gegen dieselbe wurde auch ein anderes. Dieses wie jenes geschah aber dadurch, dass sich das Papsttum in ganz neuer Weise als Prinzip alles Glaubens und Lebens der Kirche geltend machte.

Die Auffassung der Ketzerei betreffend hatte man bisher in der Kirche den Gesichtspunkt festgehalten, von dem einst die römischen Kaiser in ihrer Strafgesetzgebung gegen Ketzerei ausgegangen waren. Man hatte zwischen den Irrlehren unterschieden und nur Ketzereien von größerer Bedeutung mit Strafen belegt. Jetzt aber wurde der Gedanke zur Geltung gebracht, dass jedes Dogma auf der Autorität der Kirche, des Papsttums beruhe und dass also auch die geringste Abweichung von der Kirchenlehre eine Verleugnung der Autorität der Kirche, des Papsttums sei, dass diese Verleugnung die eigentliche Ketzerei, dass also die Ketzerei, in welcher Form sie auch auftrete, immer sich selbst gleich, gleich fluchwürdig und gleich strafbar sei.

Als die der Größe des Verbrechens der Ketzerei – des Abfalls von der Kirche, von Gott – allein entsprechende Strafe derselben betrachtete man den Tod durch Feuer.« Hinzugefügt kann hier werden, dass diese entsetzliche Verurteilung zum Verbrennen bei lebendigem Leib auch von dem scheinheiligen Grundsatz ausging, die Kirche vergieße, »trinke« kein Blut: *ecclesia non sitit sanguinem*.

»Allerdings wurden noch im elften und im Anfang des zwölften Jahrhunderts viele Stimmen in der Kirche laut, die vor der Hinrichtung Irrgläubiger warnten. Ernste, fromme Kirchenmänner wie der Bischof Wazo von Lüttich, der Bischof Hildebert von Le Mans, Rupert von Deutz, der heilige Bernhard von Clairvaux und andere erinnerten daran, dass ein solches Verfahren mit Irrgläubigen gegen Christi Willen sei, dass man durch dasselbe nur die Heuchelei großziehe, die Kirche verhasst mache usw. Allein der vom Papsttum vertretene Gedanke, dass die Ketzerei vom Teufel stamme, dass darum die Bestrafung derselben Ausrottung der Ketzer sein müsse, gewann in der Kirche immer mehr Raum. Der altkirchliche Gedanke, dass Ketzerei mit Exkommunikation zu bestrafen sei, war bald vergessen.

Aber auch der altkirchliche Gedanke, dass die Verfolgung der Ketzerei den Bischöfen zustehe, wurde bald vergessen gemacht. Indem nämlich das Papsttum das eigentliche Wesen der Ketzerei in der Verleugnung seiner Autorität sah, so lag es nahe, dass derselbe die Verfolgung und Bestrafung der Ketzerei als eine ihm ausschließlich zugehörige Sache ansah. Daher erhob sich jetzt das Papsttum, um auf Kosten der kanonischen Diözesangewalt der Bischöfe durch seine Legaten, die von ihm mit den ausgedehntesten Befugnissen ausgestattet waren, das Strafrecht der Kirche gegen die Ketzer selbst auszuüben.«

Anfangs freilich wurde das Recht der Bischöfe noch einigermaßen berücksichtigt. Auf dem vierten Lateran-Konzil ließ Innozenz III. den Beschluss fassen, dass jeder Bischof seine Diözese selbst bereisen oder durch einen geeigneten Vertreter bereisen lassen müsste und an allen verdächtig scheinenden Orten einige Vertrauensleute oder auch die ganze Einwohnerschaft unter Eid nehmen sollte, dass sie ihm alle ihnen bekannte Leute von ketzerischer Gesinnung bekannt machen. Eine Verweige-

Banner der Inquisition
(Aus: » Mystères de l'Inquisition« von Féréal)

rung des Eides käme selbst der Ketzerei gleich. Sollte ein Bischof sich bei diesen Untersuchungen lässig zeigen, so wäre er seines Amtes zu entsetzen. Beaufsichtigt wurden die Bischöfe hierbei durch päpstliche Legaten.

Diese Maßregeln hatten aber weniger Erfolg als angenommen wurde, denn die Völker der verschiedenen Länder waren trotzdem zu Denunziationen nicht sehr geneigt. Um nun die Sache mehr in Gang zu bringen, beschloss Papst Gregor IX., der heftige Gegner der Hohenstaufen, der über Friedrich II. fünfmal den Bann aussprach und 1241 als fast Hundertjähriger starb, die Inquisition oder das heilige Offizium zu einer selbstständigen Institution zu erheben, dem auch die Bischöfe und Fürsten unterworfen sein sollten. Die Ausführung wurde dem 1215 von dem Spanier Dominicus de Guzman zu Toulouse gegründeten Dominikaner-Orden überwiesen, der in der Folge auch, eine Zeit lang unterstützt von den Franziskanern, mit grausamer Härte sein Henkersamt ausübte. Südfrankreich, die Lombardei,

Aragonien, Österreich und Deutschland wurden zuerst (1232) mit der »*Inquisitio haereticae pravitatis*« beglückt, bald folgten andere Länder nach. Portugal erhielt sie merkwürdigerweise erst 1557, und in England konnte sie überhaupt nicht eindringen, denn hier bildete die Magna Charta einen starken Schutzwall gegen obrigkeitliche und klerikale Willkür, und die Tortur, das Hauptwerkzeug der Inquisition, kam auf diesem Gebiet nur ausnahmsweise zur Anwendung und – bei den Hexenverfolgungen. Zu den eifrigen Verteidigern der Inquisition gehörte unter anderen auch der Doktor *angelicus* und fünfzig Jahre nach seinem Tod heilig gesprochene Scholastiker Thomas von Aquino (1225–1274).

Die Dominikaner versahen ihr Amt mit einer schauderhaften Grausamkeit, und die Zahl ihrer Opfer überschreitet fast alle Vorstellungen, die man sich hiervon machen kann. Die von der Inquisition Verurteilten wurden, nachdem gewöhnlich eine peinvolle Tortur vorausging, zum Feuertod verurteilt. Dieser »Glaubensakt« (*actus fidei*), spanisch Auto de fé, portugiesisch Auto da fé, fand gewöhnlich an einem Sonntag oder anderem Feiertag mit festlichen Aufzügen statt. Zuweilen waren die frommen Patres milde und gestatteten, dass Verurteilte, die sich mit der Kirche ausgesöhnt hatten, d. h., die gestanden, was man von ihnen hören wollte, vor dem Verbrennen erwürgt wurden, doch war dies nur eine ausnahmsweise gewährte Begünstigung. Um sonst das Jammergeschrei des zum Feuertod Verurteilten zu verhindern, kam häufig die Würgbirne und die Foltermaske zur Anwendung, die, wie schon der Name besagt, hauptsächlich bei der Folterung zur Anwendung gelangten. Die Würgbirne war aus Stahl oder Bronze. Dem Gemarterten in den Mund gesteckt, sprang sie durch Federkraft oder durch Schraubung in vier Teile auseinander, sperrte die Mundhöhle auf und verhinderte so das Schreien. Die Foltermaske bestand aus einem eisernen Reifen, der um das Gesicht gelegt, im Genick geschlossen wurde. Ein zungenförmiger Teil an demselben wurde, indem das Kinn in einer muschelartigen Höhlung lag, in den Mund gesteckt und somit gleichfalls das Schreien verhindert.

»Wie nun die Einsetzung der Inquisition als solche die willkürlichste Durchbrechung der bestehenden hierarchischen Ordnung der Kirche seitens des Papsttums war, so beruhte auch das Prozessverfahren, das die Inquisitoren zur Anwendung brachten – der Inquisitionsprozess[1] –, auf dem vollständigsten Bruch mit dem bisherigen Prozess- und auf vollständiger Niedertretung des kanonischen Rechts.

Die Kirche hatte sich von Anfang an das von ihr vorgefundene römische Recht angeeignet, sowohl zur Normierung ihrer mannigfachen inneren und äußeren Verhältnisse als auch für die Form ihres Strafverfahrens, insbesondere bei der Ausübung des Strafrechts[2]. Daher kannte das alte kanonische Recht bis etwa zum Jahre 1200 ebenso wie das römische Recht keinen anderen Prozess als den auf wirklicher Anklage beruhenden – den Akkusationsprozess[3]. Wie im römischen, so war auch im kanonischen Strafverfahren die *Inscriptio et in crimen subscriptio*, d. h. die vom Ankläger zu unterzeichnende schriftliche Aufstellung der Anklage im gerichtlichen Protokoll oder in einem vom Ankläger eingereichten *libellus Akkusationis*, die eigentliche Basis des ganzen Prozessverfahrens, indem durch sie dem Prozess seine bestimmte, nicht zu überschreitende Grundlage gegeben und zugleich die Verantwortlichkeit des Anklägers dem Angeklagten und dem Staat gegenüber geführt wurde.

Allerdings war in der Kirche aus dem Bedürfnis der kirchlichen Disziplin schon frühzeitig ein anderes Strafverfahren, das der inquisitio erwachsen, was später insbesondere durch Innozenz III. und durch die Beschlüsse des Lateran-Konzils von 1215 bestimmter geregelt wurde. Es kam nämlich insbesondere in Betracht, dass der Akkusationsprozess zur Handhabung des Strafrechts den Geistlichen gegenüber darum nicht genügen konnte, weil im kanonischen Recht die Erhebung einer förmlichen Anklage gegen einen Geistlichen durch einen Laien oder gegen einen höher stehenden Geistlichen durch einen niederen ausgeschlossen war. Daher waren die geistlichen Gerichte ermächtigt, namentlich in Bezug auf Kleriker, bei *delictis manifestis s. notoriis*, von Amts wegen einzuschreiten, auch wenn kein Ankläger aufgetreten war. Doch konnte der Beschuldigte, wenn er sich schuldfrei wusste, sich durch Eid reinigen. Weitere Bestimmungen über den Gang und die Formen des Strafverfahrens *ex officio* finden sich im *Corpus iur can.* nicht.[4]

Nach dem damaligen kanonischen Recht galt es daher als Regel, dass der Anklageprozess, der auf der *inscriptio* eines fähigen Anklägers beruhte, das ordentliche Prozessverfahren war[5)]; dass das Prozessverfahren (wie das römisch-rechtliche) öffentlich und mündlich und streng an die Akkusationsschrift des Anklägers gebunden war und dass das Geständnis, das der Richter von dem Angeklagten zu gewinnen bemüht sein müsse, nur dann Wert habe, wenn dasselbe ein durchaus freiwillig abgelegtes und in keiner Weise mit Gewalt erpresstes war. – In diesem Punkt wich also das Strafrecht der Kirche von dem römischen Recht, das bei Majestäts- und anderen Kapitalverbrechen die Anwendung der Folter zuließ, ab.«[6)] (Soldan a. a. O., I., S. 213.)

Diese Normen konnten dem Papsttum bei den Ketzerverfolgungen nicht genügen. Der Akkusationsprozess wurde daher durch den Inquisitionsprozess ersetzt, alle Erwachsenen eidlich zur Denunziation von Ketzern verpflichtet, Geheimhaltung der Namen der Zeugen angeordnet und unter Innozenz IV., dem Deutschland auch die Aufstellung des Gegenkönigs Heinrich Raspe zu verdanken hatte, die Folter als Mittel zum Geständniszwang eingeführt, endlich auch die Verurteilung zum Feuertod.

Die Inquisitoren hatten somit völlig freie Hand anzuklagen, zu verhaften und zu verurteilen, und sie machten von diesen Befugnissen Jahrhunderte hindurch den grausamsten Gebrauch, im Verfolgungseifer, der, wie schon erwähnt, neben einem wahnsinnigen Fanatismus auch der gemeinsten Habgier entsprang. Das konfiszierte Vermögen der Verurteilten fiel anfangs teilweise, später aber gänzlich der Inquisition zu. Einen Verteidiger durfte der Angeklagte nicht wählen und auch keiner freiwillig für ihn auftreten, was übrigens den Wagemutigen sehr teuer zu stehen gekommen wäre. Indes hatte die Inquisition, wenigstens in späterer Zeit, eine Zeugenbank aufzuweisen, auf die sich jeder setzen konnte, der bei der öffentlichen Verhandlung für die Unschuld des Angeklagten eintreten wollte, sofern dieser unter der Tortur nicht schon das ausgesagt hatte, dessen er angeklagt war. Aber abgesehen davon, dass wenigstens zwölf Zeugen für die Unschuld eintreten mussten, fand der Inquisitor auch Mittel und Wege genug, die Glaubwürdigkeit eines Zeugen in Abrede zu stellen, und der Kühne büßte seine Absicht mit Verhaftung und Anklage der Ketzerei. Féréal schreibt in seinem »Mystères de l'Inquisition« S. 371: »*Lorsqu' un accusé était déclaré innocent par douze témoins de pur sang catholique, l'inquisition était bien forcée, d'après ses Statuts, de la rendre immédiatement à la liberté. Cette déliverence, obtenue par la déclaration de douze témoins, s'appelait l'absolution définitive; mais il arrivait rarement que douze personnes de sur sang catholique osassent se présenter pour défendre un accusé, car ... toute personne qui osait défendre un accusé, était poursuivie par le saint office et considérée comme entachée du même crime que l'accusé qu'elle avait défendu. Puis a quoi aurait servi à un accusé d'obtenir l'absolution définitive lorqu'une fois l'inquisition s'était emparée de lui? A rien, car l'inquisition savait bien trouver de nouvelles raisons pour le poursuivre de nouveau, et finissait toujours par le perdre ou du moins par le ruiner.*« Die Zulassung von zwanzig Zeugen, was eine Ähnlichkeit mit den altdeutschen Eideshelfern aufweist, beruhte auf einer Regel des kanonischen Rechts.

Als Belastungszeuge konnte jedoch jeder gelten, mochte Herkunft, Stand und manches andere auch noch so anrüchig sein, und die Namen dieser wurden dem Beschuldigten nicht genannt, noch weniger bekam er sie zu Gesicht. Die Anwendung des Inquisitionsverfahrens statt der früher üblichen Akkusation, Tortur und Feuertod, sind die besonderen Kennzeichen des Inquisitionsprozesses, der fortan in der europäischen Rechtspflege zur Anwendung gelangte.

Die Tortur, obgleich bisher schon allerorten im Brauch, trat jedoch als Inquisitionsmittel erst unter Innozenz IV. hervor. In seiner Bulle »*Ad exstirpanda*« vom Jahr 1252, erneuert 1259 von Alexander IV. und 1265 von Clemens IV., wird der Gebrauch der Tortur kanonisch geregelt. Nur wenn andere Beweismittel vorhanden waren, war sie ausgeschlossen (*Regulariter non devenitur ad torturam nisi in defectum aliarum probationum*) und ihre Anwendung nicht bis zur Körperverstümmlung und Lebensgefahr erhöht worden. Der Zweck der Tortur war das Geständnis der Schuld sowie die Angabe der Mitschuldigen zu erzwingen (*Teneatur rector omnes haereticos, quos captos habuerit cogere (citra membri diminutionem et mortis periculum) – errores suo expresse fateri et accusare alios haereticos, – sicut coguntur fures et latrones – accusare suos complices et fateri maleficia que fecerunt*). Das päpstliche Wohlwollen ging sogar so weit, über die Inquisitoren bei Verstümmelung und Gefährdung des Torturierten die Exkommunikation und die Irregularität zu verhängen. Um jedoch die frommen Herren bei der Ausübung der Peinigungen nicht zu stören, verordnete 1261 Papst Urban IV., dass im Fall Derartiges dennoch eintreten sollte, die Inquisitoren berechtigt wären, einander zu absolvieren. Es ist begreiflich, dass unter solchen Umständen, unter herzlosester Anwendung der raffiniertest erdachten Foltermittel, in den meisten Fällen von dem Beschuldigten alles, was seine Peiniger wollten, zur Aussage gebracht wurde. Geschah es trotz alledem nicht, so galt er nur als verstockter Ketzer, seiner Schuld überwiesen, und wurde in dem einen wie in dem anderen Fall zum Feuertod verurteilt.

Zu Ehren der Menschheit kann gesagt werden, dass das Treiben dieser geweihten Henker überall verhasst war, und dass sich selbst Bischöfe und fromme Fürsten, Päpste sogar, über deren Treiben entrüsteten, allerdings erfolglos, denn die Inquisition war bald zu einer Macht herangewachsen, der selbst die Päpste heimlich unterworfen waren. Kennzeichnend ist es, dass in der sozusagen Handwerkssprache der Genossen der spanischen Inquisition der Großinquisitor »Gott« (*Dios*) genannt wurde. In seinem trefflichen, hier wiederholt schon angeführten Werk bemerkt Soldan, I, S. 218, Fußnote 2: »Die Sarbonne führte Beschwerde über Anmaßungen der unwissenden Mönche. Parlamentsbeschlüsse schritten gegen das bisher unerhörte Rechtsverfahren ein (Lamothe-Langon, Hist. de l'Inquis. en France, II, S. LXXXVIII). Königliche Edikte haben wir von Ludwig d. H., Philipp dem Schönen und Ludwig XI. Von Philipp z. B. Folgendes aus dem Jahre 1291: *Philippus Rex etc. – Certiorati, quod Inquisitores Carcassonae male processerunt in officio inquisitionis eis commisso, quod innocentes puniant, incarcerent et multa gravimina eis jnferant et per quaedam tormenta de novo exquisita multus falsitates de personis legitimis vivis et mortuis fide dignis extorqueant, – mandamus – etc. (Hist. de Languedoc, III, Preuves p. 97).* Ein anderes Rescript von 1301 s. ebenda, S. 118. Ludwig XI. traf Bestimmungen »*pour obvier aux fraudes et abus faits par lesdits inquisiteurs de la foi.*« – Schon 1243 hatte sich das Konzil zu Narbonne veranlasst gefunden, die Ketzerrichter von der Auflegung von Geldstrafen um die Ehre ihres Ordens willen abzumahnen. (Lamoth-Langon T. II. S. 530). Hinsichtlich der Erpressungen traten sie in die Fußstapfen der für die Sendgerichte tätigen so genannten *Exploratores criminum* oder *Promotores*, über die Nikolaus von Clemanges Klage führt. – Über die arglistige Inquisitionsweise, womit man ganz Unschuldige zu Ketzern machte und ihre Güter beraubte, s. *Lettre des Consuls du bourg de Narbonne à ceux de Nimes* (1238) bei Menard, *Hist. de la ville de Nimes*, Tom. I, Preuves, S. 73. *Item ut homines simplices et illiteratos caperent in sermone, eis quaestiones hujus-modi faciebant, dicentes: Credis, quod quando mulier concipit, quod illa missio fiat per Deum, vel per hominem? Et sie laicus responderet, quod per hominem credebat fieri illam missionem: Ergo, dicebant ipsi, tu eo haereticus; nam haeretici dicunt, quod malignus spiritus et homo faciunt hominum, et non Deus. Et si illam simplex laicus timens responsionem mutaret, dicens, quod per Deum fiebat dicta missio: Ergo tu dicis, quod Deus cognoscit mulierem, et es haereticus manifestus. – Item (interrogabant) si hostia, quam consecrat sacerdos, eras totus Deus, vel pars ejus? Et tunc si laicus, quod totus Deus est responderet, dicebant: Responde ergo mihi, credis, quod si quatuor sunt in ecclesia sacerdotes et qulibet consecret hostiam suam, sicut decet, quod in qualibet hostia sit totus Deus? Et si laicus responderet, quod sic: Ergo tu credis, quod quatuor sunt Dii? Et tunc laicus tremens aliquando contrarium respondebat etc.* – Ebenso versichert Perrin in seiner *Hist. de Vaudois*, noch aus späterer Zeit Akten gesehen zu haben, in die man durch arglistige Verdrehung Dinge gebracht hatte, die dem Verhörten nie eingefallen waren. Z. B. *Item, enquis, s'il faut pas invoquer les Samts, si le Vaudois répondait que non, il couchait par écrit, qu'il avait mesdits et mal parlé des Saints. Enquis, s'il faut saluer la vierge Marie et la prier en nos nécessités, s'il répondait que non, ils écrivaient, quil avait blasphêmé contre la Vierge Marie.*« Fragestellungen dieser Art erinnern an den Ausspruch eines alten Staatsmannes, er wolle mit einer Zeile Geschriebenes in Händen den Schreiber auf's Schaffot bringen. Als sein Zuhörer dies als unbedingte Möglichkeit bezweifelte und zum Beweis lächelnd die ewige Wahrheit niederschrieb: eins und eins ist zwei, antwortete der Staatsmann, nachdem er es gelesen hatte: »Was! Sie leugnen die Dreieinigkeit? Ins Gefängnis mit Ihnen!« Wiederholt kam es auch vor, besonders in Frankreich, Italien und Belgien, dass das

Volk durch Ermordung der Ketzerrichter oder durch Aufstände seinen Groll gegen diese Henker Luft machte. Außer dem schon erwähnten Konrad von Marburg (1233) wurden 1208 Peter von Castelnau, 1242 vier Inquisitoren zu Toulouse und noch andere erschlagen, 1234 fanden Aufstände gegen die Inquisition zu Narbonne und Alby statt, 1235 Vertreibung der Inquisitoren aus Toulouse und Narbonne, 1285 Aufstand zu Parma usw. Im Jahre 1243 baten die Dominikaner in Languedoe um die Enthebung von dem Amt der Inquisition, was jedoch Innozenz IV. abschlug und damit nur das Ansehen dieser Ketzerrichter steigerte. Sosehr diese aber sich bemühten, Opfer herbeizuschaffen, das Ketzerwesen war bald ziemlich ausgerottet und bot den zahlreichen und eifrigen Dienern des »heiligen Dienstes« nicht mehr genügende Beschäftigung. Dem war aber leicht abzuhelfen, indem der Begriff Ketzerei erweitert wurde, obwohl schon die geringste Abweichung von der Kirchenregel dafür galt und obwohl es mit dem Beweis nicht genau genommen wurde, besonders dort, wo es Befriedigung einer Privatrache oder Aneignung des Besitzes galt. Die Inquisition zog bald nach ihrer Errichtung das ganze Zauberwesen und Hexentum und noch anderes als ketzerisch in ihren Wirkungskreis, der sich dadurch ungeheuerlich erweiterte, so dass schon Papst Alexander IV. (1254–1261) sich genötigt sah, die Inquisitoren zu ermahnen, ihre Tätigkeit einzuschränken und Dinge, die nicht deutlich auf Ketzerei hinwiesen, den weltlichen Gerichten zu überlassen (*Sexti Decretalium Libri, Lib. V. Tit. II. cap. 8*). Die Inquisitoren glaubten jedoch, aus dieser päpstlichen Anordnung die Berechtigung zu entnehmen, die eigentliche Hexenverfolgung betreiben zu können, was von diesem Zeitpunkt an auch immer eifriger erfolgte. Allmählich verwandelte sich die Ketzerverfolgung in eine Hexenverfolgung, von der später noch ausführlich die Rede sein soll.

Durch Beschluss des Pariser Parlaments vom zweiten Mai 1331 wurde die Inquisition in Frankreich zu einem königlichen Gerichtshof (*Cour royal*) erklärt, was die Machtfülle dieser fürchterlichen Einrichtung nur vermehren mochte. Zu noch größerer Macht, der größten von allen Ländern, gelangte die geistliche Inquisition in Spanien. Im Jahre 1232 richtete Gregor IX. an den Erzbischof von Tarragone, in Katalonien, eine Bulle, in der er

Gefängnis der Inquisition zu Sevilla (Aus: »Mystères de l'Inquisition« von M. V. de Féréal)

ihm die Errichtung der Inquisition zur Unterdrückung der Ketzerei auftrug. Es geschah, und bald seufzte ein Teil von ganz Spanien unter dem Joch der von den Dominikanern mit fürchterlicher Grausamkeit ausgeübten Einrichtung. Als Hauptmotiv der Ketzerei galt die Zugehörigkeit zu den Mauren und Juden. In der Tat gab es auch viele Abkömmlinge dieser Volksstämme in Spanien, die nach deren Vertreibung zurückgeblieben waren, weil sie oder ihre Vorfahren schon das Christentum angenommen hatten. Sie waren sehr zahlreich und wurden Marranos, Moriscos genannt, eine Bezeichnung, die eigentlich nur den Maurenabkömmlingen galt, die selbst unter dem hohen Adel Spaniens zu finden waren. Viele der Moriscos und der getauften Juden waren aber nur zum Schein zum Christentum übergetreten, um nicht gezwungen zu sein, die heimatliche Scholle verlassen zu müssen, heimlich aber hielten sie zu dem Glauben ihrer Väter. Gegen diese also richtete sich in erster Linie der Eifer der Ketzerrichter, wobei es aber die geistlichen Machthaber bald nicht mehr genau nahmen und überall Zugriffen, wo ihr Fanatismus Ketzerei zu finden wähnte, wo ihr Privathass, ihre Gier nach dem Reichtum anderer, Ketzerei zu erfinden strebte.

Im Jahr 1484 führte der fanatische Dominikaner Thomas de Torquemada, Günstling Ferdinands von Aragonien, die Inquisition in Aragonien und Kastilien ein, wohin sie bis zu jener Zeit nicht eingedrungen war. Er wurde Generalinquisitor, und nun begann ein Wüten, ein Morden, das alles Vorhergegangene auf diesem Feld übertraf, durch Jahrhunderte fortwährte und erst 1808 mit dem Einmarsch der Franzosen ein Ende fand. Zwar wird Letzteres von manchen jetzt noch einigermaßen widersprochen, behauptet, dass heute noch in spanischen Klöstern Folterkammern vorhanden wären, deren grausige Instrumente gegen irgendwie schuldig befundene oder zur Untersuchung gelangende Kleriker zur Anwendung kämen. Aber wäre es auch dem so – von klerikaler Seite wird es entschieden in Abrede gestellt –, es ließe sich trotzdem nicht mit Recht behaupten, dass die geistliche Inquisition mit all ihren Schrecken auf der Iberischen Halbinsel gegenwärtig noch bestände. Es muss gelten gelassen werden, dass der Sturmwind, der von der großen französischen Revolution ausging und auch noch in den Tagen Napoleons machtvoll durch die europäischen Landen zog unter den vielen Scheußlichkeiten und Erbärmlichkeiten, die er fortfegte, auch der geistlichen Inquisition in Spanien ein Ende gemacht hat. Bemerkensnötig ist auch, dass diese sich auch über das einstige so riesige Kolonialgebiet dieses Landes erstreckte und somit ihr Verderben in mehrere Weltteile trug. Während aber in anderen europäischen Ländern diese päpstlichen Ketzergerichte zum Teil aus wohl erwogenen Gründen sich größtenteils zu Hexengerichten umformten, allerdings indem sie das vorgebliche Zauberwesen und Hexentum gleichfalls als Häresie betrachteten, blieben sie in Spanien die ganze Zeit ihrer ursprünglichen Tendenz getreu, obgleich sie es auch hier nicht unterließen, Anklagen auf Nekromantie und anderen dergleichen Plunder in ihre Kreise zu ziehen. War doch die Beschuldigung der Ketzerei fast überall auch mit der Beschuldigung von Teufelsbündnissen und höllischem Zauber verknüpft. Dass diese formelle Umwandlung, dieser Frontwechsel sozusagen, in Spanien nicht eintrat, dürfte seinen Hauptgrund in dem Umstand haben, dass hier das Ketzerwesen mehr Material als anderwärts bot und dass das Volk den Ketzerrichtern weniger Widerstand entgegensetzte, obgleich es auch hier nicht, besonders in späterer Zeit, an Aufständen wider diese herzlosen Peiniger fehlte.

Der Generalinquisitor von Aragonien, Nikolaus Eymericus, verfasste um die Mitte des vierzehnten Jahrhunderts ein *Directorium Inquisitorium*, das in der Folge allgemein als Inquisitionsprozessordnung zur Geltung kam. Soldan (II, S. 235) schreibt von ihm und seinem Werk: »Er hat sein Amt als Generalmenschenquäler 44 Jahre verwaltet und ist während dieser Zeit, wie sein Biograph von ihm rühmt, ein *acer haereticae pravitatis inquisitor* gewesen. Was damals irgend möglich war, das hat er getan, um seinen Kollegen die Blutarbeit zu erleichtern. Er führte, was kein Instruktor vor ihm getan hatte, die Belegstellen ausführlich an. Der Mühe, eine Bibliothek mit sich herumzuschleppen, waren die Inquisitoren nun überhoben. Ein Brevier, ein Kruzifix und dieses Buch in der Tasche – und der Mann Gottes war fertig und für seine Menschenjagd vollkommen ausgerüstet. Eymericus hatte sich aber auch dadurch vor seinen Vorgängern hervorgetan, dass er seinen Amtsgenossen ein alphabetisch geordnetes

Verzeichnis von Ketzereien, auf das sie inquirieren konnten, vorgelegt hatte. Dieses Verzeichnis ist zwölf enggedruckte Seiten stark. Allein der Buchstabe A umfasst vierundfünfzig Ketzereien! ...

In diesem Codex finden wir nun die Theorie schon so weit vorgeschritten, dass es, die Chiromantie etwa ausgenommen, fast nicht eine einzige magische Übung gibt, von welcher der Verfasser nicht nachwiese, dass sie ketzerisch sei oder wenigstens nach Ketzerei schmecke[7)] und mithin vor das Forum des Inquisitors gehöre. Merkwürdig ist insbesondere die Klassifikation derjenigen, die den Teufel anrufen.«

Noch grausamer und blutgieriger als Torquemada zeigte sich der Großinquisitor Peter Arbues (1441–1485), der auch das Opfer einer Verschwörung wurde und am Altar bei der Messe unter dem Mordstahl fiel. Papst Alexander VII. sprach ihn 1661 selig und Pius IX., kurz vor der Zeit, wo die weltliche Macht des Papsttums ein Ende nahm – heilig. Er erhob die Inquisition in Spanien zu einer alles beherrschenden Institution. Sie war mit einer Gewalt ausgerüstet, wie sie bis dahin das Ketzergericht in keinem Land besessen hatte, eine Gewalt, die, trotz seines verhältnismäßig kurzen Wirkens noch lange der spanischen Inquisition zu eigen blieb und diese zum Fluch und Verderben dieses Reiches machte.

VIII. Kapitel

Die Inquisition in Spanien – Miliz Christi – Familiare – Banner – Die Inquisitoren – Gefangennahme von Frauen – Garduna – Deza, Luzero – Opfer der Inquisition in Spanien – Saavedra – San Benito – Zellen der Verhafteten – Anwendung der Folter – Frage mit dem Aufziehen – Wasserfrage – Feuerfrage – Karl V. – Philipp II. – Der spanische Stiefel – Aufhebung der Inquisition durch Napoleon – Inquisition zu Madrid – Erneuerung und endgültige Aufhebung der Inquisition

Die Inquisition in Spanien verfügte über eine eigene Armee, sie führte eine eigene Fahne, hatte ihre eigenen Sprachausdrücke, ihre eigenen »heiligen Zeichen«, woran die Eingeweihten einander geeigneten Falls erkennen konnten. »Miliz Christi« wurde die von Torquemada 1494 errichtete Garde der Inquisition genannt. »Diese seltsame Miliz«, schreibt Llorente in seiner *Histoire de l'Inquisition*, »war sehr zahlreich. Torquemada hatte sich so grausam gezeigt, so sehr Spionage und Verrat ermutigt, dass eine große Anzahl hoher Adeliger der Ansicht wurde, es wäre besser, der Inquisition selbst anzugehören, als früher oder später für »verdächtig« erklärt zu werden, daher sie sich freiwillig der Inquisition als Familiäre anboten. Das Beispiel der Edelleute und die Privilegien, die Ferdinand von Aragonien den Familiaren erteilt hatte, zog dann auch eine Menge aus dem Volk heran. Bald gab es so viel Familiare wie Personen, die zu städtischen Steuern verpflichtet waren, wovon jeder, der zur Inquisition gehörte, befreit war. Die bewaffneten Familiare bildeten das, was man die Miliz Christi nannte, und diese Miliz bildete das *Garde du Corps* sowohl bei dem Generalinquisitor wie auch bei den Provinzialinquisitoren.« Übrigens wurde diese Miliz Christi bereits 1208 von dem Gründer des Dominikaner-Ordens in Frankreich eingeführt.

In der späteren Zeit war es schon minder leicht, zu den Familiaren des heiligen Offiziums aufgenommen zu werden. Das beste Mittel dazu war dann immer, einige hervorragende Personen als Ketzer zu denunzieren, besonders reiche, denn mit den armen und unbedeutenden beschäftigten sich die Ketzerrichter

Die Inquisition in Spanien: Inneres eines Gefängnisses (Aus: »Mystères de l'Inquisition« von Féréal)

nicht gerne. Besondere Aufnahmebedingungen waren »Reinheit des Blutes«, d. h., der Bewerber musste nachweisen, dass er weder von Mauren noch von Juden abstamme, ferner, dass keiner seiner Vorfahren von der Inquisition je bestraft wurde. Bei Frauen, die sich nach dem Glück sehnten, zu den Familiaren zu zählen – auch Frauen fanden nämlich Aufnahme –, konnte von dem Nachweis der »Reinheit des Blutes« abgesehen werden »in Anbetracht der großen Dienste, die sie der Sache Gottes leisten können«, heißt es in den Aufnahmebedingungen. Jährlich, einige Tage vor dem feierlich abgehaltenen Autodafé, fand gewöhnlich die Aufnahme der Familiaren im Großen statt, wobei jeder Neugenommene ein Pergament erhielt, das die vereinbarten Zeichen und Worte vermerkt enthielt. Der Älteste eines der vornehmsten Grandengeschlechter bemühte sich um die Ehre, bei den Umzügen das Recht zu haben, das Banner der Inquisition reitend tragen zu dürfen, ein Banner, das die heuchlerischen Worte *Misericordia et Justitia* als Aufschrift führte, trefflicher aber durch die brennende Fackel gekennzeichnet wurde, die ein darauf abgebildeter Spürhund zwischen den Zähnen hielt.

Bei allen Feierlichkeiten hatte der Inquisitor den Vortritt vor dem König. Bei dem großen Autodafé und in der Kirche stand der Thronstuhl des Inquisitors, den das spanische Volk bezeichnend genug »König der Henker« nannte, höher als der des Königs von Spanien. Welchen Rang Ersterer für sich beanspruchte, wird übrigens am besten durch die Tatsache charakterisiert, dass der Inquisitor Tabera den Erzpriester der Kathedrale zu Malaga zwei Jahre im Gefängnis der Inquisition in Haft behielt, weil dieser greise Priester, als er mit der heiligen Wegzehrung zu einem Sterbenden sich begab, nicht Halt machte, um die Kavalkade des Inquisitors vor sich vorüberziehen zu lassen.

Diese Machtfülle der Inquisitoren wird leicht erklärlich, wenn man in Betracht zieht, dass ihrer Gerichtsbarkeit alles unterworfen war, nur der Papst und die hohen Würdenträger der Kirche ausgenommen, nicht aber der König. Aber selbst diese Ausnahmen wurden illusorisch, denn der Papst fürchtete zu sehr die Männer dieses Blutgerichts, das die Hauptstütze seiner Macht war, und er vermied es bedächtig, etwa entstehende Zwistigkeiten zwischen sich selbst und ihnen zu einem Punkt geraten zu lassen, wo die Feindseligkeit offen hervortreten musste. Und was die hohen Würdenträger der Kirche betrifft, so kümmerten sich die Inquisitoren nicht viel um deren Unantastbarkeit, sondern griffen mehr als einmal gewaltsam in deren Reihen. So geschah es unter anderem mit den Bischöfen von Calahorra und Sevilla. Diese beiden waren getaufte Juden, trotz ihrer hohen Kirchenstellung, und standen in allgemeiner Achtung. Torquemada leitete, entgegen den päpstlichen Vorschriften, die Untersuchung gegen sie ein. Sie begaben sich nach Rom, um an den Papst zu appellieren. Dieser ließ die Angelegenheiten von einigen Kardinalen untersuchen, deren Entscheidung günstig für die beiden Bischöfe lautete. Um der Sache kurzweg ein Ende zu machen, ernannte der Papst den einen zum Nuntius zu Neapel, den anderen zum Nuntius zu Venedig. Torquemada gab aber seine Beute nicht so leicht frei. Er wusste einen neuen Prozess wegen Ketzerei gegen die beiden einzuleiten, die schließlich auch verurteilt wurden und ihrer Würde entsetzt, ihrer Güter beraubt, als Gefangene in einem festen Schloss starben.

Die Gefangennahme von Frauen durch die Inquisition soll häufig recht gemeinen geschlechtlichen Motiven entsprungen sein. Féréal bemerkt a. a. O., S. 139: »*De tout temps les Espagnols ont accusé les inquisiteurs et autres employés du saint office de rendre les femmes enfermées dans l'inquisition victimes de leur débordements. Cette Akkusation n'est pas si injuste que l'ont prétendu les défenseurs de ce hi-*

Die Inquisition in Spanien: Marterkeller
(Aus: »Mystères de l'Inquisition« von Féréal).

dieux tribunal. Après la révolte de Cordoue et la fuite l'inquisiteur Deza, le successeur de ce dernier, Ximénès Cisneros, ›voulant mettre un terme aux excès scandaleux, commis avec les femmes qui étaient dans les prisons, décréta, d'après l'avis du conseil de la Suprême, que toutes les personnes attachées au saint office, qui se rendraient coupables de pareils excès seraient punies de mort. Les occasions d'appliquer cette loi n'ont pas manqué dans la suite, cependant elle est restée sans effet. (Llorente, Hist. de l'Inquis.)‹ Bei Torquemada selbst scheint allerdings dieser Grund, und wohl auch der der Beutesucht, nicht vorhanden gewesen zu sein, sondern nur sinnloser religiöser Fanatismus. Er pflegte sich bei jedem Vorgehen gegen Ketzer durch Fasten und Selbstgeißelung bis aufs Blut vorzubereiten. So groß auch die Machtmittel der Inquisition und die Zahl der ihr Dienenden war, sie pflegte sich überdies noch der in Spanien zahlreich vorhanden gewesenen Mörderbanden für ihre Zwecke zu bedienen, besonders der unter dem Namen Garduna bekannt und gefürchtet gewesenen. Als diese Bande 1821 gewaltsam aufgehoben wurde, ergab sich aus den beschlagnahmten Papieren, dass sie von 1520 bis 1667 der Inquisition in 1989 Fällen Beistand geleistet und dafür die Summe von 198670 Francs erhalten hatte.[1)]

Es wäre irrig anzunehmen, dass die Spanier geduldig die Tyrannei der Inquisition ertragen hätten. Wiederholt haben sie mit Worten und auch mit Taten dagegen angekämpft. Hervorragende Männer, darunter auch manch hochgeschätzter Geistlicher, mancher der heilig gesprochen wurde, traten als Gegner dieser Ketzergerichte auf und mussten es aber mit Anklagen und Verfolgungen büßen. Gegen den zweiten Generalinquisitor Deza (1498–1507) und gegen seinen Schützling Lucero, Inquisitor von Cordova, brach ein Aufstand los, der Philipp I. veranlasste, Deza seines Amtes zu entheben. Doch nach dem bald darauf eingetretenen Tod dieses Königs erhielt Deza wieder sein Amt und begann im Verein mit Lucero, der mit bitterem Wortspiel »der Finstere« genannt wurde, noch grausamer zu wüten als vorher. Wieder erhob sich das Volk in Andalusien, erbrach das Gefängnis der Inquisition und befreite eine große Anzahl der Eingekerkerten. Lucero konnte sich nur durch die Flucht retten, und Deza, eingeschüchtert von diesen Vorgängen, legte freiwillig sein Henkersamt nieder.

Sein Nachfolger Cisneros (1507–1517), nicht minder grausam, aber verschlagener, beantragte bei dem König die Einsetzung einer Junta von 24 der angesehensten Bewohner des Landes, die über die von Lucero eingeleiteten Prozesse abzuurteilen hätte. Diese aus unanzweifelbar gesinnungstreuen Personen zusammengesetzte »katholische Kongregation« trat 1508 zu Burgos zusammen und entschied: 1) dass die von Lucero in der Angelegenheit des Aufstandes zu Cordova vorgebrachten Zeugen unglaubenswürdig wären; 2) dass alle in den Gefängnissen sich noch befindlichen Angeklagten unschuldig und sofort freizulassen wären; 3) dass das Angedenken der Verbrannten wieder in guten Ruf gestellt werde und die auf Luceros und Dezas Befehl niedergerissenen Häuser auf Staatskosten wieder hergestellt werden sollten. Es geschah demgemäß, die Inquisition hatte nachgegeben, um damit ihre Macht noch zu verstärken. Welche Opfer das heilige Offizium in Spanien bis zu seiner Aufhebung erforderte, ist aus nachstehender, von Llorente entnommener Tabelle zu ersehen. Die Inquisition strafte nicht nur mit Feuertod, sie verurteilte auch zur Galeere und zu Gefängnis und verbrannte in effigie die, denen es gelang, ihren fürchterlichen Händen zu entwischen. Die Strafe des Verbrennens wurde übrigens auch an Leichen vollzogen, die schon längst in der Erde lagen. Angeklagt und für schuldig befunden, wurden die Leichname dieser »Ketzer« ausgegraben und die vorhandenen Überreste, oft nur ein Häufchen Knochen, strafweise verbrannt.

Übersicht der Opfer der Inquisition in Spanien von 1481 bis 1808 unter fünfundvierzig Generalinquisitoren

	lebendig verbrannt	in effigie verbrannt	zu Galeere oder Gefängnis verurteilt
Von 1481–1498 unter dem ersten Generalinquisitor Thomas de Torquemada	10220	6840	97371
Von 1498–1507 unter dem zweiten Generalinquisitor Deza	2592	829	32952
Von 1507–1517 unter dem dritten Generalinquisitor Ximenes Cisneros	3564	2332	48059
Von 1517–1521 unter dem vierten Generalinquisitor Hadrian Florencio (später Papst)	1620	560	21835
Von 1521–1523 Interregnum	324	112	4481
Von 1523–1545 unter dem fünften Generalinquisitor Alfons Manriqua	2250	1125	11250
Von 1545–1556 unter dem sechsten Generalinquisitor Tabera	840	420	6520
Unter dem sechsten Generalinquisitor Loaisa und während der Regierung Karls V.	1320	660	6600
Von 1556–1597 während der Regierung Philipps II.	3990	1845	18450
Von 1597–1621 während der Regierung Philipps III.	1840	692	10716
Von 1621–1665 unter Philipp IV.	2852	1428	14080
Von 1665–1700 unter Karl II.	1650	540	6512
Von 1700–1746 unter Philipp V.	1600	760	9120
Von 1746–1759 unter Ferdinand VI.	10	5	170
Von 1759–1788 unter Karl III.	4	–	56
Von 1788–1808 unter Karl IV.	–	1	42

Unberücksichtigt sind hier die zahlreichen Opfer geblieben, welche die spanische Inquisition in dem riesigen Kolonialgebiet Spaniens zum Verderben brachte sowie die zu diesem Reich gehörenden italienischen Länder und in den Niederlanden. Besonders arg wüteten die frommen Herren in diesem Gebiet, so dass selbst der König von Spanien sich nicht enthalten konnte, ihr Verfahren als grausam zu bezeichnen. Immerhin sind in Spanien selbst in 326 Jahren 34658 Personen lebendig verbrannt, 18049 in effigie verbrannt und 288 214 auf die Galeeren oder in die Gefängnisse geschickt worden. Die Zahl derer, die verurteilt wurden, den *San Benito* zu tragen, ist ziemlich hoch. Der *San Benito* war eine mit Teufelsfratzen bemalte spitze Mütze oder auch ein Überkleid. Wer verurteilt wurde, ihn zeitweilig zu tragen, galt als ehrlos und wurde gemieden. Wurde aber jemand verurteilt, ihn beständig zu tragen, so wurden auch seine Nachkommen so gering geschätzt.

Ähnlich war ihr Walten auch in Portugal, wo die Inquisition erst spät, 1557, eingeführt wurde. Es erfolgte dies durch Juan Perez de Saavedra, genannt der »falsche Nuntius«, der durch seine besondere Geschicklichkeit im Fälschen von Schriftstücken sich bekannt gemacht hatte. Diese Einführung sowie auch die des Jesuiten-Ordens brachte er gleichfalls durch Fälschungen von päpstlichen Bullen, Briefe von Karl V. und des Prinzen Philipp, nachmaligen Königs dieses Namens, zuwege. Er trat, wie schon sein Beiname andeutet, mit diesen Papieren als Abgesandter des Papstes auf, und seine Absicht gelang ihm. Der Biedermann fälschte sogar Staatsschuldverschreibungen und andere Schriften, die ihm Vorteil bringen konnten, so dass selbst die durch seine Spitzbübereien in Portugal zustande gekommene Inquisition gegen ihn einschreiten musste. Seine Strafe war verhältnismäßig milde, denn sie lautete auf zehn Jahre Galeere, und es ist zweifelhaft, ob er diese Zeit abgebüßt hat. Später finden wir ihn, von Philipp II. berufen, in Madrid, wo er ein ansehnliches Amt einnahm und 1575 als reicher Mann starb.

Die von der Inquisition allgemein ausgeübte Tortur war dieselbe, die schon früher in Italien in Brauch war und sich vom alten Rom her fortgepflanzt hatte. Nur dass der mönchische Fanatismus noch manches daran »verbessert« hatte, das heißt die

Die Inquisition in Spanien: Der Aufzug
(Aus: »Mystères de l'Inquisition« von Féréal).

Grausamkeit noch verschärft hatte. Es herrschte dabei auch die Meinung, dass der Gefolterte infolge seiner Verbindung mit dem Satan die Schmerzen, die er bei der Tortur empfinden musste, vermindern oder gar völlig beseitigen könnte. Der italienische Kriminalist Hippolyt de Marsiliis, der im fünfzehnten Jahrhundert lebte, gibt den Rat, den Gefolterten durch Fragen beständig zu unterbrechen, wenn er bei der peinlichen Frage etwas vor sich hinmurmeln sollte, was doch nur eine Anrufung des Bösen sein könnte.Mit welcher Grausamkeit übrigens in den italienischen Staaten gegen Gefangene vorgegangen wurde, lehrt uns so manche historische Überlieferung. Es sei hier nur an die berüchtigten Gefängnisse unter den Bleidächern Venedigs erinnert, an den Hungertod Ugolino Gherardescos in dem Turm zu Pisa, ein Ereignis, das bekanntlich häufig poetisch behandelt wurde. Dante tut es im XXXIII. Gesang seiner »Inferno«, ein Werk, das uns überhaupt mancherlei Andeutungen über die Qualen gibt, die Gefangene auf italienischem Boden zu ertragen hatten, besonders in den grausamen Parteikämpfen der Ghelphen und Ghibelinen.

Die Inquisition in Spanien: Tortur
(Aus : »Mystères de l'Inquisition« von Féréal).

Ziehen wir nun die Anwendung der Tortur bei dem spanischen Inquisitionstribunal in Betracht. »Die Gefängnisse der Inquisition«, heißt es in *Hist. de l'Inquisition*, »lagen tief, wahre Gräber von mehr als dreißig Fuß unter der Erde. In jeder Zelle, die etwa zwölf Fuß lang und acht Fuß breit war, befand sich ein Feldbett von zwölf Fuß Länge und vier Fuß Breite. Jede Zelle enthielt gewöhnlich sechs, oft auch acht Personen, von denen drei oder vier, die kräftigsten, auf dem feuchten Boden schliefen, die anderen auf dem Feldbett. Ein Gefäß, das zur Befriedigung natürlicher Bedürfnisse diente und nur alle acht Tage oder auch erst nach je zwei Wochen einmal geleert wurde, befand sich in einer Ecke und verunreinigte die Luft, die ohnehin schon durch die Ausatmungen der vielen Unglücklichen verdorben war, die hier zu weilen verdammt waren.« Eine Art von Folter begann also schon mit der Verhaftung, und sie währte auch fort bei der Verhandlung vor dem Tribunal. Der Angeklagte musste nämlich auf einem *potro* genannten Sitz Platz nehmen, ein vierkantiges Holz, das auf zwei x-förmigen Gestellen ruhte und dem darauf Sitzenden durch die scharfe Kante ziemlich schmerzhaft wurde, zumal wenn er zuweilen, wie es bei Leugnenden geschah, zwei bis drei Stunden daran festgehalten wurde. Wer von der Inquisition angeklagt wurde, verlor dadurch alle Würden und Titel, alle bürgerlichen Rechte, die er nur zurückerhielt, wenn der seltene Fall eintrat, dass ihm das Tribunal definitive Absolution erteilte. Jenes bestand aus dem Inquisitor und zwei Beisitzern, alle drei Dominikaner. Bei Beginn der Verhandlung musste der Angeschuldigte auf das Evangelium schwören, die reine Wahrheit auszusagen, ein Umstand, der, wenn seiner Aussage nicht geglaubt wurde – und es wurde ihr nie geglaubt, wenn sie nicht das war, was der Inquisitor als Geständnis betrachtete –, zur Folge hatte, dass der Beschuldigte überdies als meineidig betrachtet wurde. Edgar Quinet führt an in seinem »*l'Ultramontisme*«: »*Souvent il arrive que le prévenue ne veut pas répondre avec précision, mais il le fait en termes évasifs: Je ne sais, je m'en souviens pas; cela peut être, je ne crois pas; je ne dois pas être coupable de ce délit. II doit répondre en paroles claires, précises: J'ai dit, je n'ai pas dit; j'ai fait, je n'ai pas fait. Dans ce cas il est nécessaire d'en venir contra lui au rigoureux examen (la torture), pour tirer de lui un réponse absolue, précise, satisfaisante, suffisante. Mais, d'abord, il convient de lui faire de admonitions dues, après cela le menacer de la corde. Et le notaire enregistrera les dites admonitions et menaces. La formule est la suivant … Benignement averti, benigne monitus …*« Mit salbungsvollen Worten, frommen Mienen und andächtigem Augenaufschlag war überhaupt der ganze Vorgang begleitet, die fürchterlichste Tortur diktiert, die schrecklichen Strafen der Verbrennung oder der Verschickung nach den Galeeren ausgesprochen alles – zur höchsten Ehre Gottes.

»Inmitten einer großen Rotunde«, schildert Féréal nach Llorente die Marterkammer der Inquisition zu Sevilla, »in einem tiefen Keller, der schwach erleuchtet von zwei Fackeln ist, umgeben vier vermummte Männer einen traurigen, schwachen Mann, der sich kaum aufrecht erhalten kann und dessen geschwächte Augen selbst die düstere Beleuchtung dieses traurigen Ortes schmerzlich und ermüdend empfinden.

Eine feuchte, schwere Luft erfüllt wie ein ungesunder Nebel diese unterirdischen Räume, von denen eine beklemmende Gruftatmosphäre ausgeht. In dieser Art Grotte, die ringsum von Mauern umgeben ist, ungleich und schimmernd von der herabrieselnden Feuchtigkeit, sieht man ringsum Folterinstrumente, höllische Erfindungen (?) der asketischen und wilden Phantasie von Mönchen. Schon deren Anblick lässt er schaudern …

Man steigt zu diesem höllischen Ort über zahlreiche kleine gewundene Treppen herunter, deren feuchte Fliesen von Moos bedeckt sind und wo man bei jedem Schritt ausgleitet. Indes die Bediensteten der Inquisition haben einen sogenannten Seemannsfuß (*pied marin*) und kennen jeden Fleck, jede Windung dieses entsetzlichen Weges.«

Nachdem der Angeklagte hierher gebracht worden war, erschien bald darauf der Inquisitor in Begleitung eines der Beisitzer und des Schriftführers. Sie nahmen auf den für sie bestimmten Sitzen Platz, gemäß Artikel 18 der Inquisitionsvorschriften, der erfordert, dass bei der Tortur ein oder zwei der Ketzerrichter und der Schriftführer anwesend sein müssten, um die etwaigen Aussagen des Gefolterten zu Protokoll zu nehmen und die Anwendung der Folter zu leiten.

Auf ein Zeichen des Vorsitzenden hin wurde der Angeklagte bis auf das Hemd entkleidet, wonach wieder salbungsvoll die Mahnung an ihn gerichtet wird, seine Schuld zu gestehen, seine Schuldgenossen anzugeben. Unterblieben diese Geständnisse, wie es in den meisten Fällen mangels jeder Schuld und Schuldgenossen anders nicht möglich war, so kniete der Inquisitor neben den Angeschuldigten nieder, betete leise, schlug einige Kreuze und verharrte dann eine Weile regungslos in dieser Haltung. Dann stand er auf und befahl, die Frage mit dem Aufziehen vorzunehmen. Die vier Vermummten erfassten hierauf den Angeklagten und banden seine Hände hinter seinen Rücken mit dem Ende eines Strickes, der von der Decke herabhing, oben in einer Rolle laufend (s. Abbildung). War dies geschehen, so wurde er bis zur Decke hinaufgezogen und dann plötzlich rasch hinabgelassen, doch so, dass seine Füße die Erde nicht berühren konnten. In dieser qualvollen Haltung wurde er, wie Llorente bemerkt, in Spanien eine Stunde lang gelassen, während man sich in Rom, der Vorschrift gemäß, mit einer halben Stunde begnügte.[2] Die Fürsorge dieser Vorschrift für den Gemarterten könnte ein Lächeln hervorrufen, wenn die Sache nicht gar zu traurig und betrübend wäre und diese einigermaßen zum Schutz bestimmten Vorschriften etwas anderes wären als Ausdrücke der Heuchelei, um dem Rest des eigenen Gewissens zu genügen und um vor der Welt im Licht der Menschlichkeit zu stehen.

So peinlich diese »Frage« auch war, sie brachte doch nur in seltenen Fällen die vom heiligen Offizium verlangte Antwort hervor, d. h. das Geständnis einer Schuld, die der Betreffende nicht begangen, die Angabe von Mitschuldigen, die er nicht besessen hatte. Es wurde daher nach kurzer Zeit die zweite Fragestellung vorgenommen unter denselben entsetzlichen und scheinheiligen Vorbereitungen. Es war die »Wasserfrage.« Der Beschuldigte oder die Beschuldigte, denn auch Frauen waren allen diesen Peinigungen unterworfen, wurde auf eine Bank gelegt, fest geschnürt, ein feuchtes Stück Linnen in den Hals und die Nasenlöcher gestopft, wo dann langsam in Mund und Nase Wasser gegossen wurde, das ebenso langsam von dem Linnen aufgesaugt wurde. Je mehr dies geschah, je schwieriger wurde natürlich dem Gefolterten das Atmen, und bei den hiermit verbundenen körperlichen Anstrengungen schnitten die Stricke, mit denen das Opfer festgebunden war, nur noch tiefer ins Fleisch.

Eigentlich war es verboten, die Tortur zweimal an ein- und derselben Person in Anwendung zu bringen. Doch die frommen Herren verstanden es, sich über dergleichen Kleinigkeiten leicht hinwegzusetzen. Wurde nämlich die Folterung aus irgendeinem Grund eingestellt, so galt sie nicht als beendet, sondern nur als suspendiert bis zur neuen Bestimmung. Der Beschuldigte konnte daher, so oft es seine Peiniger für gut fanden, gemartert werden, und viele derer starben auch unter diesen Leiden. Um das Wehgeschrei zu verhindern, gab es, wie schon erwähnt wurde, Knebelinstrumente, »Mundbirnen«, die auch, so weit es anging, in den Zellen zur Anwendung kamen. Ein anderes Beruhigungsmittel der Zelleninsassen war die Durchpeitschung, die am entblößten Oberleib vorgenommen wurde. Verboten war auch nach Artikel 7 der Vorschrift, Kinder unter zehn und Er-

Die Inquisition in Spanien: Die Wasserfrage
(Aus: »Mystères de 1' Inquisition« von M. V. de Féréal).

wachsene über sechzig Jahre der Folter zu unterziehen, ein Verbot, das nicht wie das erwähnte knifflig umgangen zu werden brauchte, weil es überhaupt nicht beachtet wurde. Llorente erzählt in seinem hier wiederholt angeführten Werk, dass eine achtzigjährige, sehr wohltätige Greisin, Marie de Bourgogne, vom Volk die »Mutter der Armen« genannt, im Jahre 1556 unter dem Verdacht des Judaismus von der Inquisition verhaftet wurde. Ein Bediensteter hatte nämlich die Anzeige gemacht, sie hätte die Äußerung getan: »Die Christen haben weder Glauben

Die Inquisition in Spanien: Geißelung
(Aus: »Mystères de 1' Inquisition« von M. V. de Féréal).

noch Recht.« Obgleich alle Grade der Tortur an ihr angewendet wurden, blieb sie doch wahrheitsgemäß bei ihrer Beteuerung, getreu römisch-katholisch zu sein. Sie starb im Gefängnis. Doch die Inquisition setzte den Prozess fort und verurteilte sie zum Feuertod, Ihre Knochen und ihr Bildnis wurden verbrannt, ihr großes Vermögen eingezogen, ihre Kinder und Enkel der steten Ehrlosigkeit preisgegeben.

Als dritten Grad dieser im Namen Gottes ausgeübten Tortur ist die »Feuerfrage« zu betrachten. Die angeklagte Person, so ziemlich schon eine Ruine durch die vorhergegangenen Martern, wurde auf ein Holzgestell ausgestreckt und festgebunden. Die Füße befanden sich frei herausragend in einem Block (s. Abbildung). Die vermummten Diener oder vielmehr Henkersknechte der Inquisition stellten nun ein Becken mit feurigen Kohlen unmittelbar unter die Füße, die zur Vermehrung der Qualen von Zeit zu Zeit noch mit etwas Öl befeuchtet wurden. Überflüssig ist es zu bemerken, dass hierbei des halbgebratene Fleisch der Füße sich von den Knochen löste und die Person, die diese Qual zu überleben vermochte, nimmer von diesen Gliedern mehr Gebrauch machen konnte. Es war dies übrigens auch nicht nötig. Wenn sonst bei vorgenommener peinlicher Frage die Beschuldigten, die, ohne zum Geständnis gebracht werden zu können, bei ihrem so genannten Leugnen verharrten, so wurden sie, allerdings zumeist verkrüppelt und des Landes verwiesen, freigelassen, sofern ihre Schuld nicht anderweitig erwiesen wurde. Nicht so aber bei den Nachfolgern Dominik de Guzmans. Ihren Klauen entwischte kein Angeklagter, wenigstens kein vermögender oder einflussreicher. Es fanden sich unter allen Umständen Wege und Mittel, ihn zum Scheiterhaufen zu verdammen. Allerdings hatten der Papst sowie der Landesfürst das Recht, einen von der Inquisition Verurteilten zu begnadigen, doch nützte es diesem nur in den seltensten Fällen, so selten es auch vorkam. Der Begnadigte wurde zurückgehalten, und es wurde ihm unter einem anderen Vorwand ein neuer Prozess aufgehalst, von dem er sich nicht mehr befreien konnte.

Welche Machtfülle der Inquisition zu Eigen war, beweist auch der Umstand, dass sie wagen durfte, dem mächtigen Kaiser und auch König von Spanien, Karl V., nach dessen Tod einen Ketzerprozess anzuhängen, obwohl dieser Monarch ein eifriger Anhänger der Inquisition war, die unter seiner Regierung machtvoller als vorher sich zeigte. Karl V. wurde, nach de Thou, d'Aubigne und Laboureur, beschuldigt, in stetem Verkehr mit den deutschen Protestanten gestanden zu haben, sich in die Klosterzelle von San Juste nur zurückgezogen zu haben, um ganz nach seinen eigenen Ansichten leben zu können und um die Härte zu

Die Inquisition in Spanien: Die Feuerfrage
(Aus: »Mystères de l' Inquisition« von M. V. de Féréal).

bereuen, mit der er gegen protestantische Fürsten verfuhr. Ferner wurde ihm zum Vorwurf gemacht, dass er zu seinem Prediger und zu seinem Beichtiger Geistliche gewählt hätte, die im Verdacht der Ketzerei standen, dass von ihm herrührende, später in seiner Zelle aufgefundene Schriften im Geist der Neuerer gehalten seien und dass sein Testament weder fromme Stiftungen noch Legate für Messen um seines Seelenheils enthielt und auch sonst in der Form von dem abweiche, was von einem eifrigen Katholiken zu erwarten gewesen wäre. Nur mit Mühe gelang es seinem orthodoxen Sohn und Nachfolger Philipp II., die Inquisition zu bewegen, den Prozess niederzuschlagen, nicht aber ohne dem heiligen Offizium, die erwähnten zwei Geistlichen, die indessen zu hohen Kirchenwürden gelangt waren, preisgeben zu müssen. Der Prediger Dr. Cazalla, Kanonikus zu Salamanca, wurde lebendig verbrannt, der Beichtiger Constantin Ponce, früher Bischof zu Dresden, starb im Gefängnis des heiligen Offiziums, doch wurde er in effigie verbrannt, und dem Erzbischof von Toledo, Primas von Spanien, gelang es nur durch den Einfluss seiner Freunde in Rom und durch reichliche Geldopfer, vom Papst als schuldlos und als guter Katholik befunden zu werden und damit den Verfolgungen der Inquisition zu entgehen. Allerdings hatte Karl V. wiederholt den Versuch gemacht, dieses geistliche Schreckenstribunal zu reformieren, den Cortes von Kastilien versprochen, die Inquisition zu zwingen, die Privile-

Die Inquisition in Spanien: Vorbereitung zur Feuerfrage (Aus: »Mystères de 1' Inquisition« von Féréal).

gien und Gewohnheiten Kastiliens, Aragons und Kataloniens zu respektieren und die heiligen kanonischen Vorschriften zu beachten, doch der dritte Generalinquisitor Hadrian Florencio, der später Papst wurde, verstand es, den Kaiser wieder zu Gunsten des heiligen Offiziums zu stimmen, und alles blieb beim Alten, oder vielmehr dessen Machtsphäre erweiterte sich noch. Was die Gerechtigkeit dieser geistlichen Herren betrifft, so wird diese am besten durch das heute noch in Spanien angewandte ironische Sprichwort gekennzeichnet: »Gerecht und unparteiisch wie ein Inquisitor.«

Wir haben hier als Hauptmethoden der Tortur in Spanien drei Peinigungsarten angeführt: das Aufziehen, die Wasserfrage, die Feuerfrage. Es wäre aber irrig anzunehmen, dass sich dadurch die Grausamkeit und der infernalische Witz der Dominikaner schon erschöpft hätte. Es gab noch mannigfaltige Folterinstrumente und Foltermethoden. Es sei hier nur an den später auch in allen Folterkammern Europas zur Anwendung gelangten »spanischen Stiefel« erinnert, von dem später noch ausführlicher die Rede sein soll. Bei dem 1556 zu Valladolid stattgefundenen Autodafé, dem Philipp IV. mit seiner ganzen Familie beiwohnte, wurde eine neue, bis dahin nicht angewandte Peinigung dargestellt: die Annagelung einer Hand des Verurteilten an dem Andreaskreuz. Es geschah dies unmittelbar, nachdem der Zug mit den Verurteilten auf dem Hinrichtungsplatz angelangt war, und Letztere mussten so verharren, bis alle Vorbereitungen zum Verbrennen getroffen waren und das Urteil verlesen worden war. Übrigens kam es auch vor, dass zum Verbrennen der »Ketzer« gemauerte Ofen statt einfache Holzstöße verwendet wurden.[3)]

Lange Zeit trug Spanien das Joch der Inquisition, bis endlich mit einem Dekret vom 4. Dezember 1808, datiert von Chamartin, einem Dorf in der Nähe von Madrid, Napoleon die Unterdrückung des heiligen Offiziums befahl, das er als ein Attentat auf die Souveränität betrachtete. Als Josef Bonaparte König von Spanien wurde (1808), ließ er die Prozessakten der Inquisition verbrennen, die wichtigsten ausgenommen. Ebenso blieben erhalten die Register der Staatsbeschlüsse, die königlichen Ordonnanzen, die Bullen und Breven der Päpste und noch manches andere. Fast alle Gebäude der Inquisition wurden damals durchsucht, was jedoch nicht ohne Mühe und Blutvergießen bewirkt wurde. »Um ein Beispiel zu zitieren«, schreibt Féréal a. a. O., S. 579 ff., »geben wir hier das Wort dem polnischen Oberst Lumanusk, der von Marschall Soult beauftragt wurde, die Inquisition in Spanien aufzuheben:

›Als ich mich 1809 in Madrid befand, erweckte meine Aufmerksamkeit das Gebäude der Inquisition. Napoleon hatte schon ein Edikt veröffentlicht, worin die Unterdrückung dieser Institution überall befohlen wurde, wohin seine siegreichen Waffen sich erstreckten. Ich machte den Marschall Soult, damals Gouverneur, auf dieses Dekret aufmerksam, worauf er mir befahl, die Inquisition aufzuheben. Ich machte ihn aufmerksam, dass mein Regiment, das neunte der polnischen Lanciers, für diesen Zweck nicht genügen würde, dass ich es unternehmen wollte, wenn er mir noch zwei Regimenter zur Verfügung stellen wollte. Er tat es.

Eines dieser Regimenter, das 117., stand unter Befehl des Oberst de Lille. Mit diesen Truppen marschierte ich zur Inquisition. Das Gebäude war von einer sehr starken Mauer umgeben und von etwa 400 Soldaten bewacht. Bei der Mauer angelangt, wandte ich mich an eine der Schildwachen und ließ den Dominikanern sagen, dass sie sich der kaiserlichen Armee übergeben und die Tore öffnen mögen. Die Schildwache zog sich zurück, schien eine Weile mit jemand zu unterhandeln und gab dann Feuer auf uns, wodurch einer meiner Leute getötet wurde. Das war das Signal zum Angriff, und ich befahl meinen Soldaten, auf jeden zu schießen, der sich auf der Mauer zeigen sollte. Bald wurde es klar, dass es ein ungleicher Kampf war. Die Mauern des Gebäudes waren voll von Soldaten des heiligen Offiziums. Es befand sich dort auch eine Deckung, hinter der sie sich verbargen und nur hervortraten, um ihre Flinten abzuschießen. Unsere Truppen befanden sich auf einer offenen Ebene, ausgesetzt dem Feuer der Rebellen. Wir hatten keine Artillerie, konnten die Mauern nicht überklettern, und die Tore widerstanden erfolgreich allen Bemühungen, sie zu zertrümmern. Ich sah, dass es nötig wäre, die Angriffsweise zu ändern, ließ Bäume fällen, die herbeigebracht als Sturmblöcke dienen sollten.

Zwei dieser Vorrichtungen wurden nun von so viel Leuten bedient, als für diese Arbeit vorteilhaft war, und es wurden gewaltige Stöße gegen die Mauern geführt, unbekümmert um den Hagel von Kugeln, die auf uns niedersausten. Bald gaben unter den vereinten Anstrengungen die Mauern nach, eine Bresche entstand, und die kaiserlichen Truppen drangen ein.

Jetzt erhielten wir ein Beispiel jesuitischer Verlogenheit. Der Generalinquisitor und die Patres kamen aus ihren Zufluchtsstätten heraus, sobald wir uns Eingang verschafft hatten, in geistlicher Kleidung, die Arme über die Brust gekreuzt, die Finger auf den Schultern ruhend, und als hätten sie nichts von dem Lärm des Angriffs und der Verteidigung vernommen, erkundigten sie sich, was hier vorgefallen wäre, und wandten sich dann mit vorwurfsvollen Ton zu ihren Soldaten mit den Worten:

›Warum schlagt ihr euch mit unseren Freunden, den Franzosen?‹ Es schien, als wollten sie uns glauben machen, eine Verteidigung keineswegs geboten zu haben, und uns als Freunde ausgebend, glaubten sie, die Sache für sich vorteilhafter gestalten und im Wirrwarr leicht entwischen zu können. Dieser Kunstgriff nützte ihnen jedoch nicht. Ich ließ sie unter Aufsicht stellen und alle Soldaten der Inquisition gefangen nehmen. Dann begannen wir dieses Höllengefängnis zu untersuchen. Wir durchkreuzten Stube um Stube, fanden Altäre, Kruzifixe und Wachs im Überfluss, doch wir konnten nichts entdecken, was auf den Zweck dieses Gebäudes hingewiesen hätte und was wir hier zu finden hofften. Man sah hier Schönheit, Glanz, Ordnung. Architektur und Einrichtung höchst bewundernswert. Alles voll Pracht und gutem Geschmack, wie geschaffen, um das Auge und einen kultivierten Geschmack zu erfreuen. Doch wo waren die Folterinstrumente, von denen man uns erzählt hatte? Wo diese Gefängnisse, in denen Menschen lebendig begraben sein sollten? Wir suchten sie vergebens. Die würdigen Geistlichen versicherten uns, sie wären verleumdet worden und wir hätten alles zu Gesicht bekommen.

Ich wollte schon meine Nachforschungen einstellen, überzeugt, dass diese Inquisition anders wäre als die, von denen man uns erzählt hatte. Doch der Oberst de Lille mochte nicht so leicht die Nachforschungen aufgeben und sprach zu mir:

›Oberst, Sie sind heute Kommandant, und was Sie befehlen, wird geschehen. Aber wenn Sie meinem Rat folgen wollen, prüfen Sie zuvor diese Marmordecke des Bodens, indem Sie Wasser darauf gießen lassen, und wir werden dann sehen, ob es nicht doch etwas Verborgenes da gibt.‹ – ›Oberst, machen Sie, wie es Ihnen gefällt,‹ antwortete ich und befahl, Wasser herbeizuschaffen. Die Marmorplatten waren groß und vollkommen glatt. Nachdem zur großen Unzufriedenheit der Inquisitoren Wasser darauf gegossen worden war, prüften wir sorgsam jeden der Zwischenräume, um zu sehen, ob sich dort Wasser einsauge. Bald rief Oberst de Lille aus, er hätte gefunden, was er suche. An eine Stelle der Pflasterung zog sich das Wasser sehr rasch ein, als ob sich ein leerer Raum darunter befände. Alle Hände griffen nun zu, um mit Flinten und Säbeln diese Stelle bloßzulegen, während die Mönche über die Profanierung ihres schönen und heiligen Hauses jammerten. Plötzlich schlug ein Soldat kreuzweise auf die Platte, die sich erhob. Die Gesichter der Inquisitoren wurden bleich wie das Antlitz Belsazars es geworden war, als eine Hand die Flammenschrift an die Wand schrieb. Sie zitterten an allen Gliedern.

Wir blickten hinter die erhobene Platte und gewahrten eine Treppe. Ich trat an den Tisch, griff dort nach einer der langen brennenden Wachskerzen im Kandelaber, um unsere Entdeckung weiter zu verfolgen. Plötzlich legte aber einer der Inquisitoren seine Hand sacht auf meinen Arm und sprach devot: ›Mein Sohn, Sie dürfen das nicht mit Ihren blutigen Händen berühren, das ist heilig.‹ – ›Wohlan,‹ antwortete ich, ›ich brauche eine heilige Kerze, um die Inquisition zu untersuchen. Nehme die Verantwortung auf mich.‹ Ich nahm die Kerze, stieg die Treppe hinab und entdeckte nun, warum das Wasser uns die Enthüllung gemacht hatte. Unter dieser Pflasterung befand sich eine dicht angefügte Decke, die Stelle nur ausgenommen, wo sich die Treppe befand. Daher der Erfolg der Untersuchung des Obersten de Lille.

Unten angelangt, betraten wir einen großen, viereckigen Raum, ›Saal des Gefängnisses‹ genannt. In der Mitte befand sich ein kräftiger Block, auf dem ein Stuhl stand. Hier pflegte der Angeklagte zu sitzen, angebunden an seinen Sitz. Auf der anderen

Seite des Raumes befand sich ein zweiter hoher Sitz, genannt der Thron des Gerichts. Ringsum befanden sich weniger erhöhte Sitze für die Mönche, wenn es sich um eine Sache der heiligen Inquisition handelte. Von hier aus wandten wir uns nach rechts, wo sich entlang des ganzen Gebäudes kleine Zellen befanden. Welch ein Anblick bot sich uns hier! Wie wurde hier die wohltätige Religion des Erlösers von Leuten ausgeübt, die sie zur Profession sich machten! Diese Zellen dienten als Einzelgefängnisse, wo die unglücklichen Opfer inquisitorischen Hasses eingeschlossen waren, bis der Tod sie von ihren Henkern befreite. Die Leichname blieben dort bis zur Zersetzung liegen, während die Zellen mit anderen besetzt wurden. Damit die Sache die Inquisitoren nicht belästige, waren genügend weite Abzugrohre für den Geruch der faulenden Leichen angebracht.

In diesen Zellen fanden wir die Überreste einiger Leute, die erst kürzlich gestorben sein konnten, während sich in anderen Zellen Skelette befanden, die am Fußboden angekettet waren. In einigen fanden wir auch lebende Opfer jeden Alters und Geschlechts, vom Jüngling und Mädchen bis zum siebzigjährigen Greis, alle nackt wie zur Stunde ihrer Geburt.

Unsere Soldaten beschäftigten sich sofort damit, diese Gefangenen von ihren Ketten zu befreien, und gaben einen Teil ihrer eigenen Kleidung her, um diese Unglücklichen zu bedecken. Sie wünschten auch lebhaft, sie gleich an das Tageslicht zu bringen, doch ich erkannte die Gefahr, die daraus entspringen würde, widersetzte mich daher dem und befahl, dass man vor allem das Nötige für sie herbeischaffe und sie allmählich in die freie Luft bringe. Nachdem wir alle diese Zellen geöffnet hatten, die Tore des Gefängnisses allen, die noch lebten, wandten wir uns dem Raum zur Linken zu. Hier fanden wir alle Folterinstrumente, die das Genie der Menschen oder der Dämonen erfinden konnte.

Bei deren Anblick war die Wut unserer Soldaten nicht in den Schranken zu halten. Sie schrieen, dass jeder der Inquisitoren, Mönche und Soldaten der Inquisition der Tortur unterzogen werden müsste. Wir versuchten es nicht, sie zurückzuhalten, und sie begannen sofort damit bei den Patres. Ich sah sie vier verschiedene Arten der Tortur vornehmen, dann zog ich mich von diesem entsetzlichen Schauspiel zurück, das so lange währte, als es noch einen Bewohner dieser Vorstube der Hölle gab, an dem die Soldaten ihre Rache ausüben konnten.

Sobald die armen Opfer aus ihren Zellen gingen und ohne Gefahr an das Tageslicht gebracht werden konnten (die Nachricht, dass eine große Anzahl Unglücklicher vor der Inquisition gerettet worden wäre, hatte sich schnell verbreitet), kamen alle herbei, denen das heilige Offizium in letzterer Zeit Freunde entrissen hatte, in der Hoffnung, diese noch am Leben zu finden. Oh, welches Wiedersehen gab es da!

Etwa hundert Personen, die jahrelang eingekerkert waren, wurden nun der Gesellschaft wiedergegeben. Viele fanden hier einen Sohn, eine Tochter, einen Bruder, eine Schwester. Manche, ach, erkannten ihre Freunde nicht wieder. Doch diese Szene lässt sich nicht beschreiben. Nachdem ich dessen Zeuge gewesen war, wollte ich das Werk ganz vollenden, begab mich in die Stadt, nahm hier eine größere Quantität Schießpulver, das ich in den unteren Räumen jenes Gebäudes verteilte. Tausende von aufmerksamen Zuschauern sahen uns zu, wie wir Feuer anlegten. Mauern und Türme dieses massiven Gebäudes flogen in Trümmern auf. Die Inquisition in Madrid existierte nicht mehr.«

Der Schreiber irrte sich. Die Inquisition sollte mit Rückkehr der Bourbonen in Spanien wieder eingeführt werden, allerdings nur für kurze Zeit, denn den Anstrengungen der liberal gesinnten Parteien gelang es bereits 1820, die Inquisition zu beseitigen, sie fiel »wie ein alter, langsam unterminierter Bau, dessen Grundlage nach und nach von Tausenden von Armen zerstört wurde, die durch Jahrhunderte Tag um Tag ein Sandkörnchen entnahmen … Als wir 1820«, schreibt Féréal (S. 368), »die Tore der Inquisition zum letzten Mal öffneten, war die Zahl der Gefangenen noch ziemlich beträchtlich. In Madrid allein zählte man mehr als zweihundert Personen, aber ich beeile mich hinzuzufügen, im Jahre 1820 war die Inquisition nicht ein geistliches Tribunal, sondern Staatsgefängnis. Seit 1801 wurde niemand mehr in Spanien verbrannt. Indes der Vorgang der Inquisition war allzeit derselbe: Stets hüllte das größte Geheimnis selbst ihre geringsten Vorrichtungen ein, stets lenkte dieselbe Willkür das Urteil des Inquisitors. Urteile übrigens, die von Ferdinand VII. diktiert oder befohlen waren, ausgesprochen nicht gegen Ketzer,

Mauren und Juden, sondern gegen die, die an der Befreiung des Landes arbeiteten. Man sieht, die Inquisition wurde machtlos, abgenützt durch Grausamkeit und Willkür, abgenützt durch den Fortschritt der Aufklärung und durch den unaufhörlichen Kampf, den sie gegen das spanische Volk führen musste. Die Inquisition, die nicht mehr Richter sein konnte, wurde Henker im Dienst der Könige ...«

Genau genommen bestand also die Inquisition amtlich in Spanien vom Jahre 1477, wo Kardinal Pedro Gonzales de Mandoza mit Genehmigung des Papstes Sixtus IV. sie zu einer königlichen Einrichtung gemacht hatte, bis 1820, wo sie sicherlich für immer aufgehoben wurde. In Portugal wurde sie um dieselbe Zeit von Johann VI. aufgehoben, in Italien erst 1859. Allerdings wird von manchen behauptet, sie hätte sich zu Rom noch bis zu dem 1870 erfolgten Einmarsch der italienischen Truppen erhalten.

IX. Kapitel

Hexenverfolgungen – Papst Gregor IX. – Ketzerbulle – Aberglaube – Hexenglaube bei den alten Völkern – Germanen – Christliche Kirche – Dämonen – Kirchenväter – Die ersten christlichen Kaiser – Julian – Valentinian – Leo – Alte Folterwerkzeuge – Der Teufel

Noch blutiger, grausamer und Entsetzen erregender als bei der Ketzerverfolgung, zeigte sich die Inquisition bei der Hexenverfolgung, worunter das ganze vorgebliche Zauberwesen zu verstehen ist. Zwischen Ketzerei und Zauberei bestand insofern eine enge Verbindung, als beide von der Kirche als Teufelswerk betrachtet wurden und Erstere, wenigstens im Mittelalter und in der nachfolgenden Zeit, ohne Letztere kaum gedacht werden konnte. Die Anklagen gegen Katharer, Albigenser, Waldenser und andere lauteten auch auf Zauberei und Teufelsbündnis, und selbst gegen die Stedinger wurden dieselben Vorwürfe gerichtet. In einer 1233 an deutsche Bischöfe gerichteten Bulle beschuldigt Papst Gregor IX. die Ketzer mit Folgendem: »Wenn ein Neuling aufgenommen wird, so erscheint ihm eine Art Frosch, den manche auch Kröte nennen. Einige geben derselben einen schmachwürdigen Kuss auf den Hintern, andere auf das Maul und ziehen die Zunge und den Speichel des Tieres in ihren Mund. Das Tier erscheint zuweilen in gehöriger Größe, manchmal auch so groß wie eine Gans oder Ente, meistens jedoch nimmt es die Größe eines Backofens an. Wenn nun der Novize weiter geht, so begegnet ihm ein Mann von wunderbarer Blässe, mit ganz schwarzen Augen, so abgezehrt und mager, dass alles Fleisch geschwunden und nur noch die Haut um die Knochen zu hängen scheint. Diesen küsst der Novize und fühlt, dass er kalt wie Eis ist, und nach dem Kuss verschwindet alle Erinnerung an den katholischen Glauben bis auf die letzte Spur aus seinem Herzen. Hierauf setzt man sich zum Mahl, und wenn man sich nach demselben wieder erhebt, so steigt durch eine Statue, die in solchen Schulen zu sein pflegt, ein schwarzer Kater von der Größe eines mittelmäßigen Hundes rückwärts und mit zurückgebogenem Schwanze herab. Diesen küsst zuerst der Novize auf den Hintern, dann der

Meister und sofort alle Übrigen der Reihe nach, jedoch nur solche, die würdig und vollkommen sind. Die Unvollkommenen aber, die sich nicht für würdig halten, empfangen von dem Meister den Frieden, und wenn nun alle ihre Plätze eingenommen haben, gewisse Sprüche hergesagt und ihr Haupt gegen den Kater hingeneigt haben, so sagt der Meister: ›Schone uns!‹ und spricht dies dem Zunächstsitzenden vor, worauf der dritte antwortet und sagt: ›Wir wissen es, Herr!‹ und ein Vierter hinzufügt: ›Wir haben zu gehorchen‹. Nach diesen Verhandlungen werden die Lichter ausgelöscht, und man schreitet zur abscheulichen Unzucht ohne Rücksicht auf Verwandtschaft. Findet sich nun, dass mehr Männer als Weiber zugegen sind, so befriedigen auch Männer mit Männern ihre schändliche Lust. Ebenso verwandeln auch Weiber durch solche Begehungen miteinander den natürlichen Geschlechtsverkehr in einen unnatürlichen. Wenn aber diese Ruchlosigkeit vollbracht, die Lichter wieder angezündet und alle wieder auf ihren Plätzen sind, dann tritt aus einem dunkeln Winkel der Schule, wie sie diese Verworfensten aller Menschen haben, ein Mann hervor, oberhalb der Hüften glänzend und strahlender als die Sonne, wie man sagt, unterhalb aber rau wie ein Kater, und sein Glanz erleuchtet den ganzen Raum. Jetzt reißt der Meister etwas vom Kleid des Novizen ab und sagt zu dem Glänzenden: ›Meister, dies ist mir gegeben, und ich gebe es Dir‹, worauf der Glänzende erwidert: ›Du hast mir gut gedient und wirst mir noch mehr und besser dienen. Ich gebe Dir in Verwahrung, was Du mir gegeben hast.‹ Und nach diesen Worten verschwindet er. – Auch empfangen sie jährlich um Ostern den Leib des Herrn aus der Hand des Priesters, tragen ihn im Mund heim und werfen ihn in den Unrat zur Schändung des Erlösers. Ferner lästern diese Unglückseligsten aller Elenden den Herrn des Himmels mit ihren Lippen und behaupten in ihrem Wahnwitz, dass er gewalttätig, arglistig und ungerecht Luzifer in die Hölle gestürzt hätte. An letzteren glauben diese Elenden, sagen, er sei der Schöpfer des Weltalls und werde einst, nach dem Sturz des Herrn, zu seiner Glorie wieder zurückkehren. Von ihm und durch ihn erwarten sie auch ihre ewige Seligkeit …«

Wenn diese wahnwitzigen Äußerungen nicht einzig nur der tollen Fantasie eines verdrehten Mönchgehirns entsprungen sind, wenn sie sich auch nur teilweise auf Aussagen Angeklagter stützen, so liegt die Frage nahe: Wie müssen diese Ärmsten gemartert und gefoltert worden sein, um solche ihren Peinigern wohlgefälligen Angaben erfinden zu können? Doch wenden wir uns nun dem Ursprung jenes Wahnes zu, der unzählige schuldlose Menschen auf die Folterbank und auf den Scheiterhaufen brachte.

Der Unsinn von Zauberwesen und Hexentum ist so alt wie die Menschheit selbst. Der Aberglaube war früher vorhanden als der Glaube. Die uns überlieferte Geschichte der alten Völker enthält zahlreiche Belege über das Vorhandensein eines ausgebildeten Magiertums und das, was wir von dem Leben der Naturvölker wissen, bekundet gleichfalls den Glauben an Zauberei und dergleichen. Doch wir brauchen nicht einmal in die ferne Vergangenheit zurückzublicken oder unzivilisierte Völker und Stämme in Betracht zu ziehen, die unmittelbare Gegenwart lässt uns selbst bei den hochzivilisierten Völkern und in deren vorgeschrittensten Gesellschaftsschichten erkennen, dass der Aberglaube und sein Gefolge auch hier zu finden sind. Zuweilen sogar sehen wir sie stolz in pseudowissenschaftlicher Hülle daherschreiten und mit entschiedenem Ton nicht nur Anerkennung für ihre Wahngebilde fordern, sondern sogar Vorrechte oder allgemeine Geltung.

Viele Stellen der Bibel weisen darauf hin, dass bei den alten Juden das Zauberwesen in seinen mannigfaltigen Formen Eingang gefunden hatte, und die strengen Vorschriften dagegen sind auch allzeit zur Rechtfertigung der Hexenverfolgungen angeführt worden, besonders Moses II. 22, 18: »Die Zauberinnen sollst Du nicht leben lassen.« Ferner finden wir ebenda, III. 20, 27: »Wenn ein Mann oder Weib ein Wahrsager oder Zeichendeuter sein wird, die sollen des Todes sterben, man soll sie steinigen, ihr Blut sei auf ihnen.« Als des Todes wert wird V, 13, 5 auch der »Prophet oder Träumer« hingestellt, der zum Abfall von Gott verleiten will. Aus I Samuel 28 erfahren wir, dass König Saul, der früher mit Wahrsagern und Zeichendeutern streng verfahren war, selbst eines dieser Weiber aufgesucht hatte: »Da sprach Saul zu seinen Knechten: ›Suchet mir ein Weib, die einen Wahrsagergeist hat, dass ich zu ihr gehe und sie frage.‹ Seine

Knechte sprachen zu ihm: ›Siehe zu Endor ist ein Weib, die hat einen Wahrsagergeist.‹ Und Saul wechselte seine Kleider und zog andere an und ging hin, und andere mit ihm, und sie kamen bei der Nacht zum Weib, und er sprach: ›Liebe, weissage mir durch den Wahrsagergeist und bringe mir herauf, den ich Dir sage.‹ Das Weib sprach zu ihm: ›Siehe, Du weißt wohl, was Saul getan hat, wie er die Wahrsager und Zeichendeuter ausgerottet hat vom Land, warum willst Du meine Seele in das Netz führen, dass ich ertötet werde.‹ Saul aber schwur ihr bei dem Herrn und sprach: ›So wahr der Herr lebt, es soll Dir dies nicht zur Missetat geraten.‹ Merkwürdig ist es nun, dass die Schrift verzeichnet, die Hexe von Endor habe tatsächlich vor Saul, so wie er es verlangt hatte, den Geist Samuels erscheinen lassen, so dass damals die Wirkung derartiger Praktiken nicht in Zweifel gezogen geworden scheint, so wie diese allgemein ausgeübt wurden, trotz Moses' strengen Verbots. Noch sonst ließen sich zahlreiche Belegstellen ähnlicher Art anführen, und wie wir aus II Könige ersehen, wurden schon damals Ketzerei und Zauberwesen in engste Verbindung gebracht.

Die Griechen waren gleichfalls schon in ihrer frühesten Kulturepoche der Magie ergeben, die später, namentlich durch den Verkehr mit asiatischen Völkern, noch mehr zur Geltung kam. Dasselbe lässt sich von den Römern sagen, und schon die Etrusker galten in diesen Dingen als sehr erfahren, als Erben der Magie der Chaldäer und Babylonier. Kurz, überall finden wir den Aberglauben, den Glauben an Magie in mannigfaltigsten Formen und Arten verbreitet, und die zunehmende Kultur hat dem keineswegs Abbruch getan, sondern im Gegenteil, diesen Unsinn nur vermehrt und weiter ausgebildet. Selbst dort, wo ein Rückschlag in der Kulturentwicklung eintrat, machte sich dieser nicht auf diesem Gebiet geltend. Wenn die entarteten Nachkommen, die roheren Sieger nichts von den geistigen Gütern der Vorfahren oder Vorgänger übernommen hatten, das Zauberwesen übernahmen sie und fügten noch manches hinzu, Gebilde ihrer eigenen Fantasie oder Überlieferungen ihrer ursprünglichen Heimat.

Was die alten Germanen betrifft, so finden wir in Tacitus »Germania« folgende Stelle: »Wahrzeichen und Lose beachten sie wie nur irgend jemand in der Welt. Die Art zu losen ist einfach. Sie zerschneiden eine von einem Fruchtbaum abgehauene Rute in kleine Reiser und streuen diese, mit gewissen Merkzeichen versehen, regellos und wie es der Zufall will, über ein weißes Gewand aus. Dann hebt bei öffentlichen Beratungen der Priester des Gaues, in Privatangelegenheiten aber der Familienvater selbst, nachdem er zu den Göttern gebetet und gen Himmel emporgeblickt, dreimal ein jedes auf und deutet so dieselben nach den vorher eingeschnittenen Zeichen. Wenn sie ungünstig sind, so findet über diese Sache für diesen Tag keine Beratung mehr statt. Ist dieselbe aber erlaubt, so wird noch durch Wahrzeichen Beglaubigung erfordert. Da ist denn das auch hier bekannt, dass man die Stimmen der Vögel und deren Flug zu Rate zieht, dem Volk der Germanen aber ist eigentümlich, auch von Pferden Vorbedeutungen und Mahnungen herzunehmen. Sie werden öffentlich in jenen oben erwähnten Gehölzen und Hainen gehalten, weiß von Farbe und von keiner irdischen Arbeit berührt. Man spannt sie vor den heiligen Wagen, der Priester und der König oder das Oberhaupt des Gaues begleiten sie und beobachten ihr Wiehern und Schnauben. Keinem Wahrzeichen schenkt man größerem Glauben, nicht allein beim Volk, sondern auch bei den Großen und bei den Priestern, denn sich selbst halten sie für Diener, jene aber für Vertraute der Götter. Es gibt aber noch eine andere Beobachtung von Wahrzeichen, womit man den Ausgang schwerer Kriege erforscht. Sie stellen aus dem Volk, mit dem der Krieg geführt wird, den ersten besten Gefangenen, dessen sie sich bemächtigt haben, mit einem aus ihren Landsleuten Auserkorenen, jeden in seinen vaterländischen Waffen zum Zweikampf zusammen. Der Sieg des einen oder des anderen wird als Vorentscheidung angesehen.«

Abgesehen von der in den letzten Zeilen erwähnten eigenartigen Anwendung des Ordals finden wir nichts, was nicht auch bei anderen oder vielmehr allen Völkern anzutreffen ist und wovon uns die Edda und die Mythologie der alten Germanen noch mehr zu erzählen weiß. Wie überall sehen wir auch hier den Aberglauben genährt und ausgebildet durch die Priesterschaft, die Hauptvertreter des Glaubens. »Manche Bearbeiter der Geschichte von den Hexenprozessen« bemerkt Oskar Wächter in seinem »Vehmgerichte und Hexenprozesse in Deutschland«, »suchen den Glauben der Deutschen an Zauberei aus dem Orient und von den Römern und Griechen herzuleiten: Von den Römern soll er den germanischen Völkern zugeflossen sein. Allerdings fand sich auch im Altertum ein ausgebildetes System des Zauberglaubens, und fast alle Völker können dergleichen Sagen in Menge aufweisen. Aber es ist für Deutschland nicht nötig, auf den Orient und das klassische Altertum zurückzugreifen. Die alten Germanen hatten selbst schon und von sich aus ähnliche Anschauungen. Die Grundlage war doch eine allen Völkern gemeinsame. Wie die uralte Tradition von Paradies und Sündenfall selbst bei heidnischen Völkern sich unter allerlei Verkleidung forterhielt, so auch die Überlieferung, dass ein Teil der von Gott erschaffenen Geisterwelt abgefallen und als Dämonenreich in Feindschaft gegen Gott und die ihm anhängenden Menschen getreten sei. Wir begegnen fast bei allen Völkern der Vorstellung, dass untergeordnete böse Geister auf die menschlichen Verhältnisse einwirken und dass mit Hilfe jener Geister scheinbar Übernatürliches gewirkt werden kann.

Manche wollen den Hexenglauben der Deutschen unmittelbar aus der germanischen Mythologie herleiten. Mit dieser mögen wohl unsere Hexensagen einigen Zusammenhang haben. Aber dieser Zusammenhang ist doch ziemlich lose. Was etwa in einzelnen Nachklängen sich von der deutschen Mythologie im Volk erhalten hatte, trug man eben auf die Hexen über. Doch ist es besonders eine Eigentümlichkeit der deutschen Hexenverfolgungen, die mit der germanischen Urzeit zusammenhängt, dass nämlich fast ausschließlich Frauen es gewesen sind, gegen die sich die Anklage der Zauberei richtete. Den Frauen war, wie die Bereitung der Speisen und Getränke, so auch die Kunde heilsamer Kräuter und die Wissenschaft der Arzneien und Salben, die Fertigkeit, Wunden und Krankheiten zu heilen, überwiesen. Wie sie den Kräften und Geheimnissen der Natur nachspürten, so wurde ihnen auch die Kenntnis von allerlei Zaubermitteln zuerkannt. Das Wort Hexe soll ursprünglich eine kluge, kunstreiche Frau bedeutet haben (nach Grimms ›Deutsche Mythologie‹, in dem Abschnitt ›Hexen‹). Schon die ältesten Rechtsbücher reden von Zusammenkünften der Hexen zum Kochen ihrer Zaubermittel und betrachten sie in Verbindung mit den heidnischen Opfern und mit der Geisterwelt der alten Deutschen. An den uralten Gerichtstagen und Opferfesten, namentlich in der ersten Mainacht, soll ein Hauptauszug der Hexen auf die alten Malstätten stattgefunden haben, meist an den höchsten Punkten der Umgebung.«

Auch die alte christliche Kirche war von diesem Aberglauben nicht frei. Sie nahm nicht nur die Dämonenlehre des Heidentums an, sie erweiterte sogar diese noch, indem sie das Heidentum selbst als Dämonismus auffasste und diese Lehre von ihrem Standpunkt aus fortsetzte und ergänzte. »Fassen wir nämlich«, schreibt Soldan a. a. O., I., S. 87 ff., »zunächst die drei ersten Jahrhunderte der Kirche ins Auge, so finden wir, dass alle Kirchenväter, die den Ursprung der Dämonen berühren – Justinus Matyr (Apol. II. c. 5) Atheragoras (Presb. peri christ.), Tatian (Oratio ad Graec c. 12), Minucius Felix (Octavius c. 26, 27), Tertullian (de idol c. 8, 9, etc.), Irmäus (Adversus haereses L. IV c. 16, 21) –, an die jüdische Theologie jener Zeit sich anschließend, als biblische Grundlage der kirchlichen Dämonenlehre die Schriftstelle Gen. 6, 1–4 betrachten. Dieselbe lautet: »Und es geschah, als die Menschen begannen sich zu mehren auf Erden und ihnen Töchter geboren wurden, da sahen die Söhne Gottes die Töchter der Menschen, dass sie schön waren, und nahmen sich Weiber von allen, die ihnen gefielen. – Zur selbigen Zeit waren Riesen auf der Erde, und auch nachdem die Söhne Gottes den Töchtern der Menschen beigewohnt hatten, so gebaren sie ihnen (Söhne); das sind die Helden, die von alters her Männer von Ruhm gewesen waren.«[1)] Nach allgemein herrschender Ansicht waren nämlich die »Söhne Gottes« Engel, die sich mit Töchtern der Menschen vermischt hatten, die dadurch gefallen und von Gott verstoßen und zu Dämonen geworden waren und Dämonen erzeugt hatten. Das alles sollte auf Anstiften des Teufels geschehen sein, der seitdem (mit göttlicher Zulassung) das Haupt eines großen Dämonenreiches geworden war. Von den erwähnten Schriftstellern ausgehend, entwickelten nun die Väter der drei ersten Jahrhunderte eine Dämonenlehre, deren Hauptgedanken folgende sind:

Die Dämonen wohnen (nach Origines u. a.) im dichteren Dunstkreis der Erde. Da sie Leiber besitzen, so bedürfen sie auch der Nahrung, die sie aus dem Qualm der heidnischen Opfer einsaugen (Orig. c. Celsum V. 579. Minuc Fei. Octav. c. 27. Tertull. Apolog. c. 22). Ihre Körperlichkeit ist aber unvergleichlich feiner und dünner als die der Menschen, wodurch es ihnen möglich wird, in den Geist wie in den Leib der Menschen einzudringen. Nach Tatian sind die Dämonenleiber luft- und feuerartig (Orat. ad Graec, 154). Nach Tertullian ist der Dämon, wie jeder Geist, gewissermaßen ein Vogel und mit einer solchen Schnelligkeit der Bewegung begabt, dass er in jedem Moment an jedwedem Orte sein kann. Diese gar nicht vorstellbare Schnelligkeit in der Bewegung der Dämonen ist auch eine der Ursachen gewesen, weshalb die Völker ihnen den Charakter der Göttlichkeit beilegten (*Tertull. Apolog. c. 22: Suppetit illis ad utramque substantiam hominis laedendam subtilitas et tenuitas sua mullum. – Omnes spiritus ales est; hoc angeli et daemones. Igitur momento ubique sunt. Totus orbis illis locus unus est. Quid ubique geratur, tarn facile sciunt, quam ennunciant. Velocitas divinitas creditur, quia substantia ignoratur*).

An Macht und Wissen sind die Dämonen den Menschen unendlich weit überlegen, woraus Tatian folgert, dass sie nicht, wie Josephus annahm, für Seelen verstorbener böser Menschen zu halten wären (Orat. ad Graec. 154). Origines meint, im Kommentar zur Genesis, die Dämonen wussten vieles Zukünftige aus der Bewegung der Gestirne. Tertullian nimmt an (Apolog. c. 22), dass sie ihr außerordentliches Wissen *de incolatu aëris et de vicinia siderum et de commercis nubium* hätten.

Die Wirksamkeit der Dämonen wird von Tertullian am genauesten so bezeichnet, dass er sagt (Apolog. c. 22): 1) *Operatio eorum est hominis eversio* und 2) *aemulantur divinitatem* – namentlich dem *furantur divinationem* (*in oraculio*).

In letzterer Beziehung steht es für alle Kirchenlehrer der drei ersten Jahrhunderte ganz unzweifelhaft fest, dass die Götter der Griechen und Römer nichts anderes als Dämonen waren, dass sie es gewesen sind, die als vermeintliche Gottheiten sich mit Weibern vermischt haben, dass die Namen der heidnischen Götter dieselben Namen sind, die sie sich selbst beigelegt haben, und dass sie daher als die eigentlichen Urheber des Heidentums mit seiner Mythologie und seinem Kultus gelten müssten.[2] Die Dämonen sind es gewesen, die zur Begründung des abgöttischen Glaubens an ihre vermeintliche Gottheit scheinbare Wunder taten, die ihre Stimme aus den Orakeln ertönen ließen, die bei den Auguren in Vögel und anderen Tieren eindrangen, die in den Tempelstatuen sich verstritten und daselbst einen Kultus darbringen ließen und welche die Menschen zur Astrologie und Magie verführten.«[3]

Ferner wird erklärt, dass der Teufel und seine Dämonen stets bemüht sind, ihre Macht zu erweitern und die Menschen zu verderben (*Cyprian, de vanitate idol.* 13 und *Justin. Apol. I c.* 13), was ihnen jedoch nur bei den Gottlosen möglich wäre. Die Christen wären gegen diese Verderber geschützt, und eben darum hassen diese die Kirche und bemühten sich, die Heiden wider sie aufzuhetzen, sie durch Erregung von inneren Streitigkeiten und Ketzereien zu schädigen. Als Feinde Gottes wären die Dämonen übrigens auch Feinde der Menschheit überhaupt, verursachten Pest, Misswuchs und dergleichen, zu deren Ausführung sie gern gottlose Weiber benützen (Clemens Alex. Strom 5, 650). Wir sehen daher, dass die alten Kirchenväter ganz ernstlich das Vorhandensein von Dämonen annahmen und auch das Hexenwesen gelten ließen, vor deren Wirken aber wahrhaftige Christen geschützt wären. Diese in den ersten drei Jahrhunderten der christlichen Zeitrechnung geltenden Anschauungen finden wir auch in der Patristik der nachfolgenden Zeit, bei Lactanz (*Divinarium institutionem* L. L. VII, besonders L. II c. 14, c. 18 und IV c. 26, 27), bei Athanasius, dem »Vater der Orthodoxie«, bei Cyrillus von Alexandrien und besonders Augustinus, der bekanntlich auf die Theologie der nachfolgenden Zeit mehr als jeder andere einwirkte und in seinem »*De civitate Dei*« sich ausführlich über diesen Gegenstand auslässt. Hier ruft er aus (XVIII, 18): »Je größer die Gewalt über die irdische Welt ist, die wir den Dämonen verliehen sehen, je fester lasst uns an den Erlöser halten, durch den wir uns aus dieser Tiefe nach oben hin erheben sollen.«

Diese Ansichten der Kirchenväter waren begreiflicherweise maßgebend für die Ansichten der ersten christlichen Kaiser, in deren Gesetzgebungen sie auch zum Ausdruck gelangen. Constantin befahl, dass jeder Haruspex, der zu einem Bürger sich begebe, um dort Haruspizien vorzunehmen, verbrannt und des Bürgers Besitztum eingezogen werden soll.[4] Ein zwei Jahre später erlassenes Gesetz beschränkt diese Strafe allerdings nur auf die, die mit ihrem Treiben die Gesundheit anderer schädigen oder bei Unverdorbenen Wollust zu erwecken suchen (*aut contra salutem hominum molite, aut pudicos animos ad libidimem deflexisse delegentur*). Strenger dagegen sehen wir Constantin gegen das Magiertum auftreten, und manche seiner Maßregeln verdienen sogar die Bezeichnung harter Grausamkeit. Auch Personen aus seiner nächsten Umgebung wurden, wenn sie an dergleichen Dingen sich beteiligten, gefoltert. »Die Furcht vor Komplotten hatte ihren wesentlichen Anteil daran.[5] Nach dem kurzen Wiederaufleben des Heidentums unter Julian (361–368) ehrte Valentinian I. (364–375) die alten Erinnerungen der Nation und selbst die noch gegenwärtigen Überzeugungen eines großen Teils derselben, indem er nach seinem allgemeinen Toleranzedikt noch in einem besonderen Reskript erklärte, dass die Kunst des Haruspizes an sich mit der Zauberei keinen Zusammenhang habe und nur dann einer Strafe unterliege, wenn man sie zum Schaden anderer missbrauche. Freilich wurde der uralte Bauernkultus,[6] nächtliche Opfer und das mit demselben so oft verbundene Zauberwesen (*magici apparatus*), neuerdings verboten.[7] Die von Valentinian nachgesehenen Übungen mussten aber seit Theodosius (379–395) wieder verschwinden. Honorius (395–423) behandelte die Sache schon mehr von dem kirchlichen Standpunkt. Er gebot den sogenannten Mathematikern, ihre Bücher vor den Augen der Bischöfe zu verbrennen und unter Verwerfung ihres Irrtums zu den Religionsgebräuchen der katholischen Kirche sich zu verpflichten. Wer sich dessen weigerte, sollte aus den Städten verwiesen und im Wiederauftretungsfall deportiert werden (*Cod. Just, lib. I, tit. 4, de episcopali audientia. 10*). So schwanken die Bestimmungen mannigfaltig, und die justinianische Sammlung enthält noch kein Gesetz, in dem sich die den christlichen Kirchenlehrern eigentümliche Ansicht von dem Dämonischen der Zauberei vollständig ausspräche. Dieses geschieht erst in einer vom Kaiser Leo dem Philosophen erlassenen Verordnung (zwischen 887 und 893). Dieselbe hebt in ihrem

Eingang die Inkonsequenz des früheren Gesetzes hervor, das auf Beschädigungen Strafe setze, hingegen den Schutz der Saaten und Weinberge, Heilungen usw. erlaube. Man habe die Erfahrung gemacht, dass alle Zauberübungen (*incantamenta*) den Menschen von Gott entfernen und dem Dienst gräulicher Dämonen zuführen. Schaden am Seelenheil sei davon unzertrennlich, und es wurden daher alle zauberischen Begehungen ohne Unterschied verboten: Der Übertreter dieses Verbotes soll als Apostat den Tod leiden. (*Imp. Leon. Const. nov. LXV*).«

Der Verfasser gedenkt nun eines Zauberprozesses in Antiochien unter Kaiser Valens (364–378), wo auch Majestätsverbrechen in Betracht kam. »Wegen seiner Ausdehnung, Willkürlichkeit und Grausamkeit des Verfahrens, der Habsucht und Arglist der Ankläger und Richter nimmt er unter allen ähnlichen Ereignissen des Altertums die erste Stelle ein und kann als ein würdiges Vorbild der Hexenprozesse des siebzehnten Jahrhunderts gelten.« Es wurden nämlich mehrere angesehene Männer angeklagt, durch Zaubermittel den Namen des Nachfolgers des Kaisers erforscht und dabei gefunden zu haben, dass es ein sehr begabter Jüngling namens Theodorus sein werde. Aus einem Schreiben des Letzteren lässt sich annehmen, dass es sich hierbei um eine Verschwörung wider den Kaiser handelte und das Orakel nur vorgespielt sein mochte, um Anhänger zu gewinnen. Tausende von Personen wurden nun in Haft genommen und der peinlichsten Tortur unterzogen. Als Folterwerkzeuge werden genannt: *eculei, pondera plumbea cum fidiculis et verberibus*. Viele, darunter sehr angesehene Männer, wurden enthauptet, erdrosselt oder verbrannt, ihre Besitztümer eingezogen, ihre Bücher verbrannt, weil diese, wie behauptet wurde, nur sündhafte Zauberschriften waren. Zwei Männer, die in diesem Prozess die Angeber waren, hatten dadurch die Gunst des Kaisers und große Reichtümer gewonnen. Um diese zu erhalten und zu vermehren, waren sie bemüht, weitere Denunziationen zu machen, was eine Verfolgung hervorrief. Als einer dieser beiden, Heliodorus, starb, zwang Valens die Vornehmsten, darunter zwei Konsule, die ebenfalls angeklagt waren und nur durch ihre Standhaftigkeit bei der Tortur dem Tod zu entgehen vermochten, an dem Leichenbegängnis teilzunehmen. Unter den Hingerichteten befand sich unter anderem ein Jüngling, dessen ganzes Verschulden es war, dass er im Bad unter Hersagung der sieben Vokale die Finger zwischen seiner Brust und der Marmorwand hin und her bewegte, ein Vorgang, der ihm gegen Magenschmerz empfohlen worden war, aber gegen den Kaiser gerichtet gedeutet wurde. Ein anderer wurde hingerichtet, weil bei ihm ein Horoskop auf einem gewissen Valens gefunden wurde, was gleichfalls gegen den Kaiser gerichtet galt, obgleich der Beschuldigte nachweisen wollte, dass dieses Horoskop seinen verstorbenen Bruder dieses Namens beträfe. Dagegen wurde der Kriegstribun Pollentianus begnadigt und in Würde und Besitz belassen, obgleich er überwiesen und geständig war, ein schwangeres Weib geschlachtet zu haben, um mit der ausgeschnittenen Leibesfrucht nekromantische Befragungen über den künftigen Regierungswechsel vorzunehmen.

»Aber die Vorstellungen«, schreibt Gustav Freytag in seinen »Bildern aus der deutschen Vergangenheit« 8. Aufl., II., S. 346, »welche die ersten Kirchenväter von Person und Macht des Teufels hatten, wurden weiter umgeformt, als die germanischen Stämme das Gebiet des römischen Reiches unterwarfen und das Christentum annahmen. Junge, kraftvolle Völker, deren charakteristische Eigenschaft es war, mit einer einzigen Bildsamkeit fremde Kulturen in sich aufzunehmen und gerade an solcher fremden Habe, die bis dahin allen Völkern langsamen Tod gebracht hatte, das eigene Empfinden zu vertiefen und die Lebenskraft zu stärken. Dieser Familie von Völkern ging die Fülle eigenen Lebens, deren höchster Ausdruck ihr alter Götterglaube gewesen war, mit dem Christentum nicht verloren. Zwar verklangen die Namen der alten Götter allmählich, was dem neuen Glauben offenbar feindlich war, wurde durch den Eifer der Priester, durch Gewalt und fromme List nach langer Arbeit beseitigt, aber unter der Hülle des neuen Glaubens erhielten sich unzählige heimische Gestalten, Gebräuche und Anschauungen. Ja, sie bestanden nicht nur, sie bildeten sich durch das Christentum in eigentümlicher Weise fort. Wie die christliche Kirche an die Stelle heidnischer Heiligtümer gebaut, wie an Donars Eiche das Bild des gekreuzigten Heilands oder der Name eines Apostels gehängt wurde, so traten auch die Gestalten der christlichen Mythologie in Mythen und Sagen an Stelle der alten Asengötter und ihrer Gegner. Keine von allen Gewalten des neuen Glaubens aber erhielt eine so große Erbschaft wie der Teufel. Sein Name und sein Bild verdüsterten zahllose heidnische Traditionen, die zu fest im Volk lebten, um unterzugehen. Dabei wurde er selbst durch die alten Mythen, Sagen, Märchen, ja sogar durch die Sprache, in die er eindrang, farbiger, vielseitiger, volkstümlicher, zuletzt gemütlicher. Zwar übertrug das Volk seine Erinnerungen an die hohen Gottheiten des Heidentums nicht nur auf ihn, lieber auf Kirchenheilige, Apostel, ja auf Christus selbst, aber auch der Heidenglaube hatte dunkle Gestalten gekannt und ein Gebiet, in dem unheimliche Mächte walteten. Dieser umfangreiche Teil fiel ihm fast allein zu. Den Namen Teufel hatte er schon von den Griechen erhalten (*Diabolos, Tiufal*), jetzt wurde er nach einem deutschen Gott Fol (vielleicht dem nordischen Baldur) Voland genannt, seine Raben und das wütende Nachtheer erhielt er von Wotan, den Hammer von Donar: Aber die schwarze Farbe, die Wolfs- und Bockgestalt, die Großmutter, die Hölle (Helja), die Bande, durch die er gefesselt gedacht wurde (›der Teufel ist los‹), und viele sagenhafte Überlieferungen kamen ihm aus einem Kreis heidnischer Urgewalten, die den herrschenden Menschengöttern feindlich gewesen waren …

Und die Erinnerung an ihr heidnisches Wesen mischte sich mit einem wüsten Chaos fremden Aberglaubens, der fast aus allen Völkern der alten Welt in dem heidnischen Rom, der großen Garküche jeder frommen Superstition, zusammengeflossen war und aus der antiken Welt in den christlichen Glauben eindrang. Die Striegen und Lamien, böse Geister des römischen Altertums, die vampirartig das innere Leben der Menschen auszehren, Zauberweiber, die durch die Luft fliegen und in nächtlichen Zusammenkünften schändliche Orgien feiern, waren zu den Germanen gekommen und hatten sich hier mit ähnlichen, vielleicht nur urverwandten Vorstellungen verbunden. Uns aber ist nicht immer möglich zu erkennen, was ursprünglich deutsch ist und was fremdem Volkstum angehört.«

Ähnliches gilt aber auch von den slawischen Völkern des Altertums. Wir finden also zu jener Zeit den Glauben an den Bestand des Teufels und das mit ihm verbundene Zauberwesen und Hexentum überall verbreitet und durch die von den Kirchenvätern übernommene und erweiterte Dämonenlehre von Hellas und Rom in das junge Christentum eingeführt. Wir finden daher auch überall den Boden wohl vorbereitet, aus dem im Mittelalter und mehr noch in den nachfolgenden Jahrhunderten die giftige Saat der Hexenprozesse üppig in die Halme schießen konnte.

X. Kapitel

Wettermachen – Kanon Episcopi – Mittelalter – Gregor von Tours – Theoderich – Bayerisches Gesetzbuch – Die Merowinger – König Stefan von Ungarn – Ladislaus der Heilige – Koloman – Geschlechtsverkehr mit dem Teufel – Hexenprozesse – Inquisition – Hexenritt – Diana und Herodias – Todesurteile

Der heute bei uns noch nicht ganz erstorbene Glaube an das Wettermachen war in Griechenland wie in Rom zu jeder Zeit zu finden. Von seiner Fortdauer im Mittelalter geben, wie Soldan bemerkt, die so genannten *Leges barbarorum*, namentlich die der Westgoten, mehrere Konzilienbeschlüsse und die fränkischen Kapitularien den besten Beweis. Die Decemviral-Gesetze verboten das Herüberlocken fremder Ernten, ein Gedanke, der im neunten Jahrhundert in Frankreich so stark hervortrat, dass man von Zauberern träumte, die das Getreide durch die Luft massenhaft nach einem Fabelland Magonia entführten. Auch alle andern Arten von Zauberwesen und Aberglauben finden wir im Mittelalter allgemein geglaubt und gefürchtet, besonders die Nachtfahrten der Hexen, deren Ursprung Jakob Grimm (Deutsche Mythologie) zwar bei den alten Germanen zu finden glaubt, aber auch in früheren Überlieferungen erwähnt werden. »Eine besonders merkwürdige Stelle über den Glauben an die Nachtfahrten findet sich auch in der Sammlung des kanonischen Rechts. Es ist der vielfach besprochene und kommentierte, bald als Beweisstelle angerufene, bald in seiner Authentizität bestrittene und wieder verteidigte Kanon *Episcopi*, auf den wir weiter unten noch eingehender zurückkommen werden. Es wird darin den Bischöfen zur Pflicht gemacht, auf die Ausübung magischer Künste ein wachsames Auge zu haben und die Schuldigen aus der Kirchengemeinschaft auszuschließen. Insbesondere habe man zu achten auf gewisse gottlose Weiber, die, vom Teufel und seinen Dämonen verblendet, sich einbilden und behaupten, dass sie zur Nachtzeit mit der Heidengöttin Diana, mit Herodias und einer Schar anderer Weiber, auf gewissen Tieren reitend, große Länderstrecken durchfliegen und in bestimmten

Nächten den Befehl ihrer Herrin gewärtig sein müssten. Dieses alles sei heidnischer Unsinn und werde vom bösen Geist nur ihrer Phantasie vorgegaukelt. » (Soldan I., S. 107.) Diese und sonst noch vorkommenden Anspielungen auf die römische Mythologie weisen allerdings auf römischen Ursprung hin, doch ist damit keineswegs, wie Soldan meint, ausgeschlossen, dass sich der Gedanke von den Nachtfahrten der Hexen selbstständig entwickelt hat. Die Anspielung auf Diana konnte aber erst später zur Geltung kommen, unter dem Einfluss des Römertums und mit Verdrängung irgendeiner nordischen Göttin, wie Holda, deren Namen auch Burkhardt von Worms anführt.[1] Unter dem Einfluss des Christentums wieder dürfte an Dianas Stelle Herodias genannt worden sein, wie es bei den romanischen Völkern oft geschah.

Es ist begreiflich, dass mit der zunehmenden Macht des Christentums der Aberglaube und Wunderglaube sich immer kräftiger gestaltete, nicht nur weil »das Wunder des Glaubens liebstes Kind ist », nicht nur weil »der Glaube Berge versetzt«. Es liegt auch im Wesen jeder Religion, dass deren Priester auch ohne Absicht zu täuschen eine gewisse übernatürliche Kraft zu besitzen behaupten, durch Gebet oder asketische Übungen oder auch durch Schwindeleien Heilungen und noch manches andere vornehmen zu können angeben und einen Reliquienkultus entwickeln, neben dem auch Teufelstreiben und Zauberwesen und Hexenunfug selbst unwillkürlich immer deutlicher und entschiedener hervortreten müssen.

»Die abendländische Kirche«, wieder sei Freytag fortsetzend das Wort gegeben, »stand in der ersten Zeit des Mittelalters diesem Wust unheimlicher Vorstellungen reiner gegenüber, sie verurteilte ihn als teuflisch, aber sie strafte ihn im ganzen, wo er nicht zum bürgerlichen Verbrechen führte, mild und human. Doch seit die Kirche selbst zum hierarchischen System erstarrte, seit die maßlosen Ansprüche der Päpste starke Herzen in die Ketzerei trieben, seit vieles Volk unter die Herrschaft der Bettelmönche verdummte, entwickelte sich allmählich in der Kirche dieser Aberglauben zu einem bornierten System. In blutigen Verfolgungen wurde vernichtet, was für teuflisch galt. Seit dem dreizehnten Jahrhundert, derselben Zeit in der große Volksmassen

Zwei Hexen machen Donner und Hagel
(Aus: Ulricus Molitoris, de laniis etc., Köln 1489).

aus dem Inneren Deutschlands in die Slawenländer flüchteten, bildete sich durch fanatische Mönche der widerliche Glaube aus, dass der Teufel als Herr der Hexen sich in nächtlichen Zusammenkünften mit ihnen vermische. Ein förmlicher Ritus der Adoration Satans durch verfluchte Männer und Weiber, die den christlichen Glauben abgeschworen hatten, wurde erfunden und an zahlreichen Verdächtigen in Frankreich durch delegierte Inquisitoren mit Feuer und Folter verfolgt, am Rhein und im Stedingerland mit dem Tod bestraft.«

Wir haben diese Ketzerverfolgungen bereits geschildert und wollen nun die Zustände und Verhältnisse bis zum dreizehnten Jahrhundert in Betracht ziehen. Der Bischof Gregor von Tours erzählt uns von Wundern, die der Staub des heiligen Martins an ihm selbst in Krankheitsfällen vollbracht hatte, wo alle Kunst der Ärzte vergeblich war. Er erzählt solches auch von Leonastas, Archediakon zu Bourges, und knüpft daran die Lehre, dass niemand, den der Himmel einmal gnädig geheilt, zum ärztlichen Wissen seine Zuflucht nehmen solle. Auch sonst finden wir bei Gregor zahlreiche Beispiele, die beweisen, dass der Aberglaube, der Glaube an Orakel und anderes Unwesen, von der Geistlichkeit gefördert wurde, so dass die Konzilien daran denken mussten, Einschränkungen vorzuschreiben.

Schon früher sehen wir die Synoden gegen Wahrsagerei und Zauberwesen auftreten, die als Götzendienerei betrachtet wurden. Die Synode zu Laodicea, anfangs der zweiten Hälfte des vierten Jahrhunderts, sah sich genötigt, unter Androhung der Exkommunikation anzuordnen, dass Kleriker keine Zauberer, Beschwörer, Astrologen und dergleichen sein sollten, auch nicht Amulette anfertigen, die nur Fesseln für ihre eigene Seele wären. Das beweist immerhin, dass derlei Androhungen nötig waren. Auch die nachfolgenden Synoden sahen sich veranlasst, sowohl Klerikern wie Laien abergläubische Verrichtungen zu verbieten. Es fehlte dabei auch nicht an Stimmen, die das ganze Zauberwesen als nichtigen Teufelsspuk hinstellten und dem Höllenfürsten jene Allmacht absprachen, die er nach der Meinung vieler besitzen sollte. Die zweite spanische Synode vom Jahre 563 dekretierte im Kanon 6: »Wer da glaubt, dass der Teufel, weil er einige Dinge in der Welt hervorgebracht hat, auch aus eigener Macht, Donner und Blitz, Gewitter und Dürre mache, wie Priscillian[2)] gelehrt hat, der sei verflucht.«

Die bürgerlichen Gesetze jener Zeit verfuhren ziemlich streng gegen Zauberei: Der Ostgote Theoderich verfügte dieselben Strafen, die in Rom für die Magier bestanden, wobei die Möglichkeit, Wetter zu machen und Krankheiten auf den Hals zu schicken, angenommen und mit zweihundert Peitschenhieben,

Abscheren der Haare, Verbannung oder Gefängnis bestraft wurde (*Lex Visigoth. lib. VI tit. III*). Auch den Richtern wurde Strafe angedroht, wenn sie, wie es damals üblich gewesen war, mit Hilfe von Wahrsagern einen Rechtsfall feststellen würden.

Im bayerischen Gesetzbuch waren gegen die Zauberweihe der Waffen vor dem gerichtlichen Zweikampf (*Wehadinc*) und gegen die Verzauberung der Ernte auf fremdem Acker (*Aranscati*) Strafen festgesetzt (*Lex Bajuvar. Tit. XII, Cap. 8, Decreta Tassilonis IV*). Noch strenger verfügt die *Lex Salica*, die von der Möglichkeit ausgeht, eine Hexe könnte einen Menschen innerlich aufzehren, ein Wahn, von dem die *Lex Rotharis* wenigstens sich schon lossagt: *Christianis mentibusnullatenus estcredendum, nee possibile est, ut hominem mulier vivum intrinsecus possit comedere.*«

»Was Gregor von Tours«, schreibt Soldan, S. 124, »in zerstreuten Mitteilungen über den Zustand der Dinge unter den Franken berichtet, lässt eine ganz auffallende Milde und Mäßigung erkennen. Zwar fehlte es nicht an Beschuldigungen der Zauberei, aber sie führen nur dann zu blutigem Ende, wenn das Pelopidenhaus der Merowinger unmittelbar dabei beteiligt ist. Es mögen einige Vorfälle kurz berührt werden.

Als die Königin Fredegund zwei Söhne, die Prinzen Chlodobert und Dagobert, an einer Epidemie verloren hatte, ließ sie sich nicht ungern überreden, ihr verhasster Stiefsohn Chlodwig habe die Kinder durch die bösen Künste der Mutter seiner Buhlerin aus dem Weg geräumt. Das Weib wurde eingezogen und ließ sich unter den Qualen einer langen Folter ein Geständnis abpressen. Fredegund erhob jetzt ein Rachegeschrei und brachte Chilperich, ihren Gemahl, dahin, dass er seinen Sohn der Wütenden preisgab. Der Prinz fiel unter den Messerstichen gedungener Mörder, das verhaftete Weib aber wurde trotz ihres Widerrufs an einen Pfahl gebunden und lebendig verbrannt (Hist. Fr. V 40).

Bald darauf raffte die Ruhr einen dritten Sohn Fredegundes hin. Nach diesem Todesfall äußerte der Majordomus Mummolus gelegentlich bei Tisch, als er Gäste hatte, er habe ein Kraut, dessen Absud auch den hoffnungslosesten Ruhrkranken in kurzer Zeit wiederherstellen könne. Fredegund erfährt das, greift etliche Weiber auf und zwingt sie durch die Folter zu dem Geständnis, dass sie den Prinzen durch Zauberkünste für das

Wohlergehen des Majordomus hingeopfert haben. Sie wurden teils verbrannt, teils gerädert, die Reihe der Tortur kommt nun an Mummolus. Doch dieser bekennt nichts, ausgenommen, dass er von jenen zwei Weibern zuweilen Salben und Getränke erhalten habe, die dazu dienen sollten, ihm die Gnade des Königs und der Königin zu erwerben. Von der Folter gespannt, sagte er zum Büttel: ›Melde dem König, meinem Herrn, dass ich nichts Übles empfinde von dem, was man mir zugefügt hat.‹ Da sprach Chilperich: ›Muss denn nicht dieser Mensch ein Zauberer sein, wenn ihm alle diese Strafen nicht wehe getan haben?‹ Und Mummolus wird von neuem gegeißelt und soll, nachdem man ihm Pflöcke unter die Nägel getrieben hat, enthauptet werden. Doch die Königin verfügt endlich seine Begnadigung und verweist ihn nach Bordeaux. Mummolus aber starb auf der Reise an den Folgen der erlittenen Peinigung (Hist. Fr. VI. 35).«

Merkwürdig an diesen Erzählungen ist besonders noch, dass hier, bei den Merowingern, die Folter bereits ebenso zur Anwendung kam wie in späteren Jahrhunderten bei den Hexenprozessen und dass man dieselben Folgerungen wie hier damals schon zog. Gestand der Gepeinigte unter den ihm auferlegten Qualen das, was man von ihm hören wollte, so war er selbstverständlich schuldig und durch eigenes Geständnis seiner Schuld überführt. Hielt er tapfer die Qualen aus, ohne den ihm zugemuteten Unsinn anerkennen zu wollen, so war er ebenfalls schuldig und seine Widerstandsfähigkeit eine Gabe des mit ihm verbündeten Satans. Diese Regel bildet den springenden Punkt fast aller Hexenprozesse. Wer unter der Beschuldigung der Ketzerei oder Zauberei angeklagt war, konnte demnach nur ausnahmsweise darauf rechnen, freizukommen, wenn auch mit zerbrochenen Gliedern und siechem Leib. Dieses Bewusstsein mag daher, noch mehr als die zugefügten Torturqualen, die Bezichtigten zu den so genannten Geständnissen veranlasst haben. Gregor von Tours erzählt uns auch noch von anderen der Zauberei Angeklagten, die vor das geistliche Gericht kamen, das milder verfuhr als das fränkische und sich zumeist damit begnügte, den für schuldig Erkannten auszuweisen.

Strenger noch als unter den Merowingern wurde unter den Karolingern gegen das Zauberwesen vorgegangen, und mit ihnen sehen wir auch die geistlichen Behörden strenger auftreten. Das 742 unter Karlomann versammelte *Concilium Germanicum* befahl den Bischöfen, in ihrem Sprengel mit Beihilfe der Grafen, die Beschützer ihrer Kirchen wären, darauf bedacht zu sein, dass das Volk keine heidnischen Totenopfer, Losdeuterei, Wahrsagerei und dergleichen mehr beobachtete. Das Konzil zu Paderborn (785) bestimmte die Todesstrafe sogar für die, die an Zauberei glaubten, was von Karl dem Großen bestätigt wurde. »Zur Kennzeichnung der Stellung«, schreibt Soldan, I., S. 130, »welche die Kirche in der nachkarolinischen Zeit, im zehnten, elften und zwölften Jahrhundert, zur Hexerei und zum Glauben an dieselbe einnahm, kommt vor allem der berühmte sogenannte *Ancyranische Kanon Episcopi* in Betracht, den wir mit Sicherheit zuerst um das Jahr 900 in der Kirche hervortreten sehen. Der Kanon ist allerdings nicht von der Synode zu Ancyra (314) aufgestellt, … sondern er ist späteren Ursprungs, aber er ist der klassische Kanon über die eigentliche Stellung der Kirche jener Jahrhunderte zum Hexenglauben.

In diesem für die Kirchengeschichte so bedeutungsvollen (von den Kirchenhistorikern jedoch bis jetzt wenig beachteten) Kanon wird den Bischöfen zur Pflicht gemacht, den Glauben an die Möglichkeit dämonischer Zauberei und an eine Möglichkeit von Nachtfahrten zu und mit Dämonen als bare Illusionen in ihren Diözesen und Gemeinden energisch zu bekämpfen und die demselben Ergebenen als Frevler am Glauben aus der Kirchengemeinschaft auszuschließen. – Die Hauptstelle des Kanons lautet nämlich: ›Es gibt verbrecherische Weibsleute, die durch die Vorspiegelungen und Einflüsterungen des Satans verführt, glauben und bekennen, dass sie zur Nachtzeit mit der heidnischen Göttin Diana oder der Herodias und einer unzählbaren Menge von Frauen auf gewissen Tieren reiten (*equitare super quasdam bestias*), über vieler Herren Länder heimlich und in aller Stille hinwegeilen, der Diana als ihrer Herrin gehorchen und in bestimmten Nächten zu ihrem Dienst sich aufbieten lassen. Leider haben nun diese Weibsleute ihre Unheil bringende Verkehrtheit nicht für sich behalten. Vielmehr hat eine zahllose Menge, getäuscht durch die falsche Meinung, dass diese Dinge wahr seien, vom rechten Glauben sich abgewandt und der heidnischen Irrlehre sich hingegeben, indem sie annahmen, dass es außer Gott noch eine übermenschliche Macht gebe. Daher sind die Priester verpflichtet, den ihnen anvertrauten Gemeinden von der Kanzel herab nachdrücklichst einzuschärfen, dass alles dieses durchaus falsch und ein Blendwerk sei, das nicht vom Geist Gottes, sondern von dem des Bösen herrühre (*haec omnino falsa esse, et non a divino sed a maligno spiritu talia phantasmata mentibus fidelium irrogavi*). Der Satan nämlich, der sich in die Gestalt eines Engels verkleiden könne, wenn er sich irgendeines Weibleins bemächtige, so unterjoche er sie, indem er sie zum Abfall vom Glauben bringe, nehme dann sofort die Gestalt verschiedener Personen an und treibe mit ihnen im Schlaf sein Spiel, indem er ihnen hernach bald heitere, bald traurige Dinge, bald bekannte, bald unbekannte Personen vorführe. Dabei bilde sich dann der ungläubige Sinn des Menschen ein, während der Geist dieses erleide, dass dieses doch nicht in der Vorstellung, sondern in Wirklichkeit geschehe. Wer aber (heißt es weiter) ist nicht im Traum so aus sich herausgefahren, dass er vieles zu sehen geglaubt hat, was er im wachen Zustand niemals gesehen hat? Und wer sollte so borniert und töricht sein, dass er glaube, alles das, was nur subjektives Erlebnis ist, habe auch objektive Wirklichkeit? Ezechiel hat Gott nur im Geist und nicht mit dem Körper geschaut. Es ist daher allen Leuten laut zu verkündigen, dass derjenige, der dergleichen Dinge glaubt, den Glauben verloren habe. Wer aber den wahren Glauben nicht hat, der gehört nicht Gott, sondern dem Teufel an.«

Wir ersehen aus dieser sinngetreuen, wenn auch nicht ganz wortgetreuen Verdeutschung der Hauptstellen des Kanons, dass die Kirche damals das Hexenwesen für Wahngebilde betrachtete, und es sind immerhin für jene Zeit – mag dafür das vierte oder das achte Jahrhundert gelten – fortgeschrittene Anschauungen, die hierbei zum Ausdruck gelangen, so dass es verwunderlich erscheint, dass der *Kanon Episcopi* als Grundlage des späteren Hexenwahns betrachtet werden konnte. Es gelangte zu hohem Ansehen in der Kirche und wurde später in dem *Corpus iuris canonici* aufgenommen. Eine strenge Bestrafung abergläubischer Vorgänge war der Kirche des frühen Mittelalters fremd. Als strengste Synodalverfügung jener Zeit wird die der Synode von Riesbach und Freisingen (799) betrachtet, wo in Kanon 15 geboten wird, Zauberer und Zauberinnen einzukerkern und durch den Archipresbyter wo möglich zum Geständnis zu bringen, doch dürfe ihnen am Leben nichts geschehen. Es kam sogar vor, dass Synoden und Päpste Einwände machten gegen die allzu strenge Bestrafung der Zauberei seitens des weltlichen Gerichts. Papst Gregor VII. z. B. forderte den König von Dänemark auf zu verhindern, dass bei Seuchen und Wetterschaden unschuldige Frauen als Zauberinnen und Urheberinnen dieser Übel verfolgt würden. Übrigens kam ein blutiges Einschreiten gegen Zauberei auch seitens der weltlichen Behörden nur selten vor, und so manche dem widersprechende Angaben sind nicht erwiesen worden.

Zuweilen, wie in der Gesetzgebung König Stefans I. von Ungarn (997–1038), sehen wir Unterschiede gemacht zwischen harmloser Hexerei und Wahrsagerei und bösartiger Zauberei. Letzteres war ein bürgerliches Verbrechen, und der Missetäter sollte dem Geschädigten oder seinen Angehörigen zur beliebigen Vergeltung ausgeliefert werden. Hexerei aber galt als ein kirchliches Vergehen. Das *Decretum Sancti Stephani* (L. II. c. 31) führt an, wie die Geistlichkeit Hexen bei der ersten und bei wiederholter Ergreifung zu behandeln hätte. Erst im dritten Fall sollten sie den weltlichen Gerichten überwiesen werden. Wahrsager sollten vom Bischof mit Geißelhieben auf den rechten Weg zurückgebracht werden. Im Wesentlichen hielten diesen Standpunkt auch Ladislaus der Heilige (1077–1095) und Koloman (1095–1114) ein, wobei Letzterer die merkwürdigen Worte gebraucht: »*De stigis vero, quae non sunt, nullia quaestio fiat*« (über die Hexen, die es nicht gibt, soll keine Untersuchung vorgenommen werden), was allerdings etwas dunkel zu deuten klingt. In ähnlicher Weise sprachen sich übrigens viele Kirchengrößen des Mittelalters aus, Johannes von Salesbury († 1181), Thomas von Aquin († 1274) und andere, wobei allerdings zumeist der Teufel mit seinen Vorführungen und Vorspiegelungen als Urheber dieses Trugs und dieser Täuschungen bezeichnet wird.

Das dreizehnte Jahrhundert mit seinen Verfolgungen der Ketzer, die, wie schon früher bemerkt wurde, hauptsächlich der Zauberei und des Teufelsbündnisses bezichtigt wurden, bildeten einen Wendepunkt in der Geschichte des Zauberwesens und Hexentums, nicht zum Besten, wie gesagt und zugegeben werden muss.

»In den Gräueln«, Soldan a. a. O., I., S. 172, »die man von den Katharern und von den Ketzern in Deutschland erzählte, hatte sich die Phantasie der Feinde derselben noch keineswegs erschöpft, das Jahrhundert war im Fortschreiten. Der Vorwurf gemeiner Unzucht war bereits an den älteren Ketzern verbraucht worden. Den deutschen Ketzern hatte man dann schon das Verbrechen der Sodomie aufzubürden gewagt. Was blieb daher noch übrig als den Vorwurf des Geschlechtsverkehrs mit dem Teufel selbst? Von diesem gibt das große Autodafé, das 1275 zu Toulouse unter dem Inquisitor Hugo von Beniols gehalten wurde, soviel man weiß, das erste Beispiel. Unter den lebendig Verbrannten war auch die sechsundfünfzigjährige Angela, Herrin von Labarethe. Man hatte sie gestehen lassen, allmählich fleischlichen Umgang mit dem Satan gepflogen zu haben. Die Frucht derselben sei ein Ungeheuer mit Wolfskopf und Schlangenschwanz gewesen, zu dessen Ernährung sie in jeder Nacht kleine Kinder habe stehlen müssen.[3)]

Mit der Beschuldigung der fleischlichen Vermischung mit den Dämonen war ein entscheidender Schritt weiter getan. Sie erscheint bald darauf wieder im Gefolge der Anklagen, unter denen der Templerorden erlag, und wiederholte sich in allen folgenden Hexenprozessen. Die Vorstellung von einem solchen Umgang war weit älter als ihre Anwendung.«

Der Glaube an einer geschlechtlichen Vermischung des Teufels mit Menschen, der besonders im dreizehnten Jahrhundert hervortrat, wird auf die mythologischen Erzählungen der Griechen und Römer zurückgeführt, deren Götter von dem Theologen des Christentums als Dämonen dargestellt wurden. So nahe liegend auch diese Erklärung scheint, so wenig richtig dürfte sie näher betrachtet erscheinen. Es dürfte sich hier vielmehr, so wie bei der Tortur selbst, um einen jener ursprünglichen Gedanken handeln, welche die Kulturentwicklung aller Völker aufweist. Im Gedankengang aller Völker hat der Geschlechtsverkehr jederzeit eine bedeutende, vielleicht die bedeutendste Rolle gespielt, und es ist recht gut begreiflich, dass dort, wo einmal die Existenz übermenschlicher guter oder böser Geister angenommen wird, deren Vermischung mit den Erdenkindern angenommen wurde. Es ist nicht nur die Mythologie der genannten alten Völker, die Ähnliches zum Ausdruck bringt. Ist doch selbst die Seite 180 dieses Werkes angeführte Bibelstelle von Genesis 6 schon früher von frommen Kirchenvätern ähnlich ausgelegt worden. Das dreizehnte Jahrhundert nun bot derartigen, wohl nie ganz in Vergessenheit geratenen Fabeln einen umso günstigeren Boden, weil die Eindrücke, welche die Kreuzfahrer aus dem Orient heimbrachten, sowie die eingerissene Sittenlosigkeit solchen Anschauungen nur förderlich sein konnten. Thomas von Aquin hat die Lehre von der Teufelsbuhlschaft ausgebildet, und viele andere sind ihm darin gefolgt und haben mit Ernst und Gründlichkeit diese Sache erörtert.

Begreiflicherweise mussten die dem Teufel ergebenen Zauberer und Hexen der Kirche als Ketzer gelten, so wie diese wieder als Zauberer verschrien wurden, in vielen Fällen vielleicht nur, um deren Gottlosigkeit und die Notwendigkeit ihrer Ausrottung dem Volk klarer darzulegen, als dies durch Erörterung theologischer Streitigkeiten hätten geschehen können. Mit Ausnahme Spaniens, wo die Überreste des Maurentums der neu errichteten Inquisition genügend Material und Vorwand zu eigentlichen Ketzerprozessen bot, sehen wir im übrigen Teil Europas, nachdem die Verfolgung der Ketzerei sich abschwächte, die Hexenprozesse systematisch betrieben werden. »In dem Hexenprozess gewann jetzt der Inquisitor einen geschmeidigen und unerschöpflichen Stoff, weil, wo die Natur des im Reich der Einbildung einheimischen Verbrechens dem Richter den Vorwand leiht, sich von der Erhebung des objektiven Tatbestandes zu dispensieren, nirgends eine Grenze gezogen ist. Nicht minder gewann er an Popularität, denn er rechtfertigte die Grausamkeit seines Verfahrens durch die Größe der zu unterdrückenden Gräuel und vertauschte die gehässige Rolle eines Verfolgers seiner Religionsansichten mit der dankenswerten eines Wohltäters, der die menschliche Gesellschaft von einer Rolle gemeingefährlicher Bösewichte befreite und dem Furchtsamen schon auf bloße Denunziation hin Schutz bietet, wo der weltliche Richter die förmliche Anklage mit allen Gefahren derselben auferlegt hätte. In dem Hexenprozess siegte endlich die Inquisition über alle Anfechtungen ihrer Kompetenz im Zauberwesen. Als Sünde hätte die Zauberei vor den Bischof, als Verbrechen – z. B. Tötungen – vor die Obrigkeit gehört. Als Ketzerei aber war sie, mit Hintenansetzung des ordentlichen Richters, der Inquisition verfallen. Alexanders IV. beschränkende Verordnung (*Seati Decret Libri B.VT. II. c. 8*) ist in der Tat zur privilegierenden geworden, indem sie den Scharfsinn der Inquisitoren darauf hinwies, in der Zauberei häretische Elemente geltend zu machen. Diese Geltendmachung beginnt unmittelbar nach dem päpstlichen Erlass, kämpft sich durch alle Einwände der Gerichte und der gesunden Vernunft hin und endigt damit, dass sie die Zauberer geradezu zur geschlossenen Sekte erhebt. Nur durch die Aufdrückung eines häretischen Charakters war es möglich, dass magische Vergehen, für welche die Kirche von jeher nur disziplinäre Bestrafung gehabt und solche selbst noch im dreizehnten Jahrhundert bestätigt hatte, von nun an zum Scheiterhaufen führten. Nur hierdurch wird es erklärlich, wie in den Prozessen der Inquisitionsgerichte auch Mord, Ehebruch und andere der bürgerlichen Justiz unterworfene Verbrechen eine Stelle gefunden haben. Es wird aber auch bei dieser Ineinanderziehung der Magie und Ketzerei weiter begreiflich, dass, wenn die Inquisitoren den ordentlichen Gerichten gegenüber das Häretische der Magie hervorheben, es auch ebenso leicht wie geraten war, in solchen Zeiten, wo die Ketzereien mehr Sympathie zu finden anfingen, das Volk mit der Magie der Häresie zu schrecken. Im Schoß der Inquisition ist der Hexenprozess erzeugt und großgezogen worden. Die Männer, die ihn durch ihre Schriften theoretisch begründet und im Einzelnen weiter geführt haben, Eymoricus, Nider, Bernhard von Como, Jaquier, Sprenger, Institor und andere, sind sämtlich Dominikaner und Inquisitionsrichter gewesen. Über zweihundert Jahre hat sich die Inquisition in fast ausschließlichem Besitz des Hexenprozesses behauptet, und als sie in den meisten Ländern zu Grabe getragen wurde, hat sie ihn den weltlichen Gerichten als ein trauriges Erbteil hinterlassen.« (Soldan, I. 221) Im Grunde genommen war es nichts anderes als eine Machtfrage, die hier zum Austrag gelangte. Das erstarkte Papsttum, das bereits zum Herren der Fürsten geworden war, wollte auch die Völker sich völlig unterjocht wissen und benützte dazu auch in richtiger Erkenntnis die Rechtspflege, wobei ihm zustatten kam, dass die Kirche – aber nicht das Papsttum – auch bisher schon einen Teil der Rechtspflege durch die Bischöfe und andere Geistlichkeit ausübte. Diese geistliche Gerichtsbarkeit indes dürfte dem päpstlichen Absolutismus mit Recht nicht verlässlich genug geschienen haben, und so wurde der Dominikaner-Orden für diese Zwecke geschaffen.

Schon zu Beginn des vierzehnten Jahrhunderts sehen wir Hexenprozesse eifrig im Gang, im vorhergegangenen Jahrhundert waren sie erst noch vereinzelte Erscheinungen. Manches zu dieser Zunahme dürfte der persönlichen Furcht zuzuschreiben sein, die Papst Johann XXII. (1316–1334) vor der Magie hegte. Möglich mochte es schon gewesen sein, dass ihm, wie er glaubte, mehrere Kardinale nach dem Leben trachteten, aber immerhin war seine Furcht, vergiftet zu werden, berechtigter als sein Wahn, durch Zaubermittel zu verderben. An Maßregeln gegen das vermeintliche Zauberwesen und an Aneiferung der Inquisition ließ er es nicht fehlen. Auch der französische König Philipp von Valois schloss sich dem an. In Carcassonne wurden 1320–1350 mehr als vierhundert Zauberer verurteilt, von denen über die Hälfte die Todesstrafe erlitten. Zu Toulouse wurden in derselben Zeit etwa sechshundert Urteile gefällt. Die nachfolgende Zeit hatte allerorten noch mehr Todesurteile wegen Zauberei aufzuweisen. Der Hexentanz findet bei einem Autodafé im Jahre 1353 zum ersten Mal Erwähnung.

Im Jahre 1390 erließ das Parlament in Paris einen Beschluss, wonach die Hexenprozesse fortan nicht mehr von geistlichen, sondern von weltlichen Richtern abgeurteilt werden sollten, was immerhin eine Herabminderung dieser Prozesse zur Folge hatte. In Deutschland fanden sie um diese Zeit erst umfangreichere Anwendung, um später, unter weltlicher Justiz, zu einer schrecklichen Plage anzuwachsen. Dass es aber schon damals auch unter den Geistlichen an Männern nicht fehlte, die das ganze Zauberwesen und Hexentreiben für heidnischen Aberglauben erklärten, ersehen wir aus den Beschlüssen des Provinzialkonzils zu Trier (1310) und zu Prag (1349). Ersterer, unter Leitung des Erzbischofs Balduin, stellte eine Reihe von Kanons auf, in denen

Wahrsagerei, Sortilegien, Liebeszauber und dergleichen verboten werden, besonders auch die *sortes sanctorum, apostolorum vel psalterii*, wobei mit der Bibel zur Erforschung der Zukunft Missbrauch getrieben wurde. Auch sollte kein Weib vorgeben dürfen, nachts »mit der heidnischen Göttin Diana oder mit Herodias« ausgeritten zu sein. Ähnlich äußerte sich auch die Versammlung in Prag und bestimmte, dass all diese Zauberkünste als Aberglaube mit Exkommunikation zu bestrafen sei, was übrigens schon 1296 ein italienisches Provinzialkonzil zu Gradno und 1335 eine spanische Synode zu Salamanca angeordnet hatte, Beweis genug, dass es für die Verfasser der Hexenprozesse sehr erwünscht war, die geistliche Jurisdiktion den Bischöfen zu entziehen.

Hinrichtungen wegen Zauberei in Deutschland werden erst aus der Mitte des fünfzehnten Jahrhunderts berichtet. Im Jahre 1446 wurden einige Frauen in Heidelberg unter Mitwirkung des Ketzermeisters, und natürlich unter Anwendung der Tortur zu Erpressung von Geständnissen, verbrannt. Im folgenden Jahr gleichfalls ein Weib, das als die Lehrmeisterin der früher Hingerichteten galt. In Hamburg wurden 1444 zwei Frauen und 1458 eine verbrannt. Dann erfolgte dort eine längere Pause bis 1482, wo im Dorf Eggendorf ein Weib unter den üblichen Beschuldigungen, mit einer Hostie Unfug getrieben zu haben, den Feuertod erleiden musste. Frankfurt a. M. scheint von der Seuche der Hexenverfolgung ziemlich frei geblieben zu sein. Es wird nur gemeldet, dass 1486 ein Messegaukler als der Zauberei schuldig im Main ertränkt wurde.

In den Niederlanden gab es nach der dort vorherrschenden Meinung viel Zauberer und Hexen, doch scheinen die als schuldig Befundenen bis 1472 nur mit zeitweiliger Verbannung bestraft worden zu sein. Erst aus dem genannten Jahr wird ein Todesurteil wider eine der Hexerei beschuldigte Dienstmagd erwähnt (Scheltema, Geschiedenis des Heksenprozessen, S. 120). Später, unter spanischer Zwingherrschaft, gestalteten sich die Verhältnisse allerdings viel trübseliger.

Auch in der Schweiz kamen im vierzehnten und fünfzehnten Jahrhundert viele Beschuldigungen der Zauberei vor, doch wurden diese gewöhnlich nur gelinde bestraft, zumeist nur mit zeitweiliger oder dauernder Landesverweisung. Aus Basel wird die Hexe erst aus dem Jahre 1451 erwähnt. Mehr dergleichen wird aus dem französischen Teil der Schweiz berichtet. Diese sind, wie Soldan (I., S. 263) bemerkt, »wesentlich Ketzerprozesse, zeigen aber, dass der ganze Wahnsinn, der aus den Hexen im siebzehnten Jahrhundert herausgefoltert wurde, auch den Ketzern im fünfzehnten Jahrhundert untergeschoben wurde und dass die Hexerei als wesentliches Moment der Ketzerei galt. Die Inquisition lag hier in den Händen des bischöflichen Offizialats zu Lausanne, das dieselbe durch Predigermönche im Waadtland und in den Landen von Freiburg und Neuchatel ausüben ließ ... Der erste Prozess, über den wir Nachricht haben, gehörte dem Jahre 1430 an, im Jahre 1431 folgten demselben sechs andere nach. Seitdem scheinen dieselben in den genannten drei Landen in immer mehr anwachsender Zahl vorgekommen zu sein. Von der Anwendung der Folter ist in der vorliegenden Berichterstattung keine Rede, doch ist ohne dieselbe Expressung der (den Geständnissen der Hexen im siebzehnten Jahrhundert ganz gleichartigen) Aussagen der ›Ketzer‹ absolut unerklärlich. Die Urteile lauteten auf Tod durch Feuer, Tod mit Verstümmelung der Glieder usw. – das Vermögen der Hingerichteten wurde regelmäßig konfisziert. Zwei Drittel desselben fielen dem Fiskus zu, ein Drittel dem Offizium der Inquisition.«

Hier wie überall finden wir also, dass die Ketzerprozesse unter dem Namen Hexenprozesse weiter geführt wurden und dass die Anwendung der Tortur bei diesen Untersuchungen so selbstverständlich und allgemein war, dass man es in vielen Fällen in den Berichten darüber gar nicht für nötig hielt, Erwähnung davon zu machen. Wir finden ferner, dass dort, wo der Zauberwahn vor bürgerlichen Richtern gestellt wurde, zumeist noch gelinde Strafen in Anwendung kamen, was auch von anderen Ländern gesagt werden kann. In Ungarn gab es im fünfzehnten Jahrhundert noch keine Hexenverfolgungen. Das Ofener Stadtrecht vom Jahr 1421 bestimmt, dass Hexen und Zauberer, die zum ersten Mal ergriffen wurden, an einem Freitag öffentlich auf einer Leiter von Morgen bis Mittag ausgestellt werden mögen, einen Judenhut auf dem Kopf, worauf ein Engel abgebildet war. Dann sollten sie beschwören, von ihrem Irrtum abzulassen, und freigelassen werden. Man könnte hierbei eigentlich nur eine Bestrafung des Aberglaubens ersehen, wenn weiter nicht bestimmt wäre, dass die beschuldigte Person bei wiederholter Ergreifung wie ein Ketzer verbrannt werden sollte. Verordnungen des Erzbischofs von Gran aus dem Jahre 1447 und 1450 ergeben, dass in der Zusammenstellung der der Geistlichkeit unterworfenen Rechtsangelegenheiten wohl die Ketzerei aber nicht die Zauberei erwähnt wird. Man könnte daraus schließen, dass beides für eins gegolten, aber auch, was allerdings weniger Wahrscheinlichkeit für sich hat, dass jener ungarische Kirchenfürst überhaupt nichts von der Zauberei hielt. Streng gegen vermeintliche Hexen wurde in Schottland vorgegangen, wo, wie in England auch, diese Verfolgungen zu einem grausamen Wahnsinn ausarteten.

»Wie man von dem Schreibertum des Polizeistaates sagen kann«, schreibt Scherr kräftig und drastisch wie immer in seiner »Deutschen Kultur- und Sittengeschichte«, III. Aufl., S. 350, »dass es, weil einmal da, immer neue Schreibereien und Tabellen erfinden müsse, so machte man an der Inquisition die Erfahrung, dass sie immer neue Verbrechen gegen das alleinseligmachende Dogma erfinden musste, um sich im Gang zu erhalten. Die Inquisitoren wollten leben, sie bedurften daher der Objekte für ihre Tätigkeit. Die Scheiterhaufen der Albigenser, Katharer, Lollharden und anderer Ketzer waren verraucht, man brauchte Opfer zu neuen, und dieses Bedürfnis hat sicherlich auf die lange Fortdauer der geistigen Epidemie des Zauberglaubens und der Scheußlichkeit des Hexenprozesses sehr kräftig eingewirkt. Diese ganze Pest war ursprünglich ein logischer Ausfluss der heiligen Dummheit, der krassen Unkenntnis der Natur und ihrer ewigen Gesetze, ein ganz notwendiges Zubehör des religiösen Wahns. Hat doch der grausame Afterwitz noch spät im sechzehnten Jahrhundert selbst hellste Geister verdunkelt, wie schon der eine Umstand klarmacht, dass ein Mann wie Fischart im Jahre 1591 sich herbeiließ, des Franzosen Bodin damals berühmtes Buch ›*De magorum daimonomania*‹, diese Bibliothek des Unsinns, unter dem Titel ›Vom ausgelassenen wütigen Teuffelsheer‹ ins Deutsche zu übertragen. Es untersteht demnach gar keinem Zweifel, dass viele, sehr viele, sogar weitaus die meisten Priester und Juristen gläubig, d. h. dumm und unwissend genug, gewesen sind, aus voller Überzeugung Zauberer und Hexen anzuklagen und zu verurteilen. Ebenso ist auch nicht zu bezweifeln, dass es häufig genug hysterische Weiber gegeben hat, die von der fixen Idee besessen waren, hexen zu können und mit dem großen Bock gebuhlt zu haben, obzwar in letzterer Beziehung nicht selten natürliche Narkotika und Stimulantia, wie ja beim sogenannten ›Liebeszauber‹ überhaupt, ihre Dienste getan haben mögen. Auf der anderen Seite aber wird kein wissender Mann, der diesem schrecklichen Kapitel im Buch der Geschichte menschlicher Narrheit ein umfassendes Studium zugewandt hat, leugnen wollen, dass dem grausamen Wahn sehr frühzeitig schon die berechnende Absicht des Geschäftemachens sich beigemischt habe. Gerade herausgesagt: Der Hexenprozess war in der Zeit seiner Giftblüte und bis zuletzt sehr häufig eine auf die fromme Dummheit des Volkes basierte theologisch-juristische Spekulation. Sagt doch der alte ehrliche Hauber, selbst ein Theologe, geradezu, die Einführung des Hexenprozesses sei ein päpstlicher Staatsstreich gewesen, um die Macht der Inquisition und dadurch die päpstliche Gewalt je länger je mehr aufrechtzuerhalten. Außerdem, wie zahllose hübsche Privatgeschäfte ließen sich dabei machen! Die Güter der Verbrannten wurden ja konfisziert, und man trug Sorge, nicht bloß Arme, sondern auch Wohlhabende und Reiche anzuklagen. Und endlich, was musste da für Beichtväter, Denunzianten und Richter im Geheimen abfallen, wenn sie diesem oder jenem, der zahlen konnte, einen Wink gaben, sie hätten ihn auf der Liste, seien aber unter gewissen Bedingungen zur Streichung seines Namens bereit?«

So arg auch die bisherigen Zustände in dieser Beziehung waren, so viel Unrecht und Grausamkeit dabei in Erscheinung traten: Es war dies alles nur der schreckliche Beginn einer geistigen Seuche, die sich Verderben bringend noch durch Jahrhunderte fortpflanzen sollte, ganz besonders arg in Deutschland wütete und, in die Hände der Laien geraten, derartige entsetzliche Ergebnisse zeitigte, dass man fast bedauern möchte, dieses Richteramt der Geistlichkeit entzogen zu sehen, so sehr auch Fanatismus, Hass und andere niedrige Empfindungen Letztere dazu brachte, dabei jeder Menschlichkeit zu entbehren.

Der Verfasser dieses Werkes glaubt, sich in die Geschichte der Ketzer- und Hexenverfolgungen etwas ausführlicher ergehen zu müssen, weil diese die Hauptgrundlage für die Geschichte der Tortur bilden, die hierbei mehr als bei allen anderen zur Anwendung und zur Ausbildung gelangte.

XI. Kapitel

Heinrich Institor – Jakob Sprenger – Innozenz VIII. – Hexenhammer, Malleus maleficarum – Hexenverfolgungen in Tirol – Ulrich Molitoris – Bulle Summis desiderantis – Denunziation – Verhör – Fragen – Verteidigung – Feuerprobe, Hexenbad – Agrippa von Nettesheim – Anna Spulerin – Ulant Dammartz – Österreich – Frankreich

Eine neue Phase der Hexen- und Zauberverfolgungen, besonders für Deutschland, trat mit Ende des Jahres 1484 ein, wo Papst Innozenz VIII. auf Andrängen der deutschen *Inquisitores haereticae pravitatis* Heinrich Institor (Krämer) und Jakob Sprenger seine Bulle *Summis desiderantis* erließ. Scherr schreibt darüber (S. 355 ff.):

»Bis gegen das Ende des 15. Jahrhunderts hin waren auch in Deutschland schon einzelne Zauberer (Hexenmeister) und Hexen verbrannt worden. Aber jetzt erst begann die Verfolgung derselben in großartigem Stil und wütete das ganze 16. Jahrhundert und die drei ersten Viertel des 17. hindurch mit brutalster Grausamkeit. Das Signal zu dem massenhaften Prozessieren und Hinrichten in Deutschland hat unstreitig die berüchtigte Bulle Papst Innozenz' VIII. gegeben, welcher der römische Witz seines zuchtlosen Lebens halber *Octo Nocens* nannte. Diese Bulle ist datiert vom 5. Dezember 1484. Die Hauptstelle des Aktenstückes, woraus auch die bösen Handlungen, deren man die Zauberer und Hexen bezüchtigte, ersichtlich sind, lautet so: ›Gewisslich ist es neulich nicht ohne große Beschwerung zu unseren Ohren gekommen, wie dass in einigen Teilen des oberen Deutschlands, wie auch in den mainzischen, trierer, kölnischen, salzburger Erzbistümern, Städten, Ländern, Orten und Diözesen sehr viele Personen beiderlei Geschlechts, ihrer eigenen Seligkeit vergessend und von dem katholischen Glauben abfallend, mit Teufeln, die sich als Inkuben und Sukkuben mit ihnen vermischen, Missbrauch treiben und mit ihren Bezauberungen, Liedern und Beschwörungen und anderen abscheulichen aftergläubigen Handlungen, zauberischen Übertretungen, Lastern und Verbrechen die Geburten der Weiber, die Jungen der Tiere, die Feldfrüchte, das Obst und die Weintrauben wie auch Männer, Frauen, Tiere und Vieh aller Art, ferner die Weinberge, Obstgärten, Wiesen, Weiden, das Getreide und andere Erzeugnisse des Bodens verderben, ersticken und umkommen machen und selbst die Menschen, Männer und Frauen, und aller Arten Vieh mit grausamen sowohl innerlichen als äußerlichen Schmerzen und Plagen belegen und peinigen und die Männer verhindern zu zeugen und die Weiber zu gebären und die Männer, dass sie den Weibern, und die Weiber, dass sie den Männern die ehelichen Werke leisten können; außerdem, dass sie den Glauben selbst, den sie beim Empfang der h. Taufe angenommen haben, mit eidbrüchigem Mund verleugnen und andere überaus viele Leichtfertigkeiten, Sünden und Laster durch Anstiftung des Feindes des menschlichen Geschlechtes zu begehen und zu vollbringen sich nicht fürchten, zur Gefahr ihrer Seelen, zur Beleidigung göttlicher Majestät und zu sehr vieler Ärgernis und schädlichem Exempel.‹ Im Verlauf der Bulle wird dann den beiden Ketzermeistern und Professoren der Theologie Heinrich Institor und Jakob Sprenger, denen als Dritter Johann Gremper sich zugesellte, der Auftrag erteilt, ›wider alle und jede Personen, wes Standes und Ranges sie sein mögen, das Amt der Inquisition zu vollziehen und die Personen selbst, die sie der vorbemeldeten Dinge schuldig befinden, in Haft zu bringen und an Leib und Vermögen zu strafen.‹

Nun ist es bekannt, dass der Deutsche gern alles, sogar den Wahnwitz, mit Methode und, wenn man das Wort hier missbrauchen darf, mit Wissenschaftlichkeit betreibt. Sprenger und Konsorten setzten sich daher vor allen Dingen hin und verfassten in lateinischer Sprache ein dickes Buch, den ›*Malleus maleficarum*‹ (Hexenhammer), der die Hexen gleichsam zusammenhämmern, zermalmen sollte. Dieses romantische Buch, das bei den Hexenrichtern kanonisches Ansehen erlangte und nach Köppens trefflichem Ausdruck mit dem Eifer eines vor Fanatismus, Habsucht, Wollust und Henkerslust wahnsinnig gewordenen Mönchs geschrieben ist, erschien mit Approbation der theologischen Fakultät von Köln zuerst im J. 1489 und erlebte rasch mehrere Auflagen. Der 1. Teil dieses ›*liber sanctissimus*‹ handelt von den drei Stücken, die bei der Zauberei zusammenkommen:

der Teufel, der Zauberer oder die Zauberin und die göttliche Zulassung, der 2. Teil davon, wie man sich vor der Macht der Zauberei bewahren solle und wie man die Folgen derselben wieder aufheben könne. Der 3. Teil ist gerichtlich und enthält eine Anleitung für die geistlichen und weltlichen Richter hinsichtlich des Verfahrens beim Hexenprozess. Hier wurde auch die Kompetenzfrage dahin gelöst, dass an sich das Verbrechen der Hexerei vor die geistlichen und weltlichen Gerichte gehöre, insofern aber als Ketzerei mit dabei im Spiel sei, sollten die Hexen der Gerichtsbarkeit der Inquisition unterworfen werden. Man sieht, die Herren Theologen wussten sich auf jeden Fall ihr Dabeisein zu sichern. Was die rechtliche Seite der Sache überhaupt angeht, so wurde die Hexerei von den Verfassern des Hexenhammers und gleichgesinnten Juristen als das ›ungeheuerlichste, schwerste und abscheulichste Verbrechen‹ bestimmt und ferner als ein ›außerordentliches‹ (*crimen exceptum*), woraus man folgerte, dass der Richter bei Verfolgung desselben sich nicht an den ordentlichen Gang der Kriminalprozedur zu halten habe, sondern ›außerordentliche‹ Mittel anwenden dürfe und müsse, um der Wahrheit auf den Grund zu kommen. Der Hexenhammer munterte auch das schändlichste Denunziantenwesen ausdrücklich auf, indem er sagte, man solle den Denunzianten, um ihnen Mut zu machen, zu verstehen geben, sie hätten nichts zu besorgen, auch wenn sie für ihre Anklagen nicht den geringsten Beweis beizubringen vermöchten.

Mit dem Hexenhammer in der Hand gingen nun die Verfasser desselben und ihre Kollegen mit Eifer an ihr ›löbliches‹ Geschäft, als dessen Vorspiel die Ersteren schon in den Jahren 1484–89 achtundvierzig Hexenbrände, ein anderer Ketzermeister in dem einzigen Jahr 1485 sogar schon einundvierzig Hinrichtungen veranstaltet hatten. Freilich wollte das Geschäft auch nach 1489 nicht gleich so recht schwunghaft werden. Geistliche und weltliche Fürsten widersetzten sich an vielen Orten der Hexenrichterei, und es gab Priester, die von der Kanzel herab die Existenz von Hexen oder wenigstens die Macht derselben, den Kreaturen zu schaden, verneinten. Bald aber erlebten die Inquisitoren und die mit ihnen verbündeten Juristen goldene Zeiten. Man gewann die geistlichen und weltlichen Fürsten Deutschlands für den Hexenprozess. Jene, indem man ihnen einleuchtend machte, wie sehr dadurch dem hierarchischen Wesen Vorschub geleistet würde, beide zusammen sowie die kleineren Dynasten und Städteobrigkeiten, indem man sie auf das Lukrative des Geschäftes hinwies. Das Vermögen der Gemordeten wurde, wie schon gesagt, eingezogen und in der Regel so verteilt, dass zwei Drittel davon dem Grundherrn, das letzte Drittel den Richtern, Schöppen, Geistlichen, Spionen, Angebern und Scharfrichtern zufiel, nach standesgemäßer Taxierung natürlich. Hexenrichter und Henker bereicherten sich gerade zur Zeit der größten Verarmung Deutschlands, während des dreißigjährigen Krieges, ganz auffallend. Verdiente doch in dem einzigen Orte Kösfeld 1631 der Scharfrichter binnen sechs Monaten durch seine Verrichtungen an den Hexen 169 Taler. Es ist daher nicht zu viel gesagt, wenn fast die Hälfte der Hexenmorde auf Rechnung der Habsucht geschrieben wird. Die andere Hälfte kommt auf die Rechnung des Fanatismus und der gläubigen Einfalt, denn vom Ausgang des fünfzehnten Jahrhunderts an war es den Pfaffen allmählich gelungen, die ganze Weltanschauung, alles Fühlen, Glauben und Denken des deutschen Volkes so ganz und gar zu verteufeln, dass es immer und überall den Teufel sah, hörte, roch und schmeckte.«

Die den beiden Ketzerrichtern Institor und Sprenger für ihre würdige Tätigkeit zugewiesenen Bezirke umfassten so ziemlich ganz Deutschland, den nördlichen Teil ausgenommen. Sie entwickelten bei ihrem Henkersamt einen Eifer und eine Tätigkeit, die geeignet gewesen wäre, das ganze Reich zu entvölkern. Wieder wurden Stimmen laut wider diese Tyrannei, selbst aus kirchlichen Kreisen und aus dem allzeit glaubenseifrigen Tirol. Von hier berichtet Soldan (I. 272), dass alle wegen Hexerei verdächtigen Personen auf die Folter gespannt und nach ihren Vergehen und ihren Mitschuldigen befragt wurden. »Die Folge davon war, dass über zahlreiche Familien namenloses Elend kam. Selbst die eigenen Familienangehörigen wurden von den Gefolterten als Mitschuldige genannt, und selbst in das Haus des damaligen Regenten von Tirol, des Erzherzogs Sigmund, griff die Denunziation ein[1]. Ein Sturm der Entrüstung ging durch das ganze Land. Die Folge davon war, dass der Bischof dem Inquisitor in sehr gemessener Weise befahl, das Land zu verlassen und in sein Kloster zurückzukehren. Auch die Stände des Landes wollten von Hexenverfolgungen durchaus nichts wissen. Auf dem Tiroler Landtag, der im August 1487 zu Hall im Inntal versammelt war, wurde dem Erzherzog Sigmund gegenüber laut darüber geklagt, dass in jüngst vergangener Zeit ›viele Personen gefangen, gemartert und ungnädig gehalten worden seien, was doch merklich wider Gott und Sr. Fürstlichen Gnaden Seelen Seligkeit und wider den Glauben ist.‹«

Der Erzherzog, der es sich weder mit der einen noch mit der anderen Partei verderben wollte, wandte sich an den berühmten Juristen Ulrich Molitoris zu Konstanz um Rat, was von dem Zauberwesen zu halten sei. Dieser, ein sehr kluger und aufgeklärter Mann, gab sein Gutachten in einer Schrift *»de Lamiis et pythonicis mulieribus«* ab, in der er in Form eines Gespräches zwischen sich, dem Erzherzog – dem er schlauerweise alle vernünftigen Äußerungen in den Mund legt – und dem Schultheiß von Konstanz, Konrad Schatz, zu den Schlüssen kam, dass Hexen kein Unwetter hervorrufen können, dass durch die Folter erpressten Geständnissen kein Wert beizumessen sei, dass Gott Herr der Natur sei, daher der Teufel ohne seine Zustimmung nichts Böses verrichten könnte, und noch andere ziemlich vernünftige Schlüsse. Nichtsdestoweniger – Molitoris mochte seine Gegner, deren Macht und Rachsucht gründlich gekannt und gefürchtet haben – bemerkte er am Schluss: »Obschon also dergleichen böse Weiber in der Tat nichts ausrichten, so müssen sie nicht desto weniger deshalb, weil sie von Gott abfallen und mit dem Teufel ein Bündnis eingehen, wegen ketzerischer Bosheit mit dem Tod bestraft werden.« Endlich ermahnt er noch das weibliche Geschlecht, sich nicht dem Teufel preiszugeben und der Taufe eingedenk zu sein, Bemerkungen, die übrigens in den späteren deutschen Übersetzungen dieses Werkchens fortgelassen wurden.

Fast gleichzeitig erschien auch der erwähnte Hexenhammer, hauptsächlich von Sprenger verfasst. Der Titel lautet: *Malleus maleficarum, in tres partes divisus, in quibus concurrentia ad maleficia, maleficiorum effectus, remedia adversus maleficia et modus denique procedendi ac puniendi maleficos abunde continetur. – Coloniae 1489.*« Es dürfte wohl keine zweite Schrift geben, die von so finsterem Fanatismus diktiert wurde, so viel Unsinn enthält und so verhängnisvoll gewirkt hat. Trefflich kennzeichnete es in der ersten Hälfte des achtzehnten Jahrhunderts der schaumburg-lippesche Superintendent Hauber mit den Worten: »Alles, was man von einem Inquisitor der Ketzerei und von den damaligen Zeiten, da das Reich der Finsternis und der Bosheit auf das Höchste gestiegen war, sich nur vorstellen kann, das findet sich in diesem Buch miteinander verbunden: Bosheit, Tumheit, Unbarmherzigkeit, Heuchelei, Arglistigkeit, Unreinigkeit, Fabelhaftigkeit, leeres Geschwätz.« Und von dem Verfasser meint er, er hätte geschrieben, »mehr wie ein Henker als wie ein Geistlicher, wie ein Kerl, der etliche Bordells ausgehuret hat.«

Als Grundsatz des Hexenhammers sind die Worte hingestellt: »*Haeresis est maxima, opera maleficarum non credere.* Der Zweifel an den Bestand der Hexerei gilt also für höchste Ketzerei, der bequemste Grundsatz, um jeden Widerspruch von vornherein unmöglich zu machen oder nur mit eigener Gefahr zu verlautbaren. Es erübrigt wohl, hier auf den Inhalt dieses Werkes ausführlich einzugehen. Es erlangte ein fast kanonisches Ansehen und wurde fortan zu allen Zeiten bei Hexenprozessen als ausschlaggebend betrachtet.

Der für Deutschland bestimmten Bulla *Summis desiderantis*, der durch ein Patent des neu erwählten römischen Königs Maximilian I. vom Jahre 1486 ebenso Schutz versprochen wurde wie den beiden Inquisitoren, folgten bald ähnliche Bullen für andere Länder, überall wütende Hexenverfolgungen nach sich ziehend, trotz der Opposition der Völker, bei denen der Hexenglaube im Sinn der Kirche noch nicht recht Eingang gefunden hatte und nur schwer Eingang fand, allerdings um dann als unausrottbarer Wahn zu beirren und verwirren.

Nach dem Hexenhammer und anderen kirchlichen Autoritäten in dieser Frage war die Zauberei ein *crimen fori mixti*, das sowohl vor das geistliche – den Inquisitor – wie vor das weltliche Gericht gehörte, weil Verbrechen dieser Art den Glauben wie auch Gesundheit und Eigentum von Personen schädigen. Der weltliche Richter konnte jedoch die Todesstrafe über die beschuldigte Person nur dann verfügen, wenn das geistliche Gericht die Sache geprüft und als Schuld befunden hatte. Der Beschuldigte musste dem geistlichen Gericht auf deren Aufforderung hin sofort ausgeliefert werden. Hatte dieses ein »Schuldig« ausgesprochen, so übergab es gewöhnlich den Verurteilten der Behörde, damit diese die Strafe vollstrecke. Die weltlichen Gerichte figurierten also in diesen Prozessen gewissermaßen als Büttel der geistlichen, eine Unterordnung, gegen die sich jene vergeblich aufzulehnen versuchten. Zur Anwendung gelangte dann, wie schon früher bemerkt wurde, das kanonische Recht mit seinem Inquisitionsverfahren, das, besonders in Deutschland wo ein Akkusationsverfahren seit alters her üblich war, nur schwer im Volk Eingang fand. Zur Verhaftung war der Inquisitor befugt, wenn eine Denunziation vorlag oder ein böser Ruf oder sonst ein Umstand, der Verdacht zu erwecken geeignet war, das heißt also kurz gesagt: Der Inquisitor konnte nach Belieben verhaften lassen und anklagen. Leugnete die Beschuldigte – in den meisten Fällen handelte es sich hierbei doch um Frauen –, so wurde die Folter angewandt, peinlich befragt oder angegriffen, wie es später hieß, ein Punkt, der später noch ausführlich erörtert werden soll. Kam der Inquisitor auf seinen Schreckenszügen in eine Stadt, wo er seine Wirksamkeit ausüben wollte, so forderte er durch Ankündigungen an den Türen der Kirchen, der Amtshäuser etc. die Bewohner auf, alle Personen zu denunzieren, gegen die sich der Verdacht der Hexerei richte. Ein absichtliches Verschweigen wurde mit Kirchenbann und anderen Strafen bedroht, das gottgefällige Denunzieren mit geistlichem Segen oder auch mit Geld belohnt. Auch befanden sich zuweilen in den Kirchen Briefkästen, in die jeder seine Denunziation ohne Nennung seines Namens einwerfen konnte, eine Praxis, die wohl in Italien ihren Ursprung haben mochte, aber fast überall, selbst im fernen Dänemark, zur Anwendung gelangte. Unter solchen Umständen, wo dem Fanatismus, Übereifer, Eigennutz, Hass, Verleumdung, Rachegefühl, Aberglauben und noch vielen anderen Tür und Tor geöffnet war, konnte es nicht verwundern, wenn bald die Hexenprozesse sich häuften und sich schließlich zu einer moralischen Seuche ausbildete, die noch ärger und verderblicher wütete als der »schwarze Tod« und andere Schrecken früherer Tage.

Nach dem Hexenhammer sollte das Verhör des Beschuldigten mit der Frage eröffnet werden, ob sie glaube, dass es Hexen gäbe. Verneinte sie die Frage, so sollte weiter die Frage an sie gerichtet werden, ob sie demnach glaube, dass alle, die bisher verbrannt wurden, unschuldig diese Strafe erlitten hätten. Eine Bejahung dieser Frage war selbstverständlich das Ärgste, was sich die Angeklagte zufügen konnte. Immerhin zeigen schon diese Fragen, dass es darauf abgesehen war, die beschuldigte Person unter allen Umständen zu verdammen. Von anderen den Verdächtigten vorgelegten Fragen führt Nork in »Sitten und Gebräuche«, S. 1108, folgende an: »Wer sie die Hexerei gelehrt habe, ob der Teufel oder ihre Gespielin? Ob sie nicht etliche Hexen kenne? Was sie bewog eine Zauberin oder Trut zu werden? Wann und um welche Zeit der Teufel mit ihr Hochzeit gehalten habe? Wie ihr Teufel heiße? Ob sie Gott und die Heiligen habe verleugnen müssen? Ob sie den Teufel angebetet und was er nachher mit ihr vorgenommen habe? Ob sie der Teufel nicht anders getauft habe und wer dabei gewesen sei? Wer sie aus der Taufe gehoben habe und wie dieser heiße? Wie oft und an welchem Ort sie sich mit dem Teufel vermischt habe? Ob er in solchen unkeuschen Werken einem anderen Mann gleich sei oder wie es damit beschaffen sei? Ob ihr Buhlteufel zuweilen unbemerkt von ihrem Mann zu ihr nachts ins Bett schleiche? Ob sie auch von ihm Kinder bekommen habe? Wie oft sie auf der Gabel ausgefahren sei? Wie sie es gemacht habe, dass sie so fahren könne? Ob sie nicht jährlich dreimal an einen gewissen Ort sich zum Tanz habe verfügen müssen? Ob sie dort den bösen Geist in einem Sessel sitzend, nebst ihren Gespielen hat anbeten und ihm *posterioras sub specie facieri* küssen müssen? Ob sie zuweilen Tiergestalt angenommen habe, um sich unkenntlich zu machen? Ob sie nicht auf den jährlichen Zusammenkünften samt ihren Gespielen Rechenschaft geben musste, was jegliche in des Teufels Dienst für Schaden gestiftet haben? Ob sie nicht auch eines ihrer eigenen Kinder dem Teufel geopfert habe? Und wie viel sie sonst umgebracht, ihr Fleisch gegessen, ihr Blut getrunken, ihre Glieder und Knochen aber zur Zauberei gebraucht habe? Wie oft sie unschuldige Kindlein hat ausgraben helfen? Wie viel sie Wetter und Hagel gemacht habe? Ob sie jährlich gebeichtet, das Sakrament empfangen und genossen und was sie damit angefangen habe? Ob ihr Buhle ihr nicht etwas angetan habe, dass sie ihre Sünden nicht bekennen konnte usw.« Dem konnten noch zahlreiche andere Fragen angereiht werden, abgesehen von jenen, die für den Sonderfall passen, und alle würden nur gleichfalls eine wüste und schmutzige, tückische und erbärmliche Fantasie bekunden. Konnte durch Drohungen, Folter und sonstige Mittel kein Geständnis von der angeklagten Person erlangt werden, so wurden alle möglichen Überredungsmittel aufgeboten. Der Richter versprach unter Mentalreversion Gnade für den Fall eines Eingeständnisses, beteuerte, dass er keine Verurteilung aussprechen werde. Unter Gnade konnte er sich dabei denken Erdrosselung vor dem Verbrennen, unter Letzterem wieder, dass er das verdammende Urteil von einem anderen verkünden ließ, Praktiken übrigens, die sich auch auf die spätere Zeit fortpflanzten. Ein Verteidiger nach freier Wahl durfte nach dem Hexenhammer nicht zugelassen werden, weil in Glaubenssachen nach einer Verordnung des Papstes Bonifacius VIII. (1294 – 1303) vorgegangen werden sollte: »*Simpliciter et de piano, absque advocatorum et judiciorum strepitu et figura.*« Allerdings wurde als Verteidiger ein dem Richter genehmer Mann zugelassen (*vir zelosus*), der jedoch überdies feierlich gewarnt wurde, sich nicht einer Förderung des Bösen zuschulden kommen zu lassen, eine Mahnung, die er wohl verstand und die ihn wahrscheinlich von einer regen Tätigkeit für den Schutzbefohlenen abgehalten hätte, selbst wenn er als glaubenseifriger Mann wirklich Lust dazu empfunden hätte.

Die Feuerprobe (*ferrum candero*) wurde bei den Ketzerverfolgungen von Konrad von Marburg und anderen Inquisitoren oft angewandt, anfangs auch in Hexenprozessen, doch später nicht mehr, wohl auf die Autorität des Hexenhammers hin, der sich (Part. III. Qu. 17) dagegen ausspricht. Dagegen war die Wasserprobe, das Hexenbad (*judicum aquae frigidae*), dem ebenfalls ein hohes Alter zugesprochen werden kann, allgemein in Brauch. Von dem Lateran-Konzil im Jahre 1215 verboten, wurde es weniger angewandt, tauchte jedoch in den späteren Hexenprozessen wieder auf. Wir werden daher diesen Gegenstand, wie noch einiges andere, bei Erörterung der Hexenprozesse nach der Reformation eingehender behandeln, eine Zeit, in der diese Schändlichkeiten ihren Gipfelpunkt erreicht hatten.

Schon frühzeitig fehlte es, wie bereits bemerkt, der Hexenverfolgung nicht an entschiedenen Gegnern, mit deren Wirken wir uns später noch ausführlicher beschäftigen wollen. Agrippa von Nettesheim gibt uns (*Epist. lib. 38, 39, 40. De incert et vanit. scient. Cap. 96*) aus dem Jahre 1519 einen Bericht, der deutlich bekundet, wie damals ein Inquisitor *haereticae pravitas* seines Amtes waltete: »Als Syndikus von Metz hatte ich einen harten Kampf mit einem Inquisitor, der ein Bauernweib um der abgeschmacktesten Verleumdungen willen mehr zur Abschlachtung als zur Untersuchung vor sein nichtswürdiges Forum gezogen hatte. Als ich in der Verteidigung der Angeklagten bewies, dass in den Akten kein genügendes *Indicium* vorliege, sagte er mir ins Gesicht: ›Allerdings liegt ein sehr genügendes vor, denn ihre Mutter ist als Zauberin verbrannt worden.‹ Ich verwarf ihm dies als ungehörig. Er aber berief sich auf den *Malleus maleficarum* und die peripatetische Theologie und behauptete, das *Indicium* müsse gelten, weil Zauberinnen nicht nur ihre Kinder sogleich nach der Geburt den Dämonen zuweisen, sondern sogar selbst aus ihrem Umgang mit den Inkuben Kinder zu zeugen und so das Zauberwesen in den Familien zu vererben pflegten. Ich erwiderte ihm: ›Hast du eine so verkehrte Theologie, Herr Pater? Mit solchen Hirngespinsten willst du unschuldige Weiber zur Folter schleppen und mit solchen Sophismen Ketzer verurteilen, während du selbst mit deinem Satz kein geringerer Ketzer bist als Donatus und Faustus? Angenommen, es wäre, wie du sagst: Wäre damit nicht die Gnade der Taufe vernichtet? Der Priester würde ja vergeblich sagen: ›Ziehe aus, unsauberer Geist, und mache Platz dem heiligen Geiste‹ – wenn wegen des Opfers einer gottlosen Mutter das Kind dem Teufel verfallen wäre …«

Doch schon damals waren es nicht immer geistliche Richter, die wider Recht und Vernunft bei Hexenprozessen vorgingen.

»In Deutschland«, schreibt Soldan, I., S. 459, »sehen wir anfangs noch die bischöfliche Jurisdiktion mit der weltlichen konkurrieren, ja, während des ersten Viertels des sechszehnten Jahrhunderts die delegierte Inquisition ihr Unwesen treiben. Die eilfertige Plumpheit eines niederen bürgerlichen Richters im

Kontrast mit der langsamen Förmlichkeit des Reichskammergerichts zeigt folgender Fall, den wir aus den Originalakten mitteilen. Er ist ohne Zweifel der erste, der im Punkt der Hexerei diesem höchsten Tribunal zur Entscheidung vorlag und mag wohl, wie so viele Fälle nach ihm, ohne Ende geblieben sein.

Im Dezember 1508 klagte Anna Spulerin aus Ringingen vor dem Stadtammann zu Ulm gegen dreiundzwanzig Einwohner von Ringingen auf Entschädigung (Wandel, Abtrag und Bekehrung, angeschlagen auf zweitausend Gulden) für eine durch die Schuld derselben erlittene Unbill. Ihrer Erzählung zufolge, die in ihren wesentlichen Punkten durch spätere Zeugenverhöre bestätigt wurde, verhielt sich die Sache folgendermaßen. Als vor einem Jahr ihre Mutter nebst einigen anderen Weibern auf Anrufen der Einwohner von Ringingen durch den Vogt von Blaubeuren als Zauberinnen eingezogen wurden, seien ihr, der Tochter, Worte gerechter Entrüstung entfallen, in Folge deren ihr Warnungen zugekommen seien, als wenn sie dadurch sich selbst verdächtig gemacht hätte. Eines Morgens habe sie einen großen Auflauf um ihr Haus bemerkt, und als sie, um der Gefahr zu entgehen, sich durch die Hintertür auf das Feld begeben habe, hätten die von Ringingen sie eingeholt und, ohne über ihre Absichten sich bestimmt auszusprechen, nach Blaubeuren abgeführt. Daselbst im Gefängnis habe sie erwartet, dass man sie baldigst etwa ihrer ausgestoßenen Reden wegen zur Verantwortung ziehen und dann wieder entlassen würde. ›Aber nyemands wäre zu Ir komen annders, dann gleich aubents ains Ersamen Rats hie zum Ulm zuechtiger und nachrichtiger, der hatte gegen Ir strengklich peenlich unmenschtlich und umwegglich gehandelt und von Ir wissen wollen, Sy were aine, das Sy sollichs bekennen sollte. Aber alls Sy sich sollichs frey und unschuldig gewisst, hatte Sy Ir selbs kain unwarheit auflegen, noch nichtzit bekennen wollen, sondern Ir Hoffnung zu Gott dem Allmechtigen gesetzt, nachgennds were Sy in ain annder fanngkenus und gemacht gefürt und abermals nit ain zway drew, viermal, Sonnder unmentschlich peenlich gemartet, alle Ire glieder zerrissen, Sy Ihrer Vernunft und auch Fünff Synn beraupt und entsetzt worden, dann Sy Ir gesicht und gehördt nit mer hatte alles vor. So war Ir auch in sollicher grossen Irer unmentschlichen marter begegnet, das Sy besorgte, wie wol Sy kain gründlich wissen, noch das, mangel halb Irer gesicht, mit wol erkennen noch sehen, das von Ir kommen were, das vielleicht darauss ein lebende Seel mügen hett werden, solliche Marter hett dannocht nit genug sein, noch erschiessen wolln, Sonnder were ain anderer Züchtiger von Tüwingen mit dem Vogt komen, da hett Sy der Vogt bereden wollen auf sich selbs zubekennen, und Ir selbs ab der Marter zuverhelffen und gleich mit guten worten gesagt, Was Sy sich doch züge, Sy sollte der Sach bekennen, So Sy dann aufs diesem Zeitt füre, So sollten und müssten die von Ringingen, nemlich yeder insnnder Ir ain mess fromen lassen. Dartzu Sy geantwurt hette, dass sollte In diser danncken, dann Sy sich unschuldig gewisst hette. Als nun der Vogt nichtzit von Ir bringen mögen, hette er weytter angefanngen und gesagt, wie Ir Mutter auf Sy bekennt und verjehen haben sollte, das Sy auch aine were, dass hette Si widersprochen und veranntwurt, Sy wisste wol, das Ir Mutter nichtzit args von Ir zu sagen wisste, auch sollich von Ihr nit sagt, so wisste Sy sich auch ganntz unschuldig frey und ledig, were also für und für auf der warheit verharret und darab nit weychen wöllen. Alls Sy aber sollichs gesehen, hetten Sy weytter mit der Muter und mit viel troworten an Sy gesetzt und gesagt, Sy wollen Ir alle Adern im Leib zerreissen und wiewoln Sy mermaln gütigklich gesagt het, was Sy Sy doch zeyhen, ob Sy Sy von der warheit treyben wöllten, So hatte Sy doch sollich nit fürtragen, noch fassen mögen, Sonnder hetten Sy für und für gesagt und von Ir wissen haben wöllen, Sy were aine, und nie genennt ain unholden, bis zum letsten. Also hette Ainer unnder den widertailen, so yetzo gegenwürtig allda stünde, gesagt und von Ir wissen haben wöllen, wohin das Hempt von unnser lieben Fravven in der kirchen zu Ringingen komen were, dann Sy wisste, wer das zerschniten, hette Sy geanntwurt ob Sy es yemands beschuldigte, und alls der Vogt gesagt, Er hette des wissen und Im sein klains fingerlin gesagt, hette Sy wieder geanntwurt, Ir geschehe damit unrecht, Sy were dess unschuldig. Mit Erbiettung, wo sollichs ain Mensch von Ir, das Sy das getan hatte, sagte, wöllte Sy darumb den tod leiden aber nyemands hette Sy sollichs ferrer beschuldigen wröllen. Mit dem were Sy von ihr abgeschieden mit dem traw, Si wöllten enmordnens wider komen und mit noch hertter und strennger peen und marter gegen Ir handeln, und hetten Sy darauf in ein noch herrter und schwerer fanngkuns dann vor gelegt, in dem alls yedermann von Ir komen were Ir eingefallen und hette bedacht Ir Zuflucht zu nemen zu dem, der Ir helffen mügen het, das were nämlich Got der Allmechtig und sein gepererin die himelkönigin Marie ...‹ Und so geht es noch eine gute Weile fort, eine treffliche, wenn auch noch immer nicht die ärgste Illustration zu dem, wie ein »freiwilliges« Geständnis damals geschaffen zu werden pflegte. Es gab dann einen Schriftenwechsel, und das ob seiner Langsamkeit im Urteilsprechen berüchtigte Kammergericht verleugnete auch hier nicht seinen Ruf. Wie die Sache schließlich ausgegangen ist, das ist unbekannt.

Sosehr auch die bürgerlichen Gerichte bestrebt waren, nach Beispiel der geistlichen und im Sinne der Vorschriften des Hexenhammers peinlich zu befragen, so sahen wir doch zuweilen Ausnahmen, die jedoch zu ganz seltsamen Erkenntnissen führen, wenn wir sie näher betrachten. Im Jahre 1516 wurde ein Mädchen, Ulant Dammartz, das einen ihren Eltern nicht genehmen jungen Mann heiraten wollte, von ihnen in das Kloster Marienbaum bei Xanten gesteckt. Hier gilt sie bald als vom Teufel besessen und soll damit auch andere Nonnen angesteckt haben. Sie entfloh aus dem Kloster, wurde aber dann im elterlichen Haus verhaftet und ins Gefängnis nach Dinslaken gebracht. Das wahrscheinlich hysterische Mädchen gestand hier, ohne dass bei ihr die Folter zur Anwendung gelangte, dass sie sich dem Teufel ergeben hätte, weil sie dem Geliebten entsagen hatte müssen. Sie gab auch zu, die ihr befreundeten Nonnen verzaubert sowie sonstigen Unfug getrieben zu haben, mit Hostien und dergleichen, Bezichtigungen, die bei Hexenprozessen üblich waren und die ihr wohl so lange unter Drohungen vorgeschwatzt wurden, bis sie selbst daran glaubte. Sie wurde lange Zeit im Gefängnis gehalten, aber endlich doch entlassen. Gefoltert, wie gesagt, wurde sie nicht, dagegen kam es vor, dass sie während ihrer langen Haft von dem Gefängniswärter zwei Mal geschwängert wurde. Dass Frauen oder Mädchen derart genotzüchtigt wurden, war übrigens keine seltene Erscheinung, und der Henker tat dies zuweilen vor der Ausübung seines Schreckensamtes sozusagen auch von Amts wegen. Vielleicht dass hierbei der alte, schon bei den Römern übliche Brauch irgendwie mitspielte, wonach der Henker vor der Hinrichtung einer Jungfrau diese schänden musste, weil ein unberührtes Mädchen nicht hingerichtet werden durfte.

Merkwürdig ist, dass in Österreich die Hexenverfolgungen in der ersteren Zeit nur selten vorkamen. Im Jahre 1498 wurde in Wien eine Frau zur Enthauptung und nachheriger Verbrennung verurteilt, wobei der Wiener Scharfrichter seine Mitwirkung versagte, so dass sein Kollege aus Krems herbeigeschafft werden musste. Und auch diesem musste, wie Schlager in seinen »Wiener Skizzen aus dem Mittelalter« als einzigen bekannten Fall aus dem fünfzehnten Jahrhundert berichtet, nach der Hinrichtung sein Richtschwert neu gefasst und zugerichtet werden, als wäre es durch den Vorfall entehrt worden. Überhaupt konnten derlei Schlächtereien auf deutschem Boden bis zur Zeit der Reformation nicht recht gedeihen. In umfangreicherem Maß fanden damals Hexenverfolgungen nur in Tirol statt, unter fleißiger Anwendung der Folter, die natürlich viele »Geständnisse« hervorzubringen vermochte. Die als schuldig Befundenen wurden verbrannt oder ersäuft, ihr Vermögen eingezogen.

In Frankreich hatte der Schrecken wider Ketzer und Zauberer schon frühzeitig gewütet, doch nachdem das Pariser Parlament 1390 den geistlichen Richtern die Hexenprozesse entzogen hatte, kamen solche nunmehr selten vor und zeigten sich auch hier im vermehrten Maße erst nach der Reformation. Merkwürdig ist dabei, dass die Lykanthropie, der Glaube an Werwölfe stark auftrat und 1573 sogar durch einen Parlamentsbeschluss den Bauern aus der Gegend von Dôle, Franche Comte, die Ermächtigung erteilt wurde, auf Werwölfe Jagd zu machen. Allerdings hatte Frankreich ganz besondere Gründe, dem Unfug der Hexenprozesse etwas mehr Aufmerksamkeit zu widmen, als es anderwärts geschah. Wurde doch seine National-Heldin Jeanne d'Arc, »Die Jungfrau von Orleans«, ebenfalls 1431 als Ketzerin und Zauberin verurteilt und verbrannt, zwar unter Einfluss der Engländer, aber nicht, wie oft irrig geglaubt wird, von den Engländern selbst, sondern von dem französischen Bischof Beauvais und dem Inquisitor, eine Tatsache, an der wenig ändert, dass 1456 ihr Prozess revidiert und sie als unschuldig befunden wurde. Besonders belastend für sie war das Gutachten der Pariser Universität, die erklärte, dass die angeblichen Offenbarungen der Jungfrau nur von bösen Geistern ausgegangen sei und ihr Tun und Treiben als Götzendienst und Teufelsunfug zu strafen sei. Ein Separatvotum des aufgeklärteren Kanzlers Gerson († 1429) versuchte zwar darzulegen, dass Johanna von Gott und nicht vom Teufel zu ihrem Wirken veranlasst worden sei, fand aber keine Beachtung. Bemerkt zu werden verdient auch, dass zu jener Zeit in der Nähe von Paris zwei Weiber auftraten, die vorgaben, von Gott gesandt zu sein, Johanna zu retten. Sie wurden gefangen genommen und kamen vor den Inquisitor. Die eine rettete ihr Leben, indem sie bekannte, vom Teufel verblendet worden zu sein. Die andere aber, die fest darauf beharrte, von Gott beauftragt worden zu sein, büßte ihren frommen Wahn auf dem Scheiterhaufen.

Die Tat der Jeanne d'Arc wirkte übrigens wie jeder Wahn ansteckend. Auch zu Köln versuchte ein Mädchen ihre Rolle zu spielen, anlässlich des Streits um die Trierer Kurwürde. Sie besiegte zwar keine feindlichen Heere, es wurde u. a. von ihr nur behauptet, dass sie als Teufelsverbündete zerrissene Tücher und zerbrochene Gläser wieder ganz zu machen verstünde, doch nur durch den Schutz des Adels gelang es dem Mädchen, dem Inquisitor Kalteisen zu entgehen.

In Frankreich, wie in den anderen romanischen Ländern, wurde eben seitens der Kirche bei Verfolgungen dieser Art auch später noch der Schwerpunkt auf das Ketzerwesen gelegt, das eben mit Teufelsbündnis und Hexentum eng verbunden wurde. Aufsehen erregte 1460 einer dieser Ketzerprozesse, der mit der Verhaftung eines Weibes von Douay namens Demselle begann, um bald, wie bei den meisten Prozessen dieser Art, immer weitere Kreise zu ziehen. Natürlich gestand sie auf der Folter der Vauderie schuldig zu sein, d. h., eine Waldenserin zu sein, und machte auch, sowie man es von ihr wollte, verschiedene andere Personen namhaft, die gleichfalls dazugehören sollten, darunter auch Jean Lavite, genannt Abbé de peu de sens. Auch dieser benennt unter der Folter angebliche Mitbeteiligte, darunter auch Geistliche und Vornehme, die alle in Haft genommen wurden und, der Tortur ausgesetzt, zweifellos noch weitere Beschuldigungen ausgesprochen hätten. Doch es wurden Stimmen laut, dass der Sache nun schon genug wäre und der Prozess niedergeschlagen werden sollte. Doch das geistliche Gericht sandte die Akten an Theologen zu Cambray, und diese entschieden, dass die Angeklagten die Todesstrafe verdienten, sofern sie ihre Geständnisse aufrechterhielten. Dieses Urteil schien den geistlichen Herren zu milde, sie nahmen aufs Neue Verhaftungen vor und setzten endlich den Tag der Urteilsfällung fest. Bei dieser wurden von den Angeklagten die scheußlichsten und lasterhaftesten Dinge behauptet, was sie, auf Befragen, ob sie wahr wären, auch zugaben. Das Urteil lautete auf Übergabe der Angeklagten an die weltliche Behörde, zur Vollstreckung der Todesstrafe nämlich, und auf Einziehung ihrer Besitztümer. Jetzt schrieen die Verurteilten auf, sie wären betrogen worden, man hätte ihnen unter der Tortur, falls sie die Beschuldigungen eingestehen wollten, nur eine Pilgerfahrt als Buße verheißen, andernfalls aber mit der Todesstrafe gedroht. Sie wären keine Waldenser, wussten gar nicht, was das zu bedeuten hätte. Sechs von ihnen wurden zu Arras verbrannt. Eine zweite Verurteilung überlieferte acht Personen dem Flammentod, und zwei andere wurden nur zur Kerkerstrafe verurteilt, weil sie »freiwillig« gestanden hatten. Fast überflüssig ist es noch zu bemerken, dass nebenbei zahlreiche Personen verhaftet wurden, selbstverständlich nicht die ärmsten. Wer fliehen konnte, floh nun aus Arras, um sein Leben und wenn möglich auch seine Besitztümer in Sicherheit zu bringen. Dabei wurden aber auch Stimmen laut, die Einspruch gegen diese grausamen Verfolgungen zu erheben wagten, die sich unter dem Vorwand der Ketzerverfolgung eigentlich nur gegen das Eigentum der Besitzenden richtete, die, wenn es ihnen schon gelang, Leib und Leben zu retten, mindestens doch hohe Geldbußen und vor allem die bedeutenden Kosten des Verfahrens bezahlen mussten. Wie dort mit der Tortur umgegangen wurde, besagt am besten die Tatsache, dass einer der Angeschuldigten ihr nicht weniger als fünfzehnmal unterzogen wurde. Der Herzog fand es nun nötig, eine Versammlung von Theologen zur Prüfung dieser Vorkommnisse nach Brüssel zu berufen, was wenigstens die Einstellung weiterer Verhaftungen zur Folge hatte. Schließlich kam die Sache vor das Parlament in Paris, das die Unschuld der Verurteilten erkannte, worauf die noch Gefangenen freigegeben und die noch schwebenden Prozess unter Vermittlung einiger Kirchenfürsten niedergeschlagen wurden. Dreißig Jahre später, Artois war indessen in Frankreich einverleibt worden, wurden die Prozesse von dem Parlament aufs Neue einer Revision unterzogen, die Urteile wurden kassiert, die Namen der Hingerichteten wieder zu Ehren gebracht, der Herzog, der Bischof und die Richter zur Rückzahlung der Kosten und einer Geldstrafe verurteilt und diese Beträge zu einer Stiftung verwendet, deren Zinsen für eine Messe für die Hingerichteten verwendet wurden. Auch wurde auf königlichen Befehl dieses Urteil vor dem bischöflichen Palast zu Arras öffentlich verlesen, und der Tag, an dem dies geschah, galt für Arras als Feiertag. Den bereits Verbrannten sowie denen, die durch diese Verfolgung um ihr Vermögen gekommen waren, konnte diese fromme landesväterliche Verfügung freilich nicht mehr nützen. Erwähnt zu werden verdient schließlich, dass, nach Berichten von verschiedenen Seiten, in dem päpstlichen Rom selbst Verbrennungen von Ketzern und Zauberern, Hexen und dergleichen nicht stattgefunden zu haben scheinen. Damit will aber natürlich nicht gesagt sein, dass die Regierung den Statthalter Gottes für ihr eigenes Gebiet eine besondere Milde obwalten ließ. Es wurde eben nur in anderer Weise ins Jenseits befördert und auch mit Anwendung der Tortur nicht gespart. Allerdings kam Ersteres nicht so häufig vor wie in anderen Staaten und Städten, wofür sich verschiedene Gründe angeben ließen. Nicht in letzter Reihe dieser mag der Umstand stehen, dass die Päpste an ihrem Sitz der eigenen Sicherheit wegen den Bogen nicht gar zu straff spannen wollten, ferner auch, dass es nicht recht geeignet dünken mochte, für diesen Ort solche Anschuldigungen im umfangreicheren Maße finden oder erfinden zu wollen.

XII. Kapitel

Gesetze – Sachsenspiegel – Schwabenspiegel – Maximilians Halsgerichtsordnung – Bamberger Halsgerichtsordnung – Reimsprüche – Carolina – Projekte der Carolina – Vorreden – Artikel der Gesetze – Von Richtern und Urteilern – Vom Übeltäter – Übernahme von Amts wegen

Es wurde bereits einiges über gesetzliche Bestimmungen für Tortur und wider Zauberwesen angeführt, und es dürfte nun geeignet sein, diesen Punkt bis zum Beginn der Reformation weiter in Betracht zu ziehen, und zwar, bei der Fülle des vorhandenen Materials hauptsächlich das, was auf deutschem Sprachgebiet zur Geltung kam, zumal die romanischen Länder schon von Beginn an größtenteils unter dem Einfluss des römischen Rechts standen.

Im Sachsenspiegel, Buch II, Artikel 13, finden wir die Stelle: »Welcher Christenmann oder Weib ungläubig ist oder mit Zauberei umgehet oder mit Vergiftnis, und des überwunden wird, den soll man auf einer Horden brennen.« Es ist dies die erste Andeutung, die wir in der germanischen Gesetzgebung über die Strafe des Verbrennens finden, was jedoch keineswegs unbedingt darauf hinweist, dass diese Strafart bis dahin auf deutschem Boden unbekannt war, besonders weil der Sachsenspiegel eine Zusammenstellung bis dahin geltender Rechtsbräuche war. Ausgeschlossen ist allerdings nicht, dass diese Bestimmung unter Einfluss der damaligen gemeingültigen Anschauungen neu aufgenommen wurde. Auch der etwa ein halbes Jahrhundert jüngere, etwa 1280 entstandene, im Süden Deutschlands zur Geltung gekommene Schwabenspiegel, der im Großen und Ganzen nur eine Kopie des Ersteren ist, weist dieselbe Bestimmung auf: »Welcher Christenmensch ungläubig ist oder mit Zauber umgeht oder mit Vergift, wird er dessen überführt, so soll man ihn auf einer Horden brennen, es sei Mann oder Weib.« Spätere Abschriften weisen Erweiterungen auf. Ein bei Senckenberg (*Corp. jur. germ. – Jus. prov. Alenian c. 103*) abgedruckte Handschrift, angeblich aus dem dreizehnten Jahrhundert, bemerkt: »Ez si weip oder man, die daz chunnero, daz si den tiufel mit vorten ze in la-

Befestigung auf ein Bett mit Pflöcken zur Hinrichtung. Kupfer aus dem fünfzehnten Jahrhundert. Reproduziert in »Der Richter« von F. Heinemann.

den, den zol man brennen, wan er hat gotes verlougen und hat sich den tiufel ergeben, und die ez wizzent und ez verzwigent und darzu helfent, den zol man daz horbet abe slahen.« Noch ausführlicher wird dasselbe im Codex Uffenbachianus bei Senckenberg ausgedrückt: »Es sey frawe oder man, die mit zawber oder mit dem tewfel ümb gehenn, dass sy ge mit worten zu ge laden oder suste mit ym umbgann, die sol man alle brennen oder welches lodes der richter wil der erger ist und noch boser, wan er hat unsers herrn Jesu christe verlewcknet und dem tewfel hat er sich ergeben. Und die es wissen und es verswygen und die es raten, werden si bewert als recht ist, den sol man das hewbt absiahen.« Ähnlich lauten auch die Bestimmungen der Stadtrechte von Hamburg, Lübeck, Bremen, Riga und anderen Hansestädten. Doch ist in dem Hamburger Stadtrecht die Bedingung daran geknüpft, dass der Betreffende auf frischer Tat ertappt werde. »Durch diese letztere Bestimmung«, bemerkt Soldan, I., S. 206, »unterschied sich aber das Hamburger Stadtrecht von dem Sachsenspiegel und den mit ihm übereinstimmenden Stadtrechten. Während diese letzteren nur wollen, dass der Täter ›des verwunden wird‹ und dadurch der späteren Anwendung der Tortur Raum schafften, wird dort das richterliche Verfahren auf den Fall der Handhaftigkeit beschränkt.« Als solche aber bezeichnet der Sachsenspiegel (II, 35): »Die handhafte Tat ist das, so man einen Mann begreift in der Tat oder in der Flucht der Tat, oder dass er Dieberei und Raub in seinen Gewehren hätt, da er selbst den Schlüssel zu trüge an seiner Seiten : Es wäre denn ein solch Ding, dass ihm ein anderer wohl in sein Gewehr zu einem Fenster eingestoßen haben möchte. Denn so möchte man ihn keiner handhaften Tat daran gezeugen.« Unter solchen Umständen war es natürlich sehr schwierig, in Hamburg jemandem schuldig die Zauberei nachzuweisen. Bestimmungen über Anwendung der Tortur kommen im Sachsenspiegel und im Schwabenspiegel noch nicht vor. Die von Kaiser Maximilian 1499 erlassene Halsgerichtsordnung, das älteste deutsche Strafgesetz dieser Art, weiß nichts von Zauberei und Hexenwesen und der Tortur zu sagen, ebenso wenig die späteren Landesordnungen von 1526 und 1532. Jedoch besagt eine 1514 von Maximilian aus Gmunden für die Landgerichte unter der Ems erlassene Verordnung, dass »die Zauberei in Rechten verpoten«, was somit bekundet, dass unter seiner Regierung der Zauberwahn keineswegs der Rechtsprechung fremd war.

Von besonderer Wichtigkeit für unseren Gegenstand ist die so genannte Bamberger Halsgerichtsordnung, die auch die Grundlage zu der später in Erörterung zu ziehenden Carolina ist und auch sonst als Zweitälteste für die ältere deutsche Gesetzgebung dieser Art maßgebend war.

Die »Bamberger Halsgerichtsordnung« wurde 1507 vom Freiherrn Johann von Schwarzenberg verfasst (geboren 1463 und gestorben 1528 als kurbrandenburgischer Minister) und vom Fürstbischof Georg III. von Bamberg als Gesetz erlassen. Einige Jahre später, 1516, wurde sie auch in dem fränkischen Gebiet Kurbrandenburgs eingeführt. Die erste Auflage dieses Werkes erschien »jn vnser Stat Bamberg] durch vnsere Bürger Hannsen Pfeyl daselbst gedruckt, vnd] in solchem Druck volendet, am Sambstag nach sandt Veyts tag] Nach Christi vnsers lieben herrn gepurt fünfzehnhundert vnd] jm sibenden jare.« Das Buch enthält

Vorbereitung zur Tortur.
Aus: Bamberger Halsgerichtsordnung, 1508.

auch zahlreiche Illustrationen – von denen einige auch in unserem Werk Aufnahme gefunden haben – mit charakteristischen Spruchzetteln. Eines dieser Holzschnitte führt uns die »peinliche Frage« vor, dem auf dem Boden sitzenden Beschuldigten werden die Hände auf dem Rücken zusammengebunden, wobei der vor ihm sitzende Richter auf ihn einspricht, wahrscheinlich ihn ermahnt, seine Schuld freiwillig zu bekennen. Ein Gehilfe des Henkers lässt die Kette des Folterwerkzeuges, »Zug« genannt, herab, womit der Beschuldigte in die Höhe gezogen werden soll. Daneben liegt der Gewichtstein, der gewöhnlich zur besseren Wirkung dem Gefolterten an die Füße oder auch an die großen Zehen gehängt wurde. Links sitzen im Gespräch begriffen zwei Schöffen und der Gerichtsschreiber. Über der Darstellung befinden sich die Verse:

Seyt sich auf dich erfunden hat
Redlich anzeig der missetat
Furstu mit verschuld auss nach radt
Die peynlich frag sol haben stat.

Damit ist in Kürze die Anschauung wiedergegeben, die Anhänger und Verteidiger der Tortur damals wie auch früher und noch später hegten. Die peinliche Frage gilt hier förmlich als Wohltat. Von den anderen Spruchzetteln seien hier noch angeführt:

Du solt nit falsche zeugknüss geben
Als lieb dir sey das ewig leben.

Herr Richter setzt mir einen tag,
Dass ich mein Recht volfüren mag.

Richt mir nach dieses Buches lere
Damit verwar wir seel vnd ere.

Wo du gedult hast in der peyn
So wirt sie dir gar nutzlich sein
Darumb gib dich willig drein.

Etwas seltsam berühren uns einige der vorhandenen Sprüche, die man viel eher bei moralisierenden oder satirischen Poeten suchen wollte als in einem Gesetzbuch:

O Richter hie in dieser welt
Ewer eer vnd sei gebt nit vmb gelt.

Mit gelt was ich wolt beschwert
Falsch richter haben mich gelert.

Tasch was wilt du geben mir
Mein vrteyl wirdt gnedig dir.

Auff landt vnd wasser raubt man ser
Noch rauben Taschenrichter mer.

Ir herren denckt an ewer pflicht
Vnd rat das ydem recht geschicht
Fürchtet got vnd seine gericht.

Es mögen nicht die löblichsten Zustände gewesen sein, die an dieser Stelle solche Mahnungen und solche Stachelverse hervortreten lassen konnten. Allerdings lässt sich aber auch annehmen, dass dergleichen mehr aus der damals üblichen Ausdrucksweise hervorging als aus besonders sittlich-faulen Zuständen und Verhältnissen, in denen die Richter ohne weiteres als Freunde von Bestrafungen und Gelderpressungen in dem Bauwerk der ernsten, der blutig-ernsten Gesetzesparagrafen hingestellt werden konnten. Das Titelblatt enthält die Abbildung der damals üblichen Folterwerkzeuge sowie Galgen, Rad, Schwert und brennenden Scheiterhaufen, was übrigens auch auf den Nachdrucken dieses Werkes zu sehen ist. Von diesen führt Franz Friedrich Leitschuh in seinem Aufsatz »Die Bamberger Halsgerichtsordnung« folgende an:

1) ein im Jahr 1508 bei Johann Schöffer zu Mainz gedruckter,
2) ein in demselben Jahr kurz darauf gleichfalls bei Schöffer gedruckter,
3) »Bamberger Halsgerichts,] vnd rechtlich Ordnung jn peynlichen Sachen zu volefarn etc.«, von derselben Druckstelle und demselben Jahr,
4) ebenso aus dem Jahr 1510,
5) ebenso aus dem Jahr 1531,
6) ebenso aus dem Jahr 1536,
7) ebenso aus dem Jahr 1538,

Der Richter in Amtstracht, umgeben von den Urteilern.
Aus: Bamberger Halsgerichtsordnung, Mainz 1508.

8) ebenso 1543,
9) berechtigte Ausgabe 1580, gedruckt bei Johann Wagner, Bamberg,
10) ebenso, aus gleichem Jahr, mit anderen Illustrationen,
11) eine 1738 von Gertner in Bamberg gedruckte Ausgabe.

Alle diese Ausgaben sind mit Illustrationen versehen, die jedoch an den verschiedenen Druckstellen abweichen.

Die »Brandenburgische Halsgerichtsordnung« ist ein ziemlich genauer Abdruck der Bambergern und wurde 1516 durch Jobst Gutknecht in Nürnberg gedruckt. Die vorhandenen geringen Textabweichungen sind zumeist nur durch den anderen Titel der Regenten bedingt. Sie ist ebenso wie die dritte 1582 von Mathias

Pfeilschmidt zu Hof gedruckte Ausgabe mit Illustrationen versehen, jedoch mit einer geringeren Anzahl und ohne Sprüche. Leitschuh erwähnt nach einer elften Bambergern peinlichen Halsgerichtsordnung aus dem Jahr 1580, als deren Drucker das Buch Johann Wagner in Bamberg anführt, bemerkt jedoch dazu: »... das Werk ist weder 1580 erschienen, noch von Johann Wagner gedruckt. Wir haben es mit einem interessanten, bisher unaufgeklärten litterarischen und bibliographischen Curiosum zu tun. Diese Ausgabe der Halsgerichtsordnung wurde 1694 von dem fürstbischöflichen Bambergern Hofbuchdrucker Johann Jakob Immel hergestellt.« Leitschuh sucht des Ferneren diese Behauptung zu beweisen, ohne jedoch Gründe oder Vermutungen für diese Fälschung des Druckorts etc. anzuführen.

Trotz ihrer Wichtigkeit für die Geschichte des Strafverfahrens in Deutschland ist die Bamberger Halsgerichtsordnung viel weniger bekannt und genannt als die 1533 zum ersten Mal bei Ino Schöffer in, Mainz gedruckte:

Des allerdurchleuchtigsten
grossmechtigsten vnüberwindlichsten
Keyser Karls des fünften:
vnnd
des heiligen Römischen Reichs
peinlich gerichtsordnung,
auff den Reichstagen zu Augspurgk vnd
Regenspurgk,
inn jaren dreissig, vnd zwei vnd dreissig
gehalten,
auffgericht vnd beschlossen,
cum gracia et priuilegio Imperiali.

Es ist dies die so genannte *Constitutio Criminalis Carolina*, gewöhnlich kurz nur *Carolina* oder auch *C. C. C.* genannt. Sie wurde für das ganze Reich als Gesetz angenommen, allein der Zweck eines einheitlichen Reichsstrafgesetzbuches wurde doch nicht erreicht, weil die meisten Reichsfürsten von ihrer Gerechtsame auch bei Ausübung des Blutbannes nicht lassen wollten und die so genannte salvatorische Klausel durchsetzten, die sich

Gefangene – Aus: Bamberger Halsgerichtsordnung, 1508.

am Schluss der Vorrede der Carolina befindet: »Doch wollen wir durch dise gnedige erinnerung Churfürsten, Fürsten vnd Stenden, an jren alten wohlerbrachten rechtmessigen vnnd billichen gebreuchen, nichts benommen haben.«

Die Carolina ist übrigens nicht in dieser Zeit plötzlich geschaffen worden. Es existiert noch ein handschriftliches Projekt aus dem Jahre 1521, dessen Verfasser Johann von Schwarzenberg war, ferner ein zweites Projekt aus dem Jahre 1529, beide zum ersten Mal vollständig herausgegeben von Professor Dr. Heinrich Zoepfl (Heidelberg 1841).

Sowohl diese beiden Projekte wie auch die Carolina selbst sind Bearbeitungen des Bamberger Gesetzbuches, mit dem sie großenteils wörtlich übereinstimmen. Um daher später nicht zu vielen Wiederholungen genötigt zu sein, ziehen wir es vor, bereits hier bei Darlegung und Erörterung der uns interessierenden Stellen der Bamberger Halsgerichtsordnung auch die entspre-

Darstellung der gebräuchlichsten Strafwerkzeuge.
Aus: Bamberger Halsgerichtsordnung, 1508.

chenden Stellen der beiden Projekte und der Carolina anzuführen, obgleich Letztere erst einige Jahre nach Beginn der Reformation erschien, als deren Beginn bekanntlich das Jahr 1520 gilt, wo Luther am 20. Dezember die päpstliche Bannbulle zu Wittenberg verbrannte. Wir lassen vor allem die für die Zeit und Zustände sehr charakteristischen Vorreden der genannten Rechtsschriften im Urtext folgen. Die Vorrede der Bambergern

Gerichtsordnung, nach dem ältesten Druck von Hans Pfeill 1507, lautet:

Die vorrede dis Buchs.

I. Wir Georg von gottes gnaden Bischoue zu Bamberg, Thun kunt allermeniglichen, Als vns manigfeltiglichen furkomen, vnd angelangt ist (das wir auch in erfahrung befunden haben) wie bissher an den Halssgerichten vnser vnd vnsers Stiffts, vnd insachen denselbigen anhengig, durch vbersehen vnd vnwissenheit vil vnd mancherley vbung myssbrauch vnd gewonheyt eingewachsen, die dem rechten nit gemess (Sünder verworffen sindt) vnnd zuuerhinderung des Rechtens auch vnpillichen beschwernus der vnsern vnnd ander die an oberürten gerichten zu rechten vnnd zu handeln haben, dienen, Nach dem wir aber auss vnser Furstenlicher oberkeit das recht vnd gemeinen nucz zu fürdernn, auch sünderlich vnser gerichte in redlich gut wesen vnd Ordnung zubringen, schuldig vnd geneygt sindt, Haben wir Got zu lob auss zeytiger guter vorbetrachtung vnd Rate der Rechtuerstendigen, zufurkomen mancherley zukünftiger vnpillicher beswernus der leüte, an leib leben ere vnd gute, vnd damit die oberürten vnser gerichte in redlichem, aufrichtigem wesen vnd bestandt bleiben, auch die missetat dester formlicher, vnd bass gerechtfertigt vnd gestrafft werden mogen, ist dise nachfolgende vnnser Reformacion, saczung vnd Ordnung vber all vnser vnd unsers Stiffts halsgericht furgenomen gesaczt vnd gemacht, Seczen orden vnd machen, die also auss dem gewalt von Romischer Königlicher Majestät entpfangen wie hernach folgt.

II. Item Nachdem aus langer gemeiner vbung dieser lande die halssgericht nit anders dan mit gemeinen Personen, die der recht nicht gelernet oder geübt haben (als zu diesen grossen sachenn die nodturft erfordert) beseczt werden mögen, darumb haben wir in nachgeschribener vnnser Ordnung nit allein aufsehung, wie wir denselben leüten ein form vnd weiss zu handeln vnnd zurichten anzeigten, die den keiserlichen Rechten vnnd guter gewohnheit nach, bestendig sein mochte, Sünder haben des mere bedenken müssen, wie wir derselben leüt vnbegreifflikeit zu hilff komen, das melden wir dervmb das die leser vrsach zu wissen haben warvmb wir in diser nachfolgenten vnser Ordnung die form vnd weiss der gerichtlichen handelung nit alwegen dermassen (Als so es vor den Rechtgelerten were) gehaltenn, Auch souil auff ratsuchen vnd andere handlung bey vnsern reten gestellt haben, vnd dester bass mercken können das sölichs zu notdurfft solicher Sachen geschehen ist

wir haben auch in dieser vnser Ordnung vmb eigentlicher merckung vnd beheltnus willen des gemeinen mans, figur vnd reumen (nach gelegenheit der gesecz so darnach folgen) orden vnd drucken lassen1).

Die Vorrede zum ersten Projekt vom Jahre 1521 lautet:

Churfursten fursten vnnd anderer Stende, furchtgeschlagener Begrieff die peinlichen Gericht betreffend. (1521)

Nachdem vff ettlichenn vorgehaltenen Reichstagenn statlich bedacht vnnd bewogen wordenn ist, wie jm Heyigen Romischen Reich teutscher nation, an den peinlichen gerichtenn grosser Missbrauch geschee, derhalb offtermals vnschuldig leut, wieder Recht vnnd alle Billigkeit vmb jr leyb, leben, gesundtheyt vnnd zeitliche nahrung kommen, Auch ethwan die schuldigen Vbeltetter vngestrafft bleyben, darumb Inn denselben Reichssabschiedenn beschlossen funden wurdet, Ein gemeine Reichssordnung zu machen, dadurch sollich gross Vbel, dester Statlicher vnnd bas verhütet vnnd abgewendt werden möge, dieweyl aber dass bisshere nit bescheenn, vnnd doch bemeltte Hohe tegliche Beschwerung offenbar vnd cleglich zuhorenn sein, Ist dem allen nach durch Churfursten, Fursten vnnd ander Stende, für grosse notturfft bedacht, das kay. Mit vff jetzigem Reichstag, gott dem allmechtigen zu lob, vnnd vmb gemeins nutz willenn, sollicher peinlichen Gericht halb gutt Ordnung vnnd mass, ordenn vnnd setze, wie Artickels weyss, hernachuolgtt,

Item, nachdem aus langer gemeiner Vbung dieser Land die Halssgerihht nitt anders, dan mit gemeinen personen, die der Recht nit gelernt oder geübt habenn, als zu diesen grossenn sachenn, dy notturfft erfordert, besetzt werdenn mogenn, darumb haben wir Inn nachgeschriebner Vnnser Ordnung, nit allein aufsehung, wie wir denselben leuttenn, ein form vnnd weys zu handeln, vnnd peinlich zu Richtenn annzeigenn, die den kayen Rechten, vnd gutter gewonnheit nach, bestendig sein mocht,

Sonder habenn des merhe bedencken mussen, wie wir derselben leut vnuerstandt vnd vnbegreifflikeyt zuhilff komen, das melden wir darumb, dass die Leser vrsach zu wissen habenn, warumb wir in dieser nachuolgenden vnser Ordnung dy Form vnnd weiss, der gerichtlichenn Handlung, nit alwegenn dermassen als so es vor den Rechtgelerttenn were, gehaltten, auch souil vff Rattsuchen gesteh habenn.

Die Vorrede zum zweiten Projekt vom Jahre 1529 lautet:

Kaiser Karls des Funften gemeine Reichsordenung der peinlichen gericht halbenn 1529

Vorrede.

Wir Carl der Funft vonn gots gnadenn Erweiter Romischer kaiser zu allenn zeitenn merer des Reichs etc. konig In germanien zu Castilien zu arragon zu Legion, baiden Sicillien zu Hierusalem zu Hungarn zu Dalmacien zu Croacien, neuern zu Granattenn, zu Toleten zu Valencia zu Gallicien, Maioricaten, zu Hispalis, Sardinie, Cortubie, Cursyre, Muricie, Giennis, Algeron Ulgezire zu Gibraltarie vnnd der Inseln Canaria, auch den Inseln Indiarum vnnd terrefirme, des Mhers Oceanj etc. Erzherzog zu Osterreich Herzog zu Burgundien zu Lottrich, zu Brabandt, zu Steyer zu Kerntten Crain Limpurg, Luxenburg Geldern wirttemberg Calabrien, Anthenarum Neopatrie, Graue zu Habspurg Flandern zu Tyroll Parsiloni zu arthois zu Burgundj, pfallenzgraue zu Henigau zu Holandt zu Seelandt zu Pfirdt zu kyburg zu Namur zu Rosilia zu Zeritan vnnd zu Zupffen Lantgraff zu Elsass Marggraf zu Burgau zu Cristoni zu Goziani, vnnd des heilligenn Romischenn Reichs Fürst zu Schwaben, zu Cathilonien, asturmia etc. Herr In Friesslandt vf der wundischen Mark zu portenaw zu Pistoria zu Mouia zu Salnis zu Tripoln vnnd zu Mecheln etc. Bekennen offentlich, nachdem durch vnnser vnnd des heiligenn Reichs, Churfurstenn furstenn vnd andere Stende stadtlich an vnns gelanget, wie Im Romischenn Reich deutscher nacion, altem brauch vnnd Herkomen nach die meistenn peinlichenn gericht mit personen, die vnnser kay: Recht nit gelernt, oder vbung habenn besetzt werden, vnnd daraus dennselben, an viel ortten offtenmals, wider recht vnnd gute vernunfft gehandelt vnnd entweder die vnschuldigen gepeinyget, vnd gethodt, oder aber die schuldigenn, durch vnordentliche geuerliche vnnd vorlengerliche Handlung, den pillichen Clegernn, vnnd gemeinem nuz zu grossen nachteil, gefrist, weggeschobenn, vnnd erledigt werden, vnnd das nach gelegennhait deutscher nacion In disem allem, altenn langwirigen gebruch, vnnd herkomen nach, die peinlichen gerichtenn, an mannchenn orrten mit Recht verstendigen personen, nit besetzt werden mögen vnnd wiewol wir dan vonn hoe' vnnsers kay: ambt vnd standts wegenn, vor got vnnd der welt, zum höchsten schuldig vnnd gneigt seint, nuzlichenn vleis vnnd einsehenns zu habenn, damit Im heilign Romischenn Reich alle gericht vnd Recht, wol geordnet, vnnd gehaltenn werden, So erkennen wir vns doch, dass der peinlichenn gerichtbarkeit halbenn. Die nit allein zeitlich gut, sonnder auch Ere, leib vnnd leben betreffen meher vorpflicht, diweil dan bey vnnserm Herrn vnnd anhern, kaiser Maximilian hochloblicher gedechtnus, als negstem vnnserm vorfarnn, am Reich, auch bey vnns, auf vielgehaltenn Reichstegen für grosse noth angesehenn, zu besserung, obgemelter missbrauch, derselbigenn peinlichenn gerichtenn halb, ein gemein ordenung, Im heiligen Romischen Reich, deutscher nacion zu machenn. vnnd derhalbenn, auf vnnserm Jungstgehaltenen Reichstag zu Wormbs, durch einen stadtlich darzu verordentem ausschuss, gemelter ordenung halbenn, ein schrieftlicher begriff durch gedacchtenn ausschus, als kurtzlich vor dem abschiede alda, an vnns vnd die Stende bracht, das sollich ordenung der zeit von vnns vnd den vorsambleten Stendenn nit notturfftiglich beratslagt, vnnd beslossen werden konth, Sondernn vnnserm Stadthalter, vnnd Regiment Im heiligenn Reich, weither zu besichtigenn zu beratslagen beslossenn, vnnd Im Reich öffentlich ausgehenn zu lassenn, beuolhenn worden ist, dem auch derselbig vnser Stadthalter vnnd Regiment, mit vleis volge gethann, vnnd nachmals, vf diesenn vnnsern Reichstag, So In vnnser, vnnd des heiligenn Reichs Stadt hierher gein Speier, des Sonntags Reminiscere In der vhastenn, dieses nachgeschriebenen 29ten Jars angesetzt vnnd gehaltenn, sollich Ordnung, mit wissen vnnd willen, der ankörnenden Reichsstennde, vnd botschaftenn, In vnserm nhamen, vnnd an vnnser Stadt, endtlich beschlossen, wie vnnderschiedlich hernach funden wurdt, vnnd dieweil In dieser ordenung etlich ding, allein denn vnuorstendigenn zu guter vntherrichtung gesetzt sein, Ist nemlich zu uermerckenn In welchem artikel gefundenn wirdet, das es also bescheen möge, (vnd möge) das In dennselbenn fellenn, nymandt verbotten sein sol, ein andere herbrachte mass, die. neben vnnseren gemeinen Rechten vnnd dieser vnnser ordenung, mit gutter Vernunft, bestehenn kann, gebraucht, Aber an der hier Inn begriffene sazung sollen von allen Stennden, als vnsere vnd des heiligen Reichs Recht gehaltenn werden, vnnd darwider kein gewonnheit noch freihait So durch vnnsere vorfarn, oder vnns, gegeben werden oder furo gegeben wurden stadt haben Doch wollen wir vns, vnd vnsern nachkomen. Romischen kaisern vnd konigen vorbehalten habenn In dem allem gemeinlich oder sonnderlich, vf gemeinen Reichstegenn, mit Rath wissen vnd willen, Churfursten Fürsten vnnd Stenden, oder derselbenn gemechtigten Bothschafftenn, erclerung, minderung, merung oder enderung zu thun wie das obgemelter massen, zu Jederzeit durch vnns, vnd die vorsambleten Reichsstende oder aber so wir Im Romischenn Reich deutscher nacion, nit weren, durch, vnsern stadthalter vnnd Regiment, sampt den sechs Churfusten vnd den zwölf geistlichenn, vnd weltlichenn Furstenn In der ordenung benennt, für nuz not vnnd gut angesehenn, beslossenn vnnd Im Reich vorkundet wirdt.

Erclerung bey welcher Obrigkeit, dauon In dieser ordenung viel gemelt ist, Rath gesucht werdenn sol.

Vnnd nachdem hernach In dieser vnnser vnd des heiligen Reichs Ordnung der peinlichen gericht, von derselben gericht, oberckeit vnnd rathsuchenn gemelt wurdet, So sol alwegenn die obrigckeit vorstanden werden dero dieselbenn peinlichenn gericht straff buess, vnnd felh, zusteenn Vnnd Ist dabei nemlich zu merken, das In allenn zweiuelichenn fellenn nit allain Richter vnnd schoppen, Sonnder auch was einer Jedenn Oberckeit In peinlichen straffen, zu rattenn vnnd zu handeln geburet, derhalb der Rechtvorstenndigen vnnd ausserhalb der partheien Costen Raths gebrauchen sollen, Damit nymandts vnrecht beschee als auch zu diesenn grossenn sachenn grosser vleis gehört, Darumb dann In solcher vberfarung vnwissenheit, die pillich gewist, oder erfarenn wirdt nit ent-schuldigenn. Des also Richter vnnd

Schopffen, vnnd derselbigen obrigckeit, hiemit gewarnnet sein sollen.

Die »*Vorrede des peinlichen halssgerichts*« vom Jahre 1532, der Carolina, stimmt zwar bis zu der mit † bezeichneten Stelle so ziemlich genau mit der Vorrede des zweiten Projekts überein, doch dürfte es geeignet sein, sie hier unverkürzt folgen zu lassen:

Wir Karl der fünfft vönn gotts gnaden Römischer Keyser zu allen zeitten merer des Reichs, König inn Germanien, zu Castilien, zu Arragon, zu Legion, beyder Sicilien, zu Hierusalem, zu Hungern, zu Dalmatien, zu Croatien, Nauarra, zu Granaten zu Tolleten, zu Valentz, zu Gallicien, Maioricarum, Hispalis, Sardinie, Cordube, Corsice, Murcie, Giennis, Algarbien, Algeziere, zu Gibraltaris, vnd der Insulen Canarie, auch der Insulen Indiarum vnnd terre firme, des meers Oceani etc. Ertzhertzog zu Osterreich, Hertzog zu Burgundi, zu Lotterick, zu Brabandt, zu Steyer, Kernten, zu Crain, Limpurg, Gelden, Wirtemberg, Calabrien, Athenarum, Neopatrie, Graue zu Habspurg, zu Flandern, zu Tyrol, zu Gortz, Parsilonl, zu Arthois, zu Burgundi, Pfaltzgraff inn Henegaw, zu Holand, zu Seeland, zu Pfirdt, zu Kiburgk, zu Namur, zu Rossilion, zu Ceritan, vnd zu Züthphen, Landtgraff inn Elsas, Margraff zu Burgaw, zu Oristani, zu Gotiani, vnd des heyligen Römischen Reichs Fürst zu Schwaben, zu Cathalonia, Asturia etc. Herr inn Friesslandt, auff der Windischen marck, zu Portenaw, zu Biscaia, zu Molin, zu Salins, zu Tripoli, vnd zu Mecheln. Bekennen öffentlich, Nachdem durch vnsere vnd des heyligen Reichs Churfürsten, Fürsten vnnd andere Stende, stattlich an vnns gelangt, wie imm Römischen Reich teutscher Nation, altem gebrauch vnnd herkommen nach, die meynsten peinlich gericht mit personen, die vnsere Kayserliche recht nit gelert, efarn oder Übung haben, besetzt werden, Vnnd das auss dem selben an viel orten offtermals wider recht vnd gute vernunfft gehandelt, vnnd entweder die vnschuldigen gepeinigt vnd getödt, oder aber die schuldigen, durch vnordentliche geuerliche vnd verlengerliche handlung den peinlichen klegern, vnd gemeynem nutz zu grossem nachtheyl gefristet, weggeschoben vnd erledigt werden, vnd das nach gelegenheyt Teutscher land inn disen allen, altem langwirigem gebrauch vnnd herkomen nach, die peinlichen gericht an manchen orten, mit rechtuerständigen erfarn vnd geübten personen nit besetzt werden mögen (†). Demnach haben wir sampt Churfürsten, Fürsten vnd Stende auss gnedigem geneygtem willen etlichen gelerten trefflichen erfaren personen beuolhen eyn begrieff, wie vnd welcher gestalt inn peinlichen Sachen, vnd rechtfertigungen, dem rechten und billicheyt am gemessten gehandelt werden mag, zumachen inn eyn form zusammen zu ziehen Welchs wir also inn druck zubringen verschafft haben, dass alle vnd jede vnser vnnd des Reichs vnderthanen sich hinfürter inn peinlichen Sachen, inn bedenckung der gross vnd ferligkeyt der selben, jetzt angezeygten begrieff, dem gemeynen rechten, billicheyt vnd loblichen herbrachten gebreuchen gemess halten mögen, wie eyn jetlicher on zweifel für sich selbst zuthun geneygt, vnd desshalben von dem Almechtigen belonung zu empfahen verhofft. Doch wollen wir durch dise gnedige erinnerung Churfürsten Fürsten vnd Stenden, an jren alten wolherbrachten rechtmessigen vnnd billichen gebreuchen, nichts benommen haben.«

So interessant auch der Gegenstand ist, es würde zu viel Raum beanspruchen und überdies auch die uns gebotenen Grenzen stofflich überschreiten, wollten wir hier diese Gesetze und Entwürfe vollinhaltlich vergleichend anführen. Wir werden uns daher begnügen, solches nur zu tun, soweit es die Artikel über Tortur und das damit in enger Verbindung stehende Zauberwesen betrifft, glauben aber, auch einige Artikel, welche die Organisation des Gerichtes betreffen, vor allem anführen zu sollen. Der Kürze wegen wollen wir diese vier Schriften mit **B.** (Bamberger H.-G.-O:), **P. I** (Projekt I), **P. II** (Projekt II) und **C.** (Carolina) bezeichnen. **B.** beginnt mit Artikel III, weil die Vorrede mit I und II bezeichnet ist. Die anderen beginnen alle mit I. Er lautet:

B. Von Richtern vnd Vrteylern. Item erstlich Setzen orden vnd wollen wir, das all vnser vnd vnsers Stifts halssgericht mit tüglichen, Richtern vnd vrteilern versehen vnd besetzt werden, So tüglichst, beste vnd meyst dieselbigen nach gelegenheid ydes orts mögen bekomen vnd gehabt werden.

P. I, Artikel I ist gleich lautend mit B. III und nur um einiges unserer heutigen Schreib- und Sprechweise nähergerückt. Erweiterter jedoch finden wir P. II, wo Artikel I lautet:

»Item erstlich, Sezenn ordnen vnnd wollen wir, dass alle peinliche gericht mit Richtern, vrteilern, vnd gerichtsschreibern versehenn vnd besetzt werden sollen von edlenn vnedlen, auch gelertenn, Souer die zu bekommen oder sonst andern, so tüglichst vnnd best dieselben nach gelegennheit Jedes orths, bekomen vnnd gehabt werden mogen.

Vnd dieweil sich dann ein zeithero, an etzlich ortten, etlich vom adel vnd andere den sollich gericht eigener person ambsthalber, vnnd sonnst zu besizenn, geburth, sich by sollichen gerichtenn zu sizen gewegert dadurch dan das vbel, meremale vngestrafft pliebenn ist, Wollen wir das dieselben Diweil Inen doch solch gerichts besizung, an Irer achtbarckeit, oder standt, gantz kein nachteil geberenn sol, noch kann, on aynich ferner wegerung sollich peinlich gericht, als richter oder vrteiler selber besiezen sollen.

C. wieder schließt sich hier wie sonst auch enger von **P. II** an. Artikel I lautet:

Von Richtern, vrtheylern und gerichts personen.

I. Item erstlich: setzen: ordnen vnnd wollen wir, dass alle peinlich gericht mit Richtern, vrtheylern vnd gerichtssschreibern, versehen vnd besetzt werden sollen, von frommen, erbarn, verstendigen vnd erfarnen personen, so tugentlichst vnd best die selbigen nach gelegenheyt jedes orts gehabt vnd zubekommen sein. Darzu auch Edeln vnnd gelerten gebraucht werden mögen. Inn dem allem eyn jede oberkeyt möglichen fleiss anwenden soll, damit die peinlichen gericht zum besten verordnet, vnd niemandt vnrecht geschehe, alssdann zu diser grossen Sachen, welche des menschen ehr, leib, leben vnd gut belangen sein, dapffer vnd wol bedachter fleiss, gehörig, darumb dann in solcher vberfarrung niemants mit rechtmessigem vortreglichem grundt seine verlassung vnnd hinlessigkeyt entschuldigen mag, sonder billich derhalb vermöge diser vnser Ordnung gestrafft, des also alle oberkeyt, so peinlich gericht haben, hiemit ernstlich gewarnd sein sollen.

Vnnd dieweil sich dann eyn zeither, an etlichen orten, etlich vom adel, vnd andere, den solche gericht eygner Person ampts halber vnd sunst zu besitzen gebürt, sich bei solchen gerichten zusitzen geweigert, vnd jres standtshalber gescheucht, dadurch dann das übel, mermals vngestrafft bliben ist, So mogen die selbigen, dieweil jnen doch solch gericht-besitzung an jrer achtbarkeyt oder standt ganz keyn nachteyl geberen soll, noch kan, sondern mer zu fürderung der gerechtigkeit, straff der bosshaften, vnd den selben vom adel und ämpter zu ehren reychen, vnd dienen ist, solch peynlich gericht so oft, vnd vil sie nach gestalt der Sachen, für gut und notturftig ansehen wirdet, als Richter vnd vrtheyler selbst besitzen, vnd darin handeln vnd fürnemen, wes sich nach dieser vnser Ordnung eygent vnnd gebürt. Wo aber etliche vom adel, vnd andere solche gericht von altem herkommen, bissanher eygner person besessen, Wollen wir dass die selbigen hinfürter auch on ferrer Weigerung besitzen, vnd solch herkommen vnnd gebreuch in jrer krefften und wesen. bleiben sollen.

B. Annemen der vbelteter von Ampts wegen.

X. Item So vnnser Amptleut oder Richter ymant in peinlichen Sachen vmb beruchtig vbeltat So kein ancleger verhanden were von ampts. wegen anzunemen verfügen würden, Die vbeltat nit offenbar, vnd der gefangen (der also von ampts wegen angenommen wurdet) der beschuldigten mysshandlung in laugen stunde, So sol derselbig gefangen mit peinlicher frag nit angriffen werden es sey dan zuuor redliche anzaigung derselben verdachten missetathalben fur vnsern Richtern desselben halssgerichts und vier gezworn des gerichts dermassen bracht, wie durch den Sechsundzweinczigisten artickel vnd in etlichen pletern nechst darnach vollende von Redlicher anzaigung peynlicher fraghalben funden wirdet, vnd das darauf die obgemelten verordenten person solche anzaigung bey iren pflichten zu peynlicher frag gnugsam rechtlich erkennen vnd sol in diesem fall So von ampts wegen gehandelt würdet, der Amptmann Castner vnd Richter den argkwan vnd verdacht ausserhalb icztgemelter erkenntnus, für gnugsam nit anzunemen haben, als in dem anderen nachuolgenden fall (So einer durch einen ancleger eingebracht ist) gescheen mage.

XI. Item so die gemelten vrteiler in bestimbter erkantnus zweyfelich würden, ob des fürbrachten arckwons vnd Verdachts zu peinlicher frag gnugsam were, oder nit, So sollen die desshalben Rate bey vnsern Reten suchen, vnd doch vnser Rete in sölichem Ratsuchen alle vmbstend vnd gelegenheit ires argkwons eigentlich in schrifften berichten.

XII. Item so auch des gefangen, der von Ampts wegen einbracht were herschafft oder freunde, vnsern Richter mitsambt den vrteileren vor irer erkanntnuss ersuchten vnd beten, ir erkanntnuss (den argkwon vnd verdacht betreffende) nit zuthun, sie hetten dann zuuörderst desshalben Rate bey vnsern werntlichen hoffreten gehabt, So dan des angezogen arckwans vnd verdachtsshalb vor unserm Richter und den zugeordenten vrteileren alles einbringen gescheen were, so sollen sie vff ersuchen das also von des gefangen wegen geschee jnberürter sachen vor irer erkentnus bey vnsern weltlichen hoffreten Rate zusuchen schuldig sein. Ob sie sunst das Zuthun nit in willen hetten.

XIII. Item wo aber vnser vnd der vnsern offen vynde und beschediger oder derselben helffer gefencklich einkommen, vnd durch verzugk der peinlichen frage derselben vbeltetter gesellen gewarnet, vnd dauon komen, oder schnelle erfarung etwas ob den veynden vnd beschedigeren geschafft werden möcht, So dann die vnsern die den gefangen annemen, auss Redlichen guten vrsachen den gefangen obgemelter beschedigung halben für schuldig gehalten, so mugen sie in solchen fellen vnd sunst nit, on weiter ratsuchen vnd erkentnus gegem gemeltem gefangen peinlich frage nach gelegenheit vnd nodtturft der sachen gebrauchen, yedoch, so sollen dannochst die vnnsern in solichen fellen auch fleissig achtung haben, damit sie nymand on redlich vorgeende anczeigung der missetat mit peinlicher frag beswern vnd vnrecht thun, Sunder das sie wan es nachmals zu schulden köme, vor vnsern Reten sovil mögen anzeigen, vnd furbringen damit unser Rete erkennen, mögen, das die peinlich frage auf redlichem arckwon vnd verdacht, (wie durch den Sechssundzweinczigisten artickel Dauon gesaczt ist) Auch desshalben auss guten vrsachen gescheen sey, wann zu solichen grossen Sachen des menschen gesuntheit leben vnd blut betreffende, Sunder grosser vleis gehoret, vnd ist besser den schuldigen ledig zulassen dann den vnschuldigen zum tode zuuerdampnen, So sol auch der bekentnis so auss marter geschicht, nit glaubt noch yemant darauf zu peinlicher straff verurteilt werden So nit vor der peinlichen frag redlich anzeigung der missetat erfunden sein.

XIV. Item So die missetat einer todstraffhalben gruntlich oder aber desshalb redliche anzeigung, dauon vorberürt ist, erfunden würdet So solle es der peinlichen frage halben, vnd aller erkundigung so zu erfyndung der warheit dinstlich ist auch mit der rechtuertigung vff des tetters bekennen gehalten werden, wie clerlich hernach von den yhenen, die vff ancleger einbracht werden, geschriben, vnd geordent ist.

XV. Item wölt aber ein solcher gefangner der verdachten missetat on oder durch peinlich frage, nit bekentlich sein, vnd er doch derselbigen vberwisen werden möcht, So solt es mit derselbigen Weisung vnd rechtuertigung darauf der todtstraff halben gehalten werden wie clerlich hernach geseezt ist, von den yhenen, die durch ancleger einbracht werden.

XVI. Item so aber ein person einer gnugsamen vnzweifenlichen, vberwunden vnd erfunden missetat halben nach laut diser vnser Ordnung von amtsswegen entlich an ihrem leib oder glidern gestraft werden solt, Also das dieselbig straff, nit zum tode oder weniger gefenknus solcher straff sol es sunderlich auch gehalten werden, als yn dem Zweyhundert vnd Zwen vnd zweinzigisten artickel angezeigt funden wurdt.

P. I Annemen der vbelthetter, von der obrykeyt vnd Amptswegen.

VI. Item so jemant, einer Vbelthatt berüchtigt vnnd derhalb durch, dy obrikeytt amptshalb angenomenn wurdtt, vnnd der Missthat jnn laugenn steht, der soll doch mit peinlicher Frag nitt angegrieffenn werdenn, Es sey dan zuuor Redlich annzeigung vnnd vermuttung derselbenn missthat halb uff jne bracht, vnnd bewiesen, wie hernach am .... Artikel annfahend .... funden wurdett.

Artikel VII gleicht Artikel XI. der C.

VIII. Item so auch des gefangenen der von der obrikeit vnd ampts wegenn, einbracht were, herschafft, freundte, oder beistennder denn Richter, mit sampt den vrteilern vor Irer vrteil, oder erkanthnus ersuchenn vnnd bittenn wurdenn, Irer erkanthnus, den argkwon vnnd verdacht betreffendt, nit zu thun, oder zu eroffnen Sie hettenn dan zuuorderst deshalber Rath bey obgemelter Irer obrigkeit gehabt, So dan des angezogenen, arckwons vnnd vordachts halbenn vor dem Richter, vnnd denn zugeordennthen vrteilern, alles einbringen gescheen were, So sollen sie auf ersuchenn, das also vonn des gefangen wegenn, bescheen, In berurtter sachenn, vor Irer erkanthnus bey sollicher obrigkeit rath zu suchenn, schuldig sein, Ob Sy sonnst das zuthun nit In willen hetten, doch souer die Richter, nit vormercktenn, das die Rathsuchung geferlicher weiss zu Verzugk der sachenn, auch merer Costenn vfzutreibenn beschee. Welche die obgedachtenn freundtschaft vnnd beystendter, auch mit dem aidt erhaltenn s llenn.

IX. Item so die missthat einer todtstraffhalb, kundtlich, oder aber desshalb Redlich annzeigung dauon vor berurt ist, erfunden wurdt, so soll es der peinlichenn frag halben, vnnd aller erkundigung, so zu erfiendung der warheit dienstlich jst, auch mit der Rechtferttigung vff des thetters bekennenn gehalttenn werdenn, wie clerlich hernach vonn den Ihenen, dy vff ancleger einbracht werden, geschriebenn vnnd geordnet ist.

X. Item wollt aber ein solcher gefangner, der verdachten misstaat, on oder durch peinlich frag, nit bekentlich sein, vnd er doch desselbigen vberwiesen werdenn mocht, So soll es mit derselbigen weyssung vnnd Rechtferttigung darauff, der todtstraff halbenn gehaltenn werdenn, wie auch clerlich hernach gesatzt ist, vonn den Ihenenn dy durch ancleger einbracht werdenn.

XI. Item so aber ein personn einer genügsamen vnzweiffenlichenn vberwundenn vnnd erfundenn missthat halben, nach laut dieser vnser vnnd des heyigen Reichs ordnung, vonn der Obrikeytt vnd Ampts wegenn, endtlich ann Irem leyb oder glidrenn gestrafft werdenn soltt, also das dieselbig straff nit zum tode oder ewiger gefencknus fürgenomen wurdt, mit erkentnus solcher Straff, soll es sonderlich auch gehaltenn werdenn, als in ..... Artikel anfahend ..... anngezeigt funden wurdet.

P. II Annemen der angegebenen vbelthatten von der oberckeit vnd ambts wegenn.

VI. Item So Jemandt, einer vbelthat beruchtiget, vnnd derhalb durch die oberckeit amptshalbenn angenomen wurdt, vnd der missethat, In laugnung stehet, der sol doch mit peinlicher Frage nit angriffen werden, Es sey dann zuuor redlich, vnd derhalbenn gnugsamer anzaigung oder vormuttung vonn wegenn derselbenn missethat, auf Ine bracht vnnd bewiesen, Wie hernach am Sechzehenndenn art. anfahendt Item wo der clager, denn argkwan vnnd verdacht, bewiesenn hat etc. funden wurdt.

VII. Item so die gemeltenn vrteyler in bestimbter erkanthnus zweiuelich wurdenn, ob des furbrachtenn arckwone, vnnd Verdachts zu peinlicher frags gnugsam were oder nit So sollenn die desshalbenn, Raths bei der obrigkeit, so der Ende, on Mittel die peinlich straf hat, suchenn, vnnd doch dieselbenn Obrigkeit In solchem Rath suchen, aller vmstende vnnd gelegenhait Irs erfarens, des Verdachts aigentlich In schrifftenn berichtenn.

IX. Item so die missenthat, einer thodtstraf halber, kundtlich oder aber desshalben redlich anzaigung, dauon vorberurt ist, erfunden wirdt, So sol es der peinlichen frag, vnnd aller erkundigung halbenn so zu erfindung der warheit dienstlich ist auch mit Rechtfertigung vff des thetters bekennen, gehalten werdenn, Wie clerlich hernach von den Ihenen, die auf anclag einbracht werden, geschriebenn vnnd geordnet ist.

X. Item wolt aber ein sollischer gefangener der verdachtenn missenthat, on oder durch peinlich frag, nit bekentlich sein vnnd er doch desselben vberwiesenn werden mochte So sol es mit derselbigen Weisung vnnd Rechtfertigung darauf der thodstraff halben gehaltenn werdenn, wie auch clerlich nachgesatzt ist, vonn den Ihenen, die durch ancleger einbracht werdenn.

XI. Item so aber ein personn, einer gnugsamen vnzweifelichenn, vberwundenen, vnd erfundenen missenthat halben, nach laut dieser vnser vnd des heiligen Reichs ordenung, von der obrigkeit vnnd ampts wegenn, endtlich, an Irenn leip odern gliedern gestrafft werden solt, also das dieselbig straf nit zum thode, oder ewiger gefenknus furgenomen wurde, mit erkanthnus sollicher straf sol es sunderlich auch gehaltenn werdenn, als im 43ten articul anfahendt Item so der vordacht helicher vngewonnlicher, vnnd geferlicher wrüss, bei den thetternn gesehenn werdenn etc. angezeigt erfunden wurdt.

C. Annemen der angegeben übelthetter von der oberkey vnnd ampts wegen.

VI. Item so jemandt eyner übelthat durch gemeynen leumut, berüchtiget, oder andere glaubwirdige anzeygung verdacht vnd argkwonig, vnnd derhalb durch die oberkeyt vonn ampts halben angenommen würde, der soll doch mit peinlicher frage, nit angegriffen werden, es sei dann zuvor redlich, vnd derhalb genügsame anzeygung vnnd Vermutung von wegen derselben missenthat auff jnen glaubwirdig gemacht. Dazu soll auch eyn jeder richter, inn disen grossen Sachen vor der peinlichen frag, souil müglich vnd nach gestalt vnd gelegenheyt eyner jeden Sachen, beschehen kan, sich erkundigen, vnd fleissig nachfragens haben, ob die missethat darumb der angenommen berüchtiget vnnd verdacht, auch beschehen sei oder nit, wie hernach inn diser vnser Ordnung ferner erfunden wirdet.

VII. Item so die gemelten urteyler inn bestimpter erkanntnuss zweiuelich würden, ob des fürbrachten argkwons vnd Verdachts zu peinlicher frage genugsam wer oder nit. So sollen, die desshalben radts bei der oberkeyt; so der ende one mittel die peinlichen oberkeyt der straff hat, oder sunst an enden vnnd orten wie zu endt diser vnser Ordnung angezeygt suchen, vnnd doch die selben oberkeit inn solchem radtsuchen, aller vmbstende vnd gelegenheyt jres erfarens des Verdachts eygentlichen inn schrifften berichten.

VIII. Item so die missethat eyner todtstraff halben kündtlich, oder aber deshalb redlich anzeygung, wie dauon vor berürt ist, erfunden wirdt, So soll es der peinlichen frag vnd aller erkundigung halben, so zur erfindung der warheyt dinstlich ist, auch mit rechtfertigung auff das thetters bekennen, gehalten werden, wie klerlich hernach von den von den jhnen die auff ankleger einbracht werden, geschriben vnd geordnet ist.

IX. Item wolt aber eyn solcher gefangner der verdachten missethat one oder durch peinliche frag nit bekenntlich sein, vnd er doch des selben überwisen werden mocht, So soll es mit derselbigen weisung vnd rechtfertigung darauff, der todtstraff halben gehalten werden, wie auch klerlich hernach gesatzt ist von den jhnen die durch ankleger einbracht werden.

X. Item so aber ein person, eyner genügsamen vnzweifenlichen überwunden, vnnd erfunden missethat halben, nach laut diser vnser vnd des heiligen Reichs Ordnung, von der oberkeyt vnd ampts wegen entlich an jrem leib oder glidern gestrafft werden solte, also dieselbig straff nit zum todt oder weniger gefencknuss fürgenommen würd, mit erkanntnuss solcher straff, imm hundert vnd sechs vnnd neuntzigsten artikel anfahend. Item so ein person etc. angezeygt, erfunden wirt.

XIII. Kapitel

Ankläger und Beklagter – Anzeichen – Peinliche Frage – Argwohn – Was zur peinlichen Frage genügt – Schwere Verbrechen – Diebstahl – Zauberei – Fragen ohne Tortur – Leugnen – Vergebliche Folterung

Wir setzen hier die Anführung der für unseren Gegenstand wichtigen Stellen aus den vier genannten Gesetzesschriften fort:

***B.** Vonn Burgschafft des anclegers So der beclagt, der tat bekentlich ist, vnd redlich entschuldigung solcher tathalb furgibt.*

XX. Item So aber der Tetter der tat onlaugen were, aber desshalb redlich entschuldigung die in, wo er die bewise von peinlicher straff entledigen mochten, anzeiget vnd im aber der ancleger sölicher seiner fürgewanten vrsach vnd entschuldigung nit gestünde, So sol der ancleger in sölichem fall dannest notdurfftiglichen auch nach gelegenheit der person vnd Sachen vnd erkentnus vnsers Ambtmanns Castners vnd Richters oder zweyer auss ine nach notdurfft verbürgen, wo der beclagt sölche entschuldigung also aussfüren würde, das er der verclagten tathalb nit peinlich straff verwürckt hette, Im alssdan vmb solich gefencklich einbringen Schmach vnnd scheden vor vnsern hoffretten endtlichs Burgerlichs Rechten zu pflegen, vnd darczu alle gerichts cost ausszurichten, vnd sol fürter mit aussfurung der endtschuldigten tat wie hernach in dem hunderten vnd Sechsvndsibenzigsten artickel dauon geschriben stet, gehalten vnnd gehandelt werden, vnd in diesem fall vor sölicher aussfurung vnd Sunder erkentnus peinliche frage nit gepraucht werden.

***P. I.** Vonn burgschafft des anclegers so der beclagt der that bekenttlich ist, vnd redlich enttschuldigung solcher that halb furgiebtt.*

XIV. Item so aber der Thetter der thatt onn laugen were, Aber desshalb Redlich entschuldigung, dye jne, wo er die bewiess vonn peinlicher straff, entledigenn mochtenn anzeigett, vnnd jme aber der ancleger solcher seiner furgewandten Vrsachenn, vnnd enttschuldigting, nit gestunde. So soll der ancleger, jn solchem fall, dannest auch nach gelegennheittt der person ond sachenn, vnnd erkanthnus des Richters vnnd vier gerichtsschopfenn, nach notturfft verpurgen, wo der beclagt solche entschuldigung also ausfuren wurde, Das er der beclagtenn that halbenn, nit peinlich straff verwurckt hette, Ime alssdan, vmb solch gefennckliche anbringen, schmach vnd schedenn, vor der oberkayt solichs gerichts enndtlichs bürgerlichen rechtenss zupflegenn, vnnd darzu alle gerichts Kostenn ausszurichttenn, vnnd soll furter mit ausfurung der entschuldigtenn that, wie hernach jun dem ... Artickel anfahend etc. dauon geschriebenn steht, gehaltenn, vnnd gehanndelt werdenn, vnnd inn diesem fall, vor sollcher aussfurung vnd sonder erkanntthnus peinlich straff nit gebraucht werden.

P. II. Vonn burgschafft des anclagers so der beclagte der that bekenntlich ist, vnd redelich entschuldigung solcher that halb furgibt.

XIV. Item so der thetter der that an laugnen were, aber desshalben redennlich entschuldigung, die Ime wo er die bewiess vonn peinlicher straff entledigenn möcht, anzaigen vnd Ine aber der cleger, solcher seinen furgewendten vrsachen, vnd entschuldigung nit gestundt, So sol der anclager, In sollichem falle, Dannocht auch nach gelegenhait, der personen vnnd Sachen vnnd erkanthnus des Richters, sampt vier gerichts personen oder scheffenn, nach nottdurft verbürgen wo der beclagt solch entschuldigung, also ausfurenn wurde das er der beclagtenn that halben nit peinlich straf verwurcket hett, Ime alsdann vmb sollich gefenglich einbringen, schmach vnd schedenn vor dem gericht endtlichs burgerlichenn Rechtenns zu zu pflegenn vnnd darzu alle gerichts schedenn ausszurichtenn, nach erkanthnus desselbigen gerichts schuldig sein, vnnd sol nach solcher gescheener burgschaft mit ausfurung, der entschuldigtenn that wie hernach In dem hundersten vnd Sieben vnd funfzigisten art. anfahendt Item So Jemandt einer that bekentlich ist, etc. geschrieben steet, gehaltenn vnnd gehandelt werdenn. Vnnd In sollichem fall, vor sollicher ausfurung, vnnd sonnder erkanthnus peinlich frag, nit gebraucht werden.

C. Von bürgschafft des ankläger so der beklagt der thatt bekentlich ist, vnd redlich entschuldigung solcher that halb fürgibt.

XIII. Item so der thetter der that on laugnen wer, aber desshalben redlich entschuldigung, die jn wo er die bewiss von peinlicher straff entledigen mochten, anzeigt, vnd jm aber der anklager solcher seiner fürgewendten vrsachen vnd entschuldigung nit gestund, So soll der ankläger inn solchem fall, dannocht auch nach gelegenheyt der person vnd sachen, vnd erkantnuss des richters, sampt vier gerichts personen, oder schöpffen, nach notturfft verpürgen, wo der beklagt solch entschuldigung also aussfüren würd, dass er der beklagten that halb nit peinlich straff verwürckt hett, jm alssdann vmb solch gefengklich einbringen, schmach vnd scheden, vor gericht wie obgemelt, entlichs bürgerlichen rechtens zupflegen, vnnd darzu alle gerichts scheden auszurichten, nach erkentnuss desselbigen gerichts schuldig sein, vnd soll nach solcher geschehener bürgkschafft mit ausstürung der entschuldigten thatt, wie hernach imm hundert vnd eyn vnd fünfftzigsten artickel anfahend. Item so jemandt eyner thatt bekentlich ist etc. geschrieben stehet, gehalten vnd gehandelt werden, vnd inn diesem fall, vor solcher aussfürung vnd sonder erkantnuss, peinlich frag, nit gebraucht werden.

B. Von den sachen darauss man Redlich anzeigung einer misshandlung Nemen mage.

XXVI. Item in diser halssgerichts Ordnung (als vor vnd nach stet) ist gemeinem Rechten nach, annemens vnd gefencklich haltens auch peinlicher fraghalb der jhnen, so fur misstetter verdacht oder verclagt werden, vnd des nit gestendig sein, auf redlich anzeygung warczeichen, argkwan vnd verdacht der mysshandlung gesaczt, die selben sach oder warzeichen, so ein Redliche gnugsame anzeigung argkwan oder verdacht geben, sein nit möglich alle zubeschreiben, damit aber dannocht die amptleüt richter vnd vrteiler (So sunst diser sach nicht bericht sein) dester bass mercken mögen, war auss ein redliche anzeigung argkwon oder verdacht einer misshandlung komen, So sein desshalb die nachfolgenden vmstende, und felle geseczt daraus ein yeder verstendiger gar wol vrsach auch gleichnus einer redlichen anzeigung argkwonss oder Verdachts (wie das ein yeder nach seinem teütsch nennet) erkennen kan.

P. I. Vonn den sachen darauss man redlich anzeigung einer Misshandlung nemen mag.

XIX. Item Inn dieser vnnser vnnd des heyigen Reichs peinlichenn gerichtsordnungenn, als vor vnnd nachstett, ist gemeinem Rechtenn nach, annemens vnnd gefencklichs haltens, auch peinlicher frag halb, der Ihenenn, so für Missthetter, verdacht oder verclagt werdenn, vnnd des nit gestendig sein, auff redlich annzeigung, warzeichenn arckwann vnd verdachtt, der Misshandlung gesatzt, dyselben sach, oder warzeichen, so ein Redlich genugsam anzeigung, arckhwan oder verdacht gebenn, Sein nit möglich alle zubeschreyben, damit aber dannoch dye Amptleut, Richter vnnd vrteyler, so sonst dieser sach nit bericht sein, desterbas mercken mogen, waraus ein Redlich anzeigung, arckwann oder verdacht einer Misshandlung komen, so sein desshalb dy nachuolgenden gleichnus einer Redlichenn anzeigung, arckhwannss oder Verdachts, wie das ein jeder nach seinem teutschenn nennet, oder erkennen kann, hernach gesetztt.

P. II. Vonn den Sachen daraus man redlich antzaig einer misshandlung nemen magk.

Item In dieser, vnnser vnd des heiligen Reichs peinlichen gerichtsordnung, als vor vnnd nachstehet Ist gemeinen rechten nach, annhemens vnnd gefenglichs enthaltens, auch peinlicher frag halben, der Ihenen so für missenthetter verdacht, vnnd verklagt werden, vnnd des nit gestendig sein usw. wie in der Carolina.

C. Von den sachen darauss man redlich anzeygung einer eyner misshandlung, nemen mag.

XVIII. Item inn diser vnser des heiligen Reichs peinlichen gerichts ordnungen (als vor vnnd nach steht) ist gemeinem rechten nach annemens vnnd gefencklichs haltens, auch peinlicher frag halb der jhnen, so für missthetter verdacht vnd verklagt werden, vnnd des nit gestendig sein, auff redlich anzeygung, warzeychen arkwon, vnd verdacht, der misshandlung gesetzt, die selben sach oder warzeychen, so eyn redlich genugsam anzeygen arkwon oder verdacht geben, seindt nit müglich alle zubeschreiben, Damit aber dennocht die amptleut, richter vnnd vrtheyler, so sunst dieser sach nit bericht sein, desterbass merken mögen, worauss eyn redlich anzeygung, argkwon oder verdacht, eyner misshandlung kommen, so seindt desshalben die nachuolgenden gleichnuss eyner redlichen anzeygung argkwons oder Verdachts wie das eyn jeder nach seinem teutschen nennen oder erkennen kan, hernach gesetzt.

B. Von begreiffung des wortleins anzeigung.

XXVII. Item wo wir nachmals redlich anzeigung melden, da wöllen wir alwegen redliche warzeichen argkwan vnd verdacht auch gemeint haben, vnd damit übrige wörtter abschneiden.

Das on redliche anzeigung nyemant peynlich sol gefragt werden.

XXVIII. Item ob yemant peinlich gefragt würde vnd nicht zuuor redliche anzeigung der mysstat, danach man also fraget (als nach stet) zuuordorst aussfündig gamacht würde, vnd dann auss solcher marter bekenntnus, sol nit glaubt noch yemant darauf verurteilt werden wann das wider das Recht were.

P. I und **P. II** XX und XXI gleichen **B.** XXVII und XXVIII.

C. Von begreiffung des wortleins anzeigung.

XIX. Item wo wir nachmals redlich anzeygen melden, da wöllen wir alwegen, redlich warzeichen, argkwon, verdacht, vnd Vermutung auch gemeynt haben, vnd damit die überigen Wörter abschneiden.

Das on redliche anzeygung niemant soll peinlich gefragt werden.

XX. Item wo nit zuuor redlich anzeigen der missthat darnach man fragen wolt vorhanden, vnnd beweist wurde, soll niemants gefragt werden, vnd ob auch gleich wol, auss der marter die missethat kekant wurd, So soll doch der nit geglaubt noch jemants darauff verurtheylt Wo auch eyniche oberkeyt oder richter in solchem überfüren, Sollen, die dem so also wider recht, on die bewisen anzeygung, gemartert wer, seiner schmach schmertzen, kosten vnd schaden, der gebüre ergetzung zuthun schuldig sein. §. Es soll auch keyn oberkeyt oder richter inn disem fall, keyn vrphede helffen, schützen oder schirmen, dass der gepeinigt sein schmach, schmertzen, kosten vnd schaden mit recht, doch alle thetliche handlung aussgeschlossen, wie recht nit suchen möge.

Als höchst bemerkenswert muss hervorgehoben werden, dass der nachfolgende Artikel in der **B.** nicht vorhanden ist. Doch man sehe Artikel **C. XXXI** der **B.**

P. I. *Vonn anzeigung der, dy, war zusagen, sich vntersteenn.*

XXII. Item es soll auch, auff der dy aus Zauberey oder andern kunstenn, warzusagenn sich anmassenn, anzeigen, nyemant zu gefencknus oder peinlicher frag angenomen, Sonder dieselbenn, sollen darumb gestrafft werden.

P. II. Artikel XXII gleicht dem nachfolgenden Art. XXI der C: Von anzeygung der die mit Zauberei, warzusagen vnderstehn.

Item es soll auch auff der anzeygen, die aus Zauberei oder andern künsten, warzusagen sich anmassen niemants zu gefencknus oder peinlicher frag angenomen, Sonder dieselben angemasten warsäger, vnd ankläger sollen darumb gestrafft werden.

So auch der richter darüber, auff solche der warsäger angeben, weither fürfüre, soll er den gemarterten, kosten, schmertzen, iniurien vnd schaden, wie inn nechst obgesatzten artikel gemelt, abzulegen schuldig sein.

B. Das auf anzeigung einer missetat allein peinlich Frag vnd nit ander peinlich straff sol erkant werden.

XXIX. Item es ist auch zumercken das nyemant auf eyncherley anzeygung argkwon, warzeichen oder verdacht entlich zu peynlicher straff sol verurteilt werden Sünder allein mag man peynlich darauf fragen So die anzeigung (als hernach funden würdet) gnugsam ist, wan sol yemant entlich zu peynlicher straff verurteilt werdet, das muss aus eygem bekennen oder beweysung (wie an andern enden in diser Ordnung clerlich funden wurdet) gescheen vnd nit vff Vermutung oder anzeigung.

P. 1. Das vff annzeigung einer Missthat allein peinlich frag, vnd nit annder peinlich straff soll erkant werden.

XXIII. Item es ist auch zumercken, das nyemant vff einicherley anzeigung, arckhwan, warzeichenn, oder verdacht, endtlich zu peinlicher straff soll verurteyltt werdenn, sonnder allein mag man peinlich darauff fragenn, so dy anzeigung als hernach funden wurdt, genugsam jst, wan soll jemant, endtlich zu peinlicher straff verurteyltt werdenn, das mus auss eigem bekennen oder beweysung, wie an andernn enden, Inn dieser Ordnung clerlich funden wurdett bescheen, vnd nit vff vermuttung oder anzeigung.

P. II, Art. XXIII ist ziemlich gleich mit nachfolgendem Art. XXII der C, hat jedoch noch einen Schlusssatz, den wir bei Letzterem einfügen:

Dass auff anzeygung eyner missthat, alleyn peinlich frag, vnd nit ander peinlich straff solt erkent werden.

Item ist auch zuwercken, dass niemant auff eynicherley anzeygung, argkwons warzeichen, oder verdacht, entlich zu peynlicher straff soll verurtheylt werden, sonder alleyn peinlich mag man darauff fragen, so die anzeygung (als hernach funden wirdet) gnugsam ist, dann soll jemant entlich zu peynlicher straff verurtheylt werden, dass muss auss eygen bekennen, oder beweisung (wie an andern enden inn diser Ordnung klerlich funden wirdt) beschehen, vnd nit auff Vermutung oder anzeygung.

P. II. fügt noch hinzu: Es were dann ein solche anzeygung, die im Rechtenn ein gnugsame beweisung mache wie obenn im igten artickel auch gemeldet ist.

B. Wie die gnugsam anzeygung einer missthat bewisen so werden.

XXX. Item ein yede gnugsame anzeygung, darauf man peinlich fragen mag, sol mit zweyen guten zeugen bewiesen werden (als in dem viervndsibenzigsten artickel von gnugsamer weysung geschriben stet) Aber so die hawbtsach der missetat mit einem gutem zeugen bewisen wirdet, dieselbig halb Weisung macht eine gnugsame anzeygung, als hernach in dem Sibenunddreissigisten artickel funden wirdet.

P. I. Wie die genugsam anzeygung einer Missthat bewiesenn wer denn soll.

XXIV. Item ein jede genügsame anzeigung, darauff man peinlich fragenn mag, Soll mit zweyen guttenn zeugenn bewiesenn werden, als jnn dem ... Artickel anfahend ... vonn genügsamer beweysung geschriebenn steet, Aber so die Hauptsach der Missthat mit einem guttenn zeugenn bewiesen wurdet, dieselbig halb weysung, macht ein genugsam annzeigung, als hernach jm ... Artickel funden wurdet.

P. II. Art. XXV gleicht C. Art. XXIII; dieser lautet:

Wie die gnugsam anzeygung eyner missethat bewisen werden sollen.

XXIII. Item eyn jede gnugsame anzeigung darauff man peinlichen fragen mag, soll mit zweyen guten zeugenn bewiesen werden, wie dann inn etlichen artikeln darnach von gnugsamer beweisung geschrieben steht. Aber so die hauptsach der missethat mit eynen guten zeugen bewiesen würd, die selb, als eyn halb beweisung, macht eyn gnugsam anzeigung als hernach inn dem dreissigsten artikel anfahend. Item eyn halb beweisung, als so einer inn der hauptsach etc. funden wirdt.

B. Von Gemein argkwenigkeiten vnd anzeygungen So sich vff alle missetat ziehen.

Erstlich von argkwenigen teilen mit angehangner erclerung wie und wann die ein redlich anzeygung machen mogen.

XXXII. Item So man der anzeygung, die in vil nachgesaczten artickeln gemelt, vnd zu peinlicher frag gnugsam geordent sein, nit gehaben mag, So sol man erfarung haben, nach den nachfolgenden vnd der gleichen argkwenigen vmstenden So man nit alle beschreiben kan † Erstlich ob der verdacht ein soliche verwegne oder leichtuertige person von pösen leümat vnd gerucht sey, das man sich der missetat zu ir versehen möge oder ob dieselbig person der gleichen missetat vormals mer geubt, vnsterstanden habe, oder gezigen worden worden sey, doch sol sölcher boser leümat nit von veinhden oder leichtuerdigen leüten, sunder von vnparteilichen redlichen leuten komen † Zum andern ob die verdacht person an geferlichen orten vnd stetten auch zu geuerlicher zeit gesehen worden were, darauss man sie der tat zuuerdencken vrsach nemen mochte, † Zum dritten ob ein Tetter in der tat oder dweil er auf dem weg darczu oder dauon gewest, besichtigt worden ist, Man sol aufmerckung haben, ob die verdacht person eine solche gestalt, kleider, waffen, pferdt, oder anders habe, als der tetter obgemelter massen geseen wurdet, † Zum vierdten ob die verdacht verson bei solchen leuten wonung oder geselschaft haben, die der gleichen mysstat vben, † Zum funfften sol man in beschedigungen oder verleczungen war nemen, ob die verdacht person auss neide veindtschafft oder gewartung eynicherley nucz zu der gedachten mysstat vrsach nemen moch, † Zum sechsten So ein verleczter oder beschedigter auss etlichen vrsachen, yemant der mysstat selbst zeyheit, darauf stirbt oder bei seinem Eidt betewert, † Zum Sibenten so einer, einer mystathalb fluchtig wurdt, † Zum achten, So ein erfundener mysstetter yemant in peynlicher frage besaget, vnd die recht ordnung (als hernach in dem Achtunddreissigsten artickel gesagt ist) in derselben frage nit gehalten wurdet.

P. 1. Vonn gemeinen arckewnigkeyten vnnd anzeigungen so sich vff alle Missthat ziehenn.

Erstlich vonn arckwenigenn teylenn, mit anhangender erclerung, wie vnnd wan, dy ein redlich annzeigenn, machenn mogenn.

XXVI. Item so man der anzeigung die jnn viel nachgesatztenn Artickell gemelt, vnnd zu peinlicher frag, genugsam geordent sein, nit gehabenn mag, so soll man erfarung habenn, nach den nachuolgenden vnnd dergleichenn arckwenigen vmbstenden, so man nit alle beschreyben kan, Erstlich ob der verdachtt, ein solche verwegne oder leichtferttige person, von bösen leumut vnnd gerucht sey, das man sich der Missthat, zu ir versehenn möge, oder ob dieselbig person, dergleichenn Missthat vormals mer geübt vntterstanden hab, oder geziegenn werdenn, sey doch soll solcher böser leumut, nit vonn feinden, oder leichtterttigen leutten, sonnder vonn vnpartheylichen Redlichenn leutten komenn,

Zum Andernn, ob dy gedacht personn, ann geuerlichen ortten, jnn des zuerdenckenn vrsach geben mocht,

Zum dritten, ob ein thetter, jnn der thatt, oder dhweyl er vff dem weg, darzu oder dauon gewest, besichtigt worden ist, Man soll auffmerckung haben, ob die verdacht person, eine solche gestalt, cleider, waffen pferdt, oder anders hab, als der thetter obgemeltter massenn gesehenn wordenn,

Zum vierdten, ob die verdacht personn, bei solchen leutten, wonung oder geselschafft hab, die dergleich missthat vbenn,

Zum fonfftenn soll man inn beschedigung oder Verletzungen warnemen, ob die verdacht person, aus neid feindtschafft oder gewarttung einicherley nutzs, zu der gedachten Missthat vrsach nemen mochtt,

Zum sechsten, so ein verletzter oder beschedigtter, aus ettlichenn vrsachenn, Jemant der Missthat selbst zeihet, darauff stirbt, oder bey seinem eyd betheuert,

Zum sibendttenn, so einer, einer Missthat halb flüchtig wurdtt.

Projekt II ist hier, wie auch sonst in vielen Fällen, textlich der Carolina gleich, von unbedeutenden Kleinigkeiten abgesehen. Wir werden daher den Wortlaut von P. II nunmehr nur dann anführen, wenn ein nennenswerter Unterschied vorhanden ist. Eben dasselbe mag für Projekt I in Beziehung auf B. gelten.

C. Von gemeynen argkwonen vnd anzeygungen, so sich auff alle missethat ziehen.

XXV. Erstlich von argkwonigen teylen mit anhangender erklerung, wie vnnd wann die eyn redliche anzeygung machen mögen.

Item so man der anzeygung die inn vil nachgesatzten artickeln gemelt, vnd zu peinlicher frage gnugsam verordent sein, nicht gehaben mag, So soll man erfarung haben, nach den nachuolgenden vnnd dergleichen argwonigen vmbstenden, so man nit alle beschreiben kan.

§ Erstlich ob der Verdacht eyn solche verwegene oder leichtfertige person, von bösem leumut vnd gerücht sei, dass man sich der missethat zu jr versehen möge, oder ob die selbig person, dergleichen missethat vormals geübt, vnderstanden habe, oder beziegen worden sei. Doch soll solcher böser leumut nit von feinden oder leichtuertigen leuten, sondern von vnpartheilichen redlichen leuten kommen.

§ Zum andern, ob die verdacht person, an geuerlichen orten, zu der that verdechtlich gefunden, oder betretten würde.

§ Zum dritten, ob eyn thetter in der thattt, oder die weil er auff dem wegdarzu oder dauon gewest, gesehen worden, und imm fall so er nit erkant were, Soll man auffmerckung haben, ob die verdacht person eyn solche gestalt, kleyder, waffen, pferde, oder anders habe, als der thetter obbemelter massen, gesehen worden.

§ Zum vierdten, ob die verdacht person, bei solchen leuten wonung oder gesellschaft habe, die der gleichen missethat üben.

§ Zum fünfften, soll man in beschedigungen, oder Verletzungen, warnemen, ob die verdacht person auss neidt, feindtschafft, vor geender trawe, oder gewartung eynicher nutz zu der gedachten missethat vrsach nemen möcht.

§ Zum sechssten, so eyn verletzter oder beschedigter, auss etlichen vrsachen jemant der missethat selbs zeihet, darauff stirbt oder bei seinem eyde betewret.

§ Zum sibenden, so jemant, eyner missethat halb flüchtig würd.

Zum achten. 1)

XXVI. Item so eyner mit dem andern umb gross gut rechtet, dass darzu der merertheyl seiner narung habe, vnd Vermögens antrifft, der wirt für einen missganner vnd grossen feindt seines widertheils geacht, Darumb so der widertheyl heymlich ermordet wirdet, ist eyn Vermutung wider disen theyl, dass er solchen mordt gethan habe, vnd wo sunst die person jres wesens verdechtlich wer dass er den mort gethon, die mag man wo er derhalb nit redlich entschuldigung hett, gefenglich annemen vnd peinlich fragen.

Eyn regel wann die vorgemelten argkwonigen theyl oder stück samentlich oder sonderlich eyn gnugsam anzeygen zu peinlicher frage machen.

XXVII. Item imm nechsten obgesatzten artickel werden acht argkwonigen theyl oder stück, von anzeigung peinlicher frag, funden, der selbigen argkwonigen theyl, oder stuck ist keynes alleyn zu redlicher anzeygung darauff peinlich frag mag gebraucht werden gnugsam. Wo aber solcher argkwonigen theyl oder stück etlich beieynander auff jemant erfunden werden So sollen die jhnen (den peinlicher frag halber zuerkennen vnnd zu handeln gebürt) ermessen ob die selben obbestimpten oder dergleichen erfunden argkwonigen theyl oder stück, souil redlich anzeygung der verdachten missethat thun mögen, als die nachuolgenden artickel, der eyn jeder alleyn, eyn redlich anzeygung macht, vnd zu peinlicher frag gnugsam ist.

Aber eyn regel inn obgemelten sachen.

XXVIII. Item mer ist zu bedencken, wann jemant eyner missethat mit etlichen argkwonigen theylen oder stücken (als vorsteht) verdacht wirdet, das alweg zweyerley gar eben war genommen werden soll. Erstlich der erfunden argkwonigkeyt, Zum andern, was die verdacht person, gutter vermuttung, die sie von der missethat entschuldigen mögen, für sich hab. Vnd so dann darauss ermessen mag werden, dass die vrsachen des argkwons grösser feind dann die vrsach der entschuldigung so mag alssdann peinlich frag gebreucht werden. Wo aber die vrsachen der entschuldigung eyn merer ansehen vnd achtung heben, dann etliche geringe argwonigkeyt, so erfunden sein, So soll die peinlich frag nit gebraucht werden. Und so inn disen dingen gezweifelt würde, sollen die jhenen so peinlicher frag halber zuerkennen vnd zu handeln gebürt, bei den rechtuerstendigen vnnd an enden und orten wie zu ende diser vnser ordnung angezeygt, radts pflegen.

Gerneyn anzeygung der jetliche alleyn, zu peinlicher frag gnugsam ist.

Item so eyner inn übung der thatt, etwas verleust oder hinder jm ligen oder fallen lest, dass man hernachmals finden vnd ermessen mag dass es des thetters gewesen ist, mit erkundigung, wer solchs am nechsten vor der Verlust gehabt hat, ist peinlich zu fragen[2], er würde dann etwas dargegen fürwenden, wo es sich erfünde oder bewiesen würde, dass es bemelten argkwon ableynet, alsdann soll die selb entschuldigung, vor aller peinlicher frage zuerfahren fürgenommen werden.

Item eyn halbe beweisung, als so eyner inn der hauptsach die missethat gründtlich mit eynem eyntzigen guten tugentlichen zeuge (als hernach von guten zeugen und Weisungen gesagt ist) beweiset, das heyst vnd ist eyn halb beweisung, vnd solche halbe beweisung, macht auch eyn redliche anzeygung, argkwon oder verdacht der missethat. Aber so eyner etlich vmbstende, warzeychen, anzeygung, argkwon, oder verdacht beweisen will, Das soll er zum allerwenigsten mit zweyen guten tüglichen vnuerwürfflichen zeugen thun.

Item so eyn überwundner missthetter, der inn seiner missethat helffer gehabt, jemant in der gefengknuss besagt, der jm zu seinen geübten erfunden missthatten geholffen haben, ist anch ein argkwonigkeyt wider den besagten, sofern bei solcher besagung nachuolgende vmbstende vnd ding gehalten vnd erfunden werden, §. Erstlich, dass dem sager, die beklagt person, inn der marter mit namen nicht fürgehalten, vnnd also auff die selbig person sonderlich nit gefragt oder gemartert worden sei, sonder dass er in eyner gemeyn gefraget, wer jm zu seinen missthatten geholfften, den besagten von jm selbs bedacht vnd benant habe. §. Zum andern, gebürt sich dass der selb sogar gar eygentlich gefragt werd, wie, wo, vnd wann, jm der besagt geholffen, vnd was geselschafft er mit jm gehabt habe, vnd in solchem soll man den sager fragen, aller müglicher und nottürfftiger vmstende, die nach gelegenheyt vnd gestalt jeder sach, aller best zu nachuolgender erfindung der warheyt dienstlich sein mögen, die alhie nit alle beschrieben werden, aber eyn jeder fleissiger vnd verstendiger selbst wol bedenken kan. §. Zum dritten gebürt sich zuerkunden ob der sager inn sonder feindtschafft, vnwillen, oder widerwertigkeyt mit dem versagten stehe. Dann wo solch feindtschafft, vnwillen oder widerwertigkeyt öffentlich were oder erkündigt würde, so wer dem sager, solche sag, wider den besagten nit zuglauben, er zeygt dann, desshalb sunst, so glaublich redlich vrsach vnd warzeychen an, die man auch inn erkundigung erfünde, die eyn redlich anzeygung machen. §. Zum vierdten, dass die besagt person also argwönig sei, dass man sich der besagten missthat zu jr versehen möge. §. Zum fünfften, so soll der sager, auff der besagung, bestendig bleiben, jedoch so haben etlich beichtuätter eyn missbrauch, dass sie die armen inn der beicht vnderweisen, jr sag so sie mit warheyt gethan haben, am letsten zu widerruffen, Das soll man souil das gesein kan, bei den beichtuätter fürkommen, wann niemant gezimpt, wider eynen gemeynen nutz den übelthättern jre bossheyt decken zuhelffen, die den vnschuldigen menschen zu nachtheyl kommen mag. Wo aber der sager sein besagung oder dargeben, am letsten widerrufft, die er doch vor mit guten erzelten vmbstenden gethan hett, vnd geacht mocht werden, er wolt seinen helffern damit zu gut handeln, oder dass er vielleicht des durch seinen beichtuatter als obgemelt ist, vnderwisen wer, alsdann muss man ansehen des sagers anzeygte vnd andere erkundigte vmstende, vnnd darauss ermessen, ob die versagung eyn redlich anzeygung der missethatt, geb oder nit. Vnd in solchem ist sonderlich auch eyn aufsehens zuhaben vnd zuerfahren, den guten oder bösen standt vnd leumut des versagten, und was gemeynschafft oder geselschafft er mit dem Versager gehabt habe.

XXXII. Item so eyner, wie vor von gantzer Weisung gesagt ist, gnugsam überwiesen wirdet, dass er von jm selbs rums oder andere weiss, vngenötter ding gesagt hett, dass er die beklagten oder verdachte missethatt gethan, oder solche missethat vor der geschieht zuthun gedrohen hett, vnd die thatt auch darauff inn kurtzer Zeit eruolgt wer, vnd es wer eyn solche person, dass man sich der selben thatt zu jr versehen mag, würd auch für ein redlich anzeygung der missethat gehalten, vnd ist peinlich darauff zufragen.

Von anzeygung: so sich auff sonderlich missethatten ziehen, vnd ist ejn jeder Artikel, zu redlicher anzeygung, der selben missethat gnugsam, vnd darauff peinlich zu fragen.

Von mordt der heymlichen geschieht gnugsam anzeigung.

XXXIII. Item so der verdacht vnnd beklagt des mords halber vmb die selbig zeit, als der mordt geschehen verdechtlicher weiss, mit blutigen kleydern, oder waffen gesehen wotden, Oder ob er des ermordten habe, genommen, verkaufft, vergeben, oder noch pei jm hett, das ist für eyn redlich anzeygen vnd peinlich frage zugebrauchen, er kündte dann solchen verdacht mit glaublicher anzeyge oder beweisuno ableynen, dass sol vor aller peinlicher frag gehört werden.

Von öffentlichen todtschlägen, so inn schlahen oder rumoren vnder vilen leutten geschehen, das niemant gethan will haben, gnugsam anzeygung.

XXXIV. Item todtschleg, so inn offenbaren schlahen oder rumoren beschehen, des niemant thetter sein will. Ist dann der verdacht bei dem schlahen, auch mit dem entleibten widerwertig gewest, sein messer gewonnen, vnd auff den entleibten gestochen, gehawen, oder sunst mit geuerlichen streychen geschlahen hat, Solchs ist ein redliche anzeygung, der geübten thatt halber vnd peinlich zu fragen[1)] vnd wirdt solcher verdacht, noch mer gestreckt wo seyn weehr blutig gesehen worden wer.[2)] Wo aber solcher oder dergleichen nit vorhanden, ob er dann gleich vngeuerlicher weiss bei dem handel gewesen, soll er peinlich nit gefragt werden.

Von heimlichem kinder haben, vnd tödten durch jre mütter, gnugsam anzeygung.

XXXV. Item so man eyn dirn so für eyn jungfraw geht, imm argkwon hat, dass sie heymlich eyn kindt gehabt vnnd ertödt habe, soll man sonderlich erkunden, ob sie mit einem grossen vngewonlichen leib gesehen worden sei, Mer, ob jr der leib kleiner worden, vnd darnach bleych vnnd schwach gewest sei. So solchs vnd dergleichen erfunden wirdet, wo dann die selbig dirnn eyn person ist, darzu man sich der verdachten thatt versehen mag, Soll sie durch verstendig frawen an heymlichen stetten, als zu weiter erfahrung dienstlich ist, besichtigt werden, würd sie dann daselbst auch argkwönig erfunden, vnd will der thatt dannocht nit bekennen, mag man sie peinlich fragen.

XXXVI. Item wo aber das kindtlein, so kürztlich ertödt worden ist, dass der mutter die milch inn den prüsten noch nit vergangen, die mag an prüsten gemolcken werden, welcher dann inn den prüsten recht vollkommene milch funden wirdet, die hat desshalb eyn starck Vermutung peinlicher frag halber wider sich, Nach dem aber etliche leibärtzt sagen, das auss etlichen natürlichen vrsachen etwann eyne, die keyn kindt getragen, milch inn prüsten haben möge, darumb so sich eyn drinn inn disen feilen also entschuldigt, soll desshalb durch die hebammen oder sunst weither erfarung geschehen.

Von heymlichem vergeben gnugsam anzeygung.

XXXVII. Item so der verdacht überwiesen würde, dass er gifft kaufft, oder sunst damit vmbgangen, vnd der verdacht, mit dem vergifften, inn vneynigkeyt gewest, oder aber vonn seinem todt, vortheyls oder nutz wartend wer, oder sunst eyn leichtfertig person, zu der man sich der that versehen möcht, das man eyn redlich anzeygung, der missthat er kündt dann mit glaublichem schein anzeygen, dass er solch gifft zu andern vnstrafflichen Sachen gebraucht hett, oder gebrauchen wollen.

Item so eyner gifft kaufft, vnd des vor der oberkeyt inn laugnen stund, vnd doch des kauffs überwiesen würd, macht auch gnugsam vrsach zu fragen, warzu er solch gifft gebraucht oder brauchen wollen.

Item es sollen auch alle oberkeyten an jeden orten, die apotecker vnd ander, so gifft verkauften, oder damit hantieren, inn glübt vnd eyde nemen, dass sie niemandts eynich gifft verkauften noch zustellen, on anzeigen, vorwissen vnd erlaubung derselben oberkeyt.

Von verdacht der rauber gnugsam anzeyge.

XXXVIII. Item so erfunden wirdet, dass jemandt der gütter, so geraubt sein, bei jm, oder dieselben verkaufft, übergeben, oder inn ander gestalt damit verdechtlicher weiss gehandelt, vnd seinen verkaufter vnd wermann nit anzeygen wolt, der hat ein redlichs anzeygen solch raubs halber wider sich, dieweil er nit ausfündig macht, dass er nit gewist, dass solch gütter geraubt seien, sonder die mit eynem guten glauben an sich bracht habe.

XXXIX. Item so reysig oder fussknecht gewonlich bei den wirten ligen, vnd zern, vnd nit solche redliche dienst, handtierung oder gült die sie haben, anzeygen können, dauon sie solch zerung zimlich thun mögen, die seindt argkwönig vnd allermeyst, zu rauberey, als sonderlich aus vnserm vnd des Reichs gemeynen landtfrieden zumerken, darinnen gesatzt ist, dass man solche buben nit leiden, sonder annemen, hertiglich fragen vnd vrab jre misshandel mit ernst strafen soll, dessgleichen soll eyn jede oberkeyt auff die verdechtigen betler vnnd landferer auch fleissig auffsehens haben.

Von gnugsamen verdacht derjhenen so raubern oder dieben helffen.

XL. Item so eyner wissentlich vnd geuerlicher weiss von geraubtem oder gestolnem gut, beut oder theyl nimbt, oder so eyner die thetter wissentlich vnd geuerlicher weiss etzt oder drenckt, auch die thetter oder obgemelt vnrecht gut gar oder zum theyl wissentlich annimpt, heymlich verbirg, beherbergt, verkaufft oder vertreibt, oder so yemant den thettern, sunst in andere dergleichen weg, geuerlich fürderung, radt oder beistandt thut, oder inn iren thatten vnzimlich gemeinschafft mit jn hette, Ist auch eyn anzeygung peinlich zufragen.

Item so eyner gefangen heymlich helt, die jm entlauffen, vnnd anzeygen, wo sie gelegen seindt, mher so eyn verdechtlicher dem man inn der sach nit vil guts vertrawet, aber partheilig vnd auff der thetter seitten, auss guten vrsachen helt, one vorwissen des gefangen oberkyt vertreg umb Schätzung macht, vnd die Schätzung innimpt oder bürg darüber wirdet, dise ding alle, inn beyden obbemelten artikeln, samentlich vnd sunderlich, seindt warzeychen, die eyn redlich anzeygung der missthettigen hilff halber machen vnnd peinlich zufragen.

Von heymlichem Prandt gnugsam anzeygung.

XLI. Item so eyner eyns heymlichen prandst verdacht, oder beklagt würde, wo dann der selbig sunst eyn argkwonig gesell ist, vnd man sich erkunden mag, das er kürztlich vor dem prandt, heiiger vnd verdechtlicher weiss, mit vngewonlichen verdechtlichen geuerlichen feuerwercken, damit man heimlich zu brennen pflegt, vmbgangen ist, das er solchs zu vnstraffliehen Sachen gebraucht oder gebrauchen wöllen.

Von verretterey gnugsam anzeygung.

XLII. Item so der verdacht heliger vngewonlicher vnd geferlicher weiss, bei denjhenigen, denen er verraten zu haben inn verdacht steht, gesehen worden, vnd sich doch stellet, als sei er vor denselben vnsicher, vnd ist eyn person darzu man sich solchs versehen mag, ist ein anzeygung zu peinlicher frag.

Von gnugsam verdacht der dieberrey.

XLIII. Item so der diebstal, bei dem verdachten gefunden oder erfarn wirdet, dass er den gar, oder zum theyl gehabt, verkaufft, vergeben, oder onworden habe, vnnd seinen verkaufter vnd wermann nit anzeygen wolt, So hatt derselbig eyn redlich anzeygen der missethat wider sich, dieweil er nit aussfürt, dass er solche gütter, vngeuerlicher unstrefflicher weiss mit eynem guten glauben an sich bracht habe.

Item so der diebstal, mit sondern sperr, oder brech zeugen, beschehen wer, so dann der verdacht am selben ende gewest, vnnd mit solchen geuerlichen sperr oder brech zeugen vmbgangen, damit der diebstal beschehen, vnd der verdacht eyn solche person ist, darzu man sich der missthat versehen mag, ist peinlich frag zu gebrauchen.

Item so eyn mercklicher grosser diebstal geschieht, vnd jemant des verdacht wirdet, der nach der thatt, mit seinem aussgeben, reichlicher erfunden wirdet, dann sunst ausserhalb des diebstals sein vermügen sein kan, vnd der verdacht nit ander gut vrsachen anzeygen kan, wo jm das angezeygt argkwonig gut herkommen, Ist es dann eyn solche person zu der man sich der missethat versieht, so ist redlich anzeygung der missethat wider sie vorhanden.

Von zauberey gnugsam anzeygung.

XLIV. Item so jemandt sich erbeut andere menschen Zauberei zn lernen, oder jemands zu bezaubern bedrahet vnd dem bedraheten dergleichen beschicht, auch sonderlich gemeynschafft mit zaubern oder zauberin hat, oder mit solchen verdechtlichen dingen, geberden vnd weisen, umbgeht, die zauberey auf sich tragen, vnd die selbig person des selben sonst auch berüchtigt, das gibt eyn redlich anzeygung der zauberey, vnd gnugsam vrsach zu peinlicher frage.

Von peinlicher frag.

XLV. Item so der argkwon vnnd verdacht eyner beklagten vnd verneynten misshandlung, als vorsteht erfunden vnd für bewisen angenommen oder bewisen erkant würd, So soll dem ancleger auff sein begern, alssdann eyn tag zu peinlicher frage benant werden.

XLVI. Item so man dann den gefangen peinlich fragen will, von ampts wegen, oder auff ansuchen des klagers, soll der reibig zuuor inn gegenwurtigkeyt des Richters, zweyer des gerichts vnd des gerichtschreibers fleissiglich zu rede gehalten werden mit Worten, die nach gelegenheyt der person, vnd Sachen zu weitherer erfarung der übelthat oder argkwönigkeit allerbast dienen mögen, auch mit bedrohung der marter bespracht werden, ob er der beschultigten missethat bekentlich sei oder nit, vnnd was jm solcher missthat halber bewüst sei, vnd was er alssdann bekent, oder verneint, soll auffgeschrieben werden.

Aussfürung der vnschuldt vor der peinlichen frage zu ermanen, vnnd weitherer handlung darauff.

XLVII. Item so inn dem jetzgemelten fall, der beklagt, die angezogen übelthat verneynt, so soll jm alssdann fürgehalten werden, ob er anzeygen kündt, dass er der auffgelegten missethatt vnschuldig sei, vnnd man soll den gefangen sonderlich erinnern, ob er kunt weisen vnd anzeygen, dass er auff die zeit, als die angezogen missethatt geschehen, bei leuten, auch an enden oder orten gewest sei, dardurch verstanden, dass er der verdachten missethat nit gethan haben kundt, Vnnd solcher erinnerung ist darumb not, dass mancher auss eynfalt oder schrecken, nit fürzuschlagen weist, ob er gleich vnschuldig ist, wie er sich des entschuldigen vnd aussfüren soll. Vnd so der gefangen berürter massen oder mit andern dienstlichen vrsachen, sein vnschuldt anzeygt solcher angezeygten entschuldigung, so sich alssdann der Richter auff des verklagten oder seiner freundschafft kosten, auff das fürderlich erkundigen, oder aber auff Zulassung des Richters die zeugen so der gefangen oder seine freund desshalb stellen wolten, wie sich gebürt, vnd hernach von Weisung an dem zween vnd sechtzigsten artikel anfahendt. Item wo der beklagt nichts bekennen etc. vnd inn etlichen artickeln darnach gesatzt ist, auff jr beger verhört werden, solche obgemelte kundtschaft stellung, auch den gefangen, oder seinen freundten, oder aberkant auff jr begern on gut rechtmessig vrsach nit abgeschlagen, oder aberkant werden soll.[5] Wo aber der verklagt, oder sein freundtschafft solchen obgedachten kosten, armut halber nit ertragen, oder erleiden mocht, damit dann nichts destminder das übel gestrafft oder der vnschuldig wider recht nit übereilt werde, so soll die oberkeyt oder das gericht den kosten darlegen, vnnd der richter, imm rechten fürfaren.

Item so inn der jetztgemelten erfarung des beklagten vnschuldig nit funden wirdet, soll er alssdann auff vorgemelt erfindung redlichs argkwons oder Verdachts peinlich gefragt werden inn gegenwertigkeyt des Richters, vnd zum wenigsten zweyer des gerichts vnd des gerichts schreibers, vnd wes sich der vrgicht oder sein bekanntnuss vnnd aller erkundigung findet, soll eygentlich aufgeschrieben, dem kleger souil jn betrifft eroffent vnd aufi sein beger abschrift gegeben, vnd geuerlich nit verzogen oder verhalten werden.[6)]

Wie die ihenen: so auss peinlichen fragen einer missethat bekennen, nachuolgendts weither ausserhalb marter vmb vnderricht gefragt werden sollen.

Erstlich vom mordt.

XLVIII. Item so der gefragt so der angezogen missethat durch die marter, als vorsteht, bekenntlich ist, vnd sein bekanntnuss auffgeschrieben wirdet, So sollen jnen die verhörer seiner bekanntnuss halber gar vnderschiedlich (wie zum theil hernach berürt wirdet) vnnd dergleichen so zu erfarung der warheyt dinstlich, fleissig fragen, vnnd nemlihh bekent er eyns mordts, man soll in fragen, auss was vrsachen er die thatt gethan, auff welchen tag vnd stund, auch an welchem endt, ob jm jemandts vnd wer jm darzu geholffen, Auch wo er den todten hin vergraben oder gethan, mit was waffen solcher mordt besechehen sei, wie vnnd was er dem todten für schlege oder wunden geben oder gehawen, oder sunsten vmbbracht habe, was der ermordt bei jm gehapt von gelt oder anderm, vnd was er jm genommen, wo er auch solche nam hingethan verkaufft, vergeben, anworden oder verborgen habe, vnd solch frag ziehen sich auch inn vil stückken wol auff rauber und dieb jm genommen, wo er auch solche man hingethan, verkaufft, vergeben, anworden, oder verborgen habe, vnd solch frag ziehen sich auch inn vil stücken wol auff rauber vnd dieb.

So der gefragt verreterey bekent.

XLIX. Item bekent der gefangen verreterey, man soll jn fragen, wer jn darzu bestelt, vnnd was er darumb entpfangen, auch wo, wie, vnnd wann solchs beschehen sei, vnd was jn darzu verursacht habe.

Auff bekentnuss von vergifftung.

L. Item bekent der gefragt, dass er jemandt vergifft habe, oder vergifften wollen, Man soll jn auch fragen aller vrsachen vnd vmstende (als obsteht) vnd des mher, was jn darzu bewegt, auch wo mit, vnd wie er die vergifftung gebraucht, oder zu gebrauchen vorgehabt, vnnd wo er solch gifft bekommen, und wer jm darzu geholffen, oder geraten habe.

So der gefragt eyn brandt bekent.

LI. Item bekennt der gefragt eyn brandt, man soll jnen sonderlich der vrsach, zeit, vnd gesellschaft halb (als obsteht fragen) vnnd des mer mit was feurwerck er den brandt gethan, von wem, wie oder wo er solch feurwerck oder den zeug darzu zu wegen bracht habe.

So die gefragt person zauberey bekent.

LII. Item bekent jemandt zauberey, man soll auch nach den vrsachen vnnd vmbstenden, als obsteht fragen, vnd des mer, wo mit, wie und wan, die zauberey beschehen mit was worten oder wercken. So dann die gefragt person anzeygt, dass sie etwas eingraben, oder behalten hett dass zu solcher zauberey dienstlich sein solt, Man soll darnach suchen ob man solchs finden kundt, wer aber solchs mit andern dingen, durch wort oder werck gethan, Man soll dieselben auch ermessen, ob sie zuberey auff jnen tragen.[7] Sie soll auch zufragen sein, vonn wem sie solch zauberey gelernt, vnd wie sie daran kommen sei ob sie auch solch zauberey gegen mer personen gebraucht und gegen wem, was Schadens auch damit geschehen sei.

Von gemeynen vnbenanten fragstucken, auff bekandtnuss die auss marter geschieht.

LIII. Item aus den obgemelten kurtzen vnderrichten kan eyn jeder verstendiger wol mercken, was nach gelegenheyt jeder Sachen auff die bekannten missethat des gefragten weither vnd mer zufragen sei, das zu erfarung der warheyt dienstlich ist, welchs alles zu lang zubeschreiben wer, Aber eyn jeder verstendiger, aus dem obgemelten anzeygen wol vorsteht, wie er solche beifrag inn andern feilen thun soll, Darumb solch warzeichen vnd umstende von dem jhnen der ein missethat bekent hat, gefragt werden, die keyn vnschuldiger wissen oder sagen kan, vnnd wie gefragt die fürgehalten vnderschiedt erzelt, soll auch eygentlich auffgeschrieben werden.

Von nachfrag vnd erkundung der bösen bekanten vmbstenden.

LIV. Item so vnbgemelt fragstuck auff bekanntnuss die auss oder on marter geschieht gebraucht werden, So soll alsdann der richter an die end schicken, vnnd nach den vmstenden, so der gefragt, der bekanten missethat halber erzelt hat souil zu gewissheyt der warheit dienstlich, mit allem fleiss fragen lassen ob die bekanntnus der obberürten vmbstende war sein oder nit, dann so eyner anzeygt die mass vnnd form der missethat als vor zum theyl gemelt ist, vnd sich die selben vmbstende also erfinden, so ist daraus wol zumereken, dass der gefragt die bekanten missethat gethon hat, sonderlich so er solch vmbstende sagt, die sich inn der geschieht haben begeben, die keyn vnschuldiger wissen kan.

Wo die bekanten vmstende der missethat inn erkundigung nit wahr erfunden würden.

LV. Item erfindet sich aber inn obgemelter erkundigung, dass die bekannten vmstende nit wahr weren, solch vnwarheit soll man dem gefangen fürhalten jn mit ernstlichen worten darumb straffen, vnd mag jn alssdann mit peinlicher frag auch zum andern mal angreiffen, damit er die obangezeygten vmbstende, recht vnd mit der warheyt anzeyge, dann je zu zeitten die schuldigen die vmbstende der missethat unwarlich anzeygen, vnd vermeynen sie wollen sich damit vnschuldig machen, so die erkundigung nit wahr erfunden werden.

Keynem gefangen die vmbstende der missethat vor zusagen, sonder jn die gantz von jm selbst sagen lassen.

LVI. Item inn den vordem artickeln ist klärlich gesetzt, wie man eynen, der einer missethat die zweifelig ist, auss marter oder bedrohung der marter bekennt, nach allen vmstenden derselben missethat fragen, vnd darauf erkundigung thun, und also auff den grundt der warheyt kommen etc. solchs würdet aber etwa damit verderbt, wann den gefangen jnn annemen oder fragen, die selben vmstende der missethat vorgesagt vnd darauff gefragt werden. Darumb wollen wir das die richter sokhs fürkommen, dass es nit geschehe, sondern den verklagten nit anders vor oder inn der frag, fürgehalten werde, dann nach der weiss als klerlich inn den vorgeenden artickeln, geschrieben steht.

Item der gefangen soll auch zum minsten über den andern, oder mer tag nach der martcr, vnd seiner bekanntnuss nach gutbedunckcn des richters in die büttelstuben oder ander gemach für den bann richter, vnnd zwen des gerichts gefürt, vnd jm sein bekentnuss durch den gerichtschreiber fürgelesen, vnd jm alsdann anderwerd darauff gefragt, ob sein bekantnuss wahr sei, vnnd was er darzu sagt auch auffgeschrieben werden.

So der gefangen vor bekanter missethat wider laugnet.

LVII. Item wo der gefangen der vorbekanten missethat laugnet, vnnd doch der argkwon, als vorsteht, vor augen wer, so soll man jn wider inn gefengknuss füren, vnd doch mit erfarung der vmbstende, als vorsteht, inn al weg fleissig sein nach dem der grund peinlicher frage, darauff steht.[8] Es wer dann dass der gefangen solche vrsachen seines leugnes fürwendet, dadurch der Richter bewegt würde, zu glauben, dass der gefangen solch bekantnuss auss irrsal gethan, alsdann mag der Richter den seihen gefangen, zu aussfürung und beweisung solchs irrsals zulassen.

Von der mass peinlicher frage.

LVIII. Item die peinlich frag soll nach gelegenheyt des argkwons der person, vil, offt oder wenig, hart oder linder nach ermessung eyn guten vernünftigen Richters, fürgenommen werden, vnd soll die sag des gefragten nit angenommen oder aufgeschnben werden, so er inn der marter, sondern soll sein sag thun, so er von der marter gelassen ist.

So der arm, den man fragen will geuerlich wunden hat.

LIX. Item ob der beklagt geuerlich wunden oder ander scheden, an seinem leib hett, so soll die peinlich frag dermassen gegen jm fürgenommen werden, damit er an solchen verwunden oder scheden am minsten verletzt würde.

Eyn beschluss, wann der bekanntnuss, so auf peinliche frag beschicht, entlich zuglauben ist.

LV. Item so auff erfundene redlich anzeygung eyner missethat halb, peinlich frag fürgenommen, auch auff bekentnuss des gefragten, wie das selbig alles inn den vorgeenden artickeln klerlich gesatzt ist, fleissige mögliche erkundigung vnnd nachfrage beschicht, vnnd inn der selben, bekenter thatt halb solche warheyt befunden wird, die keyn vnschuldiger also sagen vnnd wissen kundt, alssdann ist derselben bekenntnus vnzweiffelich bestendiger weiss zuglauben, vnd nach gestalt der Sachen peinlich straff darauf zu vertheylen, wie hernach bei dem hundersten vnd vierdten artickel anfahendt. Item so jemant vnsern gemeynen geschriben rechten nach etc. vnnd inn etlichen artickeln, darnach von peinlichen straffen erfunden wirdt.

So der gefangen auff redlichen verdacht mit peinlicher frag angriffen, unnd nit ungerecht funden oder überwunden wirt 9)

LXI. Item so der beklagt, auff eynen solchen argkwon vnd verdacht der zu peinlicher frag (als vorsteht) gnugsam erfunden, peinlich einbracht, mit marter gefragt, vnd doch durch eygen bekenntnuss oder beweisung der beklagten missethat nit überwunden wirdt, haben doch Richter vnd ankleger mit obgemelten ordenlichen vnd inn recht zulessigen, peinlichen fragen, keyn straff verwürckt, dann die bösen erfunden anzeygung, haben der geschehen frag entschuldigte vrsach geben, wann man soll sich nach der sag recht nicht alleyn vor volbringung der übelthat, sondern auch vor aller gestaltnuss des übels, so bösen leumut oder anzeygen der missethat machen, hütten, vnd wer das nit thett, der würde desshalb gemelter seiner beschwerd selbs vrsach sein, Vnd soll in disem fall, der anklager alleyn seinen kosten, vnd der beklagt dergleichen sein atzung, nach dem er seinem verdacht vrsach geben, auch entrichten, vnnd die oberkeyt die überigen gerichts kosten, als für den nachrichter vnd andere diener des gerichts oder gefengknuss halber selbs tragen. Wo aber solch peinlich frag, diser vnnd des heiligen Reichs rechtmessigen Ordnung widerwertig gebraucht würde so weren dieselben Richter, als vrsächer solcher vnbillicher peinlicher frag strafflich, Vnd sollen darumb nach gestalt vnd gelegenheyt der überfarung, wie recht ist, straff vnd abtrag leiden, vnd mögen darumb vor jrem nechsten ordenlichen obergericht gerechtfertigt werden.

Von beweisung der missethat.

LXII. Item wo der beklagt nichts bekennen, und der ankleger, die geklagten misshandlung beweisen wolt, damit soll er, als recht ist, zugelassen werden.

Es folgen nun Anordnungen über Zeugenverhör und anderes, von dem wir hier daher absehen können.

XIV. Kapitel.

Der Beschuldigte vor Gericht – Fürsprecher – Peinliche Strafe – Zauberei, Ketzerei, Majestätsverbrechen – Gerichtsschreiber – Strafen – Schluss der Carolina – Der Nachrichter – Gütereinziehung – Theresiana – Bayerische Malefizordnung – Kursächsische Kriminalordnung

Die nachfolgenden Artikeln der Bamberger Halsordnung sowie der Projekte I und II zur Çarolina und dieser selbst beschäftigen sich mit der Zusammensetzung des Gerichts und dem Verfahren. Aus Artikel LXXXV der C. erfahren wir, wie auch aus den anderen genannten Satzungen »Wann der beklagte offentlich inn den Stock, Pranger oder Halseisen gestellt werden soll.«

LXXXV. Item so wider den beklagten die vrtheyl zu peinlicher straff entlich beschlossen wirdet, wo dann herkommen ist, den übelthetter, dauor oder nach am margk oder platz, etlich zeit öffentlich inn stock, pranger oder halsseisen zu stellen, die selbig gewonheyt soll auch gehalten werden.

Den beklagten für gericht zufüren.

LXXXVI. Item darnach soll der Richter beuelhen dass der verklagt durch den nachrichter vnnd gerichts knecht wol verwart für das gericht bracht werde.

Von beschreien des beklagten.

LXXXVII. Item mit dem beschreien der übelthetter soll es imm selbigen stück auff gegenwertigkeit vnd beger des anklegers nach jedes gerichts guter gewonheyt gehalten werden, Wo aber der beklagt vnschuldig erfunden würde, also das der ankleger dem rechten nit nachkommen wolt, vnnd nit destweniger der beklagt rechts begert, so wer solchs beschreiens nit not.

Bemerkenswert ist ferner, dass die **C.** die Befugnisse des Fürsprechers erweitert. In der **B.** wird nämlich nur bestimmt:

Von Fursprechen.

CI. Item Clegern vnd antworttern sol yedem teyl auff sein begern ein fursprechen auss dem gericht erlaubt werden. Dieselben sollen bey jren eyden die gerechtigkeyt vnd warheyt auch die Ordnung diser vnser Reformacion furdern vnd durch keinerley geferligkeyt mit wissen vnd willen verhindern, oder verkern, das sol jn also durch den richter bey jren pflichten beuolhen werden.

Die **C.** jedoch erweitert diesen Artikel nach Vorbild **P. I** und **II.**

Von fürsprechen.

LXXXVIII. Item klegern vnd antwurtern, soll jedem theyl auft sein begern eyn fürsprech auss dem gericht erlaubt werden, die selben sollen bey jren eyden die gerechtigkeyt vnd warheyt auch die Ordnung die vnser Satzung fürdern, vnd durch keynerley geuerlichkeyt mit wissen vnd willen verhinern oder verkern, das soll jn also durch den Richter bei jren pflichten beuolhen werden, doch das der selbig schöpft der also des anklägers fürsprech gewest, sich hinfürter schliessen die vrtheyl enthalt, vnd die andern richter vnd schöpffen nichts destominder volnfaren sollen, Doch soll inn der kläger vnd antwurter willen stehn jren redner auss den schöpffen, oder sunst zunemen, oder jn selbst zu reden, welcher aber eynen redner ausserhalb der geschwornen gericht schöpffen nimbt, der selb redner soll zuuor dem richter schweren, sich mit solchem seinem reden zuhalten, wie oben inn disem artickel, der fürsprechen halb, so auss den schöffen genommen werden, gesatzt ist.

Dagegen folgt dann in C. ziemlich übereinstimmend mit den anderen:

Item inn dem nechst nachgesatzten artickel, der klag, soll der fürsprech, wo erstlich eyn A. steht des klagers namen, vnd bei dem B. des beklagten namen melden, fürther bei dem C. soll er die übelthat, als mordt, rauberey, dieberey, brandt, oder andere, wie jede that namen hat, auff das kürtzest anzeygen, Vnnd ist nemlich zu mercken, so die klag von ampts wegen geschehen, dass allwegen in eyner jeden solchen klag zu sampt den namen des anklagers, soll also gesetzt werden, Klag von der oberkeyt vnd ampts wegen.

Bitt des fürsprechen der von ampts wegen oder sunst klagt.

LXXXIX. Herr der richter A. der ancleger, klagt zu B. dem übelthetter, so gegenwirtig vor gericht steht der missethat halb so er mit C. geübt, wie solch klag vormals vor euch fürbracht ist, und bitt dass jr derselben klag halb alle einbrachte handlung vnd auffschreiben, wie alles nach löblicher rechtmessiger Kayser Karls des fünfften vnnd des heyligen Reichs peinlichen gerichts ordnung vormals gnugsamlich geschehen, fleissig ermessen wollet, vnnd dass darauff der beklagt vmb die überwunden übelthat, mit entlicher vrtheyl vnd recht peinlich gestrafft werde, wie sich nach Ordnung gemelter gericht gebürt vnd recht ist.

Item wo der fürsprech die obgemelt klag und bitt müntlich nit reden künde, so mag er die schriftlich inn das gericht legen, vnnd also sagen, Herr richter ich bitt euch, jr wollet ewern schreiber des anklägers klag vnnd bitt, auss der eingelegten zettel öffentlich verlesen lassen.

Was vnd wie der beklagt durch seinen fürsprechen bitten lassen mag.

XC. Item wo dann der beklagt der missethat dauor bestendiger weiss bekentlich gewest, oder des gnugsam überwisen worden wer, wie vor von gnugsamer beweisung vnd solchem bestendigen bekennen klärlich gesatzt ist, So mag er nichts anders anders dann vmb gnad bitten oder bitten lassen, hett er aber der missethat also nit bekent, oder wo er die angezogen thatt, vnd derhalben solch vrsachen fürbracht hett, dadurch er verhoffet von peinlicher straff entschuldigt zu werden, so mag er durch seinen fürsprechen bitten lassen wie hernach volgt.

Item wo imm nechsten nachuolgenden artickel eyn B. steht, soll der beklagt, bei dem A. der klager, vnnd bei dem C. die beklagt übelthatt, kürzt gemelt vnd verstanden wnrden.

Herr Richter, B. der beklagt antwurt zu der beklagten missethat, so durch A. als klager, wider jn geschehen ist, die er mit C. geübt haben soll, inn aller massen wie er vormals geantwurt, halb alle handlung vnd auffschreiben, wie dass alles nach löblicher rechtmessiger Kayser Karls des fünfften vnnd des heyligen Reichs peinlichen gerichts ordnung vormals gnugsamlich für vnd einbracht, fleissig wolt ermessen, vnd dass er auff sein erfundene vnschult mit entlicher vrtheyl vnnd recht sampt erstattung des auffgangen gerichtsskosten vnd scheden ledig erkent werde, vnnd der anklager straff und abtrag halb nach laut diser peinlichen Kayserlichen gerichts odnung zu etlichem ausstrag vor dem gericht, als ob angezeygt, verpflichtet werde.

Item wo der erlangt fürsprech dise obgemelte antwurt vnd bit müntlich nit reden kundt, mag er die schrifftlich für den Richter legen vnd dise meynung sagen, Herr Richter ich bitt euch lasst des beklagten antwurt vnd bitt, auss diser eingelegten zettel, ewern Schreiber öffentlich verlesen. Auff solche bitt soll der Richter dem gericht beuelhen die gemelten eingelegten zettel zuuerlesen.

Von verneynnung der missethat die vormals bekent worden ist.

XCI. Item würd der beklagt auff dem entlichen rechttag der missethatt leucknen, die er doch vormals ordenlicher bestendiger weiss bekannt, der Richter auch auss solchem bekanntnuss inn erfarung allerhandt vmbstende souil befunden hett, dass solch leucknen von dem beklagten alleyn zu Verhinderung des rechten würd fürgenommen, wie hieuor im sechss und fünfftzigsten artickel, von bestendiger bekentnuss funden wirt, so soll der Richter die zween geordenten schöpften, so mit im solche verlessne vrgicht vnnd bekanntnuss gehört haben auff jr eyde fragen, ob sie die verlesen vrgicht gehört haben, Vnd sie sie jha darzu sagen, so soll der richter jn*) alwegen bei den rechtuerstendigen oder sunst an orten vnnd enden, als hernachmals angezeygt radts pflegen, vnnd nach dem solche zween schöffen inn disem fall nit als zeugen, sonder als mit Richter handeln, sollen sie derhalb vom gericht oder der vrtheyl nit ausgeschlossen werden.

Bemerkenswert ist ferner, dass Artikel C. ziemlich übereinstimmend mit **B.** Artikel **C.** XXI und **P. I** CV, **P. II** CV ist:

Von vnnotdürfftigen vnnützen geuerlichen fragen so vor gericht beschehen.

C. Item nach dem auch an vnss gelangt ist dass bissher an etlichen peinlichen gerichten, vil überflüssiger frag, vnnd andigung gebraucht, die zu keyner erfarung der warheyt oder gerechtigkeyt not sein sonder alleyn das recht verlengern vnd verhindern, solche vnd andere vnzimliche missbreuch, so das recht on not verziehen oder verhindern, oder die leut gefern, wollen wir auch hiermit auffgehaben vnd abgethan haben, Vnd wo an die oberkeyt gelangt, dass darwider gehandelt wirt, soll sie das ernstlich abschaffen vnnd straffen, so offt das zu schulden kompt.

Ziemlich übereinstimmend ist auch der nachfolgende Artikel, den wir hier in der Fassung der **C.** geben:

Eyn vorrede wie man missethatt peinlich straffen soll.

CIV. Item so jemandt vnsern gemeynen geschriben rechten nach, durch ein Verhandlung das leben verwürckt hat, soll man nach gutter gewonheyt, oder nach Ordnung eynes guten rechtverstendigen richters, so gelegenheyt vnd ergernuss der übelthatt ermessen kan, die form vnd weiss derselben tödtung halten vnd vrtheylen. Aber inn feilen darumb (oder derselben gleichen) vnser Keyserlich recht nit setzen oder zulassen, jemandt zum todt zu straffen, haben wir inn diser vnses vnnd des Reichs ordnung auch keynerley todtstraff gesetzet, aber inn etlichen missthatten, lassen die recht peinlich straff am leib, oder glidern zu, damit dannocht die gestrafften bei dem leben bleiben, Die selben straff man auch erkennen vnd gebrauchen, nach guter gewohnheyt eyns jeden lands, oder aber nach ermessung eyns jeden guten verstendigen richters, als oben von todten geschriben steht, Wann vnser Keyserlich recht etlich peinlich straff setzen, die nach gelegenheyt diser zeit vnd land vnbequem, vnd eyns theyls nach dem buchstaben nit wol müglich zugebrauchen weren, darzu auch die selben recht die form vnd mass, eyner jeglichen peinlichen straff nit anzeygen, sonder auch guter gewonheyt oder erkantnuss verstendiger Richter beuehlen, vne inn der selben willküre setzen, die straff nach gelegenheyt vnd ergernuss der übelthatt, auss lieb der gerechtigkeyt, vnd vmb gemeynes nutz willen zu ordnen vnd zu machen. Aber sonderlich ist zu mercken, inn was Sachen (oder der selben gleichen) vnser Kayserlich recht, keynerley peinlicher straff am leben, ehren, leib oder glidern setzen, oder verhengen, dass Richter vnd vrtheyler darwider auch niemant zum todt oder sunst peinlichen straffen. Vnd damit richter vnd vrtheyler die solcher rechten nit gelert sein, mit erkantnuss selcher straff destoweniger wider die gemelten rechten oder gute zulessig gewonheytten handeln, so wirt hernach vonn etlichen peinlichen straffen, wann vnnd wie die gedachten recht guter gewonheyt vnd vernunfft nach geschehen sollen, gesatzt.

Die Erörterung der festgestellten Strafen liegt bereits außerhalb des Gegenstandes unserer Abhandlung. Wir wollen uns daher begnügen, hiervon nur einiges weniges anzuführen:

In der **B.** ist bestimmt als

Straff der Ketzerey.

CXXX. Item wer durch den ördenlichen geystlichen Richter für einen Ketzer erkannt, und dafür dem weltlichen Richter geantwort wurde, der sol mit dem fewer vom leben zum todt gestrafft werden.

Darüber schweigen jedoch die Projekte sowohl wie die C., dagegen finden wir übereinstimmend **B.** Art. CXXXI, **P. I** und **II** Art. CXV mit **C.** Art. CIX:

Straff der zauberey.

CIX. Item so jemandt den leuten durch zauberey schaden oder nachtheyl zufügt, soll man straffen vom leben zu todt, vnnd man soll straff mit dem fewer thun. Wo aber jemandt zauberey gebraucht, vnnd damit niemant schaden gethan hett, soll sunst gestrafft werden, nach gelegenheit der sach, darinnen die vrtheyler radts gebrauchen sollen, wie vom radt suchen hernach geschriben steht.

Beiläufig sei auch erwähnt, dass **B.** folgende Artikel aufweist, die in den anderen Schriften fehlen:

Straff der jhenen, so die Romischen Keyserlichen oder Königlichen maiestat lestern.

CXXXII. Item so einer Römische Kayserliche oder Königliche maiestat vnser allergenedigiste herren lestert, verbündtnuss öder eynigung wider dieselben maiestat dermassen machet, das er damit zu latein genant Crimen lese maiestatis gethan hat, Sol nach sage der Keyserlichen geschoben recht an seinen eren, leben, vnd gut gestrafft werden, vnd in solchem fall die vrteyler bey den recht gelertten, die rechtlichen Satzung solcher schweren straff erfaren, vnd sich mit jrer vrteyl darnach Richten.

Lesterung die einer sunst seinem herren thut.

CXXXIII. Item lestert einer sunst seinen herren mit wortten oder wercken, der sol (so das peynlich geclagt vnd aussgefürt wurdet) nach gelegenheyt vnd gestalt der lesterung an seinem leyb oder leben nach Rate der rechtuerstendigen gestrafft werden.

Ziemlich übereinstimmend sind auch die hier nach dem Wortlaut der Carolina folgenden Artikel, die den Gerichtsschreiber betreffen:

Von eyner gemeynen bericht, wie die gerichtschreiber die peinlichen gerichtsshändel gentzlich vnd ordenlich beschreiben sollen, volgt inn dem nechsten vnd etlichen artickeln hernach.

CLXXXI. Item eyn jeder gerichtschreiber soll inn peinlichen Sachen bei seiner pflicht alle handlung, so peinlicher klag vnd antwurt halb geschieht, gar eygentlich, vnderschiedlich vnd ordenlich auffschreiben, Vnd nemlich soll die klag des anklägers vor dem verbürgen, das über den beklagten beschicht, oder aber wo der ankleger nit bürgen hett, vnnd derhalben gefengklich bei dem beklagten verhefft wer, inn allweg zuuor aufgeschriben werden, ehe dann peinlich frag oder peinlich handlung gegen dem beklagten geübt würdet. Vnnd soll solchs alles zum wenigsten vor dem Richter oder seinem verweser vnd zweyen des gerichts beschehen, vnd bemelte beschreibung durch den gerichtschreiber des selben gerichts ordenlich vnd vnderschiedlich gethan werden, darnach soll beschriben werden, ob vnd wie der ankläger seiner klag halb, laut diser unser Ordnung zum rechten verbürgt, oder wo er nit bürgen gehaben mag, ob vnd wie er sich vmb volfürung willen des rechten gefengklich hat legen lassen.

CLXXXII. Item weitter, was der beklagt zu solcher klag zu antwurt gibt, so er erstlich on marter derhalb bespracht würde, das sol auch nash derselben klag deschriben werden, vnd soll allwegen durch den Schreiber jar, tag vnd stundt, darauff eyn jede, vor oaei nach berürte handlung beschicht, auch wer jedes mal bei gewest sei, gemelt werden, vnd er der Schreiber soll sich, dass er solchs gehört vnd beschriben hab, mit seinem tauff vnd zunamen selbs auch vnderschreiben.

CLXXXIII. So aber der beklagt der klag inn seiner antwurt laugendt, vnd dem ankleger der beklagten missethatt halber redlich anzeygung (wieuor von solcher redlicher anzeygung gesetzt ist) für zubringen gebürt, was dann der anklager derselben antzeygung oder argwonung halber vor dem gericht oder verordenten schöpffen fürbringt, auch was solcher fürbrachten antzeygung halb noch laut diser ordenung bewisen wirt, soll alles eygentlich, wie vor gemelt, beschriben werden.

CLXXXIV. Wo dann nach laut diser vnser vnd des heyligen Reichs ordnung redlich antzeygung vnd verdacht der missethatt bewisen, erkant, vnd darzu kompt, dass man alssdann, laut diser vnser Ordnung den gefangen erstlich on marter, vnd mit bedrawung der selben besprechen, auch aussfürung seiner vnschuld ermanen soll, was dann daselbst gefragt, ermant vnd entlich geantwurt, auch was darauff alles nach laut diser vnser vnnd des Reichs Ordnung erfaren vnnd erkündigt wirt, soll alles, wie obsteht, auch beschriben werden.

CLXXXV. Vnnd so es zu der peinlichen frag kompt, was dann der beklagt dadurch bekennet, auch was er bekanter that halb vnderschiedt sagt, die zu erfarung der warheyt (wie inn diser vnser Ordnung dauon gesetzt) dienstlich vnd fürtreglich sein, vnnd wes fürter, auch nach laut diser vnser ordnung, von erfarung der warheyt darauff gehandelt vnd erfunden wirt, dass alles vnd jedes insonderheyt soll der gerichtschreiber ordenlich vnnd vnderschiedlich nach eynander beschreiben.

CLXXXVI. Wvrde aber der beklagt auff seinem verneynen der klag bestehn, vnd der anklager die hauptsach der missethatt nach laut dieser ordnung weisen wolt, souil sich dann derhalb inn dem selben gericht zu handien gebürt, das soll der gerichtschreiber auch wie obsteht, fleissig beschreiben. So aber desshalb vorgemelte oberkeit Commissarien geben, die sollen das, so vor jnen gehandelt wird, auch alles vnd wie sich gebürt, beschreiben lassen.

CLXXXVII. Wo aber der beklagt der thatt bekennet, vnd doch solche vrsachen die jn von der thatt entschuldigen möchten, anzeygt, das selbig, auch alle urkundt, kundtschafft, Weisung, erfarung vnd erfindung derhalb, soll auch souil sich inn dem selben peinlichen gericht zu handeln gebürt vnd sunst alles, wie obsteht, beschriben werden.

CLXXXVIII. Ob aber die klag vonn ampts wegen herkeme, vnd nit von sonderlichen anklägern geschehe, wie dann die klag an die Richter kommen, auch was der beklagt darzu antwurt, vnd was fürther inn allen stücken, nach laut diser vnserer ordnung, desshalb gehandelt würdt, soll wie oben inn anderm fall, des anklägers haben gemelt ist, beschriben werden.

CLXXXIX. Vnd soll die beschreibung aller obberürten handlung, sie geschehe von ampts wegen oder auff ankläger, durch eynen jeden gerichtschreiber der peinlichen gericht, vorgemelter massen, gar fleissig vnd vnderschiedlich nacheynander vnd libels weiss geschrieben werden vnd alweg bei jeder handlung, wann die geschehen ist, jar, tag vnd stund, auch wer dabei gewest sei, melden, darzu soll sich der Schreiber selbst, auch wie obsteht dermassen vnderschreiben, dass er solchs alles gehört vnd geschrieben hab, damit auff solch formliche gründtliche beschreibung stattlich vnd sicherlich geurtheylt, oder wo es nott thun würde, darauss nach aller notturfft geradtschlagt werden möge, inn solchem allem soll eyn jeder gerichtschreiber bei seiner pflicht als vorsteht, allen möglichen fleiss thun, auch was gehandelt ist inn geheym halten, vnnd des alles nach laut seiner pflicht verbunden sein. Vnd soll solch gerichtsbuch, oder libel alweg nach endung des gerichts tag beschlossen vnd verwart gehalten werden.

Noch wäre hier, um dem Mitgeteilten eine gewisse Ergänzung zu geben, Nachfolgendes zu wiederholen nötig, das in allen vier genannten Rechtsschriften fast genau übereinstimmt. Es heißt nach dem Wortlaut der Carolina:

Merkt die nachuolgenden beschluss einer jeden vrtheyl.

Zum fewer.

§ Mit dem fewer vom leben zum todt gestrafft werden soll.

Zum schwert.

§ Mit dem schwert vom leben zum todt gestrafft werden soll.

Zu der viertheylung.

§ Durch seinen gantzen leib zu vier stücken zu schnitten vnd zerhawen, vnd also zum todt gestrafft werden soll, vnd sollen solche viertheyl auff gemeyne vier wegstrassen öffentlich gehangen vnd gesteckt werden.

Zum rade.

Mit dem rade durch zerstossung seiner glider vom leben zum todt gericht, und fürter öffentlich darauff gelegt werden sollen.

Zum galgen.

§ An den galgen mit dem sträng oder ketten vom leben zum todt gericht werden soll.

Zum ertrencken.

§ Mit dem Wasser vom leben zum todt gestrafft werden soll.

Vom lebendigen vergraben.

§ Lebendig vergraben und gepfelt werden soll.

Vom schleyffen.

CXCIII. Item wo durch die vorgemelten entlichen vrtheyl eyner zum todt erkennt, beschlossen würde, dass der übelthätter an die richtstatt geschleyfft werden soll, So sollen die nachuolgenden wörtlin an der ander vrtheyl, wie obsteht, auch hangen also lautend, Vnd soll darzu auff die richtstatt durch die vnuernünfftigen thier geschleyfft werden.

Von reissen mit glüenden zangen.

CXCIV. Item würde aber beschlossen, dass die verurtheylt person vor der tödtung mit glüenden zangen gerissen werden solt, so sollen die nachuolgenden Wörter weither inn der vrtheyl stehn, also lautend, Vnnd soll darzu vor der entlichen tödtung öffentlich auff eynen wagen bis zu der richtstatt vmbgefürt, vnnd der leib mit glüenden zangen gerissen werden, nemlich mit N. griffen.

Formirung der vrtheyl eyns sorglichen manns inn gefengknuss zu verwaren.

CXCV. Avff wahrhafftige erfarung vnd befindung gnugsamer anzeygung zu bösem glauben, künfftiger übelthettiger beschedigung halber, ist zu recht erkant, das B. so gegenwertig vor gericht steht, inn gefungknuss enthalten werden soll, bis er gnugsam vnd gebürlich caution vnd bestandt thut, damit landt vnd leut vor jm versichert werden.

Von leibstraff, die nit zum todt oder gefengklicher verwarung, wie obsteht, verurtheylt werden soll.

CXCVI. Item so eyn person durch vnzweiffeliche entliche Überwindung (die auch nach laut diser vnser odnung geschehen) an jrem leib oder glidern, peinlich gestrafft werden soll, dass sie dannocht bei dem leben bleiben möge, solch vrtheyl der Richter doch nit änderst, dann mit wissentlichem radt oder beuelch seiner oberkext vnd der rechtuerstendigen zum wenigsten mit vier auss den vrtheylern oder schöffen, die er für die tüglichsten darzu erfordert, die jm auch derhalb gehorsam sein sollen beschliessen, vnd von seins richterlichen ampts wegen an dem gericht eröffnen, vnd durch den gerichtschreiber, öffentlich verlesen lassen, Es soll auch der Richter, inn obgemelten fellen, daran sein, dass der nachrichter sein vrthyl volnziehen, die selben vrtheyl sollen, wie hernach uolgt, imm aufschreiben durch den Schreiber formiert werden.

§ Inn formirung der nechst nachgemelten vrtheyl, soll der gerichtschreiber, wo imm selben artickel eyn B. steht, des beklagten namen benennen, aber da das C. gesatzt ist, soll er die sach der übelthatt auff das kürtzest melden.

Einfürung der vrtheyl vorgemelter peinlicher leibstraff halb, die nicht zum todt gesprochen werden.

CXCVII. Nach fleissiger warhafftiger erfindung, so nach laut Kaiser Karls des fünfften vnd des heyligen Reichs oidnung beschehen, ist zu recht erkannt, dass B. so gegenwirtig vor dem Richter steht, der missethätigen vnehrlichen handlung halb mit C. geübt.

Merck die nachuolgenden beschluss eyner jeden vrtheyl.

Abschneidung der Zungen.

CXCVIII. Öffentlich inn branger oder halsseisen gestelt, die zungen abgeschnitten, vnnd darzu biss auff kundtlich erlaubung der oberhandt auss dem landt verwisen werden soll.

Abhawung der finger

§ Öffentlich in branger gestelt, vnnd darnach die zwen rechten finger, damit er misshandelt vnd gesündigt hat, abgehawen, auch fürther des landts bis auff kundtlich erlaubung der oberkeyt verweist werden soll.

Oren abschneiden.

Öffentlich inn branger gestelt, beyde oren abgeschnitten, vnnd des lands biss auf kundtlich erlaubung der oberhand verweist werden soll.

Mit rutten ausshawen.

§ Öffentlich in branger gestelt, und fürther mit rutten aussgehawen, auch dess landts biss auf kundtlich erlaubung der oberhand verweist werden soll.

§ Merck so eyn übelthetter zu sampt eyner auffgelegten rechtlichen leibstraff jemants sein gut wider zu keren, oder aber etwas von seinen eygen gütter zu geben verwirckt, wie desshalb hieuor inn etlichen straffen Nemlich von falschlichem abschweren am hunderten vnd siebenden artickel anfahend, Item welcher vor Richter oder gericht, auch der vnkeusch halben, so eyn ehemann mit eyner ledigen dirn übet, am hunderten vnd zwentzigsten artickel anfahent, Item so eyn ehemann eiynem andern, vnd dann die bösen besteltnuss zwifacher ehe betreffent, am hunderten vnd eyn vnd zwentzigsten artickel anfahend, Item so eyn eheman eyn ander weib etc. gesetzt ist, dergleichen inn etlichen diebstelen, wie oben angezeygt etc. oder so sunst inn vnbenannten fellen dergleichen zuthun rechtlich erfunden würde, So soll solch wiederkerung oder dargebung des guts mit lautern worten an die vrtheyl wie das geschehen wie das geschehen sollt, gehangen, beschrieben vnd geoffnent werden.

Bemerkenswert ist auch der Schluss der Carolina:

Von missbreuchen vnd bösen vnuernünfftigen gewonheyten, so an etlichen orten vnd enden gehalten werden.

CCXVIII. Item nach dem an etlichen orten gebrauchet vnd gehalten würdt, so ein übelthetter mit gestolner oder geraubter habe betretten vnd gefengklich einkompt, dass alssdann solch gestoln oder geraubt gut dem jhnen, so es also gestoln oder abgeraubt worden, nit widerumb zugestelt sonder der oberkeyts des orts eingezogen, Dessgleichen an vilen enden der missbrauch so eyn schiffmann mit seinem schiff verferet, schiffbrüchig würde, dass er als dann der oberkeyt desselbigenorts, mitschiff, leib vndgüttern auch verfallen sein soll. So werden auch an vilen peinlichen gerichten vnd derselben mancherlei missbreuch erfunden, als dass die gefengknuss nit zu der verwarung sonder mer peinigung der gefangen vnd eingelegten zugericht, Item dass durch die oberkeyt etwann leichtlich auch erbare personen on vorgeend berüchtigung, bösen leumut vnd andere gnugsam anzeygung angegriffen vnd inn gefengknnuss bracht werden und inn solchem angriff etwann durch die oberkeyt geschwindtlich vnd vnbedechtlich gehandelt dardurch der angegriffen an seinen ehren nachtheyl erleidet, Item dass die vrtheyl durch den nachrichter vnd nit den richter oder vrtheyler aussgesprochen vnd eröffent werden, Item an etlichen orten, so eyn übelthetter ausserhalb des lasters vnser beleidigten Majestet oder sunst in andern fellen, so der übelthetter leib vnnd gut nit verwirckt vom leben zum todt gestrafft, werden weib vnd kinder an bettelstabe, vnnd das gut dem herren zugewiesen, vnd die vnd dergleichen gewonheyt, Wollen wir, dass eyn jede oberkeyt abschaffen vnd daran sein soll, dass sie hinfürther nit geübt, gebraucht oder gehalten werden, als wir dann aus Keyserlicher macht dieselben hiemit aufheben, vernichtigen, vnnd abthun, vnd hinfürter nit eingefürt werden sollen.

Dieser vorstehende Artikel, worüber später noch einige Bemerkungen folgen, ist nur in der Carolina vorhanden. Auch der nachfolgende ist in den anderen Rechtsschriften nicht vorhanden. Die B. hat folgenden Abschluss:

Von ratgebung vnser weltlichen Rete, in allen zweyfenlichen peynlichen sachen.

CCLXXVI. Item in allen peynlichen Sachen, darinnen vnser Amtlewt, Richter vnd vrteyler zu handeln oder zuerkennen jrrig vnd nit verstendig wurden, Und darumb vnser weltich Hofrete vmb rate ersuchen, Sollen vnser Rete, alles einbringen der teyl, auch gestalt, vnd gelegenheyt der sachen, in schrifften gründig vnderricht werden, dass sie alles fleissig vbersehen, vnd alssdann vnsern Amptman (was jme zuhandeln gepürt) auch dem Richter vnd gericht, was in dem furbrachten fall, dass recht sey, schrifftlich anzeygen, Nach dem söliche schlechte lewte, als gewonlich an den halssgerichten sitzen, durch beschreybung einer gemeinen Ordnung begreyflich vnd gründig nit souil vnserwisen werden können, damit sie in allen jrrigen zweyfelichen fellen, rechtmässig vrteyl erfinden vnd ausssprechen mögen, Es soll auch der bericht nach, so also durch vnser Rete beschicht, vnser Amptman (souil jne anget) handeln, und die Schöpffen (was jr rechtlich erkenntnuss betrifft) jr vrteyl darnach sprechen, Wir wollen auch das dieselben vnser Rete (bey den berürtermassen Rat gesucht würdet) mit jrem ratschlage, vnd dann auch unser Amptlewt Richter vnd vrteyler mit jrer handlung vnd erkennen guten getrewen fleiss ankeren, damit nach jrem besten versteen, den Keyserlichen geschriben rechten, oder aber guten vernufftigen nützlichen gewohnheyten, die den gemelten rechten, vnd dieser vnser ordnung nit widerwertig sein, auff das gleychest vnd gemesest gehandelt vnd gericht, auch die rechtlich handlung durch sie semptlich oder sunderlich geuerdlicher weyss, nit verzogen werde, als das alles, allen sölichen vnsern weltlichen Reten, vnd darzu den Amtlewten Richtern vnd vrteylern, so yedessmals in berürten sachen zu handeln, ratschlagen, oder erkennen angesucht werden, yetzo alsdann, vnd dann als yetzo, in crafft diser vnser Reformacion, bey jren pflichten, damit sie vns, vnsern nachkomen vnd Stifft verwandt, auff das fleyssigst vnd ernstlichst beuolhen sol sein Es mögen auch dieselben vnser Rete (wo sie das not bedunckt (bey andern rechtgelerten vnd verstendigen, gemelter jrer ratschleghalben, rats geprauchen.

CCLXXVII. Item wo vnser Amptlewt Castner Richter oder Schöpffen, in verstand diser vnser Ordnung (ee es zu fellen kömpt) zweyffenlich wurden, sollen sie bei vnsern Reten ercleerung suchen, wann ist not, dass sie also mit vberlegung vnd nachfrage, zu rechtem verstandt diser ordnung, guten fleyss, vor begebung der geschieht geprauchen.

CCLXXVIII. Und damit in vnsern halssgerichten diser vnser ordnung wissen gehabt, auch (so dieselbig volgettermassen aussgangen ist) fürter darnach gehandelt vnd gericht werde, So haben wir die, jm druck zu manigfeltigen, vnd fürther jn vnsere ampt vnd halssgericht zuschicken verfügt Jedoch behalten wir vns vnd vnsern nachkomen beuor, solche ordnung zuerclern, mern, vnd mindern Und ist die also auss vnserm beuelhe, jn vnser Stat Bamberg, durch unsern Burger, Hannsen Pfeyll daselbst gedruckt, in solchem druck volendet, am Sambstag nach sandt Veyts tag Nach Cristi vnsers lieben herren gepurt funffzehenhundert vnd jm sibenden jare.

Die Carolina dagegen schließt mit folgendem Artikel:

»*Erklerung bei wem, vnd an welchen orten rath gesucht werden soll.*
CCXIX. Vnd nach dem vilfeltig hieuor inn diser vnd vnser vnd des heyligen Reichs ordnung der peinlichen gericht von rath suchen gemelt wirdet, so sollen allwegen die gericht, so inn jren peinlichen processen, gerichts übungen vnd vrtheylen, darinn jnen zweiuel zufiel, bei jren oberhofen, da sie auss altem verirrtem gebrauch bisher vnderricht begert jren rath zu suchen schuldig sein, Welche aber nit oberhoffe hetten, vnd auff eyns peinlichen anklegers begern die gerichts übung fürgenommen wer, sollen inn obgemeltem fall bei jrer oberkeyt die das selbig peinlich gericht fürnemlich vnd on alle mittel zu bannen, vnd zu hegen macht hat, rath suchen. Wo aber die oberkeyt ex officio vnd von ampts wegen wider eynen misshendlern, mit peinlicher anklag oder handlung volnfüre, so sollen die Richter, wo jnen zweiffein zufiele, bei den nechsten hohen schulen, Stetten, Communen oder andern rechtuerstendigen, da sie die vnderricht mit dem wenigsten kosten zu erlangen vermeynen, rath zu suchen schuldig sein. Vnd ist dabei nemlich zu mercken, dass in allen zweiuellichen fellen, nit allein richter vnd schöffen, sondern wes auch eyner jeden solchen oberkeyt inn peinlichen straffen zu rathen vnd zu handeln gebürt, derhalb rechtuerstendiger vnd ausserhalb der partheien kosten radts gebrauchen sollen, es begeb sich dann, dass eyn peinlicher ankleger den richter ersuchte inn seinen peinlichen processen, handlungen vnd übungen der rechtuerstendigen radt zu suchen, Das soll auff des selben begerenden theyls kosten geschehen. Wo aber des beklagten herrschafft, freundt oder beistender jm dem gefangen zu gutem dergleichen rathsuchung bei dem richter begerten, so soll er auff des gefangen freundschafft oder beistender kosten jnen damit willfaren. Wo aber des selbigen gefangen freundtschafft jetzge-

melten kosten auss armut nit vermocht, so soll er auff der oberkeyt kosten solchen radt zu erlernen schuldig sein, Doch so ferr der selbig richter nit vermerckt, dass die rathsuchung geuerlicher zu verzug der sachen, auch mer kosten auffzutreiben beschehe, welchs die obgedachten freundtschafft vnnd beistender auch mit dem eyde erhalten sollen, vnd inn dem allem keynen müglichen fleiss vnderlassen, damit niemandt vnrecht geschehe, als auch zu disen Sachen grosser fleiss gehöret, darumb dann inn solchen überfarungen vnvvissenheyt die jnen billich kündig sein soll, nit entschuldigen, des also Richter, Schöffen vnd der selben oberkeyt hiemit gewarndt sein sollen.

§ Ende des peinlichen halssgerichts.

Die Bamberger Halsgerichtsordnung enthält übrigens noch eine Anzahl Artikel, die in der Carolina gar nicht oder in ganz anderer Form vorhanden sind. Hiervon seien noch angeführt:

»Atzung in peinlicher frag den verhorern vnd zeugen.

CCLV. Item wenn ein gefangener peinlich gefragt wirdt, So sol dem Richter, den zweyen Schöpffen, vnd dem Gerichtschreyber, so bey der frag sei, desselben tags ein mal zu essen, oder aber yedem für sein mal funffzehn pfennig (welchs der ancleger wil) gegeben, Dessgleychen sol es mit den zeugen gehalten werden, so kuntschafft gesteh wirdet.

Von sunderlicher belonung vnd zerung des Nachrichters Peinleins vnd ander des gerichts diener.

CCLVIII. a. Item dem Nachrichter sol man von der peynlichen frag von einer yeden person (die er also fragt) einen ort eins guldein geben, Doch so sol der Nachrichter allen gezeugk, der jme zuhaben gepürt auff seinen kosten schicken, Und vnser Richter das jhenig verorden, das jm gepürt.

Von gemeyner belonung des Nachrichters.

CCLVIII. b. Nach dem allen Nachrichtern, so jre belonung in peynlichen straffungen der vbeltetter (von yedem stück jres wercks in sunderheyt nemen) das heylig Sacrament des altars versagt wirdet, nit darumb, das solliche volzihung der gerechtigkeyt, vnnd ernstlich straff der vbeltat vnrecht sey, sunder allein darumb, das sich vmb gemelter sunderlichen wartetten belonung willen, einer bösen vnördenlicher begirde, in vergiessung des menschen plut, bey sölchen Nachrichtern versehen wirdet, vnd damit dann unsern Nachrichtern zu verdamlichem standt nit vrsach gegeben werdt Sunder jr handtwerck (des zu gemeinem nutz nit geratten werden mag) mit guter gewissen (wo sie sich sunst recht darinnen halten wollen) treyben mögen, So ist den selbigen Nachrichtern ein gemeiner jerlicher solt geordent, vnd wie derselbig von unser vnd der vnsern wegen jerlich bezahlt werden sol, wird in vnser Cantzley, auch bey vnserm Camermeyster verzeychent funden, Darumb söllen vnsere Nachrichter alle vbeltetter, so jne durch vnnsere Rete oder Richter zufragen oder zustraffen beuolhen werden, wie sich demselbigen beuelh nach gepüret, fragen vnd straffen, vnd vmb das alles von vns oder den vnsern (so an solcher gemeinen belonung geben) dann allein wes jene nach laut dieser halssgerichts ordnung für jr zerung gemacht ist, nichts weyters noch mere fordern oder nemen Aber ander lewt die sich in gebung des Nachrichters, obgemelten gemeynen jerlichen soldes, laut desshalb vorgemelter vnser sünderlichen vorzeychenten anlag nit verwilligen, vnd dannest vnsern Nachrichter in vnsern halssgerichten gebrauchen werden, die sollen nichts dester weniger, alle nachgemelte sünderliche belonung vnsern Nachrichtern, nach jnhalt vnd vermög diser vnser halssgerichts ordnung zalen. Und doch sülche belonung Schultheysen Burgermeystern oder Dorffmeystern oder Dorffmeystern desselbigen flecken darinnen jne vnser Nachrichter also dinet, semptlich oder sünderlichen behendigen, die sollen gemelte belonung annemen vnd beschreyben, auch furo alldweyl sulch gelt weret, dessselben ampts vnd gerichts gemeine besoldung den nachrichtern gepürend, dauon zalen, vnd ander weyss nit aussgeben, Auch so dessselbigen gelt nymer ist, sol das durch die Eynnemer verrechnet, auch den vnsern die es berüret zu sülcher rechnung verkündigt werden, vnd zu jrem willen steen, auff jr kostung yemant darzu zuchicken.

CCLIX. Item für die zerung sol man dem Nachrichter tag vnd nacht, für sein person ein ort eins guldein geben, Man soll auch dem Nachrichter kein vberige person (die er, wider den ancleger willen zu jme neme) zuuerlegen schuldig sein.

CCLX. Item so man des Peinleins bey der peinlichen rechtuertigung notdurfftig were, Sol man demselben auch tag vnd nacht für zerung ein ort eins guldein, vnd für seinen Ion, so er einen vbeltetter anclagt, einen guldein geben.

CCXI. Item so der Nachrichter vbeltetter vom leben zum tode rieht, sol man jme von einer yeden solchen person drey guldein geben, Doch so der Nachrichter yemant vierteylt, mit dem Rade, oder dem fewer rieht, Sol man jme eins guldein mere geben, vnd sol vnser Panrichter das holtz zum prennen, vnd das Rade zum redern (auff des anclegers kosten) bestellen vnd schaffen, Und doch der ancleger gemelts holtz vnd Radsshalben jr yedes (das also gebrauchet wirdet) vber einen guldein nit geben, Wo aber vnser Richter söllich Rade oder holtz neher bestellen mag, sol dem ancleger, zu gut komen, vnd desshalben mit keinervbermass beschwert werden, Ausgeschlossen in feilen, wie am. CCLXXV. artickel klerlich funden wirdt.

CCLXII. Item so der Nachrichter yemant mit rutten ausshawt, oren oder zungen abschneyt, äugen auss sticht, oder die finger abhawt, von einem söllichen werck, sol man jme von einer person ein guldein geben.

CCLXIII. Item so der Pütel das halssgericht verkündigt vnd darzu gepeut, für sein lon einen orts eins guldein.

CCLXIV. Item so in etlichen vnsern gerichten mit gewonheyt herkomen were, das halssgericht an den grenitzen, durch die Pütel zubeschreyen sol dem Pütel für dasselbig beschreyen ein halber guldein gegeben werden, Wo aber solch beschreyen nit mit gewonheyt vor alter herkomen were, sol on vnser wissen nit aufgepracht werden.

»Nach den Bestimmungen des kanonischen Rechts«, schreibt Soldan, I, S. 413, »sollte der Verurteilung wegen Zauberei auch die Konfiskation des Vermögens folgen.[1)] Die ersten Ausgaben der Carolina drücken sich indessen über die Zulässigkeit der Konfiskation im allgemeinen so dunkel aus, dass es zweifelhaft bleibt, ob es außer dem Verbrechen der beleidigten Majestät noch andere gibt, auf die sie dieselbe angewendet wissen will. Die Originalfassung des hierhergehörigen Art. 218 wurde in der Folge durch sinnverändernde Interpunktion und sogar durch Versetzung der Worte, Ausstreichung oder Verwandlung eines wesentlichen Negationsartikel auf das Willkürlichste entstellt, so dass der Gegenstand bis in die neuere Zeit streitig geblieben ist.[2] So viel ist in dessen gewiss, dass Karl V. die Gewohnheit der Gütereinziehung in weiterer Ausdehnung vorgefunden hat und in engere Grenzen zurückgewiesen sehen will. Auch war es im sechszehnten Jahrhundert Grundsatz der Deutschen Juristen, dieselbe nur bei den Majestätsverbrechen, zum Teil auch bei Ketzerei zuzulassen.[3] Nun war freilich ein weiterer Streit, ob die Zauberei vom Gesichtspunkt der Ketzerei aufzufassen sei: Doch hat die Carolina die Ketzerei gar nicht unter die bürgerlichen Verbrechen aufgenommen, und wir erfahren durch Julius Clarus, dass der damaligen Gerichtspraxis zufolge die Einziehung der Hexengüter nicht stattfand.«

Doch es ist hier nicht der Ort, um auf eine textkritische Untersuchung der Carolina oder anderer Rechtsquellen einzugehen. Deutlich aber ergibt sich aus den angeführten Artikeln, dass Karl V. viel genannte, oft gescholtene und oft auch gelobte »Hals- oder peinliche Gerichtsordnung« im Grunde genommen nur eine, nicht einmal besonders stark modifizierte Wiederholung der Bamberger ist. Wohl war die Carolina kaiserliches Reichsgesetz, doch hatte es kaum irgendwo volle Geltung, zumal bei dem Vorhandensein der »salvatorischen Klausel.« Selbst die Nachfolger Karls in der römisch-deutschen Kaiserwürde schienen sich in ihren Verordnungen und Erlassen um die Carolina nicht viel zu kümmern. Ferdinand I. erklärte in seinen Polizeiverordnungen von 1532 und 1552 Zauberei und Wahrsagerei als Betrug und Aberglaube, die gebührend bestraft werden sollen, wobei jedoch von Todesstrafe nicht die Rede ist. Maximilian II. verordnete 1568 etwas humoristisch, dass Zauberer und Wahrsager öffentlichem Spott und Hohn preisgegeben werden sollen, genötigt werden, ihre Kunst darzulegen, sich unsichtbar oder »gefroren« zu machen. Im dritten Betretungsfall sollten sie des Landes verwiesen werden. In manchen Ländern wieder sind auf dergleichen Praktiken nur Geldstrafen gesetzt worden. Kurz, es herrschte auch in den Tagen nach der Reformation, trotz der Carolina, eine Verwirrung in der kriminalistischen Rechtsprechung, wie wir später noch aus den angeführten Stellen der so genannten »Theresiana« und des bayerischen Kriminalcodex vom Jahre

1751 sehen werden. Bemerkt sei jedoch schon hier, dass die bayerische Malefizordnung vom Jahre 1616 bei der Verurteilung zum Verbrennen wenigstens schon etwas milder sich zeigt, als es sonst bei derlei Verurteilungen die Regel war, und anordnet, dass »der arme Sünder nicht lebendig verbrennet, sondern zuvor an der Saul ertötet werde«. Ebenso wurde nach Bestimmung des erwähnten Gesetzes von 1751 angeordnet, dass beim Vierteilen, das Aushängen der »viertheyl auff die vier gemeynen wegstrassen zu Vermeidung ohnnötiger Kosten« fortan zu unterbleiben habe.

Die Todesstrafe des Verbrennens für Teufelsbündnis kommt in den deutschen Gesetzbüchern zuerst in der kursächsischen Kriminalverordnung von 1572 vor, wo es heißt: »So iemants in Vergessung seines Christlichen Glaubens mit dem Teuffei ein Verbündniss aufrichtet, umgehet, oder zu schaffen hat, dass dieselbige Person, ob sie gleich mit Zauberey niemands Schaden zugefügt, mit dem Feuer vom Leben zum gerichtet und gestrafft werden soll. Da aber ausserhalb solcher Verbündnissen jemand mit Zauberey Schaden tut, derselbe sey gross oder geringe, so soll der Zauberer, Manns- oder Weibs-Person, mit dem Schwert gestrafft werden.« Dieselbe Ansicht finden wir auch in dem zehn Jahre später erschienenen kurfälzischen Landrecht, im Landrecht von Baden-Baden und in anderen Sondergesetzen.

Schließlich sei noch bemerkt, dass das Strafverfahren, wo es das Leben galt, nach damaligen Sprachgebrauch ein Urteil auf »Hals und Haupt« oder auch auf »Hals und Bauch« genannt wurde, daher auch die Benennung, Halsgerichtsordnung.

XV. Kapitel

Die Bamberger Tortur – Die Karbatsche – Beweis der Schuld – Verbalterrition – Folterwerkzeuge – Daumenschraube – Mecklenburger Instrument – Das Schnüren – Beinschraube oder spanischer Stiefel – Der Aufzug – Der gespickte Hase – Folterstuhl – Der spanische Hosenträger – Foltergeige – Die pommersche Mütze – Der polnische Bock – Die Wippe – Englische Folter – Die eiserne Jungfrau – Die Rechtsfakultäten – Torturvorschriften – Selbstmord der Gefolterten

Dem Bistum Bamberg verdanken wir nicht nur die bereits erörterte Halsgerichtsordnung, die trotz ihrer vielen Härten einen Fortschritt in dem peinlichen Rechtsverfahren bekundete. Auch die Tortur selbst ist mit dem Namen dieses Bistums eng verbunden, und die so genannte Bamberger Tortur gehörte in Deutschland und auch anderwärts zu den beliebtesten Mitteln, »Geständnisse« hervorzurufen. Sie galt als eine gelinde Art und bestand hauptsächlich in der schon bei den Alten als Folterungsmittel beliebten Auspeitschung, wobei der Misshandelte auf einen hölzernen Bock gesetzt und gefesselt wurde und sein nackter Rücken mit Ruten, dem Staupbesen, oder mit der Peitsche, der »Karbatsche, oder endlich auch mit dem Stock nach Belieben des Richters bearbeitet wurde. Auch kam es vor, dass hierbei der Körper gestreckt wurde. Obgleich diese Folter zu den milden gerechnet wurde, mochte sie doch sehr qualvoll gewesen sein. In einem späteren Protokoll aus dem Jahre 1629, das später noch umfangreicher zitiert werden soll, kommt die Stelle vor: »Darauff sie abermal mit der Carbatschen jämmerlich zerhauen, und seye es hierbey ersten Tages verblieben, art. 18, den andern Tag (*notetur*) were man nochmal (doch *absque sententia praevia*) mit ihr durchgegangen, Tortur hette bissweiln mit der Peitschen zugehauen, aber nicht so sehr, wie den vorigen Tag, es were ein abscheulich Werck gewesen.« Dieses Mittel wurde auch als Leibesstrafe angewandt, wobei, wie Bierdimpfl indem amtlichen Katalog der Folter- und Strafinstrumente des bayerischen Nationalmuseums schreibt, »der Übeltäter vom Büttel durch die Straßen gepeitscht wurde. Man gebrauchte dafür in der Gerichtssprache scherzweise verschiedene Umschreibungen, z. B. ›über den Besenmarkt jagen‹ oder ›die erste Weihe zum Galgen geben‹ und dergleichen mehr … Die Richter fanden ein inneres, niedriges Vergnügen daran, ihre grausamen Befehle noch durch beißenden Spott und Hohn zu verbittern, womit sie die in ihrer Gewalt befindlichen geschändeten und gefolterten Unglücklichen noch besudelten. Fruchtbar waren sie in der Erfindung dieser Galgenwitze, die in alten Gerichtsakten so reichlich zu finden sind, dass man eine erkleckliche Sammlung davon anlegen könnte. Seit dem achtzehnten Jahrhundert kamen die Karbatsch- oder Stockstreiche in Anwendung. Dieselben bildeten die Zugabe der öffentlichen Zwangsarbeiten etc. gegen einheimische Vaganten, Bettler und dgl., die ›mit wöchentlichen Karbatschstreichen zu überfahren sind‹. Bei Rückfall und anderen erschwerenden Umständen kam Aufziehung am ›Reck‹ mit Anschlagung der Seiles dazu. Fünfundzwanzig Hiebe mit der ›Karbatsch‹ machten einen Schilling aus, der auch in halbe und viertel abgeteilt wurde.« Ähnliches galt auch in Österreich, woher wohl, abgesehen von der Bamberger Folter, dieser humane Brauch rühren mochte. Außer dieser gab es, wie aus Nachfolgendem zu ersehen ist, noch so manche nationale und provinziale Foltersysteme und Folterinstrumente. Zu den Lobrednern dieses Bamberger Verfahrens gehörte auch der Weimar-Eisenach'sche Amtmann Hieronymus Christof Meckbach im achtzehnten Jahrhundert, der darüber schreibt: »Bey solchen zusammen rottierten, verruchten, versteckten und sehr gravierten Bösewichtern muss man auch kein Mitleiden haben, denn wenn man wider solche nicht hart genug verfahren ließe, würde endlich die allgemeine Sicherheit und Ruhe ganz umgestürzt werden. Dieser *modus torquendi* aber, wofür sich auch die Bösewichter mehr fürchten, machet der bisher sich häufig hervorgethanen Zusammenrottierung, Raub- und Plünderung, gewaltsamen Einbrechen und Diebstählen und denen desfalls angestellten Inquisitionen eher ein End.« Es ist dies eine Begründung, wie sie zur Verteidigung der Folter, der Prügelstrafen und anderer grausamen Zwangsmittel früher und auch noch später sehr häufig vorgebracht wurden. Allerdings findet Meckbach auch eine Unannehmlichkeit bei der Sache für den Zuschauer: »Jedoch ist diese Peinigungsart für den Referenten ebenfalls eine kleine Marter, massen demselben und andern bey dem Tisch sitzenden, so jedesmahl der zuführenden Direktion halber den Inquisiten in der Distanz von ohngefähr 7, 8, 10 oder 12 Schritt in dem Gesicht haben müssen, die von denen Ruthen abspringenden Spitzen, des sonstigen Ungemachs nicht zu gedenken, zum öfteren nach dem Gesicht fliegen, und mit Gegenhaltung des Huths oder in anderer Wege abgewendet werden müssen.«

Bei einem Verbrechen, auf das die Todesstrafe gesetzt war – und diese stand auf gar vielem, was heute als Vergehen leicht bestraft oder als lächerlicher Aberglauben verspottet wird –, musste, um ein Todesurteil fällen zu können, ein Beweis der Schuld vorliegen, wozu seit dem fünfzehnten Jahrhundert das Geständnis des Angeklagten nötig war. Dieses war, wie schon bemerkt, durch die Tortur in den meisten Fällen leicht zu »erpressen«, wie es damals in kennzeichnender Weise bezeichnet zu werden pflegte. Es konnte sogar leicht von einer völlig unschuldigen Person erpresst werden, die den Tod einer unerträglichen Marterung vorzog. Zwar finden wir in der Carolina die Vorschrift, dass niemand ohne dringende und hinreichende Verdachtsgründe gefoltert werden sollte, doch abgesehen davon, dass die immerhin bereits vom Hauch einer neuen und vorgeschrittenen Zeit durchwehte Carolina eben nur dort Geltung hatte, wo man sie gelten lassen wollte, waren die hierin getroffenen Bestimmungen sehr dehnbar, und es stand dem Untersuchenden völlig frei zu bestimmen, was er als dringenden und hinreichenden Verdacht gelten lassen wollte. Und dabei bezweckte doch dieses Reichsgesetz, der bis dahin, und leider auch noch nachher, allerorten geübten Willkür im peinlichen Verfahren ein Ende zu machen.

Sollte ein Beschuldigter peinlich gefragt werden, so musste er zuvor von dem Richter, in Gegenwart zweier Gerichtspersonen und des Gerichtsschreibers, ernstlich ermahnt werden zu bekennen. Erfolgte hierauf nicht das geforderte Geständnis, so wurde zur Verbalterrition geschritten, zum Schreckenerregen mit Worten. Der Henker legte dem Angeklagten die Folterwerkzeuge vor und gab zu jedem eine ausführliche Erklärung ihrer Anwendung und aller Martern, die der Gepeinigte dadurch auszustehen hätte. Dazu, zuweilen auch später, pflegte er die Drohung auszusprechen: »Ich will dich so martern, dass die Sonne durch dich scheinen soll können.«

Waren auch diese Drohungen nicht vom gewünschten Erfolg begleitet, so wurde zur Realterrition geschritten, der Drohung unter Anwendung der Marterinstrumente. Der Angeklagte wurde von dem Henker entkleidet, auf die Folterbank gelegt, die Hände in die Daumenschrauben, kurz, das Möglichste getan, um ihn glauben zu lassen, dass es nun ernst werde. Entschloss er sich auch jetzt noch nicht, die erwarteten Aussagen zu machen, so wurde die wirkliche Tortur vorgenommen. Diese war in Deutschland und auch anderwärts in mehrere Grade eingeteilt, die je nach Landesbrauch oder auch nach Ortsgebrauch, nach Ansicht der Richter, verschieden waren. Am gebräuchlichsten waren in Deutschland im sechzehnten Jahrhundert und später: 1) die Daumenschrauben, 2) das Schnüren der Arme vorwärts oder rückwärts, 3) die Beinschraube, auch »spanischer Stiefel« genannt, 4) das Aufziehen oder das Strecken auf der Folterleiter, dem Streckbrett, 5) das Brennen. Näheres darüber und die hierauf sich beziehenden Abbildungen befinden sich im zweiten Band dieses Werkes bei der Erörterung des Inhalts der für die Geschichte der Tortur so wichtigen »Theresiana«.

Was die Daumenschrauben betrifft, so gab es auch einen doppelten Daumenstock oder -schraube, das Mecklenburger Instrument, auch »spanischer Bock« genannt, von denen das bayerische Nationalmuseum einige aufzuweisen hat. Der Katalog fügt folgende Bemerkung dazu: »In den doppelten Daumenstock oder das Mecklenburger Instrument wurden die Daumen und großen Zehen kreuzweis eingeschraubt, wodurch der Körper in stark gekrümmte Lage gebracht wurde, während man unter den Armen und Beinen eiserne Stäbe oder Stangen durchsteckte. In dieser Stellung zog man den Delinquenten an Stricken in die Höhe und ließ ihn so hängen. Dies war eine wunderliche Positur, anzusehen, weil der Leib dermaßen zusammengekrümmt wurde, dass man ihn gleich einem ›Wadsack oder Rantzen an den Nagel hängen‹ konnte.«

Die einfachen Daumenschrauben waren, wie schon erwähnt, zwei auf einem Holzblock befestigte Eisenplatten, die an zwei, zuweilen auch an drei Schraubenspindeln mit Schraubenschlüsseln zusammengedreht wurden, während die Daumen dazwischen lagen. Die Druckflächen waren gewöhnlich rautenförmig eingefeilt oder durch Einhauen mit dem Spitzeisen mit kleinen scharfen Spitzen unregelmäßig bedeckt. Zur Erhöhung der Annehmlichkeit für den Delinquenten pflegte der die Tortur ausübende Henker nach dem Zusammenschrauben mit dem Schraubenschlüssel auf die Platte zu klopfen, auch wurden häufig die Schrauben gelockert, um dann wieder umso fester zusammengezogen zu werden. Und das war ein geringer Grad der Tortur.

Dem Schnüren, das besonders schmerzhaft und gefürchtet war, wurde eine besondere Aufmerksamkeit gewidmet, und die Henker suchten ihren Stolz darin, hierbei eine regelrechte Arbeit zu liefern. Im Jahre 1754 erschien sogar über diesen Gestand ein ziemlich umfangreiches Buch von Christian Ulrich Grupen, »*De applicatione tormentorum*«. Es wurden dabei die Arme der gemarterten Person mit Haar- oder Hauptstricken sehr fest umgeschnürt, zuweilen auch sägeartig hin und her gezogen, dass die Stricke das Fleisch bis auf die Knochen durchschnitten. Weiteres darüber im Band II dieses Werkes.

Die Beinschraube, auch der spanische Stiefel genannt, bestand ebenfalls aus zwei Eisenplatten, die um Schienbein und Wade gelegt und in ähnlicher Weise wie die Daumenschraube zusammengedreht wurden. Die untere Platte war eben, die obere gebogen, zuweilen mit Einlage eines Stücks harten Holzes, das vierkantige scharfe Spitzen hatte. Auch hierbei pflegten der Henker und seine Gehilfen durch Klopfen und wiederholtes Anziehen der Schrauben eine verstärkte Wirkung herbeizuführen. Auch pflegte die Beinschraube gleichzeitig mit dem Strecken angewandt zu werden.

Das am meisten zur Anwendung gelangte Torturmittel war das Strecken, das verschiedenartig zur Anwendung kam. Der Delinquent wurde, wie bereits früher dargestellt wurde, entweder frei aufgezogen und an den Füßen schwere Steine oder Gewichte gehängt, der trockene Aufzug, in Bayern und Österreich auch »die schlimme Liesel« genannt, oder die Streckung erfolgte auf der Leiter, der »Rutschbahn« oder dem Streckbrett, auch Rollbrett geheißen. Die Anwendung dieser Instrumente ist aus den diesem Buch beigefügten Illustrationen zu ersehen. An manchen Orten pflegte dabei auch der »gespickte Hase« zur Anwendung zu kommen, eine hölzerne, mit zahlreichen Spitzen versehene Walze, die bei der Streckung dem Gemarterten hinter den Rücken gelegt wurde. Der »gespickte Hase« in Verbindung mit einem gleichfalls mit Holzstiften besetzten Brett bildete dem in Bayern und auch anderwärts üblichen »Bock«. »Dem Delinquenten wurden mittelst Bindschnüren die Daumen und großen Zehen in die Länge und Quere so stark zusammengezogen, ›als ohne Beschädigung der Gliedmaßen nur möglich war.‹ Hierauf musste der Delinquent mit bloßem Leib auf einem Brett mit Holznägeln sitzen, dabei zog man ihm zwischen den beiden Armen und dem Rücken einen mit Nägeln gespickten ›Prügel‹ durch und versetzte ihm unterdessen 25 bis 30 Streiche mit der Spitzrute, während der Prügel zwischen den Armen und Rücken öfter umgedreht wurde.«[1)] Was das Brennen betrifft, so wurden dabei Pech, Schwefel, Spiritus und später auch Talgkerzen verwendet. Näheres im II. Band bei der Erörterung der Theresiana.

Von anderen Folterinstrumenten seien nur erwähnte: der Folterstuhl oder Angststuhl, auch Jungfernsessel genannt, ein Lehnstuhl aus Holz, dessen Lehne, Armstützen, Sitz- und Trittbrett dicht mit etwa 3 cm langen konischen Holzstiften besetzt waren. Zuweilen war dieser Stuhl auch noch mit der Beinschraube versehen, und Brust und Arme wurden durch stachelbesetzte Eisenschienen auf den Holznägeln festgehalten. Als weiteres »Toilettestück« ist der »spanische Hosenträger« zu nennen. Das bayerische Nationalmuseum weist deren zwei auf, und der Katalog bemerkt dazu: »Zwei eiserne Reifen, von denen der eine um die Brust, der andere um die Mitte des Leibes geht, sind durch zwei Eisenbänder verbunden, die vorne vom unteren Reif über die Schultern und am Rücken wieder hinabgehen wie die Bänder eines Hosenträgers; wird durch Scharniere geöffnet und ist mit Hängeschlössern versehen.« Das zweite ist ein »ähnliches Strafinstrument aus massiven Eisenbalken. Dasselbe besteht aus einem ovalen Halsreif mit weiter Öffnung für den Kopf und einem gleichen, um die Mitte des Leibes gehenden Reif, der hinten und vorn verschließbar ist. An dem Halsreif sind zwei längliche Achselblätter zum Auflegen auf die Schultern. Die beiden Reifen sind durch zwei senkrechte Balken, die über Brust und Rücken gehen, verbunden. Vom Leibring geht eine starke Kette, zwischen den Schenkeln durch und rückwärts wieder hinauf an den Leibring. An dieser Kette hängt ein doppelter 2 cm dicker und 49 cm langer waagerechter Balken, der in zwei unbewegliche Handschellen ausgeht. Vorne am Leibring hängen zwei weitere kurze Teile einer ehemaligen Kette. Dieselbe ging zu den Füßen hinab, wo sie ebenfalls einen horizontalen doppelten Balken mit Fußschellen zu tragen hatte. Wo die Verbindungen der einzelnen Teile nicht zusammengeschmiedet sind, wird der Verschluss an denselben, sowie an den Schließen und Schellen durch starke Schrauben hergestellt, wozu zwei Schraubenschlüssel gebraucht werden. Das ganze Eisengerüst, dessen Balken und Reifen sechs Zentimeter breit sind, besteht in allen seinen Teilen aus ein Zentimeter dickem Schmiedeeisen und hat eine Schwere von mehr als sechzig Pfunden.« Dieses größte Gewicht lastete auf den Schultern des derart Gefesselten, so dass er weder Arm noch Fuß rühren konnte, und er musste es tagelang tragen. Der Katalog verzeichnet ferner ein Holzinstrument, dessen Anwendung und Name jetzt unbekannt sind. Zwei flache Schenkel sind mit ihren Schneiden wie die Klingen einer Schere einander zugekehrt, gehen oben in ein Scharnier, unten schließt sie eine durchlaufende Schraube. Wir sehen auch eiserne »Foltergeigen«, deren Töne freilich das Wehgeschrei des Gemarterten bildete, dessen Hände damit gefesselt und gepresst wurden.

Wenn das Land der Kastanien zur Tortur nebst manchen noch den »Stiefel« lieferte, so gab das Land der Kartoffel der hierzu gehörigen Kopfbedeckung den Namen. Die »pommersche Mütze« bewirkte durch Schraubung ein recht gefährliches Zusammenpressen des Kopfes, während der »polnische Bock« noch etwas derber war als sein erwähnter spanischer Namensbruder.

Noch zahlreiche Instrumente dieser Art ließen sich anführen, Beweismittel von der Grausamkeit und des Wahnwitzes menschlicher Ungerechtigkeit, die im Talar der Gerechtigkeit einherstolzierte. In Württemberg kam die so genannte Wippe als Torturmittel zur Anwendung. Es wurden dabei dem Delinquenten

Hände und Füße zusammengebunden, danach wurde er an einem über eine Rolle laufenden Seil auf und nieder gezogen. Bei dem zweiten Grad der Folter wurde dann ein Stein angehängt und bei dem dritten Grad noch ein schwerer Stein, zuweilen vom Gewicht eines Zentners, was eine Verrenkung der Glieder zur Folge hatte. Stark in Gebrauch war auch das Eintreiben von in Schwefel getränkten Spänen hinter den Fingernägeln, eine qualvolle Prozedur, deren Schmerzen noch vermehrt wurden, indem man die vorstehenden Hölzchen anzündete und abbrennen ließ, ein Mittel, das besonders in England sehr beliebt war, wo auch der gelehrte Narr und Hexenjäger, König Jakob I., als Foltermittel das Abreißen der Fingernägel mit Schmiedezangen anordnete.

Üblich in dem Inselreich war auch das alte *tormentum insominae*, das besonders der berüchtigte Hexenfinder Matthäus Hopkins anwandte, damit die Gefangenen »keinen Zuspruch vom Teufel« erhielten. Bei dieser Tortur des Wachens wurden die Gemarterten in ihrem Kerker beständig herumgetrieben, bis sie wunde Füße hatten und in einen Zustand völliger Verzweiflung gerieten und in Wahnsinn verfielen. Auch im Elsass und im Kirchenstaat und wohl noch in anderen Ländern kam diese Foltermethode zur Anwendung: *»In Statu Ecclesiastico hie duo modi magis in usu sunt – tormentum taxillorum et vigiliae per somni subtractionem« (Chartario, Praxis interrogandum reorum, Rom 1618, p. 198).*

Von verschiedenen Seiten wurde behauptet, dass das angebliche Hinrichtungsmittel, »die eiserne Jungfrau« genannt, eigentlich ein Foltermittel gewesen sein soll, bestimmt, Staatsverbrechern ein Geständnis zu erpressen In Raritätenkabinetten ist diese mysteriöse Jungfrau zuweilen zu sehen, doch will es scheinen, als seien diese Instrumente nachträglich für Schauzwecke angefertigt worden und in Wirklichkeit überhaupt nie zur Anwendung gelangt. Zwar sind uns mancherlei Berichte über diesen Gegenstand überliefert worden, aber kaum einen von einem Augenzeugen, der diese »Jungfrau« selbst gesehen hätte, anders als das Hörensagen darüber zu berichten wüsste. In seinem verdienstvollen Werk »Die Sitten und Gebräuche der Deutschen und ihrer Nachbarvölker« gibt uns F. Nork einige Mitteilungen über diesen Gegenstand:

»In England bediente man sich eines Torturwerkzeuges im Tower zu London, genannt des »Gassenkehrers Tochter« (the seavengers daughter). Dies erinnert an die ›Jungfer‹, von der Campes Wörterbuch erläuternd sagt: ›Ehemals befand sich an mehreren Orten in den Gefängnissen ein Werkzeug zur heimlichen Hinrichtung, in Gestalt einer Jungfer. Durch dieses Werkzeug hingerichtet werden hieß: ›die Jungfer küssen.‹« Auch führt Eiselen in seiner Sammlung von »Sprichwörtern und Sinnreden des deutschen Volkes« ein Sprichwort an, das lautet: »Es ist nit allweg gut, die Jungfer zu küssen«, wobei er bemerkt: »Vormals bestand eine Todesstrafe darin, dass der Verurteilte einem weiblichen Automaten entgegenschreiten musste, der ihn umarmte und in eine von Messern und Spießen starrende Untiefe warf. Das hieß man euphemistisch ›die Jungfer küssen‹. Auch nannten die Schotten ihre Maschine mit dem Fallbeil ›die Jungfer‹ (the maiden).« Bemerkt sei hier, dass die »Scotch Maiden« älter als die französische Guillotine ist, wie überhaupt das Fallbeil schon vor Jahrhunderten auch in Deutschland zur Anwendung kam.

»Nach den am meisten verbreiteten Erzählungen soll es ein künstlich zusammengesetztes Werk aus Eisen in Gestalt einer stehenden Jungfrau gewesen sein, mit beweglichen Armen und Schwertern in den Händen, das in einem Gemach jenseits einer mit einer Fallklappe verdeckten Öffnung im Fußboden stand, worunter eine Art Schacht in die Tiefe hinabging, der sich über einem hier durchfließenden Wasser befand. Wurde nun ein dem Tod Bestimmter genötigt, sich dieser Figur zu nähern, und betrat er die Fallklappe, so setzte ein damit in Verbindung stehender Mechanismus die Arme der Figur in Bewegung, sie breiteten sich aus, schlugen die in den Händen habenden Schwerter zusammen und zerhieben und töteten das zwischen ihnen befindliche Schlachtopfer. Die Fallklappe hatte sich geöffnet, der Leichnam fiel durch den Schacht noch auf eine Menge an dessen Seiten befindlichen Messer oder Schwerter, und kam dadurch, zu kleinen Stücken zerfetzt, in die Tiefe, wo diese vom Wasser weggeschwemmt wurden.«

Die Gestalt gab diesem fürchterlichen Werkzeug den Namen, den Ort, wo diese Strafe vollzogen wurde, nannte man das »heimliche Gericht« und die Strafe selbst den »Jungfernkuss«.

Nach den jetzt allgemein verbreiteten Erzählungen war jenes fürchterliche Instrument im Mittelalter in den Städten, Schlössern, Burgen etc. im Gebrauch.

Der Nürnberger Jurist Sibenkees redet von solch einer eisernen Jungfrau in Nürnberg (jedoch ohne sie gesehen zu haben): »Unter dem Wall beim Bannerhaus hat man bloß noch ihre unheimlichen Gänge und untersten Gemächer gefunden. Steigt man aus dem Bannerhaus eine steinerne Treppe herunter, so kommt man in einen halbrunden Raum, in dessen Halbkreis rechts ein steinerner Tisch mit zwei Bänken steht. Ein weiterer Gang biegt im Zickzack um und führt in das unheimliche Gemach, in dessen Gewölbedecke ein Loch (zur Rolle), an der Hinterwand vier Löcher sind, der Rolle gegenüber am Boden ein großes Fallloch. Links davon steht noch die Fidel (das oben erwähnte Folterinstrument). Das Loch am Boden geht, sich nach unten erweiternd, in ein tiefes Gewölbe. In diesem sind noch Spuren eines Mordwerkzeuges, dessen gegeneinander arbeitende Krebsscheren den von oben hinunterfallenden, von der Jungfrau erfassten Leib wohl zermalmen mussten.« Die angegebene Örtlichkeit weist fast mit Gewissheit auf eine Folterkammer hin, und was sonst vom Hörensagen darüber berichtet wird, ist nur von geringer Bedeutung. Das Volk liebt es, dergleichen schauerliches Beiwerk um einen historischen Kern zu gruppieren, wie wir auch sonst aus vielen Fällen ersehen können. Ein gewisses Licht wirft aber eine an derselben Stelle beigefügte Fußnote auf die Sache. Es heißt da: »In Florenz will man noch im Jahre 1814 ähnliche Werkzeuge gesehen haben, und ein Franzose, der unter der Regierung des Josef Bonaparte Aufseher über das Inquisitionsgebäude in Madrid war, erzählte im Jahre 1835 zu Lüttich, dass sich unter den in jenem Gebäude vorhandenen Marterwerkzeugen auch eine aus Holz und Eisen gemachte stehende Figur der Jungfrau Maria befunden habe, die *Mater dolorosa* geheißen habe und als Werkzeug zum letzten und härtesten Grad der Tortur diente. Ihre Arme waren über die Brust gekreuzt gewesen, hatten aber durch eine Vorrichtung in Bewegung gesetzt werden können und an der gegen den Körper gekehrten Seite eine Menge Dolchspitzen gehabt. Vor dieses Gebilde führte man den Angeklagten Brust gegen Brust. Die geöffneten Arme hielten ihn umschlungen und fest gegen die Brust gedrückt, eine Fallklappe unter seinen Füßen öffnete sich dann, und so in Todesangst, über einem Abgrund schwebend, war er nachdrücklich zum Geständnis seiner Verbrechen aufgefordert worden, indes die Dolchspitzen an den Armen der Figur immer tiefer in dessen Körper eingedrungen waren und ihn endlich getötet hatten.« So glaubhaft auch einiges von dieser Erklärung klingt, so vorsichtig ist sie doch aufzunehmen, und es will scheinen, als ob sie so ziemlich von der Romantik jener Tage und deren Pfaffenhass beeinflusst worden wäre. Denn keiner der Geschichtsschreiber der Inquisition weiß uns auch nur ein Wörtlein von der Anwendung dieses Instruments zu melden, und auch der französische Offizier, der, wie wir bereits mitgeteilt haben, das Gebäude der Inquisition zu Madrid gewaltsam besetzte, teilt uns nichts von dieser rätselhaften Mordjungfrau mit.

Nach den vorhandenen Mitteilungen sollen sich derartige Vorrichtungen auch befunden haben in Wien, Salzburg, Prag, Breslau, Dresden, Berlin, Wittenberg, Schwerin, Köln, Mainz, Frankfurt sowie an verschiedenen Orten in den romanischen Ländern.

Bei den weltlichen peinlichen Gerichten in Deutschland war es später Vorschrift, ehe die Tortur vorgenommen wurde, die Akten an eine der Rechtsfakultäten der Universitäten zu schicken, die dann die Bestimmung zu treffen hatte, in welcher Weise die Folter an den Beschuldigten vorgenommen werden sollte. Viel Wert hatte diese Art Rechtskontrolle nicht, denn abgesehen davon, dass die Schöffenstühle den Angeklagten nicht zu Gesicht bekamen, waren auch die Protokolle und sonstige Akten ganz nach Belieben des Untersuchungsrichters hergestellt. Der Bescheid der Rechtsfakultät lautete daher auch gewöhnlich, dass der »Reus« »ziemlicher Massen«, wie es üblich sei, peinlich zu befragen wäre. Damit konnte der Richter machen, was er wollte, oder vielmehr der Henker Freimann, Meister Hans, Meister Hämmerling, Angstmann, Packan, Knöpfauf, Beynlein, Kurzab und wie noch sonst der Nachrichter amtlich oder vom Volk genannt zu werden pflegte. Allerdings musste der Richter, wie wir aus der Bamberger Halsgerichtsordnung ersehen, einen Eid darauf ablegen, auf die Vorgänge bei der Tortur genau zu achten, weil die Henker »insgemein unbarmherzige Leute sind«, allein Letzterer war einmal die Autorität in solchen Dingen, und dem Richter galt es vor allem, ein Geständnis des Angeschuldigten zu erhalten.

Ein Bescheid der Rechtsfakultät von Jena vom Jahre 1656 z. B. lautet: »Demnach ihr Unseren Bericht begehrt, wie die *Gradus Tortorae* gebührlich in acht zu nehmen, so geben wir Euch hierauf zu vernehmen, dass die gelinde Tortur oder der erste Grad der Peinlichkeit darinn bestehe, dass der Scharffrichter den Inquisiten mag ausziehen, entblössen, zur Leither führen, die zur Peinlichkeit gehörigen Instrumenta vorzeigen, und da es nöthig, die Daumstöcke anlegen, und damit zuschrauben, auch wohl den Umständen nach, mit Schnüren den Anfang machen, in Massen, dann in denen Urtheln so auf die vergangene Inquisitions-Acta eingeholet werden, aussdrücklich vorgeschrieben wird, wie und auf was Masse der Scharffrichter verfahren sollte, welchen er gebürend nachzukommen weiss. Anlegend ferner den andern Grad der Tortur ist derselbe, wenn in den Urtheln diese Worte: ziemlicher Massen, der scharfen Frage mit angehänget seynd, zu verstehen, und wird auf Richterliche Ermässigung, delicti Beschaffenheit und der Personen Gelegenheit nach, unterschiedlich verrichtet, und haben die Scharffrichter solchen Verstand nur von Anziehung der Schrauben allein, wenn gleich der Gefangene weder gerecket, noch aufgezogen worden, bissweilen den Inquisiten geschnüret und die Beinschrauben angeleget, auch ist wohl der Gefangene ziemlich gebunden und geschnüret auf die Leither geleget, und ihm die Hände hinterücks in die Höhe gestrecket, und die Schienbeine geschnüret worden. Ueber dieses hat auch der Scharffrichter den Inquisiten ziemlicher Massen gebunden und auch die Leither etwas gezogen: Letzlich seynd den Gefangenen, wenn er auf die Leither gelegt, die Schraubenstöcke an die Beine geleget, er aber nicht ausgerenket oder gedehnt worden, auch wird sonderlich bey denen, so der Hexerei halben verdächtig, gebrauscht, dass sie in den Bock gespannet werden, wie denn sonsten dem Scharffrichter nicht unbewusst, wie und auf was Masse die ziemliche scharffe Frage pflegtet executiert zu werden. Letzlichen ist zwar auch der dritte Grad der Tortur, so aber selten erkannt wird, dass nemlich der Scharffrichter den Inquisiten nebst vorgesetzten Peinlichkeiten auch mit dem Feuer, als angezündeten Schwefel und Kiehn, auch mit anderen gewöhnlichen scharffen Mitteln angreiffen mag, jedoch dass dem Inquisiten dadurch an seinen Leben kein Schaden zugefüget werde.«

Die in dem letzten Satz ausgesprochene Fürsorge für den Gemarterten klingt etwas komisch, indes steht dergleichen, trotz seiner Wertlosigkeit oder vielleicht auch nur eben darum, nicht vereinzelt da. »Wo wegen Schärfe der Tortur oder der Lebenskonstitution des Inquisiten ›Bedenken obhanden‹ waren, musste ein Arzt beigezogen werden, denn während man den Unglücklichen mit berechneter Grausamkeit die Knochen quetschte und die Glieder aus den Gelenken drehte, affektierte man zugleich eine zärtliche Besorgnis für die Gesundheit des Gefolterten. Es durfte deswegen die Tortur stets nur an einem Werktag morgens früh vorgenommen werden, ›wenn der Reus nüchtern ist, denn wenn man dieselbe vornehmen wollte, wenn der Inquisit gegessen hat, würde ihm durch Umwendung des vollen Magens etc. nicht allein schwere Pein an seinem Leib, sondern auch Schaden an der Gesundheit zugefügt,‹ deshalb, wenn die Tortur über Mittag dauerte, erhielt auch der Delinquent nichts zu essen oder zu trinken, sondern nur eine ›Labung‹. Diese sonderbare Sorgfalt für das Wohlbefinden eines Angeschuldigten gibt sich wiederholt kund bei den Anordnungen über Dauer und Beschaffenheit der Folter. Die Dauer derselben war dem Ermessen, d. h. der Willkür des Inquirenten, anheim gegeben, doch sollte der Gefolterte ›nicht über eine Stunde in der Folter gelassen werden‹. Diese sollte daher immer so beschaffen sein, dass der Beschuldigte ›sei es zur Strafe, sei es zur Entlassung an seinen Gliedern und Gesundheit unverletzt bleiben möge‹. Der inquirierende Richter hatte daher das *genus torturae* so einzurichten, dass dem Delinquenten einesteils nicht zu wenig und andernteils an seiner Gesundheit und den Gliedmaßen nicht zu viel geschehe. Weibspersonen oder Personen mit schwacher Leibeskonstitution oder chronischen Leiden behaftet dürften daher statt des Aufziehens nur mit dem Daumenstock oder ›proportionierlichen‹ Spitzrutenstreichen angegriffen werden, ›anerwogen diese letztere Tortur zwar die empfindlichste ist, hingegen an Leib und der Gesundheit den wenigsten Schaden bringt.‹

Jene in den Gerichtsordnungen ausgesprochene immerhin humane Vorsorge, übermäßiger, grausamer Härte bei der Tortur vorzubeugen, erfuhr aber häufig die gröblichste Verletzung. Da der inquirierende Richter in jedem Angeschuldigten gleich von vornherein schon einen ›Reus‹ und ›Erzbösewicht‹ erblickte, so musste er, dem für sein Arbitrium über die Schärfe der Folter ein beliebiger Spielraum offen gelassen war, vor allem dahin trachten, seinen Scharfsinn im Inquirieren durch das Geständnis eines solchen ›bosshaften Maleficanten‹ darzutun, das dann, erfolgte es nicht auf anderem Weg, herausgefoltert wurde. Man begegnete daher häufig solchen Unglücklichen, die sich als elende Krüppel zeitlebens mit ausgerenkten gequetschten Gliedern herumschleppten, zum Wahrzeichen, mit welchem Preis sie ihre Schuldlosigkeit bezahlen mussten.

Frei von der Folter waren Adelige, hohe Beamte, Geschlechter, Verstandesschwache, ›Unvogtbare‹, Kranke, Schwangere und alte Leute von 60 Jahren an. Desgleichen durften Kinder unter 14 Jahren nicht peinlich gefragt werden ›dann durch die Ruethen mit bescheydenheit.‹

Damit der Inquisiten Geschrei und Winseln ›den wohnenden Leuten und Nachbarn nicht beschwer- und verdrießlich‹ seien, mussten die Orte, wo die Tortur vorzunehmen war, abgelegen und in ›starken Gemäuern und Gewölben‹ sein. Die Folterkammern (Martergruben, Reckorte) waren daher häufig unterirdisch. Auch durch Anlegen der Würgbirne oder der Foltermaske suchte man das Schmerzensgeschrei zu dämpfen.

Das Protokoll über den jeweiligen Akt der Tortur durfte nicht niedergeschrieben werden, solange der Inquisit unter der Folter war. Erst in der Gerichts- oder Büttelstube wurde dasselbe ordentlich formuliert: ›vnnd sol die sag des Gefragten nicht angenommen werden, so er in der Marter, sonder sol sein Sag thun, so er von der Marter gelassen ist‹.«

K. A. Bierdimpfl, dem wir hier das Wort gegeben haben, bezieht sich damit allerdings auf die spätere Zeit, wo die Bamberger und die Carolina immerhin mäßigend und wohltätig auf die Ausübung der Tortur eingewirkt hatte. Früher pflegte man es dem Henker zu überlassen, verrenkte und zerbrochene Glieder der Gefolterten zu »heilen«. Trotzdem kam es auch damals nicht selten vor, dass die gemarterte Person während der Folter oder auch bald darauf in der Zelle den Geist aufgab.

»In diesem Fall«, so Soldan, I, S. 373, »war es Herkommens, dass der Scharfrichter den Hals der Unglücklichen herumgedreht fand, was dann ein Beweis dafür war, dass der Teufel selbst ihrer Not ein Ende gemacht hatte, um sie am Geständnis der Wahrheit zu hindern. Stand es doch sogar in der Henkerpraxis jener Tage fest, dass, wenn ein wegen Zauberei Angeklagter unter den Qualen der Tortur die Sprache verloren hatte, derselbe zu demselben Zweck vom Teufel stumm gemacht war! So heißt es z. B. in einem Protokoll eines zu Wasungen im Hennebergischen geführten Hexenprozesses vom 22. August 1668: ›Als sie (die auf die Folter gelegte Angeschuldigte) nun eine Weile so gesessen hatte, ist sie bedroht worden, wo sie gutwillig nicht bekannte, dass mit der Tortur fortgefahren werden sollte, auch darauf ein wenig in die Höhe gezogen. Aber als sie etwas, jedoch unvernehmlich geredet hatte, und man vermeinet, sie würde weitere Aussage tun, bald wieder heruntergelassen worden, hat man vermerkt, dass es nicht richtig um sie sei. Daher der Scharfrichter sie mit nebenstehendem Wein angestrichen. Als aber befunden wurde, dass das sonst starke Atemholen nachließ, ist sie auf die Erde auf ein Bett gelegt worden, da sie sich noch in Etwas geregt und bald gar ausgeblieben und gestorben. Es ist aber derselben, als der Scharfrichter sie erst besehen hatte, der Hals oben im Gelenk ganz entzwei gewesen. Wie es damit hergegangen war, kann niemand wissen. Die Tortur hat von früh acht Uhr bis zehn Uhr gewährt usw. – Vermutlich hat der böse Feind ihr den Hals entzweigebrochen, damit sie zu keinem Bekenntnis kommen sollen.‹« – Auch den hierüber erstatteten Bericht gab der Graf wieder: »Uns ist aus Eurem Bericht vorgetragen worden, wie weit ihr mit denen verdächtiger Hexerei halber in Haft sitzenden Personen verfahren und wie Ihr wegen Paul Mopens Weibs, die bei der Tortur verstorben ist, des Körpers wegen Verhaltungsbefehl erholen wollen. Dieweil nun Euerem Bericht nach von dem Scharfrichter kein Exzess in der Tortur begangen und gleichwohl wider diese Inquisition unterschiedliche Indicia, auch endlich ihr, wiewohl nur generaliter und zwar bei der Tortur auf Befragung des Scharfrichters getanes Bekenntnis vorhanden, auch aus denen bei ihrem Absterben sich ereignenden Umständen und vorhergegangenen Besichtigungen soviel abzunehmen, dass ihr von dem bösen Feind der Hals zerknickt sein muss, als habt ihr bei so gestalteten Sachen den Körper alsbald hinausschaffen und unter das Gericht einscharren zu lassen.«[2] Wir ersehen demnach, dass, wenn einer gemarterten Person bei der Folter die Wirbelsäule zerbrochen wurde oder wenn sie sonst unter den Qualen starb und der Henker der Toten leichenschänderisch den Hals umgedreht hatte, die Schuld dem Teufel in die Schuhe geschoben wurde. Ebenso war auch der Teufel und nicht irgendeine Gerichtsperson der Täter, wenn Frauen oder selbst noch unentwickelte Mädchen in ihren Zellen genotzüchtigt und halb tot aufgefunden wurden. Begreiflicherweise kam es zuweilen auch vor, dass die in Haft genommene Person Selbstmord verübte. Auch in solchen Fällen musste natürlich der Teufel hier sein Spiel getrieben haben. So wird aus Lothringen berichtet, dass sich dort in einem Jahre fünfzehn Inquisiten entleibten.

XVI. Kapitel

Die Urgicht – Urphede – Torturvornahme – Protokoll – Hexenturm – Carceris squalores – Vorbereitung zur Tortur – Tränenprobe – Hexenprobe – Hexenbad – Hexenwaage – Offa judicialis – Torturgebühren – Überblick –

Was die Pein der Tortur noch zu vermehren geeignet war, war der Umstand, dass sowohl Henker wie Richter einen Stolz darin setzten, das Geständnis des Beschuldigten herbeizuführen, die Meinung hegten, sie übten ihr Amt nicht richtig aus, wenn es ihnen nicht gelänge, dieses Ziel zu erreichen. Ferner wirkte zu einer gesteigerten Grausamkeit auch die Tatsache mit, dass die Richter in den meisten Fällen von der Schuld des Angeklagten überzeugt waren und dass ihnen Unannehmlichkeiten erwachsen konnten, wenn es sich herausstellte, dass jemand ungerechtfertigt der peinlichen Frage unterzogen wurden. Auch spiele dabei, wie bereits bemerkt wurde, Habsucht und Eigennutz eine Rolle, denn derartige Rechtsfälle waren für die Richtenden und Ausübenden mit beträchtlichen Sporteln verbunden. Die Urgicht zu erlangen, das auf der Folter abgepresste Geständnis, war daher die Hauptsache, die mit allen möglichen Mitteln erstrebt wurde. Besonders arg war das Verfahren der als Zauberer und Hexen verdächtigten Personen. In Offenburg z. B. wurde einer unschuldig Verhafteten erst nach fünfzehnmonatiger Gefangenschaft die gegen sie vorliegenden Verdachtsgründe mitgeteilt, die aus nichts anderem bestanden als aus ihrem eigenen durch die Folter erpressten Geständnis. Dennoch schließt der Anklageakt: »Item wahr, und erfolgt aus Hieroberzähltem, dass offtermelter Magistrat der St. Offenburg ganz wohl befuegt, ja von Obrigkeit schuldig gewesen, Sie Hoffmännin in gefenkliche Haftung anzunehmen and obgesetztermassen mit der tortur gegen ihro zu verfahren.«

Mehrstündige Folterungen und Wiederholungen oder »Fortsetzungen«, wie man es zu benennen beliebte, bis zwanzigmal gehörten nicht zu den Seltenheiten. Kam aber der wirklich seltene Fall vor, dass aus der beschuldigten Person kein Geständnis herausgepresst werden konnte und auch sonst sich nichts bot, was Vorwand zu einer Verurteilung oder doch Gefangenhaltung gegeben hätte, so musste sie natürlich freigelassen werden, zumeist unter Verbannung und Beschwörung der Urphede. Irrigerweise wird diese von vielen heutzutage für das Gegenteil dessen gehalten, was sie in Wirklichkeit war, für eine sozusagen Kriegserklärung statt eines Eides, jede Feindseligkeit zu vermeiden. So lautet, um ein Beispiel anzuführen, die Urphede eines Juden gelegentlich der Judenverfolgung in der Mark Brandenburg vom Jahre 1510 wie folgt:

»Ich (Name) gelobe und schwöre mit freien Willen eine rechte Urphede dem durchlauchten Hochgeborenen Fürsten und Herrn, Herrn Joachim, des Heiligen Römischen Reichs Erzkämmerer und Kurfürst, und Herren Albrecht Gebrüdern, Markgrafen zu Brandenburg, und Ihrer Fürsten Gnaden Erben und Nachkommen, Landen und Leuten, und allen I. F. G. verwandten Staaten und Mannen und allen denjenigen, die Rat und Tat nit zugegeben und Hilfe gethan, dass ich in Gefängnis gekommen und, wiewohl ich schwere Strafe verdient und doch aus Gnaden erledigt, der will ich nimmermehr nichts arg tun, ich noch meine Erben, sondern wollen und sollen meine getane Urphede stets und fest unverbrüchlich halten. Wo ich oder jemand von meiner wegen wider tu oder tun wird, dass mir die fünf Bücher Moses nimmer müssen zu Hilfe kommen, und dass ich mich müsse verunreinigen, wie der König von Babylonien tat, und dass Pech und Schwefel auf meinen Hals müssen gerinnen, wie es über Sodoma und Gomorrah geronnen, und das Pech über mich rinne, wie es zu Babylonia überrann zweihundert Mann noch mehr, und dass die Erde überfalle und mich verschlinge, wie sie tat an Datan und Abiran, und meine Erde nimmehr komme zu meiner Erde und mein Gruss nimmermer komme zu andern Gruss, dass mir müsste helfen Adonai, dass ich müsse aussätzig werden wie Naema Ihesay, dass mich auch müsse angehen der Schlack, der das israelitische Volk anging als sie durch das Land Aegypten zogen, dass auch über mich und alle die dagegen oder wider Urphede tun, müsste das Blut gehen und der Fluch an mir müsste wachsen, den mein Geschlecht sich selbst wünschte, als es Jesum verurteilte und marterte und sprach: ›Sein Blut komme auf uns und alle unsere Kinder.‹ Dass ich diese Urphede stets fest und unverbrüchlich halten will, des helfe mir Gott, der Moses erschienen ist in einem brennenden Dornbusch, der doch blieb unverbrandt. Und ich schwöre bei der Seele, die ich auf dem Jüngsten Tag vor Gericht bringen muss, durch Gott, Abraham, Isaak und Jakob: Ich verzeih mich auch in dieser Urphede aller päpstlicher, kaiserlicher Freiheit und Gnade, ob ich dazu etwas hätte, nimmermehr zu gebrauchen, noch damit zu behelfen, sondern ich will diese geschworne Urphede stets und fest unverbrüchlich zu ewigen Zeiten halten und von Stunde stracks aus dem Land ziehen, und nimmer wider darin kommen. Ich will auch alle Juden, welche ich zukomme, warnen dass sie die Lande bei Leibes und Gutes meiden und entfliehen, als mir helfe der Gott, der erschuf Himmel und Erde, Tal, Berg, Laub und Gras.«

Ein Entlassungsbescheid aus der Haft und Aufforderung zur Ablegung der Urphede wird von Pfaff in der Zeitschrift für die Kulturgeschichte, 1856, S. 266 aus dem Jahre 1561 mitgeteilt und lautet:

»Ihr drei Weiber, nachdem ihr sammt und sonders in der Fronfeste und das Gefängnis des Rats zu Esslingen gekommen seid, aus wohlbefugten Ursachen, weil ihr euch lange Zeit her in mancherlei Weg bös, verdächtig und argwöhnisch gemacht habt, so dass der Rat wohlbefugt gewesen wäre mehr strenglich mit euch zu handeln, will er doch diesmal, angesehen euer selbst Bitten und euer Verwandten und Freunde vielfältig Ansuchen mit der erlittenen Turmstrafe ein Begnügen haben, und euch alle drei, doch auf euer künftiges Wohlverhalten, sammt und sonders solchen Gefängnisses in Gnaden erlasse; dergestalt jedoch, dass ihr euch hiefür zu allen Zeiten eueres Lebens in diesen Verdacht der fahrenden Frauen, Hexen oder Unholde nie mehr, weder mit Reden, Gedanken und Werken, noch sonst in anderer Weise öffentlich oder heimlich begeben, sondern Christlich und gottesfürchtig leben wollt. Auch sollt ihr schwören, dass ihr weder durch euch selbst noch durch jemand Anders euretwegen eurer Gefangenschaft und was euch darin begegnete, gegen den Rat, dessen Zugehörige und Diener, auch gegen manniglich, so zu eure gefänglichen Einziehung Rat, Hilfe oder Fürschub tat, mit Worten oder Werken ahnden oder rächen wollt, weder vor weltlichen noch vor geistlichen Gerichtens.« Bemerkenswert ist hier, dass die Richter bemüht sind, den Gefolterten nicht nur jeden Rachegedanken zu verwehren, was ja schließlich noch anginge, sondern sie auch verhindern wollten, sich über mit Unrecht zugefügte Martern bei der höheren Behörde zu beschweren.

Urphede dieser Art wurde in Deutschland noch bis Ende des achtzehnten Jahrhunderts geschworen, und wir führen im zweiten Band dieses Werkes den von der Theresiana vorgeschriebenen Text an. Wagte es jemand trotz der geschworenen Urphede zurückzukehren und wurde er dessen überführt, so wurde er vor allem mit der Strafe des Meineides, Abhauen der Schwurfinger bestraft und auch sonst noch hart mitgenommen. Wiederholter Bruch der Urphede zog Todesstrafe nach sich.

Mit welcher Rücksichtslosigkeit und wie gegen die gesetzlichen Vorschriften bei der Tortur vorgegangen zu werden pflegte, ersehen wir auch aus einer protokollarischen Darstellung aus dem Jahre 1631, die Scherr (a. a. O., Beigabe II, S. 18) gibt. Der Zeit nach gehört sie zwar einer Periode an, die wir erst später in Erörterung ziehen werden, doch liegt kein Grund vor anzunehmen, dass es sich hier um einen Ausnahmefall handelt und nicht schon früher oft vorgekommen wäre:

»1) Der Scharfrichter hat der Delinquentin die Hände gebunden und auf die Leiter gezogen, hierauf angefangen, sie zu schrauben, und auf alle Puncta so geschraubet, dass ihr das Herz im Leib zerbrechen mögen, und sey keine Barmherzigkeit da gewesen. 2) Und ob sie gleich bei solcher Marter nichts bekennet, habe man doch ohne rechtliches Erkenntniss die Tortur wiederholet und der Scharfrichter ihr, da sie schwangeres Leibes gewesen, die Hände gebunden, ihr die Haare abgeschnitten und auf die Leiter gesetzt, Branntwein auf den Kopf gegossen und die Kolbe vollends wollen abbrennen. 3) Ihr Schwefelfedern unter die Arme und an den Hals gebrannt. 4) Sie hinten hinauf rückwärts mit den Händen an die Decke gezogen. 5) Welches Hinauf- und Niederziehen vier ganze Stunden gewährt, bis sie (die Richter) zum Morgenbrot gegangen. 6) Als sie wiedergekommen, der Meister (Henker) sie mit den Händen und Füßen auf den Rücken zusammengebunden. 7) Ihr Branntwein auf den Rücken gegossen und angezündet. 8) Darnach eben viele Gewichte ihr auf den Rücken geleget und in die Höhe gezogen. 9) Nach diesem sie wieder auf die Leiter geleget. 10) Ihr ein ungehöffelt Brett mit Stacheln unter den Rücken geleget und mit den Händen bis an die Decke aufgezogen, 11) Ferner hat der Meister ihr die Füße zusammengebunden, eine Klafterstütze, 50 Pfund schwer, unten an die Füße niederwärts gehangen, dass sie nicht anders gemeinet, sie würde bleiben und das Herz ersticken. 12) Bei diesem ist es nicht blieben, sondern der Meister ihr die Füße wieder aufgemacht und die Beine geschraubet, dass ihr das Blut zu den Zehen herausgegangen. 13) Bei diesem ist es auch nicht geblieben, sondern sie ist zum andernmal auf alle Punkte geschraubt worden. 14) Der (Henker) von Dreissigacker hat die dritte Marter mit ihr angefangen, welcher sie erstlich auf die Bank gesetzet. Als sie das Hemde angezogen, hat er zu ihr gesaget: Ich nehme dich nicht an auf ein oder zween, auf drei, auch nicht auf acht Tage, auf vier Wochen, auf ein halb oder ganz Jahr, so lange du lebest, so lange du es doch nicht getreiben kannst, und wenn du meinest, dass du nicht bekennen willst, dass du sollst zu Tode gemartert werden, so sollst du doch verbrannt werden. 15) Hat sie sein Eidam mit den Händen aufgezogen, dass sie nicht athmen können. 16) Und der von Dreissigacker sie mit der Karbatschen um die Lenden gehauen. 17) Darnach sie in den Schraubstock gesetzet, darinnen sie sechs Stunden gesessen und 18) mit der Karbatschen jämmerlich zerhauen worden; bei diesem es den ersten Tag verblieben. 19) Den andern Tag, als sie wiedergekommen, ist die vierte Marter mit ihr fürgenommen worden und sie auf etliche Punkte geschraubet und sechs Stunden darin gesessen.«

Aus den Akten eines Prozesses, den eine 1629 Gefolterte nach ihrer Freilassung gegen ihre Peiniger führte und der von uns schon erwähnt wurde, wird in Leibs Consil. et Respons. Frankof., 1666, Folgendes angeführt:

»Insonderheit saget testis 2. Philipp Wagner, der Richter selbsten, ad. 2. art. Ob Maderin gleich, bey der ersten Marter nichts bekennet, habe man doch ohne rechtliches Erkenntnis die Tortur wiederholet und der Scharpffrichter ihr die Hände gebunden, die Haar abgeschnitten, sie auff die Leiter gesetzet, Brandwein auff den Kopf gössen, und die Kolbe vollends wollen abbrennen. Ad. art. 3. ihr Schwefelfedern unter die Arme und den Hals gebrennet, art. 4. hinden aufwarts mit den Händen biss an die Decke gezogen, art. 5. so bey drei oder vier Stunde gewehrt, und sie gehangen, der Meister aber zum Morgenbrodt gangen, art. 6, 7, und als er wiederkommen ihr Brandwein auff den Ruck gössen und angezündet, art. 8, 9, 10, ihr viel Gewichter auff den Rücken gelegt und sie in die Höhe zogen. Nach diesem wieder auff die Leiter, und ihr ein ungehoffeltes Brett mit Stacheln under den Rücken geleget und mit den Händen bis an die Decke auffgezogen, art. 11. Fürter die beyde grosse Fusszehen und beyde Daumen zusammen geschraubet, eine Stange durch die Arme gestecket, und sie also aufgehänget, dass sie ungefehr eine viertheil Stunde gehangen, wäre ihr immer eine Ohnmacht nach der andern zugangen, ad. art. 12 et 13. Die Beine waren ihr in die Waden geschraubet und wie zu vermerken, die Tortur auff die Fragen underschiedlich wiederholt worden.

Bey der dritten Tortur, so der von Dreissigacker verrichtet, seye es ärger zugangen, als der sie mit einer ledernen Peitschen umb die Lenden, und sonst gehauen, dass das Blut durchs Hembde gedrungen, art. 14, 15, 16. Ferner sie auffgezogen, ad. art. 15. ihr die Daumen und grossen Zehen zusammen geschraubet, sie also im Bock sitzen lassen, und weren der Henker neben denen Gerichtspersonen, zum Morgenbrodt gangen, ungefehr vor Mittage, umb 10 Uhr, darinnen sie gesessen bis ein Uhr, nach Mittag, dass auch ein benachbarter Beambter zu Zedgen kommen und gesagt, warumb man so unbarmhertzig mit den Leuten umbginge, man hette zu Neustadt davon gesagt, dass die zu Possneck so unbarmhertzig weren, art. 17. Darauff sie abermal mit der Carbatschen jämmerlich zerhauen, und seye es hierbey ersten Tages verblieben, art. 18 den andern Tag (*notetur*) were man noch einmal (doch *absque sententia praevia*) mit ihr durchgegangen, Tortur hette bissweilen mit der Peitschen zugehauen, aber nicht so sehr wie den vorigen Tag, es were ein abscheuliches Werk gewesen, art. 19. – Diesem Zeugen stimmet in den meisten Punkten bei testis 4, Christoph Rhot, auch Richter usw.«

In der »Zeitschrift für die Kulturgeschichte« 1856, S. 367, teilt Pfäff aus einem Torturprotokoll aus Esslingen vom 14. September 1662 folgende charakteristische Stellen mit: »Wird gebunden, winselt, ›könne's nicht sagen‹, ›soll ich lügen?‹ ›O weh, o weh, liebe Herren!‹ Bleibt auf der Versteckung. Der Stiefel wird angetan und etwas zugeschraubt. Schreit: ›Soll ich denn lügen, mein Gewissen beschweren? Kann hernach nimmer recht beten!‹ Stellt sich weinend, übergeht ihr aber kein Auge. ›Kann wahrlich nicht, und wenn der Fuß herab müsste!‹ Schreit sehr: ›Soll ich lügen? Kanns nicht sagen!‹ Ob zwar stark angezogen, bleibt sie doch auf Einerlei. ›O ihr zwingt Einen!‹ Schreit jämmerlich: ›O lieber Herr Gott!‹ Sie wollt's bekennen, wenn sie nur wüsste. Man sage ja, sie sollte nicht lügen! Wird weiter zugeschraubt. Heult jämmerlich. – ›Ach liebe Herren, tut mir nicht so gar. Wenn man Euch aber Eins sagt, wolt Ihr gleich wieder ein anderes wissen‹ usw.«

Bevor es zur Tortur kam, hatten die Beschuldigten, besonders die weiblichen Geschlechts, eine Fülle von Misshandlungen, Beleidigungen und Erniedrigungen zu erdulden, die den Folterqualen fast als gleichwertig zur Seite gesetzt und, abgesehen von den physischen Leiden, als moralische Tortur bezeichnet werden können. Dies gilt besonders von den Hexenprozessen, die in Deutschland den Kernpunkt des peinlichen Verfahrens bildeten. Vor allem ist hier das Gefängnis der Verhafteten in Betracht zu ziehen: die Hexentürme, Drudenhäuser, deren Überbleibsel an manchen Orten zu sehen sind. Allerdings muss hier bemerkt werden, dass derartige Bräuche erst in der nachreformatorischen Zeit in Deutschland zahlreich zu finden sind. Ein Augenzeuge, Prätorius in seinem »Von Zauberei und Zauberern«, schildert uns diese Gefängnisse folgendermaßen:

»In dicken, starken Türmen, Pforten, Blockhäusern, Gewölben, Kellern, oder sonst tiefen Gräben sind gemeinlich die Gefängnisse. In denselbigen sind entweder große, dicke Hölzer, zwei oder drei übereinander, dass sie auf und nieder gehen an einem Pfahl oder Schrauben: Durch dieselben sind Löcher, gemacht, dass Arme und Beine darin liegen können. Wenn nun Gefangene vorhanden habet oder schraubet man die Hölzer auf, die Gefangenen müssen auf ein Klotz, Steine oder Erden niedersitzen, die Beine in die unteren, die Arme in die oberen Löcher legen. Dann lasset man die Hölzer wieder fest aufeinander gehen, verschraubt, keilt und verschließt sie auf das härteste, dass die Gefangenen weder Bein noch Arme notdürftig gebrauchen oder regen können. Das heißt in Stock liegen oder sitzen. Etliche haben große eiserne oder hölzerne Kreuz, daran sie die Gefangenen mit dem Hals, Rücken, Arm und Beinen anfesseln, dass sie stets und immerhin entweder stehen oder liegen oder hangen müssen, nach Gelegenheit der Kreuze, daran sie geheftet sind. Etliche haben starke eiserne Stäbe, fünf, sechs oder sieben Vierteil an der Ellen lang, dran beiden Enden eisern Banden seynd, darin verschließen sie die Gefangenen an den Armen, hinter den Händen. Dann haben die Stäbe in der Mitte große Ketten in der Mauern angegossen, dass die Leute stets in einem Lager bleiben müssen.

Etliche machen ihnen noch dazu große, schwere Eisen an die Füße, dass sie sich weder ausstrecken noch an sich ziehen können. Etliche haben enge Löcher in den Mauern, darin ein Mensch kaum sitzen, liegen oder stehen kann, darin verschließen sie die Leute ohngebunden mit eisernen Türen, dass sie sich nicht wenden oder umkehren mögen. Etliche haben fünfzehn, zwanzig, dreißig Klafter tiefe Gruben, wie Brunnen oder Keller aufs allerstärkste gemauert, oben im Gewölbe mit engen Löchern und starken Türen oder Gerembsten, dadurch lassen sie die Gefangenen, die an ihren Leibern sonst nicht weiter gebunden, mit Stricken hinunter, und ziehen sie, wenn sie wollen, also wieder heraus.

Solche Gefängnis habe ich selbst gesehen, in Besuchung der Gefangenen; glaube wohl, es seye noch viel mehr anderer Gattung, etliche noch greulicher, etliche auch gelinder und erträglicher.

Nachdem nun der Ort ist, sitzen etliche gefangen in großer Kälte, dass ihnen auch die Füße erfrieren und abfrieren, und sie hernach, wenn sie loskämen, ihr Lebtage Krüppel seyn müssen. Etliche liegen in steter Finsternuss, dass sie der Sonne Glanz nimmer sehen, wissen nicht, obs Tag oder Nacht ist. Sie alle sind ihrer Gliedmaßen wenig oder gar nicht mächtig, haben immerwährende Unruhe, liegen in ihrem eigenen Mist und Gestank, viel unflätiger und elender, denn das Viehe, werden übel gespeiset, können nicht ruhig schlafen, haben viel Bekümmernuss, schwere Gedanken, böse Träume, Schrecken und Anfechtung. Und weil sie Hände und Füße nicht zusammen bringen, und wo nötig hinlenken können, werden sie von Läusen und Mäusen, Steinhunden und Mardern übel geplaget, gebissen und gefressen. Werden über das noch täglich mit Schimpf, Spott und Dräung vom Stöcker und Henker gequält und schwermütig gemacht.

Summa, wie man sagt: alle Gefangenen arm.

Und weil solches alles mit den armen Gefangenen bisweilen über die Maßen lang währt, zwei, drei, vier, fünf Monat, Jahr und Tag, ja etliche Jahr: werden solche Leute, ob sie wohl anfänglich gutes Muts, vernünftig, geduldig und stark gewesen, doch in der Länge schwach, kleinmütig, verdrossen, ungeduldig, und wo nicht ganz, doch halb töricht, misströstig und verzagt. –

O ihr Richter, was macht ihr doch? Was gedenkt ihr? Meinet ihr nicht, dass ihr schuldig seyd an dem schrecklichen Tod eures Gefangenen?«

Soldan, der dieses Zitat bringt, fügt hinzu (I, S. 349): »Solche Umgebungen – *carceris squalores* ist der technische Ausdruck des Malleus – waren es, in denen sich die Gefangenen einem vorläufigen Nachdenken über ihre Gegenwart und Zukunft überlassen sahen ... Der Malleus gibt die Weisung, verstockte Personen nötigenfalls ein ganzes Jahr in diesem Zustand zu erhalten und dann ihnen die kanonische Reinigung mit zwanzig oder dreißig Eideshelfern aufzuerlegen; können sie diese nicht leisten, so soll das Verdammungsurteil erfolgen. Weltliche Richter, bei denen jenes kanonische Beweismittel nicht galt, haben die Haft zuweilen auf zwei, drei und vier Jahre ausgedehnt. Doch konnte dieses nur in Folge ganz eigentümlicher düsteren Verhältnisse oder einer seltenen Untüchtigkeit der Gerichte eintreten. In der Regel wusste man schneller zum Ziel zu gelangen.

Was nun in diesen finsteren Kammern von in Teufel umgewandelten Menschen Unmenschliches, Barbarisches, Niederträchtiges, Gemeines verübt worden ist, das weiß nur Gott. Die meisten Prozessakten existieren nicht mehr, und die vorhandenen spezifizieren die Einzelheiten nicht, da alles, ›more consueto‹ herging.«

Damit war aber das Übel der Vortortur noch nicht erschöpft. Vor der Anwendung der Territion, die in manchem bereits eine reale Tortur war, ist bereits die Rede gewesen. Hatten diese Einschüchterungsversuche keinen Erfolg aufzuweisen und sollte dann zur eigentlichen »scharfen Frage« geschritten werden, so wurde die der Hexerei bezichtigte Frauensperson vollständig entkleidet, und der Peinmann begann einen genauen Augenschein nach etwa verborgenen Zaubermitteln vorzunehmen, die bewirken sollten, dass die peinlich Befragte sich unempfindlich gegen die Schmerzen der Folter machen sollte. Es wurden dabei alle Haare vom Leib abrasiert oder in der Mehrzahl der Fälle sogar abgesengt, ein schamloser Brauch, der wahrscheinlich in einem italienischen Mönchshirn seinen Ursprung fand, wenigstens finden wir diese Vorschrift auch in dem Malleus, der allerdings zum Lob der Deutschen zu sagen weiß: »*In Alemanniae partibus talis abrasura, praesertim circa loca secreta, plurimum consetur inhonesta, qua de causa nee nos inquisitores usi sumus, sed tonis capillis capitis cum calice aquae benedietae guttulas cerae benedietae immittendo et sub invocationc sanetissimae Trinitatis jejuno stomacho trinies in potum ministrando per Dei gratiam a plerisque taciturnitatis maleficium abstinuimus. Tamen in aliis regnis inquisitores talem per totum corpus abrasuram fieri mandant, ut et Cumanus inquisitor nobis insinuavit, qui anno elapso XLI. maleficas incinerari mandasset, Omnibus per totum corpus abrasis.*« In der nachfolgenden Zeit wurde aber auch in Deutschland in dieser Beziehung ebenso schamlos wie anderwärts vorgegangen, und der Jesuit Friedrich von Spee, der bekannte eifrige Bekämpfer des Hexenwahns – es soll von ihm in diesem Werk noch eingehender die Rede sein –, fand Anlass zu schreiben: »*Pudeat germanos nos, si quae tunc erat peculiaris Alemanniae verecundia, nec hane inquisitores illi alias severi confundere ausi sunt, nos denique nune nequissimorum scurrarum libidini prostituimus.*«

Dem folgte nun das Suchen nach dem Teufelsmal (*stigma diabolicum*). Es galt nämlich als ausgemacht, dass jede Hexe eine Stelle an ihrem Körper habe, die unempfindlich gegen jeden Stich sei und auch kein Blut dabei abgebe. Der Freimann oder sein Gehilfe spähten nun, mit einem spitzen Instrument in der Hand, an dem nackten, enthaarten Körper eifrig nach jeder Spur, die ihnen ein Hexenmal ankündigen mochte. Jede Warze, Leberfleck oder sonst eine geringe Abweichung von der normalen Beschaffenheit der Haut galt als verdächtig und wurde mit dem Stachel erprobt. Es soll dabei vorgekommen sein, dass sich die Scharfrichter dabei eines Instrumentes bedienten, dessen Spitze unauffällig zurückgezogen werden konnte, oder dass sie sonstige Manipulationen vornahmen, die keine Verletzung und somit keinen Schmerz und keinen Blutverlust ergaben, wodurch natürlich das Bündnis des Weibes mit dem Teufel erwiesen war. Ferner kam es auch vor, dass ihnen der Scharfrichter irgendein mit unlesbarem Geschreibsel versehenes Stückchen Papier in die Geschlechtsteile hineinpraktizierten und dann diesen angeblichen Fund als Zeichen der Schuld vorwiesen. War es doch diesen Leuten, wiederholt sei es bemerkt, aus Eigennutz und aus Berufseitelkeit darum zu tun, Schuldige überwiesen zu haben, sei es auch durch dir hässlichsten und betrügerischsten Kniffe. Ließ sich trotz alledem kein Teufelsmal finden oder erfinden, so hatte es »der Teufel ausgelöscht«.

Auch sonst wurden vor der Tortur verschiedene Vorkehrungen getroffen, um zu verhindern, dass die Inquisiten Beistand von ihrem vermeintlichen Buhlen und Herrn, dem Teufel, erhalte. Sie durfte bei der Tortur nicht ihre eigene Kleidung tragen, denn diese mochten verhindern, dass sie die ihr zugedachten Schmerzen empfinde. Oder sie wurde, aus demselben Grund, mit einem Hemd bekleidet, das an einem Tage gesponnen, gewebt und genäht worden sein musste. Sie wurde in katholischen Gegenden mit Weihwasser besprengt, mit geweihten Kräutern geräuchert oder auch genötigt, einen geweihten Trank zu sich zu nehmen und was des Unsinns noch mehr ist.

Oft ließ man auch der Folter die so genannte Tränenprobe vorausgehen. »Hierbei legte«, schreibt Scherr, a. a. O., Seite 361, »ein Priester oder Richter der Angeschuldigten die Hand auf den Kopf, sie beschwörend: ›Bei den bittern Tränen, die der Heiland am Kreuz für unser Heil vergossen hat, bist Du unschuldig, so vergieße Tränen, bist Du schuldig, keine.‹ Konnte die Hexe nicht weinen, so war der Beweis ihrer Schuld fertig, weinte sie aber, so hatte ihr der Teufel zum Schein Augen und Wangen nass gemacht.« Damit erklärt sich auch, warum in den Protokollen der

Hexenprozesse so häufig hervorgehoben wird, die Angeklagte oder Gefolterte hätte keine Tränen vergossen. Denn auch die wirkliche oder vermeintliche oder auch nur erfundene Unterlassung dieser Schmerzensäußerung unter der Folter galt als Beweis der Schuld, wie überhaupt alles dafür angesehen wurde, jedes Tun und jedes Unterlassen.

Der Tortur pflegten bei Hexen auch die Hexenproben vorauszugehen, Ordalien, wie wir sie größtenteils bereits erörtert haben. Die Feuerprobe (*ferrum candens*) kam bei Hexenprozessen nur in frühester Zeit vor, übernommen wahrscheinlich von den vorausgegangenen Ketzerprozessen, in denen sie nicht selten zur Anwendung gelangten. Der Malleus (Part. III, Qu. 17) verwirft dieses Mittel, und die Autorität dieses grausamen Buches dürfte auch deren Verdrängung herbeigeführt haben. »Weit gebräuchlicher war«, wie Soldan, I., S. 394 berichtet, »diejenige Probe mit dem kalten Wasser, die man das Hexenbad nannte. Das Ordal des kalten Wassers (*judicum aquae frigidiae*) reicht tief in das Mittelalter zurück.[1] Ludwig der Fromme verbot es, Hinkmar von Reims trat als sein Verteidiger auf, zur Zeit Bernhards von Clairvaux wurde es gegen sogenannte Manichäer in Frankreich angewendet; seitdem aber Innozenz III. auf dem Lateran-Konzil 1215 ein neues Verbot darauf legte, kam es in Abnahme. Das Verfahren bestand darin, dass der Angeschuldigte an ein Seil gebunden und ins Wasser hinabgelassen wurde. Aufschwimmen war das Zeichen der Schuld, Untersinken das der Unschuld. Einige deutsche Weistümer aus dem vierzehnten und fünfzehnten Jahrhundert nahmen jedoch die Entscheidung gerade umgekehrt.[2] Im sechzehnten Jahrhundert fing man in manchen Gegenden Deutschlands, namentlich in Westfalen, diese Probe bei den Hexen zu gebrauchen an. Man band ihnen die Hände mit den Füßen kreuzweise zusammen und ließ sie an einem Seil in einem Fluss oder Teich dreimal hinab, wobei das Aufschwimmen für die Schuld sprach. Als endliches Überführungsmittel ist die Wasserprobe zwar nirgends recht in Gebrauch gekommen, als vorläufige Prüfung aber erhielt sie sich sehr lange. Wurde sie genügend bestanden, so folgte entweder augenblickliche Freilassung oder kanonische Reinigung; wo nicht, so schritt man zur Tortur. Aus einem Schreiben des marburgischen Professors der

Philosophie Scribonius an den Magistrat zu Lemgo ersieht man, dass die Wasserprobe in dieser Stadt erst 1585 nach dem Muster anderer Länder eingeführt, in den übrigen Teilen Deutschlands aber noch fast ganz unbekannt war. Scribonius suchte die Zweckmäßigkeit des Verfahrens mit Gründen darzutun und verwickelte sich in einen Streit mit den Ärzten Ewich und Neuwald, in dem er den Kürzeren zog. Aus Westfalen verbreitete sich die Anwendung des Hexenbades nach Lothringen; gegen das Ende des sechzehnten Jahrhunderts finden wir es auch in Belgien und Frankreich[3)], wo es indes vom Pariser Parlament verboten wurde, und um die Mitte des siebzehnten Jahrhunderts trieb man besonders in England einen argen Unfug mit demselben. Auch nach Ostindien ist es, wahrscheinlich durch die Engländer, gekommen.[4)] In Italien und Spanien dagegen, wo, wie Delrio sagt, ›illibata est canonum auctoritas‹, kam es gar nicht vor. Der Gerichtshof von Holland ließ sich in einem vorkommenden Fall 1594 von den Professoren zu Leyden ein Gutachten ausstellen, das gegen die Anwendbarkeit dieser Probe ausfiel. Im folgenden Jahre wurde sie auch in den spanischen Niederlanden verboten.[5)]

Fragen wir nach der diesem Ordal zu Grunde liegenden Vorstellung, so findet sich diese bei Hinkmar dahin entwickelt, dass das Wasser, geheiligt durch die Taufe Christi im Jordan, keine Verbrecher aufnehme, wenn es darauf ankomme, sie zu entdecken. Nach König Jakob I. wollte das Wasser in Gemäßheit besonderer Anordnungen Gottes die Hexen darum nicht in seinen Schoss aufnehmen, weil dieselben in ihrer Lossagung von Gott und Christus das heilige Taufwasser von sich geschüttet hätten. Doch möchten wir glauben, dass, als man die ursprünglich für ganz andere Verbrechen angewendete[6)] und späterhin fast ganz vergessene Probe wieder hervorsuchte, um sie speziell an den Hexen zu vollziehen, noch eine andere Vorstellung leitete. Den Griechen nämlich galten die Thibier am Pontus für Zauberer, und es herrschte der Glaube, dass sie im Meer nicht untergehen können. Plinius, der dies erzählt (H. V. VII. 2), war stets eine Fundgrube für die Zauberdoktrinen und mag auch hier eingewirkt haben. Man maß den Hexen eine sehr geringe spezifische Schwere bei, wie diese auch in ihrer Flugfähigkeit hervortritt, und es musste wohl der Gedanke nahe liegen, dass man sie an diesem Kriterium, gleich den Thibiern, zu erkennen vermöge. Mit Bestimmtheit lässt sich dieses freilich nicht nachweisen. Die mittelalterliche Auffassung der Wasserprobe als eines Gottesurteils hatte im Hexenprozess einer ganz anderen Auffassung Platz gemacht. Dieselbe galt jetzt als Mittel, um Indizien zu erlangen. Man wollte dahinterkommen, ob die Angeklagte wohl schwämme. Schwamm sie, so war ein sehr bedeutendes Indizi gegen die Angeklagte gewonnen, wobei zwei Gesichtspunkte in Betracht kamen. Einerseits stand es dann nämlich fest, dass der Teufel im Wasser mit ihr war und ihr Untersinken verhinderte. Bisweilen versprach der Teufel den Hexen, während der Wasserprobe eine eiserne Stange zu bringen, damit sie sinken könnten, brachte dann aber bloß eine leichte, unnütze Nadel. Andererseits erkannte man an dem Schwimmen die spezifische Leichtigkeit der Hexen, die denselben kein Teufel abnehmen konnte.[7]) Dafür, dass dieses letztere der Hauptgesichtspunkt war, spricht auch, dass Scribonius sich umständlich über die Leichtheit der Hexen verbreitet, Remigius der Plinianischen Stelle wirklich gedenkt (Daemonolatr. III, 9) und der Wasserprobe auch eine andere Probe zur Seite steht, die von dem spezifischen Gewichte der Hexen ausgeht.«

Die letzte Bemerkung bezieht sich auf die so genannte Hexenwaage, auf der die Verdächtigte gewogen wurde und zum Beweis ihrer Unschuld schwerer sein musste, als sie vorher eingeschätzt wurde. Die Sache hing daher völlig von den Einschätzern ab, und wir sehen hier schon die mittelalterliche Tradition von dem Hauch der Neuzeit durchweht. Von besonderem Ruf war die Stadtwaage von Oudewater, deren Bescheinigung, wie es hieß, gemäß einem Privilegium Karls V. überall Geltung hatte. Wer also nachweisen konnte, dass er auf dieser Stadtwaage als vollgewichtig befunden wurde, konnte darauf rechnen, von der Beschuldigung, Hexe zu sein, entlastet zu werden. Bei Gewichtsproben dieser Art kam der Beschuldigten oft zugute, dass die lächerlichsten Annahmen über das Gewicht der Hexen herrschten. Wie Walter Scott mitteilt, wurde selbst noch im Jahre 1707 ein als Hexe geltendes Weib, das die Wasserprobe schlecht bestanden hatte, vom Pöbel zur Hexenwaage geschleppt. Zu ihrem

Glück glaubten diese Leute am besten zu tun, das Weib gegen die zwölfpfündige Kirchenbibel abzuwägen. Natürlich wog sie mehr, und die Verfolgung wurde eingestellt.

Auch sonst glaubte man, noch verschiedene Kennzeichen für Hexen zu haben, und wandte auch noch seltsame Mittel an. »Ein besonderes Kennzeichen einer Hexe war auch, dass sie bei dem Hersagen des Vaterunsers an der sechsten oder siebenten Bitte anstieß und im Gebete nicht fortzufahren vermochte. Ebenso fand man das Laster der Hexerei konstatiert, wenn die oder der Beklagte im Verhör sich bestürzt zeigte, in der Rede stockte, die Zunge spitzte, sie krümmte und gegen den Untersuchungsrichter herausstreckte, wenn er unter sich oder auf die Seite sah und sich vergeblich zu weinen bemühte, oder sonst (in Folge der furchtbaren Seelenangst, die den Unglücklichen, namentlich beim Anblick der Folterwerkzeuge befiel) etwas Auffallendes in seinem Benehmen zeigte.

Außerdem gab es noch manche seltene Proben sehr eigentümlicher Art. So wurde einst zu Nidda einem achtzehnjährigen Mädchen nach richterlichem Ermessen das Nasenbein eingeschlagen, um aus dem Blutfluss über Schuld oder Unschuld zu urteilen. Eine Art von *offa judicialis* mit Butterbrot wurde 1618 bei einer Hexe zu Lincoln (England) auf deren eigenes Verlangen angewendet; sie soll daran erstickt sein.« Wenn letztere Behauptung nicht ein Produkt der Böswilligkeit oder Torheit ist, so haben wir es hier mit einem argen Zufall zu tun, wie er bei der Fülle der Ereignisse dieser Art oft vorgekommen sein mochte und nur dazu beitragen konnte, den Aberglauben und sein schlimmes Gefolge zu kräftigen. Dass dieses Mädchen selbst das Ordal des geweihten Bissens beantragte, kann uns nicht wunder nehmen. Kam es wiederholt vor, dass Frauen oder Männer, die verdächtigt wurden, ein peinliches Verfahren gegen sich beantragten, oder doch eine Untersuchung, und hatte doch mit der Zeit der Hexenwahn so fest Wurzel gefasst, dass kaum jemand an den Bestand von Teufelsbündnissen und dergleichen zweifelte. Kam es doch vor, dass schließlich Beschuldigte selbst, beirrt und geistig verwirrt von den Vorwürfen, die ihnen von Männern, die als klug und gelehrt galten, gemacht wurden, von den Martern, die sie auszustehen hatten, schließlich zu der Überzeugung gelangten, mit dem Teufel sich verbündet zu haben und auch noch bei der Hinrichtung in irgendeiner Zufälligkeit, in dem Kreisen eines Vogels oder dergleichen Anzeichen, eine Hilfe erblicken wollten, die ihnen Satan bringe. Das sind eben Gedanken und Stimmungen, wie sie nur in der Verzweiflung und unter den vorhanden gewesenen Umständen entstehen konnten und vielleicht oft auch mussten. Wird doch sogar von dem lothringischen Hexenrichter Remy, der sich rühmen mochte, in fünfzehn Jahren neunhundert Personen wegen Zauberei auf den Scheiterhaufen gebracht zu haben, behauptet, dass er schließlich glaubte, selbst ein Hexenmeister zu sein, und auf seine eigene Denunziation hin verurteilt wurde.

Wie schon früher bemerkt wurde, waren die mit dem peinlichen Verfahren verbundenen Kosten recht beträchtlich und mussten in den meisten Fällen selbst von den Freigesprochenen getragen werden, während das Vermögen der Verurteilten ohnehin eingezogen wurde. Aus der älteren Zeit fehlen uns Belege über derlei Rechnungen, doch ist uns aus der späteren Zeit manches erhalten geblieben. Bierdimpfl schreibt über Henkerslohn aus Bayern:

»Weil den Nachrichtern, wenn sie bei peinlichen Strafen ›von jedem stück jrs werks‹ einen besonderen Lohn nehmen, das Sakrament des Alters versagt war, da man sich ihrer ›in Erwartung dieses Lohns einer bösen Begierde in Vergießung des menschlichen Blutes‹ versehen konnte, wurde ein ›gemeiner jerlicher soldt‹ ausgesetzt, wie solcher bei dem »Cammermeister« verzeichnet war, um den die Scharfrichter alle Übeltäter zu ›fragen und straffen‹ hatten, ohne weiter noch mehr zu fordern oder zu nehmen. Für Vollzug einer Todesstrafe wurden 3 Gulden gewährt, bei den schweren Todesstrafen durch Feuer etc. wurde ein Gulden mehr berechnet; für Ausrichtung einer Verstümmelung und Auspeitschen erhielt der Henker ›von einem solchen werck, von eyner person‹ einen Gulden.

Dem Blutrichter aber war nicht gestattet, von einem Übeltäter eine besondere ›Belohnung‹ auszusprechen oder zu nehmen, ›wie an etlichen enden missbraucht werde‹, da solches ganz ›wider das ampt vnd wirdt eyns Richters, auch das recht vnd alle billicheyt ist‹ und ein solcher Bannrichter auch ›nichts besser (dann der Nachrichter so von jedem stück sein belonung hat) möcht geacht werden.«

Das blutige Handwerk des Henkers wurde (17. und 18. Jahrhundert) eine reichliche Quelle des Einkommens für seinen Meister und gewährte ihm rechtliche Entschädigung für den Makel, der auf seinem Stand haftete und ihn ausschloss aus dem Kreis seiner Mitmenschen ; der ihn ehrlos machte selbst dem Missetäter gegenüber, ihn und jeden, den er berührte.

Die Kerker waren gefüllt von schuldigen und schuldlosen Gefangenen: Ketzer, Zauberer, Hexen, Räuber und sonstige Übeltäter befanden sich allerorten in der Gewalt der Justiz. Der Henker hatte Arbeit vollauf, und jeder Handgriff brachte ihm klingenden Lohn. Nur einige Beispiele aus einer Scharfrichtertaxordnung des vorigen Jahrhunderts mögen hiefür als Beleg außer den oben angeführten Gebühren hier ihren Platz finden:

Die Leiter an den Galgen anlehnen 1 fl.
Stricke und Bänder 30 kr.
Den Scheiterhaufen aufrichten 1 fl.
Die Asche eines Verbrannten in fließendes Wasser werfen, ebenso viel, desgleichen in Bock spannen (ohne Rutenstreiche).
Spitzruten etc.: jeder Streich 8 kr.
Jedem Knecht gebührten 30 kr.
Für Schnüre zum Bockspannen, leer aufziehen, Gewichte anhängen, die Stricke anziehen, Bein schrauben anlegen, auf den Pranger führen je 30 kr.
Mit glühenden Zangen reißen, jeder Griff 15 kr.
Eine Rute in das Genick stecken ebenso viel.
Vor die Kirche mit brennender Kerze stellen 12 kr.
Ausrufung des Friedbots 15 kr.
Salben zum Einschmieren bei der Tortur 30 kr.
Der Hexenbrand 4 fl.

In der Kostenliquidation eines Hexenprozesses (1617) ist angeführt: Für 14 Mal leer aufziehen, 2 Mal mit dem Stiefel, 4 Mal mit Ruten gestrichen, 4 Mal auf die Rollbank, 2 Mal mit Schwefel, Pech und Branntwein gebrannt, tut 26 Fragen, für jede Frage 20 kr., tut 8 fl. 40 kr. (das sind 26 Peinigungen an einer einzigen

Weibsperson); weiter kommt vor für das Brennen und Ausreißen der Glieder, dann wieder ›geschmierbt und gesäubert‹, ferner für Rauchwerk und Schwefel, Branntwein und Pech 4 fl.; mit Ruten hauen, dann Schwefel und Pech ›auf den Schmerzen tropfen lassen‹ gibt wider 2 Fragen. Schließlich wurden für die Mahlzeit des Henkers mit seinen Knechten 20 fl. liquidiert.«

Nach der Weimar'schen Taxordnung vom Jahre 1582 erhielt der Scharfrichter für Vornahme der Tortur »zwölf Groschen Tag und Nacht Zehrung vor sich und seinem Knecht.« Nach den Taxordnungen der kleineren sächsischen Fürstentümer aus der Mitte des siebzehnten Jahrhunderts: für Territio und Schrecken Fl. 1, für Tortur Fl. 1, Gr. 15, für Zehrung Tag und Nacht Gr. 10 Pf. 6. Im Kurfürstentum wurde dem Scharfrichter zu dieser Zeit für die Vornahme der Tortur Fl. 2 und Fl. 1 ½ Zehrung sowie auch ein Betrag für seine Gehilfen und für die Verpflegung seines Pferdes gegeben. Bei Bemessung dieser Beträge müssen wir jedoch den damaligen Wert des Geldes vor Augen halten. Auch ließen sich sonst noch durch verschiedene Vornahmen und Mittelchen Beträge in Anrechnung bringen. Übrigens trafen die Bamberger Halsordnung sowie die Carolina gleichfalls Anordnungen über den Lohn des Scharfrichters bei Vornahme der Tortur.

Werfen wir jetzt einen raschen Überblick auf das Wesen der Folter von den ältesten Tagen bis zur Zeit der Reformation: Wo die Tortur als Rechtsmittel zuerst angewandt wurde, ist uns unbekannt und wäre es wohl auch, wenn uns die Überlieferung reichere Kunde von diesem grausamen Verfahren gegeben hätte. Als sicher können wir annehmen, dass derartige Peinigungen überall zu finden waren, und fast in allen Mythen und Mythologien der Völker erweisen sich Andeutungen auf diesem Brauch, sofern uns überhaupt nicht Näheres bekannt geworden ist. Eine ziemlich ausgebildete Tortur finden wir, wie die heutige Praxis noch zeigt, bei den ostasiatischen Völkern. Nähere Kenntnisse darüber sind uns von den Griechen überliefert worden, deren Erbe, wie in vielem anderen, auch in diesem das alte Rom war. Hier wurde die Tortur sozusagen ausgebildet, mit Mitteln ausgestattet, die auch auf unser Kulturleben übergingen. Das oströmische Reich und die romanischen Völker standen auch hiermit unter dem Einfluss des gesunkenen weströmischen Reiches und das aufstrebende Christentum nicht minder, was umso begreiflicher ist, indem es seinen Hauptsitz in Rom selbst hatte, seine Hauptstütze in den Völkern romanischer Zunge.

Obgleich die Kirche schon frühzeitig das vermeintliche oder auch das wirkliche Ketzertum bekämpfte, konnte sie doch erst später, im vorgerückten Mittelalter, wo Macht und Ansehen des Papsttums eine bedeutende Höhe erreicht hatten, mit Härte dagegen vorgehen und Kreuzzüge zu deren Ausrottung sowie zur Bekämpfung der Muslime veranlassen. Ob die Kreuzzüge in den Orient, wie manche behaupten, zur Ausbreitung der in Asien besonders entwickelt gewesenen Tortur beigetragen haben, mag dahingestellt bleiben. Es ließe sich viel eher behaupten, dass es ein neuer Zeitgeist war, der zu den Kreuzzügen veranlasste, als dass diese in Europa eine neue Epoche geschaffen hätten, so sicher es auch ist, dass durch diese Züge mancherlei in Europa eingeführt wurde, das hier bisher unbekannt oder nur wenig bekannt war. Das erstarkte Papsttum war es hauptsächlich, das der Zeit das Gepräge gegeben hatte. Bei den Ketzerverfolgungen kam das kanonische Recht sowie auch die Tortur zur Geltung, beide nach römischem Muster. Wir finden aber auch, dass Letztere auch der weltlichen Macht nicht fremd war und dass es keineswegs nur die Beugung dieser vor der kirchlichen war, was der Tortur eine Verbreitung gab. Die neu errichtete Inquisition bildete allerdings diese Marterung aus und wirkte auf romanischem Boden, hauptsächlich in Spanien, bis ins neunzehnte Jahrhundert fort. Auf deutschem Boden mochte sie nicht gut gedeihen und verwandelte sich hier sozusagen in eine Verfolgung der angeblichen Zauberer und Hexen, Dinge, die dem Volksempfinden viel näher lagen und auf die es willig, ach, nur zu willig einging. Freilich konnte dies auch ohne Tendenz, gewissermaßen naturgemäß, in Erscheinung getreten sein, denn gegen das Ketzerwesen richtete sich zumeist auch der Vorwurf der Verbindung mit der Hölle und ihren Mächten. Wenn also auch vom Papsttum behauptet werden kann, dass es die blutigen und noch viel grausamer als die Inquisitionsprozesse gewesenen Hexenverfolgungen eingeleitet habe, ihren Höhepunkt erreichten diese, wie schon angegeben wurde und noch ausführlicher dargelegt werden soll, doch erst nach der Reformation und unter weltlichen Behörden, besonders in Deutschland, wo dieser Wahn am ärgsten und mächtigsten hauste.

Unter dem Einfluss des kanonischen Rechts, wenn auch nicht ausschließlich unter diesem, wie von manchem behauptet wird, kam auch allmählich, noch bevor das Mittelalter zu Ende ging, bei den weltlichen Gerichten das römische Recht zur Geltung, soweit dies bis dahin nicht schon geschehen war, verdrängte in Deutschland größtenteils die heimischen Rechtssatzungen mit ihren Eidhelfern, Zweikämpfen und Ordalien, wie sie noch im Sachsenspiegel und Schwabenspiegel zu finden sind. Obgleich in diesen Rechtsbüchern von der Anwendung der Tortur keine Rede ist, wäre es wohl doch zu weit gegangen, wollte man behaupten, dass diese in den Zeiten der Geltung jener in Rechtsfällen nicht vorgekommen sei. Die ganze Beschaffenheit der menschlichen Natur spricht gegen diese Annahme. Aber immerhin finden wir sie nicht vorgeschrieben, und wo sie vorgekommen sein mag, dürfte sie als »strenge Mahnung« des gewaltigen Richters aufgetreten sein, hauptsächlich aus Prügeln bestehend, die den mit Recht oder Unrecht Leugnenden zu einer andersartigen Aussage veranlassen sollten. Freilich dürfte das nur selten bei Vornehmen und Begüterten vorgekommen sein.

Eine vollständig ausgebildete Tortur in deutschen Rechtsbüchern finden wir erst in der Bamberger Halsgerichtsordnung sowie in deren Tochter, der so genannten Carolina. Letztere, bestimmt, an vielen Orten bestehende Härten und Willkürlichkeiten zu mildern, erfüllte nur wenig diese Bestimmung, weil sie eben nur von denen beachtet zu werden brauchte, die sie beachten wollten. Es muss doch zugegeben werden, dass sie, so streng auch ihre Vorschriften lauten, doch manches Gute bewirkt hat, oft, besonders was die Tortur betrifft, zur Richtschnur genommen wurde und selbst auf die, die nur nach eigenem Ermessen zu richten geneigt waren, auch unwillkürlich von Einfluss war.

Wie die Tortur in der Zeit der Reformation zur Anwendung kam, welche Bestimmungen und Gesetzbücher dazu gegeben wurden und wie sie schließlich gesetzlich ein Ende fand, um nur hie und da in vereinzelten Willkürakten wieder aufzuleben, soll im nachfolgenden Band dieses Werkes dargelegt werden.

Franz Helbing

Die Tortur

Geschichte der Folter im Kriminalverfahren aller Völker und Zeiten

Zweiter Teil:
Von der Reformation bis zur Gegenwart

I. Kapitel

Die Reformation – Luther – Luthers Aberglaube – Hexenprozesse – Nördlingen – Rebekka Lemp – Maria Holl – Trier – Paderborn – Lippe – Hessen – Nassau-Dillenburg – Hamburg – Lübeck – Elsass – Schweiz – Genf – Waadtland – Bern – Die Niederlande – Romanische Länder – England

Kunst und Wissenschaft blühten im fünfzehnten Jahrhundert auf, eine kräftige Opposition machte sich gegen das korrumpierte und korrumpierende Papsttum geltend, was allerdings manche, Huss 1415, Savonarola 1498 u. a., mit dem Leben bezahlen mussten. Das Bürgertum war erstarkt, aber die Kaisermacht in Deutschland war geschwächt und die Rechtsprechung im Argen, trotz des 1495 geschaffenen Reichskammergerichts, das sich nur durch eine endlose Verzögerung in der Urteilsfällung auszeichnete. Auch in anderen Staaten Europas war es in dieser Beziehung nicht besser, sie waren größtenteils von inneren Kämpfen erschüttert, und im Osten erhob sich nach dem Fall Konstantinopels (1453) bedrohend die Türkenmacht. Die von Luther, neben ihm auch von Zwingli und Calvin bewirkte Reformation schuf zwar einen kräftigen Damm wider das vom Pfaffentum ausgegangene sittliche Verderbnis, aber es wirkte nicht verbessernd auf die Rechtszustände. Im Gegenteil, die Tortur kam von diesem Zeitpunkt an mehr und stärker in Anwendung. Der Hexenwahn artete epidemisch aus, und es wurde in dieser Beziehung von katholischer wie von reformatorischer Seite in gleicher Weise gewütet. Nicht wenig trug auch dazu bei, dass Luther, trotz seiner hohen geistigen Begabung, an Zauberei und Hexenwesen glaubte, wie mehrfach aus seinen Äußerungen zu erkennen ist. Immerhin aber finden wir keine Stelle, wo er zur Hexenverfolgung auffordert, was umso bemerkenswerter ist, als sonst Milde nicht der Grundzug seines Wesens war, und er betreffs der aufständischen Bauern ausrufen konnte: »Man soll sie zerschmeißen, würgen und stechen, heimlich und öffentlich, wer da kann, wie tolle Hunde.«

Gustav Freytag schreibt in seinen »Bildern etc.« (II, S. 353 ff.) über diesen Gegenstand:

»Da kam Luther und die Reformation. Wie jedermann in Deutschland wurde auch der Teufel in den großen Kampf des Jahrhunderts hineingezogen. Das lebende Geschlecht wurde religiös, es wurde viel gebetet, viel gepredigt, viel disputiert und gezankt. Die häufige und angelegentliche Beschäftigung mit der Hierarchie des Himmels zwang auch den Teufel, wie ihm schon öfter begegnet war, wieder einmal vorzugsweise zum Höllenfürsten zu werden und sich mit dem düsteren Apparat seines schrecklichen Reiches zu umgeben. Er wurde raffinierter, finsterer, grausamer, solange der Eifer und Hass gegen ihn mächtig donnerte. Dem Katholiken wurde er Chef der gesamten Ketzereien, der Evangelische sah ihn in volkstümlicher Gestalt mit einem großen Blasebalg hinter dem Papst und jedem Kardinal stehen und diesen Angriff gegen die gereinigte Lehre einblasen. So erhielt der Teufel in dem frommen und eifrigen Jahrhundert große Arbeit …

Zunächst war Luther ein deutsches Bauernkind. In den Erinnerungen seiner Kindheit, wie sie in dem Kreis der Tischgenossen zu Wittenberg lebendig wurden, hat der Teufel ein sehr altertümliches, ja heidnisches Gepräge. Er macht noch die schädlichen Stürme, die Engel aber die guten Winde, wie einst die Riesenadler vom Weltenrand her durch ihren Flügelschlag es taten.[1)] Er sitzt als Nix unter der Brücke und zieht Mädchen ins Wasser, mit denen er in Ehe lebt. Er dient als Hausgeist im Kloster, bläst als Kobold das Feuer an, legt als Zwerg seine Wechselkinder in die Wiegen der Menschen, betört als Nachtmahr die Schlafenden, auf das Dach zu steigen, und tobt als Poltergeist in den Kammern. Zwar der Tintenfleck auf der Wartburg ist nicht zur Genüge beglaubigt, aber von einem unerfreulichen Geräusch, das Satan ebendaselbst bei nächtlicher Weile mit einem Sack Haselnüsse angestellt hat, wusste Luther wohl zu erzählen. Auch im Kloster zu Wittenberg polterte der Teufel, als Luther bei Nacht im Rempter studierte, unter ihm in der Kirchenhölle so lange, bis Luther sein Büchlein zusammenraffte und zu Bett ging. Später ärgerte er sich, dass er dem Hanswurst nicht getrotzt hatte.

So fest stand Luther in dem alten Volksglauben … Die Folge solchen Glaubens war, dass Teufelserscheinungen auch in der neuen Kirche ganz gewöhnlich wurden. Der Schwärmer erblickte den Satan im Kampf mit dem Schutzengel, selbst den Argen begegnete, dass sie ihn da sahen, wo er am unbequemsten war. So viel wir dadurch vom Aussehen des Teufels erfahren, erschien er zuweilen als bleicher Mann in dunkler geistlicher Tracht, zuweilen in der alten volkstümlichen Maske oder in den phantastischen Formen, die durch die Erfindung der Maler und Holzschneider geläufig wurden, nicht selten aber auch in modernem Anzug, in blauem Hut mit adliger weißer Feder, oder z. B. einem exaltierten Hutmacher zu Spandau 1594 als finsterer Mann in einem Wolfspelz. Die Anfechtung des Spandauers machte – nebenbei bemerkt – großes Aufsehen und veranlasste kurfürstliche Dekrete, in denen zur Buße gemahnt und vor der Hoffart gewarnt wurde. Der Kampf zwischen Engeln und Teufeln ging in diesem Fall vorzüglich gegen die Kleiderpracht und die großen Halskrausen …

Aber wahrhaft greulich war der Hass, mit dem man in der zweiten Hälfte des Jahrhunderts jene andere Verbindung der Menschen mit der Hölle betrachtete, die alte Hexerei. Auch Luther glaubte an Hexen. Er erzählte gelegentlich, dass ein solches Weib seiner Mutter geschadet habe, er zürnt an einer anderen Stelle sogar auf die Juristen, die dergleichen Zauberinnen, wenn sie ihren Mitmenschen schaden, nicht bestrafen. Aber solche Äußerungen waren so arg nicht gemeint. Im ganzen kümmerte ihn dieser ganze Kreis von Aberglauben wenig. Er, der Schreibfertige, fühlte nie Veranlassung, darüber zu seinem Volk zu reden, auch in seinen Predigten erwähnt er die Hexerei nur gelegentlich, und seinem ganzen Wesen widerstand die Anwendung roher Gewalt. Wenn aber Luthers reines Gemüt sich zur Freude für uns davor bewahrte, gegen die Teufelsliebchen zu eifern, seine Schüler und Nachfolger hatten wenig von seinem hohen Sinn. Und der junge Protestantismus war in dieser Frage nur um wenig besser als der alte Glaube.«

Sehen wir einerseits Luther vom Teufelsglauben nicht frei, so finden wir anderseits wieder, dass seine Gegner ihn, wie gewöhnlich alle »Ketzer«, mit dem Teufel in enge Verbindung brachten und die albernsten Fabeln deswegen erfanden. Dergleichen sehen wir übrigens auch später noch im Brauch, und die gegenseitige Beschuldigung der Verbündung mit dem Bösen gehörte – und man kann sagen gehört noch – zu den unentbehrlichen Kampfmitteln religiöser und auch sozialer Verbindungen. Diese allgemeine Anwendung ist der bedeutendste Beweis von der Macht dieses Gedankens, zeigt am klarsten, wie sehr er die Gemüter zu beeinflussen vermochte und noch vermag. Es ist übrigens von den Verhältnissen selbst bestimmt, dass in religiös bewegten Zeiten, wo die Leidenschaften hoch auf fluten, der Aberglaube und was sein Gefolge ist kräftiger als je hervortreten. Gefühl und berechnende Absicht vereinigen sich da, um solche beklagenswerte Ereignisse zu zeitigen, wie wir sie besonders Ende des sechzehnten und im siebzehnten Jahrhundert in den epidemisch gewordenen Hexenprozessen auftreten sehen. Dass Deutschland, der Hauptpunkt der Reformation, auch zum Hauptpunkt der nunmehr vorgekommenen Hexenprozesse wurde, ist demnach begreiflich, und man brauchte zu der Begründung nicht erst die Veranlagung des Volksgemütes, Glauben und Ansichten der alten Germanen anzuführen. Dass ferner bei diesen Prozessen die Tortur unmenschlich zur Anwendung gelangte, kann teilweise aus denselben Ursachen erklärt werden, teilweise wieder aus der zu einem gefühllosen Formalismus erstarrten Judikatur und den Sonderinteressen, die sich dabei geltend machten.

Bereits im ersten Band dieses Werkes haben wir manches notwendigerweise vorgebracht, was chronologisch bereits der Reformationszeit und den nachfolgenden Tagen angehört. Wir sehen in Deutschland Hexenprozesse im sechzehnten Jahrhundert erst vereinzelt vorkommen, dann häufiger, bis sie gegen Ende dieses Säkulums bereits ganz allgemein geworden waren, deren Schrecken an manchen Orten von humaner denkenden Herren gemildert oder doch zu mildern versucht wurde. Vieles zu der Verbreitung mag auch die Eifersucht der Städte und Landschaften beigetragen haben, indem auch bei diesen Dingen die eine nicht entbehren mochte, was die andere aufzuweisen hatte, vielmehr ihre Bedeutung durch eine noch größere Anzahl von Folterungen und Hexenbränden darzulegen sich bestrebte.

Eine bedeutende Rolle in der schaurigen Tragödie des Hexenwahns spielte die schwäbische Reichsstadt Nördlingen, wo 1589 der Bürgermeister Georg Pferinger im Verein mit den rechtsgelehrten Doktoren Sebastian Röttinger und Konrad Graf sowie dem Stadtschreiber Paul Mayer die Stadt von Hexen zu säubern beschloss. Die ersten drei verhafteten Frauen waren trotz der angewandten Tortur zu keinem Geständnis zu bringen und mussten schließlich freigelassen werden. Der Superintendent der Stadt, Wilhelm Lutz, griff nun auf der Kanzel den Rat an, weniger aus überquellender Menschlichkeit ob der grausamen Verfolgungen als vermutlich aus verletzter Eitelkeit, weil der Rat ohne seine Mitwirkung bei diesen Hexenverfolgungen vorgegangen war. Er gab der Besorgnis Ausdruck, dass man wohl die eigentlichen Schuldigen unbehelligt gelassen und nur einige arme Weibsbilder der Marter unterzogen habe. Diesen Vorwurf wollte sich der Rat nicht gefallen lassen, er gab dem Superintendenten einen Verweis und beschloss nun, mit aller Strenge vorzugehen, ohne Rücksicht auf Stand und Verhältnisse der Betreffenden. Es wurde auch eine Menge Frauen verhaftet, darunter die Witwen mehrerer verstorbener Ratsherren, und der Folter unterzogen. Letzteres geschah so kräftig, dass kurzer Prozess gemacht werden konnte und bereits im Mai 1590 drei angebliche Hexen, im Juli wieder drei und in den nachfolgenden Monaten fünf verurteilt und verbrannt wurden.

Rührend sind einige Briefe zu lesen, die sich auf eine der Angeklagten, Rebekka Lemp, beziehen. Sie wurde auf die durch die Folter erpressten Aussagen anderer Frauen hin, in Abwesenheit ihres Gatten, des Zahlmeisters Peter Lemp, gefangen genommen. Ihre Kinder schickten ihr folgenden Brief zu: »Unseren freundlichen, kindlichen Gruß, herzliebe Mutter! Wir lassen Dich grüßen, dass wir wohlauf sind. So hast Du uns auch entboten, dass Du wohlauf seiest, und wir vermeinen, der Vater wird heute, will's Gott, auch kommen. So wollen wir Dich's wissen lassen, wann er kommt, der allmächtige Gott verleihe Dir seine Gnade und heiligen Geist, dass Du, Gott woll', wieder mit Freuden und gesundem Leib zu uns kommst. Gott woll', Amen. – Herzliebe Mutter, lass Dir Bier kaufen und lass Dir eine Salfan backen und Schnittlein und lass Dir kleine Fischlein holen und lass Dir ein Hühnlein holen bei uns, und wenn Du Geld derfst, so lass holen; hast's in Deinem Säckel wohl. Gehab Dich wohl, herzliebe

Mutter. Du derfst nicht sorgen um das Haushalten, bis Du wieder zu uns kommst ...«

Als sie erfuhr, dass ihr Gatte heimgekehrt wäre, schrieb sie ihm: »Mein herzlieber Schatz, bis (sei) ohne Sorge. Wenn auch ihrer Tausend auf mich bekenneten, so bin ich doch unschuldig, oder es kommen alle Teufel und zerreissen mich. Und ob man mich sollt' strenglich fragen, so könnte ich nichts bekennen, wenn man mich auch in tausend Stücke zerriss. Vater, wenn ich der Sach' schuldig bin, so lass mich Gott nicht vor sein Angesicht kommen immer und ewig. – Wenn ich in der Not muss stecken bleiben, so ist kein Gott im Himmel. Verbirg doch Dein Antlitz nicht vor mir; Du hörst ja meine Unschuld, um Gottes Willen, lass mich nicht in der schwülen Not stecken ...«

Zweimal überstand das arme Weib die Tortur, ohne das von ihr verlangte Geständnis von Taten zu machen, die ihr auch fremd sein mussten, selbst wenn sie überhaupt möglich gewesen wären. Erst bei der dritten Folterung war sie genugsam mürbe gemacht worden, um einige der Beschuldigungen anzuerkennen. Doch diese schienen den Richtern zu einer Verurteilung noch nicht ausreichend, und es wurde eine vierte Tortur vorgenommen, wobei sie, verzweifelnd in der Peinigung, wieder etwas zugab. Es gelang ihr damals, ihrem Gatten heimlich einen Brief zukommen zu lassen, in dem es heißt: »Mein auserwählter Schatz, soll ich mich so unschuldig von Dir scheiden müssen, des sei Gott immer und ewig geklagt! Man nötigt Eins, es muss Eins ausreden, man hat mich so gemartert, ich bin aber so unschuldig als Gott im Himmel. Wenn ich im Wenigsten ein Pünktlein um solche Sache wüsste, so wollte ich, dass mir Gott den Himmel versagte. O Du herzlieber Schatz, wie geschieht meinem Herzen! O weh, o weh meine armen Waisen! Vater, schick mir Etwas, dass ich sterb; ich muss sonst an der Marter verzagen. Kommst heut nicht, so tue es morgen. Schreib mir von Stund an. O Schatz, Deiner unschuldigen Rebekka! Man nimmt mich Dir mit Gewalt! Wie kann's doch Gott leiden! Wenn ich ein Unhold bin, sei mir Gott nicht gnädig. O, wie geschieht mir so unrecht. Warum will mich doch Gott nicht hören? Schick mir Etwas, ich möchte sonst erst meine Seele beschweren ...«

Folterung. – Aus: Milieus, praxis crim., Paris 1541.

Dieser schlichte und doch herzdurchdringende Verzweiflungsruf der gemarterten Unschuld, die um Gift bittet, weil sie sonst gezwungen sein würde, mit einem unwahren und schändenden Eingeständnis ihre Seele zu beschweren, erklärt uns zur Genüge, wie solche Geständnisse hervorgerufen wurden, aber er erklärt uns nicht, wenn wir auch noch so sehr den Wahnsinn jener Tage berücksichtigen, wie sich ehrliche und auch nur mit einem Funken Vernunft begabte Männer finden konnten, die in solchen Fällen ihr schreckliches, zum Feuertod verdammendes »Schuldig« sprechen konnten. Der Gatte wankte nicht im Glauben an die Unschuld seines Weibes und richtete mehrere Gesuche an den Rat, von denen sich eines, wohlgemerkt!, zwischen den überlieferten Akten der vorgenommenen siebenten und achten Tortur vorfindet. Dieses Bittgesuch lautet: »Ehrenveste, fürsichtige, ehrsame, vielweise, grossgünstige, gebietende Herren! Längst verschiedener Zeit habe ich wegen meiner lieben Hausfrau eine dehmütige Supplikation übergeben, darin ich um Erledigung meines lieben Weibes gebeten, mir aber damals eine abschlägige Antwort erfolgt: Dass auf diesmal mein Bitt und Begeren nicht statt habe.« Er wiederholt nun seine Bitte und beantragt auch, dass sein Weib mit den Angeberinnen konfrontiert werde, ein Verlangen, dessen Erfüllung so selbstverständlich ist, dass man sich nur verwundern kann, es nicht früher schon vorgenommen zu sehen. Er fährt fort: »Ich hoffe und glaube und halte es für gewiss, dass mein Weib alles, dessen man sie bezichtet, nicht einmal Zeit ihres Lebens in Gedanken gehabt, viel weniger denn, dass sie solches mit Werk und in der Tat sollte jemals auch nur im Geringsten getan haben. Denn ich bezeuge es mit meinem Gewissen und mit vielen guten, ehrlichen Leuten, dass mein Weib zu allen Zeiten gottesfürchtig, stets züchtig, ehrbar, häuslich und fromm, dem Bösen aber jederzeit abhold und feind gewesen. Ihre lieben Kinder hat sie gleichfalls, neben und samt mir, treulich und fleißig nicht allein in ihrem Katechismo, sondern auch in der heiligen Bibel, insonderheit aber in den lieben Psalmen Davids unterrichtet und unterwiesen, also dass, Gott sei Dank!, ich, ohne Ruhm zu vermelden, kein durch Gottes Segen mit ihr erzeugtes Kind habe, das nicht etliche Psalmen Davids auswendig wüsste und erzählen könnte. Überdies kann aber auch niemand – niemand sage ich – mit Grund und Wahrheit dartun und erweisen, dass sie irgend einmal einen Menschen auch nur den kleinsten Schaden am Leibe oder sonst hätte zugefügt, oder man deshalb eine Vermutung auf sie gehabt hätte ...« Doch diese und noch manche andere sehr vernünftige und beherzigenswerte Worte des Gatten waren erfolglos, die Tortur wurde noch härter gegen die Unglückliche angewandt, bis sie alles, was man nur wollte, zugab und am 9. September 1590 verbrannt werden konnte.

Doch damit war erst der Anfang der Schreckenszeit zu Nördlingen gemacht. Neue Verhaftungen und Verurteilungen erfolgten, es herrschte ein Schrecken ohne Ende. Im Oktober 1593 wurde Maria Holl, die Gattin des Gastwirts zur Krone, auf die Angaben einer Gefolterten hin verhaftet und gleichfalls der Tortur unterzogen. Sie zeigte dabei eine einzig dastehende Festigkeit, denn trotz der Verschärfung der Peinigung, die an ihr im Verlauf von etwa vier Monaten, nach glaubhaften Berichten, nicht weniger als sechsundfünfzig Mal vorgenommen wurde, trotzdem dass ihr wiederholt verlogenerweise beizubringen versucht wurde, dass ihr Gatte und ihre ganze Familie sie für schuldig des Teufelsbündnisses halten, war sie doch nicht zu bewegen, das von ihr geforderte Bekenntnis abzulegen. Der Rat geriet nun in Verlegenheit; verurteilen konnte er die Angeklagte nicht, und als unschuldig freilassen wollte er sie nach so vielen Martern noch weniger, zumal der Unwillen des Volkes über die verübten Gewalttätigkeiten endlich laut wurde. Zu dem kam noch, dass die von den Verwandten der Frau, die aus Ulm gebürtig war, angerufene Ulmer Gesandtschaft in Regensburg für die Beschuldigte eintrat und ihre Freigebung forderte. Der Rat wandte sich an den Rechtsgelehrten Sebastian Röttinger um ein Gutachten, und dieses ging dahin, dass die Beschuldigte, da sie nicht noch mehr gefoltert und auch nicht im Gefängnis dauernd gehalten werden könnte, unter verschiedenen Einschränkungen von der Instanz entbunden werden möge, was zwar keine Freisprechung, aber doch eine Entlassung aus dem Gefängnis bedeutete. Sie sollte auch Urfehde schwören und sich verpflichten, ihr Haus weder Tag noch Nacht zu verlassen. Sie willigte in diese harten Bedingungen ein und vertauschte damit das Gefängnis mit dem allerdings viel milderen Hausarrest. Ein später von der Ulmer Gesandtschaft auf ihre Bitten hin vorgenommener Versuch, den Rat auch zur Aufhebung dieser Einschränkungen zu bewegen, scheint erfolglos geblieben zu sein. Der plötzliche Tod der beiden Hauptführer der Hexenverfolgungen zu Nördlingen, und wohl auch der nunmehr entschiedener zum Ausdruck gelangte Unmut der Bevölkerung, machte diesem Wüten ein Ende. Immerhin waren aber im Verlauf von vier Jahren in diesem Städtchen fünfunddreißig Frauen lebendig verbrannt worden und außerdem eine Anzahl der strengsten Tortur unterzogen, aber dann freigesprochen worden.

»In den katholischen Stiften und Bistümern«, schreibt O. Wächter in »Vehmgerichte und Hexenprozesse etc.«, »fallen die meisten Verurteilungen in die Zeit der Gegenreformation. Im Trierschen blieben unter dem Bischof Johann bei einem großen Hexenprozess im Jahre 1585 in zwei Ortschaften nur zwei Personen am Leben und erlitten aus den 22 Dörfern in der Nachbarschaft von Trier von 1587 bis 1593 überhaupt 368 Personen den Tod. Im Stift Paderborn wurde seit 1585 die Hexenverfolgung betrieben. Die Stadt Lemgo erwarb sich von 1580–1670 durch ungemein viele Hexenprozesse den Beinamen ›das Hexennest‹.« Ein alter Volksreim besagt von den Lippeschen Städten:

Detmold, dat hauge Vest,
Lemgo, dat Hexennest,
Blomberg, de Bläoume,
Häurne, der Kräoume,
Juflen, dat Soltfatt,
Barntrup will auk no watt.

»In dem Stiftsland Zuckmantel, dem Bischof von Breslau gehörig, wurden schon 1551 nicht weniger als acht Henker gehalten. In dem Bistum Bamberg begannen die Hexenprozesse im Jahre 1625. Hier wurden 600 Menschen als Hexen, Zauberer und Teufelsbanner verbrannt. Dies meldet eine 1659 mit bischöflicher Genehmigung zu Bamberg gedruckte Schrift. Unter den Hingerichteten werden angeführt: ›Der Cantzler und Doktor Hörn, des Cantzlers Sohn, sein Weib und zwo Töchter, auch viele vornehme Herren und Ratspersonen, sonderlich etliche Personen, die mit dem Bischof über der Tafel gesessen …‹ Es sind etliche Mägdlein von 7, 8, 9 und 10 Jahren unter diesen Zauberinnen gewesen; deren 22 sind hingerichtet und verbrannt worden, wie sie denn auch Zetter über ihre Mütter geschrieen, die sie solche Teufelskunst gelehrt haben. Und hat die Zauberei so Überhand genommen, dass auch die Kinder in Schulen und auf der Gassen einander gelehrt haben.« Der letzte Satz zeigt zur Genüge, wie weit im siebzehnten Jahrhundert, das man die klassische Zeit der Hexenverfolgungen nennen könnte, dieser Wahnsinn gediehen war, und wir werden noch später Gelegenheit haben, uns mit den hierauf sich beziehenden Ereignissen dieser Epoche eingehender zu beschäftigen.

Unter den deutschen Fürsten des sechzehnten Jahrhunderts zeichnete sich in dieser Beziehung ganz besonders der Landgraf von Hessen, Philipp der Gutmütige (1504–1567), aus. Zwar war auch er nicht frei von dem Glauben an Hexerei, doch schränkte er bei Prozessen dieser Art die Anwendung der Tortur ein, was wohl zur Folge haben mochte, dass unter seiner Regierung kein Todesurteil wegen Hexerei erfolgt sein soll. An den Amtmann Lichtenberg, der bei ihm anfragte, was mit einem Weib, das, vermutlich unter Anwendung der Tortur, ein Geständnis abgelegt hatte, geschehen sollte, schrieb ihm 1526 der junge Landgraf u. a.: »Darum so wollest Du die Frau, die noch in Haft ist, nochmals in der Güte, ohne Pein, auf alles ihr getanes Bekenntnis fragen lassen, und wo sie es also bekennt, ihr alsdann ihr Recht widerfahren lassen. Und dieweil dieselbe auch noch mehr Leute bekannt hat, wo dann solche Personen deshalb etwas ruchbar und in einem bösen Leumund sind, so wollest Du die auch in Haft nehmen und sie in dem Gefängnis gütlich, auch ernstlich mit Bedräuung, ohne Pein anreden und fragen, dass sie ihnen selbst zu Gute die Wahrheit bekennen und sich vor weiterer Pein und großer Marter verhüten wollen, damit nicht etwa ein Unschuldiger möchte gepeinigt und unverdienter Sache gestraft werden.« Im Licht der Aufklärung mögen wir allerdings dergleichen mit einem Lächeln betrachten und die hierbei zum Ausdruck gelangte Milde für sehr geringfügig halten. Aber es geziemt dabei auch, in Betracht zu ziehen, dass noch 1564 in demselben Land die Juristenfakultät von Marburg ihr Gutachten dahin abgab, dass eine Frau, die unter der Folter sich zur Verbindung mit dem Teufel bekannte und dieses Geständnis dann zurücknahm, als Hexe zu verbrennen wäre, was jedoch unterblieben zu sein scheint, wenigstens weisen die Akten nichts davon auf.

Noch milder als Philipp dachte sein ältester Sohn Wilhelm der Weise über derartige Dinge, und in dem von ihm regierten Hessen-Kassel kamen keine Hexenverbrennungen vor. Soldan schreibt (I., S. 483): »Allerdings war auch er von den Vorstellungen seiner Zeit abhängig. Als im Jahre 1591 zu Allendorf a. d. Werra durch verdächtige Weiber an einem Knaben allerlei Gaukeleien verübt worden waren (sie brachten aus seinem Auge Fliegen, Kalk und große Stücke Holz hervor) und Landgraf Wilhelm deshalb den damals als Humanist und Naturforscher vielgenannten Joachim Camerarius um Rat fragte, übersandte ihm dieser eine Abhandlung über die Erforschung der Dämonen, tadelte die Folterung vermeintlicher Zauberinnen als abergläubisch und grausam und erklärte die Wasserprobe für durchaus unsicher. Allein Landgraf Wilhelm antwortete: Er müsse das Recht ergehen lassen und könne nach dem Beispiel benachbarter Obrigkeiten die Wasserprobe nicht ganz verwerfen. Denn wenn er gleich nicht verstehe, wie es zugehe, dass solche Zauberinnen nicht untergingen, so schienen doch die von ihnen verübten Gaukeleien übernatürlich zu sein. Es gebe noch mehr Geheimnisse, wie die Wirkungen des Magnets, die er Gott anheim stelle. – Diese Antwort des Landgrafen gab nun Camerarius Veranlassung, denselben in ernstester Weise vor den Gräueln der Hexenverfolgungen und Hexenverbrennung zu warnen, wozu er ihm insbesondere das Geschick einer unglücklichen Frau zu Ellwangen vorhielt, die darum, weil ihr dem Trunk und Spiel ergebener Sohn ihr nachgesagt habe, dass der Teufel ihr Geld gebracht habe, durch die grausamste Tortur zu einem falschen Geständnis getrieben und hingerichtet worden sei. Wie es scheint, blieben diese Vorstellungen auch nicht ohne Erfolg. Wenigstens war, solange L. Wilhelm regierte, in Hessen-Kassel von Hexenverfolgungen nicht die Rede.«

Indes wird uns doch gemeldet, dass dort diese Verfolgungen 1575 zuerst hervortraten. Landgraf Ludwig ließ einen Fall, wo zwei Klatschmäuler, Mutter und Tochter, im Zank sich gegenseitig »Zäubersche« genannt hatten, was zu deren Verhaftung führte, der zu Marburg versammelt gewesenen Generalsynode zur Begutachtung vorlegen. Nach vielen Erörterungen erklärte sie aber, dass sie sich hierzu nicht kompetent erachte und die Prüfung der Sache dem weltlichen Gericht überlassen müsse. Ludwig ließ nun alle Pfarrer Niederhessens auffordern, das Volk zu belehren, die Zauberei könne dem, der nicht daran glaube, nicht schaden. Dagegen wird uns von Hessen-Darmstadt, wo Wilhelms jüngerer Bruder Georg regierte, mitgeteilt, dass dort, als erstes Vorkommnis dieser Art in Hessen, 1582 mehrere Frauen als überführte Hexen verbrannt wurden. Es kann hinzugefügt werden, dass damals die zu Marburg versammelte Generalsynode sich freimütiger und aufgeklärter erwies als ihre Vorgängerinnen, zur Milde und Besonnenheit ermahnte, wenngleich auch sie den Glauben an das Vorhandensein der Zauberei nicht völlig von sich wies. Georg von Hessen-Darmstadt erließ auch eine peinliche Gerichtsordnung, in der es heißt: »Die Zauberei ist ein gräuliches, sonderbares, ungöttliches, hochsträfliches Laster, das jetziger Zeit fast allenthalben unter den Weibspersonen durch Gottes gerechten Zorn und Verhängnis eingerissen ist, daher die Beamten mit allem Fleiß inquirieren, alsbald eine Person des Lasters bezichtigt und ein Geschrei erschollen sit, da es sich befindet, dass eine *publica vox et fama* sei, zu Haften bringen sollen.« Getreu dieser Vorschrift wurden auch 1585 dreißig Personen wegen Hexerei in Haft genommen, wovon siebzehn hingerichtet wurden, während eine es vorzog, einen Selbstmord zu begehen, sieben kamen mit Ausweisung fort, und nur fünf erhielten wieder die Freiheit, allerdings in einem Zustand, wie ihn nur die peinliche Frage hervorbringen konnte. Ähnliches lässt sich auch aus Oberhessen melden, wo damals Landgraf Ludwig zu Marburg residierte und die heftigsten Hexenverfolgungen in den Jahren 1596–1598 stattfanden. In der Grafschaft Nassau-Dillenburg kam es durch die einsichtsvolle Mäßigung des 1609 verstorbenen Grafen Johann VI. zu keinen Verurteilungen dieser Art.

In Hamburg wurde bereits 1521 ein Doktor Viet als Zauberkünstler verbrannt. Doch die Anwendung der Tortur soll hier erst 1555 vorgekommen sein, wo von vierzehn in Haft genommenen »Hexen« zwei zu Tode gemartert wurden. Vier wurden lebendig verbrannt, was später noch häufig vorkam. Aus Lübeck werden nur drei Fälle aus den Jahren 1551, 1581 und 1591 gemeldet. Ähnliches lässt sich aus allen Teilen Deutschlands und den angrenzenden Ländern melden. Besonders wütete der Hexenschrecken im Elsass. Am 15., 19., 24. und 28. Oktober 1582 wurden hier nicht weniger als 134 Frauen verbrannt und in dem Städtchen Than allein von 1572–1620 136 Frauen. Wie sich diese Henkerarbeit mit der Zeit entwickelte, bekundet die Tatsache, dass von 1615–1635 im Bistum Straßburg 5000 Hexen den Tod fanden. Solche Grausamkeiten wurden auch in Flandern verübt, und überall wurden mittelst der Tortur die Aussagen erpresst.

Mit einer besonderen Strenge wurde in der Schweiz die Hexenverfolgung betrieben, hauptsächlich in den romanischen Kantonen. Das von dem strengen Calvin am meisten beeinflusste Genf nahm hierbei die erste Stelle ein. »Namentlich zu Anfang des Jahres 1545 häuften sich die Verhaftungen und Prozesse in erschreckendem Maße. Der Kerkermeister erklärte am 6. März dem Rat, dass jetzt alle Gefängnisse der Stadt überfüllt wären und er fernerhin Verhaftete nicht mehr unterzubringen wisse. Dabei war das gegen die Verhafteten angewandte Verfahren ein entsetzliches. Man zwickte sie mit glühenden Zangen, man mauerte sie ein und ließ sie verschmachten, wenn sie kein Geständnis ablegten[2)], und ersann zu diesem Behufe alle möglichen anderen Torturmittel. Es ist vorgekommen, dass Angeklagte neunmal die Marter der Estrapade (am Schwibb- oder Schnellgalgen) ertragen mussten. ›Aber welche Pein man ihnen auch antat‹, klagt das Ratsprotokoll einmal, ›so wollten sie die Wahrheit doch nicht bekennen‹. Mehrere der Unglücklichen endeten während oder bald nach der Tortur unter Beteuerung ihrer Unschuld. Andere gaben sich, um den furchtbaren Qualen der Kerkerhaft und der Tortur zu entgehen, aus Verzweiflung selbst den Tod, ›auf Eingebung des Satans‹, wie oft gesagt wird. Der Arm des Henkers ermattete unter der Last der Arbeit, die, wie er am 18. Mai 1545 dem Rat erklärte, eines Mannes Kraft überstieg. Wurden doch in den wenigen Monaten vom 17. Februar bis 15. Mai 1545 einunddreißig jener Unglücklichen – und unter ihnen des Scharfrichters eigene Mutter – durch Schwert, Scheiterhaufen, Galgen und Vierteilung vom Leben zum Tod gebracht! Und dabei war es etwas ganz Gewöhnliches, dass der eigentlichen Exekution noch grausame Verstümmlungen des Körpers vorhergingen.« (Soldan I, S. 499).

Ähnliche Vorgänge finden wir auch in dem von den Bernern eroberten Waadtland, wo die eingesetzten Beamten so arg wüteten, dass die Regierung 1543 sich veranlasst fand, ein Edikt ergehen zu lassen, in dem gesagt wird: »Wir vernehmen, wie die Edelleute und Twingherren in Deiner Verwaltung und anderswo in unserem neugewonnenen Land mit den armen Leuten, so der Unhulde und Hexerei verdächtigt und verleumdet werden, ganz unweislich grob seien und unrechtformig handeln, als dass gesagte Twingherren oder Seigneurs-banderets auf ein jedes schlechtes Läumden, Angeben oder einzigen Prozess unerfahrener Sachen die verzeigten, verargwohnten Personen mit großer ungebräuchlicher Marter (als mit dem Feuer und Brand an den Füßen, Strapaden und dergl.) zu Bekennung und Verjahung unverbrachter Sachen bringen und ohne weiteren Rat vom Leben zum Tod richten. Daran wir in diesem gefährlichen Fall der Hexerei besonderes Missfallen haben.« Vier Wochen später sah sich der Rat zu Bern sogar veranlasst, in der Waadt jede Hinrichtung zu untersagen, bevor diese nicht von ihm genehmigt wurde. Trotzdem aber wurde auch fernerhin mit großer Willkür und grausamer Härte vorgegangen. Die Regierung in Bern bekundete überhaupt in dieser Frage eine Mäßigung und Einsicht, wie sie damals nur selten zu finden waren. Im Jahre 1600 entschloss sie sich, eine Revision der Prozessordnung in Hexensachen vornehmen zu lassen, und setzte eine Kommission ein, die einen Entwurf ausarbeitete, der vom Rat auch bestätigt wurde. Dieser Entwurf hatte, wie Soldan mitteilt, folgenden Inhalt:

»Im Eingang spricht die Regierung wegen des Überhandnehmens der Hexerei im Waadtland ihr tiefes Bedauern aus und kommt dann sogleich auf die aus den Akten geschöpfte Wahrnehmung zu sprechen, dass die Hexen sich oft gegenseitig angäben, als hätten sie einander zu ihren ›gleichwohl vermeinten‹ Versammlungen gesehen, zusammen gegessen usw. Dadurch sähen sich dann gewöhnlich die Amtleute, Twing- und Pannerherren veranlasst, alsbald solche angegebenen Personen aufzugreifen und mit der Tortur gegen sie zu verfahren. Es sei aber zu besorgen, der Teufel, der ein Feind der Lügner vom Anfang sei, möchte den Denunzianten die Gestalt ehrlicher Leute vorstellen, wodurch diese in große Gefahr gerieten, zumal wenn man alsbald mit großer Marter gegen sie vorgehe. Um dem allen vorzubeugen, werde daher folgende Ordnung festgesetzt: Erstlich solle kein Amtmann oder Gerichtsherr eine wegen Hexerei verdächtige Person gefänglich einziehen, ›sie sei denn in dreien unterschiedlichen Prozessen angegeben und verzeigt‹. In diesem Fall und sofern es sich darum handelt, dass die angeklagte Person in der ›Sekte‹ (d. h. bei dem Hexensabbat) gewesen, ohne etwas Tätliches vollbracht zu haben, sei sie allerdings zu verhaften, jedoch nicht sofort zu torquieren, sondern nur mit strengen undrohenden Worten zu befragen, und außerdem habe man sie zur Ermittlung etwaiger Malzeichen sorgfältig zu untersuchen. Lege sie nun kein freiwilliges Bekenntnis ab, so habe man über ihren Wandel genaue Information einzuziehen, und wenn diese verdächtig ausfalle, die ›ziemliche‹ Folter anzuwenden oder höheren Orts sich Bescheid einzuholen. Kämen dagegen Malefizien so zur Anzeige, dass sich bei genauer Untersuchung der Sache die Anzeige als begründet erweise, so habe man zur strengeren Folter zu schreiten, immerhin jedoch nur mit dreimaligem Aufziehen mit dem fünfzig-, hundert- oder auch mit dem hundertfünfzigpfündigen Stein. Die zu Lausanne immer noch gebräuchlichen ungesetzlichen Folterwerkzeuge sollten gänzlich abgetan werden. Die Kosten der Exekution sollten aus dem Nachlass der Hingerichteten gedeckt werden, indem es ein ›ungereimt Ding‹ sei, dass die Gerichtsherren denselben einzögen und die Regierung die Kosten trage.«

Wir finden in dieser für Zeit und Verhältnisse immerhin milde zu nennenden Verordnung, genau betrachtet, doch nur Redewendungen, wie sie in allen vernünftigen Äußerungen über diese Sache bis dahin anzutreffen sind, auch dieselben allgemeinen Ausdrücke, die der Willkür der Richter weiten Spielraum gewähren, sowie durch die Einziehung des Vermögens zu Gunsten der Gerichtsherren dieselbe Gefahr einer von Habsucht diktierten Ungerechtigkeit. Zwar bewirkte die Berner Verordnung eine Einschränkung der Hexenprozesse und deren fast unvermeidlichen Todesurteile im Waadtland, aber nur für kurze Zeit, und

Folterung der Schulmeisterin Ursel zu Mastricht 1570. Nach dem Kupfer von Jan Luyken.

bald erneuten sich diese Vorfälle mit der früheren Häufigkeit und erstreckten sich auch auf das bis dahin von dem Hexenwahn noch ziemlich verschont gebliebene deutsche Gebiet des Berner Landes. Eine erneute Verordnung vom Jahre 1609, welche die Zulässigkeit der Verhaftung noch mehr einschränkte, hatte dieselbe Wirkung von anfänglicher Verringerung und baldiger Steigerung der Hexenprozesse. Auch hatte der Rat noch wiederholt Gelegenheit, die Gerichtspersonen wegen unmäßiger Anwendung der Tortur zu tadeln. Human scheint Basel in dieser Sache vorgegangen zu sein, und erst spät und nur einmal, 1624, wurde eine der Hexerei beschuldigte Frau hingerichtet. In Hexenprozessen wurde hier die Tortur nur bis zum Jahre 1643 angewendet.

Minder Günstiges lässt sich von den *Niederlanden* sagen, wo bereits Mitte des sechzehnten Jahrhunderts die Hexenverfolgungen stark ausgeübt wurden. Allerdings muss dabei auch bemerkt

Tortur, Aufzug. Seitwärts kartenspielende Peiniger. Nach dem Kupfer von Jan Luyken.

werden, dass einzelne Provinzen lange Zeit oder auch gänzlich von diesem Übel verschont blieben, das besonders unter der Herrschaft Philipps II. arg wütete. Aber auch aus den vom spanischen Joch frei gewordenen Provinzen lässt sich in dieser Beziehung nur wenig Gutes sagen. Doch eine starke Ausdehnung der Anwendung der Tortur sehen wir unter spanischer Herrschaft besonders in der Zeit des so genannten achtzigjährigen Unabhängigkeitskampfes, wo neben den Hexen- und Ketzerprozessen auch politische Prozesse und Untersuchungen dieses schreckliche Mittel in Anwendung brachten. Der grausame Alba und seine Nachfolger kannten auch in diesem Punkt weder Maß noch Milde, und selbst auf spanischer Seite konnte das in den Niederlanden geübte Verfahren scharfen Tadel finden. Von den Hexenprozessen der Niederlande sei hier besonders der 1613 zu Roermond durchgeführte erwähnt, der zur Folge hatte, dass in ungefähr drei Wochen vierundsechzig weibliche und auch männliche Personen nach furchtbarer Folterung verurteilt und verbrannt oder gehenkt wurden.

In den *romanischen Ländern*, vor wie nach der Reformation, traten Hexenverfolgungen weniger stark hervor als auf germanischem Gebiet, obwohl der Aberglauben dort noch stärker vorhanden war und, wie uns das Beispiel des romanischen Teils der Schweiz zeigte, unter Umständen auch zügellos sich geltend machen konnte. Vieles zu dieser auffälligen Zurückhaltung mag, wie schon bemerkt wurde, die Tatsache beigetragen haben, dass in den romanischen Ländern die Ketzerverfolgung ungehindert und kräftiger betrieben werden konnte und auch wurde. Eine Ablenkung auf das volksvertraute Zauber- und Hexenwesen, soweit diese nicht schon in der Ketzerei enthalten war, brauchte nicht vorgenommen zu werden. Die Sache wurde daher von Kirche und Staat wenig beachtet, und fast alles, was sich darüber sagen lässt, umfasst das Schreckenswort Inquisition. Nur in Frankreich äußerte sich die Hexenseuche etwas selbstständiger und in ähnlicher Weise wie in Deutschland.

Aus England ist bis zum Tod Elisabeths wenig von Hexenprozessen zu melden, obgleich es daran nicht fehlte, besonders in Schottland. Die Tortur mag schon frühzeitig hierbei zur Anwendung gelangt sein, obwohl sie gesetzlich nie Geltung hatte, besonders die Wachfolter (*tortura insomniae*), die oft als englische Tortur bezeichnet wird. Ärger wurden jedoch die Zustände, als der gelehrte Narr Jakob I. zur Regierung kam und mit ihm das Haus Stuart. Er selbst war ein eifriger Gegner des vorgeblichen Hexen- und Zauberwesens, gegen das er auch literarisch auftrat Einige Verschärfungen der unter seiner Regierung und auf seine Anordnungen hin besonders grausam ausgeübten Tortur werden seinem Erfindungsgeist zugeschrieben, z. B. das Ausreißen der Fingernägel.

Wir haben uns hier hauptsächlich mit der nachreformatorischen Zeit im sechzehnten Jahrhundert beschäftigt. Die Folge wird ergeben, dass das siebzehnte Säkulum seinen Vorgänger damit noch übertraf.

II. Kapitel

Frankreich – Prinz von Conde – Jacques Clement – François Ravaillac – Verurteilung Ravaillacs – Folterung Ravaillacs – Seine Hinrichtung – Robert François Damiens – Sein Schreiben an den König – Sein Gefängnis – Seine Tortur – Damiens vor Gericht – Tortur – Hinrichtung – Seine Familie – Pichegru

So wichtig und unerlässlich auch das Thema Hexenverfolgung für die Geschichte der Tortur ist, so wenig dürfen wir außer Acht lassen, dass dieses grausame Untersuchungsmittel auch bei anderen wirklichen und vermeintlichen oder vorgeblichen Verbrechen zur Anwendung kam. Wie dies in Deutschland geschehen ist, erfahren wir größtenteils aus der Bamberger Halsgerichtsordnung, der Carolina und anderen Rechtsbüchern, von denen manches noch im Nachfolgenden angeführt werden soll. Nicht minder hart, oft sogar noch viel härter, wurde in Frankreich und anderen Ländern verfahren und besonders in den zahlreichen politischen Verbrechen und Verfolgungen. Friedrich Schiller schreibt in seinem Aufsatz »Geschichte der Unruhen in Frankreich, die der Regierung Heinrichs IV. vorangingen, bis zum Tod Karls IX.« in Beziehung auf den Prinzen von Conde: »Auf die Undurchdringlichkeit seines Geheimnisses sich stützend und überzeugt, dass die Tortur selbst seinen Anhängern nicht entreißen könnte, was sie nicht wussten, verlangte er Gehör bei dem König und drang darauf, sich förmlich und öffentlich rechtfertigen zu dürfen.«

Diese und die nachfolgende Periode ist auch sonst mit der Geschichte der Tortur eng verknüpft, da Letztere an den Königsmördern kräftig angewandt wurde. Jacques Clement, der Mörder Heinrichs III. (1589), entging zwar dieser Peinigung durch den Tod, den er unmittelbar nach der Tat von den herbeigeeilten Edelleuten erlitt. Dieser fanatische junge Dominikaner, das Werkzeug der Liguisten, soll unter diesen Todesstößen ausgerufen haben: »Ich preise Gott, dass ich so sanft sterbe, denn ich dachte nicht, auf diese Weise loszukommen und so wohlfeilen Kaufes.« Immerhin wurde noch gegen die Leiche der Prozess angestrengt und diese auch verurteilt, von vier Pferden zerrissen, dann verbrannt und die Asche in den Fluss gestreut zu werden.

Mit Heinrich III. endete in Frankreich die Herrschaft des Hauses Valois, und das Haus Bourbon kam mit Heinrich IV. zur Regierung. Auch dieser König, der besten einer, die Frankreich je besessen hatte, starb bekanntlich 1610 durch die Mörderhand des François Ravaillac, gleichfalls ein religiöser Fanatiker, dem aber keine Verbindung mit anderen nachgewiesen werden konnte. Nachdem er verhört worden war und dabei in Abrede gestellt hatte, Mitschuldige zu besitzen, erhob sich, wie im »Neuen Pitaval« mitgeteilt wird, der Präsident des Gerichtshofes und sprach feierlich:

»Der Gerichtshof wird jetzt nach Angouleme schicken, um Deinen Vater und Deine Mutter holen zu lassen. Man wird sie in Deiner Gegenwart grausam zu Tode martern, weil Du nichts bekennen willst. Die menschlichen und göttlichen Gesetze autorisieren zu einer solchen Härte, wo es sich um ein so entsetzliches Verbrechen, wie das Deine, handelt.«

Ravaillac erwiderte: Etwas dem Ähnliches sei doch noch nicht vorgekommen. Er schien sehr bestürzt über die Drohung, machte aber auch keine Miene, etwas zu bekennen.

Der Jesuit, Pater d'Aubigny, dem Revaillac zuletzt gebeichtet hatte, wurde ebenfalls verhört. Er beantwortete die ihm vorgelegten Fragen nur mit den Worten: ›Ich erinnere mich niemals dessen, was man mir in der Beichte gesagt hat.‹ Alle Anstrengungen, mehr von ihm zu erlangen, waren umsonst.

So musste man zur Folter schreiten.

Man beriet, welche Tortur die schmerzhafteste sei. Ein Scharfrichter schlug vor, ihn lebendig zu schinden. Unter den Richtern schlugen einige vor, dass man die Folterwerkzeuge und den Modus von Genf in Anwendung bringe, weil er der allerschärfste sei. Diesen entsetzlichen Qualen könne kein Verbrecher widerstehen. Einige Patrioten waren dagegen; man brauche nicht zu fremden Werkzeugen seine Zuflucht zu nehmen, auch Frankreich habe deren, um den Verbrechern den Mund zu öffnen.

Man schwankte. Da erhoben sich andere Räte zur Unterstützung der Opposition, doch aus ganz anderen Gründen: Sei es auch, dass die Folter von Genf die beste von der Welt wäre, so könne man sich doch christlich ihrer nicht bedienen, weil sie von Ketzern herrühre.

Diese Ansicht gab den Ausschlag. Aber die französische Folter erpresste nichts aus ihm als die Versicherung, dass er nichts mehr zu sagen habe.

Man hat auch sonst nichts Positives über Mitwisser oder Urheber seines Verbrechens, weder vor noch nach seinem Tod, ermittelt. Alles, was man darüber gesagt, beruht auf Vermutungen, die freilich nahe genug liegen, aber auch ebenso täuschen konnten. Der Meuchelmord stand im Katechismus der Zeit als ein letztes Mittel zur Erreichung politischer Zwecke, er ist oft in dem entsetzlichen Parteienkampf des ausgehenden Mittelalters und zu Anfang der Neuzeit angewandt worden. Namentlich in Frankreich hielt der Fanatismus der liguistischen Partei ihn für erlaubt und geboten, um die Ketzerei auszurotten ...«

Die furchtbare Erkenntnis der Grande Chambre des Parlaments von Paris wurde Ravaillac am 27. Mai publiziert. Er musste es auf seinen Knien anhören:

»Alles erwogen, so hat der Gerichtshof erklärt und erklärt hiermit besagten Ravaillac als mit Recht und Ordnung bezüchtigt und überführt des Verbrechens der Majestätsbeleidigung, so der menschlichen als göttlichen, begangen am Oberhaupt (*au premier chef*), von wegen des sehr niederträchtigen, sehr verabscheuungswürdigen und sehr verwerflichen Meuchelmordes, begangen an der Person des seligen Königs Heinrich IV., sehr guten und lobenswerten Gedächtnisses. Zur Sühnung dessen er ihn verdammt hat und verdammt, eine Ehrenbuße zu tun vor dem Haupttor der Kirche Notre-Dame zu Paris, wohin er in einer Armensünderkarre zu führen sei; demnächst daselbst, nackt, im Hemd, eine brennende Kerze, zwei Pfund im Gewicht, in Händen haltend, zu sagen und zu erklären, dass er unglückseligerweise und verräterischerweise begangen besagten sehr niederträchtigen, sehr verabscheuungswürdigen und sehr verwerflichen Meuchelmord und getötet den besagten König und Herrn mit zwei Messerstichen in seinen Körper, worüber er Reue empfindet und um Gnade bittet Gott, den König und die Justiz, dass er von da geführt werde auf den Grèveplatz und auf ein Schafott, das daselbst aufzurichten sei und daselbst mit Zangen gekniffen wird an den Brustwarzen, Armen, Schenkeln und Waden, dass darauf seine rechte Hand, in der er das Messer halten muss, mit dem er besagten Vatermord begangen hat, verbrannt werde in Schwefelfeuer, und auf die Stellen, wo er gezwickt worden sei, geschmolzenes Blei geträufelt werde, auch kochendes Öl und brennendes Pech, desgleichen Wachs und Schwefel zusammengerührt – wonach sein Körper soll zerrissen und geteilt werden durch vier Pferde, seine Glieder und sein Leib aber vom Feuer verzehrt, zu Asche verbrannt und in die Winde verstreuet werden. – Erklärt demnächst alle seine Güter dem König verfallen. Verordnet auch, dass das Haus, in dem er geboren war, der Erde gleich gemacht werde, nachdem der, dem es gehört habe, vorher entschädigt worden sei, dergestalt, dass auf dem Grund und Boden, wo es gestanden hat, niemals wieder ein Haus gebaut werden darf, sowie dass, vierzehn Tage nach Publikation besagten Urteils, beim Schall der Trompeten und öffentlichem Ausruf in der Stadt Angouleme, sein Vater und seine Mutter auswandern und das Königreich verlassen, mit dem Verbot, jemals dahin zurückzukehren, widrigenfalls sie gehängt werden sollen und erdrosselt, ohne dass irgend vorher etwas von einem Prozesse wider sie anhängig gemacht würde. – Verbieten wir des weiteren seinen Brüdern und Schwestern, seinen Oheimen, Basen und anderen von nun ab den Namen Ravaillac zu führen, und heißen wir sie, unter denselben Strafen, einen anderen Namen anzunehmen, und dem Substitut des Generalprokurators zu publizieren und zu exekutieren gegenwärtige Erkenntnis, unter Verwarnung, dass wir uns an ihn halten werden. Und vor der Exekution besagten Ravaillacs, dass derselbe von neuem auf die Folter gespannt werde, um von ihm seine Mitschuldigen zu erpressen.«

Mit diesem Musterstück einer barbarischen Henkerfantasie wurde das Andenken des humansten Königs, den Frankreich hervorgebracht hatte, geehrt!

Ravaillac wurde dementsprechend noch einmal auf das Folterbett gestreckt. Doch ließ man ihn vorher noch einmal schwören, die Wahrheit zu sagen. Dann ermahnte man ihn: Noch könne er der Tortur vorbeugen, wenn er erkläre, wer ihn zur begangenen Gottlosigkeit verführt und mit wem er darüber gesprochen habe. So wahr Gott ihn verdammen möge, rief er, er habe zu keinem Mann, zu keiner Frau davon gesprochen, noch zu irgendwem.

Auf der Folterbank schrie er verschiedene Male auf:

»Mein Gott! Mein Gott! Mitleid mit meiner Seele! Vergebung für mein Vergehen! – Aber vergib mir nicht, wenn ich einen Mitschuldigen habe und ihn nicht angebe. – Bei meinem Eidschwur, bei allem, was ich Gott schuldig bin und der Gerechtigkeit, ich habe ja kein Wort gesagt von meinem Vorhaben, – nicht meinem Beichtvater – niemandem!«

Man schraubte schärfer. Sein Schreien war entsetzlich!

»Mein Gott! Mein Gott! Das sind die Strafen um die großen Sünden, die ich in dieser Welt beging! – Beim allerheiligsten Glauben, ich weiß ja nichts, als was ich bekannte. – Gnade! – Lasst mich nicht an meiner Seele verzweifeln!«

Der Scharfrichter führte ihn in die Kapelle, um ihn durch kräftige Speisen für die letzten Qualen zu stärken. Die Doktoren Filesac und Gamache strengten hier umsonst ihre Überredungskunst an, um ihn zu einem Geständnis zu bringen. Er erwiderte:

»Ich bin nicht so unglücklich, um noch etwas, was hierher gehört, zu verbergen, da ich vollkommen davon überzeugt bin, dass mein Schweigen mich von der göttlichen Gnade ausschließen würde, auf der allein meine Hoffnung ruht. Überdies würde ich ja auch, wenn ich meine Mitschuldigen angäbe, meine unerhörten Qualen abkürzen. Ich habe furchtbar gesündigt, indem ich der Versuchung verfiel, meinen Souverän zu töten. Ich flehe dafür um Gnade beim König, bei der Königin, bei der Justiz, bei aller Welt. Ich flehe sie an, bei Gott für mich zu bitten, dass mein Leib allein die Strafe meiner Seele ertrage, und ich bitte inständigst, dass man mein Geständnis drucke und bekannt mache.«

Beide genannte Doktoren erfüllten diesen Auftrag und publizierten späterhin sein vollständiges Bekenntnis.

Das Urteil wurde pünktlich exekutiert. In einem Karren wurde Ravaillac vor Notre-Dame gebracht zur Bußerklärung, von da zu dem Grèveplatz. Der Zug kam hier gegen 4 Uhr an, aber nur mit der größten Mühe gelang es, den Verdammten bis zum Schafott zu bringen, so groß war die Menschenmasse auf diesem Platz und in den angrenzenden Straßen.

Nach dem Herkommen hätte er eigentlich auf einer Schleife dahin gezogen werden müssen, aber man durfte es nicht wagen. Das wutkochende Volk hätte sich auf ihn gestürzt und ihn zerrissen.

Anderen Nachrichten zufolge wäre Ravaillac, als er die Wut des Volkes gegen seine Person gewahrte, erstaunt gewesen. Er hatte nicht geglaubt, dass sie mit solcher Liebe an dem Ketzerkönig hingen. Das erinnert an das Attentat eines anderen Königsmörders (Tschech), wo derselbe auch verwundert die Teilnahmebezeigungen des Volkes anstaunte.

Die Prinzen des Hauses Guise sahen aus den Fenstern des Stadthauses dem Schauspiel zu. Außer den benötigten Truppen hatten sich noch mehrere hundert Edelleute zu Pferde freiwillig eingefunden, um das Schafott zu umstellen.

Auch die beiden Beichtväter des Verurteilten hielten zu Pferde am Schafott und unterließen keine Überredungskünste, um Ravaillac zur Nennung seiner Mitschuldigen zu veranlassen. Später stiegen sie selbst aufs Gerüst.

Trotz der unerhörten Leiden schien Ravaillac ruhig und gefasst. Als er auf der Plattform des Schafotts angekommen war, verrichtete er ein kurzes Gebet und übergab sich seinen Henkern.

Diese legten ihn auf den Rücken und banden ihm den Leib zwischen zwei kleinen Pfosten. Die Füße und die Hände wurden schon jetzt an vier Pferde befestigt.

Einer der Priester intonierte das Salve Regina! Aber er wurde augenblicklich vom Volk unterbrochen. Von allen Seiten erhob sich ein Geschrei: »Kein Gebet für einen Verdammten! ... Zur Hölle mit dem Judas!«

Die Zangen glühten schon rot auf einem Feuerbecken. Der Henker ergriff sie und zwickte damit den Stöhnenden an allen im Urteil bezeichneten Teilen seines Leibes. Darauf wurde seine rechte Hand, in die man das Mordmesser presste, über das Feuer gehalten und langsam bis zur Handwurzel abgebrannt. Und in dem Maße, als die Fleischteile sich verzehrten und die Knochen sich zersetzten, goss der Henker aus kleinen Hörnern immer neuen Schwefel auf das Feuer.

Erst als die Hand und ihre Wurzel vollkommen verzehrt waren, goss er in die Wunde, welche die Zangen gerissen hatten, kochendes Öl, siedendes Pech und zusammengeschmolzenes Wachs und Schwefel.

Während dieser langen und grässlichen Marter wurde Ravaillac Zug um Zug auch noch mit der Ermahnung geplagt, seine Mitschuldigen zu nennen.

Die Hoffnung, welche die Humanität schöpft, dass er von so vielen Qualen besinnungslos dagelegen haben müsse, fällt dahin. Die Protokolle sagen: Er habe mit derselben Ruhe und Fassung fortwährend auf die Frage nach seinen Mitschuldigen geantwortet, dass er keine habe!

Wenn er nun unter den unerträglichen Schmerzen, aus Verzweiflungswut, seine Henker genannt, die Präsidenten des Gerichts, die Guise, die Königin Maria oder gar den tugendhaften Minister Sully! Wäre das Parlament, ein Gericht betört, wahnsinnig genug gewesen, darauf eine Untersuchung einzuleiten? – Oder kannten die, die ihn peinigen ließen, den Stumpfsinn des Fanatikers so genau, dass sie im voraus wussten, auch die haarsträubendste Qual könne diesem Halbmenschen, Halbtier die Lippen nicht öffnen?

Jetzt peitschte man die Pferde an. Sei es, dass man schlecht gewählt oder dass die Zähigkeit seines Leibes so stark war als die seiner Seele, sie konnten ihn nicht zerreißen. Man peitschte und peitschte, und eine Stunde ging vergeblich hin.

Und auch jetzt noch – es ist entsetzlich, die Feder sträubt sich, es niederzuschreiben – hatte Ravaillac sein Bewusstsein noch nicht verloren. Der halb Zerrissene und Verbrannte empfahl laut seine Seele Gott.

Da sprang einer der Edelleute, die aus Ehrensache Wache hielten, als er gewahrte, dass eines der Pferde seine Kraft völlig erschöpft und trotz der furchtbarsten Peitschenhiebe nicht mehr ziehen wollte, von seinem Ross, schirrte das ermattete Pferd los und spannte seines an. Er selbst trieb.

Auch dieser heroische Patriotismus half nicht. Der Henker musste endlich zu einem Hackemesser greifen, um den Körper völlig auseinander zu trennen.

Jetzt flogen die Pferde auseinander mit ihrer blutigen Beute. Aber das Volk ließ sie ihnen nicht. Auch die Stücke noch riss es in Stücke und verschleppte die grässlichen Trophäen triumphierend in verschiedene Stadtteile. Aber man ließ sie ihnen nicht. Nach wenigen Stunden waren sie wieder eingesammelt und bald darauf zu Asche verbrannt.

Ravaillacs Vater hat den Tod seines Sohnes überlebt, auch der ihn betreffende Teil des Urteils musste also vollstreckt werden.«

Etwa anderthalb Jahrhunderte später, 1757, sehen wir in Frankreich wieder einen »Königsmörderprozess« verhandeln, der trotz aller dabei zur Anwendung gelangten barbarischen Mittel einen possenhaften Charakter trägt. Der »viel geliebte« König Ludwig XV. war von Robert François Damiens, gleichfalls aus religiösen, verworrenen Gründen, in Versailles angefallen und mit einem Messer verwundet worden. »Man hat mir einen furchtbaren Stoß versetzt«, rief Ludwig aus. »Dieser Mensch da hat mich gestochen. Man verhafte ihn, aber tue ihm nichts Böses an.« Sehr gütige Worte, die aber, wie wir gleich sehen werden, nicht befolgt wurden. Ludwig hielt sich schon für verloren, Ärzte und Geistliche wurden herbeigeholt, doch konnten Erstere nur eine unbedeutende Hautritzung feststellen.

»Zuerst ergriffen von einem Diener des Königs«, berichtet der »Neue Pitaval«, »war Damiens in die Hände der Gardes du Corps überliefert. Diese führten ihn in ihren Saal. Man zog ihn nackend aus und fand das Messer. Es hatte zwei Klingen, die eine ziemlich breit, lang und scharf, wie bei einem gewöhnlichen Taschenmesser, die andere war ein Federmesser, vier bis fünf Zoll lang. Dieser letzteren hatte er sich bedient. Er musste Zeit gefunden haben, diese Klinge zu reinigen, denn sie war nicht mit Blut befleckt. In seinen Taschen fand man 36 Louisdor, einiges Silbergeld und ein Buch, betitelt: »Instructions et prieres chrétiennes«. Er sagte, er habe es von seinem Bruder in Saint-Omer erhalten.

Sobald er sich in den Händen der Gardes du Corps sah und man verschiedene Fragen an ihn richtete, rief er mehrere Male aus: »Man bewache nur den Dauphin gut! Dass der Herr Dauphin heute nur ja nicht ausgehe!«

Man drängte ihn, seine Mitschuldigen zu nennen. Er erwiderte: »Sie sind weit von hier. Man würde sie nicht mehr finden. Wenn ich sie nennen wollte, so wäre alles zu Ende.«

Man hoffte durch den Schmerz ihn auf der Stelle zu mehreren Geständnissen zu bringen. Wo das Gesetz noch die große

Tortur zuließ, glaubten die Gardes du Corps sich zu einer kleineren auf eigene Hand in ihrem Wachtlokal berechtigt. Man brachte ihn ans Kaminfeuer und kniff ihn mit den glühend gemachten Feuerzangen an den Füßen. Der Grandprévôt des Hauses, der hinzukam, entriss ihn dieser grausamen Marter und ließ ihn ins Gefängnis bringen, wo er ordnungsmäßig vernommen und die Instruktion gegen ihn eingeleitet wurde.

Nach mehreren Verhören übergab er nach dem am 9. Januar abgehaltenen dem Grandprévôt folgenden Brief an den König:

»Sire!

Ich bin sehr betrübt, dass ich das Unglück gehabt habe, mich Ihnen zu nähern, aber wenn Sie nicht die Partei Ihres Volkes nehmen, dann, ehe einige Jahre vergehen, werden Sie und der Herr Dauphin, und einige andere noch, umkommen. Es wäre betrübt, wenn ein so guter Prinz wegen der großen Güte, die er den Geistlichen erzeigt, denen er sein ganzes Vertrauen schenkt hat, seines Lebens nicht sicher wäre. Und wenn Sie nicht die Güte haben, hier eben Auskunft zu treffen, und zwar binnen kurzem, dann werden sehr große Unglücksfälle eintreten: Ihr Reich ist nicht mehr in Sicherheit. Das ist ein Unglück für Sie, dass Ihre Untertanen Ihnen Ihre Entlassung gegeben haben, indem die Angelegenheit nicht von Ihrer Seite ausging. Und wenn Sie nicht die Güte haben, für Ihr Volk, dass man ihm die Sakramente im Todesfall verabreicht, was Sie verweigert haben seit Ihrem *lit de justice*, worauf der Châtelet die Möbel des Priesters verkaufen hat lassen, der sich gerettet hat, dann, wiederhole ich Ihnen, ist Ihr Leben nicht mehr in Sicherheit, auf die sehr richtige Warnung, die ich mir die Freiheit nehme, Ihnen zustellen zu lassen durch den Beamten, der gegenwärtiges Schreiben Ihnen überbringt und in den ich mein ganzes Vertrauen gesetzt habe. Der Erzbischof von Paris ist die Ursache aller Verwirrung von wegen der Sakramente, die er hat verweigern lassen. Nach dem grausamen Verbrechen, das ich gegen Ihre geheiligte Person begangen habe, lässt mich das aufrichtige Bekenntnis, das ich mir die Freiheit nehme, Ihnen zu machen, auf Euer Majestät Güte und Gnade hoffen.

Damiens.

Ich vergaß, die Ehre zu haben, Euer Majestät vorzustellen, wie, trotz der von Ihnen gegebenen Befehle, als Sie sagten, dass man mir nichts Böses antun möchte, dies Monseigneur den Herrn Siegelbewahrer nicht abgehalten hat, zwei Feuerzangen im Saal der Garde du Corps glühend zu machen und, indem er mich selbst hielt, zwei Garde du Corps zu befehlen, dass sie mir die Beine verbrannten. Und das wurde in der Art ausgeführt, dass er ihnen Belohnung versprach, indem er den beiden Garden sagte, sie sollten zwei Reisigbündel holen und sie ins Feuer werfen, um mich dann hineinzuwerfen, und dass ohne Herrn Leclerc, der ihr Vorhaben verhindert hat, ich nicht die Ehre gehabt haben würde, Sie von dem Obigen zu unterrichten.

Damiens.«

Aus diesem Briefe blickt doch schon hindurch, wes Geistes Kind der unglückselige Mensch war, dem man die Ehre und die Grausamkeit erwies, einen solchen Hochverratsprozess gegen ihn anzustellen …

Der Prévôt des Hauses befahl die Verhaftung von nicht weniger als folgenden Personen: einen Julien Guermays, mit dem Damiens in Arras gelebt hatte und der sich zufällig in Paris befand; Damiens' Frau und Tochter, seinen Bruder Louis und dessen Frau, eine Demoiselle Maré, Kammermädchen der Dame Ripandelly, die Damiens in Abwesenheit seiner Frau aufgenommen hatte. Auch gegen Damiens' Vater, seinen Bruder Joseph Antoine, die Frau desselben und die Witwe Colet, seine Schwester, wurden Haftbefehle nach Arras und in die Umgegend gesandt. Warum nicht gegen alle seine Vettern und Verwandten und deren Frauen, Kinder, Dienstleute? Bei wie vielen hatte er nicht die Nächte verbracht, die dem Königsmord vorangingen?

Am 15. Januar verordnete der König durch einen offenen Brief, dass die Instruktion des Prozesses von der Grande Chambre des Parlamentes zu Paris geführt werde. Alle bisherigen Akte des Prévôt seines Hauses zu Versailles wurden als zu Recht bestehend erkannt. Zur Instruktionskommission wurden ernannt de Maupeou, erster Präsident, Molé, zweiter Präsident, und die Räte Severt und Denis-Louis Pasquier, Namen, die, trotz der Verdammung aller Aristokratie und Erblichkeit, in der französischen Justiz immer wiederzukehren bestimmt scheinen.

Ein ganzes Garderegiment musste den Königsmörder (am 18. Januar) von Versailles nach Paris eskortieren. So war man besorgt, dass seine Tat kein vereinzeltes Wagestück eines Desperado, vielmehr der Akt einer großen Verschwörung sein könne.

Die Vorsicht, mit der man diesen Menschen zu behüten suchte, damit nicht allein jeder Befreiungsversuch, sondern auch jeder Selbstmordversuch verhütet wurde, übersteigt alles bis da Vorgekommene. Von außen umgab man die Conciergerie, wo Zugänge zu derselben waren, mit zwei Reihen Palisaden. Hundert Mann Garde hielten Tag und Nacht innerhalb derselben Wache, ihre Posten verteilend. Sie wurden alle vierundzwanzig Stunden abgelöst. Auf jedem Treppenabsatz stand eine Schildwache, und die Patrouillen durchtrabten wie ein Perpetuum mobile die Höfe, Gänge und Treppen der Conciergerie – um einen verkommenen Bedienten.

Im ersten Stockwerk des Turmes von Montgommery war die Kammer, in die man Damiens gesetzt hatte. Sie war nur 12 Fuß im Durchmesser, 12 Fuß hoch und nur durch zwei Mauerlöcher, 3 Fuß hoch und 9 Zoll breit, erhellt. Ein doppeltes Gitter verschloss sie, statt Glas hatten sie geöltes Papier. Im Rundzimmer war kein Kamin, es wurde jedoch genügend erwärmt durch den eisernen Ofen, der in dem Wachtzimmer darunter fortwährend glühte, sowie durch die große Zahl Lichter, die Tag und Nacht in dem Gefängnis selbst brannten. Anfänglich hatte man Talglichter gebrannt, da diese aber, nach der Ansicht der Ärzte, Damiens' Gesundheit schaden könnten, wurden sie mit Wachskerzen vertauscht.

Die Beschreibung des Bettes, auf dem Damiens lag – es war nicht sein schlimmstes Marterbett –, nimmt in allen Berichten über die Prozedur mehrere Seiten ein.

Das Kopfkissen lag vis-à-vis der Tür, 3 Fuß von der Mauer entfernt. Das Bett selbst war auf einer Estrade angebracht, die sich 6 Zoll über den Fliesen des Bodens erhob. Alles Holzwerk daran war mit Matratzen tapeziert, namentlich die 3 Fuß hohe Kopflehne, die zu seiner Bequemlichkeit mit einer gekerbten Eisenstange derart eingerichtet war, dass er den Kopf höher oder niedriger legen konnte.

In diesem Bett lag nun Damiens befestigt in einem netzförmigen Geschlinge von starken Riemen aus ungarischem Leder, deren jeder 2½ Zoll breit war. Zwei dieser Riemen, mit eisernen Ringen an dem Boden befestigt, hielten die Schultern fest, zwei andere die Arme, korrespondierend mit einem, der seinen Bauch umschlang, und auslaufend in zwei Handschlingen, dergestalt ihm freie Bewegung lassend, dass er mit der Hand den Mund erreichen konnte, auch diese mit Eisenringen am Boden befestigt. Desgleichen schnallten ihm zwei solche Riemen die Schenkel fest, dergestalt, dass von jeder Seite des Bettes drei Riemen den Körper an den Fußboden ketteten. Vom Gurt, der seinen Leib umschloss, ging aber noch ein senkrecht zu seinen Füßen herab und war hier wieder durch einen Eisenring am Boden befestigt. Gleichermaßen ging von den Riemen, die seine Schultern fesselten, ein Gurt über die Kopflehne und war draußen an dem Boden mit einem Ring befestigt. Sorgsamerweise hatte man aber alle diese Ringe und Riemen, wo an Armen und Händen eine Reibung und damit Entzündung hätte entstehen können, mit Rehleder ausgestopft, damit das Opfer kühl und gesund für die Qualen aufbewahrt werde, die man ihm im gesetzlichen Weg und mit aller Kunst präparierte.

Außerdem hatte man aus der Garde zwölf der unterrichtetsten und gewitzigtsten Sergeanten gewählt, die Tag und Nacht bei ihm Wache halten mussten. Immer je vier, die alle vier Stunden abgelöst wurden, unter Anführung eines Offiziers, der es jede Stunde wurde. Die übrigen acht verweilten währenddessen in einem oberen Gemach, jeden Augenblick bereit, auf das geringste Geräusch hinunterzustürzen. Diese zwölf Sergeanten verließen erst den Turm mit Damiens selbst. Sie allein waren es, die ihn sehen und sprechen durften. Doch war ihnen aufgetragen, ihn lieber sprechen zu lassen, als sich mit ihm zu unterhalten.

Die Brandwunden, die man ihm durch die ungesetzliche Tortur in Versailles beigebracht hatte, waren beträchtlicher, als es anfangs schien. Mehr als zwei Monate wurde er schon durch ihre Nachfolgen gezwungen, still auf dem Bett zu liegen, das er dann nur um der nötigsten Bedürfnisse willen verließ. Außer den zwölf Sergeanten hatte man ihm zur Pflege noch vier wohlunterrichtete Soldaten bestellt, die ihn keinen Augenblick außer Acht ließen und während der ganzen Zeit mit niemand sonst als den zwölf in Berührung kamen.

Auch zum Essen war ein eigener Beamter ihm bestellt, der, nach Vorschrift der Ärzte, die Speise zurichtete und sie ihm eingab. Vor jedem Speiseeinnehmen musste sie aber ein Chirurg kosten, der zu diesem besonderen Zweck im Gefängnis schlief. Denn außerdem besuchten ihn täglich dreimal die zu seiner Gesundheitspflege vom Parlament Bestellten: der Arzt Boyer und der Wundarzt Foubert. Der Letztere verband seine Wunden. Beide mussten alle Morgen dem ersten Präsidenten Bericht abstatten über seinen Gesundheitszustand.

In diesem engen Käfig selbst, vielleicht in Gegenwart der vier bewachenden Sergeanten, wurden von den vier Kommissaren fünf Verhöre mit Damiens abgehalten, vom 22. Januar bis 17. März, deren einige bis sechs Stunden dauerten.

Am 22. Januar hatte man eine große Entdeckung zu machen geglaubt. Im Haus der Dame Ripandelly war beim Kehren in der Küche ein Sack mit Metall vom Rauchfang gefallen, der bei näherer Untersuchung 1206 Livres in Louisdors enthielt. Man glaubte dabei zugleich mysteriöse Papiere zu finden, aber es stellte sich bald heraus, dass es nichts sei als der Rest des dem Russen gestohlenen Geld, das Damiens, von seiner Frau in jenem Haus aufgenommen, unbewusst derselben, an jenem Ort verborgen hatte.

Die Geschichte des Prozesses vor dem großen Parlamentshof, dem auch die Prinzen beiwohnten, ist bis in seine kleinsten Details uns aufbewahrt, jedoch ohne anderes Interesse als was man schon aus dem Obigen weiß, dass man mit einer krankhaften Begierde aus der Maus einen Elefanten zu machen suchte. Auch die Angeberlust gesellte sich dazu. Ein verkümmerter Abbe, der längst durch Enthüllungen furchtbar drohender Verschwörungen sich wichtig zu machen wollte, versuchte, seine schimärischen Denunziationen auch auf Damiens' Tat zu beziehen, und setzte mehrere vornehme Personen dadurch in Bewegung, indes war man so vernünftig, nicht darauf zu achten. Auch andere Verbrecher, Diebe, die in Untersuchungsarrest saßen, schnappten nach Rettung oder einem besseren Lose, indem sie denunzierten und von Verschwörungen sprachen, in die man sie einweihen wollte. Die Spur verlor sich aber oder zeigte sich bald als eine rein fingierte. Ebenso wenig führten die Konfrontationen mit allen Zeugen zu anderem Resultat als dem oben angegebenen.

Der Generalprokurator schloss seinen Klageakt mit dem Antrag, dass Damiens mit derselben Strafe belegt werde, die den Königsmörder Ravaillac getroffen hatte, und dass er zuvor, gleich diesem, zur Nennung seiner Mitschuldigen auf die Folter gebracht werde.

Bevor man das Urteil gegen Damiens aussprach, fand eine sehr gelehrte Sitzung und Beratung darüber statt, nicht ob man die Folter überhaupt, sondern welche Folter man in Anwendung zu bringen habe. Man übergab dem Generalprokurator alle Berichte und Schriften über diesen Gegenstand und zog auch die unterrichtetsten Ärzte zu Rate. Ihr Gutachten ging nun dahin, dass unter allen Torturarten, deren der menschliche Geist in den vergangenen Jahrhunderten eine so reiche und mannigfaltige Auswahl ins Leben gerufen hatte, eine unbedingt den Vorzug verdiene, sowohl weil sie das Leben des Gefolterten am wenigsten gefährde, zufälligen Einwirkungen am mindesten ausgesetzt und zugleich die allerschmerzlichste sei. Dies wäre aber zugleich diejenige, deren sich das hohe Parlament schon immer und für gewöhnlich bedient habe. Sie führt den französischen Namen: Question des brodequins, deutsch: Spanische Stiefel.

Die spanischen Stiefel wurden aber in doppelter Art angewandt. An einigen Orten fertigte man aus Pergament eine Art Stiefel oder Schuhe, die man anfeuchtete und dann dem Beine des Inquisiten anlegte. Alsdann wurde das Bein ans Feuer gebracht, und das an der Wärme trocknende Pergament schrumpfte allmählich dermaßen zusammen, dass der Schmerz nicht zu ertragen war.

Dies war die sanftere Art und minder im Gebrauch. Anderen Ortes, und in der Regel, nahm man vier Eichenbretter, die mit starken Stricken umwickelt wurden. Zwei dieser Bretter wurden an die innere Seite der Beine des Verbrechers gelegt, die anderen beiden an die äußere. Diese Bretter mit den Beinen dazwischen schnürte man fest zusammen, dergestalt, dass die inneren Bretter sich berührten, doch nicht so hermetisch geschlossen, dass man nicht von oben die Spitze eines Keils hätte dazwischen klemmen können. Auf diesen Keil wurde gehämmert, bis entweder die Beine in eine unerträgliche Presse kamen oder die Bretter zersprangen und mit ihnen die Knochen des Beins. Der Schmerz soll dem, den die zusammentrocknende Haut verursachte, nichts nachgegeben haben. Bei der Zuerkennung auf Tortur wurde auch zugleich auf die Zahl der Keile, die in die spanischen Stiefel zu treiben wären, erkannt. Eine gewöhnliche Folter bestand aus vier, eine außerordentliche aus acht Keilen.

Die ehrenwerten Ärzte und Wundärzte hatten noch ihre eigenen Bemerkungen und Beobachtungen hinzugefügt: in welcher Art man die Schmerzen des Gefolterten verlängern und doch zugleich noch empfindlicher herstellen könne, ohne Gefahr zu laufen, dass der Gefolterte unterliege oder auch nur auf dem Folterbett die Besinnung verliere.

Man nahm diesen loyalen Eifer der Wissenschaft um das Königtum mit Dank an.

Desgleichen ging man, des außerordentlichen Falles wegen, von der Regel ab, die einem Verbrecher seiner Art einen Beichtvater erst dann gewährt, wenn er zum Tod abgeführt werden soll. Nein, man schickte ihm sofort einen solchen in der Person des Dr. Gueret von der Sorbonne, Pfarrer in Paris, der ihn vor der gerichtlichen Folter moralisch foltern sollte, seine Komplizen zu nennen. Die Religion ist in allen Zeilen vom Absolutismus für gut erachtet worden, ihm Polizeidienste zu leisten.

Sonnabend, am 26. März, erschien Damiens zum ersten und auch zum letzten Mal vor dem Gericht des Parlamentshauses. Auf seinem Armensünderstuhl saß er ziemlich unbefangen der hochansehnlichen Versammlung gegenüber. Er erkannte mehrere seiner Richter, es sollen sogar leichte Scherze über seine Lippen gekommen sein. Von 8 Uhr morgens bis gegen Abend dauerte die Sitzung. Noch einmal wurde er zu allen Hauptpunkten vernommen. Um 7 Uhr abends wurde folgendes Urteil vom Pariser Parlament publiziert:

»Der Hof, die Prinzen und die gegenwärtigen Pairs ... zu Recht erkennend über die Anklage wider besagten Robert François Damiens, erklären besagten Robert François Damiens von Rechts wegen bezüchtigt und überführt des Verbrechens der beleidigten Majestät, so der göttlichen als menschlichen, begangen am Oberhaupt, von wegen des sehr niederträchtigen, sehr verabscheuungswürdigen und sehr verwerflichen Meuchelmordes, begangen an der Person des Königs, wes zur Sühne sie ihn verdammen, eine Ehrenbuße zu tun vor dem Haupttor der Hauptkirche zu Paris, wohin er zu bringen und zu führen in einem Armensünderkarren, nackt, im Hemd, eine brennende Kerze, zwei Pfund im Gewicht, in Händen, und dort, auf seinen Knien, soll er sagen und erklären, dass er schändlicher- und verräterischerweise begangen hat besagten sehr niederträchtigen, sehr verabscheuungswürdigen und sehr verwerflichen Meuchelmord und verwundet den König mit einem Messerstich in die rechte Seite, worüber er Reue empfinde und um Gnade bitte Gott, den König und die Justiz – dass er von da geführt werde auf den Grèveplatz und auf ein Schafott, das daselbst aufzurichten sei, und daselbst mit Zangen gekniffen an den Brustwarzen, Armen, Schenkeln und Waden; dass darauf seine rechte Hand, in der er das Messer halten muss, mit dem er besagten Vatermord begangen hat, verbrannt werde in Schwefelfeuer, und auf die Stellen, wo er gezwickt worden war, geschmolzenes Blei geträufelt werde, auch kochendes Öl und brennendes Pech, desgleichen Wachs und Schwefel zusammengerührt – danach sein Körper soll zerrissen und geteilt werden durch vier Pferde, seine Glieder und sein Leib aber vom Feuer verzehrt, zu Asche verbrannt und in die Winde verstreut werden. – Erklären demnächst alle seine Güter, fahrende Habe und Immobilien, an welchem Orte sie auch seien, dem König verfallen. – Verordnen auch, vor besagter Exekution, dass besagter Damiens auf die ordentliche und außerordentliche Folter gebracht werde, um seine Komplizen zu nennen. – Verordnen auch, dass das Haus, in dem er geboren war, der Erde gleichgemacht werde, nachdem der, dem es gehört hat, vorher entschädigt worden ist, dergestalt, dass auf dem Grund und Boden, wo es gestanden hat, nie wieder ein Haus gebaut werden darf ... Gegeben im Parlament, in der versammelten Grande Chambre, am 26.März 1757. Richard.«

Das Urteil ist uns bekannt. Es ist fast Wort für Wort abgeschrieben von dem Parlamentsurteil gegen Ravaillac. Was man 1610 hinnahm ohne Schaudern, weil es das Produkt einer noch barbarischen Sitte war, wie nahm man es 1757 hin? In hundertsiebenundvierzig Jahren war die Sitte eine andere geworden!

Und Ravaillac hatte seine Tat vollbracht, Damiens nur ein Attentat!

Den Lump Damiens dem Fanatiker Ravaillac an die Seite zu stellen, war den Richtern schon eine schwere Aufgabe. In ihrem Loyalitätseifer hatten sie vergessen, dass man damit das Maß des vierten Heinrich auch an den fünfzehnten Ludwig legen könne. Schwerer konnten sie sich nicht gegen ihren König versündigen.

Montag am 28. März wurde Damiens, morgens 6 Uhr, in die Folterkammer gebracht. Seine militärische Wache übergab ihn fortan dem Leutnant des Chatelet.

Der Greffier Lebreton las ihm hier sein Urteil noch einmal vor. Er hörte es aufmerksam und unerschrocken an und sagte nur: »Das wird heute ein heißer Tag werden.«

Von diesem Lebreton hat man eine Broschüre, die sehr umständlich alle Begebenheiten dieses Prozesses mit allen Momenten der Tortur berichtet. Einige wörtliche Auszüge aus dem Protokoll über Letzteren mögen hier folgen:

»Im Jahre 1757, Montag, den 28. März, 6 Uhr morgens, sind wir Alexander Andre Lebreton, Advokat des Gerichtshofes usw., begleitet von usw., in die Folterkammer gestiegen, allwo seiend wir aus den Gefängnissen der Conciergerie des Palastes entnehmen und vor uns führen lassen François Robert Damiens, Angeschuldigten, und haben selbigem, auf den Knien liegend, vorlesen lassen das am 26. gegenwärtigen Monats gegen ihn ergangene Erkenntnis, lautend ... Und ist augenblicks darauf der Verurteilte ergriffen und vom Exekutor gebunden worden. Als worauf wir, unterzeichneter Greffier, gegangen sind, um Rechenschaft abzustatten den kommittierten Herren Präsidenten und Räten des Hofes, auf welche Nachricht wir, René Charles de Maupeou und Mathieu François Molé, Ritter, Mitglieder des Staatsrates, erster und zweiter Präsident des Parlamentshofes, Aimé Jean Jacques Savert und Denis Louis Pasquier, Rapporteure, Jean Baptiste Cerentin Lambelin und Pierre Barthelemi Rolland, Räte des Königs in seinem Parlamentshof, der Grande Chambre, ernannte Kommissare in dieser Sache, hinaufgestiegen sind in die Folterkammer, begleitet von bemeldetem Lebreton, allwo seiend wir vor uns kommen ließen besagten Robert François Damiens, Verurteilten, der, auf den Knien liegend, geschworen hat, dass er die Wahrheit sagen will, die Hand auf dem Evangelium und gesetzt auf den Schemel ...

Aufgefordert, zu erklären, in welchem Momente er das Vorhaben gefasst habe, vatermörderische Hand anzulegen an den König, hat er gesagt, es sei die böse Aufführung des Herrn Erzbischofs der Anlass und dass er schon vor drei Jahren den Gedanken gefasst habe.

Befragt, ob der Entschluss ihm von jemand anderem eingegeben worden sei, hat er gesagt, ihm sei es eingegeben von aller Welt, die er darüber sprechen gehört ...

Befragt, ob er nicht zu Playoust gesagt habe, am Ort Poperingue, dass er sich dem Land nicht accomodieren könne, dass er nach Frankreich zurück müsse, und ob er nicht auch gesagt: ›Ja, ich werde dahin zurückkehren, ich werde daselbst sterben, und der Größte wird auch sterben‹, hat er erwidert, dass er diese Worte gesprochen hat.

Befragt, was er sich dabei gedacht habe, hat er erwidert, dass das Bezug gehabt habe auf sein Vorhaben und dass ihm dasselbe nicht mehr aus dem Kopf fortwollte.

Befragt, was ihn denn von Arras nach Paris zurückgeführt habe, da er doch gewusst habe, dass er bei der Justiz angegeben worden sei von wegen seines Diebstahls, verübt am Sieur Michel, und ob es nicht gewesen sei, um sein Verbrechen zu begehen, hat er geantwortet, er sei gekommen, um sein Verbrechen auszuführen, da er es schon lange im Sinne gehabt habe.

Befragt, ob kein weltlicher oder kein Ordensgeistlicher ihm den Gedanken eingegeben ahbe, hat er gesagt, dass ihm niemand den Gedanken eingegeben habe, dass er aber viele der geistlichen Herren übel habe reden hören.

Befragt, worin denn das Böse bestanden habe, was diese Geistlichen gesprochen haben, hat er geantwortet, er habe von ihnen gehört, dass der König große Gefahr laufe, wenn er nicht der bösen Aufführung des Herrn Erzbischofs Einhalt tue.

Hat man ihm vorgestellt, dass man solche gefährliche Reden (!) nicht vor Leuten führe, die man nicht kenne, dass er also Verbindungen mit ihnen gehabt haben müsse, und er solle sie nur nennen, hat er geantwortet, dass er keine andern Verbindungen mit ihnen gehabt habe, außer dass er sie alle Tage im Palais gesehen habe, und übrigens wisse er nicht ihre Namen …

Befragt, was er denn unter den in seinem Brief an den König gebrauchten Worten verstehe: ›Das ist ein Unglück für Sie, dass Ihre Untertanen Ihnen ihre Entlassung gegeben haben, indem die Angelegenheit nicht von Ihrer Seite ausging‹, hat er geantwortet, dass die Angelegenheit nicht vom Parlament kommen konnte, sondern von seiten des Erzbischofs, der angefangen habe, indem er die Sakramente verweigert und Billets in die Sakristeien geschickt habe …

Hat man ihm vorgestellt, wie das, was von seiten des Herrn Erzbischofs geschehen sei, niemals einen Menschen seines Schlages bestimmen könne, sein Verbrechen zu begehen; hat er darauf gesagt, dass er nichts anderes zu sagen wisse, außer dass, wenn er die Sakramente nicht verweigert hätte, das auch nicht geschehen wäre…

Befragt, ob ihm selbst etwa das Sakrament verweigert worden wäre oder einem seiner Verwandten und Freunde, hat er nein geantwortet, er habe sich gar nicht darum gestellt …

Und wurde nun der Verurteilte auf dem Schemel festgebunden.«

Dieses Verhör hatte schon eine und eine halbe Stunde gedauert. Damiens' Festigkeit war keinen Augenblick gewichen. Jetzt klemmte man seine Beine in die Stiefelbretter und schnürte die Stricke so fest zu, wie es bisher nie geschehen war. Diese Pressung war vielleicht schon der schmerzhafteste Augenblick der Tortur. Damiens stieß entsetzliche Schmerzenslaute aus. Er schien in Ohnmacht zu fallen, aber Arzt und Wundarzt erklärten, es sei keine wirkliche Ohnmacht. Damiens forderte zu trinken. Man gab ihm Wasser. Er wünschte es mit Wein vermischt: »Ich brauche hier Kraft.« – Wir fahren im Protokoll fort:

»Und nachdem er den Eid geleistet hatte und befragt worden war, wer ihm sein Verbrechen eingegeben habe, hat er gesagt, dass es der Erzbischof sei, durch alle seine schlimmen Praktiken, und hat gerufen: ›Herr, ich flehe um deine Gnade!‹

Befragt, wer seine Komplizen seien, hat er gesagt, er sei es allein …

Hat man ihm vorgestellt, wie dies nur der Anfang seiner Schmerzen wäre, dass er sie lindern könne, wenn er seine Komplizen nenne, und hat er aufgeschrieen: ›Dieser Schuft von Erzbischof!‹«

Diese Vortortur hatte etwa eine halbe Stunde gedauert, bis man zur Einhämmerung des ersten Keiles schritt. Auch diese Verzögerung war nicht ohne wissenschaftliche Berechnung. Das Fleisch der Beine sollte inzwischen durch die Pressung schwellen und sich entzünden, damit es desto empfindlicher werde für den nachfolgenden Schmerz. Als der erste Keil nun wirklich hineinschmetterte, stieß der Gefolterte zwar einen entsetzlichen Schmerzenslaut aus, es geschah aber ohne den Ingrimm, dem er bei den früheren Aussagen Luft gemacht. Das Protokoll fährt fort:

»Befragt, wer ihn denn bewogen habe, sein Verbrechen zu begehen, hat er gesagt, dass jedermann davon gesprochen habe und dass man ihm gesagt habe: den König umbringen, damit wäre alles zu Ende. Und dass ein gewisser Gautier, ein Geschäftsmann, wohnhaft bei Monsieur de Ferrières, Rue des Maçons, solche Reden in der Zeit da geführt habe …

Befragt, wo er denselben gesprochen habe, hat er gesagt, dass er denselben in der Rue des Maçons gesprochen habe, in Gegenwart des Sieur de Ferrières, seines Herrn …«

Dies war das erste Mal, dass er beide Männer nannte. Augenblicklich wurden Kommissare ausgesandt, um beide Männer herbeizuführen. Inzwischen wurde die Tortur fortgesetzt.

Beim vierten Keil schrie er auf: »O Herr des Himmels! Meine Herren!« – Weiter nichts. Es wurde der fünfte Keil, der erste der außerordentlichen Folter, hineingetrieben.

»Aufgefordert, seine Komplizen zu nennen, hat er gesagt: wie er des Glaubens gewesen sei, ein dem Himmel wohlgefälliges Werk zu verrichten, und alle Priester, die er im Palais gehört habe, hätten dasselbe gesagt …

Aufgefordert, die Namen dieser Priester zu nennen, hat er gesagt, dass er sie nicht kenne …«

Es kam der sechste Keil an die Reihe.

»Hat man ihm vorgestellt, dass seine allgemeinen Ausrufungen zu nichts dienten und dass er persönlich seine Komplizen zu nennen habe, hat er gesagt: Er habe keine.«

Der achte und letzte Keil.

»Befragt, wer denn von seiner Schwäche des Geistes Nutzen gezogen und ihn gereizt habe, das Verbrechen zu begehen, hat er gesagt, dass er es allein sei.

Hat man ihm vorgestellt, dass das gar nicht sein könne; da hat er mehrmals aufgeschrieen: ›Herr, mein Gott!‹

Und auf den Rat, den uns die Ärzte und Chirurgen dieses Hofes gegeben haben, dass der Verurteilte jetzt in Gefahr für sein Leben sei, da die Folter schon ein und eine halbe Stunde angedauert habe, ist er losgebunden und auf die Matratze gelegt worden ...

Aufgefordert nochmals, die Namen derer zu erklären, die ihn zu der Tat gereizt haben, hat er gesagt, dass es der benannte Gautier sei, Rue des Maçons, und die anderen, die er im Palais reden gehört habe ...

Nachdem ihm nun dieses Protokoll vorgelesen worden war, hat er bei allem, ernstlich ermahnt, dabei beharrt, dass es der Wahrheit gemäß sei, und hat nichts hinzufügen wollen und hat erklärt, dass er nicht lesen und schreiben könne.«

Gautier wurde herbeigeführt. Man las ihm Damiens' Erklärung vor, und er zeigte ein außerordentliches Erstaunen und leugnete alles entschieden. Da aber Damiens ebenso auf seiner Erklärung bestand, dekretierte die Untersuchungskommission sofort seine Verhaftung. –

Bald darauf wurde auch Lemaistre de Ferrière dem Gericht gestellt. Dieser leugnete ebenso bestimmt, bei einem Gespräch gegenwärtig gewesen zu sein, das Gautier mit Damiens gehalten haben wollte. Da Damiens in Bezug auf diesen schwankender zu sein schien, ließen die Kommissare de Ferrières wieder los.

Noch hoffte man durch geistlichen Zuspruch von dem Zermarterten etwas zu erpressen. Der Pfarrer von Saint-Paul wurde ihm zugeführt, und Damiens blieb mit ihm in der Folterkammer beinahe eine Stunde allein. Alsdann wurde er in die Kapelle der Conciergerie hinuntergeschafft und der Bearbeitung des Doktors der Sorbonne de Marcilly übergeben. Nach einer Stunde kam auch noch der Pfarrer von Saint-Paul zum zweiten Mal hinzu, um die geistliche Folter fortzusetzen. Hierauf heißt es im Protokoll:

»Und besagten Tages, ein Uhr nachmittags, sind wir, unten benannter Greffier, in Beistand bemeldeter Huissiers des Hofes, in die Kapelle der Conciergerie hinabgestiegen, und nachdem wir uns bemeldetem Verurteilten genähert haben, haben wir ihn gefragt, ob er keine Deklarationen weiter zu machen habe, und gesagt, dass bemeldete Kommissare bereit seien, dieselben entgegenzunehmen. Hat derselbe Verurteilte nur darauf erwidert, dass er keine Erklärungen weiter zu machen habe, als wovon ich dem Herrn Präsidenten und den Kommissaren Notiz zukommen lasse. Und nachdem ich darauf in die Conciergerie zurückgekehrt bin, um die Anordnungen zur Exekution zu erteilen, auch die Bitten gesungen und die Benediktion des heiligen Sakramentes in besagter Kapelle gegeben worden war, wurde der Verurteilte an das Tor der Conciergerie geführt, allwo ich ihm vorlesen ließ das Urteil des Gerichtshofes, in Gegenwart des Volkes, nachdem der Exekutor vorher mit lauter Stimme Achtung geboten hatte. Von da ist er geführt worden in einem Karren vor das Haupttor der Kirche von Paris, und nachdem er angekommen und abgestiegen war, hat er die Ehrenbuße getan und die Worte gesprochen, wie das Urteil sie festsetzt. Nachdem er dann wieder in den Karren gestiegen war, ist er auf den Grèveplatz geführt worden, allwo ich das Urteil in Gegenwart des Volkes verlesen ließ. Und nachdem ich mich nochmals besagtem Verurteilten genähert habe, habe ich ihm gesagt, dass es jetzt Zeit sei zu zeigen, dass er von den heilsamen Ratschlägen Vorteil gezogen habe, welche die weisen Pfarrer und Doktoren dort in der Kapelle der Conciergerie ihm erteilt haben, indem sie ihm in seinen letzten Momenten beistanden – dass für ihn, Verurteilten, der seine blutigen und vatermörderischen Hände gelegt hatte an den Gesalbten des Herrn, auf den besten der Könige (!), die grausamen Martern, deren Werkzeuge er jetzt vor sich sähe, kaum ausreichten, um der menschlichen Gerechtigkeit genugzutun – dass die göttliche Gerechtigkeit ihm ganz andere größere und ewige Martern aufspare, wenn er in seiner obstinaten Weigerung verharre, seine Komplizen anzugeben – dass er endlich gestehen möge, um sein Gewissen zu entlasten, um Buße zu tun vor der Gerechtigkeit und der Wahrheit und die Ruhe und den Frieden im Staat herzustellen, dessen Heil in der geheiligten Erhaltung Seiner Majestät bestehe. – Und habe ich ihm zu verstehen gegeben, dass der Herr Präsident und die Herren Kommissare sich in das Stadthaus begeben, um seine Erklärungen entgegenzunehmen. Und da Verurteilter mir nun erklärte, dass er mit den Herren Präsidenten und Kommissaren zu sprechen habe, habe ich ihn vor sie führen lassen.«

Schon seit mehreren Tagen hatte man zu dem großen Augenblick, wo man seit hundertundfünfzig Jahren wieder einen Königsmörder in Paris zu Tode martern konnte, die Vorbereitungen getroffen. Auf dem Grèveplatz war ein Raum von hundert Fuß im Geviert mit Palisaden abgesteckt worden. Er hatte nur zwei Eingänge, einen im Winkel, durch den das Opfer hineingebracht werden sollte, der andere, gleichfalls mit Palisaden versehen, ging in das Stadthaus. Von innen und außen war dieses Karree stark mit Soldaten besetzt. Auf allen Zugängen zum Grèveplatz standen an den Ecken Pikets der Garde, eben desgleichen auf dem ganzen Weg von der Conciergerie nach Notre-Dame. Überhaupt waren alle Plätze in Paris militärisch besetzt, um einem möglichen Aufstand vorzubeugen, der sich zu Gunsten des Mörders des besten aller Könige erheben könnte.

Im Stadthaus saßen schon gegen 3 Uhr nachmittags die Untersuchungskommissare mit den erwähnten Geistlichen. Sie ermahnten nun noch einmal den armen Sünder, den letzten Augenblick zu benutzen, um alles zu erklären, was er wisse. Ununterbrochen reichten ihm dabei die Doktoren der Sorbonne das Kruzifix, und er küsste es jedes Mal mit Respekt.

»Und nachdem ihm nun der Eid abgenommen war (zum wievielten Mal?), dass er die Wahrheit sagen wolle, hat er gesagt, dass, um sein Gewissen zu entlasten, er sich verpflichtet halte, zu erklären, dass – er den Herrn Erzbischof beleidigt habe, dass es ihm leid tue und dass er ihn deshalb um Verzeihung bitte, dass er uns seine Familie empfehle, die ganz unschuldig sei, während er doch hartnäckig dabei verharrte zu erklären, dass es weder ein Komplott gebe, noch dass er Komplizen habe. Und das ist alles, was er gesagt habe, dass er uns zu erklären hatte.«

Und aller Wahrscheinlichkeit nach hatte er auch nichts mehr zu erklären. Hatte man doch das Letzte dem unseligen Zerquetschten und Zermarterten ausgepresst, was sich nicht im Winkel seines Herzens, sondern seiner Angst fand, eine Abbitte gegen den Erzbischof, wahrscheinlich das milde Werk der gelehrten Doktoren der Sorbonne, die ihm einen Wink hinwarfen, wie er seine Blutsauger befriedigen könne, zugleich für ihren Herrn und Gebieter dabei Sorge tragend.

Psychologisch bleibt hier wohl kein Rätsel. Ganz Frankreich verwünschte den fünfzehnten Ludwig, der Wunsch, dass er zur Hölle fahre, mag tausendfältig in den Spelunken, in den Bürgerhäusern und in den Palästen den Lippen entschlüpft sein. Aber welcher vernünftige Mensch hätte sich, abgesehen von Religion und Moralität, in ein Komplott einlassen können, um einen solchen Lumpenkönig aus der Welt zu schaffen! Damiens war kein vernünftiger Mensch in diesem Sinne. Ein verlaufener Bedienter, von Jugend auf bösartigen Sinnes, schwarzen Blutes, von dunklen melancholischen Bildern verfolgt, die in seinem Müßiggang, in seinem Herumtreiben Nahrung fanden, ohne irgendein Gegengewicht durch sittliche Eindrücke oder Kenntnisse begeht er einen großen Diebstahl, vielleicht ein erstes wirkliches Verbrechen, dessen Größe so auf ihm lastet, dass er von da ab unfähig erscheint, irgendetwas vorzunehmen und einen Lebensplan, selbst den eines Verbrechers, zu ergreifen. Wie oft kommt es vor, dass nichtswürdige Menschen dieser Art sich für vom Schicksal bestimmt halten, ein Verbrechen zu begehen, weil sie der Kraft ermangeln, sich zu Besserem aufzurütteln. Sie sehen überall Schicksale, Weisungen, weil es bequem ist und sie vor dem Nachdenken schützt, was sie vor sich selbst vernichten würde. Da hört er jene tausendfältigen Stoßseufzer des elenden Landes, ohne den Grund zu begreifen, er hört die Klagen, die all das Elend auf einzelne unbedeutende Ereignisse in der miserablen Tagesgeschichte jener Zeit zurückverweisen, auf den Streit der Parlamente mit dem König, auf den Hader des Erzbischofs mit dem Parlament und dem Klerus, auf die Sakramentsverweigerung, alles kleinliche Ereignisse, die fast so untergegangen sind im Strom der Zeit, dass wir Mühe haben, uns ihrer zu entsinnen. Das schnappt sein unklarer Geist auf, ohne alle Kenntnisse der

Verhältnisse, und in jenem düsteren Drang, sich schneller an den Abgrund des Verderbens zu rollen, wohin er doch über kurz oder lang muss, schießt es ihm durch den Sinn, dass er in dem Verlorengehen noch eine heroische Rolle spielen könne. Wie verwirrt seine Begriffe waren, davon gibt sein Brief an den König die deutlichste Auskunft, auch alle seine Antworten vor Gericht. Er ist unfähig, sich selbst darüber Rechenschaft zu geben, alle Folterqualen bringen ihn auch zu keiner Aufklärung, da es chaotisch-simpel in seinem erbärmlichen Inneren aussieht. Dabei aber sei nicht gesagt, dass er verrückt und so unzurechnungsfähig gewesen sei, um aller Strafe zu entgehen, denn selbst in dieser seiner Versessenheit kommen ihm lichte Blicke, und er fühlt, dass er vielleicht etwas tun könne, um sich freizumachen, und in Verbindung mit der Furcht vor sich selbst verlangt er wiederholt Aderlässe. Es ist gar nicht unmöglich, dass, wenn man ihm am 4. Januar in Versailles einen Aderlass gegeben hat, er am 5. dem Könige nicht aufgelauert und Frankreich die Schande seines Prozesses und seiner Hinrichtung erspart worden wäre.

Nachdem die Kommissare die Überzeugung gewonnen haben, dass sie nichts mehr erpressen konnten, sandten sie ihr Opfer auf den Grèveplatz. Trotz aller Folterqualen war es durch die vorangängige und sie begleitende diätetische Behandlung so wohl konserviert, dass sie dem Henker zu den neuen Qualen ein menschliches Wesen überlieferten, das leiblich und geistig vollkommen empfänglich für dieselben war. Das hatte der Scharfsinn der Wissenschaft bewirkt, zu Frommen und Ehren der Legitimität, im philosophischen neunzehnten Jahrhundert!

In einzelnen Schriften findet sich die Angabe, dass man Damiens beim Hinuntersteigen vom Stadthaus einen Becher auf das Treppengeländer gestellt habe mit schnell wirkendem Gift. Wer die Wohltäter gewesen war, wird nicht gesagt. Die Firma war: ein letztes Labsal vor dem letzten Gang. Er verstand den Liebesdienst nicht und ging vorüber. In den aktenmäßigen Mitteilungen findet sich nichts davon.

Damiens musste am Fuß des Schafotts noch eine geraume Zeit warten. Der Scharfrichter war mit allen Vorbereitungen noch nicht fertig. Es kostete ihm einige Tage Gefängnis!

Das Schafott selbst war 8–9 Fuß lang und breit, etwa 3½ Fuß über der Erde in der Mitte des Platzes erbaut.

Als man den Delinquenten entkleidete, will man bemerkt haben, dass er alle seine Glieder mit Aufmerksamkeit betrachtete. Festen Blickes sah er sich um zu den Massen Volkes, das den Platz, die Fenster und die Häuser bedeckte.

Mit Eisenringen an Armen und Schenkeln wurde er an das Schafott befestigt.

Noch einmal musste der Scharfrichter Achtung laut ausschreien, worauf dem Volk noch einmal das Urteil verlesen wurde.

Als ihm die Hand in der vorgeschriebenen Weise abgebrannt wurde, stieß Damiens einen so fürchterlichen Schrei aus, dass man ihn in den entferntesten Gassen hörte. Einen Augenblick darauf hob er den Kopf auf und betrachtete die brennende Hand eine Weile, ohne doch seinen Schrei zu erneuern, auch ohne Verwünschungen oder Bitten.

Es heißt ferner im Protokoll:

»Da haben wir uns dem Verurteilten genähert und haben ihn von neuem ermahnt, seine Komplizen anzugeben, und haben ihm zu verstehen gegeben, dass die Herren Präsidenten und Kommissare des Hofes sich gern hergeben würden, um seine Erklärungen entgegenzunehmen, wenn er deren zu machen hätte. Der Verurteilte uns aber erklärte, dass er keine Komplizen habe, auch keine weiteren Erklärungen zu machen. Im selben Augenblicke wurde besagter Verurteilter gezwickt an den Brustwarzen, Armen, Schenkeln und Waden und auf die bezeichneten Stellen demnächst geträufelt geschmolzen Blei, kochendes Öl, brennendes Pech, Wachs und Schwefel zusammengeschmolzen, während welcher Leiden der Verurteilte zu mehreren Malen geschrieen hat: »Mein Gott! Kraft, Kraft! – Herr, mein Gott, habe Mitleid mit mir! – Herr, mein Gott, was ich leide! – Herr, mein Gott, schenke mir Geduld!«

Bei jedem Zuschnappen der Zange stieß er einen entsetzlichen Schmerzensschrei aus, aber wie er es beim Verbrennen der Hand getan hatte, betrachtete er darauf jedes Mal die Wunde, und der Schrei hörte auf, sobald die Zange zurückgezogen war.

Endlich schritt man dazu, die Arme, Beine und Schenkel an die Pferde zu befestigen. Diese Präparation dauerte lange. Da die notwendigerweise festgeschnürten Stricke die frischen Wunden berührten, entlockte ihm das neue Schmerzenslaute. Dennoch hinderte es den Unglücklichen nicht, sich immer mit derselben Neugierde zu betrachten.

Die angepeitschten Pferde rissen. Es war der entsetzlichste Schrei, den man aus dem Mund des Opfers gehört. Die Glieder wurden zu einer unglaublichen Länge gedehnt, aber sie rissen nicht. Die Tiere waren jung und stark, eigens dazu ausgesucht, aber der Körper wollte nicht auseinander. Der Akt dauerte schon eine Stunde, und es war noch kein Ende abzusehen.

Da traten Ärzte und Wundärzte zusammen und erklärten, die Vierpferdekraft möchte die Glieder ins Unendliche und Unförmliche recken und dehnen, ohne dass sie doch stark genug wäre, dieselben wirklich auseinander zu reißen, insofern man sich nicht entschließe, die Hauptnerven zu durchschneiden.

Da traten Präsident und Kommissare zusammen und beratschlagten. Das Gutachten der Ärzte war nicht zu widerlegen. Zudem wurde es schon dunkel. Es war ein Schauspiel, das jeder sehen sollte, zur Abschreckung und Warnung. In der Nacht hätte man es nicht gesehen. Sie erteilten also den Befehl, mit scharfem Stahl die Amputation zu erleichtern. Darauf zerschnitt man die Sehnen unter den Armen und an den Hüften.

Damiens war noch nicht tot. Seine gläsernen Augen stierten noch auf die neue Operation. Er behielt noch das Bewusstsein, wird uns berichtet, bis die beiden Schenkel und ein Armgelenk durchschnitten waren. Zum Schmerzensschrei scheint ihm die Lungenkraft ausgegangen zu sein. Erst bei der Trennung des zweiten Armes vom Rumpf verschied er. Man spannte die Pferde an, und zuerst löste sich ein Schenkel, dann ein Arm.

Das Protokoll schließt:

»Zogen darauf die vier Pferde, und nachdem sie mehrmals angespornt waren, ist er zerrissen worden, und nachdem seine Glieder und der tote Rumpf auf den Scheiterhaufen geworfen worden, haben wir davon Rechenschaft abgestattet den Herren Präsidenten und Kommissaren und sind geblieben auf besagtem Grèveplatz bis zur vollkommenen Vollstreckung des Urteils.

Und dieses ist das Protokoll, von uns aufgenommen über besagte Hinrichtung. Geschehen am Tage und Jahre wie oben und von uns unterzeichnet. Lebreton.«

So musste Robert François Damiens sterben, weil er einen König mit einem Federmesser geritzt hatte, am 28. März 1757!

In der Nachwelt hat sich niemand gefunden, der Damiens verteidigt hätte, aber auch kaum einer, der für Ludwig XV. das Wort geführt. König und Königsmörder auf eine Sünderwaage getan, wer wog schwerer?

Wie das Urteil und seine Vollstreckung auf die Nation nachgewirkt haben, davon spricht die Geschichte.

Vor Nachtanbruch war das Schauspiel zu Ende. Die Zuschauer konnten noch ins Theater gehen. Was am Abend des 28. März 1757 im Théâtre français gegeben wurde, ist uns nicht berichtet.

Am Morgen des nächsten Tages, 9 Uhr, sah man die Richter wieder in der Grande Chambre versammelt. Der Greffier las ihnen das Folter- und Exekutionsprotokoll vor.

Darauf wurde das Urteil gefällt bezüglich der Familienmitglieder Damiens'.

Sein alter Vater, seine Frau und seine Tochter wurden auf ewig aus dem Königreich verbannt, unter Androhung der Todesstrafe, wenn sie sich je wieder blicken ließen. Der alte Vater um den verlorenen Sohn, das Weib um den Mann, der sie verlassen hatte, die Tochter um den Vater, den sie kaum gekannt hatte, verdammt, am Bettelstab über die Grenze zu wandern.

Seine Brüder und seine Schwestern mussten ihre Namen ändern. Das Haus, wo er geboren war, wurde niedergerissen.

Dann beschäftigte man sich mit Gautier, dem Geschäftsmann, den Damiens auf der Folter genannt hatte. Durch ein Arrêt vom 23. April wurde beschlossen, dass ein Jahr hindurch gegen ihn inquiriert werden solle. Währenddessen sollte er im Gefängnis bleiben.

Ein Geschichtsschreiber, Dampmartin, sagt: »Diese traurige Angelegenheit machte im Land nur einen mäßigen Eindruck. Der König, tief gekränkt über eine Gleichgültigkeit, die so sehr abstach gegen die Liebe, von der er früher so rührende Beweise erhalten hatte, bekam einen Widerwillen gegen seine Untertanen, die er des Leichtsinnes anklagte, aber der Schlag war geschehen, er ließ sich nicht rückgängig machen.«

Ein anderer Geschichtsschreiber sagt: »Überall fragte man nach Neuigkeiten über den Monarchen, man wollte gern alle kleinen Umstände dieser unglaublichen Katastrophe kennen lernen, aber es war nur Neugierde, kein Interesse. Man war mehr betroffen als betrübt. Das Herz nahm keinen Anteil an der Geschichte. Die Tränen flössen nicht, die Kirchen waren leer. Welche Lehre für Ludwig XV., wäre er ihrer fähig gewesen, wenn die Schmeichelei nicht sein Ohr vor den wahren Gefühlen seines Volkes verschlossen hätte?

Vom Messer eines Damiens nicht getroffen, musste er, angesteckt von einem jungen Mädchen im Hirschpark, an den Pocken sterben. Das schien ein würdigeres Ende eines solchen Lebens.«

Es war dies, wie kaum erst hervorgehoben zu werden braucht, nicht das letzte Attentat auf fürstliche Persönlichkeiten und nicht der letzte Königsmörderprozess in Frankreich. Die nachfolgende Zeit hatte, bis zu dem 1870 erfolgten Ende der Fürstenmacht in Frankreich, eine stattliche Reihe solcher Vorkommnisse zu verzeichnen. Ob und in welcher Weise auch bei diesen die Tortur zur Erzwingung von Geständnissen angewandt wurde, ist freilich unbekannt geblieben. Von der Hand zu weisen sind aber derlei Vermutungen nicht. Der Tod Pichegrus z. B., der sich 1803 mit Cadoudal zur Ermordung Napoleons verbunden hatte und, verhaftet, am 28. Februar 1804 im Gefängnis erdrosselt aufgefunden wurde, lässt annehmen, dass selbst nach der viel gepriesenen großen Revolution von den Machthabern in Frankreich keine Mittel gescheut wurden, die geeignet schienen, gefährliche Feinde zu beseitigen oder von Verdächtigen oder Beschuldigten die Nennung ihrer Mitschuldigen und noch andere Angaben zu erzwingen.

III. Kapitel

Die Tortur in Deutschland im 16. Jahrhundert – Abraham Saur – Urteilsvorschriften – Verdächtige Anzeichen – Vorschriften zur peinlichen Frage

Wenden wir uns wieder der Betrachtung der Torturverhältnisse Deutschlands zu und dem Ausgang des sechzehnten Jahrhunderts. Wenn hier auch die Carolina nur im beschränkten Maße zur Geltung kam, so diente sie doch zumeist als Norm für die zahlreichen Schriften, die in der nun literarisch und wissenschaftlich reger gewordenen Zeit erschienen, zumeist von Juristen verfasst, die es für nötig hielten, auch zu dem peinlichen Verfahren ihr Licht leuchten zu lassen. So manches, was uns da breitspurig mitgeteilt wird, ist allerdings überflüssige Wiederholung bereits bekannter und genügend erörterter Dinge, Flachheiten, die nicht verdient haben, künftigen Tagen überliefert zu werden, und Ähnliches. Manches aber ist recht gut geeignet, Zeit und Verhältnisse in dieser Beziehung zu charakterisieren, uns Aufklärung über die Anwendung des peinlichen Verfahrens, besonders der damit verbundenen Tortur zu geben. Einige Schriften dieser Art besitzen wir von dem Rechtsgelehrten Abraham Saur, und es dürfte geeignet sein, hieraus etliche Stellen anzuführen. Der Verfasser glaubt auch gut daran zu tun, nur die Titel dieser Werke in ihrer ursprünglichen Schreibart wiederzugeben, die angeführten Stellen jedoch unserer heutigen Rechtschreibung anzupassen, ohne jedoch an dem Wortlaut nennenswerte Änderungen vorzunehmen. Der Titel der ersten dieser Schriften lautet:

»Peinlicher Process Das ist: Gründtliche vnd rechte Vnderweysung Wie man in Peinlichen Sachen heutiges tages nach allgemeinen Geistlichen vnd Weltlichen Rechten, Auch nach etlichen besonder verordneten Gewohnheiten, Opinionen, Reichs vnd Landtsordnungen, etliche Mündtliche vnd Schrifftliche Producta, vnd Recess halten, stellen, schreiben vnd procediren sol ... Durch den Ehrnhafften, Wohlgelehrten, vnd Rechts erfahrnen M. Abraham Saurn, Hessischen verordneten Procuratorem &c. beschrieben, vnd zum Vierdten mal Correct an Tag geben 1593.«

Als Muster von Nebenurteilen finden wir angeführt:

Beiurteil.

»In der fiskalischen Sachen wider N. N. von N. den Beklagten, erkennen die Schöpffen dieses fürstlichen Halsgerichts, dass Beklagter nach Gestalt der Sachen argwöhnig und verdächtig, und deswegen mit peinlicher Frage anzugreifen sei, in Massen sie den B. mit diesem ihrem Urteil zur peinlichen Fragen weisen und erkennen. Actum 3. September Anno &c. 74.«

Ein anderes Beiurteil.

»In der peinlichen Rechtfertigung zwischen dem Fürstlichen Hessischen Fiskal als Ankläger an einem, und Hans N. von Nordenstett, Beklagten anderteils, erkennen die Schöpffen des peinlichen Halsgerichts auf die bis anhero gepflogene Gerichtshandlung und geführte Beweisung, dass er der B. mit peinlicher scharfer Fragen um Erkündigung der Wahrheit anzugreifen, und vermittelst derselben auf die Klage zu fragen sei, wie ihn dann Richter und Schöpffen dazu hiermit schuldig erkennen.

Pronunc. 9. die May, Anno &c. 72.«

Ein Anderes, de repetitione torturae.

»In peinlicher Sachen Fürstlichen Hessischen Fiskals Anklägers in einem, entgegen und wider N. N. den Beklagten am andern Teil, erkennen die Schöpffen dieses hohen peinlichen Gerichts auf alles Vorbringen, auch heut getanen Rechtssatz zu Recht, dass Beklagter, weil er seine vorige Verzicht revocirt, auch wankelmütige und unbeständige Rede von sich gibt, abermals zur Erkundigung der Wahrheit, mit scharfer, strenger Frage anzugreifen sei, wie dann ermelte Schöpffen tuen den B. abermals hiermit zu scharfer peinlicher Frage verdammen, von Rechtswegen.

Public. 19. May, Anno &c. 86.«

Als *Generalia quaedam indicia* werden angeführt:

»1. Als wenn einer begangener Missetat halber angeredet wird und er mit seiner Rede in der Antwort erzittert, erbleicht und die Augen niederschlägt.

2. Item, wenn einer an gefährlichen Orten zu der Tat verdächtig gefunden und betreten wird.

3. Item, wenn die verdächtigte Person in der Nacht gleich dem Täter gesehen und geredet hätte.
4. Item, wenn die verdächtigte Person auf die beschädigte Person Drohworte geführt habe, dieselbe auch habe vollbringen können etc.
5. Item, wenn die verletzte Person jemand der Missetat selbst geziehen, darauf gestorben oder bei dem Eid beteuert hätte.
6. Item, wenn sich einer der Missetat gerühmt hätte.
7. Item, wenn einer der Tat bekenntlich gewesen und flugs wieder geleugnet hätte.
8. Item, wenn einer auf Aufforderung der Obrigkeit ungehorsam ist.
9. Item, wenn sich einer verbirgt und in die Flucht begibt.
10. Item, wenn die Tat durch einen glaubwürdigen Zeugen bewiesen wird.
11. Item, wenn die verdächtigte oder besagte Person also argwöhnig sei, dass man sich der besagten Missetat wohl zu ihr versehen möge, so mag man dieselbe (wo dagegen nicht redliche Entschuldigung vorgewandt werden) gefänglich annehmen und peinlich fragen. Doch merke, dass dieser XI jetzt erzählten argwöhnigen Stücke, keins allein zur Tortur genügsam sei, wo ihrer nicht etliche zusammen *concurriren, iuxta versiculum: Et si non prosunt singula, multa iuuant …*

Apud nos in Hassia talis observatus consuetudo: Wenn B. auf vorgehende redliche Anzeigung *per sententiam iudicis* wirklich ist *ad torturam condemnirt* worden, so unterstehen doch die *Indices ante torturam* im Beisein des Scharfrichters, den B. mit Drohung der Tortur erstlich gütlich zu fragen, ob vielleicht er also zu gewinnen wäre etc. und man der peinlichen Frage nicht bedürfe … Wo er aber nicht wäre zu gewinnen, so wird er nach ausgesprochenem Beiurteil aufgezogen, peinlich verhört und seine Aussage wird auch damals beid gütlich und peinlich geschehen, eigentlich notiert und aufgeschrieben, in Verfassung des Urteils sich haben danach zu richten.«

Ferner erfahren wir: »Die peinliche Frage soll nach Gelegenheit des Argwohns der Person viel, oft oder wenig hart oder linder, nach Ermessen eines vernünftigen Richters gebraucht werden. Und soll die Aussage des Gefragten nicht angenommen oder aufgeschrieben werden, so er in der Marter ist, sondern soll seine Aussage tun, so er von der Marter gelassen wird. – Wenn der Gefangenen viel sind, so soll man an dem Jüngsten und Furchtsamsten anfangen. So man Vater und Sohn fragen soll, mag der Richter am Sohn anfangen und den Vater zusehen lassen, damit er desto besser bekenne. Item, ein Weib pflegt auch eher zu bekennen und kann so fest nicht halten als ein Mann. – Der Richter soll dem Gefangenen, welchen er peinlich fragen will, nicht vorsagen, ob er die Tat also, nämlich auf dem oder dem Weg etc. habe ausgerichtet, da solches mehr instruiert denn gefragt heißt, sondern soll in genere fragen, wie die Sache geschaffen, wie es zugegangen sei. Die peinliche Frage hat nicht allein in peinlichen, sondern auch etwa in bürgerlichen Fällen und Händeln, wo man die Wahrheit sonst nicht erkünden kann, statt und Platz, *e Diuus & Lex libero. ff. De quaestion.* Das ist, wenn einer um eine peinliche Sache bürgerlich beklagt und vorgenommen wird, doch in bürgerlichen Fällen anders nicht, denn so ein peinliches Verbrechen vorhanden ist, *secund. Bald, in 1. Sicut, C. ad 1. Cor. de fals. Et in c. dilectus, ectr. De Appell. Et vide pract. forens. Hartm.*, aber *Epp. tit. De poen. num. I lib. 2 fol. 381.* Doch soll man sich aller Peinigung enthalten, bis Kläger sein Fürgeben beweist und darbringt. *1. 1 & 1. vnius facinoris § in ea causa, ff. De quaest. Et 1. 1 & 1. Milites, § oportet autem. ff. cod. &c.*

Welche Personen nicht sollen torquiert werden: Erstlich werden die Minderjährigen ausgenommen, welche die Rechte nicht wollen peinlich gefragt haben, wenn sie unter vierzehn Jahren sind. Doch mag man sie wohl bedrohen, auch wohl mit Ruten bestreichen. *Damhoud. in fin. suae pract. crim. inquit.:* Ja, ich wollte, dass man diese Plage mit Ruten, als die dem Leib weniger Schaden tut und welche, ich weiß durch Erfahrenheit, dass sie gemeiniglich zu Bekenntnisse mehr als andere gütliche Peinigung ausgerichtet, vor andern Dingen versucht, so es von Nöten ist und man sonst die Wahrheit nicht erfahren kann.

Fürs andere werden alte abgelebte Leute bedacht und mit der peinlichen Frage verschont. Und heißen solche Alte *decrepiti*, die »auff der Gruben gehen« und des letzten Alters sind.

Zum dritten, die in hohen Ämtern sitzen, als die Landrichter, Ritter, Ratsherren, Schoppen und dergleichen und ihre Kinder.

Doch werden diese in etlichen Fällen, als in *crimen laesae* Majestatis, und wenn sie Verräter sind des Vaterlandes etc., nicht verschont, sondern müssen auch herhalten.

Zum vierten soll man auch schwangere Weiber mit peinlichen Fragen verschonen, so lange, bis sie der Frucht entledigt werden.

Zum fünften soll man die peinliche Frage nicht vornehmen in *notoriis et mani festis delictis. Et torqueri non debet, contra quem sunt plenae probationes.* Sondern es mag der Richter ohne Solennitäten des Prozesses *et sine Indicii strepito* wider den Täter mit der Strafe fortfahren. Und der Sachs spricht: »Wen man in handhafter Tat ergreift, über den soll man also bald richten.«

Wie wenig dergleichen immerhin human zu nennende Regeln beachtet wurden, ist aus den überlieferten Akten und Berichten zur Genüge zu ersehen.

Der Titel eines anderen Werkes desselben Autors lautet:

Fascicolus de poenis, vulgo Straffbuch | Gründtliche vnd rechte Vnderweysung | wie heutiges | Tags nach allgemeynen beschriebenen Geistlichen vnnd Weltlichen Rechten | Reichs auch Lands Ordnungen | Statuten, Opinionen der Rechtsgelehrten | vnd wolhergebrachten Gewonheiten | etliche grobe eusserliche Sünde | Freuvel | vnd begangene Missethaten | Bürgerlich vnd Peinlich zu straffen | gepflogen werden. Allen vnd jeden | so an peinlichen Gerichten zu handeln haben | fast dienstlich | förderlich vnd behülfflich | Mit angehengten *Allegationibus* vnnd Rechtsgründen | Durch M. Abraham Saur | jetzund zum sibenden mal | dabay es auch endlich bleiben sol | widerumb ersehen | gewehret | und mit schönen Figuren gezieret Eme Lege Judica. Mit Röm. Key. May. Freyheit auff zehen Jar nicht nach zu trucken | begnadet. Getruckt zu Frankfurt am Mayn | durch *Isicolaum Basseum* M.D.XC.«

Von den einleitenden lateinischen und deutschen Epigrammen und poetischen Episteln, die der Autor nach dem Brauch früherer Zeit seinem Werk voransetzt, können wir hier füglich absehen, ebenso von dem Hauptinhalt dieses »Straffbuchs«, so interessante kriminalistische Stellen es auch bietet. Dagegen gegen Schluss dieses Werkes »folget ein nützlicher Tractat von den scharpffen Fragen, wie darinn sich ein Richter halten sol, auff dass er jar in der Sach nicht zu viel oder zu wenig thue, etc. Auss den *Doctoribus* gezogen.« Die Vorrede schließt: »Actum Marjury, den 1. Augusti Anno 1579.«

Der Verfasser stellt zwölf Fragen auf, die er in folgender Weise auch beantwortet:

»Zu der ersten Frage, wie der Anfang der scharfen Frage sein soll und ob die ohne Vermutung geschehen mag, ist nach Ordnung der Rechten zu antworten: Auf dass ein Richter zu der scharfen Frage greifen mag, ist vonnöten, dass zweierlei vorhanden sei: Zu dem ersten, dass die Wahrheit der Tat, darum einer befragt wird, sonst ohne Bezwang des Leibes durch Beweisung oder andere Wege nicht möge an Tag geführt werden. Denn die scharfen Fragen sind allein zu einer Hilfe und Steuer in Mangel der Wahrheit erfunden, und darum, wo die durch andere Wege mögen erkundet werden, hat diese Frage kein statt. Zu dem anderen, auf dass ein Richter zu der scharfen Frage greifen mag, ist vonnöten, dass vor dieser Tat, darum der Gefangene soll gefragt werden, genügsame Anzeigungen und Vermutungen wider ihn gehen, die den Richter zu der Frage Ursachen mögen. Denn das Recht ordnet, dass kein Richter einen zu der scharfen Frage ziehen mag, es ziehen ihn denn die Vermutung dazu. *Ita dicit Cyn. in 1. fin. in i Colum. C. de quaest.* Hieraus folgt, dass sich ein Richter wohl vorsehe, dass er keinen peinigen lasse, wo die Tat beweislich ist oder wo genügsame Vermutungen nicht vorhanden sind, denn sonst wird er straflich, wie hier unten in der letzten Frage zu sehen steht.

Zu der anderen Frage, was und wie viel Vermutungen sich zu der scharfen Frage gebührt und wie die geschickt sein sollen zu antworten: Die Rechte und Doctores sagen, dass zweierlei Vermutungen sind. Einesteils sind sie gewiss und unzweifelhaft, anderntei1s ungewiss und zweifelhaft. Von den ersten Vermutungen zu sagen, als den ungezweifelten und gewissen, die derselben also genannt werden. Nachdem die Rechte bewähren und approbieren, die da wollen, dass durch diese Vermutung nicht allein ein Richter mag zu dieser scharfen Frage greifen, sondern auch den Beklagten dadurch endlich verurteilen, das dann mehr ist. Also sagt Bald, in *1. final. Cod. de probation. Et ita refert Thom. de Papari, in suo tractat. de fama. Gand. in suo tractat malefic. Et Paris, de Puteo, in suo tractat. de synd. in 32 colum …*

Zu der dritten Frage, wie die scharfe Frage geschehen und der Richter eine Ordnung darin halten soll, wenn er ihrer viel zu fragen hat: Hierauf ist zu antworten, dass die scharfe Frage soll geschehen mit Maß und Vernunft. Welche Maß und Vernunft ein jeglicher Richter bei dreien Dingen und Sachen halten und betrachten soll. Erstlich soll ein jeder Richter bedenken, ob die Sache, darum gefragt werden soll, groß oder klein ist, denn die Frage wird härter in einer peinlichen großen, schweren Sache als in einer kleinen, leichten. Und schwerer wird gefragt vom Todschlag als von Dieberei und schwerer in der Lästerung kaiserlicher Majestät als in einem Falsch und schwerer wider einen Räuber als wider einen Dieb etc. Zum anderen soll in der scharfen Frage der Richter ansehen die Eigenschaft der Person, die gefragt werden soll. Denn härter zu fragen sind die eigenen Knechte und harten Leute, als die, die freien und subtilen Leibes sind. Und härter ist zu fragen eine schnöde Person als ein ehrlicher Mann. Und das wird mit Recht eine leichtfertige Person genannt, die eine merkliche Übertretung und Missetat vollbracht hat. Zum dritten soll ein Richter in der scharfen Frage auf die Schärfe an ihr selbst Achtung haben. Also wo er merkt, dass eine geringe, kleine Frage genug ist, soll er der schwinden und harten nicht gebrauchen. Denn als das Recht sagt, dass eine kleine Frage sei keine Frage, also ist auch ein klein Fieber kein Fieber. Also dass ein Richter bei den Fragen ein subtiles und fleißiges Aufsehen haben soll und also auch einen Unmündigen ehe nur mit einer Rute stäupen, denn dass er die Schärfe an ihm gebrauchen lasse, und wird also in des Richters Erkenntnis die Mäßigung der scharfen Frage gänzlich gesagt.

Aber auf dem anderen Punkt dieser Fragen, was für eine Ordnung der Richter halten soll, wenn ihrer zu viel zu fragen sind, an welchem er anheben soll etc. Darauf ist zu antworten: Wenn ein Richter viele Übertreter in einer Misshandlung sitzen hat, soll der Richter an dem Übertreter am ersten mit der Frage anfangen, von dem er sich vermutet, am ersten die Wahrheit zu erkunden. Hat aber der Richter diese Vermutung nicht und weiß von ihrer einen nicht mehr als vom anderen die Wahrheit zu erfahren, so soll er am ersten den Anfang machen an dem, der in der Übertretung am größten verdächtig ist. Wo aber die Gefangenen einer nicht mehr, noch weniger als der andere dem Richter verdächtig sind, so soll er anheben bei dem Schwächsten. Und so Vater und Sohn zugleich sitzen, soll er am Sohn anheben, in Gegenwart des Vaters, der da mehr für den Sohn fürchtet als für sich selbst. Wo Mann und Weibsbild zugleich sitzen, soll ein Richter erstlich am Weib lassen anfangen. Das Weib ist schwächer zu tragen die Schärfe als der Mann.

Und wiewohl zu Zeiten Weiber gefunden werden, stärkerer Natur als die Männer, zur Zeit, da Nero regierte, ist ein Weib, Epiteris genannt, gewesen, die hat der Richter mit keiner Marter überwinden können. Aber dies geschieht selten, und die Rechte applizieren sich auf die Fälle, die gemeiniglich und nicht selten geschehen. Und bei der Auflegung der scharfen Frage sagt Baldus in einem Ratschlag, den er über diesen Fall die Zeit einem Herzog von Mailand gemacht hat, dass es gut und nützlich wäre, so der Richter ein Arzt auch wäre, oder Ärzte bei sich hätte, die der Leute Complexion erkennen, damit der Richter wüsste, wenn er hart oder lind fragen lassen sollte.

Zu der vierten Frage, ob der Richter die scharfe Frage möge erneuern lassen, also wo er einen hat gefragt, der da nicht bekennt, ob er ihn um dieser Tat willen von neuem möge fragen lassen: Hierzu ist zu antworten, dass die Doctores halten, so einer einmal genugsam gefragt wurde, soll er ohne neue Vermutung und Anzeige nicht weiter gefragt werden.

Das ist zu merken wider die ernsten Richter, die täglich peinigen und die Fragen erneuern und haben dazu keine neue Indizien noch Vermutungen. Also sagt *Ang. in suo tractat. de malefic. vers. Tertio quaero.* Denn um jegliche scharfe Frage, die ein Richter aus Betrug und ohne Ursache vornimmt, hat er sein Haupt verloren. Also saget Bald, in *1. decuriones Cod. de quaestion.* und ermahnt einen jeden Richter, hierin vorsichtig zu sein. Und wiewohl etliche Lehrer sagen, dass die Richter solches in Ordnung nicht halten, sondern sie pflegen die Fragen nach ihrem Gefallen zu erneuern. Dawider sagt Angelus an der Genannten statt: dass die Richter übel daran tun und mögen der Strafe hierin nicht entgehen. Und vermahnt einen jeden Richter, dass er ja sorgfältig sei und die Frage ohne neue Vermutung nicht vornehme. Was aber in diesem Fall eine Vermutung genannt wird, sagen die, die mit den ersten Vermutungen, auf die der Richter gefragt hat, nicht übereinkommen, sondern von denselben ganz gesondert sind. Also wo einer auf einen Todschlag, den er sollte begangen haben, darum befragt wird und der Richter hätte dazu die Vermutung gehabt, dass der diese Zeit des Mordes im Haus entgegen gewesen oder dass wider ihn ein Gerücht gegangen sei, dass er den Mord sollte getan haben, dass dann der Übeltäter auf diese Vermutung in der Frage nichts bekannt habe, weshalb der Richter mit der Frage abgelassen habe, und hernach dem Richter dieses Todschlags wegen neue Vermutungen kommen, also dass er Feindschaft mit dem Ermordeten gehabt habe und sei mit einer mörderischen Wehre gesehen worden, welche Vermutung mit dem ersten nicht übereinkommen, und möchte also ein Richter aus Kraft dieser neuen Vermutung von neuem um den Todschlag fragen, *secundam Ang. ind. vers. Tertio quaero.*

Und auf den Fall, wo ein Richter einen um Missetat auf etliche Vermutung genugsam befragt, der nichts bekannte und ihn der Richter nicht weiter fragen darf, nachdem er neue Vermutung nicht hat, lässt aber den im Gefängnis liegen, gibt ihm weder Essen noch Trinken und will ihn also verderben, ob das nicht für eine Marter und scharfe Frage erachtet werde. Also wo er etwa darin bekennt, dass es ihn möchte schaden: Dazu sagen die D. D., dass ihn solches Bekenntnis nicht schädigt, es sei denn, dass er darin verharret nach der Quälung des Hungers und Durstes. Und tun übel diese Richter, die den Gefangenen gesalzenes Fleisch zu essen und dabei nichts zu trinken geben, denn damit peinigen sie den Beklagten, und wird nicht anders erachtet, als ob sie von neuem und ohne Vermutung die Frage erneuerten. Und sind also dieselben Richter verpflichtet und sollen gestraft werden. Also sagt *Ange. in suo tract. de malefic. ver. Quaero quod si.* Dies ist zu vernehmen von der Erneuerung der scharfen Frage, wenn einer allzeit vor und nach der Frage nein sagt.

Aber wenn einer in der Frage sich zu der Übertretung bekennt und nach der Frage nein sagt, er habe das in der Marter bekennen müssen – ob in diesem Fall die scharfe Frage zu erneuern sie: Hierauf ist zu antworten, dass ein Richter in diesem Fall mag die Frage erneuern, denn das Bekenntnis, das in der Marter geschieht, gibt eine Vermutung, die eine halbe Beweisung wider den ist, der da bekennt, welche halbe Beweisung genugsam ist zu einer scharfen Frage, und mag also wieder aufs Neue befragt werden. Also sagt Bald in *1. bonae fidei. C. de iudicur.* Es wäre denn, dass Beklagter in seinem Bekenntnis geirrt hatte und diesen Irrtum bewiese, dann sollte er von neuem ohne neue Vermutung nicht gefragt werden. Und wenn er diesen Irrtum nicht bewiese und würde also aus Kraft des ersten Bekenntnisses abermals gefragt und er abermals nach der Marter nein sagte, er hätte es in der Marter bekennen müssen, dann halten etliche, dass ihn der Richter zum dritten Mal ohne andere neue Vermutung nicht soll fragen, *secundum de Paris, an suo tract. de synd. in 36,3 Col. in fin.*

Und soll also der Beklagte mit Gelübden oder Bürgen losgegeben werden, als ob die Vermutung, worauf er befragt würde, aufgehoben und purifiziert worden oder soll von der Übertretung an ihr selbst durch ein Erkenntnis nicht losgegeben werden, denn es müsste sich mit der Zeit begeben, dass neue Vermutungen vorkämen, derenthalben er von neuem möchte befragt werden, *prout. not. per Sal. in 1. si quis adulterij. Cod. de adult.*

Zu der fünften Frage, ob ein Richter in einer Frage, zu der er Vermutung gehabt habe, mag nach anderen Übertretungen auch fragen, wozu er keine Vermutung hat. Hiezu sagen die Doctores und sonderlich Albert, *de Gand. in suo tractat. de malefic. in versicu. Sed quid de quaestione*, dass dieser Fall täglich vorkomme, dass einer aus Vermutung wird befragt und in der Marter die Übertretung der Dieberei oder anderes bekennt und würde doch um andere Dieberei und Übertretung, die sich begeben auch gefragt, dazu der Richter keine Vermutung wider diesen hat, das soll nach Bewährung des genannten und anderer Lehrer nicht geschehen. Denn wie oben angezeigt ist, soll der Richter ohne Vermutung zu der scharfen Frage nicht greifen, denn sonst wäre er sträflich. Und darum schließt der genannte Doktor, dass nach Ordnung der Rechten es einem Richter nicht gezieme, den Gefangenen in der Marter um andere Übertretungen, wozu er nicht genügsame Vermutung hat, dass er diese auch sollte begangen haben, zu fragen, dass solches in der Übung anders gehalten werde, und sonderlich in der Übertretung der Dieberei, die mehr als andere Missetaten geübt wird, welche Gewohnheit möge etlichermaßen in Rechten als in *l. omnes § a barbaris. ff. de re militari* eine Entschuldigung haben.«

Ferner wird bemerkt, dass auch die Frage, ob gegen den die Tortur zur Anwendung gelangen darf, der von einem Torturierten beschuldigt wurde, dass solches nicht zu geschehen hätte, auch wenn der nunmehr Beschuldigte von üblem Lebenswandel oder sonst wie im bösen Gerücht wäre. Allerdings folgt dann noch, es wäre denn, dass noch andere Vermutung vorhanden wäre, welche die Beschuldigung ergänzte. Es wird überhaupt der Rat gegeben, bei der Folterung nicht nach Mitschuldigen zu fragen, ausgenommen in einigen Fällen wie Straßenraub, im Auftrag anderer verübte Misshandlung und dergleichen. Zu der sechsten Frage, ob ein Richter alle Personen befragen lassen dürfe, werden die bereits erwähnten Ausnahmen angeführt.

»Zum siebenten, ob das Bekenntnis, das einer in der scharfen Frage tut, genugsam sei zu urteilen, dass darauf ein Richter urteilen möge. Hierzu ist zu antworten, dass das Bekenntnis, das in der scharfen Frage geschieht, wird in allem verglichen mit dem Bekenntnis, das da aus Furcht der scharfen Frage geschieht. Also wo der, der da gefragt werden soll, an die Leiter geführt und seine Hände auf den Rücken gebunden würden, und der Richter sagt es ihm, es sei denn, dass du bekennest, will ich von Stunde an den Scharfrichter über dich lassen. So einer in dieser Weise oder anderen, die der scharfen Frage nahe ist, befragt wurde und er also etwas bekennt, wäre solches Bekenntnis aus Furcht vor Pein geschehen und vergleicht sich mit dem Bekenntnis der scharfen Frage ...

Zum achten, was für ein Recht und Wirkung das Bekenntnis der scharfen Frage hat und ob es andere beschädige? Hierauf ist zu antworten: Wo einer sich zu einer Missetat bekennt, die da peinlich ist, tut er solches Bekenntnis außerhalb der scharfen Frage oder Furcht vor dieser, soll er aus Kraft solchen Bekenntnisses von dem Richter nicht bald verurteilt werden. Sondern der Richter soll ihn nach einigen Tagen von neuem fragen, ob er noch bei seinem Bekenntnis bleiben will, und wenn er ja sagt, so wäre solches Bekenntnis genugsam zum Urteil. *Ita dicit Albert, de Gand. in suo tractat. de malefic. in titul. de quaestion. in vers. de vno restat.*

Und darum sagen etliche, dass das Bekenntnis außerhalb der Marter in peinlichen Sachen unterschiedlich mit dem ist, das da geschieht in bürgerlichen Sachen, da es bald angenommen und darüber geurteilt wird. Und wiewohl der benannte Doktor an der genannten statt mehr diesen Weg hält, wo einer in peinlichen Sachen außerhalb der scharfen Frage bekennt, dass er ohne weitere Frage möge verurteilt werden. Dennoch ist es dem Richter nicht unbequem, den ersten Weg zu halten, weil der der sicherste ist. Aber so einer in der scharfen Frage oder aus Furcht davor in peinlichen Sachen bekennt, dem würde solch Bekenntnis wo stund zu dem Urteil nicht genugsam, der Beklagte bliebe denn in solchem Bekenntnis beharren. Davon ist in der nächsten Frage hier oben gesagt. Ob aber solches Bekenntnis auch andere möge schädigen? Oben in der fünften Frage wird von dem Bekenntnis gesagt, das da geschieht aus der Frage, die ein Richter nicht hätte stellen sollen, allhier von dem, wozu der Richter Vermutung gehabt habe. Hierzu ist zu sagen: So einer nicht um ein Tun, das er selbst soll begangen haben, auch sonst von seinen Gesellen, sondern sonst von anderen befragt würde, wo nun bei diesem Bekenntnis andere Vermutungen sind, so mag der Richter den, auf den bekannt ist, fragen lassen. Denn das endliche Bekenntnis ohne andere Vermutung ist nicht genug zu der Frage. Wenn aber einer um sein Eigentum und Misshandlung, wovon er wissen müsste, befragt würde, der soll über anderes, besonders über seine Mithelfer, nicht befragt werden. Denn so das also mit der Tat geschähe oder auf einen anderen nicht befragt würde, und gleichwohl auf einen anderen bekennt, dann hätte dieses Bekenntnis nicht auf ihm, ausgeschlossen in etlichen Fällen, wovon hier oben in der fünften Frage gesagt ist, *secundum Alb. de Gend d. tit. de quaestion. in vers. Nunc autem restat formare.*«

Frage neun erörtert, in welchen Sachen ein Richter peinlich fragen darf. Es werden die bereits bekannten Ausnahmen und Zulässigkeiten angeführt. Merkwürdig ist die Erörterung, »ob diese Frage auch zu einer Peen und nicht allein zur Erforschung der Wahrheit« geschehen mag? Dass, wiewohl die scharfe Frage am meisten zur Erforschung der Wahrheit erfunden ist: Doch dennoch dieselbe auch zu einer Peen geschehen mag. Also wo dem Richter die Übertretung offenbar ist, lässt er den Übertreter darum an einer Leiter oder sonst bei den Corden aufziehen. Von solcher Peen sagt der Text *L. I Cod. de munerariis et actuariis, lib. 12 et ibidem Bald.*

»Zum Zehnten, ob auch einem Richter es zieme, besondere Erforschung und Experimente bei dem B. oder Befragten zu haben, so auch zu fürchten sei, dass der Tod daraus erfolgen möchte? Hierauf ist zu antworten: Wo ein Richter wider den Übertreter genugsam Erforschung hat des Todes, ob er nun mit ihm eine weitere Erforschung in derselben Übertretung wider andere haben will und derselbe, der sonst des Todes schuldig ist, ehe er rechtlich verurteilt wird, stirbt, ist der Richter des ohne Wandel. Also wo der Richter bei dem Befragten findet, dass er des Todes würdig sei, der in fernerer Frage auf etliche tapfere Leute bekennt und doch der Richter nicht gewiss ist. Auf dass er auf die Wahrheit käme, lässt er den Befragten zum Schein zum Tod verurteilen und an das Gericht führen und fragt ihn, ob er, da er nun sterben muss, die rechte Wahrheit sagen wolle. Wo nun der B. aus Furcht des Todes stürbe, als zu Zeiten erfahren wird, ob er gleich zum Tod rechtlich nicht verurteilt ist, sondern nur, dass er in letzten Nöten die lautere Wahrheit sage, wäre darum ein Richter nicht zu strafen. Also sagt *dorn. Paris, de Puteo in capitul. sequent. mod. in versicu i …*

Zum elften, ob ein Richter auf Bewilligung des B. ihn möge fragen lassen, dieweil der bewilligt, dem Kläger erstlich und ihn darnach zu fragen. Hier ist zu antworten, dass diese Frage darauf steht, ob einer kann durch Pakt oder Kontrakt sich verpflichten, er möge scharf befragt werden. Die *gloss. in 1. interdum. § contra furem. ff. de fur.* sagt, dass sich einer mag einem anderen so hoch verpflichten, dass er zur Erforschung der Wahrheit peinlich gefragt werde. Aber die Doctores und besonders Bartol an der bemerkten Stelle sprechen dawider. Denn die Gewalt und Macht der scharfen Frage fließt aus dem obersten und höchsten Gerichtszwang, welche Gewalt die Verpflichtung sonderlichen Person nicht gebieten und binden mag. Und darum ist solcher Pakt und solche Vereinigung kraftlos und bindet nicht den, der sich dazu verpflichtet. Also sagt auch Paris. *de Puteo, in C. Quaero de unrationali quaestion, versi. i.* Und darum mag sich der Teil, der sich zu der scharfen Frage verpflichtet, wider diese Frage mit Recht schützen.

Also auch aus diesem Grund mag sich niemand zum Tod oder zur Verletzung seiner Glieder verpflichten, denn niemand ist Herr seiner Glieder. Also dergleichen mag sich niemand mit Willen verbinden zu einer verletzlichen Pein des Leibes. Denn die Auferlegung der Pein ist nicht in der Macht des Parts, sondern des Rechts. *Vide in Authen. in medio litis non fit sacra iussio, collat. 8.* Und darum, weil diese Bewilligung dem Richter nicht die Macht gibt, den Part zu fragen, wo sonst nicht Vermutung zu der Frage genügend vorhanden ist, so kann er auch den Part darauf nicht fragen. Also sagt genannter Doktor an bemerkter Stelle.«

Die zwölfte und letzte Frage beschäftigt sich mit den Strafen, die den Richter treffen, der ohne Ursache oder zu hart fragen lässt. Die Beantwortung entspricht den in der Carolina, Artikel 61 und 99, gegebenen Vorschriften.

Wie aus all diesen klugen und geklügelten Vorschriften zu ersehen ist, war der richterlichen Willkür genügender Spielraum gelassen. Trotzdem aber wurden die meisten diese und andere dem Gesetz entsprechende Regeln nur gehalten, wenn es der Richter just für gut fand.

IV. Kapitel

Torturalis Quaestio – Saur – Guido de Susaria – Tortur gegen Kriegsleute – Paul Grillando Castilionico – Grade der Tortur – Sengen – Mitschuld – Schutz vor Torturschmerzen – Mesites – Johann Arnold von Dorn-Eck – Klagen wider Richter – Jost Damhouden – Hessische Halsgerichtsordnung

Der »ehrenhafte, wohlgelehrte und rechtserfahrene M. Abraham Saur, Advokat und Hofgerichts-Prokurator zu Marpurg in Hessen«, hat uns neben seinen eigenen strafrechtlichen Schriften auch einige Übersetzungen und Bearbeitungen hinterlassen, darunter auch: »*Torturalis Quaestio*«, das ist: »Gründtliche und rechte Vnderweysung von Peinlichen Fragen, wie ein Richter, Vogt, Schuldtheiss oder andere Amtspersonen darinn verfahren sollen, damit man nicht zuviel oder zu wenig tue, Guidonis de Susaria. Item auss dem vierdten Buch Grillandi auf auffs kürtzst verfasst vnd jetzo zu gemeinem Nutzen vnd sonderlich den Gerichtshältern zum besten verteutscht, hiebevor durch Georgium Lauterbecken weiland Brandenburgischem Raht des Gebirgs, jetzo aber widerumb auffs neuw, mit sonderm Fleiss corrigirt: Auch noch mit etlichen andern dergleichen *observationibus & Votatis* vermehret, durch …« Hier folgt der oben angeführte Name und Titel des Herausgebers. »Gedruckt zu Franckfurt am Mayn, durch Nicolaum Basseum M.D.XCIII.«

Nach der Vorrede und Autorenangabe winkt uns das Sprüchlein entgegen: »*Non nocet bis dicere quae necessaria et pulchra sunt*«, dem überdies noch eine deutsche gereimte Übersetzung folgt:

> Es schadet nicht, lass dir's behagen,
> Was gut ist zweimal zu sagen.

Dem folgt ein

Epigramm.

> Bedenk, Gesell, und halt dich recht
> In peinlichen Sachen geht man schlecht
> Auf gründliche Anzeig der Missetat:

Wenn die auf dich sich gefunden hat,
Und tust dein Unschuld nicht an Tag,
Die Tortur alsdann statt haben mag:
Und musst leiden groß Marter und Pein,
Wenn du der Anzeig willst los sein
Hast du dann auch das Übel vollbracht,
Und den Handel nicht besser bedacht,
So eilt die Straf hinzu mit Macht,
Gott geb dir dann eine gute Nacht,
Und musst sagen:
Iram Domini portabo, quoniam peccavi ei.
Das ist:
Des Herrn Straf will ich geduldig
Leiden, denn ich bin des schuldig. A. S. F

Nach einer zweiten »schönen Vorrede zum Leser ... folget ein feiner und nützlicher *Tractat Guidonis de Susaria*, wie und wann man gegen den Übeltäter, damit man ihm nicht zu viel oder zu wenig tun möchte, in peinlicher Frage verfahren soll.« Es werden fünf Artikel angeführt, die jeder »Richter oder Oberkeit fleißig bedenken soll«, von deren Anführung wir hier absehen können, weil sie, ebenso wie einiges des Nachfolgenden, bereits genugsam Erörtertes bringen. Manches wieder wird etwas weitläufig abgehandelt, was schon in den lateinischen Marginalien kurz und kräftig zum Ausdruck gelangt: *Unus vir, nullus vir*, als Zeuge nämlich. *Presumptio fortior tollit minorem. Sola fama non facit indicium ad torturam.* Von den Kriegsleuten wird bemerkt: »Was nun die Kriegsleute dieser Zeit anlangen tut, so einer fragt, ob dieselben auch mögen mit peinlicher Frage angegriffen werden, wird geantwortet ja. Denn dieweil sie jetzt den alten Kriegsbrauch nicht halten und sich weder mit Leben oder nach Kriegshandlung, wie die Alten erzeigen, deswegen sie auch der Privilegien, so von alters her die Kriegsleute gehabt haben, nicht zu erfreuen haben, *ut in authentica de mandatis principum. § fina coll: 3*, und dies ist kürzlich die Meinung Guidonis, so schließt auch letztlich mit im *Ludovicus Bologninus*.

Dieweil ich aber eben auf die Kriegsleute gekommen bin, muss in ein wenig klarer hierher setzen, was Oldendoipius, ein berühmter Jurist, davon schreibt und hält und was sie für Privilegien haben.

Und ist zu wissen, dass die alten Gesetzgeber die Kriegsleute nicht vergebens für anderes bedacht haben, dieweil sie durch ihre große Mühe und Kriegsarbeit, auch ihre teure Mannheit das gemeinsame Vaterland vor den ausländischen Feinden beschützen müssen und deswegen mehr auf ihre Kriegsrüstung und -übung, als auf die Wissenschaft des Rechts haben Acht geben müssen, *1. scimus in prin. ff. de iure militari*. Da sie nun heutigen Tags solche *disciplinam militarem* und Kriegsübung und Ge-

Peinliches Fragen. Im Hintergrund Abhacken der Hand. Tengler, Laienspiegel, Mainz 1508.

brauch halten, sind sie solcher Privilegien wohl würdig. Was sie aber für gottlose Leute zum Großenteil sind und wie sie das Vaterland beschützen, das ist am Tag und erscheint aus ihren Händeln. Nämlich dass es ihnen eben gleich gilt: Sie streiten wider das Vaterland oder wider die Ausländischen, wer nur Geld gibt, es sei gleich, der Teufel oder seine Frau Mutter, also dass ihrer viel befunden werden, die keine Scheu tragen, wider Gottes Wort zu fechten.« Als Kriegerprivilegien werden angeführt, dass der Beklagte gewöhnlich von seinem Vorgesetzten abgeurteilt werde. Doch hätte er bei gemeinen, außerhalb des Kriegs begangenen Verbrechen, wie Diebstahl, Raub, Mord, Ehebruch etc., sich keines Privilegiums zu erfreuen. »Für's dritte, so ein Kriegsmann aus Irrtum oder Unwissenheit des Rechts, seine *exceptiones* und anderes Nötige in einer Rechtfertigung vergessen oder ausgelassen habe, so ist zu Recht versehen, dass er auch nach ergangenem Urteil, doch für angestellter und ergangener Hilfe damit zugelassen werden soll, *II C. de iurio et facti ignoran.* Aus welchem zwei Dinge geschlossen werden können, nämlich dass die Unkenntnis des Rechts die Kriegsleute entschuldigt, zweitens dass *exceptiones peremtoriae* nach gesprochenem Urteil mögen vor Gericht eingewendet werden, was beides sonst wider das gemeine geschriebene Recht ist, *1. penul. C. de iur. et facti ignor. iunctae, peremtorias. C. sententiam rescindi non posse.*«

Die Privilegien der Kriegsleute erloschen nach des Autors Anführungen, 1) sofern einer wollte »fremde Händel annehmen«, 2) sofern sich ergibt, dass er rechtskundig wäre, aber das Recht nicht respektieren wollte, gestützt auf seine Privilegien. 3) »Ob es wohl an dem, dass die Kriegsleute nach gesprochenem Urteil ihre *allegationes* mögen vorbringen, so kann doch solches nach geschehener Hilfe und Exekution nicht geschehen.« Ferner wird bemerkt, dass diese Vorrechte sich nicht auch auf die Ritter erstreckten, nicht etwa weil sie deren nicht würdig wären, sondern weil sie gewöhnlich verständige, tapfere, wissende und erfahrene Leute und nicht schlichte arme Landsknechte sind. »Aus dem folgt, dass auch die Rechtsgelehrten, als Doctores und Advokaten, so man auch *milites* nennt, obgedachter Privilegien der Kriegsleute nicht fähig sind, denn es wäre ja eine Schande, dass sie das Recht, mit dem sie täglich umgehen und andere desselben berichten, nicht wissen sollten. *Item* die Pfaffen dergleichen.«

»Hernach folgen etliche notwendige Fragen, so in und bei der Tortur pflegen vorzufallen, aus Paulo Grillando Castilionico, davon er in seinem vierten Buch Meldung tut, die ich zu mehrerem Unterricht auch ins Deutsche gebracht und hernach gesetzt habe.« Es werden in dieser Abhandlung hauptsächlich fünf Grade der Tortur beschrieben in bekannter Weise. Bemerkenswert ist jedoch, wie sich auch bei diesen Autoren und Juristen der Wahn geltend macht, es gäbe Leute, welche die Folterschmerzen nicht empfänden: »Es werden aber ihrer viele unter den Gefangenen gefunden, die so starken Leibes sind, auch so unerschrocken, dass sie sich vor keiner Peinlichkeit fürchten noch entsetzen, fühlen auch weder Wehklagen noch Schmerzen, wenn sie gleich hundertmal aufgezogen, gestreckt und gefoltert werden. Solche Stärke haben sie in ihren Gliedmaßen. Etliche sind so gelenk in ihren Armen, dass ihnen die Glieder gar leicht und ohne Schmerzen auseinandergehen, dass sie die Arme hinten über den Kopf zusammenschlagen können und doch wenig oder gar keine Schmerzen empfinden, wie ich das oft gesehen und erfahren habe.«

Saur erzählt hierzu folgende Fabel: »Allhier kann ich dem Leser ungemeldet nicht lassen, dass mir wohl vor dreißig oder vierzig Jahren, als ich noch zu Leipzig gewesen bin, glaublich berichtet worden war, dass zu einer Zeit einer ist gefänglich (weiß nicht, welcher groben Misshandlung halber) eingezogen wurde, und als man denselben mit der peinlichen Frage angegriffen und er nicht bekennen wollte, auch so lange, ungeachtet was man für Indicia wider ihn gehabt hatte, verhalten, dass ihn der Richter mit Brand aufs heftigste habe angreifen lassen, so dass der Scharfrichter gesagt habe, er wisse dieses Mal weiter nichts gegen den armen Menschen vorzunehmen, hat auch die Hand voll Licht, womit er ihn gebrannt, auslöschen und wegtun wollen. Wie aber der Gefangene, der noch auf der Leiter gelegen war, solches vernommen hat, hat er ihn zu sich, mit den Lichtern also brennend, gerufen und mit diesen Worten gesprochen: ›Lieber Meister, ich hab noch da hinten etliche Haare, die wollet mir heraussengen‹, was sich der Scharfrichter gar nicht versehen hat, weil er ihn so hart mit dem Brand angegriffen hat. Hat ihn deswegen gefragt, ob es sein Ernst sei, worauf er geantwortet habe: Ja. Und als er ihm das Licht an den Ort gehalten und gebrannt hat, dass es gestunken hat, hat der Gefangene gesagt: ›Da recht, lieber Meister, da recht, da juckt es mich. Dank hab, lieber Meister!‹ Und hat also den Richter mit seinem Notario und den Henker wieder abziehen lassen. Ob nun wohl solches unglaublich, so sieht man doch aus den vorgehenden Exempeln und erfährt sonst täglich, was sich solche Leute und böse, verwegene Buben nicht unterstehen dürfen. Gleichwohl will ich den Leser dabei und nebenbei erinnert haben, weil ich des Brandes bei der peinlichen Frage gedacht und von Grillando auch in dem schärfsten Grad der Peinlichkeit des Brandes nicht gedacht habe, wie die Vögte und Richter darauf kommen, dass sie so leicht die armen Gefangenen, wenn sie nicht bald bekennen wollen, so bald mit dem Brand angreifen. Man soll fürwahr also geschwind mit den armen Leuten (es wollte denn die äußerste Not solches erfordern) nicht umgehen. Wiewohl ich daneben auch dies sagen und bekennen muss, dass man von alters den Brand in peinlichen Fragen auch gebraucht, wie aus *Cicerone in Topicis* zu verstehen, da er sagt, was diejenigen, so peinlich durch Feuer und Schläge gemartert, bekennen, das wird für die Wahrheit gehalten. Ausgeschlossen, was einer von seinem Freund sagt, das ist so leicht nicht zu glauben, aber auch nicht gar zu verachten, sondern will vonnöten sein, fleißige Erkundigung zu nehmen, ob sich's dermaßen verhält oder nicht, davon ich auch eine Histori, so wahrhaftig geschehen, hier erzählen will: ›Ein böser Bube ist zu einem Schuhmacher in einer Stadt gekommen und hat ein Paar Schuhe von ihm begehrt. Als ihm aber der Schuster die begehrten Schuhe ohne Geld nicht geben wollte, ist der Bube zornig davon gegangen und hat mit Drohung gesagt, er wolle es ihm gedenken. Wie aber derselbe Bube darnach einer Mordtat halben, die er auf der Straße begangen hat, ist ergriffen und unter anderem peinlich gefragt worden, wer ihm zu solcher Mordtat geholfen, hat er stracks auf den Schuster bekannt, der dann auf solches Bekenntnis hin gefänglich eingezogen und flugs darauf gefragt worden war, auch so lange gestreckt, bis dass er aus Marter bekennen hat müssen, dass er die angezeigte Mordtat hat vollbringen helfen. Darauf hat man sie dann beide ausgeführt und mit dem Rad hinrichten wollen, wie dann geschehen sei. Es hat aber der Bube, damit er seinen gefassten Neid im Werk vollbracht vor seinem Tod sehen möchte, aufs heftigste gebeten, der Richter wolle den Schuster zuerst richten lassen, was der Richter auch bewilligte. Wie man nun den armen, unschuldigen Mann Arm und Bein mit dem Rad entzwei gestoßen, hat der Bösewicht dem Henker zugeschrieen, er solle innehalten und weiter an den Schuster keine Hand anlegen, denn er wäre der Tat unschuldig. Als er aber von dem Richter gefragt worden war, warum er den armen Mann geziehen, so übel an ihm getan und ihn unschuldiger Weise also bezichtigt hat und martern habe lassen? Da hat er geantwortet, er hatte ihn einmal um ein Paar Schuhe angesprochen, was er ihm versagte, das hätte er ihm vergelten müssen. Wenn ich nun ein Richter wäre und hätte mich von einem solchen Bösewicht betrügen lassen, dass ich seinen Worten geglaubt hätte, und mich weiter nicht umgesehen, auch nicht gebührliche Inquisition und Nachforschung gehabt habe, so würde ich das die Tage meines Lebens nicht vergessen können. Deswegen bitte und vermahne ich alle Richter und was in der Obrigkeit ist, um des jüngsten Gerichts willen, sie wollen ja nicht eilen mit den Gefangenen, sondern sich wohl und aller Umstände erkundigen, ehe sie einen richten lassen, damit sie nicht unschuldig Blut vergießen.

Etliche werden gefunden, die durch Zauberei und Teufelswerk und böse Künste sich dermaßen bewahren und rüsten, wenn sie gleich mit peinlicher Frage angetastet und scharf genug gefragt werden, dass sie doch nichts bekennen und sagen können. Etliche, wenn sie auf die Leiter kommen oder aufgezogen werden, die erschlaffen so bald, dass sie auch keine Schmerzen empfinden, davon wir an einem anderen Ort weiteres gesagt haben. So hab ich auch ihrer viel gesehen, die durch mancherlei Wort und seltsames Instrument sich haben versucht, von dem Bekenntnis der Wahrheit in der peinlichen Frage aufzuhalten, ist ihr auch angegangen. Wie es aber zugeht, ist nicht vonnöten hier zu erzählen, weil solches ohne Ärgernis und Missbrauch des göttlichen Namens nicht zugehen noch geschehen kann. Es sollen auch Richter und Vögte sich lassen gesagt sein, wenn sie dergleichen Zauberei und Teufelswerk erforschen (wie zuweilen sich zuträgt, wenn sich die Buben lange wehren, sie doch letztlich bekennen), dass sie dasselbe bei Leib nicht auskommen lassen.

Wiewohl *Albertus Magnus in lib. de secretis naturae* schreibt, dass in der Stadt Mesis, im Orient, ein Stein gefunden werde, der Mesites genannt wird, und so er zerstoßen und in einem Wein mit Wasser gemengt getrunken wird von einem, der peinlich gestreckt werden soll, dass derselbe keine Pein noch Marter fühle.

Die anderen pflegen diese Verse zu sprechen: *Imparibus meritis tria pendent corpora tamis, Dismas et Gestas in medio est divina potestas, Dismas damnatur, Gestas at astra levatur. Item aus dem Psalm: Eructavit cor meum verbum bonum veritatem nunquam dicam Regi. Item Jesus autem transiens per medium illorum ibat*, und was des teuflischen Missbrauchs mehr ist, so von Grillando allhier erzählt wird, die ich für Zeiten und Gaukelei gehalten habe, und dass sie wider die peinliche Frage nicht wirken noch helfen konnten, also dass sie mehr zu verlachen als zu glauben seien.« Diese Zweifel verhindern aber den gelehrten Sauer nicht, den Aberglauben mit weiteren Beispielen zu kräftigen.

»Dem folgt ein nützlicher *Tractat*, von den scharfen Fragen, wie darin sich ein Richter halten soll, auf dass er ihm in der Sache nicht zu viel oder zu wenig tue, aus dem *Doctoribus* gezogen.« Auch hier finden wir nur wenig, was nicht schon bisher vorgebracht wurde. Hauptsächlich beziehen sich die Angaben auf die Carolina. »Dann wieder folgt ein feiner *Tractat, de Tortorali inquisitione sive quaestione*. Von peinlicher und gestrenger Frage. Aus dem VII. und VIII. Kapitel des peinlichen Prozesses Johanns Arnoldi von Dorn-Eck, beider Rechten Licentiaten etc. gezogen.« Bemerkenswert ist hier die Klage über die mangelhafte Ausbildung der Richter: »Und es ist diese Lehre den Richtern in Deutschland, um welcher Willen denn dieses Buch vornehmlich zusammengetragen und geschrieben, hoch vonnöten. Sintemal es wieder in den schändlichen Missbrauch geraten, dass beide, bürgerliche und peinliche Gerichte an mehreren Orten Deutschlands mit gemeinen, ungelehrten und unerfahrenen Leuten, oftmals aus Mangel und Gebruch gelehrter Leute zum großen Teil aber aus Verachtung derselben, besetzt und bestellt werden. Welche denn so gar klug und naseweis sind, dass ihnen aus großer Vernunft und Weisheit das Haupt viel zu klein ist, finden alles in ihren natürlichen Rechten so fest gegründet und tief gewurzelt, dass es alle Welt nicht umreißen kann. Wissen ist in ihrem Sinn nicht anders, als dieser ihr Wahn und Rat sei der allerbeste, beruhen und verharren darauf, ungeachtet, ob es gleich oftmals den göttlichen Geboten, den Rechten und aller natürlichen Billigkeit zuwider sei. Mögen von niemand Einrede dulden, geschweige denn, dass sie sich gelehrter und verständiger Leute Rat und Meinung untergeben und sich von denselben des Rechtens besagen lassen sollten, sondern denselben ihren Narrendünkel und Bauernstolz muss vorgehen. Gott gib es, biege oder breche, treffe oder fehle» So geht die Auslassung noch eine gute Weile fort. Dann folgen vierzehn Regeln und noch anderes, die uns wieder nur Bekanntes sagen, wenn auch stilistisch etwas geläufiger als sonst. Dasselbe gilt auch von dem hierauf folgenden Auszug aus dem Werke von Jost Damhouder. Ebenso können wir von dem in unserem Quellenwerk nun folgenden Auszug aus der Carolina absehen, da aus diesem Gesetzbuch alles für unsere Zwecke Nötige bereits angeführt wurde. Dagegen seien einige Artikel aus der Fürstlich Hessischen Halsgerichtsordnung des sechzehnten Jahrhunderts hier angeführt:

XII *Item*, es soll auch auf die Anzeigen, die aus der Zauberei oder anderen Künsten wahrzusagen sich vermessen, niemand zu Gefängnis der peinlichen Frage genommen, sondern dieselben angemaßten Wahrsager und Ankläger sollen darum gestraft werden. So auch der Richter darüber auf solcher der Wahrsager Angebung weiter fortführe, soll er dem Gemarterten Kosten, Schmerzen, Injurien und Schaden abzulegen schuldig sein.

XIII *Item*, es ist auch zu merken, dass niemand auf einiger Anzeigung, Argwohns, Wahrzeichen oder Verdacht endlich zu peinlicher Strafe soll verurteilt werden, sondern allein peinlich mag man darauf fragen, so die Anzeigung genugsam ist. Denn soll jemand endlich zu peinlicher Strafe verurteilt werden, das muss aus eigenem Bekennen oder Beweisung (wie an anderen Enden in dieser Ordnung klärlich gefunden wird) und nicht auf Vermutung oder Anzeigen.

XIV *Item* eine jede genugsame Anzeigung, darauf man peinlich fragen mag, soll mit zweien Zeugen bewiesen werden, wie denn in etlichen Artikeln darnach von genugsamer Beweisung geschrieben steht. Aber so die Hauptsache der Missetat mit einem guten Zeugen bewiesen wurde, dieselbe als eine halbe Beweisung macht eine genugsame Anzeigung. So machen auch andere mehr Argwohn, hernach gesetzt, genugsame Anzeigung zur peinlichen Frage. Aus diesem nachgesetzten Artikeln, von Argwohn und Anzeigung der Missetat sagend, soll in Fällen, so darin nicht benannt sind, Gleichnis genommen werden. Wenn nicht möglich ist alle argwöhnige und verdächtige Fälle und Umstände zu beschreiben.

XV Erstlich, ob der Verdächtigte eine solche verwegene oder leichtfertige Person vom bösen Leumund oder Gerücht sei, dass man sich der Missetat zu ihr versehen möge, oder ob dieselbe Person dergleichen Missetat vormals geübt unterstanden habe oder geziehen worden sei. Doch soll solcher böser Leumund nicht von Feinden oder leichtfertigen Leuten, sondern von unparteiischen redlichen Leuten kommen.

Zum anderen, ob die verdachte Person an gefährlichen Orten zu der Tat verdächtig gefunden oder betreten worden sei.

Zum dritten, ob ein Täter in der Tat oder dieweil er auf dem Weg dazu oder davon gewesen sei, gesehen worden ist. Und im Fall, so er nicht erkannt wäre, soll man aufmerken sein, ob die verdächtige Person eine solche Gestalt, Kleider, Waffen, Pferd oder anderes habe gehabt als der Täter und also gesehen worden sei.

Zum vierten, ob die verdächtige Person bei solchen Leuten Wohnung oder Gesellschaft habe, die dergleichen Missetat üben.

Zum fünften, soll man in Beschädigungen oder Verletzungen wahrnehmen, ob die verdächtige Person aus Neid, Feindschaft, vorgehender Drohung oder Gewartung einigen Nutzen zu der gedachten Missetat Ursache genommen haben möchte. Und ob diese Dinge die verdächtige Person also argwöhnig machen.

Zum sechsten, so ein Verletzter oder Beschädigter aus etlichen Ursachen jemand der Missetat zeiht, darauf stirbt oder bei seinem Eid beteuert.

Zum siebenten, so jemand einer Missetat halber flüchtig würde.

Zum achten, so einer mit dem anderen um großes Gut rechtet, dass dazu der größte Teil seiner Nahrung, Habe und Vermögen betrifft, der wird für einen Missgönner und großen Feind seines Widerteils erachtet, darum, so der Widerteil heimlich ermordet wird, ist eine Vermutung wider diesen Teil, dass er solchen Mord getan habe. Und wo sonst die Person ihres Wesens verdächtig wäre, dass er den Mord getan hat, die mag man, wo er deshalb nicht die redliche Entschuldigung hätte, gefänglich annehmen und peinlich fragen.

XVI *Item* im nächsten abgesetzten Artikel werden acht argwöhnige Teile oder Stücke von der Anzeigung peinlicher Fragen gefunden. Derselben argwöhnigen Teil oder Stück ist keines allein zur redlichen Anzeigung, darauf peinliche Frage mag gebraucht werden, genugsam. So aber solcher argwöhniger Teile oder Stücke etliche auseinander auf jemand befunden werden, so sollen die (welche in peinlichen Fragen zu erkennen und zu handeln gebührt) ermessen, ob dieselben obbestimmten und dergleichen befundenen argwöhnigen Teil oder Stück, soviel redlicher Anzeigung der verdachten Missetat tun mögen, als die nachfolgende Artikel, der ein jeder allein eine redliche Anzeigung macht, und zur peinlichen Frage genugsam ist.

XVII *Item*, mehr ist zu bedenken, wenn jemand einer Missetat mit etlichen argwöhnigen Teilen oder Stücken (als vorsteht) verdächtigt wird, dass allweg zweierlei gar eben wahrgenommen werden sollen. Erstlich, die befundene Argwöhnigkeit, zum anderen, was die verdächtigte Person, guter Vermutung, die sie von der Missetat entschuldigen mögen, für sich habe. Und so dann daraus ermessen werden mag, dass des Argwohns Ursachen größer sind als die Ursachen der Entschuldigung, so mag alsdann peinliche Frage gebraucht werden. Und so in diesen Dingen gezweifelt würde, sollen diejenigen, so peinlicher Frag halber zu erkennen und zu handeln gebührt, bei den Rechtverständigen und an Enden und Orten, wie am Ende unserer Ordnung angezeigt, Rats pflegen.

XVIII *Item*, so einer in Übung der Tat etwas verliert oder hinter sich liegen oder fallen lässt, dass man nachmals finden und ermessen mag, dass es des Täters gewesen ist, mit Erkundigung, wer solches am nächsten vor dem Verlust gehabt habe, ist peinlich zu fragen, er würde denn etwas dagegen einwenden, wo es sich erfinde oder bewiesen wurde, dass es bemeldeten Argwohn ablehnt, alsdann soll diese Entschuldigung vor aller peinlichen Frage zu erfahren vorgenommen werden.

Item, eine halbe Beweisung, als so einer in der Hauptsache die Missetat gründlich mit einem einzigen guten, tauglichen Zeugen beweist, das heißt und ist eine halbe Beweisung, und solche halbe Beweisung macht auch eine redliche Anzeige, Argwohn oder Verdacht der Missetat. Aber so einer etliche Umstände, Wahrzeichen, Anzeigung, Argwohn oder Verdacht beweisen will, das soll er zum allerwenigsten mit zwei guten, tauglichen, unverwerflichen Zeugen tun.

Item, so ein überwundener Missetäter, der in seiner Missetat Helfer gehabt hat, jemand in dem Gefängnis besagt, der ihm zu seiner geübten, befundenen Missetaten geholfen habe, ist auch ein Argwohn wider den Besagten, sofern bei solcher Besagung nachfolgende Umstände und Dinge gehalten und befunden werden.

Erstlich, dass dem Sager die beklagte Person in der Marter mit Namen nicht vorgehalten und also auf dieselbe Person sonderlich nicht gefragt oder gemartert worden sei. Sondern dass er in einer gemein gefragt wird, wer ihm zu seiner Missetat geholfen, den Besagten von ihm selbst bedacht und benannt habe.

Zum andern, gebührt sich, dass derselbe Sager gar eigentlich befragt werde, wie, wo und wann ihm der Besagte geholfen und was für Gesellschaft er mit ihm gehabt habe. Und in solchem soll man den Sager fragen, alle möglichen und notdürftigen Umstände, die nach Gelegenheit und Gestalt jeder Sache allerbest zur nachfolgenden Auffindung der Wahrheit dienstlich sein mögen, die allhier nicht alle beschrieben werden, aber ein jeder Fleißiger und Verständiger wohl bedenken kann.

Zum dritten, gebührt sich zu erkunden, ob der Sager in besonderer Feindschaft, Unwillen oder Widerwertigkeit mit dem Besagten stehe. Denn wo solche Feindschaft, Unwillen oder Widerwertigkeit öffentlich wäre oder erkundet wurde, so wäre dem Sager solcher Rede wider dem Besagten nicht zu glauben, er zeige denn, deshalb sonst, so glaublich, redlich Ursache und Wahrzeichen an, die man auch in der Erkundung fände und die eine redliche Anzeige machen.

Zum vierten, dass die besagte Person so argwöhnig sei, dass man sich die besagten Missetat zu ihr versehen möge.

Zum fünften, so soll der Sager auf die Besagung beständig bleiben. Wo aber der Sager seine Besagung oder Darstellung am letzten widerruft, die er doch zuvor mit guten erzählten Umständen getan hat, und erachtet werden möchte, er wolle seinem Helfer damit zu gut handeln, oder dass er vielleicht durch seinen Beiständer unterwiesen wäre, alsdann muss man ansehen des Sagers Anzeige und andere erkundete Umstände und daraus ermessen, ob dieses Gesagte eine redliche Anzeige der Missetat ergebe oder nicht. Und in solchem ist besonders auch ein Aufsehens zu haben und zu erfahren, den guten oder bösen Stand und Leumund des Besagten und welche Gemeinschaft oder Gesellschaft er mit dem Besager gehabt hat

Item, so einer, wie zuvor von einer ganzen Beweisung gesagt wurde, genugsam überwiesen wird, dass er von ihm selbst Ruhm und ›andere weiß ungenöther Ding gesagt hatt‹, dass er die angeklagte oder verdächtigte Missetat getan oder solche Missetat vor dem Geschehen zu tun gedroht hat und die Tat auch darauf in kurzer Zeit erfolgt wäre, und es wäre eine solche Person, dass man sich derselben Tat zu ihr versehen mag, wird auch für redliche Anzeige der Missetat gehalten und ist peinlich darauf zu fragen.«

Es folgen dann Artikel XIX–XXX, »Von Anzeigen, so sich auf sonderliche Missetaten beziehen, und ist ein jeder Artikel zur rechtlichen Anzeigung derselbigen Missetat genugsam und darauf peinlich zu fragen.« Bei heimlichem Mord (XIX) genügte zur Vornahme der Tortur, dass der Beschuldigt zur Zeit des Mordes mit blutigen Kleidern oder Waffen gesehen worden wäre, es sei denn, er könnte diesen Verdacht in glaubwürdiger Weise ablehnen. Bei Totschlägen, die bei Schlägereien vorkamen (XX) und deren Täter nicht erwiesen war, genügte zur Vornahme der Tortur, wenn der Beschuldigte und bei der Schlägerei Anwesende mit dem Getöteten nicht in bester Freundschaft lebten, auf ihn losgehauen oder losgestochen hätten. Verstärkt wurde der Verdacht noch, wenn er mit blutiger Waffe gesehen wurde.

»XXI. *Item*, so man eine Dirne, so für eine Jungfrau geht, in Argwohn hätte, dass sie heimlich ein Kind gehabt und getötet habe, soll man sonderlich erkunden, ob sie mit einem großen, ungewöhnlichen Leib gesehen worden sei, mehr, ob ihr der Leib kleiner geworden und darnach bleich und schwach gewesen sei. Solches und dergleichen gefunden wird, wo dann dieselbige Dirne eine Person ist, dazu man sich der verdachten Tat versehen mag, soll die durch verständige Frauen an heimlichen Stätten, als zur weiterer Erfahrung dienstlich ist, besichtigt werden. Würde sie dann daselbst auch argwöhnig befunden und will die Tat dennoch nicht bekennen, mag man sie peinlich fragen.

Wo aber das Kindlein, so kürzlich getötet worden ist, dass der Mutter die Milch in den Brüsten noch nicht vergangen ist, die mag an ihren Brüsten gemolken werden, der dann in den Brüsten rechte, vollkommene Milch gefunden wird, die hat deshalb eine starke Vermutung peinlicher Frage wider sich. Nachdem aber etliche Leibärzte sagen, dass aus etlichen natürlichen Ursachen etwa eine, die kein Kind getragen, Milch in den Brüsten haben mag, darum, so sich eine Dirne in diesen Fällen entschuldigt, soll deshalb durch die Hebamme oder sonst weiter Erfahrung geschehen.«

Bei heimlicher Vergiftung (XXII) galt als genügender Verdacht, wenn jemand Gift gekauft hatte oder sonst damit umgegangen wäre und mit dem Vergifteten in Feindschaft gelebt oder von seinem Tod Nutzen erwarten konnte oder auch als leichtfertige Person galt, der diese Tat zuzutrauen war, es sei denn, dass sie nachweisen konnte, das Gift zu anderen unsträflichen Zwecken gebraucht oder gewollt zu haben. Auch wer den Kauf eines Gifts leugnete und dessen dennoch überwiesen wurde, konnte gefoltert werden, um aus ihm herauszubringen, wozu er das Gift gebraucht hatte oder gebrauchen wollte. Als Verdacht des Raubs, Diebstahls und Mitwirkung zu diesen (XXIII, XXIV und XXVII) wurde so ziemlich das angesehen, was heute noch dafür gilt. Indes konnten auch der Tortur diejenigen unterzogen werden, die im allgemeinen »in ihren Taten unziemliche Gemeinschaft mit ihnen hätten.« Immer wieder aber, wie auch bei Brandstiftung (XXV) und Verräterei (XXVI), kann die Marter auch gegen Personen angewendet werden, »dazu man sich solches versehen mag«, womit, wie

Tortur, Strecken. Aus: Damhouders Praxis rerum crim. Antwerpen, 1554.

noch mit manchem anderen, der Willkür Tür und Tor geöffnet wurden. Der nachfolgende Artikel ist leider ein – Hexenartikel:

»XXVIII *Item*, so jemand sich erbeut andere Menschen Zauberei zu lehren oder jemand zu bezaubern bedroht und dem Bedrohten dergleichen geschieht, auch sonderliche Gemeinschaft mit Zauberern oder Zauberinnen hat oder mit solchen verdächtigen Dingen, Gebärden, Worten und Wesen umgeht, die Zauberei auf sich tragen, und dieselbe Person deshalben auch sonst berüchtigt, das gibt eine redliche Anzeige der Zauberei und genügsame Ursache zur peinlichen Frage.

XXIX. *Item*, so der Argwohn und Verdacht einer beklagten und vermeintlichen Misshandlung, als bevorsteht, befunden und für erwiesen angenommen oder erwiesen erkannt wird, so soll dem Kläger oder Fiskal auf sein Begehren alsdann von Tag oder Stund zum allerförderlichsten zur peinlichen Frage benannt werden.

Item, so man dann den Gefangenen peinlich fragen will von Amts wegen oder auf Ansuchen des Klägers, soll derselbige zuvor in Gegenwart des Richters, zweier des Gerichts und Gerichtschreibers fleißig zur Rede gehalten werden mit Worten, wie nach Gelegenheit der Person und Sache zur weiteren Erfahrung der Übeltat oder Argwohnigkeit allerbest dienen möge, auch mit Bedrohung der Worte angesprochen werden, ob er der beschuldigten Missetat bekenntlich sei oder nicht und was ihm solche Missetat bewusst sei und was er alsdann bekennt oder verneint, soll aufgeschrieben werden.

XXX. *Item*, so in dem jetzt gemeldeten Fall der Beklagte die angezogene Übeltat verneint, so soll ihm alsdann vorgehalten werden, ob er anzeigen könnte, dass er der auferlegten Missetat unschuldig sei, und man soll den Gefangenen sonderlich erinnern, ob er könnte wissen und anzeigen, dass er zur Zeit, als die angezogene Missetat geschehen sei bei Leuten, auch an Enden und Orten gewesen sei, dadurch verstanden, dass er der verdächtigten Missetat nicht getan haben könnte. Und solche Erinnerung ist darum Not, dass mancher aus Einfalt oder Schrecken nicht vorzuschlagen weiß, ob er gleich unschuldig ist, wie er sich des entschuldigen und ausführen soll. Und so der Gefangene berührtermaßen oder mit anderen dienstbaren Ursachen seine Unschuld anzeigt, solcher angezeigten Entschuldigung soll sich alsdann der Richter auf des Verklagten oder seiner Freundschaft Kosten förderlich erkundigen oder aber auf Zulassung des Richters die Zeugen, so der Gefangene oder seine Freundschaft deshalb stellen wollten, wie sich gebührt, auf ihr Begehr verhört werden, solche obgemeldete Kundschaftstellung auch dem Gefangenen oder seinen Freunden auf ihr Begehren ohne gute rechtmäßige Ursache nicht abschlagen oder aberkannt werden. Wo aber der

Verklagte oder seine Freundschaft solche obgedachten Kosten Armut halber nicht ertragen oder erleiden möchten, damit dann nicht desto minder das Übel gestraft oder der Unschuldige wider Recht nicht übereilt werde, so soll die Obrigkeit oder das Gericht die Kosten darlegen und der Richter im Recht fortfahren.

Item, so in der jetzt gemeldeten Erfahrung des Beklagten Unschuld nicht gefunden wird, so soll er alsdann auf vorgemeldetes Befinden redlichen Argwohns oder Verdachts peinlich gefragt werden, in Gegenwart des Richters und zum wenigsten zweier des Gerichts und des Gerichtschreibers, und was sich in der Verzicht oder seinem Bekenntnis und aller Erkundigung findet, soll eigentlich aufgeschrieben werden, dem Kläger, so viel ihn betrifft, eröffnet und auf sein Begehr Abschrift gegeben und gefährlich nicht verzögert oder verhalten werden.«

Die nachfolgenden Artikel beschäftigen sich mit »Wie diejenigen, so aus peinlichen Fragen eine Missetat bekennen, nachfolgends weiter außerhalb Marter umb Vnterricht gefragt werden sollen«, wovon nur einiges hier angeführt werden möge:

»XXXV. *Item*, bekennt jemand Zauberei, man soll auch nach den Ursachen und Umständen, als obsteht, fragen, und das mehr, womit, wie und wann die Zauberei geschehen sei, mit welchen Worten oder Werken. So dann die gefragte Person anzeigt, dass sie etwas vergraben oder behalten hätte, das zu solcher Zauberei dienlich sein soll, man soll danach suchen, ob man solches finden könnte. Wer aber solches mit anderen Dingen, durch Wort oder Werk getan hat, man soll dieselben auch ermessen, ob sie Zauberei auf sich tragen. So soll auch zu fragen sein, von wem sie solch Zauberei gelernt habe und wie sie daran gekommen sei, ob sie auch solche Zauberei gegen mehrere Personen gebraucht habe und gegen wen, welcher Schaden auch damit geschehen sei.«

Wie so manche der bereits angeführten Artikel unterscheiden sich auch die nun nachfolgenden nur wenig von anderen Vorschriften. Wir können uns daher begnügen, noch zwei Artikel anzuführen. »Ein Beschluss, wann dem Bekenntnis, so es auf peinlicher Frage geschieht, endlich zu glauben ist, bildet: XLIII *Item*, so auf befundener redlicher Anzeige einer Missetat halber die peinliche Frage vorgenommen wird, auch auf Bekenntnis des

Gefragten, wie dasselbe alles in vorgehenden Artikeln klärlich gesetzt ist, fleißige, müheliche Erkundigung und Nachfrage geschieht und in derselben bekannter Tat wegen solche Wahrheit befunden wird, die kein Unschuldiger also sagen und wissen konnte, alsdann ist derselben Bekenntnis unzweiflich beständigerweise zu glauben und nach Gestalt der Sachen peinliche Strafe darauf zu urteilen.

XLIV. So der Gefangene auf redlichen Verdacht mit peinlicher Frage angegriffen und nicht ungerecht befunden oder überwunden wird. – *Item*, so der Beklagte auf einen solchen Argwohn und Verdacht der zur peinlichen Frage (als vorsteht) genugsam befunden, peinlich eingebracht, mit Martern befragt und doch mit eigenem Bekenntnis oder Beweis der beklagten Missetat nicht überwunden wird, haben doch Richter und Ankläger mit obgemeldeten ordentlichen und mit Recht zulässigen peinlichen Fragen keine Strafe verwirkt, denn die böse erfundene Anzeige hat der geschehenen Frage entschuldigte Ursache gegeben. Denn man soll sich nach der Sage der Rechten nicht allein vor Vollbringung der Übeltat, sondern auch vor aller Gestaltung des Übels, so böser Leumund oder Anzeigen der Missetat machen, hüten, und wer das nicht tut, der wird deshalb gemeldeter seiner Beschwerde selbst Ursache sein. Und soll in diesem Fall der Ankläger aller seiner Kosten und der Beklagte dergleichen seine Atzung, nachdem er seinem Verdacht Ursache gegeben hat, auch entrichten. Wo aber solch peinliche Frage auf Anregung eines Klägers dieser Ordnung widerwärtig gebraucht wird, so werden diese Richter als Ursache solcher peinlicher Frage sträflich. Und sollen darum nach Gestalt und Gelegenheit der Überfahrung, wo recht ist, Strafe und Abtrag leiden und mögen darum vor unseren Gerichten gerechtfertigt werden.«

V. Kapitel

Würzburger Hexenprozesse – Balthasar Nuss – Torturprotokoll aus Seligenstadt – Köln – Kurbrandenburg – Tirol – Dr. Volpert Mozel – Bayern – Rechtsgutachten der Mainzer Fakultät – Torturprotokoll aus Marburg – Torturprotokoll aus Tambach – Johann Benedikt Leo – Die Sachsen-Ursel – Deservitenrechnung eines Scharfrichters – Christine von Schweden – Professor Johann Brunnemann – Schweiz – Bern

Kehren wir wieder zu den Prozessen zurück, die wider Personen, die der Zauberei und der Hexerei beschuldigt waren, geführt wurden und durch Anwendung der scharfen Frage zumeist auch zu einem den Anklägern beliebigen Geständnis gebracht wurden. Von dem Wüten in den geistlichen und weltlichen Fürstentümern Deutschlands ist manches bereits dargelegt worden, und was im siebzehnten Jahrhundert noch folgte, der Zeit, in der der Hexenwahn seinen Siedepunkt erreichte, ist noch betrübender und schmählicher. Besonders arg ging es im Bistum Würzburg unter dem Bischof Philipp Adolf von Ehrenberg (1623–1631) zu, der selbst über einen ihm verwandten Knaben, Ernst von Ehrenberg, das Todesurteil wegen Teufelsbündelei aussprach und dem erst die Augen aufgingen, als einige Beschuldigte unter der Folter ihn selbst und seinen Kanzler als Mitschuldige nannten. Die Totenfeier, die er nun zum Gedächtnis der vielen unschuldig Getöteten anordnete, konnte freilich an den Tatsachen nichts mehr ändern.

Im Fürstentum Fulda wurde vom Fürstabt Balthasar von Derebach einer seiner Diener, Balthasar Nuss, allgemein Balzer Noss genannt, 1603 zum Zentgrafen und Malefizmeister ernannt, der in der unerhörtesten Weise wütete und in drei Jahren etwa zweihundertundfünfzig Personen grausam foltern und hinrichten ließ, sodass selbst die ihm beigeordneten Schöffen sein Vorgehen als unmenschlich erachteten und ihre Mitwirkung versagten. In einem Mandat des Reichskammergerichts vom 27. Juli 1603 wurde auch sein und der Schöffen Vorgehen scharf getadelt und mit Strafe bedroht. Es heißt da, nachdem von einer Frau bemerkt wird, dass ihre Lebensführung musterhaft war: »Das alles hintangesetzt habt Ihr, Zentgraf, Schöffen und Richter, sie ohne einigen Grund für eine Hexe unter dem Vorwand erklärt, weil drei derselben Untat beschuldigte Weiber sie dafür angesehen haben sollen, und ohne fernere Erkundigung habt Ihr sie gewalttätig angegriffen, in ein abscheuliches Gefängnis, in einen Hundestall am Backhaus des Fuldaer Schlosses, einsperren, in grausamer Weise an Händen und Füßen fesseln lassen, und sie genötigt, durch ein niedriges Loch auf allen vieren wie ein Hund zu kriechen, worin sie dann gekrümmt und gebückt, elendiglich hockend, sich weder regen, bewegen, aufrecht stehen, noch des leidigen Ungeziefers erwehren kann. – Obwohl nun außer dem Zeugnis der drei heillosen Weiber nicht die geringste Indicia der Zauberei gegen sie vorliegen und deswegen ihr Ehewirt, ihre Unschuld in Rechten darzutun, auch eine Kaution zu stellen sich erboten und um Erleichterung der Haft dieser ehrbaren, vermutlich schwangeren Person und um Zeit zur Defension gebeten hat, so habt Ihr ihm diese Bitte nicht gewährt, und die Klägerin hat hiernach nichts Gewisseres zu erwarten, als dass Ihr zur unerträglichen Tortur forteilen und ihr demnächst einen schmählichen Tod unzweifelhaft antun werdet.« Das Kammergericht wies daher an, »bei Pön von zehn Mark lötigen Geldes sofort der Klägerin ein mildes, leidliches Gefängnis zu geben, ohne erhebliche, in Rechten zugelassene Indizien sie nicht zu torquieren und den zu ihrer Defension und Verantwortung erforderlichen Zutritt zu gestatten. Auch habe sich das Gericht über die zur Klage gebrachten Nullitäten zu verantworten.« Ob dieses immerhin lobenswerte Mandat des Kammergerichts Erfolg hatte, wird nicht gemeldet. Malefizmeister Nuss pflegte in der Regel kurzen Prozess zu machen und schon wenige Tage nach Verhaftung und Tortur den Scheiterhaufen auflohen zu lassen. Gewöhnlich soll er auch, wenn er ein »Geständnis« heraustorquiert hatte, der Gemarterten noch zugerufen haben: »Besinne Dich, ob in der und der Gasse nicht noch etliche wohnen, die Zauberei treiben. Zeige mir sie an, und schone sie nicht. Andere haben Dich auch nicht geschont. Die Reichen tanzen so gern wie die Armen!« – und dergleichen mehr. Er hatte zu dieser Aufmunterung, und besonders zu dem Hinweis auf die Reichen, seinen triftigen Grund, denn die Hexenprozesse waren für ihn unter allen Umständen eine ergiebige Geldquelle und brachten ihm in den drei Jahren seines unheilvollen Wirkens die für damalige Zeit riesige Summe von 5393 Gulden ein. Nach dem Tod seines Gönners liefen bei dessen Nachfolger, dem Fürstabt Johann Friedrich von Schwalbach, die Klagen über Nuss' Erpressungen und sonstige Missbräuche so zahlreich ein, dass dieser ihn verhaften und anklagen ließ. Dieser Prozess währte nicht weniger als dreizehn Jahre und endete 1618 mit der Enthauptung des Angeklagten.

Ähnliche Zustände finden wir auch in den anderen geistlichen Fürstentümern, zu Münster, Mainz usw., wobei mittelst der Tortur die tollsten Selbstbeschuldigungen und auch Beschuldigungen anderer herausgepresst wurden. Kam es doch nicht selten vor, dass die Beschuldigten angaben, Kinder oder Vieh ihrer Nachbarsleute mittelst Hexerei getötet oder krank gemacht zu haben, was geglaubt wurde und zu Verurteilungen führte, trotzdem es sich bei den Nachforschungen ergab, dass sich bei den Bezeichneten nicht der geringste Unfall eingestellt habe.

Ein Bild von der Anwendung der Tortur in jenen Tagen finden wir auch in einem Torturprotokoll vom 2. Oktober 1627 aus Seligenstadt: »Weil dieselbe nicht gestehen wollte, sondern auf dem Leugnen halsstarrig bestand, als ist sie auf dem einen Schenkel mit dem Krebs beschraubt worden. Sie hat aber immerdar gerufen, es geschehe ihr Unrecht etc., und sich erzeigt, gleichsam sie einigen Schmerz nicht empfinde. Und ob der Meister auf ein Holz schraubte, auch mit aufgesperrtem Mund in einen Schlaf geraten. Und als man ihr Weihwasser in den Mund geschüttet hatte, hat sie dasselbe jedes Mal wieder ausgespieen und abscheuliche Gebärden von sich gegeben. Derentwegen, nachdem sie wieder zu sich selbst gekommen war, dieselbige ausgezogen, geschoren, mit dem Folterhemd angelegt und auf dem anderen Hemd auch beschraubet worden war, wobei sie sich mit Entschuldigungen, Rufen, Schreien, Schlafen wieder wie zuvor gebärdet, auch das Weihwasser abermals ausgespieen hat. Auf welche beharrliche Halsstarrigkeit und Verleugnen sie ungefähr zwei Vaterunser lang aufgezogen und mit ihr ein großer Stein an beide große Zehen gehängt worden ist. Sie hat aber wie zuvor einig empfindliches Zeichen nicht von sich gegeben, sondern gleichsam sie tot wäre sich gestellt, deshalb man sie herabgelassen und zur vorigen Custodia, nachdem sie sich wieder erholt, hat hinführen lassen.«

Arg gewütet wurde auch in der Erzdiözese Köln. In einem Schreiben des Pfarrers Duren zu Alfter an den Grafen Werner von Salm wird berichtet: »Solche sind aber mehrerteils Hexenmeister dieser Art. Es geht gewiss die halbe Stadt darauf. Denn allhier sind schon *Professores, Candidati juris, Pastores Canonici* und *Vicarii, Religiosi* eingelegt und verbrannt. Ihre Fürstliche Gnaden haben siebzig Alumnos (des Priesterseminars), die folgend Pastores werden sollten, von denen *quidam insignis musicus*, gestern eingelegt, zwei andere hat man aufgesucht, sind aber ausgerissen. Der Kanzler samt der Kanzlerin und des geheimen *Secretarii* Hausfrau sind schon fort und gerichtet. Am Abend unserer lieben Frauen (7. September) ist eine Tochter allhier, so den Namen gehabt, dass sie die schönste und züchtigste gewesen von der ganzen Stadt, von neunzehn Jahren, hingerichtet, die von dem Bischöfe selbst von Kind an aufgezogen. Einen Domherrn mit Namen Rotenhahn habe ich sehen enthaupten und folgend verbrennen sehen. Kinder von drei bis vier Jahren haben ihren Buhlen (d. h. Buhlteufel), Studenten und Edelknaben von neun, zehn, von elf, zwölf, dreizehn, vierzehn Jahren sind hier verbrannt. Summa, es ist ein solcher Jammer, dass man nicht weiß, mit was Leuten man conversieren und umgehen soll.«

So beklagenswert auch diese Zustände waren, aus deren Einzelheiten sowie auch noch aus so manchen anderen Tatsachen ergibt sich der Beweis, dass die von mancher Seite erhobene Behauptung, die Hexenverfolgungen in den katholischen Stiften seien damals einzig nur aus dem Bestreben hervorgegangen, das reformatorische Bekenntnis auszurotten, wenigstens nicht völlig auf Wahrheit beruht, mag auch manche böse Nebenabsicht dabei im Spiel gewesen sein. So z. B. wurde 1627 eine junge schöne Dame, Katharina von Henoth, die das Hauswesen ihres Bruders, der Probst und Domherr war, leitete, von einer hysterischen Nonne als Hexe bezeichnet und demgemäß ins Gefängnis geworfen wurde. Bald wurden die schlimmsten Beschuldigungen gegen sie laut und auch geglaubt. Zwei Pfarrer, die an einer sehr »unkirchlichen« Krankheit litten, mit der Beschuldigten übrigens nie im Verkehr gestanden hatten, behaupteten, durch eine Hexe zu diesem Leiden an den geheimsten Stellen ihres Körpers gekommen zu sein und dass diese Hexe keine andere als die Beschuldigte sein könnte. Sie wurde dreimal durch alle Grade hindurch gefoltert, dass, wie der technische Ausdruck jener Zeit lautete, die »Sonne sie durchscheinen konnte«, ohne jedoch zu gestehen. Nichtsdestoweniger wurde sie zum Feuertod verurteilt. Übrigens muss gesagt werden, dass es auch Kirchenfürsten gab, die diesem entsetzlichen Wüten abgeneigt waren und es zu verhindern oder doch zu mäßigen strebten.

Was die weltlichen Fürstentümer Deutschlands aus jener Zeit betrifft, so berichtet Soldan (II, S. 89): »In Kurbrandenburg sehen wir die Hexenverfolgung bis zur Regierung des großen Kurfürsten ihren ungestörten Fortgang nehmen. Unter diesem staatsklugen Fürsten tritt jedoch eine Wendung zum Besseren ein. Allerdings dauerten die Prozesse noch immer fort. Aufsehen machte hier namentlich ein Prozess, der drei Jahre lang gegen ein 1662 im Dorf Jagow in der Uckermark verhaftetes Weib geführt wurde. Die ganze uckermärkische Ritterschaft hatte auf den Prozess gedrungen. Endlich erkannte der brandenburgische Schöffenstuhl auf Tortur. Das Weib überstand jedoch dieselbe, ohne sich ein Geständnis abmartern zu lassen. Daher urteilte eine weitere Erkenntnis des Schöffenstuhls, bei der Tortur müsse ihr der Teufel Hilfe geleistet haben. Und da sich inzwischen in Jagow allerlei seltsame Dinge zugetragen hatten, so erging ein Endurteil der Juristenfakultät in Frankfurt auf Landesverweisung, das der Kurfürst bestätigte. Das Weib musste Urphede schwören und wurde dann durch den Nachrichter unter Zuziehung des uckermärkischen Hof- und Landrichters des Landes verwiesen. – Seitdem endeten die Hexenprozesse gewöhnlich mit Verweisung in das Spinnhaus oder mit Verbannung aus dem Land. Doch hatte der einsichtsvolle Monarch viel mit den Vorurteilen seiner Patrimonialgerichtsherren zu kämpfen, die noch immer der Hexerei durch Verbrennung der Hexen ein Ende machen zu müssen glaubten. Daher sah er sich öfters genötigt, gegen deren Verfahren eine Untersuchung einzuleiten oder die Urteile der Gerichte zu kassieren.« Bemerkt sei hierzu, dass diese Milderung der Urteile nur im geringen Grad auch mit einer Milderung in der Anwendung der Folter verbunden war.

Denselben Fanatismus in der Hexenverfolgung finden wir auch in allen anderen Ländern Deutschlands und nur selten gemildert durch die Einsicht der Höherstehenden oder Höchststehenden. Der Glaube an dergleichen Prozeduren, an Zauberwesen und Teufelsbündelei hatte so tiefe Wurzeln geschlagen, dass er nicht nur in der Anschauung des Volkes, bis zu den höchsten Gesellschaftsschichten hinauf, unausrottbar festsaß, dass sogar selbst die Beschuldigten – auch in Wirklichkeit und nicht nur, um der Folter zu entgehen – schließlich oft überzeugt zu sein schienen, die wider sie erhobenen Anklagen wären nicht völlig aus der Luft gegriffen und sie hätten sich tatsächlich mit dem Teufel verbunden.

»In Tirol«, berichtet Soldan (II, S. 92), »fasste die Regierung zu Innsbruck im Anfang des Septembers 1637 den Entschluss, gegen das Hexenwesen ernstlicher einzuschreiten. Indessen war man sich über die Gesichtspunkte, von denen man dabei auszugehen war, und über die Grundsätze, nach denen man zu verfahren habe, nicht recht klar, weshalb die Innsbrucker Regierung damals den erzfürstlichen Vormundschaftsrat und Kammerprokurator zu Innsbruck, Dr. Volpert Mozel, aufforderte, ein Gutachten über das Zauberwesen und über die Frage zu verfassen, wie es mit Konstituierung der in Kriminal- und Hexereisachen gefangenen Personen und ihrer Complices gehalten werden solle. Infolgedessen arbeitete Mozel seine neun Abschnitte umfassende Schrift, ›Instruktion und Conclusiones, mit was Umbständen die Hexen-Persohnen konstituiert werden khinnen‹, aus. Dieselbe bewegt sich allerdings ganz und gar auf dem Boden des Hexenhammers, enthält aber dabei doch mancherlei, wodurch sie sich von der bei den meisten Gerichten üblichen Praxis und von den Anschauungen vieler Rechtslehrer zu ihrem Vorteil unterscheidet. Mozel will z. B., dass der Untersuchungsrichter es nie versuchen soll, die Angeklagten mit Vertröstung einer Begnadigung zum Geständnis zu bringen. Haben Inquisiten die Tortur überstanden, ohne ein Geständnis abzulegen, so sind sie freizugeben. Die Tortur soll nicht zu lange, wenigstens nicht leicht eine Stunde lang dauern, und niemand soll öfters als dreimal gemartert werden. Ferner soll der Untersuchungsrichter nur die nach der Marter, nicht aber die auf der Folter gemachten Aussagen protokollieren. Nach den Komplizen soll der Richter erst fragen, wenn der Inquisit ein Geständnis abgelegt hat. Weil aber auf die Aussage einer der Hexerei überführten Person wenig zu geben ist, so soll der Richter dieselbe nach gemachter Denunziation noch mit einer ›geringen Marter angreifen‹ und sie dabei erinnern, dass sie durch falsche Angaben sich unzweifelhaft die ewige Verdammnis zuziehen würde. Sollte dann die gefangene Person auf der Folter ihre Aussage widerrufen, so hat man derselben keinen erheblichen Wert beizulegen. Man sieht, dass Mozel doch einigermaßen bestrebt gewesen ist, den Forderungen der Vernunft und Humanität wenigstens hin und wieder zu ihrem Recht zu verhelfen.« Nach diesen Vorschriften wurde nun eine stattliche Anzahl von Hexenprozessen geführt, die zumeist mit Todesurteilen endigten.

Besonders arg wütete der Hexenwahn im Gebiet des heutigen Bayerns. Hormayr bemerkt in seinem historischen Taschenbuch für 1831: »Wie weit dieser Wahnsinn überhaupt in Bayern gegangen sei, mögen auch die Consilia des berühmten Ingolstädter Lehrers Eberhard bewähren, da sogar fürstliche und herzogliche Personen als Zauberer und Hexen verdächtigt wurden und die Frage wegen ihrer Verhaftung, Tortur und Hinrichtung sehr ernsthaft beraten wird.« In Offenburg, Breisgau, war man im Hexenfang so eifrig, dass 1628 sogar eine »Fanggebühr« von zwei Schilling für jede eingebrachte Hexe ausgesetzt wurde, eine Zusage, die allerdings schon nach vierzehn Tagen zurückgezogen werden musste, weil sich zu viele Leute fanden, die darauf Anspruch machen wollten. Mehr oder minder wütende Verfolgungen fanden zu jener Zeit in allen Gauen Deutschlands statt, zumeist unter Mitwirkung von Rechtsgelehrten und juristischen Fakultäten. Eine rühmliche Ausnahme machte in einem bekannten Fall die Mainzer Fakultät, die unter dem 15. Juni 1674 an das Gericht zu Burkhardfelden, in Hessen-Darmstadt, schrieb: »Wir Senior und übrige Professores etc. befinden – die Acta – nicht also beschaffen, dass mit der vom Herrn Fiskal begehrten zweiten, und zwar völligen Tortur gegen die peinlich Beklagtin prozediert werden könne: und hätte ihrer auch mit der ersten harten Tortur verschont und dero Defensional-Articuln keineswegs verworfen werden sollen, aus folgenden Ursachen. Und tut im übrigen wenig zur Sache, dass die löbliche Juristenfakultät zu Gießen die Beklagtin Elisabeth zu der ersten Tortur condemniert habe, *dero rationes decidendi* sind nicht *apud acta.* Und ist daran Unrecht geschehen, dass dieses arme alte Weib, nach Ausweis des Protokolls, zwei ganze Stunden lang mit den Beinschrauben und an der Folter so überaus hart gepeinigt worden. Noch unrechter aber ist darin besehen, dass der Herr Fiskal, ohnerachtet dass die *verba finalia illius protocolli* so viel geben, dass sie Elisabeth nach ausgestandener so erschrecklicher Tortur absolviert worden sei (*nimirum ab ulteriore tortura*), nichtsdestoweniger in seiner also *intitulirten Confutation* und Gegensubmissionsschrift, wie auch endlichen Gegenschlussschrift die *reiterationem torturae contra istam miserimam decrepitam mulierem* so stark *urgirt* hat, gleichsam dieses alte Weib *propter suspicionem hominum quovis modo* hingerichtet und verbrannt werden müsse, sie sei gleich eine Zauberin oder nicht …

Gut wäre es, wenn die unschuldig beklagte Elisabeth durch glimpfliche Mittel dahin bewogen werden könnte, dass sie den Ort ihrer jetzigen Wohnung verändern und sich anderswohin begeben täte, angesehen sie ohne Ärgernis, Widerwillen und kontinuierliche Unruhe des Orts Untertanen nicht wird wohnen können. Dafern das von ihr, wie zu besorgen, in Güte nicht zu erhalten, so ist nötig, dass die Obrigkeit öffentlich verbiete, dass niemand, bei Vermeidung wohlempfindlicher Geld- und anderer Strafen sich gelüsten lassen solle, sie, Elisabeth, und die ihrigen an ihren Ehren mit Worten oder Werken anzugreifen oder auch von dem wider sie bisher geführten peinlichen Hexenprozess mit anderen Personen etwas zu reden … Und damit sie, Elisabeth, desto leichter bewogen werden möge, ihr gegen den Herrn Fiskal habende schwere *Actionem injuriarum, item ad expensas litis, damna et interesse* fallen und schwinden zu lassen, so ist ratsam, dass die Obrigkeit sie, Elisabeth, alsbald ihrer Haft erlasse mit der Vertröstung, dass man den Herrn Fiskal zur Zahlung der Prozesskosten anhalten, auch an allen Orten der Buseckischen Obrigkeit bei hohen Geld- und anderen harten Strafen ernstlich verbieten wolle, dass niemand sie, Elisabeth, oder auch ihre Kinder an ihren Ehren angreifen soll … Im Fall nun die oft genannte Elisabeth mit diesem Temperament, wie zu vermuten, sich befriedigen lassen wird, so ist der Herr Fiskal einer großen Gefahr überhoben, im Widrigen aber *secundum jura in periculo durae sententiae*, der Ursachen halben wir diesem unserem *Responso keine sententiam* beifügen. Und dass aller obiger Inhalt den kaiserlichen Rechten gemäß sei, wird mit unserer Fakultät zu Ende aufgedrucktem gewöhnlichen Insigel beurkundet.«

Ein im Stadtarchiv zu Marburg aufbewahrtes Torturprotokoll aus dem Jahre 1672, betreffend eine Frau Lips zu Betziesdorf in Oberhessen, gibt ein erschütterndes Bild von den damaligen Zuständen. Es lautet wortgenau, doch in heutiger Schreibweise: »Hierauf ist ihr nochmals das Urteil vorgelesen und erinnert worden, die Wahrheit zu sagen. Sie ist aber beständig bei dem Leugnen geblieben, hat sich selber herzhaft und willig ausgezogen, worauf sie der Scharfrichter mit den Händen angeseilt, hat wieder abgeseilt, peinlich Beklagtin hat gerufen: ›O wehe! O wehe!‹ Ist wieder angeseilt, hat laut gerufen: ›O wehe! O wehe! Herr im Himmel! Komme zu Hilfe!‹ Die Zehen sind angeseilt worden, hat um Rache gerufen und ihre Arme brechen ihr. Die spanischen Stiefel sind ihr aufgesetzt, die Schraube auf dem rechten Bein ist zugeschraubt, ihr ist zugeredet worden, die Wahrheit zu sagen. Sie hat aber darauf nicht geantwortet. Die Schraube auf dem linken Bein auch zugeschraubt. Sie hat gerufen, sie kenne und wüsste nichts, hat gerufen, sie wüsste nichts, hat um das Jüngste Gericht gebeten, sie wüsste ja nichts, hat sacht in sich geredet, sie wüsste und kenne nichts. Die linke Schraube gewendet. Peinlich Befragte ist aufgezogen, sie hat gerufen: ›Du lieber Herr Christ, komme mir zu Hilfe!‹ Sie kenne und wüsste nichts, wenn man sie schon ganz tot arbeitete. Ist höher aufgezogen, ist still worden und hat gesagt, sie wäre keine Hexe. Die Schraube auf dem rechten Bein zugeschraubt, worauf sie ›O wehe!‹ gerufen hat. Es ist ihr zugeredet worden, die Wahrheit zu sagen. Sie ist aber dabei blieben, dass sie nichts wüsste, ist wieder niedergesetzt worden, die Schrauben sind wieder zugeschraubt worden, hat geschrieen: ›O wehe! O wehe!‹ Wieder zugeschraubt auf dem rechten Bein, ist still geworden und hat nichts antworten wollen, zugeschraubt, hat laut gerufen, wieder still geworden und gesagt, sie kenne und wüsste nichts. Nochmals aufgezogen, sie gerufen: ›O wehe! O wehe!‹, ist aber bald ganz still geworden. Ist wieder niedergesetzt und ganz still geblieben, die Schrauben aufgeschraubt. Es ist ihr vielseitig zugeredet worden, sie ist dabei geblieben, dass sie nichts kenne und wüsste. Die Schrauben höher und zugeschraubt, sie hat laut gerufen und geschrieen, ihre Mutter unter der Erde sollte ihr zu Hilfe kommen. Ist bald ganz still geworden und hat nichts reden wollen. Härter zugeschraubt, worauf sie angefangen zu kreischen und gerufen, sie wüsste nichts. An beiden Beinen die Schrauben höher gesetzt, daran geklopft, sie gerufen: ›Meine liebe Mutter unter der Erde, o Jesu, komm mir zu Hilfe!‹ Am linken Bein zugeschraubt, sie gerufen und gesagt, sie wäre keine Hexe, das wüsste der liebe Gott, es wären lauter Lügen, die von ihr geredet worden. Die Schraube am rechten Bein härter zugeschraubt, sie hat angefangen zu rufen, aber stracks wieder ganz still geworden. Hierauf ist sie hinausgeführt worden von dem Meister, um ihr die Haare vom Kopf zu machen. Darauf er, der Meister, kommen und referiert, dass er das Stigma gefunden hat, in das er eine Nadel übers Glied tief gestochen, das sie nicht gefühlt hat, auch kein Blut ist herausgegangen. Nachdem ihr die Haare abgeschoren waren, ist sie wieder angeseilt worden an Händen und Füßen, abermals aufgezogen, da sie geklagt und gesagt hat, sie müsste nun ihr liebes Brot heischen, hat laut gerufen, ist wieder ganz still geworden, gleich als wenn sie schliefe. Indem fing sie hart wieder an zu reden. Die Schraube am rechten Bein wieder zugeschraubt, da hat sie laut gerufen, die linke Schraube auch zugeschraubt, wieder gerufen und stracks ganz still geworden, und ist ihr das Maul zugegangen. Am linken Bein zugeschraubt, worauf sie gesagt hat, sie wüsste von nichts, wenn man sie schon tot machte. Besser zugeschraubt am rechten Bein, sie hat gekreischt, endlich gesagt, sie könne nichts sagen, man sollte sie auf die Erde legen und totschlagen. Am linken Bein zugeschraubt, auf die Schrauben geklopft, härter zugeschraubt, nochmals aufgezogen, endlich ganz wieder losgelassen worden, (gez.) J. Jacob Blanckenheim. (gez.) Friedrich Bauod. (gez.) J. Hirschfeld, (gez.) M. F. Rang.

Meister Christoffel, der Scharfrichter, berichtet, als sie peinlich Beklagtin die Haare abgeschnitten haben, habe sie an seinen Sohn begehrt, dass man sie doch nicht so lange hängen lassen möge, wenn sie aufgezogen wäre.«

Das arme Weib, das so tapfer all diese entsetzlichen Qualen ausgestanden hatte, musste entlassen werden. Doch das »Auge des Gesetzes« wachte. Nach Verlauf von etwa einem Jahre glaubte man neue Beweise wider sie erlangt zu haben, wieder wurde sie gefangen genommen und in noch ärgerer Weise gemartert – viermal aufgezogen, sechzehnmal geschraubt –, aber dieses Weib bewies eine unglaubliche Seelenstärke und war nicht dahin zu bringen, das ihren Peinigern gefällige »Geständnis« zu machen. Die fürstlichen Räte zu Marburg, die an die Landgräfin über diesen Fall Bericht zu erstatten hatten, glaubten allerdings, dass die Standhaftigkeit der Gemarterten nur ein Werk der Zauberei sein könnte. Einen besseren Eindruck scheint jedoch dieser Fall auf die Landgräfin selbst gemacht zu haben, denn sie befahl, »das Gericht ernstlich dahin anzuweisen, dass dasselbe in dergleichen Hexenprozessen mit sonderbarer Zirkumspektion und Behutsamkeit verfahre, insbesondere auf bloße Denunziation und anderen geringen Argwohn, wenn nicht das Corpus *delicti notorie* und andere starke und triftige Umstände vorhanden sind, nicht so leicht jemanden zu Haften zu bringen, weniger denselben ohne vorhergehende Kommunikation mit den Räten peinlich vorstelle.« Dieser Befehl scheint auch von wohltuender Wirkung gewesen zu sein. Die Hexenprozesse nahmen ab, ohne jedoch vorerst ganz aufzuhören. Der letzte Hexenprozess in Hessen fand 1711 statt, jedoch wurde der Fiskal mit seinem Antrag, die Tortur vornehmen zu lassen, abgewiesen und die beschuldigte Anna Elisabeth Harn aus Geismar von der Instanz entbunden. In Hamburg, wo das Übel der Hexenprozesse überhaupt keine besondere Ausdehnung gefunden hatte, soll die letzte Hinrichtung einer »Hexe« im Jahre 1643 stattgefunden haben.

Aus einem Torturprotokoll vom Jahre 1674 aus dem thüringischen Tambach, wo der Amtsschöffer Benedikt Leo ein fanatischer Hexenverfolger war, erfahren wir Folgendes: Die erste Tortur brachte nicht das erwünschte Geständnis. »Hierauf ist sie wieder auf die Leiter gestellt und sind die Riemen angezogen, ihr auch die Beinschrauben angelegt worden. Aber hat alles nichts gefruchtet bis nach zehn Uhr, da sie den Kopf hat hängen lassen, die Augen sperrweit aufgemacht, dieselben verdreht, sich gebäumt, das Maul verdreht, geschäumt und so abscheulich ausgesehen, dass man sich nicht genug zu entsetzen und fürchten gehabt hatte, worauf, wie sonst öfters wechselweise geschehen, der Nachrichter sie heruntergelassen, ihr zugerufen und gebetet hat: ›Christe, du Lamm Gottes etc.‹ und andere Passionsgesänge: ›O Lamm Gottes etc.‹, ihr auch Wein in den Mund gegeben und auf allerlei Weise versucht, sie zum Geständnis zu bringen, aber alles vergebens. Denn sie hat dagestanden wie ein Stock. Gegen elf Uhr, da sie ganz wieder zurecht, ist nach treufleißiger Erinnerung wieder ein Versuch mit ihr gemacht worden; da sie dann, ehe der Nachrichter sie recht angegriffen hat, abermals die Augen verkehrt, das Maul gerümpft und sich so schrecklich gestellt hat, dass man augenscheinlich spüren und merken müssen, es gehe mit ihr von rechten Dingen nicht zu, sondern Satan habe sein Werk mit ihr. – Weil man nun bei dieser ihrer Verzückung nicht anders gemeint hat, als Satan habe ihr, weil Kopf und alles geschlottert haben, den Hals gebrochen, oder was noch nicht geschehen, würde noch geschehen, also hat man sie aus der Stube an ihren Ort gebracht, ob Gott auf andere Weise und Wege ihre Bekehrung suchen werde, und also ist sie ohne Geständnis fernerer Tortur entkommen. – Notitur: Als ungefähr eine Stunde nach der Tortur ich mit der anderen Inquisitin zu tun gehabt im Nebenstüblein und man nicht anders gemeint, Wiegandin täte kein Auge auf und läge gleichsam in ecstasi, hat sich auf einmal in ihrem Gefängnis groß Gepolter erregt. Da man nun zugelaufen, hat sich befunden, dass sie von ihrem Ort, allwo sie ausgestreckt gelegen, hinweg und außerhalb dem Türlein des Gatters, das doch ziemlich niedrig und schmal war, vorm Ofen auf einem Klumpen gelegen, da man sie dann mit vieler Mühe wieder an ihren Ort bringen müssen; alsdann jedermann davon gehalten hat, es ginge von rechten Dingen nicht zu, der Satan müsse sie hinausgerissen und ihr seinen Dank, dass sie sich so wohl gehalten habe, gegeben haben – Johann Benedikt Leo.« Diese Schriftstücke lauten in einer zu deutlichen Sprache, als dass noch nötig sein sollte, Bemerkungen daran zu knüpfen.

Wie man mit der Folter Geständnisse erpresste, zeigt auch ein zu derselben Zeit und an demselben Ort gegen die achtzigjährige »Sachsen-Ursel« geführter Prozess. Soldan berichtet hierüber in seiner Fußnote (II, S. 128): »Dieselbe wird mit Daumenstöcken, spanischen Stiefeln und Aufziehen an die Leiter ›ein baar Stunden‹ gefoltert, leugnet aber hartnäckig, eine Hexe zu sein. Man foltert daher in grässlicher Weise weiter und redet der Gefolterten beweglich zu. ›Hat sie endlich gewehklagt und gesagt: Der Nachrichter soll sie doch herunterlassen, dem wir aber widersprachen und begehrten, sie sollte zuvor sagen, wann, wie und wo sie zur Hexerei gekommen sei. – *Ad quod illa*: Man sollte sie herunterlassen, sie wollte sterben als eine Hexe und sich verbrennen lassen. *Nos*: Ob sie denn eine Hexe sei? *Illa*: Nein, so wahr, als sie da stünde, wäre sie keine Hexe. Sie wüsste nichts und könnte nichts, man möchte mit ihr machen, was man wollte … – *Nos*: Sie möchte sagen, was sie wollte, es wären so schwere Anzeigen wider sie da, die machten, dass man ihr sogleich nicht glauben könnte. – *Haec* begehrt nochmals, man möge sie heruntertun, die Arme täten ihr wehe, man sollte ihr zu trinken geben. – *Nos*: Wenn sie gleich zu bekennte, so soll sie gleich heruntergelassen und ihr, was sie begehre, gegeben werden. Ob nicht wahr, dass sie eine Hexe sei? – *Haec*: Sie müsste etwa vom Teufel heimlich sein verführt worden. – *Nos*: Ob sie denn verführt worden sei? Wann und wo? – *Haec*: Ja, nu, nu, ich muss mich erst besinnen. Er müsste in Kohlholz zu ihr gekommen sein, da sie vielleicht nicht gebetet oder sich Gott nicht befohlen haben würde. – *Nos*: Wann es geschehen sei? – *Haec*: Als ihr Mann noch gelebt hat, müsste er (der Satan) etwa am Nesselberg zu ihr gekommen sein, als der Amtsverweser noch da gewesen sei, müsste er sie am Nesselberg mit Listen so bekommen und sie in Essen und Trinken verführt haben. – *Nos*: Es gelte und heiße hier nicht ›Es müsste, es müsste usw.‹, sondern sie sollte pur antworten, entweder ja oder nein. Sie sollte sagen, ob sie nicht das Hexen gelernt habe, wo, wie und wann? – Nota: Weil man an ihr gemerkt hat, dass sie auf gutem Wege sei, hat man sie von der Leiter gelassen, sie von allem ledig gemacht, sie auf einen Stuhl niedergesetzt und sie zum Geständnis beweglich und umständlich ermahnt. – *Haec*: Sie wolle es sagen, ja, sie sei eine Hexe usw. … Die Unglückliche wurde verbrannt, doch vorher wahrscheinlich stranguliert.«

Der Hexenwahn schonte weder achtjährige Kinder noch achtzigjährige Greise, wo es ihm galt, sein Genügen zu finden. In

Neiße hatte der Magistrat zum Verbrennen einen Ofen erbauen lassen, in dem 1651 nicht weniger als zweiundvierzig weibliche Personen verbrannt wurden. Wie es damals im Städtchen Coesfeld zuging, erfahren wir aus der Deservitenrechnung des dortigen Scharfrichters. Es heißt hier unter anderem:

»Gertruth Niebers viermal verhort worden baven uff den Süstern Tornt, von jeder Tortur drey Rthlr., machet 12 Rthlr.

Den 16. Julii Gertruth Niebers des Morgens twischen 3 und 4 Slegen das Haupt abgeslagen, davon mich zukumpt viff Rthlr. Darnach verbrandt worden, daervon mich ooch zukumpt viff Rthlr.

Den 18. Julii Johan Specht, anders Dotgrever, uff der Valkenbruggen porten verhort, davon mich zukumpt drey Rthlr.

Den 19. Julii Johan Specht uff der Valkenbrugger porten verhort worden, davon mich zukumpt drey Rthlr.

Demselbigen dito Greite Pipers uff den Wachtorn verhort worden, davon mich zukumpt drey Rthlr.

Den 23. Julii Johan Specht under im Süster Torn verhort, davon mich zukumpt drey Rthlr.

Den 2. Augusti Johan Specht erstlich gestrangulerth uff ein Ledder (Leiter), davon mich zukumpt viff Rthlr. Darnach verbrandt worden, davon mich och zukumpt viff Rthlr.«

Und so weiter! Der Scharfrichter hatte in der Regel von jedem Inquisiten 15 Rthlr. bezogen.

Ein Beispiel von dem Wüten der kleinen Herren lieferte Christof von Rantzow im Holsteinischen, der 1686 auf einem seiner Güter an einem Tag achtzehn Hexen verbrennen ließ. Allerdings wurde er deswegen zu einer Geldstrafe von 2000 Rthlr. verurteilt. Ob er die in der Tat auch bezahlte?

Als besonders bemerkenswert verdient hervorgehoben zu werden, dass es inmitten der grässlichen Hexenverfolgungen, denen auch beinahe des großen Kepplers Mutter 1621 zu Wyl im Württembergischen zum Opfer gefallen wäre, eine schwedische Königin den Versuch machte, ihre deutschen Besitzungen von diesem Schrecken zu befreien. Christine, die Tochter und Nachfolgerin Gustav Adolfs, erließ 1649 ein Reskript, wonach »alle fernere Inquisition und Prozess in dem Hexenwesen aufzuhören habe, die diesfalls allbereits Captivirten wieder relaxiert und *in integrum* zu restituieren seien, weil diese und dergleichen weitaussehende Prozesse allerlei Gefährlichkeiten und schädliche Consequentien mit sich führen, und aus denen an anderen Orten fürgelaufenen Exempeln kundbar und am Tage ist, dass man sich in dergleichen Sachen je länger je mehr vertieft und in einem inextricablen Labyrinth gesetzt.« So lobenswert diese Maßregel auch war, so sehr aus ihr bereits der Geist einer neuen Zeit leuchtete, eine Zeit, die trotz alledem und alledem mit dem Namen des französischen »Sonnenkönigs« unlöslich verknüpft ist, viel nützte diese Maßregel doch nicht, und nach dem baldigen Regierungsrücktritt der Königin geriet diese Mahnung gar bald in Vergessenheit. Besser erging es auch nicht mit ähnlichen Bestrebungen kleiner deutscher Herren. Ein Menschenalter später, 1683, erschien zu Mecklenburg ein herzogliches Reskript, das, von ähnlichem Geist beseelt, streng befiehlt, es möge »hinfüro in den peinlichen Gerichten bei angestelltem scharfen Verhör der wegen Zauberei inhaftierten und der Tortur untergebenen Delinquenten so wenig von den zu der peinlichen Befragung abhibierten Richtern und Beisitzern gefragt werden sollte, ob reus oder rea auf dem Blocksberg gewesen sei und daselbst gegessen, getrunken, getanzt oder anderes teuflisches Gaukelwerk getrieben und diese oder jene Person mitgesehen und erkannt habe, noch auch, so der Gepeinigte von selbst alles erzählen und für Wahrheit berichten sollte, desselben Bekenntnis einigen Glauben beilegen, noch zu Protokoll bringen und des Beklagten Namen verzeichnen lassen sollen, zumal alle dergleichen *denunciationes ex fonte malo* herfließen und also billig zu abominieren und zu keinem Grund rechtschaffener Beweisung zu legen seien.«

Zumeist finden wir am Ende des siebzehnten Jahrhunderts den traditionellen Hexenwahn bereits im Widerspruch mit einer aufgeklärteren neuen Zeit, wenn auch jener noch lange nicht verdrängt werden konnte und, die Tortur im Gefolge, noch so manchen Schrecken entfaltete. In der auf Befehl des Großen Kurfürsten vom Professor Johann Brunnemann zu Frankfurt a. O. ausgearbeiteten »Anleitung zu vorsichtiger Anstellung des Inquisitionsprozesses« finden wir als einen zu beseitigenden Missbrauch hingestellt, »dass die Leute so lange torquiert werden, bis sie etwas bekennen, welches absonderlich bei denen, so der Hexerei beschuldigt worden, gebräuchlich ist.« Für die vorzunehmende Tortur wird angeordnet, dass sie nicht länger als eine Stunde währen soll, einen Zeitraum, den der Richter mit einer vor ihm stehenden Sanduhr abzumessen habe. Sie soll wenigstens fünf Stunden nach dem Essen oder frühmorgens, noch besser nachts vorgenommen werden. Zu vermeiden wäre auch, wenn der Beschuldigte mit einer Krankheit behaftet sei, die Tortur bei einer »Mondverwechslung« vorzunehmen, weil da Krankheiten kräftiger in Erscheinung träten. Ferner soll dem nicht ganz gesunden Inquisiten vor der peinlichen Frage von dem Arzt ein Präservativ gegeben werden, um seine Krankheit möglichst zurückzuhalten. Der Richter sollte auch im Protokoll die angewendeten Torturmittel verzeichnen, damit die Rechtsgelehrten, denen die Akten dann zur Prüfung vorgelegt würden, erkennen mögen, ob die Folterung ordnungsgemäß vorgenommen worden sei. Geständen Hexen, einen Schaden angerichtet zu haben, so sollten sie auch gefragt werden, woher sie wüssten, dass sie diesen Schaden verübt hatten. Und wenn sie andere Personen als Mitschuldige angäben, so wäre nachzuforschen, ob diese Denunziation begründet sei und nicht teuflische Verblendung.

Im Gebiet der heutigen Schweiz wurde auch im siebzehnten Jahrhundert die Hexenverfolgung eifrig betrieben. Die Tortur soll dabei in jedem Prozess nur einmal angewendet worden sein, wobei es jedoch, wie Soldan bemerkt, an Grausamkeiten aller Arten nicht fehlte. In der Grafschaft Valangin kam der Fall vor, dass ein Richter eine auch unter den furchtbarsten Martern ihre Unschuld behauptende Inquisitin, über diese »Hartnäckigkeit« aufgebracht, in ihrem Kerkerloch einmauern ließ. Aufgeklärter als manche andere zeigte sich der Rat von Bern, der wiederholt Gerichtsbeamte wegen ungebührliche Anwendung der Folter zu Geldstrafen verurteilte. Auch ließ er 1651 bei Juristen und Geistlichen Gutachten über das Hexenwesen einholen, und die eingelaufenen Antworten lauteten ziemlich aufgeklärt. Die Berner Geistlichkeit meinte u. a., »dass die verdächtigen Personen und Beklagten mit mitleidigem Ernst erforscht werden, nicht alsbald mit der peinlichen Tortur durch die Scharfrichter, die zu Zeiten blutdürstige Leute sind und mit Künsten umgehen, dadurch sie einen Teufel mit dem anderen sich unterstehen zu sahen, sondern durch gelehrte und erfahrene Männer, die aus Gottes Wort mit ihnen nach einem eifrigen Gebet reden, ob sie zum freien Bekenntnis ihrer Missetat und herzlicher Begierde aus den Klauen des höllischen Löwen erledigt und hingegen des himmlischen und seligen Lebens teilhaftig zu werden mögen bewegt werden!« Wie den hochwürdigen Herren Theologen fehlte auch nicht den gelehrten Herrn Juristen und Medizinern der Glaube an das Hexenwesen, doch sprachen auch sie sich gegen die missbräuchliche Anwendung der Tortur aus, und der Rat wies auch die Amtsleute an, bei Verhafteten, die der Hexerei verdächtig wären, die Folter nicht mehr anzuwenden, sondern vom Rat Bescheid einzuholen. Eine neue *Prozessordnung*, die am 29. Dezember 1651 erlassen wurde, ordnete an, dass nur in Fällen besonderer Wahrscheinlichkeit, wo großer Verdacht vorläge und der Beschuldigte dennoch nicht gestehen wolle, die Folter maßvoll angewendet werden dürfe. Dabei wird das Aufziehen auf dreimal und das anzuhängende Gewicht auf höchstens hundert Pfund beschränkt. So wenig Wert im Grunde genommen diesen Bestimmungen beizumessen war – zumeist war es doch der Willkür des Richters überlassen zu beurteilen, ob ein genügender Verdacht vorhanden sei –, sie übten doch eine wohltätige Wirkung aus, indem die Tortur nunmehr seltener und bedächtiger in Hexenprozessen zur Anwendung gelangte. In ähnlicher Weise verhielt sich die Sache auch in den anderen Kantonen der Schweiz.

VI. Kapitel

Heinrich IV. – Ludwig XIII. – Prozess Gaufridy – Prozess Grandier – Grandiers Feinde – Besessene Nonnen – Exorzismus – Des Teufels Latein – Kardinal Richelieu – Grandiers Urteil – Tortur – Verbrennung – Ludwig XIV.

Wenn auch, wie schon früher bemerkt wurde, der Hexenwahn in *Frankreich* nicht so arg grassierte wie in Deutschland, so trat er doch oft genug grausam in Erscheinung, und die Tortur, die bei politischen und anderen Verbrechen reichlich Anwendung fand, fehlte auch hier nicht. Merkwürdigerweise hat auch die vielgerühmte Regierung Heinrichs IV. viel des Schreckens dieser Art aufzuweisen. Manche wollen den Grund dazu in dem Umstand suchen, dass der Vorgänger des Béarners, Heinrich III., selber als Verbündeter des Teufels gegolten und seine Ermordung durch Clement soll auch unter dem Einfluss dieser Annahme gestanden haben. Im Jahre 1609 wurde auf Befehl des Königs eine Untersuchung über Zauberei und Hexerei unter den Basken von Labourd vorgenommen, wobei mehr als sechshundert Personen nach angewandter Tortur zum Feuertod verurteilt wurden.

Unter Ludwig XIII. erregten zwei einander ähnliche Prozesse großes Aufsehen, beide gegen Geistliche geführt und beide in Verbindung mit einem Ursulinen-Kloster. Was den ersten betrifft, so berichtet Soldan (II, S. 164 f.) darüber nach guten Quellen: »Louis Gaufridy, Benefiziatpriester an der Kirche des Accules zu Marseille, galt, wie eine aus der Feder seiner Feinde geflossene Geschichtserzählung sagt, für den frömmsten Mann auf Erden und sah seinen Beichtstuhl besonders vom weiblichen Geschlecht umdrängt. Plötzlich hörte man von Exorzismen, die der Dominikaner Michael, Prior von St. Maximin, an einigen Nonnen des Ursulinen-Klosters vornimmt. Die Teufel Beelzebub, Asmodeus, Leviathan u. a. reden aus ihnen, weissagen vom Antichrist und vom Jüngsten Tag und erzählen ganz besonders vom Priester Gaufridy schreckliche Dinge. Derselbe, sagen sie, habe sich mit Leib und Seele dem Teufel verschrieben, um Ansehen und Weibergunst zu erlangen. Er sei König der Zauberei in Spanien, Frankreich, England, in der Türkei und in Deutschland, und sein Hauch bezaubere die Frauen, wenn er dieselben missbrauchen wolle, unwiderstehlich. So habe er die jüngste unter den Nonnen, Magdalene de la Palud, verführt, zum Hexentanz mitgenommen und zum Abfall bewogen. Als dieselbe aber reumütig ins Kloster zurückgekehrt sei, habe er ihr und ihren Gefährtinnen Plageteufel zugesandt, um sie zu besitzen und martern. Nun war zwar in Marseille die allgemeine Stimme, dass Gaufridy dessen unschuldig sei und nur aus Missgunst vom Pater Michael verschrieen werde. Doch kam die Sache vor das Parlament von Aix, wo Magdalene, nachdem der Präsident ihr das Leben zugesagt hatte, ein umständliches Bekenntnis über die zauberischen Schändlichkeiten Gaufridys ablegte. Dieser wurde verhaftet, von einigen Amtsärzten in Gegenwart des erzbischöflichen Vikars der Nadelprobe unterworfen und mit Magdalene, die sich, bei fortdauernden unkeuschen Angriffen der Teufel, des geistlichen Beistands der Dominikaner und Kapuziner erfreute, konfrontiert. Gaufridy schwur bei Gott und den Heiligen, dass er falsch angeklagt sei. Magdalene bekam indessen neue, noch heftigere Anfälle, und die Teufel Beelzebub und Verrim bezeugten aus der Besessenen, dass Gaufridy als Fürst der Zauberer weit schlimmer gewesen sei als der Teufel selbst. Hierin fand das Parlament genügsamen Grund, dem Angeklagten das Leben abzusprechen. Er wurde, um Nennung seiner Komplizen zu erpressen, die man als Hunde und Eulen scharenweise um das Gefängnis heulen hörte, gefoltert, dann degradiert und am 30. April 1611 auf dem Dominikanerplatz zu Aix lebendig verbrannt.«

Noch schlimmer stellt sich der Prozess Grandier (1634–1637) dar, der Willibald Alexis Stoff zu einem Roman gab und dessen Inhalt er auch ausführlich in dem von ihm und Hitzig herausgegebenen »Der neue Pitaval«, VI, darlegt. Wir lassen diese interessante Darstellung auszugsweise hier folgen:

Zu den Zeiten Richelieus lebte in der Stadt Loudun ein Geistlicher von ebenso ausgezeichneten Eigenschaften, als er, zu seinem Unglück, sich derselben bewusst war. Urban Grandier, aus Niedermaine gebürtig, war ein Zögling der Jesuiten in Bordeaux gewesen. Seine Lehrer hatten ihrem wohlgeratenen Schüler, zur

Ehre des Ordens und ihm selbst zum Lohn, die einträgliche Pfarrei zu St. Peter in jener Stadt und noch außerdem eine Pfründe an der dortigen Kollegiatskirche zum heiligen Kreuz verschafft. Diese Bevorzugung eines Fremden in einer Stadt, wo er gar keine Verwandtschaften hatte, seine Talente, sein Stolz und sein Lebenswandel erweckten den Neid gegen ihn. Er selbst, im Vollgefühl seiner Kraft und seines Ansehens, nährte ihn durch die Verachtung, mit der er auf seine Neider herabsah. Aus dem Neid wurde Todfeindschaft, die sich in unvermeidlichen Verfolgungen aussprach, die endlich gegen die Mitte des siebzehnten Jahrhunderts einen Prozess hervorriefen, der an Gehässigkeit, Aberwitz und Grausamkeit an die Zeiten des finstersten Fanatismus erinnert, um so furchtbarer und ruchloser aber erscheint, als er in einem Zeitalter spielt, wo die Franzosen bereits auf den Ruhm der unterrichtetsten, feinsten und aufgeklärtesten Nation Anspruch machten.

Urban Grandier war ein schöner, großer Mann, von edler, würdevoller Haltung, mit lebhaften, durchdringenden Augen. Er trug und kleidete sich ausgesucht, ohne etwas Gezwungenes merken zu lassen. Im Umgang war er unterhaltend und gern zu Mitteilungen geneigt. Er ließ den feinen Denker und gelehrten Mann durchblicken. Sein Ruf als Kanzelredner war groß, die Leichenrede, die er beim Tod eines geachteten Schriftstellers jener Tage gehalten hatte, ist im Druck aufbewahrt und rechtfertigt den Ruhm, den seine Zeitgenossen ihm zollten.

Die Bettelmönche hatten bis da in Loudun und der umliegenden Gegend als die besten Prediger gegolten, ihr Ruhm war einträglich für ihre Kasse gewesen. Urban entriss ihnen jenen und diese Vorteile zugleich. Er bemühte sich, ihnen auch die Seelsorge zu entreißen, predigte wider diese Brüderschaften und ermahnte die Leute, sich in allen Herzensbedrängnissen lieber an ihre Pfarrer zu wenden, die es aufrichtiger mit ihnen meinten. Auch die Waffen des Witzes brauchte er gegen die Mönche mit doppeltem Erfolg. Die Karmeliter wurden lächerlich und seine erbitterten Feinde.

Urban hatte Schwächen, die seinen Feinden die Waffen in die Hand gaben. Mit einem Stolz, der an Übermut grenzte, benahm er sich gegen sie. Zum Verzeihen fühlte er sich nicht geneigt, und wenn er einen Rechtssieg erstritten hatte, verfolgte er ihn mit unerbitterlicher Härte. Auf diese Weise hatte er sich zwei Todfeinde erworben: den Priester Mounier und den Kanonikus Mignon. In einem Wortwechsel behandelte er eines Tages den Präsidenten des Steueramtes in Loudun, Barot, mit so viel Stolz und Verachtung, dass auch die Gelassenheit selbst nicht unempfindlich hätte bleiben können. Barot war sehr reich, er war Mignons Oheim und hatte Vettern und Basen in großer Anzahl in der Stadt, die alle vor dem gnädigen Oheim und seiner reichen Erbschaft auf den Knien lagen. Durch diese Sippschaft war die halbe Stadt im Bund gegen Urban. Er stand fast allein und bewarb sich in seinem Stolz um keine Verbündeten.

Urban verband mit diesem unbeugsamen und stolzen Charakter einen entschiedenen Geschmack zu Liebeshändeln. Ein Mann von feiner Gestalt, feinen Gaben, und dazu die priesterliche Würde, war den Frauen gefährlich. Er galt als unwiderstehlich. Die Eifersucht minder glücklicher Nebenbuhler, der Hass von Ehemännern und Vätern gegen ihn, der, kraft seines Amtes, in den Häusern Zutritt hatte, die Weiber bezauberte und die er bezauberte, ins Gerede brachte, vermehrte die Zahl seiner Feinde. Es hieß, dass auch die schöne Tochter des königlichen Prokurators Trinquant sich ihm ergeben und ein Kind von ihm gehabt habe. Der Vater, vom Zorn verblendet, strengte deshalb einen Prozess an, der ihm zu nichts half und weder Urbans noch seiner Tochter Schuld herausstellte, aber auf ihn selbst das ganze Gewicht des Lächerlichen warf. Den Fehltritt der Tochter hätte Trinquant vielleicht, diese Folge konnte er Urban nicht vergeben.

Der stolze Priester bewahrte aber, neben diesen Versündigungen gegen seinen Stand, eine Tugend, die in dem galanten Frankreich sehr hoch angeschlagen wurde. Er rühmte sich nicht seiner Eroberungen, er sprach nie von ihnen und hielt das unverbrüchliche Stillschweigen, selbst unter den Qualen der Tortur, über die Damen, mit denen man ihn des unerlaubten Umganges bezichtigte. Man vermutete, dass er, unbeschadet seiner vielfachen Liebschaften, eine Geliebte hatte, die sein ganzes Herz besaß, mit der er sogar, zu ihrer Beruhigung, eine Gewissensehe geschlossen haben sollte. Nie aber ist der Name dieser Dame bekannt geworden. Er sündigte übrigens in diesem Punkt weniger aus Leichtsinn als aus Grundsatz, indem man unter seinen Papieren eine geistvoll geschriebene Abhandlung *»gegen das ehelose Leben«* der Priester fand.

Das Komplott seiner Feinde versammelte sich bei Barot. Verstärkt durch den königlichen Advokaten Menuau, der gleichfalls Urban im Verdacht des Umganges mit seiner Gattin hatte, beschlossen sie, alles anzuwenden, den gemeinschaftlichen Feind zu verderben oder ihn wenigstens aus Loudun ganz fortzutreiben.

Zwei schlechte Kerle mussten eine Klage gegen den sittenlosen Priester bei den Gerichten erheben, mit der Beschuldigung, dass er mit Weibern und Mädchen Unzucht getrieben, keine Religion besitze, niemals sein Brevier bete und sogar in seiner eigenen Pfarrkirche eine Frau missbraucht habe. Während dieser Prozess gegen Urban vor dem Zivilleutnant Chauvet verhandelt wurde, erlaubte sich einer der Verschworenen, ein reicher Edelmann, Duthibaut, den Priester, als er, mit dem Chorhemd bekleidet, in seine Kirche ging, um das Hochamt zu halten, auf offener Straße zu insultieren. Urban hatte ihm, gewiss sehr unpassend für den Moment, mit seiner gewöhnlichen hohen Art die Verunglimpfungen vorgeworfen, die Duthibaut gegen ihn ausgestoßen habe. Dieser, statt einer Antwort, schlug ihm mit dem Rohr mehrmals über den Kopf.

Urban eilte nach Paris, warf sich dem Könige zu Füßen und flehte für diese einem Priester zugefügte Beleidigung um Genugtuung, die ihm auch der entrüstete Monarch versprach. Die doppelte Anklage und der doppelte Prozess kreuzten sich; wir können aber in Kürze darüber weggehen, da beide Untersuchungen nur Vorgänge der schreckenvollen Verfolgung sind, der Urban später erlag. Seine Feinde waren stärker als der gute Wille des Königs, dem beleidigten Priester Recht zu verschaffen. Der Bischof von Poitiers, Urbans nächster geistlicher Oberer und von seinen Feinden durch falsche Mitteilungen gegen ihn gewonnen, gesellte sich den Letzteren zu, und es fehlte schon bei dieser Untersuchung nicht an den empörenden Willkürlichkeiten der späteren. Urban musste zwei Monate in einem traurigen, feuchten Gefängnis, in das ihn der Bischof werfen ließ, schmachten, während die Zeugen vor dem geistlichen Gericht furchtbare Dinge gegen ihn aussagten, und so sicher waren die Verbündeten ihres Erfolges, dass sie schon einen der Barot'schen Vettern, unter Begünstigung des Bischofs, in den Besitz seiner Pfründe setzten.

Inzwischen kam, auf Anrufung des Verklagten an das Pariser Parlament, die Untersuchung an die weltlichen Richter. Als der Zivilleutnant von Loudun in kommissarischem Auftrag die Untersuchung führte, gaben die Zeugen ganz andere Antworten, als die geistlichen Richter zu Protokoll genommen hatten, einige widerriefen geradezu und legten das freiwillige Bekenntnis ab, sie wären verführt und bestochen worden, besonders vom Prokurator Trinquant. Ja, es fanden sich unleugbare Beweise, dass man bei dem geistlichen Gericht Umstände zu Protokoll gebracht hat, die den Zeugen nicht in den Sinn gekommen waren. Zwei Priester protestierten deutlich und feierlich, dass man ihre Aussagen durch und durch verfälscht hätte.

Den Anklägern hatte der Prozess viel Geld gekostet und versprach, wie die Sachen standen, wenig Erfolg. Keiner der vielen Ehemänner und Liebhaber der des Umgangs bezichtigten Frauen war zu einer Aussage gegen Urban Grandier zu bewegen. Obgleich der Bischof, von der Kanzel herab, die um seine Frevel Wissenden ermahnte, sich vor Gericht zu stellen, erschien niemand. Das Gericht zu Poitiers musste am 25. Mai 1631 Urban Grandier von der gegen ihn erhobenen Anklage vorläufig freisprechen.

Der Mut seiner Feinde war gebrochen, gleich wie ihr Geld ausgegangen war. Sie sollten noch mehr beschämt werden. Der Erzbischof von Bordeaux, dem der Bischof von Poitiers untergeben war, kam in die Nähe von Loudun. Er untersuchte, auf die an ihn gerichtete Appellation, den Prozess selbst, und sprach (am 22. November 1631) Urban Grandier von allen ihm zur Last gelegten Verbrechen völlig frei, setzte ihn wieder in sein Amt ein und überließ es ihm, auf Schadenersatz zu klagen.

Der Erzbischof war ein umsichtiger Mann. Er erkannte die Gefahr, die dem vereinzelten Priester mitten in einer Stadt unter so erbitterten Feinden drohte. Er gab ihm den freundlichen Rat, seine Pfründe zu vertauschen, und versprach ihm, in Anerkennung seiner ausgezeichneten Gaben, ihm anderswo eine angemessene Stellung zu verschaffen. Urban Grandier lehnte das Anerbieten aus Stolz ab. Er wollte seinen unwürdigen Feinden trotzen. Möglich auch, dass eine zärtliche Verbindung es ihm schwer oder unmöglich machte, von Loudun fortzugehen.

Urban Grandier aber tat noch mehr. Recht um seine Gegner zu reizen, hielt er bei seiner Rückkehr nach Loudun einen förmlichen Triumphzug und trug dabei einen Palmenzweig in der Hand. Seine Freunde bedauerten diese Überhebung, seine Feinde freuten sich und sannen auf neue Mittel, ihre Rache zu kühlen. Das Parlament hatte den Prozess Urbans gegen Duthibaut ausgesetzt bis nach Entscheidung der Untersuchung gegen den ersteren. Jetzt setzte er diesen Prozess mit allem Eifer fort und gewann ein günstiges Urteil, das er in aller Strenge ausführen ließ. Duthibaut musste einen öffentlichen schimpflichen Verweis mit entblößtem Kopf anhören und wurde zu verschiedenen Geldbußen und zur Erstattung aller Kosten verurteilt. Auch damit nicht zufrieden, schickte der vielfach gereizte Mann sich an, seine geheimen Angeber und Widersacher beim Parlament zu verfolgen, und stellte dazu Entschädigungsklagen gegen alle an. Vergebens warnten ihn seine Freunde, vergebens malten sie ihm seine wahre Lage aus, dass er in einem Lager lauernder, aufs äußerste erbitterter Feinde sich schutzlos befinde, er solle sie nicht noch mehr reizen. Er wollte sich rächen und zeigen, dass er auf sein Recht und seine Unschuld baue, und selbst schleuderte er die Fackel in den Scheiterhaufen, der ihn verzehren sollte.

Von einer Seite her, wo er und niemand es erwarten durfte, sollte der neue Angriff gegen ihn ausgehen, eine kunstvoll und doch albern angelegte Mine. Mehrmals trat er sie unerschrocken aus, die Vernunft, der französische Witz waren auf seiner Seite. Aber die Mönche, seine Feinde, zündeten sie immer wieder von neuem an und fachten das Feuer heller und heller an. Sie bearbeiteten die Gemüter des Volks, bis die Atmosphäre selbst von dem Feuerstoff geschwängert war und der allgemeine Wahn auch die Vernünftigen und Beherzten so erschreckte, dass sie verschüchtert schwiegen …

Einige Jahre vor dieser Geschichte hatte sich ein Ursulinen-Konvent in der alten Stadt Loudun gebildet. Das Kloster war noch arm, obwohl Fräuleins aus den ersten französischen Familien sich als Nonnen darin aufnehmen ließen. Die Priorin, ein schönes junges Mädchen, war die Tochter eines Marquis von Cose und nahe verwandt mit dem Staatsrat von Loubardemont. Es befanden sich darunter Basen des allmächtigen Richelieu, des Erzbischofs von Bordeaux und anderer vornehmer Staatsmänner. Dennoch waren die Mittel der neuen Konventualen so beschränkt, dass sie in einem Privathaus zur Miete wohnten und ihren eigentlichen Lebensunterhalt durch Unterricht und Aufnehmen von Pensionärinnen sich gewinnen mussten.

Ihr erster Beichtvater, Moussaut, ein kluger, aufgeklärter Geistlicher, war etwa um die Zeit unserer Geschichte gestorben. Bald darauf hieß es, in dem Haus, wo sie wohnten, ginge es um, es sei der abgeschiedene Geist des Beichtvaters; vielleicht weil er im Leben zu aufgeklärt gewesen war. Einige der jüngeren Nonnen und Kostgängerinnen belustigte das Gerücht, und sie beschlossen, es zu ihrem Spaß zu benutzen. Sie standen heimlich des nachts auf und ließen Türen und Fensterladen klappen, Stühle rutschen und Fässer rollen. Die Wirkung auf die Furchtsamkeit ihrer Mitschwestern war so aufmunternd für sie, dass sie in dem Spiel nur noch dreister fortfuhren. Sie stiegen bis aufs Dach, vom Dach in die Oberböden, gingen von da in die Schlafkammern der Kostgängerinnen und zogen ihnen die Unterröcke von den Betten weg und trieben allerhand tollen Spuk, dass der Glaube unter den geängstigten Nonnen feste Wurzel fasste, der Geist dringe durch fest verschlossene Türen. Der Geist aber hatte einen Bundesgenossen in der 15-jährigen Pensionärin Maria Aubin, die nachts, wenn die anderen schnarchten, heimlich den Riegel zurückzog, um den Gespensterbesuch einzulassen. Nachher vermehrte sie den Schrecken ihrer Mitschwestern, indem sie unter entsetzlichen Gebärdungen und Angstgewimmer sich unter ihre Betten begrub, wenn der Geist eingetreten war.

Diesen unschuldigen Anfang hatte die historisch gewordene Erscheinung der Besessenen von Loudun. Zur Zeit ihrer Blüte daran zu erinnern oder gar zu behaupten, dass dies die erste Ursache gewesen sei, wäre zur Lästerung, wenn nicht zum Verbrechen geworden, das zum Scheiterhaufen führen konnte. Marie Aubin beteuerte aber noch im Alter von 65 Jahren, dass die Geschichte sich so und nicht anders verhalten habe.

Der Kanonikus Mignon, den wir schon als Urban Grandiers erbittertsten Feind kennen, wurde nach Moussauts Tod zum Gewissensrat der jungen Ursulinen erwählt. Ein Mann von heftigen Leidenschaften, hochmütig, rachsüchtig, von nicht unbedeutenden Gaben, die er aber nur zu seinem Hang für die Intrige verwandte und dabei alles aufbot, einen Heiligenschein der Frömmigkeit um seinen Scheitel zu breiten. Er wusste das Herz der alten wie der jungen Nonnen zu gewinnen, und das der Letzteren in einem Grad, dass, während jene ihm die Schreckenskunde von dem Poltergeist anvertrauten, diese ihn schon zum Vertrauten ihres Mutwillens machten. Mignon verbot ihnen weder dieses Spiel, noch verriet er es den armen Erschreckten. Als ein kluger Mann ließ er einer Sache ihren Lauf, die ihn vorläufig nicht berührte, die ihm aber nützlich werden konnte. Der Augenblick schien jetzt da, wo der lange gehegte Racheplan gegen Urban Grandier ins Werk gesetzt werden könnte.

Der Schreck hatte wirklich auf die Nerven einiger unter den älteren Nonnen eingewirkt. Diese mochten Visionen haben, andere waren physisch krank, d. h., sie litten unter den beängstigenden Symptomen, denen unverheiratete und in strenger Keuschheit lebende Frauen oft unterworfen sind. Ihr Gewissensrat erklärte ihnen, das seien untrügliche Merkmale des Teufels, der in ihnen seinen Wohnsitz aufgeschlagen habe. Er nahm Beschwörungen mit ihnen vor, und da ihnen bekannt war, welche Schmerzen der böse Geist bei Anrufung des Namens Gottes oder bei Annäherung heiliger und geweihter Dinge empfinde, und es natürlich war, dass er das, was ihn verletze, dem Körper, in dem er wohnte, mitteile, so fühlten sie bei den Beschwörungen ein Drucken, Stoßen und Reißen, was notwendigerweise Verzückungen zur Folge haben musste.

Dieses Besessensein wurde ansteckend. Die Priorin war für den Ruf ihres Klosters besorgt, denn Mignon machte ihr begreiflich, dass die Heiligen demselben kein besseres Geschenk hätten senden können. Fromme und mitleidige Herzen würden, gerührt durch das Unglück der armen Mädchen, sie mit milden Gaben überschütten und das ganze Kloster dadurch in Verruf kommen. Seine Weissagung ging buchstäblich später in Erfüllung, nachdem die Priorin auch ihrerseits alles getan hatte, dem Segen des Himmels den Weg zu bahnen.

Der Beichtvater stellte ihr das vorteilhafte Werk nebenbei noch als ein gutes dar, um das ein kluger Betrug sich nicht allein verwinden lasse, sondern im Grunde genommen auch gottgefällig sei. In Loudun lebten damals viele Protestanten. Wenn der Teufel nun mehrere Nonnen besäße und katholische Priester, kraft des Geheimnisses, an das die Calvinisten nicht glaubten, die unsauberen Geister austrieben, so könne das nur zum Ruhm der heiligen Kirche ausschlagen und möglicherweise auch einige verirrte Seelen in den Schoß derselben zurückführen. Außer der Priorin wurden auf diese Weise noch zwei oder drei Nonnen für das Gott wohlgefällige Werk des Besessenseins gewonnen.

Mignon erteilte ihnen nun Unterricht in der Wissenschaft des Besessenseins und machte sie auf alle Bedenklichkeiten und Schwierigkeiten aufmerksam. Ausgemacht sei es, dass der Teufel niemals in den Leib eines Menschen fahre, wenn er nicht ausdrücklich durch einen Zauberer hineingeschickt worden sei. Dies geschähe kraft eines Bundes (Pact), den der gottlose Mensch zuvor mit dem Teufel geschlossen habe. Man müsse also zunächst denjenigen ermitteln, von dem es wahrscheinlich sei, dass er diese teuflischen Neigungen hege, dermaßen, dass man auch mit einiger Sicherheit auf ihn los inquirieren könne. – Wie im Nachdenken versunken, fuhr der Kanonikus im Gespräch mit der Priorin plötzlich auf und hatte den Menschen gefunden. – Urban Grandier, der ruchloseste Bösewicht, der verabscheuungswürdigste Priester, der durch seine Ausschweifungen die vornehmsten Familien der Stadt entehre, die Stadt in Uneinigkeit und Unruhe bringe und dem ganzen Land das größte Ärgernis sei! Offenbar durch Zauberkünste habe er jetzt eben erst die Augen der Oberrichter verblendet, dass sie ihn, trotz der klaren Beweise seiner Schuld, freigesprochen haben. Wer also könne die Nonnen behext haben, wenn nicht dieser wollüstige Priester? Doppelt Preis dem Herrn, wenn die Behexung und deren Austreibung die Wirkung habe, dass dieser Schändlichste aller Schändlichen entlarvt, das Land von ihm befreit und er vielleicht selbst zur Buße und zur Rückkehr zu Gott gebracht werde. Mignon stellte diese letztere Ansicht absichtlich der frommen

Priorin dar, um ihren Glaubenseifer noch mehr zum Betrug anzufeuern. Dass Urbans Überführung oder Geständnis zum Scheiterhaufen führe, verschwieg er weislich dem schwachen Weib.

Die Priorin und die vertrauten Nonnen gingen auf alles im besten Glauben und in der besten Absicht ein. Sie leisteten dem Beichtvater einen Eid der Verschwiegenheit, aber er bediente sich, als das Werk des Betruges im Gang war, noch ganz anderer Mittel, die armen Geschöpfe zu fortwährender Tätigkeit zu zwingen. Er stellte ihnen vor, dass, wenn sie widerriefen, sie sich selbst als falsche Anklägerinnen denunzierten, und jetzt wies er ihnen mit den lebendigsten Farben den Scheiterhaufen, der ihrer als Strafe harre. Er verwies auf Urbans unversöhnliche Gemütsart, der Himmel und Hölle in Bewegung setzen werde, sich an ihnen zu rächen.

Während das Gerücht von den besessenen Mädchen sich durch die Stadt verbreitete, wurden im Inneren des Klosters die nötigen Vorbereitungen gemacht, um mit der Erscheinung vor die Augen der Welt zu treten. Mignon nahm nun im Innern des Klosters regelmäßige Beschwörungen vor, bei denen schon einzelne Einwohner von Loudun zugezogen wurden, um den bezweckten Schrecken über die Stadt zu verbreiten. Plötzlich erschien auch ein Kanonikus Barre aus Chinon in feierlicher Prozession an der Spitze seiner Parochialen vor den Toren zu Loudun. Fünf Meilen war er zu Fuß gereist, um seinem Konfrater in dem heiligen Werk der Beschwörung der Unglücklichen beizustehen, eine Vorbereitung, die der Sache erst den gewünschten Eklat gab.

Barre war in Sinnesart und Neigungen Mignon nahe verwandt, nur dass er mit noch düsterer Glut und unersättlichem Ehrgeiz dem Namen eines Heiligen nachstrebte. Gegen zwölf Tage bearbeiteten beide insgeheim die Besessenen, um mit ihnen vor den Augen des Publikums erscheinen zu können. Dazu gehörte aber die Einwilligung, wenigstens die Zustimmung des auf seine Rechte sehr eifersüchtigen Bischofs von Poitiers. Dieser wurde durch seinen Günstling, den Pfarrer Granger von Venier, ein übel wollender harter Charakter, von den Verbündeten aber nur deshalb miterwählt, weil er mit Urban in nicht unfreundschaftlichen Verhältnissen stand, also kein Verdacht der Parteilichkeit auf ihn fiel, umso leichter bearbeitet, als Urban seiner Sentenz getrotzt hatte, was er ihm nicht vergeben konnte.

Durch Granger wurde am 11. Oktober 1632 dem Bailli der Landschaft, Guillaume von Cerisey, und dem Zivilleutnant Chauvet die offizielle Anzeige von zwei im Ursulinen-Kloster ohne allen Zweifel vom Teufel besessenen Nonnen gemacht. Beide wurden aufgefordert, von Amts wegen eine Sache zu untersuchen, die in ihrem Fortgang das größte Aufsehen erregen müsse.

Die beiden obrigkeitlichen Personen begaben sich ins Kloster, an dessen Tür sie Mignon, mit dem Chorhemd und der Stola angetan, empfing. Nach seinem Bericht wären die armen Nonnen vierzehn Tage lang durch Gespenster und fürchterliche Erscheinungen sehr geplagt worden, und endlich hätten die bösen Geister sich in den Leibern der Priorin und zweier Nonnen festgesetzt. Zwar habe er, mit Unterstützung des Kanonikus Barre und einiger Karmeliter, den bösen Geistern dermaßen durch Beschwörungen zugesetzt, dass sie auf acht bis zehn Tage ihren Abzug nehmen müssen. Allein in der vergangenen Nacht seien sie bei der Priorin und einer Laienschwester zurückgekehrt, und beide wären in diesem Augenblick vollständig besessen. Soviel er ermittelt habe, sei diese neue Besessenheit infolge eines Paktes, dessen Symbol einige Rosen wären, erfolgt. Das Symbol des älteren Bundes wären drei schwarze Dornen gewesen. Der Teufel, der sich der Priorin bemächtigt habe, heiße Astaroth, der bei der Laienschwester Jubilon.

Schon wollten die Beamten wieder fortgehen, da Mignon ihnen sagte, die armen Mädchen schliefen in diesem Augenblick. Aber eine Nonne kam schnell heruntergelaufen und sagte, sie seien wieder erwacht und ihre Zufälle wären aufs Neue angegangen. Man verfügte sich in eine obere Kammer, wo sieben Betten standen, in deren einem die Priorin, in einem anderen die Laienschwester lag. Die übrigen Nonnen, der Kanonikus Rousseau und der Wundarzt Manouri waren zugegen.

Die Priorin galt als eins der schönsten Mädchen, kaum aber dass sie die beiden Beamten erblickte, als ihre Züge sich so entstellten, dass ihr Anblick grässlich und fürchterlich war. Sie quiekte wie ein junges Schwein und warf sich wie eine Rasende im Bett umher. Mignon steckte zwei Finger in ihren Mund, ohne Furcht, vom Teufel gebissen zu werden, und nach verschiedenen, vom Ritual vorgeschriebenen Beschwörungsformeln begann er mit dem Teufel im Leib der Priorin das Verhör, auf das der Dämon, nach dem Vorangegangenen, sobald die Beschwörung in der Ordnung war, antworten musste.

Frage: *Propter quam causam ingressus es in corpus hujus virginis*? (Aus welcher Ursache bist du in den Leib dieser Jungfrau gefahren?)

Die Stimme: *Causa animositatis.* (Aus Hass.)

Frage: *Per quod pactum*? (Unter welchem Bundeszeichen?)

Stimme: *Per flores.* (Durch Blumen.)

Frage: *Quales*? (Was für Blumen?)

Stimme: *Rosas.* (Rosen.)

Frage: *Quis misit*? (Wer sandte sie?)

Stimme: *Urbanus.* Dies Wort wurde mit einigem Stocken ausgesprochen, als wäre dies Geständnis wie durch die äußerste Kraft des Exorzismus hervorgelockt.

Frage: *Dic cognomen.* (Nenne den Zunamen.)

Stimme: *Grandier.* Auch dieser Name kam nur mit großer Überwindung heraus.

Frage: *Dic qualitatem.* (Nenne seinen Stand.)

Stimme: *Sacerdos.* (Priester.)

Frage: *Cuius ecclesiae*? (An welcher Kirche?)

Stimme: *Sancti Petri.* Auch dies kam schwer heraus.

Frage: *Quae persona attulit flores*? (Was für eine Person hat die Blumen gebracht?)

Stimme: *Diabolica*!

Nach dieser letzten Antwort kam die Priorin wieder zu sich und verlangte etwas zu essen. Die Beamten besprachen sich am Fenster mit dem Beschwörer und meinten, er habe die Besessenen auch nach den Ursachen des Hasses befragen sollen. Mignon entschuldigte sich, dass ihm jede vorwitzige Frage verboten sei.

Als man darauf der Laienschwester, gleichfalls einem sehr schönen Mädchen, die sich aber nicht minder grässlich verdrehte, dieselben Fragen vorlegte, machte sie mit der Hand eine abwehrende Bewegung und rief: »Der anderen, der andern.« Ihr

Teufel musste sich, vermutet man, nicht so sicher im Latein fühlen, um auf acht lateinische Fragen immer die passende Antwort zu finden.

Der Vorfall wurde genau registriert, wobei sich ergab, dass derselbe schon früher mehrere Male, und zwar Wort für Wort, sich ebenso ereignet hatte, und zwar in Gegenwart des Bürgermeisters der Stadt und des königlichen Prokurator Trinquant. Spötter meinten, wenn der Teufel überhaupt Latein verstehe, so dürfe man doch annehmen, dass er es gewiss besser rede als die Priorin, die etwa wie ein Schüler aus der ABC-Schule geantwortet habe. Es sei überdies ein sehr einseitiger Teufel, der zu verschiedenen Zeiten und gegen die verschiedensten Personen immer nur dieselben Brocken hervorbringe, während des Teufels Wesen doch in Bosheit, Mutwillen und Zweideutigkeit sich dartue. Man meinte, die Priorin habe gerade geschwiegen, als das Latein ihres Teufels ausgegangen sei. Darum habe nicht mehr nach dem Grund des Hasses gefragt werden können. Auch begriff man nicht, weshalb man zu dieser offiziellen Beschwörung gerade die Karmeliter, Urbans Hauptfeinde, zugezogen habe, und fand es seltsam, dass wenige Tage zuvor sämtliche bekannte Feinde des Priesters sich in einem Dorf, in Trinquants Haus, versammelt hatten.

Auch die beiden Beamten schienen von diesem Zweifel angesteckt. Als sie am folgenden Tag wieder ins Kloster kamen, stellten sie Mignon vor, dass bei dem Aufsehen, das die Sache errege, es durchaus nötig werde, dass die Beschwörungen künftig nur in Gegenwart der Obrigkeit und von Exorzisten, die sie dazu erwählten, vorgenommen würden, indem seine, Mignons, Eigenschaft als Beichtvater der Nonnen und als notorischer Feind Urbans ihn im Publikum verdächtig mache. Mignon schien ganz willig den Befehlen der weltlichen Obrigkeit nachzukommen, dafür trat nun aber der »unparteiische« Barre auf und berichtete von unerhörten Dingen, die ihm die arme Priorin bei einer Privatbeschwörung anvertraut habe. Demnach waren nicht weniger als sechs Teufel in ihrem Leib, die alle Urban Grandier hineingeschickt habe. Er habe sowohl die Rosen als die Dornen durch vertraute Leute über die Gartenmauer werfen lassen, und von da an sei der Teufelsspuk losgegangen. Als die Beamten an diesem

Tag nachmittags zu den Besessenen traten, geriet die Priorin wieder in heftige Verzückungen, streckte die Zunge aus dem Hals, geiferte und schäumte. Als Barre sie fragte, wann der Teufel abziehen werde, antwortete sie: *cras mane* (morgen früh), wusste aber auf die andere Frage nicht rechten Bescheid zu geben und stammelte endlich das Wort *finis* oder *finit*. Die Zweifler meinten, dass der eine der sechs Teufel, der an der Reihe zu antworten gewesen sei, sein Latein nicht recht innegehabt und dem Kanonikus damit einen Wink geben wollen aufzuhören. Die Priorin redete nun kein Wort mehr. Vergebens stellte man das Ciboire (das Behältnis der geweihten Hostie) ihr auf den Kopf. Bei dem Namen gewisser Heiligen fuhr sie in furchtbarem Schmerz zusammen, und als Barre ihr befahl, wie Herz und Seele auch ihren Körper in die Hand Gottes zu übergeben, antwortete sie: der Teufel habe ihn und sie besitze keine Herrschaft mehr darüber. Erst nach geraumer Zeit kam sie wieder zu sich, ihr Gesicht wurde heiter und ruhig, sie sah den Exorzisten lächelnd an und sagte, der Satan sei nicht mehr in ihr. Von allem, was mit ihr vorgenommen wurde, wollte sie nichts wissen. Doch gab sie genaue Auskunft davon, wie sie zum ersten Mal bezaubert worden sei. Es sei abends um 10 Uhr gewesen, als sie schon im Bett gelegen habe. Da hätte etwas ihre Hand ergriffen, sie geöffnet, drei schwarze Dornen hineingelegt und die Hand ihr wieder zugedrückt. Weder sie noch die anwesenden Nonnen hätten etwas gesehen, aber die drei Dornen wären zu ihrem Schrecken in ihrer Hand geblieben, und alle andern hätten sie drin gefunden in der Lage, wie der Unsichtbare sie hineingelegt hatte.

Wie zur Bekräftigung ihrer Aussage rauschte und kratzte es in dem Augenblick hinter der Wand, eine Katze schoss aus dem Kamin und fuhr in wenigen Sätzen auf einen Betthimmel. Der böse Geist, ein Zauberer schien gegenwärtig. Viele zitterten und wurden blass, andere wollten fliehen; doch rissen zwei beherztere die furchtbare Katze herab, setzten sie aufs Bett der Priorin, und Barre griff sie mit den kräftigsten Beschwörungsformeln an. Der Exorzismus rührte aber die Katze nicht, sie blieb ruhig und freundlich auf dem Bett liegen, als hätte sie schon oft diesen Platz innegehabt. Endlich kam man zur Überzeugung, dass das friedliche Tier die gewöhnliche Hauskatze war.

Dafür verbrannte man einen Strauss weißer verwelkter Rosen, durch die der zweite Pakt geschlossen war. Alle Anwesenden rochen mit der angestrengtesten Aufmerksamkeit; zu ihrer großen Verwunderung hinterließen aber die Rosen nicht den geringsten infernalischen Gestank.

Anfänglich hatte Urban Grandier die Beschwörungen als eine lächerliche Komödie betrachtet, die mit Schimpf und Schande ihrer Urheber endigen werde. Als er aber den Ernst sah, mit dem man verfuhr, übergab er am 12. Oktober 1632 ein Memorial an den Bailli, worin er die ganze Sache als eine Betrügerei und das Werk Mignons darstellte, den er schon in einer anderen Sache der giftigsten Lästersucht überführt hätte. Er trug deshalb darauf an, dass man die vorgeblich Besessenen an einen abgesonderten Ort in genaue Aufsicht und Verwahrung nehme, sie, voneinander abgesondert, befragen lasse, und wenn man fände, das der Exorzismus nötig wäre, andere Exorzisten von bekannter Ehrlichkeit und nicht so verdächtige Leute wie Mignon und seine Anhänger dazunehme. – Aus des Bailli Antwort: dass Barre die Beschwörungen auf Befehl des Bischofs von Poitiers vorgenommen habe, ersah er, dass man ihn an diesen verweise. Aber der Bischof empfing ihn weder persönlich, noch nahm er seine Beschwerden an, sondern verwies ihn an die königlichen Beamten, die ihm alle Gerechtigkeit widerfahren lassen würden. Urban sah nun wohl ein, dass das Wetter, das sich über seinem Haupt zusammenzog, mit jedem Tag fürchterlicher wurde. Der Maire von Loudun selbst, ein Edelmann Renatus Memin, reich, von großem Einfluss, unter dem besonderen Schutz des Kardinal Richelieu, hatte sich zur Partei seiner Feinde geschlagen. Der Verfolgte gab also eine neue Klage bei seiner weltlichen Obrigkeit, dem Bailli, wegen der ihm zugefügten Beschimpfungen ein und bat, ihn unter königlichen Schutz zu nehmen. Der Bailli resolvierte auch, dass seinem Gesuche willfahren und männiglich untersagt werden solle, ihn mit Worten oder Tat zu misshandeln.

Mignon protestierte feierlich dagegen, er erkenne die Gerichtsbarkeit des Bailli in dieser Sache nicht an. Grandier sei Priester und Kanonikus so gut wie er, beide gehörten in einen Sprengel und könnten daher keinen anderen Richter haben als ihren gemeinschaftlichen Bischof. Er scheue das Licht und eine gerichtliche Untersuchung gar nicht und sei zum Beweis dessen bereit, sich in das Gefängnis des Offizialgerichtes zu stellen, und fordere seinen Gegner auf, sich auch dorthin zu begeben

Der Bailli, ein verständiger und pflichtgetreuer Mann, ließ sich, solange keine höheren Rücksichten ihn hemmten, durch die Wut der Ankläger nicht abhalten, mit Umsicht und Gerechtigkeit die ärgerliche Sache zu untersuchen. Ihm und allen Vernünftigen musste es auffallen, dass der Kanonikus Barre beim Exorzismus am 12. Oktober den Beamten versprach: wenn sie am folgenden Tage wiederkämen, würde der Teufel verständlicher reden. Wie konnte der Beschwörer Ereignisse voraussehen, die von der Laune des Teufels abhingen? An diesem folgenden Tag ließ er die Beamten eine Stunde in einem gegenüberliegenden Haus warten, angeblich weil die Nonnen in der Vorbereitung auf die Kommunion begriffen wären. Inzwischen hatte er, gegen das Verbot des Bailli, die Besessenen *privatim* exorzisiert und, wie er behauptete, den Teufel ausgetrieben. Der Bailli drückte ihm sein höchstes Erstaunen aus über die Frechheit, die Obrigkeit *in corpore* eine Stunde warten zu lassen und während dieser Zeit etwas zu tun, was dem direkten Befehl derselben entgegen war und den Verdacht des schändlichsten Betruges aufs Neue errege. Barre hatte keine andere Entschuldigung, als dass alles, was er getan habe, auf die Verherrlichung des Namens Gottes abziele. Er versprach dafür in acht Tagen eine große Begebenheit, die allen Zweifel entfernen würde, sowohl in Hinsicht der Besessenen als des Zauberers. Der Teufel werde sich dann gewiss bereit zeigen, seinen Befehlen zu gehorchen.

Aber der Teufel war ungehorsam, oder, wie die anderen meinten ungelehrig, er zeigte sich nicht allein acht Tage, sondern einen ganzen Monat lang nicht. Erst am 22. November meldete er sich wieder, wo sich denn auch der Kanonikus Barre zu den Beschwörungen in Loudun abermals einfand. Als aber der Bailli ihm ausdrücklich verbot, die beiden Besessenen über Dinge zu befragen, die zu Grandiers oder eines anderen Schande gereichen könnten, protestierte jetzt auch Barre feierlich gegen diese Anmaßung der weltlichen Obrigkeit in Dingen, wo nur sein geistlicher Oberer ihm zu befehlen habe. Und wirklich wies er einen Auftrag desselben Bischofs von Poitiers zur Fortsetzung der

Exorzismen vor, der Urbans Beschwerden von sich und ihn an die bürgerliche Obrigkeit gewiesen hatte. Die ganze Sache ging jetzt in einen versteckten Kampf der bürgerlichen und der geistlichen Obrigkeit über. Der Bailli mit den Gerichtsbeisitzern verordnete, dass Grandiers Gesuch nachgegeben werden müsse und die Priorin sowie die Laienschwester jede besonders in ein Bürgerhaus unter genauer Aufsicht und unter Zugebung einer Nonne gebracht werden solle. Dort dürfe niemand als die Exorzisten, und zwar in Gegenwart anerkannt rechtlicher und unbeteiligter Personen, zu ihnen gelassen werden. Aber die Priorin erklärte, sie sei der Gerichtsbarkeit des Bailli nicht unterworfen, der Bischof sei ihr kompetenter Richter, und protestierte gegen die Sequestration ihrer Person, die ihrem Gelübde entgegenlaufe. Sie dürfe danach nie ihre Klausur verlassen, wenn nicht ihr geistlicher Oberer sie davon dispensiere. Ähnliche Proteste liefen von anderen angesehenen Männern und Frauen ein, die im Kloster Verwandte hatten. Ja, sie drohten, den Bailli für seine Person zu belangen, wenn er den ungerechten Befehl durchsetzen wolle. Der Gerichtsbeamte musste darauf ein neues Verfahren über die Rechtmäßigkeit der bestrittenen Sequestration einleiten, was die Sache in immer weitere Kreise verwickelte.

Inzwischen wurde mit den Beschwörungen in der bisherigen Weise und in Gegenwart der Zivilbeamten fortgefahren, ohne große andere Resultate, als dass das Latein des Teufels immer mehr verdächtigt wurde. Barre forderte die Priorin auf: *Adora Deum tuum, creatorem, tuum* (Bete deinen Gott an, deinen Schöpfer), und sie erwiderte richtig: *adoro te* (ich bete dich an), als er aber fragte: *quem adoras*? (Wen betest du an?), antwortete sie statt im Akkusativ *Jesum Christum* im Nominativ *Jesus Christus*! – »Das ist ein Teufel, der nicht viel Grammatik im Kopf hat«, rief ein Beisitzer des Gerichts. Der Beschwörer ließ sich nicht aus der Fassung bringen, sondern wiederholte schnell die Frage in einer anderen Wendung, wo der Nominativ passte: *quis est iste, quem adoras*? (Wer ist es, den du anbetest?) Jetzt aber antwortete die Nonne im Vokativ: *Jesu Christe*! Mehrere riefen, das sei doch auch für den Teufel zu schlechtes Latein, worauf Barre aber kühn behauptete: sie habe gesagt, *adore te, Jesu Christe*! (Dich bete ich an, o Jesus Christus!) Die Schwester Clara, die zuerst besessene

Laienschwester, rief zwar fortwährend: »Grandier! Grandier!« mit Beschuldigungen gegen ihn, auch machte sie in Gegenwart aller so unzüchtige Bewegungen und stieß so unflätige Reden aus, dass billigerweise niemand an einer Anwesenheit des Teufels bei dem schönen Mädchen zweifeln konnte. Mit dem Latein ihres Teufels sah es aber nicht besser aus als bei der Priorin. Auf die Frage: durch welchen Bund ist der Teufel in dich gefahren? antwortete sie: *duplex* (zweifach), was keinen Sinn gab. Ein anderes Mal, als man den Teufel in den Nonnen nach Grandiers Stand fragte, antwortete er: *Curatus*. Er machte aus dem französischen *Cure* ein lateinisches Wort, was wenigstens auf der Oberwelt nicht existierte. Als man ihn fragte: unter welchem Bischof dieser Grandier die Tonsur erhalten habe?, antwortete der Teufel ganz treuherzig: *nescio* (ich weiß es nicht). Da es mit dem Latein so schlecht ging, forderte der Bailli den Exorzisten auf, er sollte den Teufel zwingen, alles das griechisch zu wiederholen, was er lateinisch so schlecht beantwortet habe, aber Barre mochte ihn noch so furchtbar beschwören, er wollte kein griechisches Wort von sich geben, und als er heftiger in ihn drang, kam die Nonne sehr bald wieder zur Besinnung. Der Teufel war vor dem Griechisch entlaufen. Einmal brachte der Exorzist der Besessenen eine Hostie in den Mund und verbot dem Teufel, sie zum Erbrechen zu reizen. Der Teufel gehorchte, und der Pfarrer ließ die Gequälte dreimal Wasser trinken. Ein Schotte namens Stracan, der Direktor der Schule zu Loudun, verlangte, der Teufel sollte das Wort Wasser auf Schottisch sagen. Die Priorin antwortete, was dem Teufel oft aus der Verlegenheit half: *Nimia curiositas* (das ist eine vorwitzige Frage). Dennoch bestand man auf der Forderung des Schotten. Der Teufel wollte nun ohne Zweifel antworten: »Gott will nicht« (*deus non vult*), aber er versprach sich und rief: *Deus non volo* (der Gott ich will nicht). Der Exorzist konnte dies schlechte Latein nur dadurch entschuldigen, dass ihm die Forderung, der Teufel solle auch Schottisch verstehen, doch allzu vorwitzig scheine. Aber das Ritual bei Beschwörungen setzte ausdrücklich fest, dass das Vermögen, fremde Sprachen zu reden, und Sachen, die in den entferntesten Ländern vorgingen, im Augenblick, wo sie sich begeben, das untrüglichste Merkmal einer Besessenheit sei. Darauf verwies man ihn.

Der Exorzist stellte dies nicht in Abrede, versicherte auch, der Teufel verstände recht gut die schottische Sprache, er wolle nur diesmal nicht schottisch sprechen. Er könne aber noch weit schwierigere Dinge als Schottisch reden. So solle er auf der Stelle, wenn es den Herren gefällig sei, alle geheimen Sünden des Herrn Bailli erzählen. Dem Beamten war dies nicht gefällig, denn es war vorauszusehen, dass die besessene Nonne, voreingenommen gegen die weltlichen Gerichtsbeamten, alles mögliche Stadtklatschereien zum Vorschein bringen würde. Dagegen meinte man, der Teufel könne sich durchaus nicht weigern, hebräisch zu reden, da dies eine tote und die älteste unter allen Sprachen sei, die er, bei seinem langen Leben, sich jedenfalls und sogar zur Geläufigkeit müsse angeeignet haben. Aber selbst das einfache Wort Wasser zauderte er hebräisch zu nennen. Die Nonne stockte, und endlich sprach sie mit leiser zitternder Stimme einige Worte, von denen alle näher Stehenden behaupteten, sie hätten gelautet: *Ah! Je renie*! (Ach, ich widerrufe!) Aber ein Karmeliter, der in einem entfernten Winkel gestanden hatte, versicherte, sie hätte gesagt: *Zaquacq*, was ein hebräisches Wort sei und so viel bedeute als: »Ich habe Wasser ausgeschüttet!«

Unsere Leser werden uns gern der Aufgabe überheben, aus den Protokollen dieses ersten Beschwörungsprozesses alle die immer wiederholten Beobachtungen aufzuzeichnen. Zu den zwei Hauptbesessenen waren schon jetzt noch einige andere gekommen, die in der Bezichtigung Grandiers als Urhebers ihrer Qualen übereinstimmten und seinen Namen zugleich mit Verwünschungen und ekelhaften Zumutungen überhäuften. Da die Besessenen sämtlich schöne Mädchen waren, meinten die Spötter, dass die Teufel in ihnen sehr geschickt oder auch ungeschickt operierten, je nachdem es ihnen darum zu tun sei, ihren Erwählten, der, seiner Neigung zum weiblichen Geschlecht wegen, bekannt war, zu denunzieren. Alle Besessenen stockten in den Antworten auf Fragen, die ihnen auf Anlass der Beamten vorgelegt wurden, dagegen gingen sie wie ein Pelotonfeuer los, wenn der Exorzist aus seinem Kopf fragte.

Man hatte, den gesetzlichen Vorschriften gemäß, die angesehensten Ärzte der Stadt bei der letzten Beschwörung hinzugezogen. Ihr Bericht ging dahin, dass sie zwar an der Priorin heftige konvulsivische Bewegungen bemerkt haben, ein Besuch sei jedoch nicht hinreichend, um zu untersuchen, ob die Ursachen natürlich oder übernatürlich wären. Um genau und nach ihrer Wissenschaft zu untersuchen, müsse ihnen möglich gemacht werden, Tag und Nacht sich bei den Besessenen aufzuhalten, und niemand als einige Nonnen und Beamte sollen zu denselben gelassen werden. Auch müssten sie allein ihnen Speise und Getränke reichen, niemand sie anrühren, noch sonst mit ihnen sich in Rapport setzen. Erst dann wären sie imstande, das Resultat ihrer Beobachtungen getreulich anzuzeigen.

Es stand nicht mehr in der Macht des Bailli, diesem vernünftigen Ansinnen, auf das auch Grandier mit aller Heftigkeit bestand, nachzugeben. Die Ankläger selbst hätten es unterstützen müssen, um eine Anklage gegen die Lauterkeit ihrer Gesinnung, die im Publikum sich immer deutlicher vernehmen ließ, zu entkräften. Sie zogen es vor, bei mehreren Gelegenheiten durch die fürchterlichsten Schwüre die Reinheit ihrer Absichten und ihres Glaubens zu beteuern.

Indessen verfuhren der Bailli und die Gerichte doch mit aller Umsicht und aller Unparteilichkeit, welche die Umstände ihnen gestatteten. Durch ihre geschickten Zwischenfragen stellte sich heraus, dass die sechs Teufel, welche die Priorin besessen hatten, auch in anderen Beziehungen sehr unwissend waren und es auch trotz der mannigfachen Zuflüsterungen der Bettelmönche und der verbündeten Ankläger blieben. Einmal als der Teufel auf menschliche Weise in Erfahrung gebracht hatte, dass ein Hugenotte in der Kapelle war, und sich darüber beschwerte, ließ ihn der Bailli fragen, wie viele Hugenotten in der Versammlung wären. Er antwortete dreist: ihrer zwei. Es waren aber nicht weniger als neun und angesehene Leute zugegen. Ebenso falsch gab der Teufel der Priorin auf Befragen den Aufenthaltsort Urbans und des Bailli selbst, der erzürnt fortgegangen war, an. Da alle diese Kränkungen dem Teufel aber nur in Gegenwart der Beamten widerfuhren, so riefen alle besessenen Nonnen, sie wollten durchaus nicht mehr in Gegenwart des Bailli noch der anderen Personen exorzisiert sein.

Der Bailli berief in seiner Verlegenheit eine allgemeine Versammlung der Einwohner der Stadt, in der beschlossen wurde, an den Bischof von Poitiers und an den Generalprokurator zu schreiben und, unter Einsendung der Registraturen, sie zu bitten, durch ihre Gewalt und Weisheit dem ferneren Verlauf einer so ärgerlichen Kabale Einhalt zu tun. Der Generalprokurator antwortete statt des Bischofs, die Sache sei rein geistlich, das Parlament könne sich daher nicht darein mischen. Der Bischof gab gar keine Antwort, ernannte aber andere, Grandier feindliche Geistliche, um den ferneren Beschwörungen beizuwohnen, die dem Kanonikus Barre allein anvertraut wurden.

Die Sache fing indessen an, in ganz Frankreich Aufsehen zu erregen. Die Königin, sehr begierig, den wahren Hergang der Sache, die sie nur aus den verworrensten Gerüchten kannte, zu erfahren, sandte ihren Almosenier Marescot nach Loudun, um die Sache aufs gründlichste zu untersuchen. Die weltlichen Beamten fürchteten, dass dieser Geistliche sich leicht durch Mignon und Barre könne gewinnen lassen. Trotz des Protestes der Nonnen und dem Befehl des Bischofs wollten sie daher wenigstens als Zeugen bei der neuen Beschwörung sein, um über eine genaue Registratur aller Vorgänge zu wachen. An der Pforte des Klosters erklärte aber eine Nonne, man werde sie nicht einlassen, denn sie wären verdächtig und hätten in der Stadt ausgesprengt, es sei mit den Besessenen nichts als Betrügerei und Erdichtung. Das mussten die ersten Gerichtspersonen in ihrer eigenen Stadt, auf offener Straße sich sagen lassen. Dazu kam Barre in voller priesterlicher Kleidung, den Almosenier zu seiner Seite, und erklärte ihnen, er werde ihnen nicht verweigern hereinzukommen, aber er werde tun, was ihm beliebe. Er sei ein ehrlicher Mann, kenne die Pflichten eines Exorzisten und werde wissen, was ihm obliege, ohne sich durch obrigkeitliche Personen zu Fragen bestimmen zu lassen, die bei der letzten Beschwörung ohne allen Grund davongelaufen wären. Der Bailli und die Seinigen unterließen nicht zu antworten, und ein ärgerliches Gezänk erfolgte auf offener Straße, was damit endete, dass die Beamten mit der ohnmächtigen Verwarnung, er solle sich nicht unterstehen, irgendeinen Menschen, wer es auch sei, zu verunglimpfen, sich entfernten. Barre schrie ihnen nach, sie hätten ihm nichts zu befehlen, und warf die Tür hinter ihnen zu.

Grandiers Sache schien schon damals verloren, als die Vertreter der Gesetze sich vor dem Einfluss der zu seinem Untergang Verbündeten und der Übermacht der Mönchspartei zurückziehen mussten. Die Beschwörer konnten jetzt, befreit von der Kritik lästiger Aufpasser, die Besessenen alles sagen lassen, was sie Lust hatten zu hören. Da erschien abermals, plötzlich als ein Retter in der Not, der Erzbischof von Bordeaux, Herr von Escoublas, in der Nähe von Loudun. Er schickte seinen Arzt in die Stadt, um die Besessenen zu untersuchen. Mignon, Barre und die Übrigen kannten den Charakter des helldenkenden Prälaten. Der Arzt wurde mit Aufmerksamkeit empfangen, er konnte aber nichts untersuchen, denn man kam ihm schon mit der trostvollen Nachricht entgegen, dass alle infizierten Nonnen wunderbarerweise und mit einem Mal von den höllischen Geistern verlassen worden. Sämtliche Besessene, wie inspiriert durch die beseligende Nähe des Prälaten, waren ruhig und zufrieden und gesund, als hatte sich nie etwas Außerordentliches mit ihnen ereignet.

Urban Grandier traute dem Frieden nicht, er bat aufs inständigste durch ein Memorial den Prälaten, die Sache nochmals, und aufs strengste, durch unbescholtene Personen untersuchen zu lassen. Der Erzbischof willfuhr diesem Gesuch und erließ, am 27. Dezember 1633, eine merkwürdige Ordonnanz, deren Hauptbestimmungen folgende waren:

Zwei von ihm ernannte Jesuitenpatres sollten in Zukunft abwechselnd mit Barre, doch immer einer in Gegenwart des anderen, die Beschwörungen verrichten. Die Besessenen sollten aus dem Kloster fortgenommen, ein besonderes Haus für sie gemietet werden. Keine andere Gesellschaft dürfte um sie bleiben als eine unverdächtige, vom Teufel nicht angefochtene Nonne. Dann sollten drei der geschicktesten katholischen Ärzte sie behandeln und genau untersuchen, ob die angebliche Besessenheit in der Einbildungskraft, im dicken Blut und in schlechten Säften ihren Ursprung habe oder ob Bosheit und Betrug dahinter verborgen sei. Im letzten Fall wäre eine tüchtige Disziplin anzuwenden, um das Geständnis der schändlichen Kabale zu erhalten. Sollten aber wirklich übernatürliche Merkmale sich zeigen, als da wären, dass sie Gedanken in Worten aussprächen, die ein Exorzist dem anderen ins Ohr sage, dass sie Dinge anzeigten, die sich in der Minute, da man mit ihnen redete, an entfernten Orten zutrügen, ohne Verdacht, dass die angezeigte Handlung vorher verabredet wäre, oder dass sie ein Gespräch von acht bis zehn zusammengesetzten und verbundenen Worten in fremden Sprachen, von denen sie notorisch keine Kenntnis hätten, halten konnten oder endlich wenn sie imstande wären, mit gebundenen Händen und Füßen auf eine Matratze an der Erde gelegt, ohne jemandes Beihilfe (denn alle müssten entfernt werden) sich frei, ohne irgendwo anzustemmen, in die Luft zu heben und eine geraume Zeit sich dort schwebend zu erhalten. Wenn also einer dieser Fälle einträte, alsdann sollte man erst zum Exorzismus schreiten. Bei Strafe des Bannes werde jedem Priester untersagt, mit der Sache sich abzugeben, mit den Besessenen zu reden oder sie anzurühren. Um aber auch den Freigeistern den Mund zu stopfen, solle von Ungeweihten niemand als der Bailli und Kriminalleutnant den Beschwörungen beiwohnen. Bei der bekannten Armut der Ursulinen wolle übrigens der Erzbischof aus seinem eigenen Beutel alle Ausgaben behufs der Sequestration und der Exorzismen übernehmen.

Dieser Milde und Weisheit atmende Befehl bewirkte plötzlich, was alle Beschwörungen nicht vermochten. Sämtliche Teufel in den Leibern der Nonnen verhielten sich still, sie waren entflohen. Es war aus mit der Besessenheit in Loudun. Barre ging still in seine Pfarrei zurück, so die anderen Geistlichen, und die Nonnen blieben ruhig in ihrem Kloster. Die Freisinnigen und Spötter bekamen Oberwasser. Die Ersteren waren erbittert auf die Ursulinen. Die Eltern nahmen ihre Kostgängerinnen zurück, man schickte nicht mehr junge Mädchen zu ihnen in die Schule. Selbst die vornehmen Verwandten der Nonnen schämten sich ihrer und wollten nicht gern von ihnen sprechen. Die armen Wesen hielten sich nun an ihren Beichtvater und betäubten seine Ohren mit Schmähungen und Vorwürfen, dass er sie getäuscht und, anstatt ihre zeitlichen Güter zu vermehren, sie in noch größere Dürftigkeit versetzt habe …

Kardinal Richelieu ließ die Festungen und Burgen im Inneren des Königreiches schleifen, damit die trotzigen Feudalherren und die aufsässigen Gouverneure der Provinzen in denselben keinen Stützpunkt mehr gegen die Regierung fänden. Die Belagerung dieser Festen hatte unter den französischen Königen einen guten Teil ihrer Regierungszeit eingenommen. Louduns Zitadelle befand sich unter der Zahl derer, die abgetragen zu werden bestimmt waren. Wie man behauptete, mit der Nebenabsicht, auf Kosten Louduns die nahe gelegene neue Stadt zu vergrößern, die Richelieu erbaut hatte und die seinen Namen trug. Der Staatsrat von Loubardemont, die dienstfertigste, getreueste und geschmeidigste seiner Kreaturen, wurde zu diesem Zweck nach Loudun geschickt. In allen Gesellschaften musste er die ärgerliche Geschichte von den besessen gewesenen Nonnen hören, ihm umso verdrießlicher, als seine eigene Verwandte, die Priorin, dabei eine besonders anstößige Rolle spielte. Grandiers Feinde wussten alle Schuld auf ihn zu wälzen, und Loubardemont, der in seiner Nichte von dem Priester Beleidigte, schloss sich den zu Grandiers Untergang Verbündeten an. Um die Autorität des Erzbischofs von Bordeaux zu übertrumpfen, musste eine höhere Autorität gewonnen, Richelieu selbst musste in das Spiel gezogen werden.

Es geschah auf leichte Weise. Der große Staatsmann konnte durch keinen Widerstand, durch keine Schwierigkeiten aus seiner Ruhe gebracht werden, wohl aber durch Satire und Schmähschriften. Als Richelieu einst in Ungnade gefallen, war eine beißende Satire gegen ihn erschienen: Die schöne Schusterin oder die Schusterin von Loudun betitelt. Richelieu war darin als girrender Schäfer lächerlich gemacht worden, der in einer schwachen Stunde seiner Geliebten alle anzüglichen Anekdoten aus seinem Leben erzählt. Der Kardinal hatte sich vergebens bemüht, den Verfasser zu ermitteln, desto fester hatte er in seiner Brust die Rache dafür dem Kalumnianten aufgespart. Durch Vermittlung des berühmten Kapuzinerpaters Joseph, denn alle Kapuziner waren gegen Grandier erbittert, wurde Richelieu die erste Mitteilung gemacht, es sei nicht allein ausgemacht, dass Urban Giandier Verfasser jener Schmähschrift sei, sondern dass er auch in heimlichem Verkehr und Schriftwechsel mit des Kardinals Feindin, der Königin Mutter, stehe. Eine bekannte Frau niederer Herkunft, aus Loudun, die Hamon, die sich des vollen Vertrauens der Königin erfreute, sei die Mittelsperson, und sie habe dem Priester im Auftrag der hohen Dame alle die kleinen Geheimnisse mitgeteilt, welche die Würze jener Satire ausmachten. Richelieus Gemüt war durch diese Nachricht, so wie nur die Verbündeten es wünschen konnten, vorbereitet, als Loubardemont von seiner Mission zurückkehrte und dem Kardinal die entsetzlichsten Dinge von den Besessenen in Loudun hinterbrachte, Dinge, die er alle mit eigenen Augen angesehen habe. Es sei unzweifelhaft, dass Grandier ein Erzzauberer wäre, der die armen Nonnen mit teuflischer Bosheit gequält habe und noch immer weiter quälen werde, wenn nicht endlich die Obrigkeit mit Kraft und Entschiedenheit dem Unwesen gegensteuere.

Richelieu, der nie unentschlossen war, war es ganz gewiss nicht, wo es einen verhassten Feind zu züchtigen galt. Er schien auch in den Maßregeln, die er schnell ergriff, vollkommen durch das, was aus Loudun in dem Augenblick nach allen Seiten hin verlautete, gerechtfertigt, denn sobald Herr von Loubardemont von da abgereist, kamen alle die Teufel, die durch die Ordonnanz des Erzbischofs von Bordeaux verjagt waren, zurück und brachten noch eine größere Gesellschaft mit. Außer der Priorin und der Schwester Ebra waren noch fünf andere Nonnen besessen (*possédées*), sechs mit teuflischen Anfechtungen geplagt (*obsédées*) und drei behext (*malé-flciées*). So aber hatte das Übel in der Stille um sich gegriffen, dass auch außer im Kloster in der Stadt sechs Mädchen besessen, zwei geplagt und noch zwei behext waren, alle aber Beichtkinder des Kanonikus Mignon. Auch in Chinon, des Exorzisten Barre Gemeinde, hatten sich zwei Teufel bei zwei Betschwestern einquartiert.

Da musste wohl Richelieu helfen. Das Conseil erteilte dem Herrn von Loubardemont den Spezialauftrag, dem Kanonikus Grandier und seinen Mitschuldigen den Prozess zu machen wegen Zauberei, Bundes mit dem Teufel und wegen aller seiner anderen Verbrechen. Dabei sollte er sich durch keinen Widerspruch, durch kein Protestieren und Appellieren, es sei von wem oder wohin es wolle, irre machen lassen, vielmehr werde ihm völlige und unbeschränkte Macht über die Person besagten Grandiers erteilt und alle Behörden angewiesen, ihm nötigenfalls mit bewaffneter Macht beizustehen.

Mit dieser Ordonnanz erschien Herr von Loubardemont am 6. Dezember 1633 abends in der Vorstadt von Loudun, ganz in der Stille, nur Grandiers Feinde erhielten Nachricht und Zutritt. Dem Leutnant des Prevôt wurde der Auftrag erteilt, den Pfarrer Grandier in aller Frühe am nächsten Morgen zu arretieren. Der Leutnant, ein Herr de la Grange, gehörte nicht zum Komplott. Er fand Mittel, den Priester zu warnen. Grandier dankte ihm für seine Großmut, erklärte aber, er vertraue auf seine Unschuld und auf Gottes Barmherzigkeit und werde nicht fliehen.

Die Verhaftung war ein Fest für seine Feinde. Sie erfolgte gerade, als Urban in die Mette gehen wollte. Alle Beteiligten hatten sich dazu eingefunden, sich an der Demütigung ihres Feindes zu weiden und zugleich den Leutnant zu überwachen, dem man nicht traute. Vier Monate musste Grandier im Schloss von Angers sitzen. Hier waren seine Beschäftigungen nur Gebete und geistliche Betrachtungen. Er bekannte seinem Beichtvater die wirklichen Vergehungen, deren er sich schuldig gemacht hatte, und äußerte seine vollkommene Ergebung in den Willen Gottes. Dieser sein Beichtvater, Kanonikus Bacher, gab das vorteilhafteste Zeugnis von Urbans Seelenzustand ab, was indessen seine Richter unberücksichtigt ließen.

Der Angriff ermangelte jeder rechtlichen Form. Urban war verhaftet, ohne dass ein Anklageinstrument gegen ihn vorlag, er wurde zur Untersuchung gezogen auch wegen Vergehen, die längst abgeurteilt waren. Gerade dies Überspringen der gesetzlichen Formen lag aber im Plan. Die Verfolgung sollte den Anschein gewinnen, als ginge sie vom König aus, um seine Verteidiger abzuschrecken, allen seinen Feinden aber neuen Mut zu machen. Seine Schriften boten den Verfolgern wenig oder keinen Anhalt. Man fand nur zwei Blätter Verse von sehr freiem Inhalt und die schon erwähnte Abhandlung gegen das Zölibat, die er einer ungenannten Freundin gewidmet hatte, zur Beruhigung ihrer Gewissensskrupel. Von Hexerei war nichts darin, vielmehr lautete der Schluss, in Versen, folgendermaßen:

Si ton gentil esprit prend bien cette science
Tu mettras en lepos ta bonne conscience.

Unter den Schriften konfiszierte man aber auch alle diejenigen Dokumente, die zu seiner Verteidigung hätten dienen können, trotz aller Widersprüche seiner Mutter und übrigen Angehörigen. Mit dem Verhör der Zeugen wurde gleichfalls in einer heftigen, voreingenommenen Art verfahren. Der königliche Prokurator Richard schlich sich um Mitternacht in ein Haus, zwei Weiber zu verleiten, gegen Grandier ein Zeugnis abzulegen, was er ihnen mitteilte. Der eigene Schwiegersohn desselben, der Advokat Fournier, der bei der Kommission die Stelle eines königlichen Prokurators vertreten musste, war darüber so entrüstet, dass er seine Stelle niederlegte. Weder dieser noch andere Schritte, von Grandiers Bruder, der jetzt Gerichtsrat in Loudun war, die unternommen wurden, halfen, um den Richtern das Unbillige und Ungesetzmäßige ihres Verfahrens in den Sinn zu rufen. Loubardemont ging ganz offen nur mit den Feinden des Verklagten um und suchte nicht einmal mehr den ungerechten Verhandlungen einen Schein des Rechtes zu geben. Er hörte auf keinen Widerspruch, zerriss die ihm eingereichten Appellationsschedula, ja verbot den Gerichtsdienern bei Strafe, dergleichen Schriften ferner anzunehmen. Er vernahm alle Zeugen in Gegenwart von Grandiers Feinden, ließ, was sie zu Gunsten desselben aussagten, nicht protokollieren, ja entließ sie, wenn sie es getan hatten, mit Drohungen, die andere zurückschrecken sollten. Auch der Bischof von Poitiers verfuhr, geistlicherseits, mit derselben Ungerechtigkeit. Durch einen Befehl unterfing er sich, gegen seinen geistlichen Oberherrn, den Erzbischof, alle in dessen Ordonnanz gegebenen weisen Maßregeln aufzuheben. Kein Rekurs dagegen, alle Wege waren versperrt für die Stimme des Verfolgten. Von den Kanzeln herab erging ein Monitorium, worin die angeblichen Verbrechen des Angeschuldigten (der dabei gegen allen Brauch mit Namen genannt wurde) mit den schmutzigsten Ausdrücken und Bildern verlesen wurden, mit der Aufforderung an die Gemeinde, was jeder davon wisse anzuzeigen.

Erst am 2. Februar 1634 wurde Grandier durch Loubardemont und den Stellvertreter des Bischofs, Demourant, in Angers vernommen. Sieben Tage dauerte das Verhör, und der Verklagte widersprach sich nicht ein einziges Mal. Das Einzige, was er einräumte, war die Autorschaft der Schrift gegen das Zölibat. Darauf fand es Loubardemont für gut, auf zwei Monate nach Paris zu reisen, den Prozess ruhen und den Angeschuldigten ohne Verhör im Gefängnis schmachten zu lassen. Nach der Zeit brachte er dafür einen neuen Beschluss des Conseils mit, durch den alle und jede Appellation verboten und allen Parlamenten sowie jedem anderen Richter aufs strengste untersagt wurde, sich in den Prozess zu mischen.

Loubardemont, nunmehr unumschränkter Herrscher über Urbans Schicksal, ließ ihn nach Loudun bringen und in ein seinem Todfeind Mignon gehörendes Haus einsperren, wo er Tag und Nacht durch die listige Frau des Gerichtsdieners Bontem belauscht wurde. Was er redete und tat, wurde von dieser den besessenen Nonnen hinterbracht, deren diabolisches Kenntnisvermögen auf diese Weise um ein Bedeutendes anwuchs. Alles war wohl vorbereitet, und es kam nunmehr nur darauf an, der ganzen Sache einen Anstrich von Wahrheit und Gerechtigkeit zu geben. Auch damals schon hielt man das bei einer ungerechten Sache für wenn nicht nötig, so doch ratsam.

Die besessenen Nonnen, es waren jetzt schon neun, wurden dem Schein nach sequestriert, d. h., in Häusern untergebracht, wo sie von Angehörigen und Vertrauten des Komplotts behandelt wurden, und es fand nach wie vor die lebhafteste Kommunikation zwischen ihnen und den Exorzisten statt. Alle Proteste Grandiers gegen ein Verfahren, das ihm nicht unbekannt blieb, waren vergebens. Auch die zum Schein hinzugezogenen Ärzte waren unwissende Dorfbarbiere, Scharlatane und sonst anrüchige Charaktere. Einer der angenommenen Wundärzte, Manouri, war Mignons Neffe und der Schwager einer Besessenen. Der zur Beschaffung der Arzneien für die Nonnen von Loubardemont bestellte Apotheker Adam aber war einer der früheren Ankläger Grandiers und als solcher wegen überwiesener Verleumdung durch das Parlament zur Kirchenbuße verurteilt worden. Die Wahl gerade dieses Mannes, um die nötigen Arzneien den Kranken zu verabreichen, sprach im Auge des Unbefangenen mehr als alles über die Art des Verfahrens, das man gegen den Verklagten einschlagen wollte. Adam, wie später erwiesen wurde, verwechselte die Medikamente und gab statt beruhigender Mittel Verzückungen erregende.

Bei den Zeugenvernehmungen machte Grandier dem königlichen Kommissar einen seltsamen Vorschlag. Er erinnerte an einen Fall aus der Geschichte der Kirchenväter. Der heilige Athanasius war auf dem Konzil zu Tyrus durch ein Weib angeschuldigt worden, dass er Gewalt an ihr verübt habe. Athanasius hatte sie nie gesehen. Ein Freund, der Priester Timotheus, befreite ihn auf eigene Weise von der schändlichen Anklage und setzte die volle Unschuld des Heiligen dadurch ins hellste Licht. Als das Weib vor der vollen Versammlung erschien und ihre Anklage öffentlich wiederholte, stand Timotheus auf und rief sie mit lauter Stimme an: »Was, Du unterfängst Dich, mich zu beschuldigen, dass ich Deine Ehre raubte?« – »Ja, Du und kein anderer ist der Räuber meiner Unschuld und Ehre«, rief das Weib, und wiederholte zugleich Umstände, Zeit und Ort, wie es geschehen sei. Die heilige Versammlung brach in ein lautes Gelächter aus, und damit war die Untersuchung, wenigstens was den heiligen Kirchenvater betraf, beendet. – Grandier wollte, da keine von den Besessenen ihn von Person kannte, ein ähnliches Probestück mit sich aufführen lassen. Mehrere mit ihm gleichgekleidete Priester sollten den Besessenen sich zeigen; durch ein ähnliches Verfahren werde die Wahrheit und seine Unschuld sich am klarsten herausstellen. Der Vorschlag, der für ihn unter den herrschenden Umständen von den misslichsten Folgen hätte werden können, wurde jedoch nicht angenommen.

Die öffentlichen Beschwörungen hoben nun wieder an. Derselbe Offizial, der das erste Urteil gegen Grandier abgefasst hatte, und ein Franziskaner, der Pater Lactantius, waren die Exorzisten. Beide hatten mehrere Tage mit den Besessenen in einem Haus gewohnt! Pater Lactantius, der aus der Vorgeschichte wusste, wie wenig Latein der Teufel der Priorin verstehe, befahl ihm, immer nur französisch zu antworten. Man hielt dies für eine unangemessene Höflichkeit gegen ein Wesen, das auf gar keine Höflichkeit Anspruch zu machen hätte, zumal da der Teufel alle Sprachen reden müsse. Lactantius aber erwiderte, der Bund sei einmal auf die Art gemacht, dass der Teufel nicht lateinisch reden dürfe, auch gäbe es Teufel, die unwissender wären als der dümmste Bauer.

Wie die Rotte der Teufel in den Besessenen, so mehrte sich auch die Zahl der Exorzisten, die von allen Seiten herankamen.

Da erschienen vier Patres Kapuziner, Lucas, Tranquillus, Protasius und Elias; zwei Karmeliterväter: Saint Thomas und Saint Mathurin, alle begierig, in Gastrollen sich Ruhm zu erwerben. Auch der historisch berühmte Pater Joseph begab sich zu diesem Zweck nach Loudun, sah jedoch von seinem Vorhaben ab, da der kluge, welterfahrene Mann einsah, dass ein Triumph vor dem Pöbel noch keinen Sieg vor der Welt verspreche.

Sämtliche Exorzisten stellten den Satz auf: Ein Teufel, der gehörig beschworen worden sei, befinde sich gezwungen, die Wahrheit zu sagen. Die Konsequenzen dieses Satzes mussten furchtbar sein, wie sie es denn auch wurden.

In vier Kirchen fanden die Beschwörungen statt, wo jeder der Exorzisten die auf seinen Anteil gefallenen Besessenen bearbeitete. Von den Ärzten und Apothekern wurden während des Prozesses 26 Berichte zu den Akten gegeben, alle mit dem Resultat, die Dinge, die sie gesehen hatten, wären übernatürlich, und überstiegen ihre Kenntnisse und alle Grundsätze der Heilkunde.

Die Grundsätze des Latein überschritt es auch, als die Priorin am 23. April auf die lateinische Frage, wie oft (*quoties*?) ihr der Teufel in Gestalt einer Katze, eines Hundes, Hirsches und Bocks erschienen sei, antwortete: »Ich habe den Tag nicht eigentlich gemerkt.« Beim Vorüberführen vor Grandiers Gefängnishaus wollte die Priorin, gleich einem scheuen Pferd, nicht von der Stelle, weil der Zauberer seine Arme aus dem Fenster strecke. Bei der Untersuchung ergab sich aber, dass dies sogenannte Fenster so klein war, dass Grandier auch nicht einmal die Hand durchstecken konnte.

Grandiers Wächterin hatte ihm (25. April) abgelauscht, dass er sich beim Brotschneiden am linken Daumen geritzt hatte. Die Priorin brachte darauf ein Stückchen Papier und Tropfen Blutes zum Vorschein als Zeichen eines neuen Bundes, durch den Urban ihren einen Teufel Asmodi wieder in ihr mächtig gemacht habe. Der Staatsrat von Loubardemont stürzte sogleich in Grandiers Gefängnis, konnte aber kaum die geringe Blutspur an dem Körper des Verhafteten entdecken. Indessen erinnerte sich der Teufel bei dieser Gelegenheit durch den Mund der Priorin, dass er an Urbans Leib fünf verschiedene Merkmale angebracht habe, die denselben an den Orten, wo sie wären, ganz unempfindlich machten. Folgenden Tags (26. April) wurde Urban besichtigt. Man zog ihn nackend aus, verband ihm die Augen und schor ihm alle Haare ab. Der Wundarzt Manouri besichtigte mit einer Sonde, ein Eisen, das an einem Ende rund, am anderen spitz war. Wollte er zeigen, dass Grandier an einem Ort des Leibes unempfindlich und undurchdringlich sei, so brauchte er das runde Ende; so viel er auch stieß, das Fleisch widerstand und drängte das Eisen zurück. Sollte ein Ort empfindlich sein, so wusste er mit Taschenspielerkunst das Eisen in der Hand umzuwenden und stach mit dem spitzen Teil durch das Fleisch bis auf die Knochen. Wenn das unglückliche Opfer vor Schmerz aufschrie, so zog der Wundarzt den richtigen Schluss, Urban sei an diesem Orte empfindlich geblieben Zu diesem barbarischen Schauspiel waren Zuschauer zugelassen worden. Alle waren von Mitleid durchdrungen, nur Herr von Loubardemont blieb ruhig. Die Priorin hatte am Tag vorher die unverwundbaren Teile nicht anzugeben gewusst, am Tag darauf hatte ihr Teufel ihr wenigstens drei derselben angezeigt. Konnte Urban Grandier, ruft Pitaval aus, in den Umständen, in denen er sich damals befand, Lust empfunden haben, noch einen neuen Bund mit dem Teufel zu machen, da er doch wohl einsah, dass die Teufel wider ihn waren und sich nicht geneigt fanden, seine Geheimnisse zu verschweigen?

Zuweilen foppte auch der Teufel, der in der Priorin saß, die Exorzisten und Richter. Befragt, wo Grandiers Zauberbücher lägen, nannte er den Namen einer Dame, mit der der Pfarrer eines unerlaubten Umgangs bezichtigt wurde. Man fand nichts. Er wurde heftig gescholten. Nun nannte er die Nichte der Dame; diese hätte sie fortgeschleppt. Aber die Nichte wurde betend in der Kapelle gefunden und nur ihr Andachtsbuch bei ihr. Eines Tages hatte er gar nicht geantwortet. Am folgenden Tage darüber zur Rede gestellt, entschuldigte er sich, er habe gerade gestern zu Paris die Seele eines Parlamentsrates zur Hölle bringen müssen. Auch nannte er den Namen des Parlamentsrates. Auf eingezogene Erkundigung ergab sich indes, dass kein Parlamentsrat in Paris gestorben sei, ja auch keiner des Namens dort gelebt habe. Derselbe ungeschickte Teufel beschuldigte auch Grandiers Bruder, den Gerichtsrat in Loudun, dass er ein Zauberer sei, und der

Unglückliche wurde auf das Zeugnis eines so unzuverlässigen Dämons eingezogen und bis nach Urbans Tod im Gefängnis behalten. Die Zweifler meinten, weil der Gerichtsrat durch sein Ansehen und seine Schriften möglicherweise seinem Bruder helfen könnte.

Die sieben Teufel in der Priorin – so viele waren jetzt in dem einen schwachen Leib des schönen jungen Mädchens – versprachen oft Dinge, die sie nachher nicht halten konnten. Im Mai verhieß der eine, er wolle sie zwei Fuß hoch von der Erde in die Luft heben. Pater Lactantius forderte ihn auf, sein Versprechen zu erfüllen; er zauderte aber. Eines Tages schien es dazu zu kommen. Ein Zuschauer hob den Rock der Nonne ein wenig in die Höhe, und man sah, dass sie mit einem Fuß sich an den Boden stemmte. Der Teufel Beherit in der Priorin wollte die Ehre seiner Brüder wiederherstellen. Er erdreistete sich zu versprechen, dem Herrn von Loubardemont das kleine Käppchen vom Kopf zu nehmen und es so lange in der Luft frei schwebend zu erhalten, als man Zeit brauche, den Psalm Miserere zu beten. Der Tag oder vielmehr der Abend, wo es geschehen sollte, kam heran. Viele Kerzen strahlten durch das Dunkel der alten Kirche, der Herr von Loubardemont saß unruhig auf seinem Stuhl, aber wie auch der Pater Lactantius den Beherit beschwor und ihm fluchte, die Kappe blieb auf dem Kopf des Herrn von Loubardemont ruhig sitzen. Hieran hatte der Teufel Beherit keine Schuld, vielmehr einige junge Leute, denen es auffiel, dass der Stuhl des Herrn von Loubardemont gerade unter einer der Gewölbeöffnungen stand, durch die man die Kronleuchter herablässt. Sie waren unbemerkt hinaufgeschlichen und hatten sich um das Loch postiert. Als der Diener des Teufels mit einem langen Pferdehaar und Angelhäkchen ankam, ließ er sich durch die unerwartete Anwesenheit der nicht bestellten Wächter scheuchen, und die bewusste Kappe blieb auf dem Kopf des Herrn von Loubardemont.

Ernsthafter schien es zu werden mit der Austreibung der drei Teufel Asmodi, Gresil und Aman aus dem Leib der Priorin, die Pater Lactantius am 20. Mai versprochen hatte. Alle drei sollten bei ihrem Abmarsch eine Wunde in der linken Seite der Besessenen, ein Loch in ihrem Hemd, eins in ihrem Unterleibchen, eins in ihrem Gewand zurücklassen. Die Stellen, wo die Wunden vorbrechen würden, waren im Voraus angegeben, ihre Länge, im Voraus abgemessen, gleich der einer Stecknadel. Es solle alles ohne Täuschung, ohne äußere Beihilfe hergehen, versprachen die Exorzisten dem nach den bisherigen Vorfällen immer misstrauischer gewordenen Publikum. Dieser versprochene merkwürdige Auftritt fand in der Kirche zum heiligen Kreuz in Gegenwart einer ungeheueren Menge von Zuschauern statt. Die drei Teufel wurden zwei Stunden lang durch Kreuz- und Querfragen in französischer und lateinischer Sprache geängstigt, bis sie sich endlich unter den mächtigen Beschwörungsformeln zum Aufbruch rüsteten. Die Priorin war zuvor genau von den Sachverständigen besichtigt worden, ob sich keine Wunden in ihrer Seite, keine durch und durch gehende Öffnung in ihrem Hemd, noch in den Falten ihres Habits ein schneidendes Instrument finde. Alles dies vor den Augen von Hunderten, wo nicht Tausenden von Zuschauern. Sie wand sich darauf unter grässlichen, das Gefühl verletzenden Verzückungen wie ein Knäuel, bis die drei Teufel hinaus waren. Dann atmete und sprang sie, wie aus einem Traum erwachend, auf, sank aber sogleich wieder, die Arme über die Brust kreuzend, zusammen, ächzte tief auf und zog plötzlich die Hand, die unter dem rechten Busen gelegen hatte, mit blutigen Fingerspitzen hervor! Es war vollbracht. Allerdings fand man ihr Leibchen und Gewand an zweien, das Hemd an drei Orten durchschnitten, die Löcher von der Länge einer Fingerdicke, desgleichen die Haut unter der linken Brust geritzt, allein diese Wunden waren so leicht, dass sie kaum durch die Haut gingen, die größte hatte nur die Länge eines Gerstenkorns. Ein Gemurmel ging durch die Zuschauer, das nur zu deutlich ihre Zweifel aussprach. Entschieden protestierte einer derselben, freilich ein Protestant, Marcus Duncan, ein schottischer Edelmann, der, ein berühmter Arzt, Professor der Philosophie und das Haupt des Kollegiums der Protestanten zu Saumur war, noch in der Kirche gegen das Verfahren, denn gegen die Verheißung der Exorzisten waren die Arme der Besessenen nicht auf dem Rücken gebunden worden. Alle Unbefangenen blieben der Überzeugung, dass die Priorin sich selbst mit leichter Mühe die unbedeutenden Wunden entweder mit einer verborgenen Messerspitze geschnitten oder mit dem Nagel gekratzt habe. Loubardemont selbst musste ausrufen »Das hinkt!« Zu den Akten ließ er indes die Austreibung, als durch die Wundmale erwiesen, aufnehmen. Duncan aber ließ, sobald er nach Saumur zurückgekehrt war, ein Buch: »Wider die Besessenheit der Ursulinernonnen zu Loudun« drucken, in dem er seine Zweifel an der ganzen Sache, freilich von dem Standpunkt seiner Zeit aus, niederlegte. In einer Zeit, wo sein eigener König Jakob Werke über das Verfahren gegen Hexen mit gründlicher Gelehrsamkeit schrieb, durfte niemand das ganze Fundament der Dämonologie und ihrer sichtbaren Macht auf die sterblichen Menschen umwerfen, er musste sich damit begnügen, in diesem einen Fall die Anwesenheit und Tätigkeit der bösen Geister zu bestreiten. Eines seiner Argumente, dass die drei Teufel nicht durch diese Wunden und Ritzen im Hemd davongegangen sein könnten, war sehr praktischer Natur. Jene Ritzen im Habit, Leibchen, Hemd und Körper waren zudem offenbar geschnitten. Der Teufel, wenn er davongeht, hinterlässt aber in der Regel Brandmale, nicht geschnittene Öffnungen, und wenn er seines natürlichen Feuers sich enthielte, so würde er in seinem Schmerz und Unmut eher reißen, als mit einem Federmesser oder einer Schere schneiden. Demnächst aber waren die Schnitte in den Gewändern und dem Hemde weit größer als die Wunden, so dass es den Anschein hatte, als wären die Teufel eher hinein- als hinausgegangen, nachdem sie sich durch die äußere Gewandung Luft gemacht hatten. Eine Kugel verliert an Kraft, je weiter sie dringt. Ein Teufel muss denselben physikalischen Gesetzen unterworfen sein. Nachdem er also den Körper, aus dem die Angst ihn hinaustrieb, nicht zerrissen hatte, sondern durch ein unbedeutend kleines Loch ins Freie geschlüpft war, bedurfte es durchaus nicht dieser großen Löcher im Hemd und Kleid. Vielmehr ist ein solcher unnützer Kraftaufwand, wenn er überhaupt noch Kraft hatte, bei seiner derzeitigen Gemütsstimmung durch nichts zu erklären, zumal man annehmen kann, dass, wenn der Teufel einmal im Freien war, er gar nicht mehr nötig gehabt hätte, die Kleider zu zerstören, sondern auf bequemere Weise unter Rock und Hemd hätte entwischen können. Duncan setzte sich dieser Schrift wegen den heftigsten Verfolgungen des mächtigen Loubardemont aus, und nur ein gleichmächtiger Mäzen, der Marschall von Brezé, konnte ihn in Frankreich schützen.

Da indessen auch unter der katholischen Bevölkerung in Loudun sich lautes Missvergnügen über die ungezogenen und dummen Teufel aussprach, beschloss Pater Lactantius am folgenden Tag, ihre Ehre zu retten. Er fragte den Balaam, einen der vier im Leib der Priorin gebliebenen Teufel, warum Asmodi und die anderen beiden ausgetriebenen Teufel gerade in dem Augenblick ausgefahren wären, als Gesicht und Hände der Besessenen nicht sichtbar gewesen waren, die Ungläubigen daher leicht Grund gefunden hätten zu zweifeln. »Darum«, antwortete der Teufel, »damit der größte Teil der Zuschauer in seinem Unglauben und seiner Herzenshärte bleiben soll.« Dies gab dem Beschwörer einen erwünschten Text, den Anwesenden ins Gewissen zu reden, dass, wenn sie sich ernst fragten, ihr eigener Unglaube und ihre Unbußfertigkeit der eigentliche Grund seien, weshalb die Teufel ihnen allen so wenig Achtung bei ihren Antworten bezeugten. Nach dieser Doktrin wurden die Beschwörungen sehr leicht. Sagten die Teufel richtig aus, so waren es Wunder, durch die Gott seine Macht in seinen Dienern verherrlichen wollte, misslang etwas, so waren nicht die Teufel, sondern der Unglaube der Zuschauer daran schuld.

Es war verbreitet worden, dass sechs der stärksten Menschen nicht imstande wären, eine Besessene festzuhalten. Duncan allein unternahm es. Er hielt die rechte Hand der Priorin, und sie konnte nur mit der linken Seite ihre Verzuckungen machen. Der Exorzist befahl ihr, sich umzudrehen. Sie antwortete unwillig: »Ich kann nicht, er hält mir ja den Arm.« – »Lassen Sie ihr den Arm frei«, rief der Pater. »Wie sollen denn Verdrehungen zum Vorschein kommen, wenn Sie ihr die Glieder festhalten?« – Duncan rief mit lauter Stimme: »Wenn sie den Teufel im Leib hat, muss sie stärker sein als ich.« – »Ein wie guter Philosoph Sie auch sein mögen«, entgegnete Lactantius, »so ist das doch ein falscher Schluss, denn ein Teufel außerhalb eines menschlichen Leibes ist viel stärker als Sie, aber in einem menschlichen Leib sind seine Handlungen und Ausbrüche der Stärke des Körpers angemessen, den er besitzt.« – Der Schotte hatte die Hand der Priorin so stark gedrückt und der Teufel ihr so wenig geholfen, dass die Hand folgenden Tages wund wurde und man ihn bat, die Schwester Agnes nicht so stark anzufassen.

Der 13. Junius, bis wohin seit dem 20. Mai nichts vorgefallen war, wurde durch ein mächtiges Wunder verherrlicht. Der Teufel spie einen Federkiel von Fingerlänge aus dem Mund der Priorin und am 18. Juli noch einen seidenen Knopf.

Um Mitte Juli kam der Bischof von Poitiers selbst nach Loudun, um den Beschwörungen die letzte Weihe zu geben. Nicht um die Besessenheiten zu untersuchen, sei er gekommen, erklärte der Prälat, sondern um alle, die noch zweifelten, zu überführen. Es wurde als erwiesen vorausgesetzt, dass Grandier ein Zauberer sei, und von dieser Zeit an durfte sich niemand mehr merken lassen, dass er an der Wahrheit der Geschichten zweifle, wenn er nicht Gefahr laufen wollte, für Grandiers Mitschuldigen gehalten zu werden. Wer so unvorsichtig war, seinen Unglauben zu verraten, wurde mit scheuem Auge betrachtet, man mied ihn wie einen, der unter dem Bann lag.

An einem heißen Sommertage wurde Urban Grandier endlich selbst zur Konfrontation mit den Besessenen in die Kirche zum heiligen Kreuz geführt. Er benahm sich mit der vollen Würde eines christlichen Priesters, als man ihm allerhand dumme und abscheuliche Gegenstände vorlegte, welche die Bundeszeichen sein sollten, vermittelst deren er seine Teufel in die Leiber der Nonnen gejagt hätte. Eines davon fiel erst, inmitten der Versammlung, vom Gewölbe der Kirche herab. Durch ein anderes sollte er den Beherit verhindert haben, sein versprochenes Wunder zu erfüllen, dass die Kappe des Kommissars in der Luft schwebe usw. Urban antwortete ruhig, ihm seien alle diese Gegenstände fremd. Wenn es wirklich in der Welt ein Ding gäbe, das man einen Teufelsbund nenne, so verstehe er wenigstens nicht die Kunst, es zu machen.

Nun kamen die Besessenen, elf an der Zahl, in den Chor der Kirche, und mit ihnen ein Schwarm von Kapuzinern, Karmelitern und Franziskanern. Die Mädchen, sobald sie den Pfarrer erblickten, liefen auf ihn zu, bezeigten ihre Freude, ihn zu sehen, nannten ihn ihren Meister und machten tausend Affensprünge um ihn her. Lactantius mahnte mit feierlicher Stimme die Umstehenden, zerknirschten Herzens die Wunder mit anzusehen, die Gott, zum Sieg seiner Kirche, durch die Teufel selbst bewirken werde, und zugleich für die Erlösung der armen Nonnen zu beten.

Die in unseren Augen seltsamste Operation, berechnet auf den Eindruck, den sie auf die noch Ungläubigen durch den Anschein von Gerechtigkeit machen sollte, fing nun an. Lactantius wandte sich an Urban: »Du bist zurzeit noch ein geweihter Priester und Pfarrer. Deine Pflicht erfordert daher, zur Beförderung der Ehre Gottes, die Besessenen zu beschwören, dass ihre Qual endlich aufhöre. Versuch es, wenn der hochwürdige Bischof Dir die Erlaubnis gibt und den Bann, worunter Du liegst, so lange aufheben will!«

Der Bischof war bei diesem Possenspiel zugegen und spielte mit. Er nickte Gewährung. Grandier empfing die Stola und das Ritual, warf sich vor dem Bischof auf die Knie, küsste seine Füße und erhielt von ihm den Segen.

Er wollte den Anfang mit dem Exorzismus bei der Schwester Katharina machen. Aber die übrigen Besessenen plärrten zu furchtbar. Der Versuch bei der anderen wurde auf dieselbe Weise vereitelt. Er wollte die Priorin griechisch beschwören, aber sie lachte: »Ei, wie fein Du bist. Du weißt doch, dass die erste Bedingung zwischen Dir und mir war, dass wir niemals griechisch antworten sollten!« – Endlich, nach vielen Verhandlungen, erbot sich die Besessene, sie werde antworten, in welcher Sprache er wolle. Aber als er zu fragen anfing, erhoben alle Besessenen wieder ein solches Geschrei und Geheul, krümmten, wanden sich, schossen Purzelbäume, stürmten auf Grandier los, schrieen ihn als Urheber ihrer Leiden an und drohten ihn zu erwürgen, so dass man anscheinend Mühe hatte, sie von ihrem mörderischen Vorsatze abzubringen.

Grandier verriet nicht die geringste Furcht. Scharf sah er die Besessenen an, beteuerte, er sei an diesen Auftritten unschuldig, und bat Gott, seine Unschuld ans Licht zu bringen. Er flehte darauf inständigst den Bischof und die Kommission an, sie möchten zur Verherrlichung der göttlichen Ehre und zur Befestigung des Ansehens der Kirche den Teufeln befehlen, ihm auf der Stelle den Hals umzudrehen, als sicherstes Zeichen, dass sie Macht über ihn hätten, vorausgesetzt, dass die Nonnen ihn nicht mit ihren Händen berühren dürften. Allein man ging nicht darauf ein, um das Ansehen der Kirche nicht den listigen Anschlägen des Höllenfürsten bloßzustellen, da dieser vielleicht im Voraus dem Pfarrer einen Revers gegeben habe, dass er es nicht tun werde.

Die Exorzisten geboten darauf den Teufeln Stillschweigen und verbrannten im Kohlenbecken alle eingebrachten Bundeszeichen. Ein Augenzeuge schreibt über die ganze grässliche Possenszene: »Es ist unmöglich, alles das mit Worten auszudrücken, was damals in die Sinne fiel. So viele Furien machten auf Augen und Ohren einen Eindruck, der gewiss nicht seinesgleichen gehabt hatte. Wohl war keiner von allen Anwesenden, dessen Seele von Furcht und Erstaunen frei geblieben wäre.«

Grandier allein blieb kaltblütig, sang die Kirchengesänge mit der Gemeinde. Mancher wollte sagen, aber er durfte es nicht: Er werde von einer Legion Engeln beschirmt. Als die Besessenen aufs Neue auf ihn losstürzen wollten, um ihn zu erdrosseln oder wenigstens zu zerkratzen, erwiderte er ruhig: »Ich bin weder euer Meister noch euer Knecht, aber woher kommt es, dass ihr mich in dem Augenblick erdrosseln wollt, da ihr mich für euren Meister erklärt?« Diese Gelassenheit steigerte nur die Hitze der Besessenen. Sie schleuderten ihm ihre Pantoffeln an den Kopf. »Das sind ja Teufel, die sich ihre Hufeisen abreißen«, rief er in bitterem Hohn. Nur den Anstrengungen und den starken Armen der Zuschauer gelang es, den Mänaden diesmal ihr Opfer zu entreißen und Urban ungefährdet in sein Gefängnis zurückzubringen.

An einem der folgenden Tage erklärte der Teufel in der Priorin, er werde morgen denjenigen Ungläubigen, der die Wahrheit der Besessenen leugne, bis an das Gewölbe der Kirche schleudern. Der Abbé Guillet, der zugegen war, schwieg still. Am anderen Tag aber rief er mit lauter Stimme in der Kirche, er glaube nicht allein nicht an die Besessenheiten, sondern lache aus ganzem Herzen über die vorgeblichen Teufel und fordere sie auf, ihre Drohung an ihm zu erfüllen. Der Teufel tat dies nicht, aber Herr von Loubardemont wollte nun den frechen Ketzer in Verhaft nehmen. Der Abbé (später als Schriftsteller bekannt durch sein lateinisches Gedicht die Callipaedia, auch durch satirische Verse gegen Mazarin, die dieser ihm großmütiger verzieh als

Loubardemont ihm seinen Unglauben), musste nach Italien fliehen, wo er sich unter den Schutz des französischen Gesandten, Marschall d'Estrees, begab.

Der Teufel litt noch verschiedene andere Demütigungen, die für unsere Leser aufzuzählen überflüssig wäre. Der Unwille im Publikum wuchs mit den erneuten Beschwörungen, welche die scheußlichsten, unflätigen Beschuldigungen über andere Einwohner und Einwohnerinnen der Stadt, die nicht zum Komplott gehörten, verbreiteten. Er wurde so laut, dass der königliche Kommissar am 2. Juli 1634 eine Ordonnanz des Inhalts an allen Straßenecken anschlagen ließ: *dass jedermann, wes Standes oder Würden er sei, untersagt werde, weder von den Nonnen und anderen von bösen Geistern besessenen Personen, noch von den Exorzisten oder deren Gehilfen übel zu reden, oder auf irgendeine Art nachteilig zu sprechen, wo es auch sei oder auf was für Art es geschehe, bei 10 000 Livres Geldstrafe oder nach Befinden noch härter und mit Leibesstrafe.*

Mit diesem seltsamen Zensuredikt hörte alle Aussicht auf Verteidigung für Grandier auf. Die Exorzisten konnten sich ungescheut den größten Albernheiten, der augenfälligsten Willkürlichkeit überlassen. Einzelne Exorzisten sah man mit der auf ihr Los gefallenen schönen Besessenen Lustreisen aufs Land machen, paarweise, um sie in der reinen Luft und der Frische des einsamen Waldes zu kurieren. Niemand wagte etwas dagegen zu sagen.

Hätte noch etwas die furchtbare Verfolgung hemmen können, wäre es möglich gewesen, nach diesen Präparaten die Bosheit der Verfolger zuschanden zu machen, so trat schon am nächstfolgenden Tage nach jener Ordonnanz der Fall ein. Die Schwester Clara, zum Exorzismus in die Kirche gebracht, fing dort bitterlich an zu weinen und erklärte frei und öffentlich: Alles, was sie seit 14 Tagen gesagt habe, wären Unwahrheiten und Lästerungen, alles, was sie ausgesagt habe, wäre ihr vom Pater Lactanz, von Mignon und den Karmelitern vorgeschrieben worden, und wenn man ihr nur Schutz und Sicherheit verspreche, wolle sie noch mehr ans Licht bringen.

Satan ist mächtig, hieß es. Sie wurde augenblicklich fortgebracht und zu Hause zum Widerruf bearbeitet. Aber wenige Tage darauf abermals in die Kirche geführt, um die Rolle der

Besessenen weiter zu spielen, verfiel sie zum zweiten Mal in die einer Reuigen. Durch ihr Beispiel aufgemuntert, überkam auch die Schwester Agnes ein heroischer Mut. Sie legte laut das nämliche Bekenntnis ab und bat alle Anwesenden flehentlich, sie aus der schrecklichen Gefangenschaft zu erlösen, unter deren Sündenlast sie erläge. Man wollte ihr das Abendmahl aufzwingen. Sie sträubte sich, sie sei zu der heiligen Handlung nicht ruhig genug. Man drang ihr die Hostie auf. »Eben der Teufel ist es, der diesen Widerstand in Dir erregt«, rief der Exorzist. Die armen Mädchen sahen, dass sie auf keine Hilfe zu rechnen hatten. Sie überließen sich ihrer Verzweiflung und riefen laut: sie wüssten wohl, was sie zu erwarten hätten, dass man sie unmenschlich misshandeln werde, weil sie das große Geheimnis ausgeplaudert haben, aber sie wollten Gott und der Wahrheit die Ehre geben, möge auch daraus werden, was da wolle. »Der Teufel redet aus ihnen!«, riefen die Exorzisten einstimmig und schafften die beiden Nonnen fort.

Ja, die Priorin selbst verfiel in diese Gewissensangst. Am Tag nach einem ihrer furchtbaren Wutausbrüche, in denen sie Grandier zur Zielscheibe ihrer entsetzlichsten Vorwürfe gemacht hatte, lief sie im Hemde, mit bloßem Kopf, einen Strick um den Hals und eine Kerze in der Hand, in den Hof des Klosters, blieb daselbst, beim heftigsten Regen, zwei Stunden stehen, und als endlich die Tür des Sprechzimmers geöffnet wurde, wo der Exorzist eine andere Nonne verhörte, stürzte sie hinein, fiel ihm zu Füßen und schrie, sie wolle das Unrecht büßen, das sie begangen habe: »Ich habe Grandier unschuldig angeklagt.« Sie lief dann in den Garten, knüpfte den Strick an einen Baum und hätte sich erdrosselt, wären nicht die übrigen Nonnen noch zu rechter Zeit beigesprungen.

Schien es doch fast, als sollte ein Rückschlag eintreten und staue der Strom des Unsinns und der fanatischen Wut an einer Gegenströmung. Aber dieser Rückstrom war zu ohnmächtig, er kam zu spät. Auch eine Besessene aus der Stadt namens Mogret versicherte während des Exorzismus, Grandier sei unschuldig, sie bitte Gott um Vergebung, dass sie einen Mann der Zauberei beschuldigt habe, von dem sie nichts Unrechtes wisse. Sie flehte den Bischof, sie flehte den Kommissar an, sie beteuerte mit der gerührtesten Stimme, es zwinge sie, ihr Gewissen zu erleichtern und dieses Bekenntnis abzulegen. Der Kommissar lachte. Der Bischof versicherte, dies sei ein neuer Kunstgriff des Menschenfeindes, die Herzen der Ungläubigen immer mehr zu verhärten, um aus diesem einen Fall seiner Niederlage eine Reihe von Siegen und eine reiche Ernte sich erblühen zu sehen. Ein so bequemes Werkzeug war der dumme Teufel in den Händen des geistlichen Herrn. Brachte er etwas vor, was Grandier verdammen konnte, so redete er die Wahrheit, sprach er etwas, was zu dessen Verteidigung diente, so log er in heimtückischer Absicht. Wie sein Ausspruch zu interpretieren sei, darüber entschied das Machtwort des Herrn von Loubardemont oder der Wille des Bischofs.

Endlich erklärte man die Untersuchung für geschlossen. Ein Kommissionsgericht wurde zur Fällung des Urteils niedergesetzt. Die Beisitzer waren Räte von verschiedenen Landgerichten, Kriminalleutnants und Zivilleutnants bei denselben. Das Andenken der Männer ist verschollen, die solch ein Urteil fällen konnten, andere blutige Ströme haben die Namen von ihren Leichensteinen abgewaschen, es ist kein Dienst der Nemesis erwiesen, sie aus den Akten wieder ans Tageslicht zu ziehen. Vielleicht glaubten sie, ihre Pflicht zu tun.

Noch fühlten doch auch diese Untersuchungs- und diese Spruchrichter, dass ihnen eine Autorität entgegenstehe, die frühere Untersuchung und deren Protokolle, durch den Bailli von Loudun geführt. Man versuchte daher alles mögliche, auch diesen Beamten selbst zu verdächtigen, um die Glaubwürdigkeit seiner Protokolle zu schwächen. Der Kanonikus Barre, dem es nicht gelungen war, bei den zweiten Exorzismen in Loudun wieder einen Platz zu erhalten, hatte inzwischen die Besessenen in seinem Chinon, die dort aufzutreiben ihm geglückt war, *privatim* exorzisiert, und alle hatten wider Grandier ausgesagt und auch den Bailli bezichtigt. Man legte diesem außerdem Schlingen; man versuchte ihn in ein simuliertes Komplott zur Befreiung Grandiers zu verwickeln, was aber an seiner Klugheit scheiterte. Die Besessenen mussten ihn, seine Gattin und Verwandten als Hexen und Zauberer angeben. Aber der Unwille darüber war in ganz Loudun zu groß, da er ein Mann von der anerkanntesten

Rechtschaffenheit und von unzweideutiger Gottesfurcht war, dass auch ein Loubardemont nicht weiter gegen ihn zu gehen wagte.

Die rechtlichen Leute in der Stadt wussten im Voraus, welches Urteil zu erwarten stand, wo die Richter, unter diesen Einflüssen gewählt, den Satz voranstellten: Wenn der Teufel gehörig beschworen worden, ist er gezwungen, die Wahrheit zu sagen. Es war also alles Wahrheit, was die Besessenen gegen Grandier vorgebracht, und damit war sein Urteil gesprochen. Der Bürger empfand die Gefahr, in welche die Konsequenz dieses Satzes ihn selbst führen konnte, und man versuchte ein letztes Mittel zur Abwehr. Unter dem Schall der Glocken wurden die gesamten Bürger am 8. August 1634 im Rathaus versammelt, und man setzte ein Memorial an den König auf, worin sie mit den kräftigsten Worten gegen den Missbrauch, den die Exorzisten in ihrem Amt getrieben hatten, protestierten. Fragen wären aufgeworfen worden, die nichts anderes zum Zweck hätten, als die besten Familien in der Stadt zu beschimpfen. Bloß auf die Aussage einer der Besessenen sei Herr von Loubardemont in die Wohnung einer Dame gedrungen und habe alles durchsucht, um Zauberbücher zu finden. Andere Damen habe er in der Kirche aufgerufen und zu Hause bei verschlossenen Türen nackt ausziehen lassen, um Hexenzeichen bei ihnen zu finden. Sie protestierten gegen den gefährlichen Satz von der absoluten Wahrheit, die der richtig beschworene Teufel aussagen müsse, da sie durch die Lehre Jesu Christi, durch seine Apostel, die Kirchenväter und durch die Sorbonne verdammt sei und, werde sie doch als richtig angenommen, jeder rechtschaffene Mann fortan der Gefahr ausgesetzt sei, ein Opfer der Bosheit eines Teufels oder vielmehr eines Besessenen zu werden. Sie baten, dass die von Loubardemont und den Exorzisten darüber publizierte Schrift von der Sorbonne untersucht und ihnen gestattet werden möge, gegen das Verfahren an das Parlament zu appellieren.

Konnte ein Ansinnen billiger sein? Ob die Eingabe bis zu den Augen des Königs kam, wird nicht gesagt, aber unter dem Schall der Trompeten, um dem Schall der Glocken des Stadthauses ein Gegenstück zu bieten, wurde ein Dekret verlesen, worin der Beschluss der Stadtversammlung für null und nichtig erklärt wurde und als Versuch, den Pöbel zum Aufruhr anzureizen. Dem Bailli und den Schöffen wurde untersagt, irgendeine Versammlung zu gestatten, worin über Sachen beratschlagt werde, die in das Gebiet der Kommission gehörten. Richter über die Exorzisten sei die Kommission allein, an sie allein seien Klagen anzubringen, und sie behalte sich vor, auch über das gesetzwidrige Beginnen im Stadthaus Klage zu erheben.

Damit war jede Hilfe von außen abgeschnitten, der Mutigste war eingeschüchtert. Es wäre überflüssige Arbeit, nach diesen Vorgängen noch die sämtlichen Willkürlichkeiten zu erwähnen, die Pitaval als Verletzungen des französischen Gerichtsgebrauchs aufführt. Der unglückliche Grandier tat, was er sich und seiner Ehre schuldig zu sein glaubte, indem er alle Rechtsformeln zu seiner Verteidigung benutzte, im Inneren hatte er sich längst verloren gegeben. Die Sache war so weit gekommen, dass man ihn als Zauberer verurteilen oder ein ganzes Kloster voll Nonnen, Kanoniker, Weltgeistliche und Mönche, ja vielleicht auch einen Bischof und Staatsrat als wissentlich falsche Angeber dieses Verbrechens bestrafen musste. Wohin die Waagschale fallen werde und dass das Letztere an Unmöglichkeit grenzte, war unschwer zu entscheiden.

Bevor man zum Urteilsspruch schritt, der längst bei den Richtern fertig war, sah man einen jeden derselben sich schon einige Tage durch äußerliche Religionshandlungen dazu vorbereiten. Es wurden öffentliche Umgänge und Messen gehalten, die Sakramente ausgesetzt, kurz, nichts vergessen, was dem Volk Sand ins Auge streuen und es glauben machen konnte, dass das Interesse der Religion und der Kirche die einzige Triebfeder sei.

Im Karmeliterkloster war die feierliche Sitzung, in der das Urteil abgefasst wurde, eines, gegen das alle Bluturteile, die unter der Schreckensregierung Frankreichs ergingen, wie milde Züchtigungen einer väterlichen Gewalt erscheinen. Man hat gewagt, damals »Auszüge der bei Grandiers Prozess vorgekommenen Beweise« drucken zu lassen, ein Buch, das die öffentliche Meinung belehren sollte. So hatte man schon damals eine unbewusste Scheu vor einer Macht, die man nicht kannte, während nur die Willkür mit den losgelassenen Trabanten des Fanatismus, die dienstbaren Gesetze knetete und formte. Ein Widerspruch war nicht erlaubt. Diese Auszüge aus den Beweisen sollten die Entscheidungsgründe rechtfertigen. Pitaval, zwar in einer Zeit lebend, die das Urteil längst verdammt hatte, muss sich doch noch die Aufgabe stellen, diese Entscheidungsgründe zu widerlegen, indem er seine Zeit preist, »wo man keinen Fall dieser Art mehr befürchten dürfe«. Sollen wir uns glücklich preisen, dass wir in einer Zeit leben, wo es auch dieser Widerlegung nicht mehr bedarf? Für uns hier ist es wenigstens überflüssig, die Entscheidungsgründe in einem Prozesse aufzuführen, der nach unseren Ansichten jeden Grundes entbehrt. In der Hauptsache sind sie in der obigen Geschichtserzählung mit verwebt.

Das Urteil lautete: Da Urban Grandier des Verbrechens der Zauberei und vieler anderer Verbrechen zur Genüge überführt sei, solle er mit bloßem Haupt, einen Strick um den Hals, in der Hand eine brennende Kerze, an zwei Kirchtüren Kirchenbuße tun, auf den Knien Gott, den König und die Obrigkeit um Verzeihung bitten, demnächst auf einen Scheiterhaufen gesetzt, an einen Pfahl gebunden und mit allen noch vorhandenen Zauberbundeszeichen und Charakteren, samt der Handschrift der von ihm verfassten Abhandlung wider den ehelosen Stand der Priester, lebendig verbrannt und seine Asche in die Luft gestreut werden. Von seinem zu konfiszierenden Vermögen solle eine Kupferplatte gekauft, gegenwärtiges Urteil darauf gestochen und die Tafel in der Kirche der Ursulinen an einem erhabenen Orte zum ewigen Andenken aufgehängt werden. Auch solle besagter Grandier, vor Vollstreckung dieses Urteils, auf die ordentliche und außerordentliche Tortur gebracht werden, um ein Bekenntnis seiner Mitschuldigen zu erhalten.

Sobald dieses Urteil unterzeichnet war (18. August 1634), sandte Loubardemont seine Leute zum Abholen des Gefangenen und zugleich einen Wundarzt mit. Es war nicht der grausame Manouri, der ihn so unmenschlich bei Aufsuchung seiner Hexenmale gequält hatte – grausamer, als die Schicklichkeit es auszumalen uns erlaubte –, vielmehr ein fremder Arzt, um noch zum letzten Mal den Anschein von Unparteilichkeit zu retten. Aber Manouri ging mit. Als Urban ihn erblickte, rief er: »Kommst Du, Henker, mir vollends das Leben zu nehmen? Hast Du nicht genug an meinem Leibe gemartert? Nun, so zerfleische mich ganz.«

Der Wundarzt musste dem Gefangenen alles Haar auf dem Kopf, im Gesicht und am ganzen Leib abscheren. Als aber einer der Richter verlangte, er solle ihm auch die Augenbrauen abnehmen und die Nägel abreißen, erklärte Forneau – so hieß der Chirurg –, keine Gewalt auf Erden solle ihn dazu zwingen. Zitternd vor Entsetzen bat er Urban um Vergebung, dass er Hand an ihn legen müsse. »Ich glaube gern«, sagte Urban, »dass Sie der Einzige sind, der noch Mitleid mit mir hat.« Forneau flüsterte ihm zu: »Sie sehen nicht das ganze Publikum.«

Nachdem man ihm die Kleider abgerissen, ihn noch einmal nackend durchsucht und zerstochen und ihm statt der Kleider einen alten schmutzigen Kittel übergezogen hatte, wurde Grandier in einer Kutsche in das Gerichtshaus gebracht. Auf den Stühlen der Richter saßen vornehme Damen, zu diesem Schauspiel geladen. Oder hatten sie sich dazu gedrängt? Loubardemonts Gattin voran. Die galanten Richter standen hinter den Lehnen, der königliche Kommissar selbst saß auf dem bescheidenen Stuhl des Sekretärs.

Der furchtbare Zauberer – denn das war Urban Grandier – sein Anblick allein, ein Blick seines tiefen dunklen Auges hatte Mädchen das Blut in Wallung gebracht und bei ehrbaren Frauen sündhafte Wünsche erweckt. Das war erwiesen, und war diese Zauberei ein Verbrechen, dann hätte er zehnfach den Tod verdient. – Jetzt kniete dieser mächtige Zauberer, mit gebundenen Armen, im alten zerrissenen Kittel, blass, abgemagert, entstellt, ein Bild des Erbarmens, vor dem Kreis stolzer Schönheiten und bezauberte keine mehr. Mit einem Fußtritt stieß ihm der Sekretär den Hut vom Kopf, da er ihn selbst nicht mehr abnehmen konnte. Der Pater Lactanz und die Franziskaner exorzisierten Luft, Erde und den knienden Sünder selbst.

»Wende Dich um, Elender, und bete dort das Kruzifix an«, redete ihn der Sekretär an. Grandier tat es in Ehrerbietigkeit. Die Augen gen Himmel, verrichtete er ein stilles Gebet. Der Sekretär verlas das Urteil und – zitterte. Grandier zitterte nicht. Ohne die geringste Gemütsbewegung hörte er die grausame Sentenz, dann redete er seine Richter an: »Bei Gott, dem Vater, dem Sohne und heiligen Geist und bei der gebenedeiten Jungfrau bezeuge ich, meine Herren, dass ich niemals ein Zauberer gewesen bin, niemals heilige Orte und Sachen entweiht habe, noch von der Zauberei weiß, als was die heilige Schrift davon weiß, die ich stets gepredigt habe. Nie hatte ich einen anderen Glauben als den unserer heiligen Mutter, der katholischen, apostolischen, römischen Kirche. Ich entsage dem Teufel und allem seinem Wesen, ich bekenne meinen Erlöser und bitte ihn, dass sein Blut auch an mir nicht verloren sei und ich durch sein Verdienst Vergebung meiner Sünden erlangen möge. Sie, gnädige Herren, flehe ich an, mildern Sie die Schärfe meiner Strafe, dass meine Seele nicht in Gefahr komme, in Verzweiflung zu fallen.« Zwei Stunden darauf hielt Loubardemont eine geheime Unterredung mit ihm. Grandier erhob sich stolz vor seinem Henker in die Brust: »Ich habe keinen Mitschuldigen, da ich selbst unschuldig bin.« Nur unter dieser Bedingung, dass er sie nenne, hatte man ihm Milderung verheißen.

Man schritt sogleich nach der Unterredung zur Folter. Diese ist von der Art, dass wir einige schwache Leserinnen, wenn sie bis zu dieser Stelle gekommen wären, ersuchen, hier innezuhalten oder weiter zu blättern. Wir selbst bekennen, dass uns die Feder in der Hand stockte. Die an sich grausame Torturart, auch sonst gebräuchlich, wurde hier, von wutentbrannten Kannibalen gehandhabt, in der Exekution bis aufs äußerste Maß des Entsetzlichen getrieben.

Man legte beide Beine Urbans zwischen zwei starke Bretter und schnürte diese mit Stricken, so fest es nur irgend möglich war, zusammen. Hierauf wurden Keile zwischen Beine und Bretter mit einem großen Hammer eingetrieben, vier Keile bei der ordentlichen, acht bei der außerordentlichen Folter. Loubardemont schienen die gewöhnlichen Keile nicht stark genug. Er schalt den Scharfrichter, drohte, ihn zu strafen, wenn er nicht stärkere herbeischaffte. Mit vielen Schwüren beteuerte der Henker, er habe keine stärkeren Keile. Hierauf fingen die Franziskaner und Kapuziner an, die Marterwerkzeuge zu beschwören. Ja, die Unmenschen vereinigten sich zu einer neuen Doktrin, um den Wollustkitzel ihrer eigenen Grausamkeit zu entschuldigen. Dem Teufel sei es ein Leichtes, einem unheiligen Weltmenschen wie dem Scharfrichter zu widerstehen. Sie selbst rissen ihm daher den Hammer aus der Hand und kühlten ihre Lust, indem sie aus vollen Kräften auf die Keile hämmerten. Grandier sank mehrere Male, übermannt vom Schmerz, in Ohnmacht. Verdoppelte Schläge weckten ihn wieder. Seine Henker ließen nicht eher nach, die acht Keile tiefer und tiefer einzutreiben, als bis beide Beine völlig zerschmettert waren und das Mark aus den Röhren floss. Er wusste den entsetzlichen Schmerz zu bewältigen, keine Verwünschung, keine Klage. Noch während der Marter hatte er ein Gebet zu Gott gesprochen, dessen Inbrunst den Leutnant des Prevôt so rührte, dass er es nachschrieb. Loubardemont verbot ihm, es irgendjemandem zu zeigen. Man drang in ihn zu bekennen. »Ich bin kein Zauberer, kein Gottesverächter.« Seine fleischlichen Vergehungen, zu denen er sich hinreißen lassen, bekannte er, er sagte, er habe sie gebeichtet und gebüßt. Kein Schmerz, keine Drohungen konnten ihn bewegen, die Namen der Frauen zu nennen, mit denen er Umgang gepflogen hatte.

Im Ratszimmer lag der Zerschmetterte auf Stroh. Er sah unter den Umstehenden einen Augustiner und erbat sich ihn zum Beichtvater. Man schlug die Bitte ab. Er bat um den Pater Grillau, einen Barfüßer. Auch dieser wurde ihm verweigert. Man wies ihm zwei seiner Peiniger, den Pater Claudius und Tranquillus, zwei Kapuziner, an. Solche Beichtväter verschmähte er. Er wollte lieber seinem Schöpfer als seinen Henkersknechten beichten.

Drei bis vier Stunden blieb er im Ratszimmer in diesem elenden Zustand liegen. Niemand kümmerte sich um ihn. Nur ab und zu näherte sich ihm Loubardemont, flüsterte mit ihm und wollte ihn überreden, einen Aufsatz zu unterzeichnen. Um diesen Preis wollte Urban nicht die Milderung von Qualen erkaufen, von denen er kaum glaubte, dass sie noch geschärft werden konnten.

Nach 4 Uhr abends legten ihn die Büttel auf eine Trage und trugen ihn hinunter an die Tür des Gerichtshauses. Er versicherte dem Kriminalleutnant, er habe alles gesagt, nichts drücke mehr sein Gewissen. »Soll ich Gott für Sie bitten lassen?«, fragte ihn der gerührte Beamte. »Eine große Gnade für mich«, entgegnete Urban, »ich bitte Sie darum.« Er trug eine Kerze in der Hand, die er küsste. Mit unbefangenem Blicke grüßte er die Umstehenden und bat, wen er kannte, ihn in sein Gebet einzuschließen. Vor seiner Kirche St. Peter angekommen, befahl Loubardemont, ihn von der Trage herunterzunehmen, um niederzuknien und noch einmal sein Urteil anzuhören. Der arme Mann konnte sich seiner zerschmetterten Beine nicht mehr bedienen. Er fiel auf den Bauch. Ohne ein Zeichen von Ungeduld oder Unwillen wartete er, bis man ihn aufhob.

Da näherte sich ihm der Pater Grillau, sein Freund, umarmte ihn, weinte und sprach: »Erinnere Dich, dass Jesus Christus durch Marter und Kreuzestod zu Gott, seinem Vater, erhoben wurde. Sorge, edler Mann, nur für Deine Seele. Ich bringe Dir den Segen Deiner alten Mutter. Sie bittet mit mir Gott, dass er Dir Barmherzigkeit widerfahren lasse und Dich in sein Paradies aufnehmen wolle.«

Es war der erste Tropfen eines Trostbalsams in sein wundes Herz gegossen. »Sei meiner Mutter ein Sohn«, erwiderte er. »Ich gehe den Todesweg mit der tröstlichen Überzeugung, dass ich unschuldig sterbe, ich hoffe, Gott wird mir barmherzig sein.« Die Kapuziner trieben die Büttel an, das Gespräch zu unterbrechen, das Publikum sollte nichts von Urbans Seelenzustand erfahren.

Unter dem Scheiterhaufen angelangt, bat er die Mönche, seine Begleiter, um den Kuss des Friedens. Der Leutnant des Prevôt wollte ihn um Verzeihung bitten. »Sie haben mich nicht beleidigt, Sie taten nur Ihre Pflicht«, erwiderte er. Der Pfarrer zu Troismoutiers, Renatus Bernier, einer seiner Feinde, bat ihn, von seiner Fassung und seinen Leiden gerührt, um Vergebung: »Ich vergebe allen meinen Feinden von ganzem Herzen, wie ich wünsche, dass Gott mir vergeben möge.«

Der Platz war übervoll von Zuschauern aus allen Provinzen, ja aus fernen Ländern waren sie gekommen, den Flammentod des furchtbaren Beschwörers mit anzusehen. Kaum konnten die Gerichtsknechte für die Beamten Platz machen.

Ein Flug Tauben flatterte um den Scheiterhaufen. Vergebens scheuchten die Gerichtsknechte mit ihren Hellebarden, der Pöbel durch sein Geschrei sie fort. Sie kamen immer wieder. Aber auch eine große Schmeißfliege summte in einem fort um Grandiers Kopf. Ein Mönch erklärte dem Volk: Beelzebub heiße auf Hebräisch der Gott der Fliegen. Die Schmeißfliege sei der Teufel, der den Verbrecher auf der Reise in die Hölle begleiten werde.

Mit einem eisernen Ring wurde Grandier an den Pfahl befestigt. Die Mönche exorzisierten Luft und Holz des Scheiterhaufens. Sie fragten den Gerichteten, ob er nicht noch in sich gehen wolle. »Ich habe nichts mehr zu sagen, ich hoffe, noch heute bei meinem Gott zu sein.« Der Sekretär las ihm das Urteil zum vierten Mal vor. Immer noch hoffte man, er werde bekennen: »Was ich gesagt habe unter den Qualen der Folter, ist die reine Wahrheit.« Die Mönche ließen den Sekretär schweigen, weil er durch seine Fragen den Verbrecher nur noch mehr zum Reden anreize.

Der Leutnant des Prevôt hatte Urban zweierlei verheißen. Es sollte ihm Zeit gegönnt werden zum Volk zu sprechen, dann, er sollte erwürgt werden, ehe das Feuer an den Scheiterhaufen gelegt werde. Um beide Hoffnungen, die dem Unglücklichen die Schrecken der Strafe milderten, wurde er durch die Bosheit seiner Feinde betrogen. Als Grandier sprechen wollte, spritzten die Exorzisten so viel Weihwasser ihm ins Gesicht, dass er kein Wort hervorbringen konnte.

Er wollte wieder anfangen, da sprang ein Mönch hinzu und küsste ihn so heftig und wiederholt, dass er den Mund nicht öffnen konnte. »Das war ein Judaskuss!«, stöhnte das Opfer. Die erbitterten Mönche, als sie es gehört hatten, umdrängten ihn und hielten ihm ein eisernes Kreuz vor den Mund: »Küsse es, küsse es«, schrieen sie vor dem Volk, aber sie zerstießen ihm grausam das Gesicht und verwundeten seine Lippen, dass er nicht mehr reden konnte. Man behauptet, sie hätten dieses Zeichen des Heils schon früher in Bereitschaft gehalten, um es als Marterwerkzeug zu brauchen, wenn Grandier zum Volk reden wolle.

Grandier ergab sich, er bat nur die Zuschauer um ein Salve Regina und ein Ave Maria. Noch einmal fragten ihn die Exorzisten: »Willst Du in Dich gehen und bekennen?« – »Ich habe alles bekannt und vertraue auf Gott und seine Barmherzigkeit.«

Auf den Wink des Leutnants wollten die Büttel mit dem dazu bestimmten Strick den Gerichteten erdrosseln. Der Strick war zu kurz, die Mönche hatten heimlich so viele Knoten hineingemacht, dass er zu dem Zweck unbrauchbar war. Ein zweiter fehlte. Die Franziskaner, die Karmeliter, die Dominikaner brüllten: »Feuer! Feuer!«

»Ist's das, was man mir versprochen hat?«, rief Grandier dreimal auf. Er griff selbst nach dem Strick und wollte sich eine Schlinge um den Hals legen. Da fuhr der Pater Lactanz mit einem brennenden Strohwisch dem Sterbenden unter das Gesicht: »Willst Du noch nicht dem Teufel entsagen? Nun ist's höchste Zeit, nur noch einen Augenblick hast Du zu leben.« – »Ich kenne den Teufel nicht. Gott verleihe mir Barmherzigkeit!«, rief Grandier.

Der rasende Mönch übernahm, ohne Befehl des Leutnants, das Amt des Henkers. Er zündete selbst den Scheiterhaufen vor den Augen seines Opfers an. »Ach, Pater Lactanz!«, sprach Urban mit sanfter Stimme. »Wo bleibt die Liebe? Es ist ein Gott im Himmel, der Dich und mich richten wird. Ich lade Dich vor ihn binnen heute und einem Monat.« Die Mönche spritzten ihm von neuem Weihwasser ins Gesicht. Das Volk brüllte und schrie den Bütteln zu: »Erdrosselt ihn!« Es war zu spät. Die Flamme nahm zu sehr überhand. Die Büttel konnten nicht mehr zu ihm dringen. »*Deus, ad te vigilo, miserere mei, Deus*!«, waren Urban Grandiers letzte Worte. Er wurde ganz lebendig verbrannt.

An einem Tag, 18. August 1634, war sein Urteil gesprochen, erlag er den Folterqualen, und am Abend desselben 18. August verzehrten die Flammen seinen Leichnam zu Asche.

In diesem Prozess, wo die Tortur in scheußlicher Weise zur Anwendung gelangte, finden wir weltliche und geistliche Behörden vereint wirken. Aber auch dort, wo solches gesondert erfolgte, wurde, wie bereits früher erwähnt, von der Folter der rücksichtsloseste Gebrauch gemacht. Unter Ludwig XIV. sehen wir wenigstens eine Milde in der Auffassung der Zauberei und des Hexenwesens eintreten. Untersuchungen werden auf Befehl des Königs eingestellt, trotz des Widerspruchs der Parlamente.

VII. Kapitel

Hexenwesen in England – Jakob I. – Dr. Fian – Hexenfinder – Wachfolter – Schottische Tortur – Amerika – Schweden – Ungarn und Siebenbürgen – Agrippa von Nettesheim – Johann Weier – Cornelius Callidius Loos – Nikolaus Remigius – Martin Delrio – Adam Tanner – Paul Leymann – Friedrich von Spee – Hexenprozesse – Tortur in Hexenprozessen – Mahnung zur Umkehr

So arg auch der Hexenwahn in England wütete, für die Geschichte der Tortur bietet das Inselreich außer dem bereits Angeführten nur noch wenige Daten. Das Schlimmste ist aus *Schottland* unter Jakob VI., dem späteren König Jakob I von England, zu melden, von dem bereits früher die Rede war. »Dieser König«, berichtet Soldan (II, S. 145), »schürte mit der reformierten Geistlichkeit das Feuer um die Wette[1]), er selbst bildete sich ein, um seines Religionseifers willen vom Teufel verfolgt zu werden, und sein Argwohn traf darum besonders die schottischen Katholiken als dessen Werkzeug. – Bei seiner Rückkehr aus Dänemark (wo er sich vermählt hatte) war Jakob von gewaltigen Seestürmen bedrängt worden, die er den Zauberkünsten der Hexen zuschrieb. Daher wurde dieser Sturm der Anlass zu einer ganz entsetzlichen Hexenverfolgung. Der Argwohn des Königs fiel hauptsächlich auf einen Dr. Fian, der den Sturm erregt haben sollte. Derselbe gestand dieses auch auf der Folter, nahm aber danach sein Geständnis zurück. Daher wurde derselbe wiederholt allen nur irgend erdenklichen Martern unterworfen. Die Knochen der Beine wurden ihm in den spanischen Stiefeln in einzelne Stücke zerbrochen, und schließlich wurden dem Unglücklichen (auf Geheiß des Königs) an allen Fingern die Nägel gespalten, mit einer Kneipzange ausgerissen, und an jeder wunden Stelle wurde ihm ein eiserner Nagel bis zum Kopfende ins Fleisch eingetrieben. Aber ›der Teufel war so tief in sein Herz gedrungen, dass er hartnäckig leugnete, was er vorher eingestanden hatte‹, weshalb er ohne Geständnis lebendig verbrannt wurde (vgl. Pitcairns Criminal Trials of Scotland, vol. I, P. II, S. 213, 223). Wie in diesem Fall, so wohnte der König auch sonst den Verhören persönlich bei, ließ sich mitunter von den Verhörten die Melodien vorspielen, mit denen die Teufelsprozessionen begleitet werden, freute sich, wenn der Teufel französisch von ihm gesagt haben sollte: ›*Il est un homme de Dieu*‹, oder er sei der größte Feind, den Satan in der Welt habe, und bedrohte die Geschworenen mit einer Anklage wegen vorsätzlichen Irrtums, wenn sie im Verurteilen nicht eifrig genug waren.«

Es ist leicht begreiflich, dass dieser verrückte König, nachdem er den Thron Alt-Englands bestiegen hatte, seinen tollen Wahn auch auf dieses Gebiet übertrug und hier einen ähnlichen Schrecken entfaltete, während sich Schottland durch seine Abwesenheit etwas beruhigen konnte. Noch schlimmer wurden diese Gräuel zur Zeit des Bürgerkrieges. Im Jahre 1645 durchzog Matthias Hopkins aus Essex, als Witch-Finder-General, als General-Hexenfinder, einen Teil Englands und bot sich den Ortsbehörden als untrüglicher Hexenfinder gegen Bezahlung an. Seine Dienste wurden auch an vielen Orten in Anspruch genommen, und mehrere hundert Personen wurden durch die unheilvolle Tätigkeit dieses Menschen zum Tod verurteilt. Bei diesen Prozessen kam gewöhnlich die landesübliche *Wachfolter* (*tortura insomniae*) zur Anwendung, deren schon früher gedacht wurde. Die Beschäftigung eines Hexenfinders scheint damals in England recht einträglich gewesen zu sein, so dass sich viele zu diesem Beruf herandrängten. Freilich war er auch mit einiger Gefahr verbunden, denn Hopkins z. B. wurde selbst vom Volk der Wasserprobe ausgesetzt, als schuldig befunden – auch er schwamm und ging nicht unter – und getötet.

Entsetzlicher Art, berichtet Soldan nach Buckles »Geschichte der Zivilisation in England«, waren die eigentümlichen Torturmittel, die man im siebzehnten Jahrhundert in Schottland zur Anwendung brachte. »Um eine hartnäckige Hexe zu wecken, band man ihr einen eisernen Kappzaum oder Reif mit vier Zacken, die in den Mund eindrangen, um das Gesicht, und dieser Kappzaum wurde hinten an der Mauer in einer solchen Weise befestigt, dass die Unglückliche sich nicht niederlegen konnte. In dieser Stellung musste dieselbe oft mehrere Tage und Nächte hindurch verbleiben, während deren sie von Zeit zu Zeit zu Geständnissen aufgefordert wurde. Gleichzeitig wurde an ihr mit der tief ins Fleisch eindringenden Nadel zur Ermittelung des Hexenmales experimentiert (Pitcairn, Criminal Trials of Scotland, vol. I, P. II, S. 50). Außerdem wurde die Qual noch dadurch gesteigert, dass man die Gefolterte den sich einstellenden Durst ertragen ließ, ohne ihr einen Schluck Wasser zu gewähren. Es soll vorgekommen sein, dass einzelne diese Marter – einschließlich der Tortura Insomniae – fünf, sogar neun Tage und Nächte hindurch ertragen mussten.

Außerdem wurde aber ganz besonders »Verstockten«, die auf diesem Weg nicht zum Geständnis zu bringen wären, mit noch ganz anderen Torturmitteln zu Leibe gegangen. Hören wir, was Hartpole Lecky (nach Dalyell, Darker Superstitions of Scotland, S. 645 ff.) über dieselben berichtet: »Die drei vorzüglichsten, die gewöhnlich zur Anwendung kamen, waren die Pennywinkis, die spanischen Stiefeln und die Caschielawis. Erstere war eine Art Daumenschraube, die zweite ein Gehäuse, in welches das Bein eingesenkt und darin durch Keile zerquetscht wurde, die man mit einem Hammer hineintrieb, die dritte eine eiserne Form, die von Zeit zu Zeit über eine Kohlenpfanne erhitzt und um den Leib gelegt wurde. Manchmal wurde der Körper des Opfers mit Schwefelfaden gebrannt. In einem gleichzeitigen Aktenstück lesen wir von einem Mann, der achtundvierzig Stunden unter der scharfen Tortur in den Caschielawis gehalten wurde, und von einem anderen, der in derselben schrecklichen Maschine elf Tage und Nächte lang blieb, dem vierzehn Tage lang die Beine alltäglich in den spanischen Stiefeln gebrochen und der so gegeißelt wurde, dass ihm die Haut vom Körper gerissen wurde. – Wie viele Geständnisse durch diese Mittel erpresst wurden, lässt sich nicht mehr ermitteln. Zwar ist uns eine große Anzahl von Zeugenaussagen und Geständnissen aufbewahrt, allein diese stammen nur von einem einzigen Gericht her. Wir wissen, dass (hier) 1612 mehr als hundertfünfzig Personen der Hexerei angeklagt und dass in diesem Jahre vierzehn Untersuchungskommissionen eingesetzt waren.« Wir sehen hier also ein Wüten, das den schlimmsten Grauen der spanischen Inquisition wenigstens gleichkommt, und es muss zugegeben werden, dass hierbei der Protestantismus dem Katholizismus nichts nachgab. Es spricht sogar für Letzteren noch der Umstand, dass es sich bei diesem größtenteils um Aufrechthaltung der Macht und erst in zweiter Reihe um Befriedigung fanatischen Aberglaubens handelte. Allerdings werden jene grauenhaften Vorgänge dadurch nicht besser und auch nicht im geringsten entschuldigt, aber sie werden wenigstens begreiflicher.

Der Hexenwahn zog von England aus auch über das Weltmeer und verbreitete im siebzehnten Jahrhundert auch in den englischen Besitzungen Amerikas seine Schrecken. Die überlieferten Mitteilungen hierüber melden zwar nichts von der Anwendung der Tortur bei diesen Prozessen, doch kann als zweifellos angenommen werden, dass hierbei auch diese schauderhaften Mittel zur Erzwingung von »Geständnissen« nicht fehlten, zumal wir auch sonst ähnliche und noch schlimmere Erscheinungen sehen wie im Mutterland und die dort herrschende Sklaverei auch nicht geeignet war, den Wert von Menschenleben und Menschenwohl besonders hoch anzusetzen. Immerhin nahm aber der Hexenschrecken gegen Schluss des genannten Säkulums ein Ende, besonders als ein Angeklagter in Boston auf den klugen und echt amerikanischen Einfall kam, sich rasch einen Haftbefehl gegen seine Ankläger zu verschaffen und einen Schadenersatz ob der ihm zugefügten Verleumdung von tausend Pfund Sterling zu beanspruchen.

Auch in Schweden sehen wir nach dem dreißigjährigen Krieg den Hexenwahn im Verein mit der Tortur auftreten und erschreckliche Ernte halten. Berühmt oder vielmehr berüchtigt ist der Hexenprozess, der sich 1669 in den Kirchspielen Mora und Elfdale in Delecarlien abspielte und eine gewisse Verwandtschaft mit den Kinderkreuzzügen und andere Epidemien dieser Art aufweist. In den erwähnten Ortschaften kam es nämlich damals vor, dass Kinder in Ohnmachten und Krämpfen verfielen und dann, wieder mehr oder minder zu Bewusstsein gelangt, die sonderbare Mär von einem Hexensabbat zu erzählen wussten, der an einem mystischen Ort, Blakulta, stattgefunden habe, zu dem sie nachts von Hexen mitgenommen worden wären. Hier hätten sie zuweilen vom Teufel Prügel erhalten, was die Ursache ihrer Krankheit sei. Selbstverständlich erregten diese Mitteilungen großes Aufsehen, das Volk wütete gegen die vermeintlichen Hexen, und die Regierung ordnete eine Untersuchung an. Diese ließ eine Menge Weiber verhaften und verhörte gegen dreihundert Kinder, welche die tollsten, teilweise auch sehr unzüchtige Angaben machten. Die Eltern der Kinder erklärten allerdings, dass diese zu Hause ruhig in ihren Betten gelegen hätten in den Nächten, wo sie von den Hexen zu ihren Versammlungen mitgenommen worden sein wollten, doch dieses Faktum wussten sich die weisen Herren von der Gerichtskommission sehr leicht zu erklären: Die Kinder waren eben geistig entführt worden. Alles Übrige bewirkte die Tortur. Viele gestanden, was man wollte, und es wurden schließlich vierundachtzig Erwachsene und fünfzehn Kinder verbrannt, sechsunddreißig Kinder verurteilt, ein Jahr lang jede Woche einmal an den Kirchtüren ausgepeitscht zu werden, und zwanzig Kinder an drei aufeinander folgenden Tagen. Siebenundvierzig Personen wurden von der Instanz entbunden. Natürlich enthalten die Geständnisse die Ausgeburten der tollsten Fantasie, und König Karl XI. meinte später dem Herzog von Holstein gegenüber, er wäre nicht imstande zu entscheiden, ob die eingestandenen Handlungen wirklich Tatsachen oder nur die Wirkung zügelloser Einbildungskraft gewesen wären. Seltsam und rätselhaft bleibt es immerhin, wie es gekommen sein mag, dass einige hundert Kinder ziemlich übereinstimmende Aussagen machten, ein Rätsel, das sich vielleicht leicht durch die Annahme lösen lässt, dass den Kindern ihre Aussagen suggeriert wurden. Bei den Untersuchungen wirkten Juristen und Geistliche vereint, und wie an den meisten anderen Orten waren auch hier die Letzteren das treibende Element der Vernichtung. Ähnliches, wenn auch nicht so ausgedehnt wie in Schweden und ohne dass Kinder miteinbezogen wurden, fand auch in Ungarn statt und besonders im deutschen Teil Siebenbürgens, dem Sachsenland, wo auch altdeutsche Bräuche und Gewohnheiten zur Anwendung gelangten. In diesen Gebieten kamen sogar Hexenprozesse mit obligater Tortur noch spät im achtzehnten Jahrhundert vor, doch ereignete sich hier nichts besonders Bemerkenswertes. Als Foltermitteln kamen die bekannten, hier bereits genugsam erörterten allgemein üblichen Mitteln zur Anwendung. Ebenso hatten hierbei die von den Römern überlieferten Regeln, später die der Carolina, Geltung. Was Italien und Spanien betrifft, so ist zu dem bereits früher Bemerkten kaum etwas hinzuzufügen, was dort für die Anwendung der Folter im siebzehnten Jahrhundert von Belang wäre. Es wurde eben in der hergebrachten Weise weiter gefoltert.

Wie bereits früher bemerkt und durch Zitate dargelegt wurde, hatten Hexenwahn und Tortur ihre Verteidiger und auch ihre Gegner. Als Erster, der mit Entschiedenheit gegen diese Missbräuche von Recht und Vernunft auftrat, ist der General-Advokat von Metz, Cornelius Heinrich Agrippa von Nettesheim (1486–1535), einer der erleuchtetsten Geister seiner Zeit, dessen 1527 zu Köln erschienenes Buch »*De incertitudine et vanitate scientiarum*« eine scharfe Satire auf den damaligen Stand der Wissenschaften bildet. Gegen den Hexenwahn ist seine 1531 in Paris erschienene Schrift »*De occulta philosophia*« gerichtet, die ihn allerdings selbst in den Verdacht des Teufelsbundes brachte, was noch durch seine tüchtige Verteidigung einer Bäuerin, die der Inquisitor Savin verbrennen lassen wollte, verstärkt wurde.

Noch erfolgreicher in diesem Sinne wirkte Agrippas Schüler Johann Weier (1515–1588), auch Wierus und Piscinarius genannt, Leibarzt des Herzogs Wilhelm von Kleve. Er veröffentlichte 1563 seine fünf Bücher »*De praestigiis daemonum et incantationibus ac veneficiis*«, wozu später noch einige ähnliche Schriften kamen, die alle großes Aufsehen erregten. Allerdings war auch er von dem Glauben an den Teufel und an bösen Geistern nicht frei, aber er trat immerhin gegen die scheußlichen Hexenprozesse auf, und seinem leider nur nicht nachhaltigen Wirken ist manches Gute auf diesem Gebiet zuzuschreiben. Allerdings wurde auch er, als Herzog Wilhelm geisteskrank wurde, der Zauberei angeklagt und musste zu seiner Rettung fliehen. Zu den Gegnern Weiers, zu den Verteidigern der Hexenprozesse zählte auch der zu seiner Zeit berühmte französische Philosoph Jean Bodin (1530–1596), dessen 1580 in Paris erschienener »*Traité de la démonomanie des sorciers*« lange Zeit in ganz Europa autoritäre Geltung hatte. Ein anderer Franzose dagegen, der berühmte Philosoph Michel de Montaigne (1533–1592), bekundete auch in diesem Punkt jenen Geist der Aufgeklärtheit, der durch alle seine Essays leuchtet. Noch entschiedener gegen den Hexenwahn trat der Geistliche Pierre Charron (1541–1603), Hofprediger der Königin Margarethe, auf. Ein anderer katholischer Geistlicher, Cornelius Callidius, auch Loseus genannt, Kanonikus in seiner Vaterstadt Gouda, Holland, der nach der Einführung der Reformation nach Trier flüchtete, wollte eine Schrift wider Hexenverfolgungen veröffentlichen, doch die Schrift wurde konfisziert und Loos eingesperrt und zum Widerruf genötigt. In diesem heißt es u. a., aus dem Lateinischen ins Deutsche übertragen:

Artikel I. Erstens widerrufe, verdamme, verwerfe und missbillige ich, was ich wiederholt schriftlich und mündlich von vielen Leuten behauptet und als Hauptregel meiner Schrift aufgestellt habe, dass nur Einbildung, eitler Aberglaube und Erfindung sei, was von der leiblichen Ausfahrt der Hexen mitgeteilt wird, sowohl weil dies völlig ketzerischer Bosheit gleicht, wie auch, weil diese Meinung Hand in Hand mit Empörung geht und daher als Majestätsverbrechen zu gelten hätte.

Artikel II. Zweitens widerrufe ich, was ich durch heimlich an gewisse Leute abgesandte Briefe wider die Behörden grundlos behauptet habe, dass die Hexenfahrt Einbildung und Unwahrheit sei und dass die armen Weiber durch die Bitterkeit der Tortur gezwungen werden zu gestehen, was sie nie getan haben, dass durch grausame Mordtaten unschuldiges Blut vergossen werde und dass mittels einer neuen Alchemie aus Menschenblut Gold und Silber gemacht werde ...« Loos hatte nämlich Letzteres wörtlich behauptet, womit er jedoch gesagt haben wollte, dass diese Menschenopfer vielfach nur zu Zwecken der Bereicherung dienten. Später widerrief er seinen Widerruf und wurde wieder eingekerkert. Auf erneuten Widerruf entlassen, schien er abermals ins Schwanken zu geraten. Sein 1593 erfolgter Tod entzog ihn jedoch den Verfolgungen seiner geistlichen Vorgesetzten. Der Suffraganbischof von Trier, Peter Binsfeld, der gegen Loos und andere so streng auftrat, trat schriftstellerisch als Verteidiger der Hexenverfolgungen auf, und seine Schrift genoss eine gewisse Autorität in maßgebenden Kreisen. Mehr noch lässt sich dies von der » Dämonolatrie« des gleichzeitig in Lothringen als Oberrichter wirkenden Nikolaus Remigius sagen, der, wie schon früher bemerkt wurde, von sich rühmen konnte, in sechzehn Jahren achthundert Personen wegen Zauberei zu Tode verurteilt zu haben, und eine mindestens ebenso große Zahl bestand aus denen, die zu ihrem Glück noch Gelegenheit fanden zu flüchten oder die trotz angewendeter Tortur nicht der Schuld überführt werden konnten.

Der Klassiker unter den Verfechtern der Hexenprozesse war der von spanischen Eltern zu Antwerpen geborene Jurist Martin Delrio (1551–1608), dessen 1599 erschienene »*Inquisitiones magicae*« allgemein maßgebend in Hexenprozessen wurde.

Merkwürdigerweise waren es drei Jesuiten, die in Deutschland gegen Hexenwahn und Tortur im siebzehnten Jahrhundert am entschiedensten und auch mit ziemlichem Erfolg auftraten: Adam Tanner, Paul Leymann und der auch als Dichter bekannte Friedrich von Spee. Adam Tanner (1572–1632) war auch Professor der Theologie in seiner Vaterstadt Innsbruck, ein gelehrter und erfahrener Mann, dessen Hauptwerk »*Universa Theologia scholastica, speculativa, practica*« sich mit den Hexenprozessen beschäftigt. Er erklärt hier, dass die mittels Tortur erpressten Geständnisse wertlos wären und die darauf beruhenden Urteile ungültig. Er verwirft die damals geltende Ansicht, dass eine einfache Denunziation genüge, um die peinliche Frage vornehmen zu können, verlangt vielmehr bestimmte Indizien. Logisch schließt er, dass den Denunziationen der der Zauberei angeklagten Personen überhaupt nicht zu trauen sei. Denn entweder stehen die Aussagenden wirklich im Bund mit dem Bösen, dann dürfte ihren lügnerischen und verderberischen Worten nicht vertraut werden, oder es ist überhaupt nicht wahr, dass sie Zauberer und Hexen wären, dann könnten sie auch zu diesem Treiben keine Mitschuldigen haben. Besonders betont er, dass das Gerichtsverfahren durch klare Bestimmungen der richterlichen Willkür entzogen werden sollte, bei der Tortur Maß gehalten werden müsste und alles vermieden, was das Schamgefühl zu verletzen geeignet wäre. Selbstverständlich – leider selbstverständlich! – wurde Tanner ob dieser vernünftigen Bemerkungen stark angefeindet, und er hätte sie wahrscheinlich bitter büßen müssen, wenn ihn der Tod nicht allen Anfeindungen entzogen hätte. Erklärten doch zwei Inquisitoren nach dem Lesen seiner Schrift, sie würden ihn, wenn er in ihre Hände geriete, ohne Säumen der Folter unterziehen.

Paul Leymann, des zweite des würdigen Jesuiten-Trifoliums, ein Innsbrucker gleich Tanner, wurde 1575 geboren und starb, nachdem er in München und Dillingen Professor des kanonischen Rechts gewesen war, 1635 zu Konstanz an der Pest, wurde also auch genauso alt wie der Ersterwähnte. In seinem Hauptwerk »*Theologia moralis*« (1625) tritt auch er gegen Hexenprozesse und Tortur auf, doch fand seine Stimme wenig Beachtung, zumal sie bald übertönt wurde von den kraftvollen Worten des dritten im Bunde, Friedrich v. Spee, der 1592 in Kaiserswerth geboren wurde und 1635 in Trier starb. Im Jahre 1631 erschien dessen »*Cautio criminalis*«, ein Buch, das bald große Verbreitung fand, wiederholt aufgelegt und in andere Sprachen übertragen wurde. Vorsichtigerweise ließ er es anonym erscheinen, und erst später wurde durch Leibniz der Name des Verfassers bekannt. »Dieser große Mann«, schreibt der Verfasser der »Theodicee«, »verwaltete in Franken das Amt eines Beichtvaters, als im Bambergern und Würzburgischen viele Personen wegen Zauberei verurteilt und verbrannt wurden. Johann Philipp von Schönborn, später Bischof von Würzburg und zuletzt Kurfürst von Mainz, lebte damals in Würzburg als junger Kanonikus und hatte mit Spee eine vertraute Freundschaft geschlossen. Als nun einst der junge Mann fragte, warum wohl der ehrwürdige Vater ein graueres Haar habe, als seinen Jahren gemäß sei, antwortete dieser, das rühre von den Hexen her, die er zum Scheiterhaufen begleitet habe. Hierüber wunderte sich Schönborn, und Spee löste ihm das Rätsel folgendermaßen: Er habe durch alle Nachforschungen in seiner Stellung als Beichtvater bei keinem von denjenigen, die er zum Tod vorbereitet habe, etwas gefunden, woraus er sich hätte überzeugen können, dass ihnen das Verbrechen der Zauberei mit Recht wäre zur Last gelegt worden. Einfältige Leute hätten sich auf seine beichtväterlichen Fragen, aus Furcht vor wiederholter Tortur, anfänglich allerdings für Hexen ausgegeben, bald aber, als sie sich überzeugten, dass vom Beichtvater nichts zu besorgen sei, hätten sie Zutrauen gefasst und in ganz anderem Ton gesprochen. Unter Heulen und Schluchzen hätten alle die Unwissenheit oder Bosheit der Richter und ihr eigenes Elend bejammert und noch in ihren letzten Augenblicken Gott zum Zeugen ihrer Unschuld angerufen. Die häufige Wiederholung solcher Jammerszenen haben einen so tiefen Eindruck auf ihn gemacht, dass er vor der Zeit grau geworden.«

Zeit, Verhältnisse und Stand in Betracht gezogen, kann es uns nicht wundern, dass auch Spee, wie seine vorgenannten Berufsgenossen, die Existenz von Hexen annahm, »was von niemand ohne Leichtfertigkeit und groben Unverstand geleugnet werden könne«, obwohl sich auch Stimmen katholischer Gelehrter gegen diese Annahme erhoben und obwohl er selbst, in seiner Eigenschaft als beobachtender Beichtiger, derartigen Zweifeln ausgesetzt war. Er will indes nicht glauben, dass es deren so viele je gegeben habe, als unter »dem Vorwand dieses Lasters in die Luft geflogen«, d. h., verbrannt wurden. Die von ihm selbst aufgestellte Frage, ob es in Deutschland mehr Zauberer, Hexen und Unholde gebe als anderwärts, beantwortet er dahin, dass er es nicht wisse, aber man sei allgemein dieser Ansicht, weil es in Deutschland an allen Orten rauche. Soldan führt (II, S. 193) einige Stellen seines erwähnten Werkes in einer alten deutschen Übersetzung an: »Ein anschauliches Gesamtbild des damaligen Hexenprozesses gibt Spee in der einundfünfzigsten Frage: Nun sage mir die Summa und kurzen Inhalt des Prozesses im Zaubereilaster, wie derselbige zu dieser Zeit gemeiniglich geführt wird.

§ 1. Das will ich tun, Du musst aber zum Eingang merken, dass uns Teutschen und insonderheit (dessen man sich billig schämen sollte) bei den Katholiken der Aberglaube, die Missgunst, Lästern, Afterreden, Schänden, Schmähen und hinterlistiges Ohrenblasen unglaublich tief eingewurzelt sei, das weder von der Obrigkeit nach Gebühr gestraft, noch von der Kanzel der Notdurft nach widerlegt und die Leute davor gewarnt und abgemahnt werden; und eben daher entsteht der erste Verdacht der Zauberei, daher kommt's, dass alle Strafen Gottes, so er in seinem heiligen Wort den Ungehorsamen gedroht, von Zauberern und Hexen geschehen sein sollen, da muss weder Gott oder die Natur etwas mehr gelten, sondern die Hexen müssen alles getan haben.

§ 2. Daher erfolgt denn, dass jedermann mit Unvernunft ruft und schreit: Die Obrigkeit soll die Zauberer und Hexen inquirieren (nämlich deren sie mit ihren Zungen so viel gemacht haben). Hierauf befiehlt die Obrigkeit ihren Richtern und Räten, dass sie gegen diese beschreite lasterhafte Personen prozedieren sollen. Dieselbigen wissen nun nicht, wo und wann sie anheben sollen, weil es ihnen an Anzeigen und Beweistum ermangelt und ihnen gleichwohl ihr Gewissen sagt, dass man hierin nicht unbedachtsam verfahren solle. Inmittelst kommt der zweite und dritte Befehl von der Obrigkeit, dass sie fortfahren sollen und darf sich Herr Omnes vernehmen lassen, es müsste nicht klar mit dem Beamten sein, dass sie nicht wollten, und dessen dürfen auch wohl die Obrigkeiten selbst sich von anderen überreden lassen. Sollte man nun der Obrigkeit hierin in etwas widerstreben und nicht stracks zu Werk greifen, das würde vorab bei uns Teutschen sehr übel gedeutet werden, angesehen, dass fast männiglich, auch die Geistlichen, alles für recht und gut halten, was den Fürsten und der Herrschaft gefällt, da sie, die Geistlichen, doch nicht wissen, von was Leuten, Fürsten und Herren (ob sie sonst wohl von Natur sehr gut seien) oft angereizt werden. Also geht dann der Herrschaft Wille vor, und macht man den Anfang des Werkes auf Geratewohl.

§ 3. Zieht aber der Magistrat diese Sache als ein schwer und gefährlich Werk in Bedenken, so schickt die Obrigkeit einen Inquisitoren oder Kommissar; ob dann gleich derselbige aus Unverstand oder erhitztem Gemüt der Sachen etwas zu viel tut, so muss dennoch dasselbige nicht unrecht getan heißen, sondern dem gibt man den Namen eines gottseligen Eiferers zu der Gerechtigkeit, und derselbe gerechte Eifer wird durch die Hoffnung des guten Genusses oder Salarii so viel mehr entzündet und unterhalten, sonderlich wann der Kommissar bedürftig ist und ihm auf jedes Haupt eine gewisse Summe von Talern *pro salario* zugelegt wird und ihm außerdem noch freisteht, von den Bauern ein und das andere Steuer zu fordern. Trägt sich's dann zu, dass etwa ein besessener oder wahnwitziger Mensch von einer armen Gaja ein verdächtiges Wort geredet oder das heutige allzu gemeine lügenhaftige Gespräch auf sie fällt, so ist der Anfang gemacht und muss dieselbe herhalten.

§ 4. Damit es aber nicht scheine, als ob man auf dies bloße Geschrei und ohne andere Indicia also prozediere, so ist alsbald ein unfehlbar Indicium vorhanden, und das aus diesem Fallstrick entweder Gaja hat ein böses, leichtfertiges oder ein frommes, gottseliges Leben geführt. Ist jenes, so ist's ein großes Indicium, denn wer böse ist, kann leicht böser und je länger, je weiter verführt werden; ist dieses, so ist's kein geringer Indicium, dann sagen sie: So pflegen sich die Hexen zu schmücken und wollen allezeit gerne für die Frömmsten gehalten sein. Da ist dann der Befehl, dass man mit der Gaja zu Loch solle. Und ist stracks wieder ein neues Indicium, abermals *per dilemma*, entweder die Gaja gibt durch Anlass, Wort oder Werk zu verstehen, dass sie sich fürchte, oder gebärdet und erzeigt sich unerschrocken. Spürt man dann einige Furcht oder Schrecken bei ihr (denn wer wollte sich nicht entsetzen, der da weiß, wie jämmerlich sie dero Orts gemartert werden?), so ist's abermals ein Indicium; dann sagen sie, das böse Gewissen macht sie bang. Fürchtet sie sich nicht, sondern traut ihrer Unschuld, so ist's wieder ein Indicium; dann geben sie vor, das pflegen die Hexen zu tun, dass sie die Unschuldigen sein wollen, und der Teufel macht sie so mutig. Damit es aber an mehreren Indizien nicht mangele, so hat der Inquisitor oder Kommissar seine Jagdhunde zur Hand, oftmals gottlose, leichtfertige, beschreite Leute, die müssen dann der armen Gaja ganzes Leben, Handel und Wandel inquirieren, da es dann nicht wohl sein kann, dass man nicht etwas finden sollte, was argwöhnische Leute nicht aufs Ärgste auslegen und auf Zauberei deuten möchten. Seien dann auch vielleicht etliche, so der Gaja vorhin nicht viel Gutes gegönnt haben, die tun sich alsdann hervor, bringen *quid pro quo* und ruft jedermann: Die Gaja hat gleichwohl schwere Indicia gegen sich. Darum muss die Gaja auf die Folterbank (wofern sie anders nicht selbigen Tages, da sie gefänglich angenommen, sobald ist gefoltert worden). Denn bei diesen Prozessen wird keinem Menschen ein Advocatus oder auch einige Defension, wie aufrichtig sie auch immer sein möchte, gestattet, denn da rufen sie, dies sei ein *crimen expectum*, ein solch Laster, das dem gerichtlichen Prozess nicht unterworfen sei; ja da eines darinnen sich als Advocatus wollte gebrauchen lassen oder der Herrschaft einordnen und erinnern, dass sie vorsichtig verfahren wollte, der ist schon im Verdacht des Lasters und muss ein Patron und Schutzherr der Hexen heißen, also dass aller Mund verstummen und alle Schreibfedern stumpf sein, dass man weder reden noch schreiben darf. Insgemein haben gleichwohl die Inquisitores den Brauch, damit ihnen nicht nachgesagt werde, als ob sie der Gaja ihre Defension nicht zugelassen hätten, dass sie dieselbige vorstellen und sie über die Indicia examinieren (soll man's anders examinieren heißen). Ob denn gleich die Gaja die gegen sie vorhandenen Indicia samt und sonders genugsam ablehnt, so passt man doch darauf nichts, ja man schreibt's auch wohl nicht einmal an, sondern die Indicia bleiben nichtsdestoweniger auf ihrem Valor und muss die obstinate Gaja wieder zu Loch und sich besser bedenken, denn weil sie sich wohl verantwortet, so ist's ein neu Indicium, denn wenn diese keine Hexe wäre (sagen sie), so könnte sie so beredt nicht sein.

§ 6. Wenn sie sich nun über Nacht bedacht hat, stellt man sie des folgenden Morgens wieder vor, und da sie bei ihren gestrigen Antworten bleibt, so liest man ihr das *decretum torturae* vor, nicht anders, als ob sie gestern nicht geantwortet, noch die Indicia im geringsten widerlegt hätte. Ehe sie aber gefoltert wird, führt sie der Henker auf eine Seite und besieht sie allenthalben auf dem bloßen Leib, ob sie sich etwa durch zauberische Kunst unempfindlich gemacht hätte. Damit ja nichts verborgen bleibe, schneiden und sengen sie ihr die Haare allenthalben auch an dem Ort, den man vor züchtigen Ohren nicht nennen darf, ab und begucken alles aufs genaueste, haben doch bisher dergleichen noch wenig gefunden. Und zwar sollen sie solches den Weibern nicht tun, da sie doch der geistlichen Priester hierin nicht schonen? Und zwar der geistlichen Bischöfe und Prälaten Inquisitores sein in diesem Fall die besten Meister, und achtet man die päpstliche *Bullam Coenae*, so päpstliche Heiligkeit gegen die ausgelassen, die ohne Ihrer Heiligkeit Spezialbefehl gegen die Geistlichen prozedieren, für Blitz ohne Donnerschläge, und damit ja fromme Fürsten und Herren dasselbe nicht erfahren, und also dergleichen Prozess einen Zaum anwerfen, wissen Inquisitores dasselbe fein zu verhehlen.

§ 7. Wenn nun die Gaja gesengt und enthaart ist, so wird sie gefoltert, dass sie die Wahrheit sage, d. i. sich schlecht für eine Zauberische bekennen soll. So mag anders sagen, was sie wolle, so ist es nicht wahr und kann nicht wahr sein. Man foltert sie aber erst auf die schlechteste Manier, was Du also verstehen musst, als ob sie gleich zum Schärfsten torquiert wird, so heißt es doch die schlechteste Art in Respekt und Erwägung deren, die nachfolgen sollen. Bekennt nun die Gaja auf solche Manier, so geben sie vor, sie habe gutwillig und ohne Folter bekennet. Wie kann denn ein Fürst oder Herr vorüber, dass er diejenige Person nicht für eine Hexe halten sollte, die so gutwillig und ohne Tortur bekennet hat, dass sie eine sei? Und macht man sich demnach keine ferneren Gedanken oder Beschwerungen, sondern man führet sie zum Tode, wie man doch würde getan haben, wenn sie schon nichts bekennet hätte, sintemal, wenn der Anfang des Folterns gemacht ist, so ist das Spiel gewonnen, sie muss bekennen, sie muss sterben. Sie bekenne nun oder bekenne nicht, so gilt es gleich. Bekennet sie, so ist die Sache klar und wird sie getötet, denn widerrufen gilt hier nichts; bekennet sie nicht, so torquiert man sie zum zweiten, dritten und vierten Mal, denn bei diesem Prozess gilt, was nur dem Kommissar beliebt, da hat man in diesem *exceptio crimine* nicht zu sehen, wie lang, wie scharf, wie oftmalig die Folter gebraucht werde, hier meint niemand, dass man etwas verbrechen könne, davon man demnächst Rechnung geben müsse. Verdreht nun etwa die Gaja in der Folter vor Schmerzen die Augen oder starrt mit offenen Augen, so sind das neue Indicia, denn verdreht sie dieselben, so sprechen sie: Seht, wie schaut sie nach ihrem Buhlen um. Starrt sie dann, so hat sie ihn ersehen. Wird sie dann härter gefoltert und will doch nicht bekennen, verstellt ihre Gebärden wegen der großen Marter oder kommt gar in Ohnmacht, so rufen sie: Die lacht und schläft auf der Folter, die hat etwas gebraucht, dass sie nicht schwatzen kann, die soll man lebendig verbrennen, wie dem unlängst etlichen widerfahren. Und da sagt männiglich und auch die Geistlichen und Beichtväter, die habe keine Reue gehabt, habe sich nicht bekehrt, noch ihren Buhlen verlassen, sondern demselben Glauben halten wollen. Begibt sich's dann, dass eine oder die andere auf der Folter stirbt, so sagt man, der Teufel habe ihr den Hals gebrochen. Derohalben, so ist dann Meister Hans Knüpfauf her, schleppt das Aas hinaus und begräbt es unter dem Galgen.

§ 8. Kommt aber die Gaja auf der Folter davon und ist etwa der Richter so nachdenklich, dass er sie ohne neue Indicia nicht weiter torquieren, auch nicht unbekennet hinrichten lassen darf, so lässt man sie dennoch nicht los, sondern legt sie in ein härteres

Gefängnis, da sie denn wohl ein ganzes Jahr liegen und gleichsam einheizen muss, bis sie mürbe werde. Denn hier gilt kein Purgierens durch die ausgestandene Tortur, wie zwar die Rechte wollen, sondern sie muss des Lasters einen Weg wie den anderen schuldig bleiben, denn das wäre den Inquisitoren eine Schande, dass sie eine Person, so sie einmal zur Haft gebracht hätten, loslassen sollten. Welchen sie einmal ins Gefängnis gebracht, der muss schuldig sein, es geschehe mit Recht oder Unrecht. Inmittelst schickt man ungestüme Priester zu der Gefangenen, welche ihr oft verdrießlicher sind als der Henker selbst. Die plagen dann das arme Mensch so lang und viel, bis sie bekennen muss, Gott gebe, sie sei eine Hexe oder nicht, rufen und schreien, dass wenn sie nicht bekennen werde, so könne sie nicht selig oder der heiligen Sakramente teilhaftig werden. Und darum hüten sich die Herren Inquisitores mit allem Fleiß, dass sie keine solchen Priester bei diesen Sachen und Prozess gebrauchen, die etwa sittsam seien, Verstand im Herzen und Zähne im Mund haben, wie ingleichen, damit ja niemand zu dem Gefängnis komme, der diesen Gefangenen guten Rat mitteile oder den Fürsten von dem Handel unterrichte. Denn ihnen ist vor nichts mehr bange, als dass etwa ihre Unschuld auf eine oder andere Weise zutage kommen möchte.

§ 9. Mittlerweile also die Gaja im Stankloch sitzt und von denen, die sie trösten sollten, gequält wird, so haben hurtige und geschwinde Richter schöne Griffe und Fundament, wie sie auf sie neue Indicia zuwege bringen und womit sie sie dermaßen ins Gesicht überweisen (verstehe hinter sich), dass sie auch durch der Juristen-Fakultäten Responsum lebendig verbrannt zu werden schuldig erkannt werden muss. Etliche lassen die Gaja beschwören und bannen und setzen sie demnach in ein anderes Gefängnis und lassen sie also nochmals torquieren, ob man auf solches Exorzisieren und Veränderung des Orts den stummen Teufel (wie sie meinen) von ihr bringen möchte. Bekennt sie alsdann noch nicht, so muss sie lebendig verbrannt werden. Nun möchte ich (weiß Gott!) gerne wissen, weil sowohl die, so nicht bekennet, als auch die bekennet, Hexen sind und sterben müssen, wie doch ein Mensch, er sei so unschuldig, wie er immer wolle, sich allhier retten könne oder wolle? Oh, Du elende Gaja! Worauf hast Du noch gehofft? Warum hast Du nicht, sobald Du das Gefängnis betreten hast, gesagt, Du wärest des Lasters schuldig? Oh, Du törichtes Weib! Warum willst Du so oft sterben, da Du's anfangs mit einem Tod hättest bezahlen können? Folge meinem Rat und sage stracks zu, Du seiest eine Hexe, und stirb, denn vergebens hoffst Du loszuwerden, solches lässt der Eifer der Gerechtigkeit bei uns Teutschen nicht zu.

§ 10. So nun eine aus Unleidsamkeit der Marter fälschlich über sich bekennet, so geht das Elend erst an, sintemal hier ist insgemein kein Mittel, sich loszuwirken, sondern die Gaja muss anderen, ob sie schon von ihnen nichts Böses weiß, anzeigen, und oftmals die, welche ihr von den Inquisitoren oder Schergen in den Mund gegeben werden oder wovon sie wissen, dass sie vorhin ein böses Geschrei haben, oder vorhin besagt oder im Gefängnis gewesen und dessen wiederum entlassen seien. Werden dann diese auch gefoltert, so müssen sie wieder andere besagen, und die aber andere, und ist hier also kein Ende oder Aufhören. Und kommt's auf solche Manier so weit, dass die Richter entweder den Prozess fallen lassen und ihre Kunst begeben oder aber die Ihrigen, ja sich selbst und alle Leute verbrennen müssen. Denn da fehlt's nicht, die falschen Besagungen werden sie endlich alle miteinander treffen, und werden sie auch, wenn's nur zum Foltern mit ihnen kommt, alle schuldig machen. Da kommen dann deren viele mit ins Spiel, die anfangs so hart gerufen und getrieben haben, dass man brennen und brühen sollte, und haben die guten Herren im Anfang sich nicht besinnen können, dass die Reihe auch an sie kommen würde, und die haben dann ihren gerechten Lohn von Gott, weil sie uns mit ihren giftigen Zungen so viel Zauberer gemacht und so viel unschuldige Menschen dem Feuer hingegeben haben. Doch tun sich nunmehr etliche Verständigere und Gelehrtere hervor, die, gleichsam aus dem tiefen Schlaf erwachend, ihre Augen auftun, den Sachen besser nachdenken und nicht so unbesonnen ins Tausendste hinein toben.

§ 11. Und obwohl die Richter und Kommissare insgesamt leugnen, dass sie nicht auf die bloße Besagung gehen, so ist's doch nichts damit und ist's droben im Traktat erwiesen, dass sie damit nur ihren Fürsten und Herren einen blauen Dunst vor die

Nase machen. Denn die Fama oder das böse Gerücht, so sie gemeiniglich bei die Besagung ziehen, ist allzeit unkräftig und nichtig, weil derselbe nimmermehr zu Recht erwiesen wird, und verwundert mich's, dass es noch von keinem Richter in Acht genommen worden, dass dasjenige, was viele von den zauberischen Zeichen plaudern, gemeiniglich ein Betrug der Henker sei. Unterdessen aber und inmittelst, dass die Hexenprozesse noch mit Ernst fortgetrieben und diejenigen, die gefoltert werden, aus Unleidsamkeit der Pein auf andere und diese wieder auf andere bekennen müssen, da kommt's stracks aus, dass diese oder jene besagt seien (denn so heimlich pflegen's die zu halten, die bei der Folter adhibiert und gebraucht werden), und das nicht ohne ihren Vorteil, denn daraus können sie stracks Indicia ergreifen. Und das abermals durch diese zweifache Falltür: denn diejenigen, die es vernehmen, dass sie besagt seien (wie es dann stracks ein offenes Gerücht wird), die nehmen entweder die Flucht zur Hand oder halten Fuß beim Male und warten des Ihrigen Fliehen sie, so hat sie ihr böses Gewissen fortgetrieben; bleiben sie aber, so hält sie der Teufel, des sie nicht können wegkommen. Geht aber einer zu den Inquisitoren und fragt, ob's wahr sei, dass er beschwätzt sei, damit er sich beizeiten mit seiner rechtmäßigen Defension verantworten möge, so ist's abermals ein Indicium, denn er weiß sich nicht sicher und fürchtet sich vor seinem eigenen Schatten. Er mache es nun, wie er es wolle, so hat er eine Klette davon, und lässt er dieses also still hingehen, so ist's über ein Jahr ein gemein Geschrei, das alt und stark genug ist, wenn nur etliche Besagungen dazu kommen, dass man ihn deswegen zur Folter erkenne, da doch dieses Geschrei erst aus der neulichen Besagung entsprossen ist.

§ 12. Auf eben die Manier geht's denen, die etwa von einem leichtfertigen Buben oder einer leichtfertigen Pletzen Zauberer oder Zaubersche gescholten werden. Denn entweder er verteidigt sich mit Recht oder lässt es anstehen. Verteidigt er sich nicht, so ist er des Lasters schuldig, sonst würde er nicht stille schweigen. Verteidigt er sich mit Recht, so kommt die Sache je länger je mehr und weiter aus, und kitzelt sich hier einer, dort ein anderer damit und trägt's also weiter fort, bis es endlich allenthalben auskommen. Und das ist dann ein böses Gerücht, das nimmermehr wieder ausgetilgt werden kann. Und was ist denn leichter als diejenigen, die hierzwischen torquiert und auf ihre Complices gefragt werden, eben diese anzeigen? Erfolgt demnach schließlich dieses (das man billig mit roter Tinte anzeichnen sollte), dass, wenn dieser Prozess bei jetziger Zeit fortgetrieben werden sollte, kein Mensch, wes Geschlechts, Vermögen, Stands, Amts und Würden er immer sein möge, von diesem Laster oder Verdacht desselben sicher sein und bleiben würde, wenn er nur so viel Feinds hat, der ihn in der Zauberei bezichtigen oder ihn dafür schelten dürfte. Wenn ich, ich wende mich auch, wohin ich immer wolle, einen armseligen Zustand um mich her sehe, wenn diesem Wesen nicht in andere Wege sollte vorgebaut werden. Ich hab's droben gesagt, und sage es nochmals mit einem Worte, dass dieses Übel oder Laster der Zauberei mit Feuer nicht, sondern auf andere Weise, ohne Blutvergießen, ganz kräftig ausgetilgt werden könne. Aber wer ist's, der solches zu wissen begehrt? Ob ich zwar willens gewesen, mehr hiervon zu schreiben und die Summa oder Auszug aus dem Grund auszuführen, so kann ich's vor Herzeleid nicht tun. Vielleicht möchten sich andere finden, die aus Liebe des Vaterlandes solche Mühe auf sich nehmen. Dieses will ich endlich alle und jede gelehrte, gottesfürchtige, verständige und billige Urteile und Richter (denn nach den anderen frage ich nicht viel) um des jüngsten Gerichts willen gebeten haben, dass sie dieses, was in diesem Traktat geschrieben ist, mit sonderbarem Fleiß lesen und aber lesen und wohl erwägen wollen. In Wahrheit, alle Obrigkeiten, Fürsten und Herren stehen in großer Gefahr ihrer Seligkeit, wofern sie nicht sehr fleißig Aufsicht bei diesem Handel anwenden. Sie wollen sich auch nicht verwundern, wenn ich hierin bisweilen etwas hitzig gewesen bin und mich bisweilen der Kühnheit gebraucht habe, sie zu warnen! Denn es gebührt mir, nicht unter derjenigen Zahl gefunden zu werden, die der Prophet verwirft, dass sie stumme Hunde seien, so nicht bellen können. Sie mögen nun wohl acht haben auf sich und ihre Herde, die Gott der Allmächtige dermaleinst von ihrer Hand wieder fordern wird.« Diese klugen und lobenswerten Äußerungen fanden zwar große Beachtung, doch es kann nicht gesagt werden, dass sie unmittelbar auch von großer Wirkung waren. Erst einer späteren Zeit sollte es vorbehalten bleiben, die Wahrheit dieser Worte zu erkennen und ihre Lehre in die Praxis umzusetzen. Bemerkt sei übrigens noch, dass auch protestantische Theologen gegen Hexenwahn und Torturmissbrauch auftraten, allerdings ebenfalls ohne nennenswerten Erfolg für ihre Zeit.

VIII. Kapitel

Benedikt Carpzov – Urteile des Leipziger Schöppstuhls – Crimina excepta – Sächsisches Recht – Anhänger und Gegner des Hexenwahns und der Tortur – Frölichsburg – Thomasius – Einschränkung der Hexenprozesse und der Tortur – Montesquieu – Friedrich der Große – Sonnenfels – Schutzschrift Sonnenfels – Über die Ausbildung der Tortur – Aufhebung der Tortur in Genf

Zu den entschiedensten Anhängern der Tortur gehörte der berühmte Rechtsgelehrte Benedikt Carpzov (1595–1666) in Leipzig, der sich rühmen konnte, zwanzigtausend Todesurteile in Hexenprozessen unterschrieben zu haben und dessen Aussprüche von größter Autorität waren, sowohl bei Juristen wie auch bei protestantischen Theologen. Sein Hauptwerk ist »*Practica nova rerum criminalium Imperialis, Saxonica in tres partes divisa, Viteberg 1635.*« Was die Anwendung der Tortur betrifft, so meint er hier (Qu. 125, V. S. 50 ff.), der Richter habe da unter sorgfältiger Erwägung der Art des Verbrechens völlig nach Gutdünken zu entscheiden. »Dabei rechtfertigt er aber die Bestimmung des sächsischen Rechts, dass bei den schwersten Verbrechern die Tortur zum dritten Mal wiederholt werden könne, durch den Grundsatz, dass bei solchen Verbrechen eben wegen ihres enormen Charakters schärfere Mittel zur Erfindung der Wahrheit anzuwenden seien, und mit der scheußlichen Bemerkung: ›quippe cum et ob atrocitatem criminis quandoque iura transgredi liceat‹. Dieses wendet er dann namentlich auf die Hexerei an, bei welcher der Richter auch noch dazu eine härtere Tortur verhängen könne, zumal da die Hexen durch alle möglichen Teufelsmittel sich gegen die Qualen der Tortur zu schützen wüssten. Zur Verhängung der zweiten und dritten Tortur sollten freilich neue Indizien ermittelt werden. Mit welcher Leichtfertigkeit und Grausamkeit seines Denkens aber Carpzov auch diese Bestimmung zu umgehen und ein fortgesetztes Foltern zu rechtfertigen wusste, hat von Wächter in dem Beitrag zur deutschen Geschichte, S. 299, nachgewiesen« (Soldan II, S. 213).

Von welchen Anschauungen Carpzov beherrscht wurde, ist am besten aus einigen Anführungen aus seinen Schriften und Urteilen zu ersehen. So heißt es in einem Urteil: »Weil aus den Akten so viel zu befinden ist, dass der Teufel auf der Tortur der Margarethe Sparrwitz so hart zugesetzt habe, dass sie, als sie kaum eine halbe Stunde an der Leiter gespannt, mit großem Geschrei Tods verfahren und ihr Haupt gesenkt habe, dass man gesehen habe, dass sie der Teufel inwendig im Leib umgebracht, inmaßen denn auch daraus abzunehmen ist, dass es mit ihr nicht richtig gewesen sei, weil sie bei der Tortur gar nichts geantwortet habe: So wird ihr toter Körper unter dem Galgen durch den Abdecker billig vergraben.« In dem von Carpzov zusammengestellten Urteilen des Leipziger Schöppenstuhl kommen überhaupt die seltsamsten Dinge vor. So heißt es z. B. in No. XXI von einer Beschuldigten: »Wenn sie mit ihrem Buhlen (dem Buhlteufel Lucas) zu schaffen gehabt habe, hätte sie weiße Elben und derselben allzeit zehn bekommen, so gelebt, spitzige Schnäbel und schwarze Köpfe gehabt und wie die jungen Raben hin und wieder gekrochen, die sie zur Zauberei gebraucht, ihr Buhle ihr auch etliche gebracht habe, ehe sie mit ihm gebuhlt habe. Sie hat auch der Matthes Güntherin Kind ein böses Gesicht gemacht, indem sie es angesehen und angehaucht hat, dazu hat sie die Worte gebraucht: ›Ich wollte, dass Du blind wärst‹; was ihr Buhle Lucas ihr also geheißen und sie es in ihres Buhlen Lucas und des Teufels Namen tun müssen. Ferner habe sich auch die weißen Elben mit schwarzen Köpfen in den Branntwein getan und darin zergehen lassen, dieselben auch klein gerieben in Kuchen gebacken und solches auf ihres Buhlen Lucas Befehl, der gesagt hat, wenn sie zu jemand Feindschaft hätte, sollte sie demselben die Kuchen oder Branntwein beibringen, darauf er an Gliedern und Leib übel wurde geplagt und gemartert werden. Hierüber hat Inquisitin bekannt, dass sie auf des Pfarrherrn von Rotenschirmbach Acker mit ihrem Messer einen Ring gemacht und drei Elben da hinein versteckt und vergraben habe, zu dem Ende, dass, wer darüber ginge, lahm werden und Reißen in den Gliedern bekommen sollte, was dem vorgenannten Pfarrherrn von Rotenschirmbach gegolten habe, weil er sie auf der Kanzel öffentlich für eine Zauberin ausgeschrieen hat.« Wir ersehen daraus, was eben durch die peinliche Frage zum Geständnis gebracht werden konnte und welcher Unsinn in den Schädeln der gelehrten und beamteten Herren jener Zeit sein heilloses Wesen trieb. In einem anderen Urteil, Nr. XVI, heißt es V. R. W. – Von Rechts Wegen. »Hat die Gefangene W. Brosii Barschen seinen Jungen begossen, daran derselbe blind geworden ist – und endlich, als man ihr Gnade zugesagt hat, freiwillig bekannte, dass sie zu dem Guss die Worte gesagt hat: ›Der Junge soll verblinden in Teufels Namen etc.‹ Da ihr euch nun eigentlich erkundigt hättet oder nochmals erkundigen würdet, dass der Junge bald nach empfangenen Guss blind geworden ist, und die Gefangene würde auf ihren getanen Bekenntnis vor Gericht freiwillig verharren, oder des sonst, wie recht überwiesen werde: So möchte sie von wegen solcher begangenen und bekannten Zauberei, nach Gelegenheit dieses Falls, weil ihr von euch Gnade versprochen und über ihr gütliches Bekenntnis mit der Tortur wider sie verfahren worden ist, mit dem Schwert vom Leben zum Tod gestraft werden.« Hier finden wir wieder mittelst Lüge und Trug seitens des Richters eine arme Gequälte veranlasst worden, den behaupteten Unsinn einzuräumen, um dann, der versprochenen »Gnade« teilhaftig, enthauptet zu werden.

Für Carpzov galt der inquisitorische Prozess mit summarischen Verfahren als der richtige »*Processus inquisitorius an hodie sit remedium ordinarium (Part. III Qu. 103 n. 50). Inquisitorius vero est processus, quando nullo existente accusatore judex per viam inquisitionis summarie et sublato (quod dicitur) velo, absque longo litis sufflamine procedit etc. (N. 18)*«. Soldan bemerkt von Carpzov (II, S. 211): »Durch ihn besonders fixierte sich die Wissenschaft der bisher schon im geistlichen Gerichtswesen und in der weltlichen Praxis einheimische Grundsatz, dass bei schwereren und verborgenen Verbrechen der Richter nicht verbunden sei, sich an den strengen Gang des ordnungsmäßigen Beweisverfahrens zu halten. Seit den geistlichen Formeln ›*simpliciter et de piano*‹ und ›*absque strepitu et figura judicii*‹ war die Sache längst da gewesen; ohne sie hätte der Hexenprozess niemals eine so furchtbare Ausbreitung gewinnen können. Kurz vor Carpzov hatte besonders Torreblanca diese Lehre umständlich vorgetragen. Die Behandlung der sogenannten *crimina exepta* war es gerade, wogegen Spee seinen

Hauptangriff gerichtet hatte, und nun bewies Carpzov wieder, wie z. B. in der Zauberei das *corpus delicti* nur in der Vermutung vorzuliegen brauche und wie die leichtesten Indizien zur Tortur und endlichen Verurteilung ausreichen. Carpzov schwamm also ganz mit dem Strom, und darum trug ihn der Strom empor, während der widerstrebende Spee unter den Wellen begraben und vergessen wurde.« In einer Fußnote wird hierzu bemerkt: »Part. III Quaest. 107, n. 72 wird als erstes Erfordernis des Inquisitionsprozesses festgestellt, ›*ut ante omnia de ipso facto constet*‹. In Qu. 108 n. 4, 5 wird abermals auf Erhebung des Tatbestands gedrungen, ehe die Spezialuntersuchung beginnen könne. In Qu. 108 n. 26 ist der Grundsatz aufgestellt: ›*quod delinquenti confesso aut convicto poena mortis irroganda non sit, antequam de corpore delicti et veritate criminis comissi liquide et certo per testes vel per evidentiam facti constet.*‹ Dies kommt aber den Hexen nicht zugute, denn: ›*limitatur haec regula ... in delictis occultis et difficilis probationis, ut in haeresi, sortilegio etc. de quorum corpore sufficit constare per conjecturas et certa indicia; ... quod enim in occultis delictis, et quae sunt difficilis probationis, praesumtiva et conjecturato probatio habeatur pro plena et concludenti probatione, generaliter et communiter receptum est*‹. Qu. 108 n. 33. Weiter wird Bodins Satz gebilligt: ›*in hoc super alia omnia tarn turpi, tarn horrendo et detestando crimine, in quo tam difficiles sunt probationes tamque abdita scelera, ut e millenis vix unus merito supplicio affici possit, nil necesse esse, religiöse quenquam haerere regulis procedendi, sed extra ordinem oportere fieri illius judicium diversa a ceteris criminibus ratione*‹. Qu. 122 n. 60. – Nach demselben Grundsatz beantwortet dann Carpzov auch die Frage nach Anwendung der Tortur. Im allgemeinen, meint er (Qu. 25 n. S. 50 ff.), habe der Richter über dieselbe unter gewissenhafter Erwägung der Art des Verbrechens und der vorliegenden Umstände ganz nach seinem Ermessen zu entscheiden. Dabei rechtfertigt er aber die Bestimmung des sächsischen Rechts, das bei den schwersten Verbrechen die Tortur zum dritten Mal wiederholt werden könne, durch den Grundsatz, dass bei solchen Verbrechen, eben wegen ihres enormen Charakters, schärfere Mittel zur Erfindung der Wahrheit anzuwenden seien ...«

Die angeführten Proben dürften genügen, um ein Bild von Carpzovs Jurisprudenz zu geben, die, wie bemerkt, bei vielen und lange Zeit maßgebend und vorbildlich war. Es ist dies umso mehr zu beklagen, als der Einfluss der Rechtskundigen immer bedeutsamer wurde und in dieser Sache bald den der Theologen übertraf. Als Anhänger und Gegner des Hexenwesens und der Tortur kommen überhaupt nur Männer der Kirche und Männer des Rechts in Betracht. Allerdings treten auch Ärzte für oder wider die Sache auf – es sei nur an Weier erinnert – indessen war ihr Einfluss im allgemeinen nicht so groß wie der der anderen; auch mochte es sehr leicht sein, einen Arzt, der diesem Unsinn gegenübertrat, als Teufelsbündler in Verruf zu bringen, wie es nur zu oft geschehen ist. Die meisten aber waren selbst vom Hexenwahn angesteckt und voll von Aberglauben, denn es pflegten, wie Weier bemerkte, »die ungelehrten Schlingel in der Medizin und Chirurgie jr. Unwissenheit und Fehler dem verzauberten oder veruntrewen und den Heiligen zuzuschreiben.« Auch bei den Juristen war es übrigens nicht besser, wohl schlimmer sogar, und wie Carpzov selbst gingen sie von der Annahme des Vorhandenseins von Teufelsmacht und Hexenwesen, von Zaubererumtrieben und sonst dergleichen Unsinn aus, so dass schließlich die strenge Stellungnahme der meisten von ihnen sehr begreiflich ist. So manche mögen auch von Beispielen gewarnt sein, es für besser gefunden haben, sich dem zur Geltung gelangten Wahn anzuschließen, sich nicht der Gefahr auszusetzen, ihre Stellung und vielleicht mehr noch für Recht und Wahrheit einzusetzen, Tatsachen, die wir heutzutage genug oft betrachten können, um nicht anzunehmen, dass es in früheren Tagen nicht ebenso gewesen sei. Und wieder Erfahrungen aus Zeit und Zeiten bekunden uns, dass der der Überlegung entstammte Eifer für eine Sache in der Regel noch viel fanatischer aufzutreten pflegt als der Fanatismus selbst. Auch darf nicht vergessen werden, dass das Hexenwesen für viele eine ganz ergiebige Einnahmequelle war, auf die sie nicht so leicht verzichten mochten, wie aus vielen Beispielen genugsam sich ergibt. Ziehen wir noch ferner in Betracht, dass der Hexenwahn der katholischen und auch der reformierten Kirche als Machtmittel nur zu gelegen kam, so ist es leicht erklärlich, dass er selbst in den gebildeteren Kreisen Deutschlands und anderer Länder nur zu eifrige Anhänger fand. Endlich ist auch zu bedenken, dass dieser Wahn ein recht bequemes Mittel war, die Missgunst und das Rachegefühl zu befriedigen, ein Mittel, von dem selbst im Volk ein ausgiebiger Gebrauch gemacht oder vielmehr mit dem ein ausgiebiger Missbrauch getrieben wurde.

Ähnliche Ansichten wie bei Carpzov finden wir später auch bei dem Innsbrucker Professor der Rechte, Joh. Christoph Frölich von Frölichsburg (1657–1729), der gleichfalls der Meinung ist, dass bei Zauberei auch schon geringe Anzeichen, besonders das Gerücht, zur Einleitung des Prozesses und Vornahme der Tortur genügten. Als die bedeutendste und einflussreichste Stimme, die sich wider Hexenwahn und Tortur erhob, ist aus dem siebzehnten Jahrhundert Balthasar Bekker (1634–1698) zu nennen, ein niederländischer reformierter Theologe, dessen »*De betoverde Wereld*« 1691 erschien und zunächst den Erfolg hatte, dass der Verfasser seines Amtes als Pastor zu Amsterdam entsetzt wurde. In diesem Werk, das bald fast in allen europäischen Sprachen übersetzt wurde, leugnete er entschieden, wie bis dahin noch keiner es getan hatte, die Macht des Teufels und dergleichen. »Ich will beweisen, dass der Teufel kein Reich, das gegen Gott, noch unter Gott angestellt, noch wider das Christentum oder davon unterschieden, noch weniger darinnen, weder in dem meisten, noch in dem geringsten hat, noch haben kann«, ruft er in II. Kapitel 34 §4 aus.

Noch wirksamer und bedeutender für die Sache der Gerechtigkeit und der Vernunft, besonders was die Einschränkung der Folter betrifft, war, bald nach Bekker, der berühmte deutsche Rechtsgelehrte und Professor erst zu Leipzig, dann zu Halle, Christian Thomasius (1655–1728), der, beiläufig bemerkt, auch zuerst seine Vorlesungen auf der Universität in deutscher Sprache hielt. Anfangs war er selbst ein Anhänger der Hexenprozesse und der Folterung. Er selbst schreibt darüber, mit Bezeichnung auf einen Fall, wo er als Referent der Juristenfakultät die Vornahme der Tortur beantragt hatte, was jedoch von seinen Kollegen abgelehnt wurde. »Dieser gegenwärtige Casus wurde auch Anno 1694 in unsere Fakultät geschickt im Monat September, und war ich damals mit der gemeinen Meinung von dem Hexenwesen so eingenommen, dass ich dafür geschworen hätte, die in der *Carpzovii Praxi criminali* befindlichen Aussagen der armen

Gemarterten oder mit der Marter doch bedrohten Hexen bewiesen den mit den armen Leuten *pacta* machenden und mit den Menschen buhlenden, auch mit den Hexen Elben zeugenden und sie durch die Luft auf den Blocksberg führenden Teufel überflüssig, und könnte kein vernünftiger Mensch an der Wahrheit dieses Vorgebens zweifeln. Warum? Ich hatte es so gehört und gelesen und der Sache nicht ferner nachgedacht, auch keine große Gelegenheit gehabt, der Sache weiter nachzudenken. Dieses waren die ersten Hexenakten, die mir zeitlebens waren unter die Hände gekommen, und also exerpierte ich dieselben mit desto größerem Fleiß und Attention …

Nachdem ich den bisher erzählten *Extract ex actis ad referendum* verfertigt hatte, bemühte ich mich zur Überlegung und Abfassung meines *voti, des Carpzovii criminalia*, ingleichen den *Malleum maleficarum, Torrelbancam, Bodinum, Delrio* und was ich für *Autores de magia* mehr in meiner wenigen Bibliothek antraf, zu konsultieren, und da fiel mir freilich nach dieser Männer ihren Lehren der Ausschlag dahin dass die Inquisitin, wo nicht mit der Schärfe, doch zum wenigsten mit massiger Pein wegen der beschuldigten Hexerei anzugreifen wäre. Und dachte ich dannenhero mit diesen meinem voto in der Fakultät Ehre einzulegen. Aber meine Herren Kollegen waren ganz anderer Meinung, und musste ich dannenhero das *Conclusum facultatis* auf folgende Art entwerfen:

Dass wider Barbaren Labarentzin in Ermangelung anderer Indizien ferner nichts vorzunehmen, sondern sie ist nunmehr nach geleisteten Urpheden der gefänglichen Haft zu erlassen, jedoch seynd diese Acta wohl zu verwahren, und ist auf ihr Leben und Wandel fleißig Acht zu geben. Sie ist auch die auf diesen Prozess ergangenen Unkosten nach vorhergegangener Liquidation und richterlicher Ermäßigung zu erstatten schuldig. V. R. W. Nun verdrosse es mich aber nicht wenig, dass bei diesem ersten mir unter die Hände geratenen Hexenprozess mein Votum nicht hatte wollen attendiert werden, aber dieser Verdruss war nicht sowohl gegen den damaligen Herrn Ordinarium und meine übrigen Herren Kollegen als wider mich selbst gerichtet. Denn da ich allbereit in der Ausarbeitung meiner deutschen Logik gelehrt hatte, dass ein weiser Mann die beiden Haupt-Präjudicia menschlicher Autorität und der Übereilung meiden müsste, verdross es mich auf mich selbst, dass mein Votum auf nichts als die Autorität obiger, und zwar offenbar größtenteils parteiischer, unvernünftiger Männer und auf deren übereilte und unzulängliche *rationes* sich gründete, fürnehmlich darauf, dass die justifizierte Hexe es der Inquisitin in die Augen gesagt hat, dass sie von ihr hexen lernen und umgetauft worden sei, auch bei ihrer Aussage bis in ihren Tod beständig verharrt wäre. Ja, es verdross mich noch mehr auf mich, dass ich, sobald ich die *rationes contrarias* meiner Herren Kollegen nur hörte, alsbald von deren Wichtigkeit convincieret wurde und nichts darauf antworten konnte.«

So wurde aus einem Saulus ein Paulus, und zwar ein nicht minder eifriger als es der Hauptgründer des Christentums war. Zwar glaubte auch Thomasius an die Existenz des Teufels, aber er leugnete »hinwiederum, dass Hexen und Zauberer gewisse Verträge mit dem Teufel aufrichten sollen, und bin vielmehr versichert, dass alles, was diesfalls geglaubt wird, nichts anders als eine Fabel sei, so aus dem Juden-, Heiden- und Papsttum zusammengelesen, durch höchst unbillige Hexenprozesse aber, die sogar bei den Protestierenden (d. h. Protestanten) eine Zeithero gebräuchlich gewesen bestätigt werden.« Selbstverständlich fehlte es auch Thomasius nicht an Gegnern, zumal er die Streitbarsten der Streitbaren, Juristen und Theologen, ausdrücklich angegriffen hatte. Doch der Geist einer neuen Zeit ließ sein Schwingenrauschen bereits vernehmen: Die Hexenprozesse verfielen der Lächerlichkeit, und damit fand auch die Tortur ihre Haupteinschränkung. Ganz verbannt wollte freilich auch Thomasius die Folter nicht aus der Rechtspflege wissen, aber es traten dieser bald von anderer Seite zahlreiche und kräftige Gegner auf, besonders im achtzehnten Jahrhundert und besonders auch in Frankreich, England und anderen Ländern. Der berühmte Montesquieu (1689–1755) schreibt über die Tortur: »*Tant d'habiles gens, et tant de beaux génies ont écrit contre l'usage de la torture, que je n'ose parier après eux. J'allais dire qu'elle pourrait convenir dans les gouvernements despotiques, où tout ce qui inspire la crainte entre dans les ressorts du gouvernement; j'allais dire, que les esclaves chez les Grecs et chez les Romains … mais j'entend la voix de la nature qui crie contre moi.*«

Friedrich der Grosse widmet dieser Sache folgende treffliche Bemerkung in seiner Abhandlung *sur les raisons d'établier et abroger les loix:* »*Qu'on me pardonne si je me recrie contre la question. J'ose prendre le partie de l'humanité contre un usage honteur à des Chrétiens et à des peuples policés, et, j'ose ajouter, contre un usage aussi cruel qu'inutile.*«

Als den bemerkenswertesten Gegner der Tortur im achtzehnten Jahrhundert haben wir den Wiener Professor der Staatswissenschaften und Hofrat Josef von Sonnenfels (1732–1817) zu betrachten, dessen Bemühungen es auch zu verdanken ist, dass in Maria Theresia schließlich Zweifel über die Zulässigkeit der von ihr in der so genannten »Theresiana« – von der bald ausführlich die Rede sein soll – angeordneten Folterungen aufstiegen. Sie ließ eine Kommission zusammentreten, die sich mit dieser Frage beschäftigen sollte und sich auch für die Beibehaltung der Tortur aussprach, Sonnenfels ausgenommen, der seinen Widerspruch in ein *Votum separatum* kleidete, das 1775 veröffentlicht wurde, wie es scheint ohne Hinzutun des Verfassers von einem seiner Bekannten. »Über die Abschaffung der Tortur« betitelt sich diese kleine Schrift, in der es heißt: »Eine Reihe trauriger Erfahrungen hat den Zweifeln, die schon in verflossenen und mehr noch in gegenwärtigen Zeiten gegen die Folter oder die sogenannte strenge Frage aufgeworfen worden sind, ein neues Ansehen erteilt und die allerhöchste Verordnung veranlasst, bei den Länderstellen und Gerichten in Überlegung zu nehmen

I. Ob die peinliche Frage nicht ganz aufzuheben sei?
II. Bei welchen Verbrechen dieselbe etwann beizubehalten? Und was
III. in dem Fall der Aufhebung an ihre Stelle zu setzen sein möge?

Ich sehe also zum Teil denjenigen Wunsch in Erfüllung gehen, den ich mir neulich zu dem Fuß des Thrones erlaubt habe; und diese Verordnung setzt mich als Rat in das Recht ein, das dem Lehrer zweifelhaft gemacht werden sollte, die Gründe mit bescheidener Freimütigkeit vorzutragen, die bei einer Frage von solcher Wichtigkeit, die Entscheidung bis hierher, wenigstens ungewiss machen konnten ...Um dem Vorwurf keinen Platz zu geben, dass die Widersacher der Folter beständig nur das Herz angreifen, weil sie gegen den Verstand zu kurz fallen dürften, begebe ich euch aller Vorteile, die mir die Empfindung zur Erregung des Mitleids für die leidende Menschheit leihen würde, und behandle diese Frage mit der kalten Gleichgültigkeit eines Rechtsgelehrten, der seine Blicke von den Zuckungen der Gepeinigten abwendet, sein Ohr vor ihren Wimmern verschließt und bei dieser ganzen Untersuchung mehr nicht als eine Streitfrage vor sich sieht ...« Sonnenfels ist, begreiflicherweise, für die Aufhebung der Tortur, glaubt jedoch, dass sie bei einem zweifellosen Verbrecher zur Herbeiführung des Geständnisses seiner Mitschuldigen noch angewandt werden konnte, wobei aber jene zweifellose Feststellung nicht durch die Folter selbst herbeigeführt worden sein darf. Anstelle der Tortur wünscht er eine genaue, sorgfältige Untersuchung gesetzt zu sehen, die über Schuld oder Unschuld Klarheit bringen müsste.

In einer an die Kaiserin Maria Theresia gerichteten Schutzschrift sagt Sonnenfels: »Eure K. K. Apostol. Majestät geruhten durch Dekret vom 22. August allergnädigst zu verordnen, dass ich künftig in meinen Sätzen die peinliche Frage und Todesstrafe nicht mehr berühren sollte. Die Grundsätze meines Lehramtes sowohl als meines Herzens haben mir von jeher die Folgsamkeit gegen die Gesetze zur unverletzbaren Pflicht gemacht, und jeder Ausspruch, der den geheiligten Namen Eurer Majestät an der Stirne trägt, ist mir ein Gesetz.

Aber diese Pflicht, von der ich nicht weniger auf dem Lehrstuhl als in meinen Schriften stets mit aller Wärme des Gefühls gesprochen habe, die ich bei meinen Zuhörern immer zur Grundlage der gesellschaftlichen Rechtschaffenheit gemacht und von ihnen gleichsam als das Unterscheidungszeichen der Sonnenfelsischen Schule gefordert habe, diese Folgsamkeit streitet gänzlich wohl mit der Freiheit einer ehrerbietigen Vorstellung, zu der ich mich vor dem Thron Eurer Majestät durch mehr als einen Beweggrund berechtigt glaube.

Die allerhöchste Verordnung enthält nicht bloß einen Befehl an mich, sie schließt zugleich über einen mir zur Schuld gelegten Ungehorsam und einen nicht nur ungereimten, sondern anstößigen Satz, als die Veranlassung des Befehls, einen Verweis in sich, den es mir weniger empfindlich sein würde, empfangen als verdient zu haben.

Die eigentlichen Worte, auf die ich ziele, sind: Es sei vorgekommen, dass noch immerfort einige Sätze aus den politischen Wissenschaften, die den publizierten höchsten Gesetzen schnurstracks zuwiderlaufen und in sich selbst anstößig sind, als z. B. Sätze, worin die Tortur verworfen, und andere, worin alle Todesstrafen gegen alle göttliche und menschliche Gesetze missbilligt werden, ungeachtet solche schon vor einigen Jahren geahndet und abgeändert worden, dennoch gelehrt und gedruckt werden.

Ich habe also nach dem Inhalt dieser Stelle

I. Sätze, die den publizierten höchsten Gesetzen schnurstracks zuwiderlaufen,
II. Sätze, die in sich selbst anstößig sind, gewagt; ich habe
III. Die Tortur und alle Todesstrafen gegen alle göttliche und menschliche Rechte missbilligt und dieses
IV. ungeachtet diese Sätze vor einigen Jahren geahndet und abgeändert worden.

Es kann mir nicht gleichgültig sein, in den Augen Eurer Majestät als ein unbiegsamer Untertan und unbedachtsamer Lehrer zu erscheinen. Es kann mir auch nicht gleichgültig sein, als ein solcher in den Augen der Nachwelt zu erscheinen, die, wenn sie einst dem merkwürdigen Zeitpunkt der Regierung Theresias ihre Aufmerksamkeit widmen und, unter anderen wichtigen Begebenheiten, die Vorschreitung der Wissenschaft und des Geschmacks betrachten wird, vielleicht auch einen Blick auf diejenigen werfen dürfte, deren sich die Fürstin als der Werkzeuge dieser Veränderung bedient hat. Und ich halte meine Hoffnung, unter diesen mitgenannt zu werden, und meinen Wunsch nicht ganz geheim, meinen Namen ohne Vorwurf auf diese Zeiten hinüberzubringen.«

Sonnenfels versucht ferner sich ausführlich zu rechtfertigen und schreibt dann zum Schluss: »Später um ein Jahr als mein Lehrbuch erschien das von Hofrat von Martini auf Ew. Majestät Befehl entworfene Iuscivitatis, das von der Tortur folgende Lehre enthält: *Hinc tortura generatim remedium veri eliciendi inep-*

tum est, adeoque etiam illicitum (§ 158). Dieser Satz, mit so unverkleideter Freimütigkeit er ausgedrückt ist, wurde nicht als Hindernis angesehen, ein Buch, das die Ausländer mit nicht weniger Beifall aufnahmen, als es unter uns fand, zum Vorlehrbuch des allgemeinen Staatsrechts allen Lehrstühlen der K. Erbländer anzuweisen.

Wenn ich daher dem Heiligtum der erhabenen Absichten Ew. Majestät näher zu treten und die Zukunft durch das Licht der Mutmaßung aufzuklären wagen darf, so deucht mich, ich sehe Ew. Majestät mit dem Entschluss beschäftigt, die Folter einst aus einem Gesetzbuch zu verweisen, dessen notwendige Strenge der grenzenlosen Güte Ihres Herzens so viel Überwindung gekostet hat. Und diese, Ihren Lehrern anbefohlene Freimütigkeit ist gleichsam die Vorbereitung der Denkungsart zu einer Veränderung, der sich zur Zeit noch geheime Umstände entgegensträuben mögen.

Ich danke Theresia, und meine Mutmaßung wird zur Gewissheit; und ich fühle mich in dem Entschluss bestätigt, neben meiner Verantwortung nun noch für die seufzende Menschheit das Wort zu nehmen und die Beschleunigung dieser Veränderung herbeizuwünschen. Sie schreit nicht über Ungerechtigkeit; sie dringt nicht ungestüm gerade auf die Abschaffung eines lange üblichen Verfahrens; sie nimmt nicht den Bösewicht in ihren Schutz; sie zittert nur für den Unschuldigen, den die Marter, den schon der Anblick, schon der Gedanke der Marter sich um das Leben zu lügen zwingt, da den Bösewicht so oft seine starken Sehnen der verwirkten Strafe entziehen. Sie fleht um mehr nicht als ihre Sachführer zu hören und das Gewicht ihrer Gründe auf die Waagschale der Untersuchung zu legen.

So viele berühmte Namen aller Zeiten, ein Grotius, ein Montesquieu, ein gekrönter Friedrich, ein Beccaria, das Verfahren des alten Roms, die Nachfolge mehrerer Gesetzgeber unseres Jahrhunderts und der Beifall, womit Europa sie gekrönt hat; so viele, wo nicht unwiderlegbare, wenigstens noch unwiderlegte Schriften dieser letzten Jahre, sollen diese nicht zum mindesten einen gegründeten Zweifel erwecken und nach dem ewigen Gesetz der Religion und Sittenlehre der Ausübung so lange Stillstand gebieten, bis die Sache von einer oder der anderen Seite entschieden ist?

Nie war eine Frage wichtiger, um selbst unter dem Vorsitz des geheiligten Ansehens der Regenten behandelt zu werden. Es ist hier um keine müßige Grübelei, nicht um eine eitle Schulfrage zu tun, bei der es gleichviel sein mag, welche Partei ergriffen werde: Häufig vergossenes Blut der Unschuld kann die Folge der vielleicht irrig gewählten Meinung sein. Die Welt, die ihren Blick sorgfältig auf die bewunderte Fürstin heftet, wird aus ihrem Mund willig die Entscheidung eines Zweifels annehmen, der beinahe nur darum noch im Zweifel zu sein scheint, weil Gründen und Ansehen immer noch das Gesetzbuch Theresias entgegengestellt werden kann

Allerdurchl. Monarchin! Ich habe die ehrfurchtsvolle Zuversicht, Ew. Majestät bei dem geheiligten Namen der Unschuld und bei der Fühlbarkeit Ihres Herzens, das stets die bescheidene Zufluchtstätte der Unschuld ist, zu beschwören:

Geruhen Sie zur Erörterung der beiden Sätze eine Untersuchung anzuordnen, wobei die Vertreter der Folter und Todesstrafe, wer sie immer sind, ihre Gründe vorlegen und dasselbe dann auch mir erlaubt sein möge. Das Ziel dieser Untersuchung sei kein anderes als die Wahrheit, die Überführung auf einer oder der anderen Seite und die Beruhigung Ew. Majestät. Es sei daher aus den Schriften, worin die Sache behandelt wird, wie aus dem mündlichen Vortrag alle Spitzigkeit, alle Hartnäckigkeit, aller Hass verbannt. Derjenige, der in seiner Meinung zu kurz fällt, teilt immer den Ruhm mit dem Sieger, weil er zur Aufklärung einer so wichtigen Streitfrage mitgewirkt hat ...«

Über die Ausbildung der Tortur bemerkt er in dem genannten Schriftchen:

»Die Unterdrückung, die Religionswut, die Mordsucht, die Raubbegierde, die in der Wahl der Mittel niemals zärtlich sind, haben den Gebrauch dieser gräulichen Erfindung erweitert. Sie waren scharfsinnig, die Dauer der Schmerzen zu verlängern, sie empfindlicher, unwiderstehlicher zu machen. Sie waren unerschöpflich, derselben Arten zu vervielfältigen. Man hafte seinen Blick auf die Martern, durch die in den Frühzeiten der Kirche die Verfolgung versuchte, die Standhaftigkeit der Gläubigen zu erschüttern und sie zum Abfall zu nötigen! Der nach Gold, nach Blut dürstende Eroberer von Peru verfiel darauf, einen unglücklichen Inka an der Seite seines Lieblings auf glühende Kohlen hinzustrecken, um den Ort zu erfahren, wo seine Schätze aufbewahrt sind. Das waren die Urbilder, denen die Richterstühle nachher ihre Untersuchungsart abgeborgt haben, aber sie hofften den Schandflecken einer so abscheuwürdigen Herkunft durch den Nutzen zu verlöschen, den das gemeine Wohl daraus schöpfen würde.«

Interessant ist auch folgende Stelle: »Die tragische Geschichte, die in Genf die Veranlassung gewesen war, dass die Folter auf beständig abgeschafft worden ist, ist bekannt. Ein junger Mensch vom Land kam abends in die Stadt, seine Schwester aufzusuchen, die daselbst diente. Da es zu spät war, um sie zu finden, und der Landfremdling hier wenig Bescheid wusste, lagerte er sich unter einer Laube, nahe bei den Kaufbuden, wo er die Nacht hinbringen konnte. Er entschlief. Ein Soldat, der sonst schon mehrmals gestohlen hatte, erbrach eben in dieser Zeit und Gegend ein Warenlager und fing an, es auszuplündern. Bevor er aber zu Ende kommen konnte, hörte er die Nachtrunde in der Nähe. Er versuchte daher, noch zu entfliehen, ehe sie ihn wahrnahm. Aber indem es ihm natürlich schien, dass sie die begangene Gewalttat beobachten und daher den Täter nachspüren würden, fällt ihm unglücklicherweise der Schlafende ins Gesicht, das ihn auf den Anschlag bringt, den Verdacht des verübten Raubes von sich auf diesen Unschuldigen zu wälzen. In dieser Absicht nun schleicht er dem sorglos Schlafenden die Schlüssel unbemerkt in die Tasche und wird unsichtbar. Die Runde kommt jetzt herbei; sie sieht die eröffnete Bude; sie findet den durch ihr Gelärm geweckten und auffahrenden Jüngling, den in einem unbekannten Ort alles schrecken musste: Sie ergreift ihn als den Täter. Die bei ihm gefundenen Schlüssel, die bestätigte Tat, der Ort, wo man ihn getroffen hat – alles legt wider ihn Zeugnis ab. Die Verwirrung seiner Antwort, als er wegen der Schlüssel befragt wurde, vollendet die Vermutung. Er wird nun auf die Folter gebracht und gesteht sich sogleich zum Täter. Das Todesurteil wird auch an ihm vollstreckt. Der wahre Täter setzt inzwischen seine Räuberei nicht aus, bis er endlich über einer Tat angehalten worden. Hier gestand er unter mehreren Übeltaten auch jenen Diebstahl und zugleich die Umstände, wie sie erzählt sind. Die Stadt Genf ist Zeuge dieses Falles, und noch tragen die Richter, die an dem Spruch teilgehabt hatten, den Hass des Volkes.«

Noch ließen sich zahlreiche Stimmen für und wider Hexenwahn und Tortur anführen, doch mag es mit dem bereits Gegebenem sein Bewenden haben. Wir ersehen zur Genüge daraus, wie schwer sich Gedanken Bahn brechen, die einer späteren Zeit als selbstverständlich galten, und dass selbst in dieser das, was man stolz wähnt nunmehr längst überwunden zu haben, genau betrachtet, noch fortlebt und fortwirkt, oft in ungeschwächter Kraft und Macht und nur in der Form von dem vielbelächelten Früher fast bedeutungslos unterschieden.

IX. Kapitel

Hexenprozesse im achtzehnten Jahrhundert – Berlin – Friedrich Wilhelm I. – Letzte Hexenprozesse in Preußen – Peinliche Halsgerichtsordnung Josefs I. – Salzburg – Coesfelder Prozess – Maria Renata Sängerin – Anna Göldi – Hexenpater – Letztes Todesurteil wider eine Hexe in Deutschland – Schwägelin – Hexenverbrennung in Polen – Letzte Hexenverbrennung in Europa

Das achtzehnte Jahrhundert zeigt uns bereits, was die Hexenverfolgungen betrifft, schon zu seinem Beginn eine erfreuliche Wendung, wenn auch die Tortur im Strafverfahren noch sonst mit voller Strenge waltete. Bei Beschuldigungen von Mord, Brandstiftung, Diebstahl und dergleichen sehen wir sie fast überall zur Anwendung gelangen, sofern der Beschuldigte es nicht vorzog, ein uneingeschränktes Geständnis zu machen. Dass dieses zuweilen auch entgegen den Tatsachen, nur aus Furcht vor der Marter geschah, bekundet auch der im letzten Kapitel erwähnte Prozess in Genf, der dort der Hauptgrund zur Aufhebung der Tortur wurde. In Deutschland kamen zu jener Zeit hauptsächlich folgende Foltermittel in angegebener Reihenfolge zur Anwendung: Daumenschraube, Schnüren, spanischer Stiefel, wozu sich gelegentlich und an manchem Ort Aufziehen oder Strecken als viertes Mittel gesellte. Es wurde damit zumeist sehr hart verfahren, aber dennoch kam es nunmehr schon öfter vor, dass der oder die Torquierte alle diese Martern überstand, ohne zu einem Geständnis gebracht werden zu können, wie aus zahlreichen in jener Zeit erschienenen Schriften zu ersehen ist. Ein von Pastor Schmid, Prediger zu St. Nikolai in Berlin, verfasstes Schriftchen: »Das über vier Malefiz-Personen ergangene Justiz-Rad ... die alle vier allhier vor Berlin Anno 1725 den 21. Febr. damit vom Leben zum Tod gebracht wurden«, enthält auch die Abbildungen dieser vier »Malefiz-Personen« mit Versen. Unter dem Bildnis eines der Angeschuldigten, Christoph Kranichfelden, befinden sich die Verse:

Ein rechter Harlekin war dieser Hauptverbrecher,
Der auf der Folterbank noch immer Chosen trieb,
Und in der Bosheit Kraft fast bis ans Ende blieb,
Doch wurde er noch zuletzt ein gut bekehrter Schächer.

Wie aus dem Text hervorgeht, benahm er sich in der Tat bei den Vorbereitungen zur Folter prahlerisch und großsprecherisch, gab jedoch, als die Daumenschrauben etwas fester angezogen wurden, bald klein bei und gestand schließlich, ebenso wie seine Mitschuldigen, das Verbrechen. Schon kurz nach seiner Thronbesteigung erließ König Friedrich Wilhelm I. einen Befehl, in dem er von den Missständen spricht, die bei Kriminalprozessen, besonders bei Hexenprozessen hervortreten, und daher anordnet, dass alle Urteile in Hexensachen, die Todesstrafe oder vorherige Tortur aussprechen, ihm zur Bestätigung vorgelegt werden müssten. Es scheint dies auch bei sonstiger Vornahme der Tortur bald zur Anwendung gelangt zu sein, denn in dem eben erwähnten Prozess erging auch ein Erlass des Königs, wonach die Folter angewandt werden könnte, ebenso auch bei anderen Prozessen. Als die beiden letzten Hexenprozesse in Preußen erwähnt sodann Soldan einen, der 1721 in Nauen, und einen, der 1728 in Berlin stattfand. Bei Ersterem wurde eine Schusterfrau beschuldigt, Butter verkauft zu haben, die über Nacht Kuhdreck wurde, was nur im Weg der Hexerei geschehen sein konnte. Der Magistrat leitete den Prozess ein, das Kriminalkollegium erkannte jedoch die Indizien nicht ausreichend und meinte auch, jemand könnte aus Mutwillen heimlich eine Vertauschung vorgenommen haben. Der König schrieb unter dieses Erkenntnis: »Soll absolviert werden« und erteilte auch dem Magistrat einen Verweis, denn Hexenprozesse sollen nicht mehr vorkommen.

In dem zweiten, dem Berliner Fall, scheint es sich um ein hysterisches Mädchen gehandelt zu haben, das sich selbst des Verkehrs mit dem Teufel bezichtigte. Das Kriminalkollegium schwankte hier zwischen gesunder Anschauung und Aberglauben, entschied aber schließlich, dass das Mädchen ins Spinnhaus zu Spandau gesteckt werde, eine Sentenz, die der König bestätigte. Damit war der amtlich beglaubigte Hexenwahn in Preußen tot. Auch in den anderen protestantischen Ländern Deutschlands wurde bald darauf oder auch noch früher den Hexenprozessen ein Ende gemacht.

In Österreich finden wir in »Der Römischen Kayserl. etc. etc. Majestät Josephi des Ersten Neue peinliche Halsgerichtsordnung vor das Königreich Böheim, Markgrafthumb Mähren und Herzogthumb Schlesien« im Jahre 1707 erlassenen gesetzlichen Verfügungen den Hexenwahn noch in voller Lebenskraft und »wahrhaffte Zauberei« mit dem Feuertod bedroht, während »Wahrsager, aberglaubische Seegen-Sprecher und Bock-Reiter, die, ohne ausdrückliche Verbündnis mit dem bösen Feind, dieses verüben«, mit dem Schwert hingerichtet oder zu noch gelinderen Strafen verurteilt werden sollen. Immerhin aber wird im Art. XIII, § 29, nötig gefunden zu bestimmen, dass »auf die Aussagung der Complicum allein, sie seye beschaffen, wie es immer wolle, wegen so vielfältig unterlassenen Betrugs und durch List des Satans angespunnenen Unwahrheit, nicht alsogleich, weder die Tortur vorzunehmen, weder zur Straffe zu schreiten zulassen«, eine Bestimmung, die immerhin schon vom Geist einer neuen Zeit durchweht ist. Die Halsordnung Josephs blieb bis zur Regierung Maria Theresias und deren erneute Gesetzgebung in Kraft. Zahlreiche Hexen- und Zaubererprozesse kamen im siebzehnten Jahrhundert auch in Ungarn vor, mit obligater Tortur und zumeist auch mit scheußlichem Verbrennungsurteil. In dem unter der Herrschaft eines Erzbischofs stehenden Salzburg wurde 1715–1717 ein Prozess gegen einen gewissen Perger geführt, der beschuldigt wurde, im Verein mit anderen, die sich alle in Wölfe verwandelt haben sollten, viel Vieh und Wild niedergerissen zu haben. »Perger leugnete anfangs alles. Als er aber am 23. September 1717 auf die Folter gebracht, ans Seil gebunden und an den Füßen mit einem fünfundzwanzigpfündigen Stein beschwert, in die Höhe gezogen wurde, da bekannte er, dass er wie seine Mitschuldigen sich mit einer schwarzen Salbe angeschmiert, hierdurch zum Wolf geworden und als solcher das Vieh hin und wieder niedergerissen habe. Diese Salbe habe er vom bösen Feind auf der Heide bei Moosham erhalten. Der habe zu ihm und den anderen gesagt: ›Was sollt ihr Hunger leiden? Hier habt ihr Salben, dass ihr zu Wölfen werdet und euch satt fresset, so oft und wie ihr wollt!‹ Darauf habe er sich dem

Teufel mit Leib und Seele ergeben. In einem späteren Verhör nahm allerdings Perger sein Geständnis, das ihm nur durch die Qual der Tortur abgepresst sei, zurück. Allein kurzerhand wurde er vom Scharfrichter wieder auf den Folterstuhl niedergesetzt, auf die Leiter gespannt und eine halbe Stunde lang gemartert, was zur Folge hatte, dass er seine früheren Geständnisse bestätigte. Auch den Kameraden Pergers wurden dieselben Geständnisse abgemartert. Das Urteil der Richter lautete nun allerdings auf Verbrennung der Malefikanten, doch hielt man es für gut, dieselben der Gnade des Erzbischofs von Salzburg zu empfehlen. Derselbe ließ auch Gnade für Recht ergehen. Am 20. August 1718 erließ daher das Stadtgericht zu Salzburg an das Untergericht die Weisung: ›Demnach wir mit Ihrer hochfürstlichen Gnaden gnädigstem Vorwissen – wie den allhier in *puncto magiae et hycanthrophiae* inliegenden – Perger auf ewig, den *vulgo Schweblhans* aber auf acht Jahre lang *ad triremes condemniert* haben, also wird Euch hiermit anbefohlen, dass ihr diese Delinquenten gewisse Religiösen (damit sie in geistlichen Sachen bis zu deren Auslieferung interim notdürftig unterwiesen werden und allenfalls *a pacto diaboli liberieret* werden) zugeben sollet‹ – Am 12. September 1718 musste sodann Perger noch die übliche Urphede schwören.« So berichtet Soldan, II, S. 274. Wir ersehen aus diesem Vorgang, der mit komischen Ernst die päpstliche Judicatur nachahmt, dass im achtzehnten Jahrhundert bei der Tortur noch immer galt, was Philotates einst dem Kraterus auf der Folterbank zugerufen hatte: »Sprich, was willst Du, dass ich sagen soll.« (»*Sed post quam intumescens corpus ulceribus flagellorum ictus nudis ossibus incussos ferre non poterat, si tormentis adhibituri modum essent, dicturum se, quae scire exepterant, pollicetur impetrato Cratero inquit: die, quid me velis dicere*!« Curt. L. VI C. II).

Ähnliches lässt sich fast von allen bei dem peinlichen Verfahren getroffenen Maßregeln sagen. Immer und überall sehen wir unter dem Zwang von Drohungen oder unmenschlicher Marter die tollsten Selbstbezichtigungen und Bezichtigungen anderer in Erscheinung treten, die niedrigsten Leidenschaften und Begierden, der leidenschaftlichste Wahn und die törichste Beschränktheit »von Rechts wegen« das blutigste Unrecht ausüben. »Ein Torturprotokoll«, schreibt Oskar Wächter (a. a. 0., S. 162 ff.),

»vom 31. Oktober 1724, über den Prozess gegen die in Coesfeld, im ehemaligen Fürstbistum Münster gerichtete Enneke Fürstenees besagt, ›dass der Untersuchungsrichter Dr. Gogravius, nachdem er die Angeschuldigte vergebens zum gütlichen Bekenntnis aufgefordert hatte, ihr den Befehl der Tortur hat publizieren lassen. Der Nachrichter wurde hereingerufen. Derselbe zeigte ihr die Folterwerkzeuge und redete ihr scharf zu, während der Richter ihr die einzelnen Anklagepunkte vorlas. Darauf schritt der Richter zum zweiten Grad der Folterung. Die Angeklagte wurde in die Folterkammer geführt, entblößt und angebunden und über die Anklagepunkte befragt. Sie blieb beständig beim Leugnen. Bei der Anbindung hat Angeklagte beständig gerufen und um Gotteswillen begehrt, man möge sie loslassen. Sie wolle gern sterben und wolle gern Ja sagen, wenn die Herren es nur auf ihr Gewissen nehmen wollten. Und wie selbige beständig beim Leugnen verblieben ist, so ist zum dritten Grad geschritten und sind der Angeklagten die Daumenschrauben angelegt worden. Weil sie unter der Tortur beständig gerufen hat, so ist ihr das *Capistrum* (eine Vorrichtung, die das Schreien verhindert) in den Mund gelegt worden, und mit Applizierung der Daumenschrauben wurde fortgefahren. Obgleich Angeklagte fünfzig Minuten in diesem Grad ausgehalten hatte, ihr auch die Daumenschrauben zu verschiedenen Malen versetzt und wieder angeschraubt sind, hat sie doch nicht allein nicht bekannt, sondern auch während der peinlichen Frage keine Zähre fallen lassen, sondern nur gerufen: ›Ich bin nicht schuldig. O Jesu, gehe mit mir in mein Leiden und stehe mir bei‹ Sodann: ›Herr Richter, ich bitte euch, lasst mich nur unschuldig richten.‹ Ist also zum vierten Grad geschritten vermittelst Anlegung der spanischen Stiefeln. Als aber peinlich Befragte in diesem Grad über dreißig Minuten hartnäckig dem Bekenntnis widerstand, ungeachtet die spanischen Stiefeln zu verschiedenen Malen versetzt und aufs schärfste wieder angeschraubt wurden, auch keine einzige Zähre hat fallen lassen, so hat Dr. Gogravius besorgt, es möchte peinlich Befragte sich vielleicht *per maleficium* unempfindlich gegen die Schmerzen gemacht haben. Darum hat er dem Nachrichter befohlen, dieselbe nochmals entblößen und untersuchen zu lassen, ob vielleicht an verborgenen Stellen ihres Körpers etwas Verdächtiges sich vorfinde. Worauf der Nachrichter berichtete, dass er alles aufs genaueste habe untersuchen lassen, aber nichts gefunden sei. Ist also demselben befohlen, abermals die spanischen Stiefeln anzulegen. Dieselbe aber hat die Tat beständig geleugnet und zu verschiedenen Malen gerufen: ›O Jesu, ich hab es nicht getan; ich hab es nicht getan. Wenn ich es getan hätte, wollte ich gern bekennen. Herr Richter, lasst mich nur unschuldig richten. Ich will gern sterben. Ich bin unschuldig, unschuldig.‹ Als demnach peinlich Befragte die ihr zum zweitenmal angelegten spanischen Stiefeln abermals über dreißig Minuten hartnäckig überstanden hatte, so zwar, dass sie während der Folterung weder die Farbe im Gesicht veränderte, noch eine einzige Zähre hat fallen lassen, auch nicht vermerkt werden konnte, dass sie an Kräften abgenommen oder die Strafe sie geschwächt oder verändert hätte, so fürchtete Dr. Gogravius, der vierte Grad möchte die Angeklagte nicht zum Geständnis bringen, und befahl, zum fünften Grad zu schreiten. Demgemäß wurde die Angeklagte vorwärts aufgezogen und mit zwei Ruten bis zu dreißig Streichen geschlagen. Als Angeklagte aber zuerst gebunden werden sollte, hat dieselbe begehrt, man möchte sie doch ferner nicht peinigen, mit dem Zusatz, sie wolle lieber sagen, dass sie es getan hätte, und sterben unschuldig, wenn sie nur keine Sünde daran täte. Dieses wiederholte sie mehrmals; im Betreff der ihr vorgehaltenen Artikel aber beharrte sie beim Leugnen. Daher dem Nachrichter befohlen worden, peinlich Befragte rückwärts aufzuziehen. Mit der Aufziehung ist dergestalt zu verfahren, dass die Arme rückwärts gerade über dem Kopf gestanden, beide Schulterknochen aus ihrer Verbindung gedreht und die Füße eine Spanne weit von der Erde entfernt gewesen sind. Als die Angeklagte ungefähr sechs Minuten so aufgezogen gewesen, hat Dr. Gogravius befohlen, sie abermals mit dreißig Streichen zu hauen, was dann auch geschehen ist. Peinlich Befragte verharrte aber beim Leugnen. Auch als Dr. Gogravius zwei Mal, jedes Mal zu ungefähr acht Schlägen, die Korden anschlagen ließ, hat sie nur gerufen: ›Ich habe es nicht getan; ich habe es nicht getan.‹ Ferner auch, obwohl die Korden zum dritten Mal mit ungefähr zehn Schlägen angeschlagen und ihr außerdem die bisherigen Folterwerkzeuge (die Daumenschrauben und die spanischen Stiefel) wieder angelegt sind, dergestalt, dass dieselben fast unerträglich geschienen, hat dieselbe doch über dreißig Minuten diesen fünften Grad ebenso unbeweglich wie die vier vorhergegangenen überstanden, ohne zu bekennen.

Wie nun Dr. Gogravius dafür halten musste, dass die erkannte Tortur gehörig ausgeführt, gleichwie dann der Nachrichter mitteilte, dass nach seinem Dafürhalten peinlich Befragte die Folterung nicht länger werde ausstehen können, so hat Dr. Gogravius dieselbe wieder abnehmen und losbinden lassen und dem Scharfrichter befohlen, der Gefolterten die Glieder wieder einzusetzen und sie bis zu ihrer völligen Genesung zu verpflegen.«

Nach dem Protokoll vom folgenden Tag brachte sie der Scharfrichter zum »Geständnis«, vermutlich indem er ihr beim Einrichten der durch die Folter aus ihren Gelenken gerissenen Glieder mit Erfolg noch mehr Schrecken vor dem noch kommenden einzuflößen wusste, so dass die arme Gemarterte es dennoch vorzog, mit einer Lüge auf den Lippen in den Tod zu gehen. Und das geschah in einem Jahrhundert, das sich mit Stolz und vielleicht auch nicht ganz unberechtigt das »erleuchtete« nannte. Noch unzählige Beispiele derartiger Rechtsprechung ließen sich zum Schmach ihrer Urheber und Vollstrecker anführen. Man hat die Opfer des Hexenwahns auf etwa eine Million Menschen berechnet, wovon ein großer Teil Deutschland zuzurechnen ist. Freilich wollte man auch die Opfer der Ketzerverfolgungen hinzurechnen, so würde sich eine ganz ungeheuerliche Zahl ergeben, eine größere vielleicht, als sämtliche Kriege in Europa seit unserer Zeitrechnung gekostet haben. Gesündigt wurde in dieser Beziehung, wie schon betont wurde, *»intra et extra muros«*, sowohl seitens des Katholizismus oder Papismus, wenn dieses manche lieber hören, und seitens des Reformismus. Selbst das Luthertum bekundete hierbei bisweilen eine Calvin und seinen Anhängern gleichkommende Härte, uneingedenk der Worte des Reformators: »Man soll ja einen jeden glauben lassen, was er wolle, glaubt er unrecht, so hat er genug Strafe am ewigen Feuer in der Hölle; warum will man sie denn zeitlich martern, sofern sie im Glauben irren und nicht daneben aufrührerisch oder sonst der Obrigkeit widerstreben. Es ist nicht evangelisch noch christlich, mit Verfolgung wider die Ketzer zu fechten.« Was speziell die Hexenprozesse betrifft, dürfte sogar durch die Reformierten mehr gesündigt worden sein als durch die Katholiken. Als letzter deutscher Hexenprozess, der mit Verbrennung der Beschuldigten endete, gilt der 1749 zu Würzburg gegen die siebzigjährige Nonne Maria Renata Sängerin durchgeführte und als letztes Opfer der Hexenhinrichtung innerhalb der deutschen Sprachgrenze 1782 gegen die Dienstmagd Anna Göldi zu Glarus in der Schweiz. Es dürfte am Platz sein, etwas mehr über diese beiden Prozesse mitzuteilen.

Soldan schreibt über diesen Prozess, unter Benutzung der Darstellung Scherrs in »Hammerschläge und Historien«:

»Zu Würzburg, in der fürstbischöflichen Residenzstadt, spielte sich um die Mitte des achtzehnten Jahrhunderts ein Drama ab – die Hinrichtung der hochbetagten Nonne Maria Renata im Jahre 1749 –, das den Zorn der Kaiserin Maria Theresia erweckt hatte, weil es zu den Schandflecken in der Geschichte der deutschen Nation gehört. Man hat in Würzburg lange Zeit Abstand genommen, dem Wunsch derer, die im Interesse der Geschichtswissenschaft die Prozessakten einzusehen wünschten, zu entsprechen; und auch die aktenmäßige Darstellung des Vorfalls, die im Laufe des Jahres 1878 veröffentlicht wurde (nämlich Scherrs Mitteilungen), ist unvollständig. Es muss angenommen werden, dass die Folter, deren auch in dieser aktenmäßigen Berichterstattung keine Erwähnung geschieht, dennoch zur Anwendung gekommen ist. Aber selbst wenn diese Annahme unbegründet sein sollte, ist das, was im übrigen über den Vorfall nunmehr in glaubhaftester Weise bekannt geworden ist, so beschaffen, dass die Hinrichtung der Nonne Maria Renata zu Würzburg, in der Mitte des achtzehnten Jahrhunderts, als eines der grausigsten und schandbarsten Ereignisse in der Geschichte der deutschen Nation jener Zeit sich kennzeichnet.

Die Nonne Maria Renata Sängerin von Mohan gehörte seit fünfzig Jahren dem Kloster Unterzell bei Würzburg an. Geistig nicht unbegabt, war sie in ihrem neunzehnten Lebensjahr durch den Machtspruch der Eltern ins Kloster verwiesen worden, wo sie allerdings später zur Würde einer Subpriorin erhoben wurde, aber sich doch niemals recht heimisch fühlte, vielmehr in sich gekehrt und abgeschlossen lebte und darum in dem Schwesternkreis keine Sympathien fand. Sie war schon hochbetagt, als eine erkrankte alte Nonne dem Probst des Klosters auf dem Sterbebett erklärte, das tödliche Übel, an dem sie leide, sei ihr angetan worden, und zwar durch die Subpriorin Maria Renata, die schon seit langer Zeit zum großen Nachteil der Schwestern allerlei teuflische Praktiken treibe. Der Probst versuchte der Kranken diesen bösen Argwohn aus dem Sinn zu reden, jedoch ohne Erfolg. Pflichtschuldigst machte er daher von der ihm gewordenen Mitteilung Anzeige, infolgedessen ein Pater Siard und Genossen den Nonnen durch Exorzismen zu helfen sich bemühten. Dabei ergab es sich dann allerdings, dass einzelne Nonnen Teufel im Leib hatten; und diese Teufel zeigten sich sehr ungebärdig.« Kurz, wie sehr auch diese Teufel widerstrebten, sie mussten doch der Macht der Beschwörung weichen, die Leiber verlassen, was sie jedoch nicht taten, ohne zuvor die Subpriorin mit ihren zauberischen Praktiken als die Verüberin anzugeben.

»Die Verdächtigte beging nun einen argen Fehler; sie behauptete nämlich, die angeblich durch sie in diabolische Besessenheit gebrachten Schwestern verstellten sich nur oder wären von unglücklicher Einbildung geplagt, indem es Besessene, Zauberer und Hexen gar nicht gebe. Nach dem Hexenhammer war die Unglückliche hiermit als Ketzerin erwiesen, d. h. als eine Person, die recht wohl mit dem Teufel im Bund sein konnte, weshalb die gegen sie erhobenen Anschuldigungen jetzt um so größeres Gewicht hatten. Die greise Subpriorin wurde daher eines Tages, als sie gerade vom Chor der Kirche zur Klausur gehen wollte, verhaftet. Hierüber bestürzt, bat sie um Erlaubnis, in ihr Zimmer gehen zu dürfen. Da sie diese Bitte jedoch zweifelsohne nur in der Absicht aussprach, ›ihr darin sich befindliches Zauberwerk auf Seiten zu räumen‹, so wurde darauf keine Rücksicht genommen. Hernach, als man ihr Zimmer durchsuchte, fand man auch ›ihren Schmierhafen‹, ihre Zauberwurzel und Zauberkräuter, sodann auch einen goldgelben Rock, in dem sie zu ihrem gewöhnlichen Hexentanz auszufahren pflegte.‹ Auf fürstbischöflichen Befehl wurde nun die Verhaftete des geistlichen Habits entkleidet, auf dem Marienberg eingekerkert und vor eine aus zwei geistlichen Räten und zwei Jesuitenpatres zusammengesetzte Inquisitionskommission gestellt. Die Prozedur begann, und bald wurde Maria Renata zur Ablegung eines Geständnisses gebracht. Auf welchem Weg dies erpresst wurde, weiß man freilich auch jetzt noch nicht, unzweifelhaft darum, weil es durch die Anwendung der Folter geschehen ist.« Wir übergehen den Inhalt dieses Geständnisses, das die tollsten Angaben enthält, wie sie eben nur durch das Kraftmittel der Tortur suggeriert worden sein konnten. Die geständige Hexe wurde zum Feuertod verurteilt, eine Strafe, die die »Gnade« des Bischofs dahin abänderte, dass sie erst enthauptet und dann ihr Leichnam verbrannt werden sollte, mit Rücksicht auf »die zarte Jugend, in der Maria Renata zur Hexerei verführt worden ist.« Nach ihrem so genannten Geständnis nämlich hatte sie sich schon in ihrer Kindheit dem Teufel ergeben. Zum Richtplatz wurde sie getragen, »weilens sie zu gehen unvermögend war«, das heißt, weil dem armen Opfer wahrscheinlich bei der peinlichen Frage sehr stark zugesetzt wurde. Dieser Vorfall brachte zahlreiche Streitschriften für und wider den Hexenwahn hervor, und es muss der Wahrheit gemäß bemerkt werden, dass eine Anzahl katholischer Theologen zu den entschiedensten Gegnern derartiger Prozesse gehörten.

Was den Prozess wider Anna Göldi betrifft, eine Dienstmagd, die beschuldigt wurde, durch Zauberei einem Kind das Bein gelähmt und zum Erbrechen von Stecknadeln, Nägeln und anderen seltsamen Dingen veranlasst zu haben, lassen wir den Wortlaut folgen aus dem »Malefiz-Prozess und Urteil über die zu Schwert verurteilte Anna Göldinn aus dem Sennwald, verurteilt den 6/17. Juni 1782. – Die hier vorgeführte, bereits 17 Wochen und 4 Tage im Arrest gesessene, die meiste Zeit mit Eisen und Banden gefesselte arme Übeltäterin mit Namen Anna Göldinn aus dem Sennwald, hat laut gütlich und peinlichem Untersuchen bekennet, dass sie am Freitag vor der letzten Külbi allhier zwischen 3 und 4 Uhr nachmittags aus des Herrn D. Tschudis Haus hinter den Häusern durch und über den Giessen hinauf zu dem Schlosser Rudolf Steinmüller[1)], der letzthin in hochobrigkeitlichem Verhaft unglücklicherweise sich selbst entleibet hat, expresse gegangen sei, um von selbem zu begehren, dass er ihr etwas zum Schaden des Herrn Doktors und Fünfer Richters Tschudi zweitältestem Töchterli Anna Maria, dem sie übel sei, geben möchte, in der bekannten, äußerst bösen Absicht, das

Kind elend zu machen, oder dass es zuletzt vielleicht daran sterben müsste, weil sie vorhin von dem unglücklichen Steinmüller vernommen gehabt habe, dass wann man mit den Leuten uneins werde, er etwas zum Verderben der Leute geben könne. Auf was sie ein von dem unglücklichen Steinmüller zubereitetes und von ihm am Sonntag darauf, als an der Külbi selbst, überbrachtes verderbliches Leckerli, im Beisein des Steinmüllers auf Herrn D. Tschudis Mägdekammer zwischen 3 und 4 Uhr, als weder Herr D. Tschudi noch dessen Frau, noch das älteste Töchterli zu Hause war, unter böswichtigen Beredungen, dass solches ein Leckerli sei, dem bemeldeten Töchterli Anna Maria beigebracht habe, wo ihr der Steinmüller bei gleich unglücklichem Anlass noch auf der Mägdekammer, zwar da das Töchterlein das verderbliche Leckerli schon genossen gehabt hatte, eröffnet habe, dass solches wirken werden, nämlich es werde Gussen, Eisendrat, Heftli und dergleichen Zeugs von dem Kind gehen, was auch leider zum Erstaunen auf eine unbegreifliche Weise geschehen ist, wodurch das unschuldige Töchterlein fast 18 Wochen lang auf die jammervollste Weise zugerichtet lag. Bei solchem unter der betrüglichen Gestalt eines Leckerlis dem Töchterlein beigebrachten höchst verderblichen Gezeug ließ es die hier stehende Übeltäterin nicht bewenden, sondern erfrechte sich aus selbsteigenem bösen Antrieb laut ebenfalls gütlich und peinlich abgelegtem Geständnis neuerdings in der letzten Woche, da sie noch bei Herrn D. Tschudi am Dienst stund, wo ihr nach ihrem Vorgeben damals das Töchterli in der Küchen die Kappe abgezerrt habe, diesem Töchterli in sein mit Milch auf den Tisch gebrachtes Beckerli zu acht unterschiedlichen Malen und noch über erfolgtes Warnen hin, jedes Mal eine aus dem Brusttuch genommene Gusse, also zusammen acht Gussen, zu legen, in der bekannten schändlichen Absicht, damit wann man die Gussen gewahr werde und mit der Zeit Gussen vom Kind gehen möchten, man schließe, dass das Töchterli solches aus eigener Unvorsichtigkeit geschluckt habe und dadurch die erste im Beisein des Steinmüllers verübte Übeltat wegen des beigebrachten Leckerlis verdeckt bleibe, von welchen Gussen zwar das Töchterli keine empfangen hat, sondern solche allemal auf dem Tisch entdeckt worden sind. Laut der unterm 13ten letzt abgewichenen Christmonat aufgenommenen Besichtigung, da die Übeltäterin der Justiz noch nicht eingebracht worden war, ist das gedachte Töchterli elend, meistens ohne Verstand auf sein Lager gelegen, die Glieder waren starr, so dass weder die Arme noch Füße, noch Kopf konnten gebogen werden, auch konnte es auf dem linken Füßlein nicht stehen und hat in Gegenwart der zur Untersuchung verordneten Ehrenkommission öfters gichtische Anfälle bekommen.

Nach laut der neuerdings unterm 10. März dieses Jahres bei dem bemeldeten Töchterli aufgenommenen Besichtigung da damals die arme Übeltäterin schon im Verhaft gelegen war, hatte das Töchterlein wiederum in Anwesenheit der Ehrenkommission öfters kaum zwei Minuten dauernde Anfälle von gichterische Verlierungen der Sinne angewandelt, und das linke Füßlein war unveränderlich mit gebogenem Knie ganz kontrakt gegen den Leib gezogen, dergestalt, dass solches auch mit Gewalt nicht konnte ausgestreckt werden, auch beim geringsten Berühren sich schmerzhaft zeigte. Was in so langer Zeit das elende Töchterli seinen geliebten Eltern für Mühe, Kosten, Kreuz und Kummer verursacht hat, ist zum Erstaunen groß, indem laut eidlichen Zeugnis der Eltern und anderer dabei gewesenen Ehrenleute in etlichen Tagen 100 Gussen von ungleicher Gattung, 3 Stückli krummen Eisendrat, 2 gelbe Heftli und 2 Eisennägel aus dem Mund des Töchterleins unbegreiflicherweise gegangen sind. Nachdem dieser armen Übeltäterin die jammervollen Umstände des Töchterleins zu Gemüt geführt worden sind, hatte sie sich endlich nach vorläufig dreimal auf dem Rathaus nächtlicher Zeit als den 11., 12. und 14. März vergeblich gewagten Versuchen erklärt, dass sie das Kind an dem Ort, wo sie solches verderbt, wiederum bessern wolle; wo also gleich, den 15. März, nächtlicher Zeit man bemeldete Übeltäterin in H. D. Tschudis Haus in die Küche, dahin sie zu gehen begehrte, führen ließ, die durch ihr in dem Untersuch beschriebenes Betasten, Drücken und Strecken von dem linken verkrümmten und kontrakten Füßli des Kindes, das einige Zoll kürzer als das rechte Füßli war und darauf es weder gehen noch stehen konnte, mit ihren bloßen Händen so viel bewirkte, dass das Töchterli in Zeit von 10 Minuten wieder auf das verderbte Füßli stehen und damit allein und auch mit Führen hin und her gehen konnte, wie dann diese Übeltäterin das Töchterli an denen noch nachgefolgten zwei Nächten vermittelst ihrer auch im Untersuch ausführlich beschriebenen Bemühung wiederum nach allen Teilen zum größten Erstaunen auf eine unbegreifliche Weise gesund hergestellt, so dass nach eidlichem Zeugnis nach der Hand zwei Gussen mit sich von dem Töchterli gegangen sind, das nun die wesentliche Beschreibung des Verbrechens samt der Krankheit und Besserung des Töchterleins ausmachet. Wenn nun hochgedachte M. G. H. und Obere vorbemeldetes schwere Verbrechen nach seiner Wichtigkeit in sorgfältige Erwägung gezogen und betrachtet die große Untreue und Bosheit, so die gegenwärtige Übeltäterin als Dienstmagd gegen ihres Herrn unschuldiges Töchterlein verübt, betrachtet die fast 18 Wochen lange unbeschreiblich fürchterliche unerhörte Krankheit und vorbemeldt beschriebene elende Umstände, die das Töchterli zu allgemeinen größten Erstaunen ausgestanden hat, nebst der von eben dieser Übeltäterin bezeigten außerordentlichen und unbegreiflichen Kunstkraft mit der einstmaligen zwar zum Besten des Töchterleins gelungenen plötzlichen Kurierung desselben, und auch betrachtet ihren vorhin geführten üblen Lebenswandel, darüber zwar sie, wegen eines in Unehren heimlich geborenen und unter der Decke versteckten Kindes schon in ihrem Heimat von ihrer rechtmäßigen Obrigkeit aus Gnaden durch die Hand des Scharfrichters gezüchtigt worden und hiermit solche in keine weitere Beurteilung fallet, wohl aber in traurige Beherzigung gezogen worden, wie dass anstatt diese arme Delinquentin, wegen ihrer großen Versündigung gegen ihr Fleisch und Blut sich hätte bessern und bekehren sollen, sich wiederum eine solche Greueltat gegen das Töchterli des H. D. Tschudis ausgeübt hat; derowegen von hochgemeldeten M. G. H. auf ihren Eid abgeurteilt wurde: dass diese arme Übeltäterin als eine Vergifterin zu verdienter Bestrafung ihres Verbrechens und anderen zum eindrückenden Exempel dem Scharfrichter übergeben, auf die gewohnte Richtstatt geführt, durch das Schwert vom Leben zum Tod hingerichtet und ihr Körper unter dem Galgen begraben werde, auch ihr in hier habendes Vermögen konfisziert sein solle. Ob dann jemand wäre, der jetzt oder hernach des armen Menschen Tod änzte, äferte oder zu rächen unterstünde, und jemand darum bächte, hasste oder schmähte, der oder die solches täten, sollen laut unserer Malenz-Gerichtsordnung in des armen Menschen Urthel und Fußstapfen erkannt sein, und gleichergestalt über sie gerichtet werden. Actum 6/17. Juni 1782, Landschreiber Kubli.«

Wie es heißt, soll auf die Vorstellungen von Zürich her davon abgesehen worden sein, hier von Zauberei und Hexerei zu reden und dafür die Sache lieber als eine Art Vergiftung darzustellen. Indes, obgleich der Vorfall einem Hexenprozess auffallend ähnlich sieht, anzunehmen ist, dass die arme Dienstmagd nur durch die Kraft der peinlichen Befragung dahin gebracht werden konnte zuzugeben, dass sie die Tat verübte hat und sich bereit fand, die »Kurirung« vorzunehmen – immerhin kann dieser Prozess nicht, wie es allgemein geschieht, als der letzte Hexenprozess mit Todesurteil auf deutschem Sprachgebiet gelten. Er stellt sich uns, trotz alledem und alledem, als ein Giftprozess dar, bei dem, durch Aberglaube und Beschränktheit, ein Justizmord verübt worden zu sein scheint, ein trauriger Vorfall, der jedoch auch noch in späteren Zeiten seinesgleichen gefunden haben mag. Auch nach diesem Datum hat die Geschichte noch eine Anzahl von Hexenprozessen zu verzeichnen, die jedoch mit Freisprechung oder gelinden Strafen endigten. Der Strahl der Aufklärung war eben selbst in die dunkelsten Schädelkammern gedrungen, und schon aus Furcht, sich vor der Welt bloßzustellen, trug man Scheu, ein schweres Urteil in Hexenprozessen zu fällen, die bald aus der Gerichtspraxis überhaupt verschwinden sollten, ohne jedoch auch die in ihrem Gefolge unvermeidliche Tortur mit sich zu nehmen.

In Bayern, wo noch gegen Ende des achtzehnten Jahrhunderts jedes Kloster seinen »Hexenpater« hatte, bei dem sich das Volk Rat und Hilfe gegen die bösen Hexen holte, dürfte der letzte Hexenprozess in Deutschland, der mit einem Todesurteil endigte, stattgefunden haben, und zwar der 1775 im Stift Kempten gegen die Tagelöhnerin Schwägelin geführte. In seinem »Die Hexenprozesse« schreibt C. Haas darüber: »Eine arme Söldners- und Tagwerkstochter, Anna Maria Schwägelin von Lachen, hatte früh ihre Eltern verloren und musste sich ihr Brot mit Dienen erwerben. Im Dienst eines protestantischen Hauses knüpfte der

Kutscher des Herrn ein Verhältnis mit ihr an und verspricht ihr die Ehe unter der Bedingung, dass sie den katholischen Glauben verlasse und lutherisch werde. Dieses Letztere vollzog die Schwägelin in Memmingen in einem Alter von etwa 30–36 Jahren (sie wusste im Verhör über ihr Alter nur zu sagen, dass sie dreißig oder nahezu vierzig Jahre alt sei). Nichtsdestoweniger ließ sie der Kutscher sitzen und heiratete eine Wirtstochter von Beckheim. Hierüber erregt und zugleich in ihrem Gewissen beunruhigt, beichtete sie die Sache einem Augustiner-Mönch in Memmingen, der ihr gesagt haben soll: Es sei nunmehr genug, dass sie es gebeichtet habe und dass sie eine wahre Reue dagegen bezeuge, und sie habe nicht nötig, dass sie wiederum neuerdings ein Glaubensbekenntnis ablege, wenn sie nur bei ihrem Vorsatz beharre. Bei ihrer Konversion in der Martinskirche zu Memmingen habe sie die Schwurfinger aufheben und sagen müssen, dass sie auf dem lutherischen Glauben beharren wolle und dass die Mutter Gottes und die Heiligen ihr nicht helfen können. Die Mutter Gottes sei nur eine Kindelnäscherin und als ein anderes Weibsbild gewesen. Die Bilder von denen Heiligen seien nichts als zum Gedächtnis, keineswegs aber, dass man diese verehren solle. Gott allein könne ihr helfen, sonst niemand. Da aber obengemeldeter Augustiner in Memmingen wenige Tage nach der Beichte der Schwägelin apostasierte, so wurde sie wieder unruhig und meinte, sie sei wohl von diesem Geistlichen nicht richtig absolviert. Sie will daher hierauf die Sache einem Kaplan gebeichtet haben, der ihr jedoch die Absolution mit dem Bemerken verweigerte, der Fall müsse nach Rom berichtet werden. Alsbald aber sei der Kaplan auf einen anderen Dienst gekommen, und die Sache sei liegen geblieben.

Seitdem irrte die Schwägelin von Dienst zu Dienst und wurde schließlich als vagierende und wahrscheinlich körperlich und geistig leidende Person in das Kemptensche Zuchtschloss Langenegg (zwischen Kempten und Immenstadt) gebracht. Dort wurde sie einer notorisch geisteskranken Person namens Anna Maria Kuhstaller für wöchentlich 42 Kr. in Pflege und Aufsicht gegeben. Ihrer Aussage nach wurde sie von derselben sehr schlecht gehalten, elend genährt, oft Tage lang gar nichts, und dabei vielfach geschlagen und sonst misshandelt. Soviel steht wenigstens fest, dass sie schließlich nicht mehr stehen und gehen und keine Hand mehr erheben konnte ... In ihrem Unmut sagte die Schwägelin sie wollte lieber beim Teufel als in solcher Pflege sein. Das benutzte die Kuhstaller, um alsbald bei Gericht anzuzeigen, die Schwägelin habe ihr einbekannt, dass sie mit dem Teufel Unzucht getrieben und Gott und allen Heiligen habe absagen und auf jene Weise und Art sich verschwören müssen, wie es ihr der Teufel vorgehalten habe. Auch habe sie die Schwägelin manchmal laut lachen und mit jemandem sprechen hören, während doch niemand bei ihr gewesen sei.«

Das Weib wurde verhaftet und im Gefängnis von dem Eisenmeister überwacht, der einige alberne Verdachtmomente wahrgenommen haben wollte. Die Angeschuldigte gab zu, der Kuhstaller, von der sie überaus schlecht behandelt wurde, aus Furcht vor Prügel gesagt zu haben, dass sie Gott und den Heiligen abgeschworen und mit dem Teufel Unzucht getrieben habe. Trotzdem wurde aber diese Aussage als Geständnis angesehen und die Inquisitin mit Fragen aller Art so bestürmt, dass sie verwirrt endlich auf die Suggestion selbst einging und die lächerliche Aussage mehr und mehr ausspann oder vielmehr sie ausspinnen ließ. Sie bekennt nach vielem und wiederholtem Drängen endlich auch, mit dem Teufel Unzucht getrieben zu haben. »Endlich dahin gebracht, dass sie bekennt, der Teufel habe in jeder Nacht mit ihr Unzucht getrieben, geht sie nun auf alle Fragen, die sie vorher mit innerem Erbeben gehört hatte, ein – so toll sie auch waren – und beantwortet sie ganz nach Wunsch des Verhörrichters mit einfachem Ja. Zumeist betrafen die Fragen schon früher verhandelte Dinge. Plötzlich aber wird im Verhör von etwas ganz Neuem, nämlich von einem Pakt mit dem Teufel gesprochen, den die Angeklagte eingestandenermaßen eingegangen habe. Dieses geschah in der zweihunderteinundzwanzigsten Frage, in welcher der Richter dabei auf Frage hundertsechsundsechzig Bezug nahm. Die Frage 166 lautete aber: »Wie lange es angestanden, dass, nachdem sie lutherisch geworden, sie hernach Gott und alle Heiligen verleugnet und sich dem Teufel zugeeignet hat?«, an die nun die Suggestivfrage 221 angeschlossen wurde: »Sie habe *ad interrog. 166* gesagt, dass sie erst in zwei Jahren danach, wie sie lutherisch geworden, diesen Pakt mit dem

Teufel gemacht habe.« Nun folgt noch eine lange Reihe von Fragen über die mit dem Teufel getriebene Unzucht (wobei die Angeklagte auf Befragen angibt, dass derselbe bald als Jäger, bald als halberwachsener Bauernknecht zu ihr gekommen war), bis man endlich am 30. März 1775 das *crimen laesae majestatis divinae* als konstatiert ansehen und das Urteil gefällt werden konnte, das auf ›Tod durch das Schwert‹ lautete. Das Urteil ist unterschrieben von Treichlinger, Hofrat und Landrichter (der die Untersuchung geführt hatte), Feiger, Hofrat und Hofrat Leiner. Die Bestätigung des Urteils ist mit den Worten beigeschrieben: »*Fiat iustitia*! Honorius, Fürstbischof.« Ein nachgetragenes Beiurteil lautet: »Auch ist zu Recht erkannt worden, dass wer der armen Sünderin Tod rächen oder hindern würde, in dessen Fußtapfen gestellt werden solle.« Letzteres, das wir schon oben bei dem Schweizer Urteil ersehen haben, scheint eine damals übliche Formel gewesen zu sein. Der Bericht vermeldet nichts von einer dabei ausgeübten Tortur, doch dürfte die wohl zur Anwendung gelangt sein, denn es ist kaum anzunehmen, dass das arme Weib, obgleich sie nicht bei vollen Verstandskräften gewesen sein mag, diese Aussagen ohne kräftige Zwangsmittel gemacht hatte.

Die letzte von »Amts wegen« in Europa vorgenommene Hexenverbrennung dürfte 1793 in Polen vorgekommen sein. In seiner Schrift über den Glauben an Zauberei (Breslau 1830) berichtet Schultz darüber: »Im Jahre 1801 fielen einer Gerichtsperson[2)] bei Gelegenheit einer Grenzkommission in der Nähe eines kleinen polnischen Städtchens die Reste einiger abgebrannten, in der Erde steckenden Pfähle in die Augen. Auf Befragen wurde von einem dicht anwohnenden glaubhaften Mann darüber zur Auskunft gegeben: dass im Jahre 1793, als sich eine königliche Kommission zur Besitznahme des ehemaligen Südpreußens für den neuen Landesherrn in Posen befand, der polnische Magistrat jenes Städtchens auf erfolgter Anklage zwei Weiber als Hexen zum Feuertod verurteilt habe, weil sie rote, entzündete Augen gehabt und das Vieh ihres Nachbars beständig krank gewesen sei. Die Kommission in Posen habe auf erhaltene Kunde davon sofort ein Verbot gegen die Vollstreckung des Urteils erlassen. Selbiges sei aber zu spät angelangt, indem die Weiber inmittelst bereits verbrannt worden.« Das dürfte also die letzte Hexenverbrennung in Europa gewesen sein, wenn auch nicht die letzte Hexenverfolgung. Dass in dem laut gerühmten neunzehnten Jahrhundert noch Hexenprozesse vorkamen, Hexenverfolgungen noch vorkommen, dass außerhalb Europas in dieser Zeit sogar noch Hexenbrände loderten, soll in einem der folgenden Kapiteln dargelegt werden.

X. Kapitel

Codex juris bavarici criminalis – Bayerische Folter – Instruktion zum Malefiz-Inquisitionsprozess – Österreich unter Maria Theresia – Die Theresiana – Einleitung der Theresiana

Der *Codex juris bavarici criminalis de annno 1751* beginnt mit den vielverheißenden Worten: »Es liegt ohne viel- und weitläufige Anführung von selbst zutage, in was verwirrt- und mangelhaftem Zustand sowohl das gemeine als statuarische Recht ... sich dato noch in Unseren Churlanden befinde, und wie sehr man sowohl bei hoch- als niederen Gerichten, in schleunig- und gleich durchgehender Justizadministration fast täglich dadurch gehindert werde.« Wer aber aus diesem, mit den Endsilben so wunderlich sparsamen Einleitungssatz annehmen wollte, dass in diesem Gesetzbuch, das drei Jahre nach Aufhebung der Tortur in Preußen erschien, die Tortur wenigstens eingeschränkt wurde, der würde irren. Von dieser heißt es nämlich, ganz im Sinne der vergangenen Zeit: »Die Tortur ist ein rechtliches Mittel, um den in Negativis verharrenden Übeltäter aus Mangel einer genügsamen Überweisung zur wahren Bekenntnis zu bringen oder von dem wider ihn vorkommenden Verdacht zu reinigen.« – »In Bayern«, schreibt K. A. Bierdimpfl, »war nach dem Kriminalkodex von 1751 eine eigene Art Folter eingeführt, die in drei Arten gebräuchlich war, nämlich

der Daumenstock,
das Aufziehen und
die Spitzruten,

und zwar so, dass jede dieser Arten für sich in drei Graden angewendet wurde, wobei erst im dritten geschärften Grad der volle schmerzhafte Gebrauch des Instrumentes zur Geltung kam. Die letztere Art – die Spitzruten (Streiche mit starken Haselstöcken) – wurden über den anderen Tag ›reiteriert‹ und ihre Zahl gesteigert. Zu einem höchsten und schärfsten Grad endlich konnte außer den angeführten gar der ›Bock‹ oder der ›Leibgürtel‹ gebraucht werden. Von dem letzteren heißt es: ›So scharf der Bock und die

Spitzruten Tortur immer ist, gibt doch die Erfahrung, dass die Malefikanten noch mehr durch die gemeiniglich zweimal 24 Stunden anhaltende Leibgürtel bezwungen werden.‹«

Auch sonst ist dieses Gesetzbuch, dessen Verfasser übrigens der sehr gelehrte und gebildete Kanzler Freiherr von Kreitmayr war, von ähnlichem Geist durchdrungen. Verstümmlungen sollten künftig zwar nur als Verschärfung der Todesstrafe gelten, sonst aber abgeschafft sein, was in köstlicher Weise damit begründet wird, dass »dergleichen estropierte Leute gar nicht mehr zu gebrauchen seynd und dem Publico auf den Unterhalt fallen oder aus Noth stehlen müssen.«

Die noch später, 1769, erlassene Instruktion zum Malefiz-Inquisitionsprozess ist sogar von einem noch reaktionäreren Geist beseelt und steckt völlig im Hexenwahn. Es heißt darin: »Die Schwarzkünstler, Hexen und Zauberer machen mit dem Teufel einen ordentlichen Pakt, sie verleugnen die allerheiligste Dreifaltigkeit, den christlichen Glauben, die seligste Mutter Gottes, die lieben Heiligen, alle Kirchen-Sacramenta, treten deren Bildnis, das heilige Kreuz mit Füßen, lassen sich auf des obersten Teufels Namen und in aller anderen Teufel Namen umtaufen, schwören denselben die Treue, beten ihn mit gebogenen Knien an, unterschreiben sich mit ihrem eigenen Blut, geloben sich ihm an und gebrauchen ohne Unterlass seinen Beistand, werden auch von ihm an unterschiedlichen Orten des Leibes mit verschiedenen Figuren gezeichnet, allwo sie hernach keine Empfindlichkeit haben, küssen den Teufel von hinten und vorn, treiben mit demselben (wie ich davor halte) ihrer Einbildung nach Unzucht und fleischliche Vermischung, tragen versteckterweise die heiligen Hostien mit sich auf die Hexentänze und Konvente, haben viele Jahre aufeinander ihre Teufel als Puller und legen dergleichen, wenn sie von ihren Ehemännern aus dem Bett hinwegfahren, statt ihrer unter menschlicher Gestalt zu dem Ehemann in das Bett an die Seite.« In diesem Ton geht es weiter, und die verzeichneten »Fragestücke« sind ebenso albern und schamlos, wie die im Hexenhammer und anderen Vorschriften dieser Art angegebenen. Fast seltsam will es da scheinen, dass die Anwendung der Tortur unerörtert bleibt. Oder sollte die als so selbstverständlich gegolten haben, dass ihrer nicht mehr erwähnt zu werden

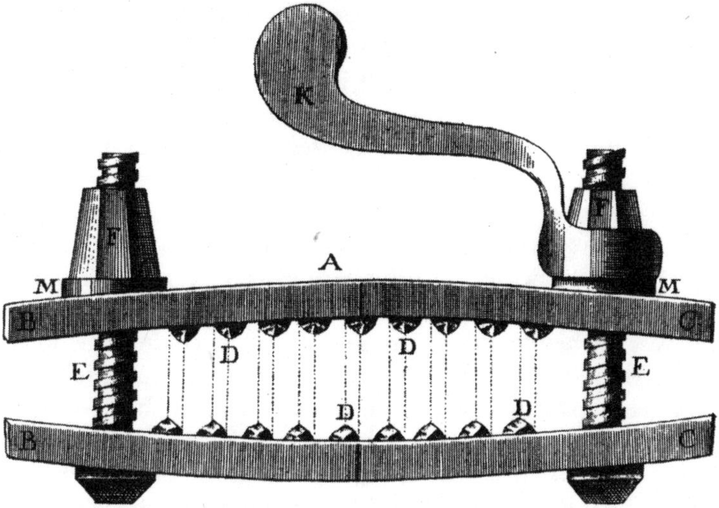

Der Grad des Daumstockes Prager Tortur. Aus der Constitutio Criminalis Theresiana. Erklärung der Buchstaben.

A. Die zur peinlichen Tortur gehörigen Daumenstöcke.

B. C. Zwei flache Eisen, die hier von der Seiten oder eigentlichen Dicke anzusehen sind, die mit stumpfen, in den Ecken zusammenlaufenden Knöpfen D. dergestalt besetzt sind, dass die oberen bei Übereinanderlegung den unteren ausweichen und nicht übereinandertreffen.

E. Schraubenspindel, die die flachen Eisen zusammenhalten.

F. Schraubenmutter, die die flachen Eisen zusammenhalten.

M. Ein kleiner, etwas breiterer als die Schraubenmutter, an dieselbe befestigter Ring, der als der Fuß oder die Basis der Schraubenmutter anzusehen ist, damit selbe genau auf der Fläche des oberen Eisen passen könne.

K. Der Schraubenschlüssel, mit dem die Schraubenmutter F an der Schraubenspindel E angezogen und die flachen Eisen dadurch aneinander gedrückt werden können.

Das obere Eisen dieses peinlichen Instruments (siehe A.) wird in Idee vorgestellt, als ob selbes auf beiden Seiten aufgehoben werde, damit man die inwendige Lage der Eisen und der Knöpfe ersehen möge.

brauchte? Bemerkenswert ist auch immerhin, dass die »fleischliche Vermischung« mit dem Teufel wenigstens doch als Einbildung hingestellt wird. Man wäre zu glauben geneigt, dass es sich hier eigentlich nur um eine derbe Mystifikation eines übermütigen Scherzboldes handle, denn diese Instruktion wurde nie gedruckt und musste von jedem Landgericht abgeschrieben werden. Doch Schurgraf, der sie im Archiv zu Kelheim auffand und veröffentlichte, gibt sie als ein ernstes Dokument, dessen Glaubhaftigkeit nicht anzuzweifeln wäre. Angesichts solcher Vorfälle vermag man erst die hohe Bedeutung der großen französischen Revolution zu würdigen, die, trotz mancher Gräueltaten wie ein reinigendes Gewitter über Europa niederging, manches verwüstete, aber in vielem wieder zum Segen wurde.

Was die betreffenden Zustände in Österreich unter der Regierung Maria Theresias betrifft, so wurde einiges darüber schon im vorigen Kapitel, wo von Sonnenfels die Rede war, bemerkt, doch diese Periode ist für die Geschichte der Tortur so wichtig, dass wir uns im Nachfolgenden eingehend mit ihr beschäftigen müssen. Bereits kurz nach ihrem Regierungsantritt (1740) verordnete die Kaiserin, dass alle Hexenprozesse in den Erbländern ihr zur Entscheidung vorgelegt werden müssten. Auch erließ sie eine Verordnung, die geeignet war, Aberglauben und Hexenwesen möglichst einzuschränken, und gebot, dass in allen derartigen Fällen »mit Beziehung eines vernünftigen Physici die Sache untersucht und eingesehen werden soll, und was für Betrug darunter verborgen und wie sodann die Betrüger zu strafen sein werden«. Es spricht aus diesem Erlass bereits ein Geist der Aufklärung, der sich allerdings noch nicht ganz von allen Vorurteilen frei zu machen wusste.

Noch vorgeschrittener zeigte sich »Sr. Kaiserl.-Königl. Apostolischen Majestät allergnädigste Landesordnung, wie es mit dem Hexenprozesse zu halten sei«, 1766. Hier heißt es: »Wir haben gleich bei Anfang Unserer Regierung auf Bemerkung, dass bei diesem sogenannten Zauber- oder Hexenprozess aus unbegründeten Vorurteilen viel Unordentliches sich mit einmenge, in Unseren Erblanden allgemein verordnet, dass solche vorkommenden Prozesse vor Kundmachung eines Urteils zu Unserer höchsten Einsicht und Entschließung eingeschickt werden sollen; welch' Unsere höchste Verordnung die heilsame Wirkung hervorgebracht hat, dass derlei Inquisitionen mit sorgfältigster Behutsamkeit abgeführt und in Unserer Regierung bisher kein wahrer Zauberer, Hexenmeister oder Hexe entdecket worden, sondern derlei Prozesse allemal auf eine boshafte Betrügerei oder eine Dummheit und Wahnwitzigkeit des Inquisiten oder auf ein anderes Laster hinausgelaufen seien, und sich mit empfindlicher Bestrafung des Betrügers oder sonstigen Übeltäters oder mit Einsperrung des Wahnwitzigen geendet haben. Gleichwie wir nun gerechtest beeifert sind, die Ehre Gottes nach allen Unsern Kräften aufrechtzuerhalten und dagegen alles, was zu derselben Abbruch gereicht, besonders aber die Unternehmung zauberischer Handlungen auszurotten, so können wir keineswegs gestatten, dass die Anschuldigung dieses Lasters aus eitlem altem Wahne, bloßer Besagung und leeren Argwöhnigkeiten wider Unsere Untertanen etwas Peinliches vorgenommen werde; sondern Wir wollen, dass gegen Personen, die der Zauberei oder Hexerei verdächtig werden, allemal aus rechtserheblichen Inzichten und überhaupt mit Grund und rechtlichem Beweis verfahren werden solle und hierinfalls hauptsächlich auf folgendem Unterschied das Augenmerk zu halten sei: Ob die der bezichtigten Person zur Last gehenden dem Anschein einer Zauberei oder Hexerei und dergleichen an sich habenden Anmaßungen, Handlungen und Unternehmungen entweder 1. aus einer falschen Vorstellung und Erdichtung und Betrug oder 2. aus einer Melancholie, Verwirrung der Sinne oder Wahnwitz oder aus einer besonderen Krankheit herrühren oder 3. ob eine Gottes und ihres Seelenheils vergessene Person solcher Sachen, die auf ein Bündnis mit dem Teufel abzielen, sich zwar ihres Ortes ernsthaft, jedoch ohne Erfolg und Wirkung unterzogen habe oder ob endlichen 4. untrügliche Kennzeichen eines wahren, zauberischen, von teuflischer Zutuung herkommen sollenden Unwesens vorhanden zu sein erachtet werden.«

Für den ersten Fall sind entsprechende Leibesstrafen angesetzt, für den zweiten Einweisung in ein Irrenhaus oder Hospital, für den dritten die strengste Leibesstrafe oder auch Todesstrafe. Was jedoch den vierten Fall betrifft, so wird bestimmt: »Wenn endlich viertens aus einigen unbegreiflichen übernatürlichen Umständen und Begebnissen ein wahrhaft teuflisches Zauber- und Hexenwesen gemutmaßt werden musste, so wollen Wir in einem so außerordentlichen Ereignis Uns selbst den Ent-

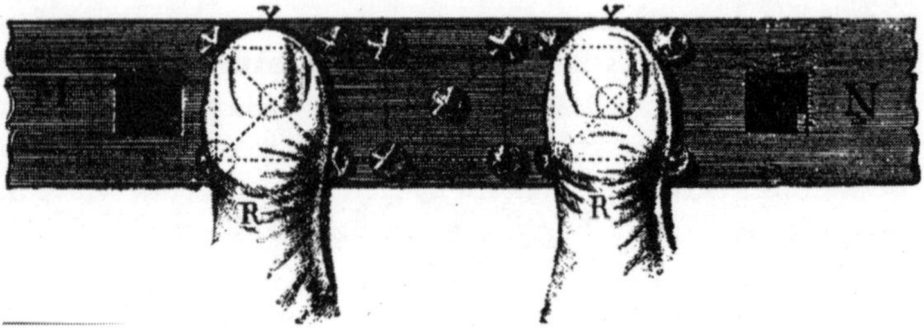

Vorstellung, auf welche Weise und auf welchem Platz des unteren flachen Eisens die Daumen des Inquisiten zu legen sind. – Prager Tortur. – Aus: C. C. Theresiana.

Erklärung der Buchstaben:

M. N. Das untere flache Eisen von den Daumstöcken, worauf der Ort angedeutet ist, wohin die Daumen Y. zu legen sind.

R. Ende des ersten Glieds des Daumens.

Y. Die beiden Spitzen der Daumen.

schluss über die Strafart eines dergleichen Übeltäters ausdrücklich vorbehalten haben; zu welchem Ende abgeordnetermaßen der ganze Prozess an Uns zu überreichen ist.« Einen weiteren Fortschritt verzeichnet diese Verordnung, indem sie die Wasserprobe, Nadelprobe und dergleichen aufhebt und für die Tortur bestimmte Regeln vorschreibt. Es ist dies eines der merkwürdigsten Dokumente für die Erforschung der Geistesströmungen der Zeiten. Wir sehen hier die Anschauungen einer Vergangenheit mit der einer neueren, aufgeklärteren Epoche vereint auftreten, Bemühungen der einen gerecht zu werden, ohne der anderen ganz zu entsagen. Vielleicht übrigens ist diese Doppelheit auf den Umstand zurückzuführen, dass, wie wir aus Sonnenfels Schrift bereits ersehen haben, die Meinungen im kaiserlichen Rat geteilt waren und schließlich bei der Ausarbeitung der Verordnung beide Richtungen zum Ausdruck gelangten. Auch könnte es sein, dass die Beschließer über diese Verordnung zwar selbst dem Geist der neuen Zeit sich zuneigten, es aber aus staatspolitischen Gründen nicht für gut gehalten haben mochten, dem Volk gegenüber unumwunden die Einfältigkeit der bisher in Achtung und Geltung gestandenen Ansichten einzuräumen.

Ähnliches lässt sich wohl auch von der bald darauf erschienenen so genannten Theresiana sagen, deren voller Titel lautet: »*Constitutio Criminalis Theresiana* oder der Römisch-Kaiserl. zu Hungarn und Böheim etc. etc. Königl. Apost. Majestät Maria

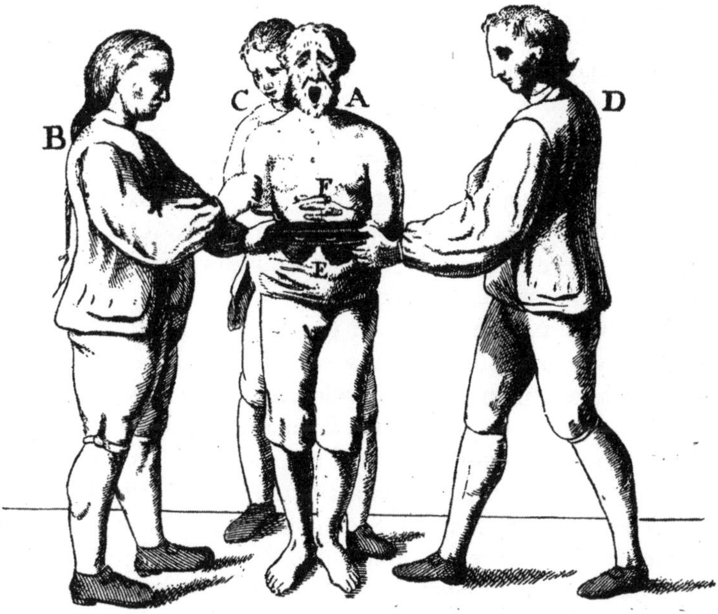

Entwurf der Anlegung der Daumstöcke mit den dazu nötigen Personen. Prager Tortur. – Aus: C C. Theresiana.

Erklärung der Buchstaben:

A. Der Inquisit, dem dieser Grad der Tortur gegeben wird.

B. Der Scharfrichter, der mit einer Hand die Daumstöcke hält, mit der anderen aber den Schraubenschlüssel um die Eisen zusammenzieht.

C. Der den Inquisiten rückwärts haltende Henkersknecht, um die starken Bewegungen des Leibes zu verhüten.

D. Der andere Henkersknecht, der die Daumstöcke von der entgegengesetzten Seite des Scharfrichters hält, damit derselbe umso leichter zuschrauben könne.

E. Die Hände des Inquisiten.

F. Die beiden Hände des rückwärts haltenden Henkersknecht C.

Theresia, Erzherzogin zu Österreich etc. etc. peinliche Gerichtsordnung«, Wien 1769. Über dieses Gesetzbuch, mit dem wir uns hier nun ausführlich beschäftigen wollen und das bereits wiederholt Erwähnung fand, sind im Allgemeinen die Meinungen geteilt. Die einen halten es für einen legislativen Fortschritt zum Guten, der alles Lob verdiene, die anderen wieder für den letzten kurzlebigen Versuch – die Theresiana war nur wenige Jahre in Kraft –, einem hinfälligen, grausamen, mit Tortur und dergleichen ausgestatteten Rechtsverfahren neues Leben einzuhauchen. Beide Anschauungen haben manches für sich, doch dürfte es wohl besser sein, der ersten, hoffnungsvolleren sich zuzuneigen, im ewigen, unerschütterlichen Glauben an die Macht der Zeit, an das Vorwärtsschreiten der Menschheit, mag diese auch mehr, als sie zugeben will, bei den Vorurteilen der Vergangenheit beharren und durch Wort und Werk zuweilen den Anschein geben, als mache sie Rückschritte.

Die Einleitung der Theresiana lautet, mit Kürzung des Titels und in unserer heutigen Rechtschreibung wiedergegeben: »Wir, Maria Theresia von Gottes Gnaden römische Kaiserin, Wittib, Königin von Hungarn, Böheim, Dalmatien, Kroatien, Slavonien etc., Erzherzogin von Österreich etc. entbieten allen und jeden in Unseren königlich-böheimischen, nieder-, innerober- und vorder-österreichischen Erblanden sich befindenden hoch- und niederen Gerichtsstellen, Stadt- und Landrichtern, Halsgerichten, Landgerichtsinhabern, und Verwaltern, wie überhaupt all Unseren treugehorsamsten Untertanen und Insassen, wes Würde, Standes, oder Wesens dieselbe sind, Unsere Gnad, und fügen hiermit männiglich zu wissen:

Demnach Wir unter anderen Unserer Regierungssorgen nicht allein bei ruhigen Friedens-, sondern auch den beschwerlichen Kriegszeiten das vorzügliche Augenmerk beständig dahin gerichtet, damit in Unseren Erblanden vor allem die Ehre Gottes sowohl durch Einfuhr und Beibehaltung guter Sitten und tugendhaften Wandels als auch durch Vorbieg- und Ausrottung aller Gott beleidigenden und landesverderblichen Lastern fortgepflanzt, hiernach auch die das gemeine Wesen alleinig erhaltende heilsame Justiz mittelst Schützung des Guten, dann Abwend- wie auch Bestrafung des Bösen sorgfältigst verwaltet werde.

Und nun Wir während Unserer Regierung beobachtet haben, dass dem ordnungsmäßigen Lauf der Justizpflege in Malefizangelegenheiten meistenteils nachfolgende Behinderungsursachen im Weg gestanden.

Erstlich: Weilen fast in einem jedweden Unserer Erblanden ein anderes sowohl in der Verfahrungsart als in der Bestrafung der Verbrechen großen Teils unterschieden peinliches Recht eingeführt ist, und nach Verschiedenheit Unserer Landen, teils nach Carolinischen, teils nach der Ferdinandischen, teils nach der Leopoldinischen, teils nach der Josefinischen Halsgerichtsordnung, und einiger Orten nach ihren alten Landesgesetzen, und endlich in Vorfällen, wo das Landesgesetz dunkel oder mangelhaft ist, nach dem Römerrecht vorgegangen wird, welche so große Ungleichheit der Länderechten sowohl Uns selbst als Unsere Hofstellen bisher um so beschwerlicher hat fallen müssen, da Wir und Unseren Hofstellen dadurch in die Notwendigkeit versetzt worden sind, bei jeder nach Hof eingelangten Kriminal-Vorfallenheit nach Unterschied des Landes ein ander und anderes Recht vor Augen zu haben; wo doch im Gegenspiel nichts natürlicher, billiger und ordentlicher, auch Justiz beförderlicher sein kann, als dass zwischen verbündeten Erblanden unter einem nämlichen Landesfürsten ein gleiches Recht festgestellt, und dadurch Unsere Räte, Unsere Rechtsgelehrten, und gesamte erbländische Untertanen imstande gesetzt werden, dass, wenn sie nach erheischender Notdurft in diesem oder einem anderen Unserer Erblanden zu einer so beschaffenden Dienstleistung angestellt werden, oder um besseren Nutzen, und Bequemlichkeit willen ihren Wohnsitz aus einem in ein anderes Unserer Erblanden übertragen, aller Orten diensttauglich sein können, und nicht immerhin ein ander und anderes besonderes Landrecht mit großer Beschwerlichkeit zu erlernen bemüßigt sein. Andertens, befindet sich in vorbemeldeten Halsgerichtsordnungen ein gar merklicher Abgang teil an einigen Hauptmaterien, die zur Vollständigkeit einer peinlichen Gerichtsordnung unumgänglich erforderlich sind; teils an ausführlicher Abhandlung der rechtlichen Anzeigungen, dann deren ein jegliches Verbrechen beschwerenden oder mildernden Umständen; hauptsächlich aber an den nötigen Unterricht: welchergestalt, mit was Ord-

Eigentlicher Entwurf, der die Anlegung des Grads der Schnürung mit den benötigten Personen vorstellet.
Prager Tortur. – Aus: C. C. Theresiana.

Erklärung der Buchstaben.

A. Die beiden zusammengelegten Hände.

B. Knöchel bei dem Handgelenk.

C. Der Ort vor dem Bug des Ellbogens, wo die Schnürung aufhört.

D. Carpus, die Handwurzel, in der die Schnürung oder Umschlingung der Schnur geschieht folgendermaßen:

Erstens. Des Inquisiten P. beide Hände werden durch den vorwärts stehenden Henkersknecht E. in der Gleichheit zusammengehalten und ausgestreckt. Zweitens. Um die Bewegung einzuschränken, hält der in K. stehende Henkersknecht den Inquisiten um den Leib. Drittens fasst der Scharfrichter F. mit der Schnur in dem Carpus, oder der Handwurzel, unter den Knöchel in dem Handgelenk und zwischen beiden Juncturen (wo die Schnur die Haltung haben muss) die beiden Hände, wo Schlingung hier nicht sehr zusammengezogen wird, weil dieses zur Verhütung einer Lähmungsgefahr wohl zu beachten ist. Dann wird die Schnur X. von hier unter dem Knöchel um die bloßen Arme auf ein Finger weit voneinander in der Tiefe nach Complexion lediglich bis C. vor dem Bug des Ellbogens, wo die beiden Arme zusammenstoßen müssen, langsam herumgewunden, und jedes Mal wohl angezogen, damit das Fleisch H. zwischen der Schnürung hervorsteigen tue.

nung und Vorsichten jeglicher Gattung der Kriminal-Verfahrungen von Anfang bis zum Ende rechtsbehörigermaßen auszuführen sei? Und ob zwar drittens: zur Ersetzung und Verbesserung diese Abgängen sowohl Unsere löblichste Vorfahren als Wir selbst von Zeit zu Zeit zahlreiche Kriminal-Novellen erlassen haben, so sind doch diese Nachtragsgesetze, zumalen selbe in keine ordentliche Sammlung zusammengetragen worden sind, denen neu angehenden Richtern großenteils unbekannt geblieben; wo anbei die schon berührte Beschwerlichkeit mit unterläuft, dass die Nachtragsgesetze in Gleichförmigkeit der in jedwedem Land schon bestehenden besonderen Halsgerichtsordnungen eingerichtet und ausgemessen worden sind, somit die Ungleichheit der erbländischen Malefizordnungen nach dem Unterschied Unserer Erblande auch auf die Ungleichheit der nachgefolgten Novellen den nötigen Einfluss gehabt habe; folgsam die genaue Übersicht so vieler erbländischer ungleicher Malefiz-Satzungen sowohl Uns selbst als Unseren Hofstellen über die Maßen mühsam und von behöriger Beförderung der Malefizangelegenheiten sehr behinderlich worden sei.

Um also diese und andere dergleichen, der heilsamen Justizverwaltung zu großem Abbruch und Verzögerung erreichende Hindernisse und Gebrechen aus dem Weg zu räumen und damit das Malefizwesen sowohl in der Veranlassung und Einleitung, dann gänzlichen Abführung der Kriminalprozesse, als auch in der Aburteilung der Übeltäter und Vollstreckung der peinlichen Urteile in allen Unseren deutschen Erblanden durchgehends, so viel möglich, nach einerlei rechtlichen Grundsätzen, und mit einer gleichen Verfahrungsart gebührend abgehandelt werde.

Also haben Wir in solcher gerechtesten Absicht eine eigene Hofkommission *sub Praesidio* Unseres wirklichen Geheimen Rats, Ritters des goldenen Vlieses, und Unserer obersten Justiz-Stelle Vize-Präsidenten Michael Johann Grafen von Althann mit dem allergnädigsten Auftrag zusammengesetzt, auf dasselbe die bisher bestandenen verschiedenen Kriminalordnungen nebst den diesfälligen Nachtragsgesetzen vor Augen haben, das natürlichste und billigste hieraus wählen, die Abgänge und Gebrechen notdürftig verbessern, somit eine neue, auf die gemeine Wohlfahrt Unserer Erblanden eingerichtete gleichförmige peinliche

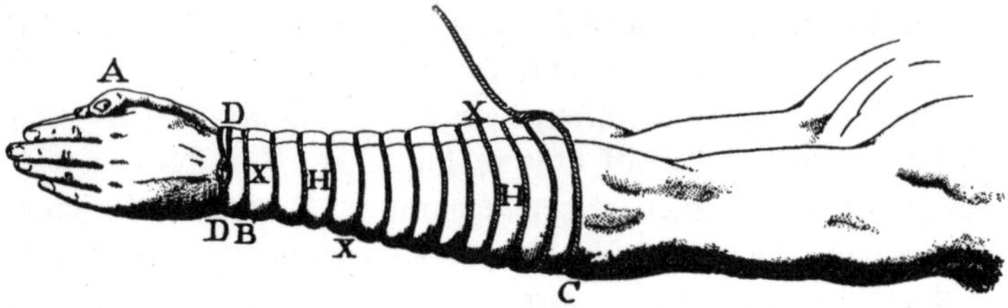

Entwurf der beiden zusammengelegten Arme. Prager Tortur – Aus: C C. Theresiana.

Erklärung der Buchstaben.

A. Die nötige Zusammenfügung und eigentliche Lage der Hände bei wirklich vorzunehmender Schnürung.

B. Knöchel der Hände bei dem Handgelenk, der die Weitung der Schnur verhindern muss.

C. Vor des Ellbogens Bug befindlicher Ort, in dem die Schnürung aufhört.

D. Gelenk der beiden Carporum oder Handwurzeln, in der die Schnur festgemacht wird, samt der behörig angelegten Schlingen.

H. Das zwischen jeder angezogenen Schnur hervorstehende Fleisch.

X. Die wirklich schon umwundene und angezogene Schnur.

Gerichtsordnung verfassen und Uns sodann zu Unserer höchsten Einsicht und Landesmütterlichen Entschließung allergehorsamst vorlegen solle; welche Uns dann auch jüngst alleruntertänigst vorgelegt worden ist.

Und zumalen Wir solche uns überreichte verbesserte Halsgerichtsordnung gnädigst eingesehen und so gründlich als ordentlich verfasst zu sein befunden, so wollen Wir dieselbe nach gepflogenem zeitigem Rat, mit rechtem Wissen und aus Landesfürstlicher Machtvollkommenheit in dem Maß, der Weise und Gestalt, wie selbe von Artikel zu Artikel hernach folgt, hiermit gnädigst bestätiget, und solche untereinstens Unseren gesamten Deutschen Erblanden zur rechtlichen Richtschnur, wonach sich in allen Kriminal-Verfallenheiten zu richten sei, gesetzlich vorgeschriebene, zugleich über alle vorher in Malefizsachen ergangenen Satzungen und Ordnungen, Gebräuche, Herkommen und Gewohnheiten, so dieser Unserer allgemeinen Halsgerichtsordnung zuwiderlaufen, allerdings aufgehoben und abgetan, anbei ernstgemessenst anbefohlen haben, dass in Malefiz-Handlungen dieser Unserer erneuerten Halsgerichtsordnung allein, und was Wir etwa sonst fürs Künftige in einem oder anderem vorkommenden Rechtsfall zu weiterer Erklärung dieser Unserer gesetzlichen Ausmessung anordnen dürften, unverbrüchig nachgelebt werden. Die Verbindlichkeit dieses Unseres Kriminalrechts aber nach einem Jahr von Zeit dessen geschehener öffentlichen Kundmachung ihren Anfang nehmen solle.

Wir gebieten solchem nach allen eingangs gedachten, Unseren deutsch-erbländischen Untertanen und Insassen hiermit gnädigst und nachdrücklichst, dass dieselben dieser Unserer peinlichen Gerichtsordnung in allen Vorfällen bei ansonst auf sich ladender schwerer Verantwortung, sich unverbrüchig und gehorsamst nachachten, besonders aber allen hoch und niederen Gerichtsstellen und Obrigkeiten, dasselbe ob dem Vollzug und durchgängig genauen Beobachtung dieses Unseres allgemeinen Kriminalrechts feste Hand halten und niemand gestatten sollen, dass auf einige Weise dawider gehandelt werden möge. Gegeben in Unserer k. k. Haupt- und Residenzstadt Wien, den letzten Monatstag Decembris, im siebzehnhundertachtundsechzigsten, Unserer Reihe im neunundzwanzigsten Jahre. – Maria Theresia. – Rudolphus Comes Chotek, Regae., Bohae., Suprus., & A. A. prus., Cancius.«

Von dem Inhalt dieses Gesetzes kann hier natürlich fast nur das in Betracht kommen, was mit der Anwendung der Tortur sowie dieser selbst unmittelbar in Verbindung steht. Einige Illustrationen sind, wie von Fall zu Fall angemerkt ist, ebenfalls diesem Gesetzbuch entnommen. Der erste § des ersten Artikels besagt, was ein Verbrechen sei: »Ein Verbrechen ist, wenn von jemandem wissentlich und freiwillig entweder was durch die Gesetze verboten unternommen oder was durch die Gesetze geboten ist, unterlassen wird. Es ist demnach ein Verbrechen nichts anderes, als ein gesetzwidriges Tun und Lassen, so folgsam durch Tathandlung oder Unterlassung begangen wird.« Bemerkenswert ist hier, dass dieses für sehr streng eingeschätzte Gesetz somit eine Strafwürdigkeit aus Fahrlässigkeit, wie sie in unserer neuen Gesetzgebung festgestellt wird, nicht kennt. Dieser Artikel sondert

Entwurf der vollkommenen Ausdehnung des Inquisiten, wie er auf der Leiter etwas seitwärts anzusehen ist.

Erklärung der Buchstaben.

A. Der Inquisit, wie er in vollzogener Ausdehnung auf der Folterleiter zu sehen ist.

B. Der Scharfrichter, der die linke Hand unter des Inquisiten Rücken, die Rechte aber bei dem Band der Beinkleider festhält, damit der nicht jählings bei geschehener Ziehung hinunterrutsche, und ihn zugleich während der Ziehung in den letzten Minuten hin- und herbewege, damit die Ausdehnung bis zu dem vollkommenen Grade gleichförmig geschehe.

C. Schulterhöhe, Summum humeri.

D. Die Flächsen des großen Brustmuskels, der die Achselhöhle verdeckt.

E. Der nach vollendeten Grad vorwärts anzusehende Inquisit.
F. Der die Walzen festhaltende Knecht.
G. Der rückwärts stehende und den Inquisiten die Füße vorwärts schiebende Knecht.
H. Der Inquisit, wie er nach vollkommener Ausdehnung seitwärts anzusehen ist.
K. Die angebundenen Hände des Inquisiten in allen drei Vorstellungen.
M. Die vier Handhebel am Ende der Walzen.
O. X. Die Höhe von der Erde bis zum Loch, wo die Leiter aufliegen muss, beträgt 11 Schuh, 10 Zoll.

ferner öffentlich von privaten Verbrechen und erklärt, dass nur Erstere den peinlichen Gesetzen unterliegen. Der fünfte Artikel teilt die Lebensstrafen in härtere und gelinderte. Die härteren für überschwere Verbrechen bestehen in Verbrennung, Vierteilung und Tod durch das Rad von unten hinauf, wobei noch Verschärfung der Strafe durch Schleifung zur Richtstätte, Reißen mit glühenden Zangen, Riemenschneiden, Zungenabschneiden und Nackenausreißen zulässig war. Auch sonst wird die härtere Todesstrafe durch einige Zutaten wie Handabschlagen oder schändende Schaustellung des ganzen Leichnams oder eines Körperteils des Hingerichteten zur Geltung gebracht. »§ 5. Einige härtere Todesstrafen wie das Ertränken, das Schinden, das lebendig Vergraben, das lebendige Pfählen etc., wie auch das Vierteilen und Radbrechen der Weibsbilder, sind in diesen Landen nicht gewöhnlich, es ist sich deren auch künftig nicht zu gebrauchen; eben also ist sich auch des Spießens (außer in Aufruhren u. Landesverrat) noch ferner zu enthalten. – § 6. Die gelinderen oder gemeinen Todesstrafen geschehen durch den Schwertschlag und den Galgen ohne eine beigefügte anderweitige Strafverschärfung. Das Henken ist jedoch im Ansehen der Weibspersonen nicht gebräuchlich, sondern dieselben werden statt durch den Strang mit dem Schwert hingerichtet. – § 7. Der Todesstrafe wird gleich geachtet die Verurteilung zum ewigen Gefängnis, die aber gemeiniglich nur durch Unsere höchste Verordnung im Wege der Gnaden anstatt einer verdienten Todesstrafe verhängt wird. Der

Todesstrafe ist auch gleich zu schätzen, da einer mit Leib u. Leben jedermänniglich preisgegeben und vogelfrei erklärt wird.«

Was die Leibesstrafen betrifft – die Erörterung der Strafen überhaupt scheint uns hier zur richtigen Einschätzung der damaligen Tortur ratsam –, so wurden sie eingeteilt in solche, die Körperschmerz verursachen: Staupenschlag, Brandmarkung, Verstümmelung an Gliedmaßen, Karbatschenhiebe und Stockstreiche; zweitens in Strafen durch Zwangsarbeit, drittens die, wodurch jemand zur öffentlichen Schande leiblich ausgestellt wird, und endlich viertens, »sind auch zwee Strafen heranzuziehen, welche die Freiheit des Aufenthalts an gewissen Orten benehmen oder einschränken.« Wir sehen also, dass die Strafen sich keineswegs durch Milde auszeichneten. Als merkwürdig kann noch hervorgehoben werden, dass das Gesetz es für nötig findet, ausdrücklich anzuordnen (Artikel VI, § 3), »dass man die Ruten nicht vergiften, weder solche Strafe durch anderwärtige Mittel oder nach Willkür des Freimanns wider das Urteil verschärfen lassen solle.« Ferner finden wir außerordentliche und willkürliche Strafen (VII), die für gewisse Fälle dem Ermessen des Richters überlassen werden, und Geldstrafen (VIII) neben Einziehung des Vermögens.

Artikel XVIII beschäftigt sich mit dem Blut- oder Halsgericht überhaupt: »§ 1. Ein Blut-, Hals- oder Landgericht ist das Recht und Macht in peinlichen Sachen überhaupt, und Gut und Blut der Menschen zu richten. § 2. Zu gebührender Ausübung dieses Rechts sind die Blutgerichte befugt und liegt ihnen auch von Amts wegen ob, auf die Missetäter nachzuforschen, den Übeltätern mit rechtlicher Gewalt nachzustellen, selbe zu ergreifen, gefänglich einzuziehen, gütlich oder, wo es vonnöten, peinlich zu befragen, in solchen Sachen zu urteilen und die Vollziehung der Urteile zu verordnen, alles auf Maß und Weise, wie in dieser Halsgerichtsordnung vorgeschrieben ist.« Damit ist also diesen Gerichten die Berechtigung vor Vornahme der Tortur gegeben gewesen. Von der Kompetenz des Halsgerichts und somit auch von der Tortur frei waren nach XIX, 13: »Erstlich unsere Minister, Personen von Unserem Hofstaat und unmittelbaren Hofstellen, von fremden Gesandtschaften auch Hofbefreite, Künstler und Gewerbeführer von Unserem Hoflager.

Andertens: Die wirklichen Landleute Herren und Ritterstandes nach Maßgabe der den Landesständen verliehenen Privilegien.

Drittens: Unsere Räte und Beamte, ausländischen Standespersonen, auch jene ansehnlichere Personen, die unter den adeligen Gerichtsstand gehörig sind.

Viertens: Geistliche.

Fünftens: Unsere Kriegsleute und alle jene, die nach Inhalt der von Uns zwischen den deutsch-erbländischen zivil- und Militärstellen gesetzlich ausgemessen untern 31. Dezember 1762 erlassenen Jurisdictionesnormaede Militärgerichtsbarkeit untergeben sind.

Sechstens: Die wirklichen Studenten und alle jene akademischen Mitglieder, Kunstverwandte und Freiheitsgenossen, die der Universitätsgerichtsbarkeit unterworfen sind, haben auch in Malefizsachen daselbst Urteil und Recht zu nehmen, alle nach Maß der den hohen Schulen erteilten Freiheiten und nachgefolgter zielgebiger Verordnungen.« Diese Ausnahmen wollen nur besagen, dass die Betreffenden diesen Rechtssatzungen nicht unterstehen. Es ist jedoch keineswegs damit auch bestimmt, dass sie überhaupt nicht der Tortur nicht unterzogen werden könnten, sofern die Bestimmungen ihrer zuständigen Gerichtsbarkeit die peinliche Frage zuließen. Bei dem Prozess herrschte das Inquisitionsverfahren. Artikel XXVII § 1 schreibt hierzu vor: »Ohne rechtmäßige Inzichten oder Anzeigungen kann weder mit der Spezialinquisition, viel weniger mit der Verhaftnehmung, scharfen Frage oder einer Aburteilung vorgegangen werden; es haben demnach die vorgehenden redlichen Anzeigungen gegen eine gewisse Person als vermutlichen Täter allemal zu ersterwähnten Malefizverhandlungen den Grund zu legen. – § 2. Rechtmäßige Anzeigungen sind lauter solche Umstände, die zwischen der begangenen Tat und dem Täter einen schicksamen Zusammenhang haben, also dass hieraus ein vernünftiger Argwohn und Vermutung entspringet, kraft der man einen wahrscheinlichen und zuweilen ganz bündigen Schluss auf eine gewisse Person als den Übeltäter machen könne. – § 3. Diese Anzeigungen, Argwohn und Vermutungen pflegen teils aus der Tat selbst, teils aus der Person des verdächtigen Täters oder des Beschädigten und sonderheitlich aus den Umständen des Orts,

Entwurf des Grades der peinlichen Tortur des Feuers. Prager Tortur. – Aus: C. C. Theresiana.

Erklärung der Buchstaben.

A. Der Inquisit, wie er von der Seite in vollzogener Ausdehnung bei diesem Grad des Feuers auf der Folter anzusehen ist.

B. Der Scharfrichter, der auf der Leiter steht, dass er des Inquisiten Füße zwischen den seinigen habe und mit dem rechten unten auf den Sprossen aufsteht, mit dem linken Fuß aber auf den Sprossen kniet. In beiden Händen hält er zwei angezündete Buschen Unschlittkerzen F., deren jeder aus zusammengebundenen Kerzen besteht, und fährt mit ihnen dem Inquisiten auf die beiden Seitenteile der Brust oder *latera pectoris* in der mittleren Gegend zwischen der Achsel und der Weiche (oder Ilia) in der Rundung 3- bis 4-mal beiderseits zugleich herum.

C. Die Achselhöhle, von der rückwärts gedrehten Schulterhöhe verdeckt.

D. Die Weichen oder Ilia.

E. Die beiden Warzen, die von der Brennung verschont werden müssen.

F. Die zwei angezündete und etwas schief an den Leib des Inquisiten zu haltenden Buschen Unschlittkerzen, die dergestalt angehalten werden müssen, damit die in dem brennenden Buschen befindliche erste Kerzen mit dem Docht an den Leib des Inquisiten angehalten, von den übrigen aber die Flammen auf die zu brennenden Teile frei spielen können; diese Brennung, so auf beiden Seiten gleichsam durch drei runde Zirkeln L vorgestellt, wird während der ausgesetzten Zeit der Peinigungsart 10- bis 11-mal wiederholt.

G. Der die Handhebel der Walze festhaltende Knecht, damit sich der nicht umdrehe.

H. Der Inquisit, wie er nach vollzogener Brennung seitwärts zu sehen ist.

K. Der von vorne anzusehende Inquisit nach vollzogener Brennung.

L. Die in allen drei Vorstellungen A, K und H des Inquisiten gebrannte Flecke oder Zirkel.

M. Der rückwärts stehende Knecht, der im Erforderungsfall die Lichter abputzt.

der Zeit, der Art, der Gelegenheit und teils aus anderen Sachen als vom Hörensagen, vom Sehen, aus einer Schrift, Zeichen oder einige Werkzeuge, mit denen die Untat verübt worden ist, herrühren und lassen sich ihrer Unendlichkeit halber nicht eigens bestimmen, sondern es kommt hierin das meiste auf das vernünftige Ermessen des Richters an.

§ 4. Je mehr, je natürlicher, je begreiflicher durch solche sich hervortuende Umstände die Verknüpfung zwischen der Tat und dem verdächtigen Täter sich darstellt, desto wahrscheinlicher und näher wird der Verdacht und Vermutung; daher auch die Anzeigungen dreierlei sind: nämlich die entferntere, die sehr nahe, auch die allernächste. Die erstere sind, die zwar öfters, jedoch nicht allemal auf das Verbrechen zutreffen, sondern zuweilen fehlen und also hieraus kein sicherer Schluss von der Tat auf den Täter gefolgert werden kann. Die anderen hingegen sind jene, die mit dem angebrachten Verbrechen meistenteils genau

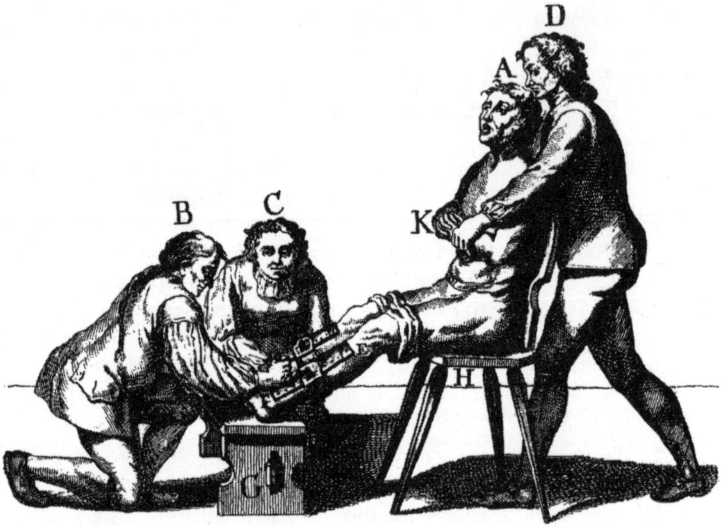

Entwurf der Anlegung der Schraubstiefel. Prager Tortur. –
Aus: C. C. Theresiana.

Erklärung der Buchstaben.

A. Der auf einem Stuhl H sitzende Inquisit.

B. Der Scharfrichter, der mit der linken Hand den Fuß des Inquisiten hält, mit der rechten aber den Schraubenschlüssel umdreht und dadurch die beiden Teile der Schraubstiefeln aneinanderzieht.

C. Der neben der linken Seite des Scharfrichters kniende und den rechten Fuß des Inquisiten in der Lage haltende Knecht.

D. Der hinter dem Inquisiten stehende Knecht, der demselben die beiden Hände auf der Brust kreuzweise zusammenhält.

E. Der Ort, wo die Anlegung des oberen Eisens, so einen starken Mannszoll tief unter der Kniescheibe, geschehen muss, weil ansonsten, sofern das Eisen an der Kniescheibe zu liegen kommt, das Band der Kniescheibe oder Ligamentum patelae gedrückt würde, wodurch die Artikulation des Knies selbst Gewalt leidet, folglich eine Extravasation in der Höhle der Knieartikulation entstände, wodurch eine Steifheit oder Anchylosis erfolgt.

F. Der Ort oberhalb dem Knöchel, wo das Ende der Eisen aufzuliegen kommt.

G. Eine halbe Elle hoher Schemel, worauf die beiden Füße des Inquisiten vorwärts gerade ausgestreckt mit den Fersen aufzuliegen kommen.

H. Ein Lehnstuhl, eine Elle hoch.

K. Die beiden Hände des Inquisiten, von dem rückwärts stehenden Knecht D zusammengehalten.

verknüpft sind und eben darum entgegen die Person, so hiermit beschwert ist, einen bündigen Vermutungsgrund an Händen geben. Von welch letzteren Anzeigungen auch einige, nämlich die dritte Gattung, so geartet sind, dass sie als allernächste und fast unzweifentlich geachtet werden können und wenigstens einen halben Beweis ausmachen.« Wie aus dem Angeführten zu ersehen ist, begnügt sich die Theresiana nicht nur damit, Gesetze zu verzeichnen, sondern bildet auch eine Strafprozessordnung und liefert auch sozusagen juristische Kommentare, wie sie sonst nur von dem Lehrstuhl der Universität her zu vernehmen sind. Auf die mangelhaften und zweifelhaften Anzeichen der Täterschaft übergehend, wird bemerkt: »§ 10. Solche unechte Anzeigen und Argwöhnigkeiten sind zweierlei. Einige, die an sich selbst zwar ganz unzugänglich, jedoch zu dem schon vorhandenen anderweitigen Beweis in etwas behilflich sind; andere hingegen, die ihres gänzlichen Ungrunds halber allerdings zu verwerfen kommen. Zu den beihelflichen Anzeigen gehört unter anderen all jenes, was von der Gesichtsbildung, Geburt, Nation, Herkunft, Anverwandtschaft, Profession, Religion, Leibeszeichen, Gemütsbeschaffenheit, Veränderung der Farbe des Angesichts, stammelnder Sprache wie auch von Zittern, Beben und dergleichen herrührt. Jetzt bemeldete Umstände treffen zwar öfters mit einem Verbrechen zusammen, pflegen aber vielmals zu betrügen und haben an sich selbst keine rechte Verknüpfung mit den Lastertaten; sie machen demnach für sich selbst keine rechtmäßige Anzeigung aus, sondern sind nur bloße Nebenbehelfe und wirken so viel, dass eine bereits vorhandene rechtliche Anzeigung dadurch gestärkt oder geschwächt werde.

§ 11. Was sich hingegen nur auf abergläubische oder zauberische Künste, Bluten der entseelten Körper, Wahrsagereien, überirdische Offenbarungen, Aussage besessener Leute oder Gespenster, öffentliche Pasquillen und unter verdecktem Namen übergebene Beschuldigungen gründet oder sonst ohne natürlichen Grund oder Wahrscheinlichkeit angebracht wird, kann von Rechts wegen nicht einmal einen Behelf, umso weniger eine redliche und rechtmäßige Anzeigung ausmachen und sollte hierauf mit keiner Inquisition geschweige weiter verfahren werden.

§ 12. Da hiernächst der Unterschied zu wissen ist, was für Anzeichen zur Nachforschung und was für einige zur Inhaftierung, das was für einige zur Tortur nötig und erklecklich seien, so kann zwar überhaupt zur Richtschnur genommen werden, dass zur bloßen Spezialinquisition auch die entferntere, doch redliche Abneigung hinreichend ist; dahingegen zur gefänglichen Einziehung nahe und zur scharfen Frage allernächste Anzeichen und Vermutungen erforderlich sind. Wir haben aber gleichwohl um den Unterschied der entfernteren, der nahen und der allernächsten Anzeigungen desto begreiflicher zu machen, somit zu deutlicherem Unterricht der peinlichen Richter, in dieser allgemeinen Halsgerichtsordnung die Sache dahin eingeleitet, dass zu Ende dieses Artikels die gemeinen Anzeigungen zur Inquisition, den im 29. Artikel die gemeinen Anzeigungen zur Verhaftnehmung und endlich im 38. Artikel die gemeinen Anzeigungen zur peinlichen Frage, und zwar nur beispielsweise, weil alle verdächtige Fälle und Umstände zu beschreiben nicht möglich ist; und endlich in dem anderen Teile bei jedweder Missetat auch die dahin einschlagenden sonderbaren Anzeigungen angeführt werden.

§ 13. Es werden demnach hierorts Beispiele von gemeinen Anzeigungen zur Spezialinquisition beigerückt. Wobei vor allem zu merken ist, dass zur Inquisition, sonderlich gegen herumstreichende schlechte Leute, zu denen man sich der Tat wohl versehen kann, sogar starke und nahende Anzeigungen nicht vonnöten, sondern gemeine Vermutungen genug seien.

Dergleichen sind:

Erstlich: Auch eines einzigen Zeugen Aussage, obgleich sonst wider ihn Bedenken vorfielen.

Andertens: Das gemeine Geschrei, so von etlichen unverdächtigen, ehrlichen Leuten herkommt und öfters wiederholt wird, gibt auch eine gute Anzeigung vorab, wenn der Verdächtige eine solche Person ist, die auch dergleichen vor diesem mehr begangen hat oder derentwegen sehr verdächtig gewesen ist.

Drittens: Wenn ein Täter auf einen, ohne Frage gütlich und freiwillig außer der Pein bekennet.

Viertens: Hierher sind zu ziehen alle nachfolgenden Wahrzeichen und Vermutungen zum Gefängnis und zur peinlichen

Frage, denn eine Vermutung, so zu Gefängnis und Tortur genug, ist vielmehr zur Inquisition erheblich.«

Der bemerkte 29. Artikel handelt »von der gefänglichen Einziehung und denen hierzu erforderlichen Anzeigungen«. Es ist dies ein bemerkenswerter Artikel, der in Einzelnem sogar unserer heutigen Gesetzgebung oder Praxis bei der Untersuchungshaft zum Muster dienen könnte, von dessen völligen Wiedergabe wir jedoch hier absehen müssen. Es sei nur angeführt § 12, der älteren ähnlichen Bestimmungen ziemlich gleichkommt: »Zumalen aber zur gefänglichen Einziehung vor allem erforderlich, dass man hiezu genügsam Anzeigung habe, als werden derselben einige gemeine Beispiele, die fast bei allen Lastern eintreffen können, hier angeführt, als nämlich:

Erstens: Wenn der Verdachte eine solche verwegene oder leichtfertige Person von bösem Leumund und Gerücht ist, dass man sich der Missetat zu ihm versehen möge; oder

Andertens: Da er dergleichen Missetat zu üben sich vormals unterstanden oder wirklich geübt und man ihn derselben glaubwürdig bezügen.

Drittens: Wenn er an gefährlichen und zu der Tat bequemlichen Orten oder Zeiten gefunden worden.

Viertens: Wenn ein Täter in der Tat, oder dieweil er auf dem Weg dazu oder davon gewesen, gesehen worden oder eine solche Gestalt, Kleider, Waffen, Pferd und anderes habe, als wie der Täter gemeldetermaßen gesehen worden ist.

Fünftens: Wenn der Verdachte bei solchen Leuten, die dergleichen Missetat üben, Wohnung oder Gesellschaft hat.

Sechstens: Wenn er des Beschädigten Feind und großer Missgönner gewesen ist, ihm vorher gedroht oder aber einen großen Nutzen von der Missetat zu erwarten hat.

Siebentens: Wenn ein Verletzter oder Beschädigter aus guten Ursachen jemanden der Missetat selbst zeihet, darauf stirbt oder bei seinem Eid beteuert.

Achtens: Wenn jemand einer Missetat halber flüchtig wird.

Neuntens: Wenn ein Übeltäter auf einen anderen in und außer der gütlichen oder peinlichen Frage bekennt, von dem die Übeltat wohl zu vermuten, er auch deswegen im Verdacht oder Geschrei ist. Um so weniger ist

Zehntens: mit der gefänglichen Einziehung anzustehen, wenn ein untadelhafter Zeuge auf jemanden, der der Täter sei, von eigenem Wissen aussagt. Wie denn auch

Elftens: jenen Falls, wenn der Täter sich selbst freiwillig angegeben und keine Sinnverrückung bei ihm zu verspüren ist, derselbe auf sotane Angabe gefänglich angenommen werden soll. Überhaupt aber ist

Zwölftens: anzumerken, dass im Fall, der Richter noch nicht gar genügsame Anzeigen zur Verhaftung hatte, doch deren inne zu werden verhofft, er sonderlich bei solchen Leuten, denen der Arrest oder Gefängnis an ihren Ehren verkleinerlich ist, von weitem auf dieselbe fleißig Achtung geben lassen soll, damit sie mittlerweile nicht entrinnen mögen!«

Nach der Verhaftung sollte an dem Beschuldigten »nach Erfordernis der Umstände« sogleich eine Durchsuchung am Leib und auch eine Durchsuchung seiner Wohnung, ferner auch sofort ein summarisches Verhör vorgenommen werden. »Welche Vorsicht gar heilsam und nötig ist, indem zu öfteren ein so eilfertiges Verhör und Ausfragung mehr herausbringt als hernach, wenn der Inquisit Zeit gehabt hat, mit Ausflüchten sich zu bedenken und seine Missetaten durch erdichtete Unwahrheiten und festgefasste Verstockung zu bemänteln.« Bemerkenswert ist hierbei der § 15 des 30. Artikels: »Wobei jedoch zur allgemeinen Regel anzumerken ist, dass in kleineren, besonders gemeine Untertanen und arme Leute betreffenden Malefizhandlungen, so viel es tunlich ist, auf das schleunigste verfahren werden soll. Weshalben in derlei minder beträchtlichen Verbrechen, wo gleich aus dem summarischen Verhör sich abnehmen lässt, dass zu vollständiger Überführung des Täters es an noch einer weitschichtigen Kundschaftseinholung und einer langen Inquisitionsvorführung bedürfen würde, vielmehr in Sachen abzubrechen und gestalten Dingen nach justizmäßiger ist, dass der verdächtigte Täter nach Wahrscheinlichkeit der Vermutungen mit einer willkürlichen Strafe belegt werde, als dass er durch eine langwierig fortsetzende Untersuchung noch länger in dem Ungemach des Arrestes schmachten solle, allermaßen ansonst öfters der allzu lang anhaltende Arrest viel schwerer und empfindlicher als die auf solch ein geringes Verbrechen ausgemessene Strafe selbst ausfallen würde.«

Was das Verhör betrifft, so sollte der Beschuldigte auf gewisse Mithelfer nicht namentlich befragt werden, außer er wollte keinen namhaft machen, trotzdem für das Vorhandensein solcher starken Vermutungen bestehen. Auch sollte auf eine andere nicht unter Klage gestellte Schuld nicht befragt werden, was jedoch »einen Abfall leidet bei gemeinschädlichen Bösewichtern wie auch in Lastern, die wiederholt zu werden pflegen«. Auch sollte nicht der Versuch gemacht werden, mit Versprechungen von Gnade oder Strafmilderung ein Geständnis zu erlangen, auch nicht Drohungen und Schläge angewandt werden. Wollte der Inquisit gar nicht oder nicht gebührlich antworten, so dürfte ihm zwar mit einem schärferen Verfahren gedroht werden, doch wenn dieses nicht nützte, so müsste bei dem Obergericht um weitere Verhaltungsmaßregeln angefragt werden, ebenso wenn der Betreffende Wahnsinn oder Stummheit simulierte. »Und überhaupt (XXI, 36) ist bei jeder Verhörung eines Inquisiten auf alle desselben Regungen und Gebärden, als Entsetzen, Furcht, Zittern, Farbveränderung, Gelassenheit, Herzhaftigkeit und was sonst einigen Behelf zu dessen mehreren Beschwerdung, oder Unschuldsaufklärung abgeben kann, genau acht zu haben und unter dem Artikel, wo was dergleichen vorfällt, Anmerkungsweise beizurücken.«

Zur Strafverhängung war Geständnis oder Überweisung nötig. Ersteres musste »klar, deutlich, umständlich, gründlich, gerichtlich und beständig sein«. Ein unklares Geständnis wurde durch Widerruf entkräftet. Doch wenn zum Geständnis noch Überweisung trat, so war der Täter trotz seines etwa später erfolgten Widerrufs mit der ordentlichen Strafe zu belegen. Es kann angenommen werden, dass diese Überweisung nicht ganz unerschütterlich stehen musste, sonst ließe sich nicht gut erklären, wozu dieser Punkt noch besonders hervorgehoben wurde, da doch die Überweisung überhaupt zur Bestrafung genügte.

XI. Kapitel

Torturvorschriften der Theresiana – Beiurteil – In welchen Fällen die Tortur anzuwenden ist – Anzeichen – Mitschuldige – Territion – Ausnahmen – Vollstreckung der Tortur – Fragstücke – Martergrube – Peinigungsarten – Daumenstöcke – Schnürung – Aufspannung und Verrenkung – Prager Tortur – Wiener Tortur – Anwesenheit der Richter bei der Tortur – Protokoll – Bekenntnis – Widerruf – Grade der Tortur – Beschädigung des Gequälten – Gerichtskosten – Grausamkeiten verboten – Schadenersatz

Ziehen wir nunmehr die Vornahme der Tortur nach den Vorschriften der Theresiana in Betracht. Schon Artikel XXV § 13 beschäftigt sich etwas näher mit diesem Punkt, indem er im Hinblick auf die Zeugenaussagen bemerkt: »Nachdem nun die Gegenstellung und Gegenverhörung ob erklärtermaßen zur Hauptabsicht führt, damit man desto verlässlicher auf den Grund der Wahrheit gelange, so hat derselbe eben aus dieser Ursache in allen sowohl schweren als geringen peinlichen Fragen statt; jedoch ist in jenen Fallen, wo es bei verstocktem Leugnen auch auf die scharfe Frage ankommen kann, die Konfrontation vor der Tortur vorzunehmen. Es kann sich aber gleichwohl bewandten Umständen nach ergeben, dass auch je zuweilen erst nach der Tortur oder nach gefälltem Endurteil, wenn nämlich einer aus den geständigen Lastergespanen erst nach solcher Zeit sein vorheriges Bekenntnis widerruft, die Konfrontation neuerdings (jedoch allzeit vor dem besetzten Halsgericht, keineswegs aber auf dem Richtplatz) vorzunehmen nötig sein dürfte, in welcherlei Vorfall doch allemal auf die oben in § 4 eingebundene Vorsicht und Behutsamkeit, ob nicht etwa die neue Gegenstellung vielmehr schädlich als nützlich sein dürfte, der sorgsamen Bedacht zu nehmen ist.«

Artikel XXXVI § 3 lautet: »Und zumalen nicht allzeit zu einem endlichen Ausspruch mit Verurteilung zu der ordentlichen Strafe oder Ledigsprechung des Beschuldigten vorgeschritten werden kann, sondern jenen Falls, wenn derselbe die Missetat leugnet, anbei aber mit starken Inzichten beladen ist, gegen ei-

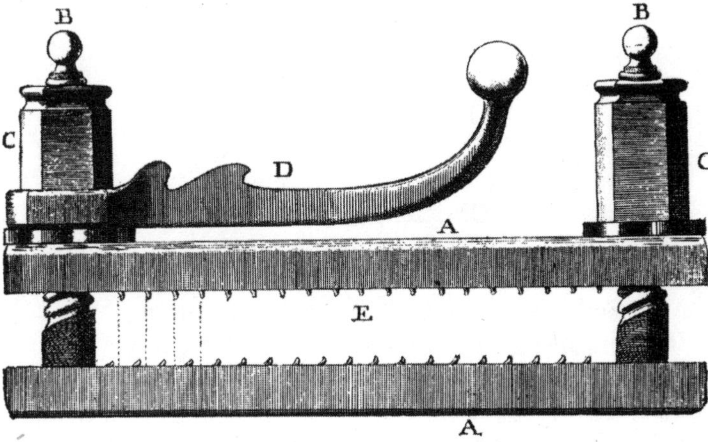

Die Daumenschraube oder der so genannte Daumenstock. Wiener Tortur. – Aus. C. C. Theresiana.

A. Zwei flache, 6¾ Zoll lange und ½ Zoll dicke Eisen, die hier von der Seite anzusehen sind.

B. Die zwei Schraubenspindeln.

C. Die Schraubenmuttern.

D. Der Schraubenschlüssel, womit die Schraubenmuttern wechselweise an den Schraubenspindeln angezogen werden und wodurch das obere flache Eisen auf das untere herabgedrückt wird.

E. Die in beiden flachen Eisen inwendig aufgehauenen, einen starken Messerrücken hohen stumpfen Zähne, die nicht aufeinander, sondern nebeneinander einbeißen oder wovon die oberen den unteren ausweichen.

nen solchen beschwerten Inquisiten öfters die Tortur mittelst Vorbescheides oder Beiurteil erkennet werden muss, also wollen wir die erforderlichen Maßregeln, aus was Ursachen die peinliche Frage anzustellen auch wie, wider was für Leute hiermit zu verfahren, im nächstfolgenden Artikel gesetzgebend vorschreiben.«

Diese Bestimmung fußt völlig auf dem Boden der Torturanschauungen der Vergangenheit und überlässt den Beschuldigten gänzlich der Willkür des Richters, dem es schließlich überlassen bleibt zu entscheiden, was als mit »starken Inzichten beladen« zu gelten habe. Der erwähnte achtunddreißigste Artikel »von genügsamen Ursachen und Anzeigungen zur peinlichen Frage, auch wann, wider wen und wie selbe vorzunehmen sei«, behandelt ausführlich die Tortur in 32 Paragraphen, die hier vollständig wiedergegeben werden:

§ 1. Die peinliche Frage ist ein rechtliches Zwangsmittel, um einen leugnenden Übeltäter, welcher der verübten Tat halber stark beschwert ist, in Abgang eines vollständigen Beweises zur Bekenntnis zu bringen oder allenfalls denselben von dem ihm zu Last fallenden Verdacht und Inzichten zu reinigen.

§ 2. Um aber zur peinlichen Frage vorschreiten zu können, ist erforderlich, dass vorher bei dem ordentlich besetzten Blutgericht hierüber durch Beiurteil erkannt und gesprochen werde: ob die Anzeigungen zur peinlichen Frage genug sind? Auf was für eine Weise und in welchem Grad der Tortur der Beizichtigte gepeinigt, auch über was für eigentliche Fragstücke er in der Tortur gefragt werden soll? Und wenn dergleichen Erkenntnis nicht vorhergeht, kann ein Richter den Gefangenen mit der Tortur auch so gar nicht bedrohen, viel weniger ihm dieselbe wirklich antun. Wie Wir denn eine solche auf die scharfe Frage ausfallende Erkenntnis ihrer Wichtigkeit halber oben, Art. XXI § 5, unter die ausgenommenen Fälle gesetzt haben.«

Dieser erwähnte Paragraph zählt nämlich die Malefizfälle auf, in denen Urteil und Akten an das Obergericht zur weiteren Erkenntnis übergeben werden mussten. Diese Fälle waren 1) »Gotteslästerung, 2) Ketzerei, wobei aber jederortige Landesverfassung in Acht zu nehmen ist, 3) alles, was von angeschuldeten Zaubereien, Hexereien, Schatzgräberei, angeblicher Besitzung von Teufel und allerhand abergläubischen Unternehmungen vorkommt, 4) Falschmünzerei sowie auch die wissentliche Ausgabe, Beschneidung, Verringerung der Münze, Ausführung guter und Einschleppung verrufener Münzen, 5) Menschenraub, Ausführung von Landesbewohnern mit oder ohne deren Willen und Werbung für fremde Mächte, 6) Zusammenrottung von Straßenräubern und Mordbrennern, 7) Vergiftung, bestellter Mord, Unkeuschheit wider die Natur, 8) Zweikampf, 9) wenn auf die scharfe Frage erkannt wurde, 10) wo auf Landesverweisung erkannt wird und 11) wenn bei zerteilter Meinung der Urteilsprecher die alleinige Schlussstimme der Erkenntnis den Ausschlag gegeben hätte; nicht minder auch jenen Fall, wenn einer begangenen Tat halber weder Geständnis noch Zeugen vorhanden sind. Der Bezichtigte jedoch aus untrüglichen und sonnenklaren Anzeichen als Täter erkannt und aus so gestalteter, unfehlbarer Gewissheit nach den hier unten Artikel 34 einkommenden Maßregeln zu der im Gesetz ausgemessenen ordentlichen Strafe verurteilt wurde; oder wenn er aus bloßer Bekenntnis und Besagung zweier oder mehrerer auf ihn gestorbener Mitschuldigen für überwiesen gehalten werden musste, und überhaupt in allen solchen Fällen, welche nicht allein den Rechtsprechern zweifelhaft vorkommen, sondern auch an sich selbst nicht klar sind.« Nach dieser Aufklärung setzen wir die Wiedergabe des bemerkten Artikels fort.

»§ 3. Bei solcher Erkenntnis hat der Richter wohl in Acht zu nehmen:

Erstlich, ob nicht etwa der ganze Beweis schon anderwegs vorhanden sei. Denn wenn der Täter vorhin des Verbrechens schon geständig oder vollständig überwiesen wäre, würde die Verhängung der scharfen Frage überflüssig und widerrechtlich sein; und ist in solchem Fall ohne Anstand mit Schöpfung eines Endurteils auf die im Gesetz ausgesetzte ordentliche Strafe vorzugehen.

Andertens ist dahin zu sehen, ob die Tat, welcher wegen der Gefangene beschuldigt wird, wirklich geschehen sei, und ob also nach Unserer oben Art. XXVI. einkommenden Ausmessung auf das *corpus delicti* rechtsbehörig nachgeforscht und selbes ordentlich erhoben worden, bei dessen Ermangelung niemand mit peinlicher Frage angegriffen werden kann. Und drittens ist überhaupt zu erwägen, ob genügsame Ursachen und Anzeichen zur Vornehmung der peinlichen Frage vorhanden seien.

§ 4. Was nun die genügsamen Ursachen zur peinlichen Frage betrifft, ist alle zu beschreiben nicht wohl möglich, doch wollen Wir zu besserem Unterricht deren etliche gemeine hierorts beispielsweise anführen und werden sodann in dem anderen Teil bei jedwedem Verbrechen die solche fällige sonderbare Vermutung ausdrücklich benannt werden. Unter den gemeinen Anzeichen zur Tortur befinden sich demnach folgende als:

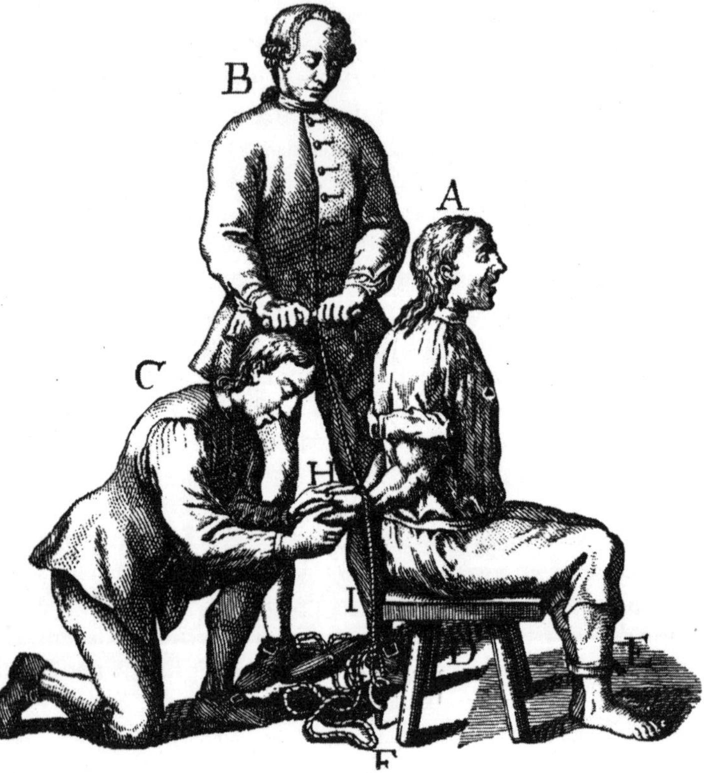

Vorstellung der Schnürung mit den hierzu erforderlichen Personen.
Wiener Tortur – Aus: C C Theresiana

A. Der Inquisit.
B. Der Freimann.
C. Der Freimannsknecht.
D. Schemel oder Bänkchen, worauf Inquisit sitzt.
E. Der Riemen, womit dem Inquisiten beide Füße zusammengeschnallt sind.
F. Der im Fußboden befestigte eiserne Haken.
G Der Glang von der Schnur, wie er in den Haken eingehängt ist.
H Des Inquisiten beide Hände, wie sie von dem Freimannsknecht auf dem Rücken mit der Oberflache zusammengelegt und wahrend der Schnürung, um mehr Schmerz zu verursachen, bisweilen eine in etwas auf die andere abwärts schiebend bewegt werden.

I Die Schnur, die mit dem Glang in dem Haken eingehängt, gespannter über die Junkturen beider Hände angelegt ist.

K. Der Knebel, bei dem der Freimann mit beiden Händen die Schnur anzieht und zuweilen wieder etwas nachlässt.

Erstlich ist eine genügsame Ursache zur peinlichen Frage, wenn die Tat mit einem untadelhaften Zeugen auf den Beschuldigten erwiesen ist; und nebst dem einzelnen Zeugen entweder noch ein anderweitig gegründete Inzicht, oder wenigstens dieses dazustößt, dass der Inquisit eine sonst verdächtige und übel verhaltene Person sei, zu der man sich der ihr zu Last kommenden Missetat gar wohl versehen könne.

Andertens, so jemand auf offenbarer Tat ergriffen wird, solche jedoch freventlich leugnet und anderwärtig nicht genugsam überwiesen werden kann, der soll peinlich darum gefragt werden.

Drittens, wenn ein Missetäter, der in seiner Tat Helfer, Ratgeber oder Mitgesellen gehabt hat, auf jemanden in der gütlichen oder peinlichen Frage ausgesagt hat, dass er ihm zu seiner verübten und wahr befundenen Missetat mit Rat oder Tat geholfen oder Gesellschaft geleistet habe, so kann man einen solchen Besagten hierüber wohl peinlich befragen, doch anders nicht, als wenn sich die oben Art. XXXIV § 9 erwähnte Umstände und Erfordernisse dabei einfinden!«

Diese Erfordernisse und Umstände sind nämlich folgende: Die betreffende Person muss derart beschaffen sein, dass man sich der Tat von ihr wohl versehen könnte. Der Aussager muss sie genannt haben, ohne dass auf sie besonders hingewiesen wurde. Ferner muss die Aussage klar und deutlich alle Umstände angeben, unter denen dieser Beistand geleistet wurde, und keine dieser Angaben als unwahr befunden worden sein. Auch soll erforscht werden, ob etwa nicht der Aussager mit dem Angegebenen in Feindschaft gestanden habe und ermessen werden, ob der Aussager nicht eine Person wäre, von der man sich eine falsche Bezichtigung aus Bosheit zu versehen hätte. Endlich muss der Aussager bei seiner Angabe, sei diese außer oder in der Marter erfolgt, bis zum Tod beständig bleiben und keinen Widerruf leisten. Zur größeren Sicherheit ist er bei der Todesverkündung kurz zu befragen, ob er darauf sterbe, was er wider N. N. als Mitgehilfen und sonst ausgesagt habe. Und diese wiederholte Bestätigung soll die Wahrheit der Aussage mit seinem Tod bekräftigen.

»Viertens, wenn ernstlich bewiesen wird, dass sich jemand außergerichtlich rühmte oder frei bekannte, er habe eine Missetat begangen, und es eine solche Person ist, zu der man sich die Missetat versehen kann, soll das Halsgericht nachforschen lassen, ob sich die Tat an Ort und Ende solchergestalt, wie er sich rühmte, mit allen Umständen zugetragen habe. Findet es sich in allem also, so kann ein solcher, wenn er die Tat hernach wieder leugnet, wohl peinlich gefragt werden. Es sind auch

§ 5. vielerlei Anzeichen, deren jedwede allein zur peinlichen Frage nicht genugsam sei, doch wenn dergleichen etliche zusammenkommen, die Tortur darauf wohl vorgenommen werden kann, als zum Exempel:

Wenn der Verdächtigte eine solche verwegene und leichtfertige Person auch von bösem Leumund und Gerücht wäre, dass man sich der Missetat zu ihr versehen möge.

Oder aber, da derselbe dergleichen Missetat schon vormals geübt oder auszuüben sich bestrebt hatte oder derlei Missetat schon vorhin geziehen und derentwegen angeben worden wäre, doch dass solch übler Leumund und Angebung nicht von Feinden oder leichtfertigen, sondern von unparteiischen redlichen Leuten herkomme.

Wenn die verdächtigte Person an solchen gefährlichen Orten, die zu der Tat verdächtig wären, gefunden wird.

Wenn jemand zur Zeit der Tat, dieweil er auf dem Weg dazu oder davon gewesen in solcher Gestalt, Waffen, Kleidern, Pferd oder anderen Sachen, gleich als wie der Täter beschrieben hat, gesehen worden ist.

Wenn einer in Ausübung der Tat etwas verliert, auch hinter sich liegen oder fallen lässt, als seinen Mantel, Degen, Hut, Schuhe und dergleichen. Oder wenn man auch aus der Spur im Schnee, Kot oder Staub nachmals finden und ermessen mag, dass die Sachen unfehlbar des Täters und nächstens vor dem Verlust in seiner Gewalt oder aber die Tritte des Täters seine eigene Fußstapfen gewesen seien.

Vorstellung des bereits in der Luft aufgezogenen Inquisiten.
Wiener Tortur. – Aus: C. C. Theresiana.

A. Der das erste Mal frei in der Luft hängende Inquisit.
B. Der zwischen den zusammengebundenen Füßen über den Bund eingelegte Doppelglang.
C. Das in dem Glang einzuhängende kleine Gewicht.
D. Das beim dritten Aufzug zu verwendende große Gewicht.

Wenn der Verdachte eine seither bei solchen Leuten Wohnung und Gesellschaft gehabt hat, die dergleichen Missetat ausüben.

Wenn eine solche verdächtige Person aus Neid, Feindschaft, vorhergegangenen Bedrohungen oder um hoffenden Nutzens willen zu der Missetat Ursache genommen haben möchte. Sonderlich aber geben die Bedrohungen ein starkes und oftmals allein ein genügsames Anzeichen, wenn der Bedrohende ein solcher Mensch ist, der die Worte ins Werk setzen kann, der vor diesem jemanden gedroht und an ihm vollzogen hat. Wenn der Verletzte selbst aus gewissen Ursachen jemanden der Missetat zeihet, darauf stirbt oder es bei seinem Eid beteuert.

Wenn jemand einer Missetat halber flüchtig wird und warum er geflohen keine vernünftige Ursache angeben kann.

Es kommt auch dazu die Veränderung der Gestalt, Wankelmütigkeit und Falschheit im Reden, die in währender Gefängnis geübte Praktiken ein heimlicher Vergleich über das angegebene Laster, die beständige Besagung eines Mitgehilfen, wenn auch die oben Art. XXXIV § 9 ausgemessenen Erfordernisse nicht eben alle einträfen, oder auch das Bekenntnis, das einer vorher vor einem unrechtmäßigen Richter oder sonst mangelhaft abgelegt hat, und dergleichen.

Wenn nun von solchen im gegenwärtigen Absatz erwähnten gemeinen Vermutungen bei einem Inquisiten mehrere zusammentreffen oder zu einer dergleichen Vermutung noch anderweitige absonderliche, aus der Tat selbst hervorkommende Wahrzeichen dazustoßen, so kann nach Gestalt der Sache und nach vernünftigen Ermessen des Richters gar wohl auf die peinliche Frage erkannt werden.

§ 6. Es sind jedoch alle Anzeichen zur Tortur dahin zu verstehen, wenn der Beschuldigte wider dieselben nicht etwa solches einwendete, was, wenn er es erwiese, die anderweitige Aussage oder den Argwohn ableitete. Deretwegen soll man jederzeit die Entschuldigung anhören und ob sie sich also verhalte, vorher wohl nachforschen. Denn wo des Täters Entschuldigung mehr Grund und Wahrscheinlichkeit als die vorgekommenen Anzeichen auf sich tragen, soll die peinliche Frage vor Einholung und Aufbringung stärkerer Beweisgründe nicht vorgenommen werden. Nebenbei ist

§ 7. zu wissen, dass ein jedwedes Anzeichen, worauf die peinliche Frage zu erkennen ist, wenn sie widersprochen oder in Zweifel gezogen wird, gemeiniglich mit zwei Zeugen erwiesen sein müsste, auf Art und Weise, wie bereits oben in Art. XXVII § 67 erklärt worden ist.«

An der bemerkten Stelle wird zwar gefordert, dass zwei gute, untadelhafte, geschworene Zeugen die Anzeichen glaubhaft machen, jedoch werden auch Fälle angeführt, wo nur ein Zeuge genügt: wenn der Verdächtigte übel beleumundet, der Zeuge sehr angesehen und glaubhaft ist und dergleichen mehr. Allerdings sollte das nur gelten, wo es noch nicht auf die scharfe Frage oder das Endurteil ankam.

»§ 8. Und damit die peinliche Frage nicht schwerer als die Strafe selbst ausfalle, so soll die wirkliche Tortur nur an jenen Missetaten, die eine Todesstrafe nach sich ziehen, bei den übrigen eine schwere Leibstrafe auf sich tragenden Verbrechen aber, wenn stark beschwerende Umstände unterlaufen, höchstens nur die Schreckung mit der Tortur, in den kleineren Verbrechen aber nicht einmal diese vorgenommen werden. Desgleichen soll auch wegen der bloßen Verschärfung der Todesstrafe, wenn der Missetäter durch das Bekenntnis oder Überweisung um eines Verbrechens halber das Leben schon verwirkt hat, nicht leicht um einer anderen, auch verübt haben sollenden größeren Missetat halber zur wirklichen Tortur, sondern höchstens zur Androhung derselben geschritten werden. Endlich soll auch in jenen Fällen, wo Zweifel vorfällt, ob das Verbrechen eine Todes- oder geringere Strafe nach sich ziehen dürfte, der Bezichtigte anstatt der wirklichen Tortur nur mit derselben geschreckt werde.

§ 9. Die Territion oder Schreckung mit der peinlichen Frage unterscheidet sich von der wirklichen Tortur in dem, dass durch letztere des Inquisiten Leib gemartert wird, die erstere hingegen keinen Schmerz beibringt, sondern bei dem eingejagten Schrecken stille steht. Solche Territion geschieht aber mit bloßen Drohworten, ohne dass der Scharfrichter an den Inquisiten eine Hand anlegt, oder sie geschieht mit einiger des Scharfrichters Handanlegung. Sie ist demnach eine bloß wörtliche oder tätige Torturandrohung. Die erstere besteht in dem, dass stufenweise dem Verdächtigen anfänglich die Tortur bedrohet, sodann der

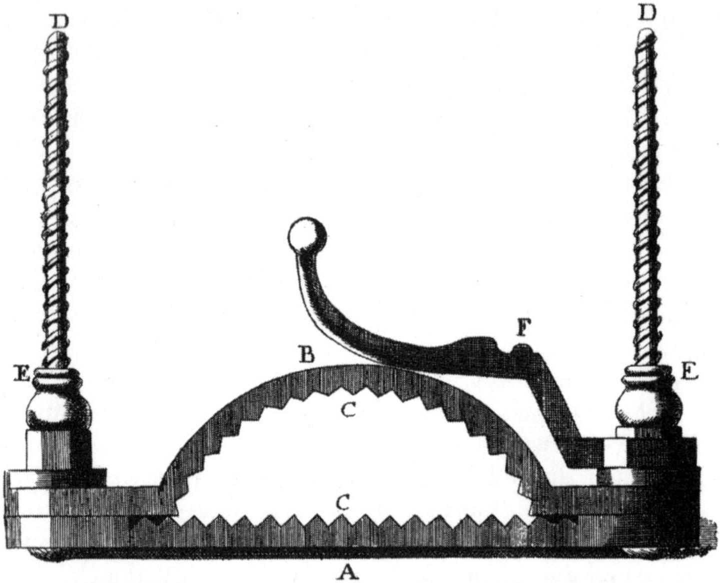

Die Beinschraube oder der spanische Stiefel. Wiener Tortur. – Aus: C. C. Theresiana.

Erklärung der Buchstaben.

A. Das untere 8½ Zoll lange, 3/8 Zoll dicke Eisen.

B. Das obere ebenso lange und dicke Eisen, das einen Bogen bildet, der 4¼ Weite und 1½ Zoll Höhe, von dem unteren Eisen in der Mitte gemessen hat.

C. Die in beiden Eisen ½ Zoll tief eingefeilten Zähne.

D. Die Schraubenspindeln.

E. Die Schraubenmuttern.

F. Der Schraubenschlüssel zum Anziehen der Spindeln.

Freimann vorgestellt, hierauf der Gefangene an den gewöhnlichen Reckort oder die Martergrube geführt wird, und der Freimann allda dem Inquisiten das peinliche Werkzeug vorlegt und vorzeigt, ihn hart damit schreckt und darauf so tut und sich anstellt, als ob er ihn wirklich zur Vornehmung der Tortur angreifen wollte. Die letztere geht noch weiter, dass der Scharfrichter den Inquisiten wirklich angreift, zu dem Marterbankel führt, endlich auch ihm ex. gr. die Daumenschrauben oder die Schnur anlegt, aber nicht zuschraubt, nicht zuschnürt. Gleichwie nun die Veranlassung der Territion auf eine oder andere Art nach Beschaffenheit der Umstände und der Person von dem Ermessen des Richters abhängt, so ist aber hierbei allemal sowohl in dem Beiurteil, wie weit mit vorbesagten Absätzen der Territion zu verfahren sei, deutlich vorzuschreiben, als auch bei dessen Vollstreckung von dem Richter allen Fleißes dahin zu sehen, damit selbe nicht weiter erstreckt werde, als das Erkenntnis ergangen ist. Wobei anzumerken, dass der Inquisit bei jedweden Territions-Absatz durch kurze und taugliche Fragstücke zur Bekenntnis der Wahrheit anzunehmen sei, sodann mit der Erinnerung, dass man ihm noch einige Zeit zum Bedenken geben wolle, an seinen vorherigen Ort der Haft zurückzuführen, den zweiten oder dritten Tag darauf aber ihm zur Bestätigung seiner Aussage das gehabte Examen vorzulesen und ob er nichts mehr beisetzen wolle zu sagen sei.

§ 10. Gleichwie nun die Tortur an sich selbst eine Sache von äußerster Wichtigkeit und unersetzlichem Nachteil ist und Wir Uns demnach sowohl überhaupt zu allen Blutrichtern, als sonderheitlich zu der Wachsamkeit der Obergerichte allerdings versehen, dass hierin falls mit größter Behutsamkeit und Sorgfalt vorgegangen werde, damit niemand ohne redliche Ursachen an die Marter gezogen werde, weder bei Vornehmung der rechtlich zuerkannten Tortur das rechte Maß überschritten und nicht etwa durch solches zur Ungebühr gebrauchtes Mittel ein Unschuldiger zur Bekenntnis einer Tat, so er nicht begangen hat, gebracht werde, so wollen Wir auch

§ 11. von der peinlichen Frage hiermit ausdrücklich einige Personen, jedoch mit nachstehender Mäßigung ausgenommen und befreit haben, und zwar:

Erstlich können unsinnige, aberwitzige, wie auch gar einfältige und blöde Menschen, item solche taubstumme, von denen man die Wahrheit durch gewisse Zeichen nicht haben kann, gar nicht an die strenge Frage gelegt, weder hiermit bedroht werden.

Andertens: Kinder unter 14 Jahren können außer der Bedrohung oder endlich auch Antuung einiger Rutenstreiche schärfer nicht gefragt werden; es sei denn, dass die Bosheit das Alter übertreffe, das zu des Richters vernünftigem Nachdenken und Erkenntnis anheimgestellt wird.

Drittens: Ein alter Mann von 60 Jahren und weiter, er wäre denn so frisch, dass er die Tortur ohne Verlust seiner Gesundheit ausstehen mag, so gleichfalls dem richterlichen Ermessen überlassen wird.

Viertens: Ein gebrechlicher, gefährlich verwundeter oder sonst kranker Mensch, bei dem zu besorgen ist, er möchte sterben, kann durch nichts Schärferes angestrengt werden, als was er ohne mehrere Verletzung ausstehen kann. Jedoch mögen dergleichen Personen, bei denen ihrer Leibesbeschaffenheit halber die wirkliche Tortur allzu gefährlich wäre, als Unmündige, alte und zugleich oder sonst schwache und schadhafte Leute etc. bewandten Umständen nach, mit der Tortur geschreckt werden.

Fünftens: ferner eine schwangere Weibsperson oder Kindbetterin. Nach dem Kindbett aber soll man dem Kind eine Amme zustellen, sodann kann man sie auch, doch etwas leichter peinlich fragen.

Sechstens: Sollen die in Unseren Erblanden einverleibten höheren Standespersonen, dann diejenigen, so in hohen Ehren oder Würden stehen, wie auch unsere Räte, Doctores und geadelte Insassen, außer im Laster der beleidigten göttlichen und weltlichen Majestät, Landesverräterei und anderen überschweren Lastern, nicht torquiert werden.

§ 12. Wenn nun die Tortur gegen jemand rechtsbeständig erkannt worden ist, hat der Richter vor deren Vollstreckung nachfolgendes zu beachten:

Erstlich: Wenn das Beiurteil nicht schon selbst gewisse Fragstücke, über die der Inquisit ermittelst der Tortur eigentlich zu befragen sei, in sich hält, sondern nur glatterdings dahin lautet, dass derselbe bis auf diesen oder jenen Grad zu torquieren sei, oder allenfalls nur überhaupt ausdrückt, dass der Inquisit bei jedwedem Absatz der Tortur durch kurze, der Sache dienliche Fragstücke zur Bekenntnis der Wahrheit angehalten werden soll; solchen Falls soll der Richter, der die Tortur zu besagen hat, noch vorher die Tat selbst in gewisse kurze Fragstücke ab- und einteilen, das ist, derselbe soll vorher auf das Verbrechen (wie es die Anzeichen an die Hand geben) kurze, klare und wohlerwogene, nach der Ordnung aufeinander gerichtete Fragstücke, deren Anzahl von seinem vernünftigen Ermessen abhängt, vorbereiten und selbe sodann in der scharfen Frage an den Inquisiten stellen, damit der arme Mensch in der peinlichen Lage nicht deretwegen aufgehalten werde.

Zum Beispiel in einem Kindsmord, wo die Kindesmutter in der Inquisition immer darauf beharrt, dass sie das Kind schon tot zur Welt geboren habe, kommt es bei der mit ihr vorzunehmenden Tortur hauptsächlich auf folgende kurze Fragen an: Erstens: Hast du nicht das Kind lebendig zur Welt geboren? Zweitens: Wie hast du dasselbe um das Leben gebracht? Drittens: Wo hast du sodann das Kind hingetan? Weiteres Beispiel in einem von mehreren Personen beschehenen nächtlichen Diebstahl: Erstens: Hast du nicht zwischen den 11ten und 12ten Januar dieses Jahres in der Nacht den N. N. in seiner Behausung mittelst gewaltsamen Einbruch bestehlen geholfen? Zweitens: Was hast du für Diebesgespäne dabei gehabt? Drittens: Wer hat diesen Diebstahl vorläufig ausgespäht? Viertens: Wie hast du und deine Gespäne solchen bewerkstelligt? Fünftens: Wo sind die entfremdeten Sachen hingekommen? Und was hast du zu deinem Teil bekommen? Vor allem ist demnach in dem gegebenen ersten Beispiel an die Inquisitin die erste Frage zu stellen und immerhin zu wiederholen, wo auch ermahnungsweise in dem Fortlauf beizusetzen, es seien gar zu große Anzeichen vorhanden, dass das Kind lebendig von ihr gekommen sei, soll also mit boshaftem Leugnen sich nicht aufhalten und sich vergeblich peinigen lassen; und was sonst etwa die Umstände und Beschaffenheit der Sache an Händen geben mag. So lang nun die Inquisitin auf die erste Frage im Leugnen verbleibt, würde ganz überflüssig und unschicksam sein zu den weiteren Fragen, ob und welchergestalt das lebendig geborene Kind ums Leben gekommen sei, vorzuschreiten. Nach welcher Anmerkung sich solchem nach durchgehends gestalteten Dingen nach allen Torturfällen zu achten ist.

Andertens: Sollte die Verordnung der Tortur oder das diesfällige Beiurteil (es sei sodann selbes auf die bloße Territion oder auf einen oder mehreren Graden der wirklichen Tortur oder auf völlige Peinigung aus gefallen) dem Inquisiten niemals nach ihrem ganzen Inhalt angekündigt, weder inwieweit die Peinigung zu gehen habe, geoffenbart habe, sondern ganz insgeheim gehalten, und denselben zur Zeit, da es auf den Vollzug der Verordnung ankommt, nur so viel, dass aus den ihm zur Last gehenden schweren Inzichten die scharfe Frage wider ihn erkannt worden, angezeigt sei, und er da bei ernstlich und nachdrücklich ermahnt werde, dass er also in der Güte bekennen und es auf die wirkliche Vornahme der Tortur und Zermarterung seines Leibes nicht ankommen lassen soll. Wobei

Drittens: ferner zu merken, das erstens. die Tortur nur mit den hierunter vorgeschriebenen peinlichen Werkzeugen, zweitens in der vorgeschriebenen Ordnung der unten ausgesetzten Grade oder Peinigungsstaffeln, drittens in einem solchen Maße vorgenommen werde, dass selbe mit der Leibesbeschaffenheit des Inquisiten übereinstimme, folgsam weder ein gar zu großer Glimpf und Nachsicht, dass selbe nichts ausgebe, weder eine gar zu starke Schärfe gebraucht werde, damit nicht etwa dieselbe dem Inquisiten am Leib und Gesundheit einen unersetzlichen Schaden zufüge; viertens nicht zu sehr verlängert; dann fünftens dieselbe meistens Vormittag und mit nüchternen Leuten angestellt werde. Wann es aber aus erheblichen Gründen Nachmittag sein müsste, dem Täter außer der Labung vorher nichts oder doch gar wenig zu essen und zu trinken gegeben; dann sechstens die Tortur an einem Werktag vollzogen und siebtens gemeiniglich nacheinander an einem Tag, wenn der Inquisit forthin im Leugnen verharrt, vollbracht. Und endlich achtens allzeit ein Leib- und ein Wundarzt, und da es nicht sein könnte, wenigstens ein geschickter Wundarzt zur Beobachtung und Hilfeleistung des Gepeinigten zugezogen werden soll.

Viertens: dass die scharfe Frage (wie schon oben Art. XX § 3 von allen peinlichen Gerichtshandlungen überhaupt angeordnet worden ist) nicht durch den Richter, Landgerichtsverwalter, Syndicum oder wie er immer heiße, allein, sondern mit Zuziehung zweier Beisitzer und des Gerichtsschreibers oder Actuarii, somit rechtsbehörig vorgenommen werde. Und endlich

Fünftens: Wenn ein Mann und ein Weib oder ein Schwacher und ein Starker um des nämlichen Verbrechens willen peinlich zu fragen sind, soll man allzeit von dem Weib oder dem Schwächeren oder welcher aller Vermutung nach die Wahrheit eher bekennen und dadurch sein Mittäter etwa ohne Pein überwiesen werden dürfte, den Anfang machen.

Es ist

§ 13. Erst vorgehends angeordnet worden, dass die Tortur insgemein nacheinander in einem Tag zu vollführen sei. Nachdem aber sich öfter ereignet, dass einige schon vorher in andern Übeltaten torquierte oder von absonderlich starker Leibesbeschaffenheit befundene Leute, am meisten aber die zum verstockten Leugnen angewöhnten Juden oder andere in allerhand Untaten lang geübte Bösewichter, wenn die Tortur nacheinander veranlasst wird, gleichsam unempfindlich und, ohne dass man aus ihnen die Wahrheit herauszubringen vermöchte, die Peinigung überstehen, also mag bei solchen verbosten Leuten bewandten Umständen nach auf Ermessen des Obergerichts, wohin ohnedem die Torturerkenntnis als ein ausgenommener Fall zu gelangen hat, die Tortur wohl in zwei auch drei Tagen verteilt, somit abgesondert angelegt werden.

§ 14. Wenn nun nach alledem mit dem wirklichen Vollzug der Tortur vorzugehen ist, so hat der Richter im Beisein der zwei Beisitzer und des Gerichtsschreibers, somit bei besetztem Inquisitionsgericht den Beschuldigten vorher nochmals, und zwar annoch vor Überbringung in die Martergruben mit ernstlichen doch bescheidenen Worten zuzusprechen und zu erinnern, es seien die wider ihn streitenden Inzichten allzu heftig, er solle also die unverfälschte Wahrheit der Tat lieber in der Güte bekennen und zur bevorstehenden scharfen Frage nicht Ursache geben.

§ 15. Wenn er dann gutwillig alles bekennt, ist man der peinlichen Frage überhoben und kann solche, wenn er beständig darauf beharrt, weiter nicht vorgenommen werden. Wollte sich aber der Verdächtige zur Bekenntnis der Wahrheit nicht bequemen, so ist anfänglich all dasjenige, was oben in § 9 von der Territion gemeldet worden ist, mit Vorstellung des Freimanns, mit Entkleidung des Täters und dessen Überbringung in die Martergruben, dann Verweisung des peinlichen Werkzeuges und dessen Ergreifung, auch Niedersetzung auf dem Marterort vorzunehmen und endlich ein Grad der Tortur nach dem anderen an ihm zu vollziehen.

§ 16. Vor allem aber sind bei Anlangung in den Martergruben oder gewöhnlichen Torturort, nachdem die Lichter daselbst angezündet und alles in Bereitschaft gesetzt worden ist, dem Inquisiten anfangs die wider ihn streitenden Vermutungen wiederholt vorzuhalten und ihm sowohl vor als nach vorgezeigtem peinlichem Werkzeug beweglich zuzureden, dass er es auf die Marterung seines Leibes nicht ankommen lassen, sondern in der Güte die Wahrheit aussagen soll. Wo sodann, wenn mit der Peinigung der Anfang gemacht worden ist, derselbe, wie oben in § 12 vers. 1 gemeldet worden ist, mit kurzen, zur Sache dienlichen, entweder bei Erkenntnis der Tortur schon festgestellten oder sonst vorbereiteten Fragstücken immerfort zur Bekenntnis der Wahrheit anzumahnen ist.

§ 17. Was nun die Peinigungsarten und diesfällige Absätze oder *Gradus Torturae* anbelangt, da wollen Wir, mit Hintanhaltung aller willkürlichen oder fremden Torquierungsarten, hiermit gesetzgebend geordnet haben, dass die Tortur in Unseren königlichen Böhmischen Erblanden auf Art und Weise wie selbe derzeit in Unserer Hauptstadt Prag üblich und wovon die Beschreibung sub Nro. 3 beigerückt ist; in Unseren Österreichischen Erblanden aber auf Art und Weise, wie solche in Unserer Residenzstadt Wien in Übung ist und sub Nro. 4 sich beigefügt befindet, für allgemein gebraucht werden soll.

Aus besagter Beschreibung und Schilderung sub Nro. 3 et 4 ist nun abzunehmen, dass in Unseren Böhmischen Landen die Tortur erstens in den Daumenstöcken oder Daumenschrauben mit oder ohne Schlagung an den Daumenstock; zweitens in der Bindung oder Schnürung von vorwärts; drittens in der Folterung mit Aufspannung und Reckung des Körpers auf der Leiter, viertens in Anwendung des Feuers gegen den auf der Leiter aufgespannten Körper. Dahingegen in Unseren Österreichischen Landen: erstens in den Daumenschrauben, mit oder ohne Anklopfung, zweitens in der Bindung oder Schnürung von rückwärts mit einem, mit mehreren, höchstens drei abgesetzten Banden; drittens in der Folterung oder trockenem Aufzug in der Luft mit einem, mehreren, höchstens drei Absätzen, dann Anhängung des Gewichtes bei dem änderten und dritten Absatz zu bestehen habe. Wobei Wir ernstgemessen befehlen, dass jenenfalls, da jemand durch alle Grade der Tortur zu peinigen ist, über erstbemeldete Marterarten nicht solle, noch könne weiter geschritten werden.

§ 18. Und obschon in Unseren Erblanden auch die Beinschrauben oder spanischen Stiefel gewöhnlich, auch fernerhin zur Peinigung beizubehalten sind, so sollen jedoch solche Schraubstiefel nicht als ein besonderer Grad, sondern nur an Platz eines anderen Marterinstruments (da nämlich bei den Mannsbildern entweder der Daumenstock oder die Schnürung oder die Folter, gestalteten Dingen nach mit dem Inquisiten nicht wohl vorzunehmen wäre) nach Befund des Richters gebraucht werden. Auf was für Art und Weise aber alle diese Peinigungsarten werktätig vorzunehmen seien, diesfalls ist der behörige Unterricht teil in den sub Nro. 3 und 4 einkommenden Beilagen und teils in der Unseren Obergerichten zur weiteren Belehrung den ihnen nachgesetzten Halsgerichte besonders zustellenden Instruktionen enthalten.[1)] Wobei jedoch

§ 19. Nachfolgende Musterregeln wohl in Acht zu nehmen, dass

Erstlich: Die gesamte *Gradus Torturae* nur dazumalen zu verhängen seien, wenn es um gar greuliche und allerschwerste Missetaten, anbei um gar verstockte Bösewichte zu tun ist, ansonst aber

Andertens: bei Zuerkenntnis einer schärferen oder gelinderen Tortur allemal ein billiges Maß zu halten sei, damit der Sache weder zu wenig, weder zu viel getan werde. Und gleichwie überhaupt die Bestimmung der Peinigungsart allzeit nach der Eigenschaft des geringeren oder schwereren Verbrechens, nach den mehr oder minderen Kräften des Täters und nach verschiedener Beschaffenheit der Umstände abzumessen ist, also folgt von selbst, dass sich diesfalls nichts gewisses vorschreiben lasse, sondern von dem vernünftigen Ermessen des Richters abhänge, wie auf was für Art der Inquisit gestalteten Sachen nach zu peinigen sei, somit ob selber

1. mit der Tortur allein geschreckt werden und mit wie viel Territions-Gradibus vorzugehen, oder ob

2. folgends die Daumstöcke mit oder ohne Daraufklopfen zu gebrauchen und hierbei sodann stillzustehen, oder ob

3. ohne vorhergehende Däumlung oder nach schon gebrauchten Daumenschrauben die Bindung und Schnürung, und zwar in Österreichischen Landen mit ein, zwei oder drei abgesetzten Banden, oder weiters auch

4. die Folterung, und zwar jene auf der Leiter, mit oder ohne Schnellung, jene aber in der Luft mit ein, zwei oder drei Absätzen, dann mit oder ohne Schnellung oder Anschlagung des Seils vorzunehmen, oder
5. da entweder die Daumstöcke oder die Folter bewandten Umständen nach nicht könnte angewendet werden, ob derselbe nach der Bindung oder Schnürung sogleich mit den Beinschrauben oder spanischen Stiefeln oder
6. überhaupt mit allen Graden der Tortur zu belegen sei, wobei jedoch
7. zu bemerken sei, dass gegen die Weibsbilder nicht weiter als mit Anlegung der Daumstöcke und nachfolglich mit der Bindung oder Schnürung oder allenfalls mit alleiniger Anlegung der Daumenschrauben oder bewandten Umständen nach mit alleiniger Bindung und Schnürung könne vorgegangen werden. Bei welcher der richterlichen Willkür überlassenen Ausmessung der Peinigungsakt es demnach

Drittens: ganz leicht fallen wird, bei Zuerkennung der Tortur gestatteten Dingen nach in Sachen ein billiges Maß zu treffen, wo nebst den Gerichtspersonen, so die Vornehmung der Tortur zu besorgen haben, noch weiteres eingebunden wird, dass jenen falls, wenn der erkannte Tortur-Gradus ohne augenscheinliche Gefahr des Lebens oder eine harte Leibesbeschädigung nicht vollführt werden könnte, dieselben die Tortur einstweilen einstellen, den Vorfall an das Urteil sprechende Gericht zu berichten und diesfalls die weitere Verordnung abzuwarten verbunden sein sollen. Und zumalen es also

Viertens: lediglich auf die Erkenntnis des Richters beruht, inwieweit die Tortur vorzunehmen sei, so versteht sich von selbst, dass in dem Beiurteil deutlich ausgedrückt sein muss, mit wie viel und was für Gradibus der Tortur der Inquisit anzugreifen sei, damit die Gerichtspersonen, denen die Aufsicht auf den genauen Vollzug der Tortur obliegt, sich hiernach richten und hierüber dem Freimann den nötigen Unterricht erteilen mögen.

§ 20. Während der Tortur sollen die dazu abgeordneten Gerichtspersonen sich von dem Peinigungsort nicht hinwegbegeben, weder inzwischen etwas anderes tun und vornehmen, sondern dieselben haben den Inquisiten unablässlich auf das

Genaueste zu beobachten, denn falls derselbe ohne Lebens- oder schwere Schadensgefahr die angefangene Tortur nicht ausstehen könnte oder außer sich käme oder etwa einen ungefähren Schaden, als einen Bruch oder Zersprengung etc., leidet, so ist alsogleich mit der Marter innezuhalten, demselben genügsame Labung und Gelegenheit zu seiner Erholung und Genesung zu verschaffen und nach Gestalt der Sache die Tortur entweder bis auf weitere Verordnung zu verschieben oder aber, da er (zum Gleichnis aus einer schlechten Ohnmacht) wieder zu sich kommt und außer Lebens- oder schwerer Schadensgefahr sich befindet, dieselbe hierauf wieder fortzusetzen.

§ 21. Annebst ist dem Gericht oblegen, die nötige Vorsehung dahin zu treffen, womit von dem Gerichtsschreiber oder dem, der das Protokoll führt, alle des Inquisiten Reden, Zeichen, Unmut, Entsetzen, so viel möglich klar und deutlich aufgezeichnet wird, wie nicht minder der ganze Torturvorgang, was Inquisit zur Vorstellung des peinlichen Werkzeuges, zum Binden und sofort bei jedem Absatz gesagt, wie er ausgesehen, sich entsetzt etc. hat, wie lang ein Grad gedauert, wie derselbe vollbracht und der andere angefangen worden ist, was inzwischen vorbeigegangen, wie alles vollendet sei, wie auch die von dem Gepeinigten mehr oder minder gezeigte Schmerzempfindlichkeit etc. vermerkt und hauptsächlich alle desselben Antworten und Aussagen aufs fleißigste aufgeschrieben und weder aus Gefährde, weder aus Nachlässigkeit das geringste Wort ausgelassen oder zugesetzt worden ist.

§ 22. Sobald aber der Inquisit die Wahrheit zu bekennen anfängt, so soll sogleich mit der Marter innegehalten werden und ihm genügsame Freiheit ohne wirkliche Schmerzerregung über die vorgehaltene Fragstücke zu antworten gelassen, sofort auf weiteres über die Umstände der Tat gefragt werden. Es soll demnach die Aussage und das Bekenntnis des Gepeinigten, so er in der wirklichen Marter abgelegt hat, nicht angenommen, sondern dasjenige, was er aussagt, wenn er von der Marter abgelassen ist, allererst von neuem aufgeschrieben und für gültig gehalten werden.

§ 23. Da sich auch öfters ergibt, dass die Inquisiten bald bekennen, bald wiederum leugnen und ihr Bekenntnis teils in, teils nach geendeter Tortur widerrufen, so wollen Wir diesfalls zum Unterricht des Richters und dessen genauen Sachverhalt folgende Maßregel vorgeschrieben haben, und zwar:

§ 24. Wenn ein Inquisit gleich bei angefangenem oder noch nicht gar vollbrachtem Torturgrad etwas bekennt, sobald er aber von der Marter abgetan wird, solches wiederum leugnet, so ist in solchem Fall ungeachtet des Inquisitens wiederholendes Bekenntnis der nicht vollendete Grad an ihm völlig, jedoch ohne Verschärfung (das ist, dass man nicht stärker schraube oder anziehe etc.) zu vollziehen und sodann erst das Bekenntnis aufzunehmen; im Weigerungsfalle aber derselbe noch weiter zu peinigen Zum Gleichnis

Erstlich: Der Inquisit ist zur Tortur verurteilt. Da nun der Scharfrichter ihm ex. gr. die Daumenstöcke anlegt und nun anfängt zuzuziehen, so bekennt er. Da man aber die Daumenstöcke wegnimmt und selben nicht ferner peinigt, so widerruft und leugnet er alles entweder gleich oder aber dann, wenn er außer der Marterkammer nachgehends in der gewöhnlichen Gerichtsstube wieder befragt wird. In solchem Fall nun wird das Gericht sogleich nach getaner Widerrufung den Inquisiten, da er dabei beharrt, von neuem mit eben den Daumenstöcken angreifen, und ungeachtet, dass er hernach, als er neuerdings an den Marterort überbracht worden ist, zu bekennen und nicht mehr zu widerrufen verspräche, oder auch wirklich bekennt, an ihm das gewöhnliche Maß der Daumenstöcke, die von der vorgeschriebenen Zeit des Grades noch abgängig ist, jedoch (wie schon oben gesagt) ohne Verschärfung derselben vollbringen lassen, und alsdann erst, ohne dass man zu dem nachfolgenden Grad vorschreite, Aussage und Bekenntnis hier glaubhaft annehmen. Da aber

Andertens: Der Inquisit einen oder anderen Grad der Tortur schon überstanden hat und erst nachgehends bei dem folgenden Grad die Tat bekennt und abermals, entweder in der Marterkammer oder nachgehends an dem gewöhnlichen Gerichtsort widerruft, so fängt man zwar nicht mehr von dem schon vollbrachten, sondern von dem nächstfolgenden Grad ex. gr. von der Schnürung oder der Folterung an und hört ungeachtet seines neuen Bekenntnisses nicht auf, bis derselbe Grad im gewöhnlichen Maße, wie er unweit bevor erklärt worden, vollendet ist; was auch, wenn er in einem weiteren Grad der Tortur widerruft, auf gleicher Weise zu halten ist. Es versteht sich aber von selbst, dass, wenn der Inquisit entweder immer leugnet oder fort und fort bei jedem Grad allemal widerruft oder ganz ungereimte Antworten von sich gäbe oder auch zur Hintertreibung der Tortur bloß allein andere Verbrechen, worüber die scharfe Frage nicht angeordnet ist, auf sich bekennte, in solchen Fällen die ganze Tortur angeordnetermaßen ohne neues Beiurteil mit ihm zu vollführen sei.

§ 25. Gleichwie nun dem Richter von Amts wegen ohnedem obliegt, auf alle die Umstände, die in diesem während der Tortur abgelegten Bekenntnis vorkommen (wenn sie nicht ohnedem schon rechtlich erhoben worden und allbereits gerichtskundig sind), sogleich und ohne Verschub genauest nachzuforschen, ob selbe in der Wahrheit gegründet und also der Aussage Glauben beizumessen sei, so ist ein Gegenspiel jenes Falls, wenn der Inquisit zur Abbrechung und Vereitlung der Tortur zwar die Missetat bekennt, jedoch einige sowohl die Tat als die Strafe ändernden Hauptumstände, die sodann bei der Erkundigung ganz falsch befunden werden, unwahrhaft angegeben hätte, auf gleiche Weise, als ob er die Tat gar nicht eingestanden hätte, nach vorläufig ihm geschehender nachdrücklicher Erinnerung, dass von ihm boshafter Weise die Hauptumstände der Missetat ganz fälschlich angegeben worden: mit der Tortur fortzusetzen, und wenn er bei solchen unwahren Ausflüchten verbleibt, dieselbe an ihm (wie erst vorgemeldet) gänzlich zu vollführen.

§ 26. Wäre aber die Tortur auf Art und Weise wie dieselbe angeordnet worden, gänzlich an ihm vollbracht, und er widerruft alsogleich oder bald darauf sein Bekenntnis, so kann der Richter ohne weitere Erkenntnis und neues Beiurteil nicht mit nochmaliger Tortur vorgehen, sondern ist schuldig, den ganzen Torturprozess samt den vorherigen Inquisitionsakten an das besetzte urteilsprechende Blutgericht neuerdings abzugeben und dasselbe hat hierauf zu erkennen, anbei die Bestätigung von dem Obergericht einzuholen, ob der Inquisit, der nach vollendeter Tortur sein Bekenntnis widerrufen hat, nochmals und welcher Gestalt mit der Tortur zu belegen sei.

§ 27. Um aber auch diesfalls eine verlässliche Richtschnur vorzuschreiben, so ordnen Wir, dass, wenn jemand die zuerkannte Tortur entweder im beharrlichen Leugnen oder vorbemeldetermaßen unter abwechselndem Bekennen im Leugnen vollständig überstanden und zuletzt sein etwa getanes Bekenntnis widerrufen hat, derselbe insgemein über einerlei Anzeichen nicht mehr als einmal peinlich befragt werden soll. Es leidet demnach diese Regel den alleinigen Abfall, wenn nach der ausgestandenen ersten Pein ganz neue, erhebliche und zur Verhängung der Tortur für sich selbst hinreichende Anzeichen hervorkommen. Was aber insbesondere diejenigen betrifft, die nach ganz überstandener Tortur das zuletzt getane Bekenntnis widerrufen, da ist ein Unterschied zu machen, ob der Widerrufende einige wahrscheinliche Ursachen eines irrigen und unwahrhaften Bekenntnisses vorgebracht oder ob er nur schlechterdings unter dem allgemeinen Vorgeben aus Schmerzen oder aus Furcht der weiteren Peinigung bekannt zu haben und ohne alle andere wahrscheinliche Ursache das irrige Bekenntnis widerrufen habe. Der erstere Fall gehört unter die eingangs gesetzte Regel, dass keine weitere Tortur mit demselben vorzunehmen sei. In dem anderen Fall ist eine unwahrscheinliche und freventliche Widerrufung ebenfalls für ein hinlängliches Anzeichen zur Wiederholung der Tortur anzusehen. Es kann also ein solcher Widerrufender nach vernünftigen Ermessen des Richters zum andertenmal, und gestalteten Sachen nach, besonders in überschweren Lastertaten sogar zum dritten Mal, gleich demjenigen, wider den andere neue Tortural-Inzichten hervorbrechen, zur scharfen Frage gezogen werden. Wobei aber überhaupt zu merken ist, dass, wenn der Inquisit die durch das erste Beiurteil zuerkannte Tortur ganz überstanden hat, zur Vornehmung der zweiten und dritten Tortur allemal ein neues Beiurteil erforderlich sei.

§ 28. Über dreimal aber soll keiner torquiert, sondern derselbe, der die Pein dreimal aussteht und entweder gar nichts eingestanden oder das Eingestandene hernach allemal widerrufen hat, insgemein los und ledig gesprochen werden, weil er sich von den vorigen Inzichten durch die ausgestandene Tortur genugsam gereinigt hat. Doch kann der Gepeinigte nicht sagen, dass ihm Unrecht geschehen sei, weil der Richter die Anzeichen für sich hat, und derentwegen muss der Gepeinigte jenen Falls, wo er zu den wider ihn entstandenen Inzichten durch seine Schuld Anlass und Ursache gegeben hat, auch die Atzung und Gerichtsunkosten, wenn er vermag, bezahlen; und kann überhaupt nicht so leicht geschehen, dass jemand widerrechtlich gepeinigt werde, immassen nach Unserem gegenwärtigen Recht die auf Tortur ausfallende Urteile als ein ausgenommener Fall zur obergerichtlichen höheren Erkenntnis abzugeben sind.

§ 29. Es kann aber gleichwohl nicht nur ein stets Leugnender, der die Tortur in Ansehen der Hauptmissetat mit beharrlichem Verneinen überstanden hat, jenen Falls, wenn er andere Verbrechen oder in Ansehen des Hauptverbrechens einige sträfliche Umstände und Vergehungen eingestanden oder deren rechtsbehörig überwiesen worden, sondern auch ein bekennender und nach vollendeter Tortur wiederum leugnender Inquisit jenen Falls, wenn seine Widerrufung ganz unwahrscheinlich und boshaft befunden wird, zu einer außerordentlichen Bestrafung verurteilt, oder bewandten Umständen nach, da selber eine gar verdächtige und gefährliche Person wäre, aus dem betreffenden Bezirk abgeschafft oder wohl gar, da er ein Ausländer wäre, auch ungeachtet, dass er nicht geständig oder überwiesen gewesen, jedoch als ein landesgefährlicher Mensch aus Unseren gesamten Erblanden verwiesen worden.

§ 30. Wenn der Inquisit durch die ausgestandene Marter, wie öfter geschieht, einen Schaden an seinen Gliedern erlitten hat, so sind ihm solche durch den Wundarzt oder Bader ungesäumt wohl einzurichten und ihm alle nötige Hilfe, Ruhe und Verpflegung zu verschaffen. Wie Wir denn bereits oben in § 12, vers. drittens etc. angeordnet haben und hiermit für allgemein anbefehlen, dass die Halsgerichte bei Vornehmung der Tortur allemal einen geschickten Wundarzt oder Bader bestellen und denselben an der Hand haben sollen, damit dem Gepeinigten, wenn etwa ein unglücklicher Zufall sich ergäbe, ganz unverlängt mit der nötigen Hilfe beigesprungen werden möge.

§ 31. Die Bestätigung des Bekenntnisses nach der Pein betreffend, da ordnen Wir, dass, wenn die peinliche Frage der Ordnung nach vorgegangen und hierüber die Aussage fleißig und deutlich beschrieben ist, auch die Schmerzen bei dem Gepeinigten sich gesetzt haben, der Richter zwei oder drei Tage nach der Tortur (so es sein kann) den Gefangenen aus dem Gefängnis an den gewöhnlichen Gerichtsort führen, ihm in Beisein derjenigen, so der Tortur beigewohnt haben, sein Bekenntnis durch den Gerichtsschreiber ablesen lassen und darüber bescheidentlich fragen soll, ob dieses Bekenntnis in allem wahr sei und ob er darauf leben und sterben könne. Bekennt sich nun der Täter freiwillig dazu oder erinnert ungefragt noch etwas dabei, so soll man es fleißig zu der Aussage verzeichnen und soll hernach, wenn in der Hauptsache nichts Neues vorkommt, zur endlichen Erkenntnis behöriger Ordnung nach vorgeschritten werden. Würde er aber sein in der Tortur getanes Bekenntnis widerrufen, so ist den erst hier oben in § 23 bis 28 gegebenen Maßregeln nachzugehen und auch solchen Falls, wenn keine weitere Tortur statt hat, die Sache zur Fällung des Endurteils einzuleiten.

§ 32. Endlich aber ist zu merken, dass dem Freimann und seinen Knechten höchstens verboten sei, bei der Peinigung abergläubische Dinge zu gebrauchen, um damit oder durch übermäßige Grausamkeit das Bekenntnis der Wahrheit zu erzwingen, allermaßen der Freimann in seiner Verrichtung lediglich nach dem Unterricht und der Anordnung des Richters, der die Tortur besorgt und ihm, Freimann, die erkannten Torturgrade vorläufig deutlich sagen und allenfalls vorlesen muss, sich zu halten und ohne dessen Befehl nichts vorzunehmen hat. Sofern aber in der Peinigung das rechte Maß überschritten würde, soll die in selber getane Aussage dem Gepeinigten unnachteilig sein, und jene Gerichtspersonen, welche die Peinigung beigewohnt und selbe zu leiten gehabt haben, und sonderheitlich jene, denen das rechtswidrige Verfahren zur Last fällt, ihres Amtes entsetzt und nebstbei zur Genugtuung mit einer zu Nutzen des Gepeinigten gereichenden Geldstrafe belegt werden.«

Im nachfolgenden Artikel von dem peinlichen Urteil wird in § 7 bemerkt, dass, wenn ein begründetes Bedenken vorläge, ob die Beschuldigungen zur Verhängung der Tortur hinreichend seien, so wäre auf Einstellung der Inquisition und Haftentlassung oder, wenn die Inzichten doch zu schwerwiegend wären, eher auf eine außerordentliche Bestrafung zu erkennen als auf das harte Zwangsmittel der Tortur anzutragen. Sollten jedoch die Beschuldigungen auch zu diesem nicht ausreichen, jedoch immerhin ausreichend genug sein, um den Verdacht nicht ganz zu beseitigen, so wäre der Beschuldigte nicht einfach freizusprechen, sondern die Untersuchung nur einzustellen und der Inquisit auf freien Fuß zu setzen, bis etwa stärkere Anzeichen sich einstellen (§ 9). Auch konnte in solchen Fällen der Reinigungseid aufgetragen werden, und die verweigerte Eidesleistung galt als Geständnis der Tat (§ 12). Eine Appellation fand in peinlichen Sachen nicht statt (XLII 1); doch konnte der Verurteilte einen Rekurs an die Fürstin richten, der jedoch nur bei Verurteilung zur Todesstrafe, Staupenschlag und Brandmarkung eine aufschiebende Wirkung hatte (§ 6), sofern der Rekurs binnen zwei Tagen bei dem Obergericht eingereicht wurde, das darüber zu bestimmen hatte, ob dieser Rekurs von vornherein abschlägig zu erledigen sei oder ob er der fürstlichen Gnade empfohlen werden könne. Das war im Grunde genommen also nichts anderes als eine in Bitteform gekleidete Appellation, die das Obergericht abweisen konnte, ohne dabei juristische Bedenken obwalten lassen zu müssen.

XII. Kapitel

Urphede – Malefizhandlungen – Anzeichen zur peinlichen Frage – Gotteslästerung – Zauber- und Hexenwesen – Majestätsverbrechen und Landesverrat – Münzfälschung – Amtsmissbrauch – Bestialität und Sodomie – Ehebruch – Bigamie – Todschlag – Mord – Giftmischerei – Diebstahl – Straßenraub – Brandstiftung und Mordbrennerei – Ehrenbeleidigungen durch Schriften oder Abbildungen – Schlussartikel der Theresiana

Besonders anmutend ist das Bild nicht, das uns nach vorhergegangener Darstellung die Tortur der Theresiana bietet, trotzdem mit Worten oft der Versuch gemacht wird, die Tat selbst der milderen Anschauung einer neuen Zeit näher zu bringen. Sosehr sich dieses Gesetzbuch auch bemüht, die peinliche Frage auf Schritt und Tritt zu regeln und vorzuschreiben, in den Hauptpunkten ist sie doch bemüßigt, ebenso wie alle ihre Vorgängerinnen, die Sache dem billigen Ermessen des Richters anheim zu stellen. Im Grunde genommen unterscheidet sie sich kaum zu ihrem Vorteil von der Carolina und anderen Rechtsvorschriften dieser Art, ja manches mutet uns sogar noch grausamer an, vielleicht nur, weil es der Zeit und dem Ausdruck nach unserem heutigen Fühlen und Denken viel näher steht als die um Jahrhunderte älteren Vorgängerinnen.

Auch die Theresiana schreibt (Artikel XLVI) die Urphede vor, die gerichtliche Angelobung, dass der freigesprochene oder mit einer geringeren Strafe oder Verweisung belegte Angeklagte nach seiner Freilassung sich nicht rächen oder in das verwiesene Gebiet nicht zurückkehren werde. In einigem weicht aber auch diese Urphede-Vorschrift von dem früheren Brauch ab: »§ 2. Die Urphede-Abnehmung ist in jenen Fällen, wo es auf eine Verweisung aus oder in einen gewissen Bezirk ankommt, allzeit notwendig. Dahingegen die Abforderung der Urphede wegen nicht ausübender Rache der vernünftigen Willkür der Blutgerichte anheim gelassen wird, die nach billigem Ermessen, besonders in Fällen, wo man sich zu einem boshaften und gefährlichen Täter einer Rachgierigkeit gar wohl versehen mag, solche Urphede abnehmen, in geringeren Fällen aber und wo keine Vermutung einer Rache vorhanden ist, den bestraft oder unbestraft entlassenen Inquisiten mit der Urphede-Ablegung verschonen können.

§ 3. Bisher ist insgemein üblich gewesen, dass die Urpheden mit einem leiblichen Eid haben bekräftigt werden müssen und dass leichtfertige Leute, welche die Urphede einmal, auch zweimal boshaft gebrochen haben, ungeachtet ihres vorherigen Meineides zum zweiten und dritten Mal zur neuen Urphede-Schwörung verhalten werden. Damit aber in Zukunft solche bei erbosten Gemütern gewöhnliche Eidbrechung und dadurch erfolgende freventliche Verunehrung des göttlichen Namens vermieden werde, so wollen Wir die eidliche Beteuerung der Urpheden (wenn nicht etwa eine solche von Unseren Obergerichten oder von Uns selbst aus erheblichen Ursachen ausdrücklich anbefohlen wurde) hiermit aufgehoben, dagegen aber bei den ungeschworenen oder gemeinen Urpheden in Betreff deren auf die Urphede-Brechung unten im zweiten Teil dieser Gerichtsordnung ausgemessenen Strafen eben die Kraft und Wirkung, als ob sie mit leiblichem Eid bestätigt worden wären, beigelegt haben.«

Wir finden also auch hier dieselbe Halbheit und Zwiespältigkeit, die sich durch das ganze Gesetzbuch äußert. Die Urphede wird aufgehoben, um nicht zu Eidbruch zu veranlassen, und anderseits wieder dennoch beibehalten und deren Bruch unter Strafe gestellt. Wie in Indiens Mythologie sehen wir auch hier im ewigen Kampf *Ahura mazda* und *Anhro mainyus*: Ormudz und Ahriman.

»§ 4. Die Form der Urphede wegen angelobter Enthaltung von aller Rache geht wesentlichen Inhalts dahin, dass der Entlassene oder Verurteilte, weder für sich selbst noch durch andere gegen den Richter, dessen Beisitzer, Beamten, Untertanen oder deren Grund und Boden etc. zu keiner Zeit dasjenige, was ihm vorgenommen worden ist, auf eigene Weise, wie die immer erdacht werden möchte, rächen, sondern in allem dem Urteil nachkommen solle und wolle; und kann solche Urphede beiläufig also lauten:

Ich N. N. bekenne hiermit Kraft dieser bündigen (allenfalls aber geschworenen) Urphede, dass, nachdem ich in das Hochgericht N. geliefert habe, auch wegen der wider mich vorgekommenen Inzichten mit mir peinlich verfahren habe, sohin durch Urteil und Recht erkannt worden: dass (allhier ist der Inhalt des Urteils zu setzen) also gelobe, verspreche und sage ich zu bei meiner strengsten Verbindung (allenfalls bei meinem körperlichen Eid), dass ich weder an der Grund- noch Halsgerichtsobrigkeit, deren Untertanen, Angehörigen oder sonst jemand anderen, wer der auch sei, auf keinerlei Weise noch Weg einige Gewalt, noch Rache, weder durch mich, weder durch andere meinetwegen, der mit mir vorgehabten gerechtlichen Handlungen halber suchen, selbst üben, Ursache geben, noch dazu auf einige Weise Beihilfe tun, sondern alles sowohl bei mir als bei den Meinigen in ewiges Vergessen stellen, auch dem Urteil in allem nachkommen wolle und solle. Zum Fall aber ich für mich selbst oder durch jemand anderen meinetwegen, obbesagter, gegen mich rechtsmäßig vorgenommener Handlungen halber das Geringste sowohl gegen die Grund- als Halsgerichtsobrigkeit tun, rächen, oder auch deshalb bedrohlich sein würde, soll gegen mich, als gegen einen treulosen (oder meineidigen) Urphede-Brecher ohne alle Gnade nach Ausweisung der Halsgerichtsordnung verfahren werden. Urkund dessen habe ich diese Urphede mit meinem Handstreich (mit meinem körperlichen Eid) bekräftigt, auch solche mit Handschrift und Petschaft gefertigt dem Halsgericht zugestellt. So geschehen zu N. den N. Tag des N. Monats in dem N. Jahr.«

Der Bruch der Urphede wurde streng bestraft, unter Umständen sogar mit Enthauptung. Bemerkt sei jedoch, dass es die Theresiana angemessen findet, ausdrücklich zu bemerken (§ 9), dass eine solche abgelegte Urphede keinesfalls behindern soll, dass jemand, der dartun kann, dass mit ihm unrecht oder widerrechtlich verfahren worden sei, »dagegen seine billigen Beschwerden bei der höheren Behörde einzubringen und die rechtliche Genugtuung anzubegehren befugt verbleibe«. Diese Bestimmung lassen die früheren Halsgerichtsordnungen vermissen. Es ist indes fraglich, ob dieser ein praktischer Wert beizumessen war, ob dieses »Dartun« des Unrechts nicht dahin verstanden sein will, dass der Beschwerdeführer nur dann nicht als Urphede-Brecher galt, wenn die höhere Behörde anerkannte, dass ihm ein Unrecht widerfahren sei.

Wir müssen nunmehr den bereits wiederholt erwähnten »Änderten Theil der allgemeinen peinlichen Gerichtsordnung von den halsgerichtsmäßigen Verbrechen insonderheit und deren Straffen *seu de delictis in specie, eorumque poenis*« in Betracht ziehen, soweit er auf die Anwendung der Tortur sich bezieht. Der erste Artikel, der fortlaufend als fünfundvierzigster bezeichnet ist, zählt die Verbrechen auf, die als Malefizhandlungen zu gelten hatten. In den nachfolgenden Artikeln werden diese Verbrechen näher erörtert und überall auch die Anzeichen angeführt, die zur Vornahme der Tortur berechtigen sollten. Sie lauten:

»Gotteslästerung (Art. LVI, § 7). Anzeichen zur peinlichen Frage. Wenn der Gefangene die Gotteslästerung leugnet und neben einem, obschon tadelhaften Zeugen, ansonst noch gemeine oder absonderliche rechtliche Vermutungen vorhanden sind, die zusammengenommen eine zur Tortur hinlängliche Inzicht ausmachen, besonders wenn man in der Nachforschung bei ihm oder in seiner Wohnung, wo er allein ist, sichtbare Zeichen als das verletzte Kruzifix, durchstochene, zerschnittene, durchschossene oder anderwegs verunehrte Bilder und Heiligtümer, gotteslästerliche, mit des Inquisiten eigener Hand geschriebene Sachen und dergleichen Funde macht, soll der Täter bei anhaltendem Leugnen nach vorherigem Beiurteil an die peinliche Frage gelegt werden. Welcher peinliche Vorgang aber allemal mit behutsamsten Vorbedacht zu geschehen hat, wie in dem ersten Teil dieser peinlichen Gerichtsordnung Art. XXXVIII die Richter ohnehin deutlich angewiesen sind, was sie vor und bei Erkennung der Tortur zu beobachten haben.

§ 8. Die absonderlichen Fragestücke können ungefähr in Folgendem bestehen:

Ob er nicht (nach Ausweisung dessen, was die Angebung oder Nachforschung mit sich bringt) Gott gelästert habe?

Mit was für Worten oder Taten?

Wie oft?

An welchen Orten?

Zu welcher Zeit?

In wessen Gegenwart?

Ob ihn jemand, wer und wie oft gewarnt oder abgemahnt habe?

Warum er nach geschehener Warnung und Abmahnung gleichwohl zu lästern fortgefahren habe?

Ob er gewusst habe, dass er Gott hierdurch lästere?

Was ihn hierzu bewogen und aus was für Gemütsmeinung er es getan habe?«

Etwas näher müssen wir uns mit Artikel LVIII beschäftigen, der »von der Zauberei, Hexerei, Wahrsagerei und dergleichen« handelt, Dinge, die auch sonst etwas eingehender hier behandelt wurden.

»§ 1. Durch die Zauberei, Schwarzkünstlerei, Hexerei und dergleichen wird insgemein ein solches Laster verstanden, da wer mit dem Teufel Umgang und Gemeinschaft zu haben, mit selben ein ausdrückliches oder heimliches Bündnis einzugehen und mit solcher bedungener Hilfe des Teufels verschiedene über die menschliche Macht und Kräften sich erstreckende Dinge mit oder ohne fremder Beschädigung hervorzubringen und so geartete Untaten auszuüben sich anmaßt.

§ 2. Unter diese Gattung böser Leute werden nach Unterschied allerhand Handlungen und böse Wirkungen gemeiniglich gezählt; die sogenannten Geisterbeschwörer oder Teufelsbanner, abergläubische Segensprecher, Bockreiter, Wahrsager, Unholde, Trute und sofort, auch alle, die wissentlich mit Hilfe und Bewirkung des Teufels was dergleichen, so nach Ordnung und dem Lauf der Natur nicht geschehen würde, zu tun oder dasjenige, was nach dem gemeinen Naturlauf zu erfolgen hat, zu hindern und überhaupt was immer für eine Handlung mit gesuchtem teuflischen Beistand zu unternehmen sich erfrechen.

§ 3. Wie weit aber der Wahn von Zauber- und Hexenwesen bei vorigen Zeiten bis zur Ungebühr angemessen sei, ist nunmehr eine allbekannte Sache. Die Neigung des einfältigen, gemeinen Pöbels zu abergläubischen Dingen hat hierzu den Grund gelegt, die Dummheit und Unwissenheit als eine Mutter der Verwunderung und des Aberglauben hat solchen befördert, woraus dann, ohne das Wahre von dem Falschen zu unterscheiden, bei dem gemeinen Volk die Leichtgläubigkeit entsprungen ist, alle solche Begebenheiten, die selbes nicht leicht begreifen kann und doch nur aus natürlichem Zufall, Kunst oder Geschwindigkeit herrühren, ja solche Zufälle, die ganz natürlich sind, als Ungewitter, Viehunfall, Leibeskrankheiten etc., dem Teufel und seinen Werkzeugen, nämlich den Zauberern und Hexen etc. zuschreiben. Diese Begriffe von zahlreichen Zauber- und Hexengeschmeiß wurden von Alter zu Alter fortgepflanzt, ja den Kindern fast in der Wiege mit fürchterlichen Geschichten und Märlein eingeprägt und dadurch solcher Wahn allgemein verbreitet und immer mehr und mehr bestärkt. Auch selbst in Abführung dergleichen Prozesse ist von den ersten Rechtsregeln großenteils abgewichen worden.

§ 4. Gleichwie Wir nun gerechtest beeifert sind, die Ehre Gottes nach all Unsern Kräften aufrechtzuerhalten und dagegen alles, was zu deren Abbruch gereicht, besonders aber die Unternehmung zauberischer Handlungen auszurotten, so können Wir doch keineswegs gestatten, dass bei Anschuldigung dieses Lasters aus eitlem alten Wahn, bloßer Besagung und leeren Argwöhnigkeiten wider Unsere Untertanen etwas Peinliches vorgenommen wird, sondern Wir wollen, dass gegen Personen, die der Zauberei und Hexerei verdächtig werden, allemal aus rechtserheblichen Inzichten, und überhaupt mit Grund und rechtlichem Beweis verfahren werden soll, und hierinfalls hauptsächlich auf folgenden Unterschied das Augemerk zu halten sei: ob die der beinzichtigten Person zur Last gehende, den Anschein einer Zauberei oder Hexerei und dergleichen auf sich habende Anmaßungen, Handlungen und Unternehmungen entweder erstens aus einer falschen Vorstellung oder Erdichtung und Betrug oder zweitens aus einer Melancholie, Verwirrung der Sinne und Wahnwitz oder aus einer besonderen Krankheit herrühren; oder drittens ob eine Gott und ihres Seelenheils vergessene Person solcher Sachen, die auf ein Bündnis mit dem Teufel abzielen, sich zwar ihres Orts ernsthaft, jedoch ohne Erfolg und Wirkung unterzogen habe; oder ob viertens untrügliche Kennzeichen eines wahren zauberischen, von teuflischer Zutuung herkommen sollendes Unwesen vorhanden zu sein erachtet werden.

Ersteres kann geschehen, wenn eine gottlose Person aus Gewinn oder anderen gefährlichen Absichten, aus Frevelmut oder sonstiger Bosheit oder wohl gar aus Verzweiflung sich für einen Wahrsager, Zauberer, Bockreiter, Hex, Unhold und dergleichen selbst ausgibt oder sich zauberischer Wissenschaft, Künste und

Taten oder eines mit dem Teufel habenden Bündnisses oder eines zauberischer Weise zugefügten Schadens, so entweder gar nicht geschehen oder aus natürlicher Ursache entstehen können, sich rühmt oder aber in der Tat zwar allerhand Schaden, jedoch mit Gift und anderen natürlichen schädlichen Sachen angerichtet hat, in der Hauptsache jedoch außer der Inquisiten bloßer Angabe kein sicherer Grund einer wahren unterlaufenen Zauberei oder Hexerei vorhanden ist.

Wegen des anderen Falls ist gar nichts Seltsames, und gibt es die Erfahrung, dass melancholische, sinnverrückte oder mit außerordentlichen Krankheiten behaftete Leute sich von allerhand phantastischen Sachen einen lebhaften Eindruck machen, auch das, was nicht ist, von sich glauben und in solcher ihrer Gemütsverirrung allerlei närrische Dinge begehen können.

In betreff des dritten Falls hat gleichsam die Erfahrung genugsam bewiesen, dass gottvergessene Leute, in der bösen Meinung und Hoffnung, dass ihnen der Teufel Hilfe und Beistand leisten könne und das Verlangte verschaffen werde, mittelst dessen Berufung und Beschwörung, auch mittelst schriftlich oder mündlich erzeigter Bereitwilligkeit ihm ihren Leib und ihre Seele zu verschreiben, ihres Orts zwar alles tun, was zur Bewerkung einer wahren Zauberei nach der oben im § 1 ein kommenden Beschreibung erforderlich ist, jedoch ungeachtet aller ihrer eifrigen Bestrebungen einer angehofften Hilfeleistung nicht teilhaftig geworden sind, somit solch ihr gottloses Unternehmen ohne Wirkung, in dem bloßen Versuch der Zauberei sich beschränkt hat. Belangend endlich

den vierten Fall einer wahrhaft anscheinenden Zauberei, Hexerei und dergleichen, da ist weder aus der bloßen Aussage eines Inquisiten, der etwa mit dem Teufel einen Bund gemacht zu haben oder allerlei Dinge von Luftfahrten, Hexentänzen und dergleichen angibt, weder aus eitlen Argwohn und betrüglichen Vermutungen, weder eins solchen Sachen, die zufällig oder aus eigener Bosheit des Täters natürlich geschehen können, nicht gleich und so schlechterdings auf eine ausdrückliche Verbindung mit dem Teufel und auf eine wahre Zauberei und Hexerei der Schluss zu ziehen, sondern vielmehr in zweifelhaften Fällen allemal dafür zu halten, dass dergleichen Bekenntnisse oder so gestaltete Unternehmungen aus Betrug und boshafter Vorstellung oder gestalteten Dingen nach aus Wahnwitz und Sinnverrückung oder lediglich aus einer unwirksamen Bestrebung geschehen seien. Dahingegen nur allein in jenen etwa vorkommen mögenden Begebenheiten, wo die erweislich von dem Inquisiten begangenen Dinge oder verübten Untaten ganz unbegreiflich und keine natürliche Sache derselben angegeben werden kann, die Vermutung statt haben mag, dass eine solche Untat, die nach dem Lauf der Natur von einem Menschen für sich selbst nicht hat bewerkstelligt werden können, mit bedungener Zutat und Beistand des Satans aus Verhängnis Gottes geschehen sei, folgsam in Ansehung der Person, die eine so geartete Untat angerichtet hat, eine wahre Zauberei oder Hexerei darunter stecken müsste, welch letzterer Fall Unsere hierunter § 7 und § 12 vers. 4 einkommende Verordnung zu beobachten ist.«

Die angeführten Stellen gebieten nämlich, dass derlei Prozesse ohne Urteilfällung an das Obergericht und von diesem an die Kaiserin abzugeben sei. Bemerkt wird dazu, dass zufolge der schon früher verordneten größeren Sorgfalt bei derartigen Prozessen die heilsame Wirkung eingetreten sei, dass unter der Regierung Maria Theresias »kein wahrer Zauberer, Hexenmeister oder Hexe entdeckt werden konnte, sondern derlei Prozesse allemal auf eine boshafte Betrügerei oder eine Dummheit und Wahnwitzigkeit des Inquisiten oder auf ein anderes Laster hinausgelaufen seien und sich mit empfindlicher Bestrafung der Betrügerei oder sonstigen Übeltäters oder mit Einsperrung des Wahnwitzigen geendet haben.« Überhaupt machen alle diese Bestimmung über Zauberwesen und Hexerei den Eindruck, als glaubte deren Verfasser oder Urheber selbst nicht mehr an diesen Wahn und als scheute er nur aus konfessionellen oder staatspolitischen Gründen solches klipp und klar weg zum Ausdruck zu bringen. Dass die Vorurteile zu jener Zeit selbst in richterlichen Kreisen noch mächtig waren, beweist unter anderem auch nachfolgende Bestimmung.

»§ 6. Wir verbieten aber den Richtern hiermit ernstgemessen und wollen, dass sich in Nachforschung auf dieses Laster von Ungewissen und betrüglichen Erkundigungsmitteln (als da ist die Aufsuchung eines Teufelszeichens oder Hexenmals und derentwegen Besichtigung und Nachsuchung an geheimen Orten oder Abscherung der Haare am ganzen Leib oder Eingebung eines Getränks oder Beschmierung mit allerhand Salben zur vermeintlichen Auflösung einer vom Teufel verursachten Reckung oder die Verhinderung, dass der Zauberei Verdächtige keinen grünen Erdboden betreten möge, oder die Erforschung durch das kalte Wasser und was dergleichen nichtige und teils selbst abergläubische Zaubergegenmittel vormals üblich gewesen sein dürften) allerdings bei widrigen Falls zu befahren habender schärfster Ahndung enthalten werden soll.«

Von den zur Vornahme der Tortur erforderlichen Anzeichen heißt es:

»§ 10. Die Anzeichen zur peinlichen Frage sind nur allein jenen Falls, wo zugleich große Beschädigung an Leuten, Vieh oder Feldfrüchten geschehen ist oder andere die Todesstrafe nach sich ziehende Missetaten dazustoßen, nach der Eigenschaft solcher Verbrechen aus der Tat und deren Umstände zu erheben, und da solcher anderweitiger Misshandlungen halber genügsame Inzichten vorhanden sind, mit dem Inquisiten im Leugnungsfall gemeiner Ordnung nach zur Tortur vorzuschreiten. Wenn es aber lediglich um das Laster einer anscheinend wahren Zauberei oder Hexerei zu tun wäre, da gestatten Wir wegen Wichtigkeit der Sache keinerdings, dass die nachgesetzten Gerichte gegen eine der Zauberei oder Hexerei berüchtigten Person (wie beträchtlich immer die diesfälligen Anzeichen sein dürften) für sich selbst eine Tortur verhängen mögen, sondern dieselbe haben allemal nach vollführter Inquisition solchen Vorfall mit allen Umständen und Anzeichen an Uns durch das Obergericht zu berichten, wie bereits hier oben § 7 angeordnet worden.

§ 11. Die besonderen Fragstücke, die einem der Zauberei oder Hexerei Verdächtigen vorzuhalten sind, sind auf die Beschaffenheit der Tat und der dabei unterlaufenen Umstände schicksam einzurichten, sonderheitlich aber ist derselbe zu befragen:

Erstlich: Wenn es aus boshafter Vorstellung geschehen ist: Aus was für Ursache und Absichten er solche Handlungen unternommen habe? Wer ihm dazu Anleitung und Unterricht gegeben habe?

Ob er in solchen Unternehmungen Gespäne und Mitgehilfen gehabt habe und wer dieselben seien?

Was sie für ein Verständnis und Verabredung dieserwegen miteinander getroffen haben?

Welchergestalt und auf was für Weise, durch was für Gelegenheit, zu welcher Zeit, an was für Orten, wie oft und in wessen Gegenwart solche verstellte Handlungen ausgeübt worden?

Ob dadurch ein Schaden entstanden, was für einer? Und was sonst die Taten und deren Umstände für notwendige Fragen an die Hand geben mögen. Nach geschehener Aussage muss das Halsgericht sogleich aller Orten sich eigentlich erkundigen, ob sich das Angegebene so befände, auch ob die Tat und der Schaden, die Menschen, Vieh etc. eingestandenermaßen zugefügt worden sich so verhalte. Denn auf ein bloßes Bekenntnis, das sich in der Tat nicht vorfindet, ist nicht zu bauen.

Andertens: Wenn wahrscheinlich ist, dass dergleichen Dinge aus Wahnwitz, Leibes- oder Gemütskrankheit geschehen sind, soll man die Fragstücke schicklich dahin einleiten, damit der Grad der Vernunftlosigkeit, Phantasie oder sinnesverwirrender Krankheit und ob zur Zeit der unternommenen Handlungen eine oder keine Bosheit oder Schuld mit unterlaufen sei, sicher ausfindig gemacht werden möge. Zu welchem Ende auch dessen Leibes- und Gemütsbeschaffenheit durch öftere Besuche zu prüfen und ob keine Verstellung darunter stecke auszuforschen, besonders aber dessen wahrer Zustand durch geschickte Leibärzte zu untersuchen sein wird. Hätte aber drittens der Inquisit gottloser Weise, obschon vergebens versucht, mit dem bösen Geist durch dessen Beschwörung oder anderwegs Umgang und Gemeinschaft zu bekommen und von ihm Hilfe und Beistand zu seinen Absichten zu erlangen, so ist er hauptsächlich um die Art und Weise welchergestalt die Beschwörung und Berufung des Teufels oder die Verschreibung an denselben, mit was für Worten, Werken, Zeremonien und Ausdrücken geschehen sei, auszufragen, um dadurch den Lasterwillen, auf was für Grad der Bosheit derselbe gestiegen und ob nicht etwa eine Gotteslästerung mit unterlaufen sei, annehmen zu können. Wenn endlich

Viertens: übernatürliche Dinge zauberischer Weise gewirkt worden zu sein scheinen, so ist durch dienliche Fragstücke nachzuforschen, wie und auf was für Art, mit was für Vorbereitung, mit wessen Beihilfe und Zutun er solche Handlungen zuwege gebracht habe und welchergestalt das etwa vorgegebene Bündnis mit dem bösen Feind beschaffen sei.«

Die für diese angeblichen Missetaten vorgeschriebenen Strafen waren sehr streng. Es wurde die Todesstrafe vollstreckt, wenn Giftmischerei, Brandstiftung und dergleichen Kapitalverbrechen mit im Spiel waren, somit eigentlich nur diese Verbrechen bestraft, wobei jedoch »wegen der sich boshaft angedichteten Teufelskunst« die Todesstrafe noch in üblicher Weise verschärft werden konnte. In milderen Fällen wurde auf Prügelstrafe, Ausweisung und unter Umständen Überführung in eine Heilanstalt erkannt.

Die Anzeichen zur Vornahme der Tortur bei dem »Laster der beleidigten weltlichen Majestät und Landesverräterei« (LXI6) waren:

»Erstens: eigenhändige Urkunden und Briefschaften, woraus die bösen Anschläge abzunehmen seien.

Andertens: jählings Anwerbung einer Mannschaft oder unternommene Zusammenrottung eines Volkes.

Drittens: Von dem Feind angenommene Geschenke und Verheißungen.

Viertens: Wenn mehrere aus den oben in § 4 und 5 angeführten oder sonstige Inzichten zusammentreffen und man sich zu der Person des Inquisiten solcher Untat wohl versehen kann.« Bemerkt sei hier, dass die erwähnten Paragraphen die Anzeichen zur Nachforschung und zur gefänglichen Einziehung anführen. »Wobei überhaupt anzumerken ist, dass, obschon die wesentlichen Stücke des Kriminal-Verfahrens niemals außer Acht zu lassen sind, jedoch in diesem so abscheulichen Laster, an dessen Entdeckung dem gesamten Staat zur Abwendung allgemeinen Unheils und Zerrüttung äußerst gelegen ist, zur Anwendung der Tortur keine so gar triftige und unzweifelhafte nächste Anzeichen erforderlich seien, und Wir demnach in diesem Laster die nötig befindende Verhängung der scharfen Frage entgegen Personen, die des Hochverrats gar sehr verdächtig sind, der vernünftigen Willkür Unserer Obergerichte überlassen haben wollen; wo jedoch in solchem ausgenommenen Fall nach der oben in

Art. XXI § 4 gemachten Anordnung das geschöpfte Beiurteil Uns vorher zur höchsten Einsicht und Beaugnehmung zu überreichen ist.« Die vorzulegenden Fragen entsprechen den Fällen von Majestätsbeleidigung und Hochverrat und brauchen hier wohl nicht näher angeführt zu werden.

Die Anzeichen zur peinlichen Frage bei Münzfälschung und dergleichen (LXIII § 4) sind:

»Erstlich, wegen der falschen Münzung:

Wenn in des Verdächtigen Zimmer, Haus, Vorhaus oder unter seiner Fahrnis falsche Münzen oder Werkzeug oder andere zum Münzen gehörige Sachen, als Münzplatten oder ungeprägtes Blech, die der falsch gemünzten Materie gleich sind, gefunden werden.

Wenn der Verdächtigte solche falsche Münzen erweislich ausgegeben und seinen Geber nicht benennen könnte.

Wenn derjenige, der falsches Geld ausgegeben, von seiner Hantierung ein Münzer wäre; umso mehr, wenn ein solcher, der wissentlich falsches Geld ausgegeben hat, außer seiner gewöhnlichen Hantierung, somit aus vermutlich böser Absicht, die Wissenschaft zu münzen sich beigelegt hätte.

Andertens, wegen der Münzverfälschung und -verringerung:

Wenn beschnittenes Geld oder Abschnittlein oder abgefeiltes Gold und Silber in beträchtlicher Menge oder ein zu solchem Ende eigens gewidmetes Werkzeug bei dem Inquisiten angetroffen werden;

Wenn wer solche gefälschte Gelder öfters und in namhaften Betrag ausgegeben hat, ohne dass er wegen deren rechtmäßigen Überkommen sich gehörig ausweisen könnte.

Drittens wegen der Ausgebung falschen, oder verfälscht guten Geldes:

Wenn der Inquisit, wie hier oben in § 2 vers. 3 gemeldet worden ist, wegen der vorhin gehabten und zur Zeit nicht mehr habenden falschen oder beschnittenen Münzen beschwert ist und er, wie selbe endlicher Weise von ihm weggekommen nicht darzutun vermag, dagegen aber derlei Münzen, unwissend von wem, unter die Leute gebracht worden.

Um solcher Ursache halber kann der so schwer Beinzichtigte jedoch nur in jenen Fällen, wo auf das gar bös geartete Verbrechen nach Unserem Gesetz die Todesstrafe ausgemessen ist, auf sein Leugnen an die scharfe Frage geworfen werden.«

Bei mehreren der nachfolgend angeführten Verbrechen, wie *Bestechung von Amtspersonen, Verrat von Amtsgeheimnissen, Treulosigkeit von Anwälten etc., ist die Vornahme der Tortur überhaupt nicht vorgesehen. Erst in Artikel LXXII,* »von denen, die allerhand Falsch begehen«, kommt die Anwendung der peinlichen Frage wieder in Betracht, sofern die Tat so arg ist, dass sie unter Umständen die Todesstrafe nach sich zöge. Bei den meisten der hierzu gehörigen Fälle, wie Verfälschung von Waren, Gewicht und Maß, Siegel und Urkunden, Verrückung von Grenzzeichen und dergleichen ist diese Strenge somit von vornherein ausgeschlossen. Die Vornahme der Tortur finden wir jedoch wieder Artikel LXXIV angeordnet, der *»von Unkeuschheit wider die Natur«* handelt:

§ 4. Anzeichen zu der peinlichen Frage sind ungefähr, wenn der Verdächtigte

Erstlich: an Ort und Ende, so zu der Tat bequem, gesehen, auch (wie im nächst vorhergehenden § gemeldet worden ist) hierzu bereitet gefunden oder

Andertens: von dem Knaben oder der missbrauchten Person solches über ihn mit glaublichen Umständen wäre ausgesagt worden oder

Drittens, wegen solcher begangenen Lastertat sonst ein ziemlicher Beweis vorhanden wäre, und der Täter nichtsdestoweniger im Leugnen stünde, seine Unschuld aber nicht genugsam ausweisen könnte.«

Die vorzulegenden Fragen entsprechen der Beschuldigung, und als Bestrafung ist in Fällen der Bestialität die Verbrennung des Schuldigen sowie des von ihm missbrauchten Viehs vorgeschrieben, während Knabenschändung oder sonstige Sodomie mit Enthauptung des Täters und nachfolgender Verbrennung seines Leichnams gebüßt werden sollte. Alle anderen widernatürlichen Unkeuschheiten sollten, je nach den Umständen, schärfer oder gelinder bestraft werden. Bei der Blutschande (LXXV) wird als Anzeichen zur peinlichen Frage angeführt: »Wofern ein oder beide Verhaftete die Tat leugnen und über die gemeinen Anzeichen, die sie nicht zur Genüge von sich abgekehrt und verantwortet hätten, noch andere zur Vornehmung der peinlichen Frage in fleischlichen Sünden genügsame Vermutungen beikämen, soll der Richter zur Erfahrung der gründlichen Wahrheit bewandten Umständen nach zur Tortur vorschreiten.«

Der Artikel LXXVI handelt von der Notzucht, auf die Todesstrafe durch Enthauptung gesetzt war.

»§ 4. Die Anzeichen zur peinlichen Frage ergeben sich, da

Erstlich der Beschuldigte entweder die Tat oder den begangenen Notzwang leugnet, die Genötigte aber beständig auf ihrer Aussage bliebe und genügsame Anzeichen an Händen zu geben hätte, oder da

Andertens ein unverleumdeter Zeuge, der die Genötigte um Hilfe hätte schreien hören, wider den Verhafteten vorhanden wäre und er das Widerspiel rechtmäßiger Weise nicht dartun könnte, sondern stets im Leugnen verharret.«

Da auch der Ehebruch unter erschwerenden Umständen mit dem Tod bestraft werden konnte (LXXVII § 6), so war auch hierbei die Tortur zulässig:

»§ 5. Die Anzeihung zur peinlichen Frage ergibt sich, wenn ferner entgegen die verhafteten Personen entweder aus deren Bekenntnis oder anderen redlichen Vermutungen hervorkäme, dass

Erstlich, sie zwar im Werk ergriffen worden sind, nichtsdestoweniger in Abrede der wirklichen Vollziehung ständen.

Andertens, da das Weib in Abwesenheit des Mannes oder in dessen großer Schwachheit und Krankheit schwanger geworden ist und doch den Ehebruch nicht bekennen wollte, noch genügsame Ursachen ihrer ehelichen Schwängerung geben könnte,

Drittens, wenn man Buhlbriefe aufgefangen hat, aus denen das Bekenntnis des Ehebruchs erhellt wird, die Verdächtigen aber solchen verneinten.

Auf alle diese und dergleichen Anzeichen, und fast eine jede in Sonderheit, wofern selbe rechtlich dargetan wird, die Gefangenen aber ihre Unschuld nicht genugsam erweisen können, soll der Richter in Fällen, wo es auf eine Todesstrafe ankommt, fortan mit der peinlichen Frage vorgehen.«

»Erschwerende Umstände sind:

Erstlich wegen Ungewissheit der Empfängnis, wenn der Ehebruch von einem Eheweib mit einer ledigen Mannsperson, und umso mehr

Andertens, wenn derselbe in doppelter Ehe von zwei verheirateten Personen geschieht.

Drittens, wenn der Täter über geschehenes Verbot und Bestrafung zum zweiten Mal oder wohl gar über öfter fruchtlose Bestrafung neuerdings hierin betreten hat; oder

Viertens, von einem fast alten Mann oder einem, der den Leuten zur Obrigkeit und guten Beispiel vorgesetzt ist, begangen würde; oder

Fünftens, nebst dem Ehebruch noch ein anderes Laster, als bösliches Verlassen des Ehegatten mit unterliefe.«

Bei dem Verbrechen der zweifachen Ehe, auf das die Strafe der Enthauptung gesetzt war, wenn es bösartig oder betrügerisch begangen wurde, eine Strafe, die jedoch bei erschwerenden Umständen noch verschärft werden konnte, galten als Anzeichen zur peinlichen Frage (LXXVIII § 4):

»Erstlich, wenn aus des Verhafteten gütiger Aussage eine Unwahrheit,

Andertens, wankendes Gemüt oder sonst unstandhafte leere Ausflüchte erschienen; oder da er

Drittens vorgäbe, es wäre ihm nicht bewusst gewesen, dass sein voriger Ehegenosse noch am Leben sei. Welchen Falls ihm nicht stracks zu glauben sei, sondern, wenn er dieses sein Vorgeben nicht klar dartut, noch anderwegs seine Unschuld, wie rechtens ist, beweisen würde, soll der Richter, wenn er aus obgesetzten wider den Täter sich vorfindenden Vermutungen denselben genugsam beschwert zu sein erachtet, auf vorhergehendes Beiurteil mit ihm peinlich verfahren.«

Bei gewaltsamer Entführung von Weibspersonen (LXXIX) konnte zur Tortur geschritten werden, wenn die Entführte oder ein glaubwürdiger Zeuge auf ihn aussagten und er den Verdacht nicht abwenden konnte und im Leugnen verharrte. Ähnlich verhielt es sich auch bei Kuppelei (LXXX), auf die allerdings nur unter erschwerenden Umständen Todesstrafe stand. Bei »Todschlag, Verwundungen und andere tödlichen Handlungen« (LXXXIII) heißt es:

»§ 7. Die Anzeichen zur peinlichen Frage entstehen sodann, da aus den eingezogenen Erkundigungen alle erstbemeldete oder hieraus die vornehmsten Wahrzeichen hervorkämen und noch andere gemeine Anzeichen dazustoßen, als

Da einer bei vorgegangenen Raufhandel und hierauf erfolgten Todschlag mit dem Entleibten gezankt hat;

Sein Gewehr oder Messer genommen und auf den Entleibten gestochen, gehauen, oder sonst mit gefährlichen Streichen zugeschlagen hätte.

Sonderlich wenn man auch des Verdächtigen Gewehr, Messer oder Kleider zur Zeit der geschehenen Entleibung blutig gesehen hat und solches Gewehr mit der Wunde zutrifft. Oder wenn er des Entleibten Habe genommen, verkauft, hinweggeben oder noch bei sich hätte und solchen Verdacht mit glaublichen Beweisen nicht ablehnen könnte.«

Für die Anklage wegen Kindesmord genügten die entsprechende Verdachte zur Anwendung der Tortur. Bei Waffen- und Meuchelmord kamen als Anzeichen zur Verhaftung und Tortur auch in Betracht (XC § 6): »Erstlich, wenn die verdächtige Person in Brauch hat, bei nächtlicher Weile auszugehen, in Hohlwegen, Graben, Busch oder Wälder sich aufzuhalten. Andertens, wenn wer in einsamen und zum Morden gelegenen Orten zu wohnen pflegt. Drittens, wenn Reisende oder vielmehr herumschweifende Personen allenthalben in den Wirtshäusern liegen, zehren und keine redliche Ursache solcher ihrer Zehrung wissend wäre oder von ihnen angezeigt werden könnte. Viertens, wenn einer mit Räubern, Mördern und anderen dergleichen Personen Kundschaft und Gemeinschaft hätte. Fünftens, wenn einer betreten würde, der geraubte Sachen, so dem Entleibten gehören, bei sich hätte oder dieselben verkaufte, einem anderen übergeben oder andergestalt verdächtigerweise damit gehandelt hätte und seinen Verkäufer oder Gewährsmann nicht anzeigen wollte.«

Von einer bestellten Mordtat (XCI) heißt es:

»§ 4. Da nun der Beinzichtigte die Missetat leugnet und doch aus der Nachforschung oder sonst hervorkäme, dass derselbe an dem Ort, wo die Tat geschehen ist, mit unzulässigen und verbotenen Waffen, als mit geladenen Pistolen, Terzerolen, ausgezogenen Degen oder einem anderen Verletzungs- oder Mordgewehr, mit dem die Wunde in Besichtigung des toten Körpers gleichförmig erkannt wurde, wäre gesehen und betreten worden; oder soviel den Besteller betrifft, wenn er den Bestellten stets bei sich gehabt und ihn unterhalten oder wirklich Geld gegeben hatte, dessen aber keine andere standhafte Ursache anzuzeigen wusste, so soll nach Gestalt der Sachen gegen einen solchen stark beschwerten Menschen die peinliche Frage vornehmen.«

Bei Giftmischerei (XCII) galt als Verdacht, gegen den die Tortur angewandt werden konnte, wenn der Verdächtigte mit dem Verschiedenen in Zwist gelebt, Gift gekauft oder sonst damit umgegangen wäre, ohne glaubhaft darzutun, dass er dieses Gift zu anderen Dingen benötigt hatte oder gebrauchen wollte; auch wenn er überhaupt geleugnet hat, im Besitz von Gift gewesen zu sein, und dessen doch überführt wird.

Bei Diebstahl galten (XCIV § 8) als Anzeichen zur peinlichen Frage: »Erstlich, wenn der Verdächtigte die ihm zur Last gehende Inzicht, wie rechtens ist, von sich nicht ablehnen könnte, und er überdies wegen der bei ihm vorgefundenen Sachen seinen Geber nicht anzeigen wollte oder könnte, item, wenn derselbe schon einmal wegen Diebstahl wäre abgestraft oder bei ihm verdächtige Diebsschlüssel, Dietrich, Wurfleiter, Brecheisen wirklich wären gefunden worden. Ingleichen

Andertens, wenn ein großer Diebstahl geschehen und der Verdächtigte nach der Tat mit seinen Ausgaben reichlicher sich erzeiget, als er sonst außer des Diebstahls im Vermögen gehabt, er auch hierüber nicht andere glaubwürdige Ursachen anzeigen könnte, woher das verdächtige Gut komme, anbei eine solche Person wäre, zu der man sich der Missetat versehen könnte, der Betrag des Diebstahls aber so hoch sich beliefe, dass er derentwegen, wenn es auf ihn erwiesen würde, am Leben zu strafen wäre; bei welcherlei schweren Inzichten der Verdächtigte auf sein beharrendes Leugnen nach vernünftigem richterlichem Ermessen über vorgehendes Beiurteil gar wohl an die Tortur geworfen werden kann.«

Bemerkt sei hier, dass schon ein Diebstahl von mehr als 25 Gulden Werts als schwerer Diebstahl galt, der mit dem Strang bestraft wurde, oft sogar noch mit Verschärfungen. Auch wiederholter Diebstahl von geringeren Werten wurde mit derselben Strenge bestraft. Noch schärfer wurde *Kirchendiebstahl* bestraft, von dessen Anzeichen zur Vornahme der Tortur bemerkt wird:

»XCV § 4. Mit der peinlichen Frage sodann gestalteten Sachen nach gegen den leugnenden Inquisiten verfahren werden, wenn er den Verdacht, wie rechtens ist, nicht ablehnen könnte, auch über die vorige Vermutung argwöhnisches Brechzeug bei demselben gefunden wird oder ihn jemand wirklich die Kirchentür, Sakristei, Tabernakel oder Sakramentshäusel etc. hätte aufbrechen sehen oder aber sonst solche Missetat durch einen unverleumdeten Zeugen auf ihn bewiesen würde.«

Der nächstfolgende Artikel behandelt den *Straßenraub*, hier besagt § 3: »Die Anzeichen zur peinlichen Frage entstehen sodann, wenn sich bei einem oder mehreren verdächtiges geraubtes Gut, auf das der Beraubte zeigen könnte, befände oder wenn der Beraubte bei seinem Eid auf die Gefangenen oder aber ein Räuber in der peinlichen Frage wider einen anderen aussagte, die Beschuldigten hingegen den Geber und Gewährsmann des bei ihnen gefundenen Guts halber nicht zu nennen wüssten oder in der Gegenstellung wankend und unwahrhaft sich erzeigten; den falls nach vernünftiger Erwägung gesamter Umstände zur Tortur vorgeschritten werden kann.« Auch bei *Veruntreuung* im Amt scheint die Tortur angewandt worden zu sein, obgleich dies nicht ausdrücklich bemerkt wird. Es lässt sich solches umso eher annehmen, als auf derlei Veruntreuungen über den Betrag von 150 Gulden Todesstrafe gesetzt war.

Bei *Brandstiftung und Mordbrennerei* richtete sich der Verdacht der Täterschaft, wie bei den meisten Verbrechen, hauptsächlich gegen Landstreicher, Zigeuner und dergleichen Leute. »XCIX, § 3. Anzeichen zur peinlichen Frage entstehen sodann, wenn bei einem solchergestalt verdächtigen Menschen Pulver, Pech, Zündstrick, Feuerschwamm und andere dergleichen zum Brand dienliche Sachen gefunden oder wenn er überwiesen wurde, dass er kurz vor dem Brand entweder mit Worten oder mit schriftlicher Befehdung bedrohlich gewesen oder mit ungewöhnlichen, verdächtigen Feuerwerken, womit man heimlich zu brennen pflegt, umgegangen war und der Verdächtige mit keinem glaubwürdigen Schein dartun könnte, dass er solche Dinge zulässiger

Weise geübt hat, weder sonst seine Unschuld an Tag geben könnte.«

Merkwürdig ist, dass bei »*Unbilden, Schmachhändeln, Verleumdungen, auch ehrenantastlichen Berührungen*«, Dingen also, die wir heutzutage zumeist als Ehrenbeleidigungen gelten lassen und bestrafen, ebenso wie bei »Schmachkarten und Schandbriefen« die Tortur angewandt werden konnte. Die hierauf gesetzten Strafen konnten diese Verfügung nicht rechtfertigen, die nur sozusagen durch einen legislativen Kniff hier zulässig wurden. Im Artikel C, der von den erstgenannten Beleidigungen handelt, heißt es nämlich: »Die Anzeichen und Fragstücke entspringen hauptsächlich aus den verschiedenen Umständen und kommen großenteils mit jenen überein, die Wir im nachstehenden Artikel über Schmachkarten anführen werden.« Damit ist die Möglichkeit der Torturanwendung angedeutet, aber nicht ausgesprochen. In dem erwähnten »nachstehenden Artikel« wird auch nur von »Anzeichen zur Nachforschung und Gefängnis« gesprochen, nebenbei aber bemerkt:

»§ 5. Da nun die beinzichtigte Person keinen Geber anzuzeigen wüsste und nebenbei ein untadelhafter Zeuge oder andere zur Tortur genügsame Inzichten vorhanden, die Schmachkarte auch also beschaffen wäre, dass dadurch hohe Personen angegriffen oder daraus ein großes Unheil in der Gemeinde oder einem ganzen Lande entstanden sei und überhaupt, wenn die Tat so übel geartet wäre, dass man im Erweisungsfall gegen den Ehrenschänder zur Todesstrafe vorschreiten könnte, so ist gegen solchen leugnenden Täter die peinliche Frage vorzunehmen.« Von der Bestrafung heißt es, dass »ein solcher boshafter Ehrenschänder, so dergleichen Schmachschriften verfasst oder wissentlich verbreitet hat, wenn er der Tat geständig oder überwiesen ist«, nach den Umständen seines Verbrechens auf den Pranger gestellt, öffentlich ausgepeitscht und »nebst dessen Ehrloserklärung aller Erblanden auf ewig verwiesen soll oder, wenn er Inländer wäre, nebst der Ehrloserklärung auf mehrere Jahre zu einer Festungs-, Zuchthaus- oder anderen öffentlichen Arbeit oder bewandten Umständen nach zu einer empfindlichen Geldstrafe verurteilt, auch jenen Falls, wenn der Schandbrief oder das Schandzeichen zur Schmach und Unehre Unserer Minister,

Räte oder Unserer Landesstellen und Ämter oder wohl gar zur Verkleinerung Unserer Landesfürstlichen Hoheit gereicht oder sonst die Tat mit gar bösen Umständen beschwert wäre, mit dem Schwert hingerichtet, anbei allemal vorläufig der Schandbrief oder die Schmachkarte durch den Scharfrichter öffentlich verbrannt wird, jenen Falls hingegen, da der Täter flüchtig wäre und über geschehene Ediktal-Fürforderung ungehorsam ausbliebe, inmittelst, bis er betreten und das gefällte Urteil an ihm vollzogen werden könne, dessen Namen an den Galgen geschlagen werden.« Durch Einschmuggelung des an anderer Stelle bereits behandelten Majestätsverbrechens und der hierauf gesetzten Todesstrafe war es daher möglich, jeden Pasquillanten oder Karikaturisten auf die Folter zu spannen. Und als Pasquille oder Schmähschrift galt damals, gilt heute noch den Machthabern nur zu oft jede nicht sehr schmeichelhafte oder sonst nicht genehme Veröffentlichung. Es ist dies in wenigen Paragraphen das energischste Pressegesetz, das man sich denken kann. Auch darf man nicht glauben, dass die Wahrheit der in dem »Pasquille« angegriffenen Tatsache vor Bestrafung schützte, es galt nur als »mildernder Umstand«, »wenn das Laster, das einer durch ein Pasquille oder eine Schmachkarte ausgebreitet hat, sich in Wahrheit also befunden hat, in welchen Fällen die Strafe etwas zu lindern ist.« Es passt nur noch zu gut dazu, dass der letzte Paragraph dieses Artikels zum Schluss noch bestimmt, dass der Denunziant des Täters oder der Mitschuldigen aus deren Vermögen eine »ziemliche Belohnung« erhalten sollte.

Der Schlussartikel (CIV) der Theresiana lautet: »In dieser allgemeinen peinlichen Gerichtsordnung sind die mehrsten Verbrechen, so sich gemeiniglich ereignen, teils durch hierortige Ausführung und teils durch ausdrückliche Berufung auf Unsere schon bestehenden anderweitigen Satzungen und Ordnungen abgehandelt worden. Wenn aber gleichwohl eine böse Tat, die ihrer Bosheit nach gar wohl mit halsgerichtlicher Ahndung und Bestrafung angesehen zu werden verdient, in diese Gerichtsordnung aber entweder gar nicht oder nicht klar genug ausgedrückt wäre, vorkommen sollte, so ordnen Wir hiermit, dass hierbei alle Umstände der unterlaufenen Gefährde, des bedächtlichen Vorsatzes, des entstandenen gemeinen Ärgernisses und des etwa dadurch verursachten öffentlichen oder sonderheitlichen Schadens wohl erwogen und bei Befund eines unterwaltenden schweren Verbrechens ein solcher Malefizfall von jeder Blutgerichtsobrigkeit nach Ähnlichkeit der in dieser Gerichtsordnung einkommenden Grundsätze für selbiges Mal zwar entschieden, jedoch eine solche Begebenheit als ein ausgenommener Malefizfall angesehen wird, somit das abgefasste Urteil vor dessen Kundmachung an das Obergericht zur höheren Erkenntnis abgegeben und jenen Falls, da etwa wegen besorgender öfterer Wiederholung einer solchen Misshandlung eine allgemeine Strafausmessung für alle unsere Erblanden nötig zu sein erachtet würde, der Vorfall von dem Obergericht nach Hof angezeigt werden soll.«

Und damit können wir auch Abschied nehmen von der *Constitutio Criminalis Theresiana*, die uns vom Standpunkt unserer Zeit seltsam anmuten muss, aber immerhin einen gesetzgeberischen Fortschritt für ihre Zeit bedeutete, ein Fortschritt, der allerdings nicht ausreichend genug war, um diesem Gesetz eine längere Lebensdauer zu geben.

XIII. Kapitel

Abschaffung der Tortur – Anhänger der Tortur – Hexenwahn im neunzehnten Jahrhundert – Ostpreußen – Russland – Kaukasien – Mexiko – Rheinprovinz – Exorzismus – Johannes Perone – Johann Peter Gury – Andreas Gassner – Besessenheit – Vilmar – Religiöser Dualismus – Hexenverfolgung in Indien – Maximilian Perty – Hexerei als Geisteskrankheit erklärt – Urteil eines Juristen über Hexerei

Die Theresiana trat 1769 in Kraft, also zu einer Zeit, wo Josef II. bereits Mitregent war. Noch vor dem Tod Maria Theresias, schon 1776 wurde die Tortur in Österreich aufgehoben, nachdem Preußen 1754, Baden 1767, Mecklenburg 1769, Sachsen, Braunschweig und Dänemark 1770 damit bereits vorausgegangen waren. In Frankreich fegte erst der Sturmwind von 1789 diese grässliche Peinigung fort, ebenso verschwand sie auch dort, wohin die Waffen Frankreichs für einige Dauer siegreich vordrangen. In Russland wurde die Tortur 1801 aufgehoben, in Bayern und Württemberg 1809, in Hannover erst 1822 und in Gotha sogar erst 1828. Dass mit der Aufhebung der Tortur nicht auch deren gänzliche Beseitigung erfolgte, soll später noch erwiesen werden.

Sosehr in der zweiten Hälfte des achtzehnten Jahrhunderts die peinliche Frage im Gerichtsverfahren als Grausamkeit betrachtet wurde, fand sie doch noch in Gelehrtenkreisen, besonders bei Juristen eifrige Anhänger. Der gelehrte Weimarer Amtmann Hieronymus Christoph Meckbach schrieb 1756: »Wir mögen ein *Genus tormentorum* nehmen, was wir wollen, so ist solches der Gesundheit schädlich. Bei der Ausspannung auf der Leiter werden dem Inquisiten die Arme aus der Junctur gezogen und, wenn solche nicht recht wieder eingerichtet werden, davon lahm, und entsteht wohl eine Schwindung darauf. Sobald nun einer Schmerzen empfindet, kann er nicht sagen, dass er gesund sei, denn gesund sein und doch Schmerzen haben ist eine Contradictio. Wer ein solches *Genus tormentorum* erfinden könnte, das keine Schmerzen macht, gleichwohl aber den Inquisiten dadurch zum Geständnis bringen könnte, der würde fürwahr ein großes *Praemium* verdienen, und ein solches Mittel könnte alsdann nicht mehr die Marter oder die peinliche Frage genannt werden, sondern müsste alsdann ihm ein ganz anderer Name beigelegt werden. So wenig aber einer *longitudinem in mari* und das *perpetuum mobile* herauszubringen imstande sein wird, so und noch weniger wird einer eine Tortur ohne Schmerzen erfinden und durch solche den Inquisiten zum Geständnis bringen können. Zu dem Hunger braucht man zwar keine Instrumenta, die den Leib äußerlich afficieren und Schmerzen verursachen, dennoch aber macht er viel größere und längere Schmerzen, als alle andere peinlichen Instrumenta verursachen können, und ist der Gesundheit weit schädlicher, ja tödlicher; gleichwohl aber wird der Hunger als eine Tortur gebraucht. Brunnemann hat in seinem Inquisitionsprozess die Marter des beständigen Wachens für das beste Mittel gehalten, die Inquisition dadurch ohne sonderliche Marter zum Geständnis zu bringen. Ob nun schon das beständige Wachen so große Pein nicht verursacht, so würde auch solches kein Mittel sein das Geständnis dadurch herauszubringen. Ein solcher Mensch würde auch endlich in Delirium fallen, seiner Sinne beraubt und alsdann dessen Geständnis unbrauchbar sein, mithin dieses Mittel das Geständnis herauszubringen, mehr schädlich als nützlich werden. Denn was wollte man hernach mit einem in die Raserei verfallenen oder närrisch und albern gewordenen Menschen und dessen Geständnis anfangen?« Diese vernünftigen Gründe vermögen aber den Verfasser nur zu dem Schluss zu bringen, dass die übliche Marterung zwar ein großes, aber auch nötiges Übel sei. Er gehörte zu den Anhängern der Bambergern Prügeltortur, vor der sich, seiner Meinung nach, die Bösewichter am meisten fürchten.

Ähnlich oder noch strenger äußerten sich über Anwendung der peinlichen Frage noch viele andere Autoren dieser und der vorhergegangenen Zeit, wovon namentlich letztere viele Schriften dieser Art aufzuweisen hat. Besonders sind uns zahlreiche Dissertationen überliefert worden, und es will fast scheinen, als ob dieses Thema an den deutschen Hochschulen sehr beliebt war. Anderseits wieder sehen wir auch die Behörden eifriger als früher bemüht, die Härten der Tortur zu mildern und von Ärzten Gutachten über die Art und das Maß der anzuwendenden

Mittel einholen. Doch was der peinlichen Frage im Gerichtsverfahren am meisten hemmend entgegentrat und wohl hauptsächlich zu deren Aufhebung beitrug, war der Umstand, dass der Hexenwahn, wenigstens in den gebildeten Kreisen, so ziemlich verflogen war, wie sich deutlich auch aus einigen angeführten Stellen der Theresiana ergibt. Dass er aber selbst im neunzehnten Jahrhundert zuweilen noch unheilvoll in Erscheinung trat, muss zugegeben werden, und es dürfte geeignet sein, hier zur Ergänzung des bereits über diesen Gegenstand Mitgeteilten noch einiges aus dem letzten Säkulum anzuführen. Wir würden uns übrigens über den Fortschritt der menschlichen Kultur einer argen Täuschung hingeben, wenn wir annehmen wollten, dass es sich hierbei um einen bereits überwundenen Aberglauben handelt. Wie bereits bemerkt wurde und wie jeder, der die Tagesereignisse verfolgt, weiß, lebt der Glaube an die Wirkung von Zauberei und Hexentum auch heute noch kräftig, und zwar nicht nur in der großen, derlei Irrtümern leichter zugänglichen Menge, sondern auch in den Kreisen der so genannten Intelligenz. Und es ist eine nicht gar zu seltene Erscheinung, dass dieser Glaube im Gedanken-Modekleid der unmittelbaren Gegenwart oder gar mit einem pseudowissenschaftlichen Mäntelchen umhangen im hellen Sonnenschein daherstolziert. Allerdings, aus der Rechtspraxis ist dieser Wahn völlig verschwunden und dürfte wohl auch in Europa selbst in den am wenigsten kultivierten und aufgeklärten Gegenden nicht zu finden sein. Aber es mag hier und dort heute noch vorkommen, was Schindler in seinem »Der Aberglaube des Mittelalters« mitteilt: »Noch im Jahre 1832 wurde in der Gegend von Danzig eine Unglückliche hinausgefahren und auf grausame Art ertränkt; und noch 1854 wurde in meiner Nähe eine alte Frau beerdigt, die im ganzen Dorf als Hexe galt und der man deshalb die Leichenbegleitung versagte.« Noch im Jahre 1879 wussten Zeitungen aus Russland zu berichten: In dem Wratschewo des Nowgoroder Gouvernements ist ein Bauernweib namens Agrafened Ignatiewa von den Einwohnern des genannten Dorfes wegen Verdachts der Hexerei lebendig verbrannt worden. Die Ältesten des Dorfes ließen Tür und Fenster des Hauses, in dem die vermeintliche Hexe wohnte, mit Brettern verschlagen, hierauf Stroh und Holz um das Haus legen und schließlich das Haus mit der »Hexe« verbrennen. Das unglückliche Opfer der abergläubischen Bauern wurde im buchstäblichen Sinne des Wortes zu Asche verbrannt. Über hundert Dorfbewohner, darunter der Ortspope, wohnten diesem schrecklichen Schauspiele bei. So geschehen im Jahre 1879.«

Soldan-Hoppe, dem wir dieses Zitat entnehmen, erzählte auch einen ähnlichen Vorfall aus dem russischen Staatsgebiet, wobei auch die Tortur zur Anwendung gelangte: »Über einen Hexenprozess, der in ganz eigenen Formen auf einem entlegenen Gebiet der alten Welt, nämlich in Kaukasien, seit dem Jahre 1874 verlief, brachten die öffentlichen Blätter im Anfang des Jahres 1878 Nachricht, indem derselben damals vor dem Geschworenengericht zu Jekaterinoda zur Verhandlung gekommen war. Im Jahre 1874 entdeckte nämlich das Weib des Ältesten im Aul ihrer Freundin, der Tschass Mertekuloff, dass ihr Mann aufgehört habe, sie zu lieben, und bat dieselbe um Rat, auf welche Weise sie die Liebe ihres Mannes wieder erwerben könnte. Die mitleidige Tschass Mertekuloff riet ihrer Freundin, sich an die Chakalo Chagutscheff zu wenden, die eine große Zauberin sei und auch ihr gewiss helfen würde. Das tat denn auch die Chodschigan Natyrboff – so hieß die Frau des Ältesten –, und die Zauberin gab ihr ein Mittel mit der Anweisung, dasselbe unter die Speisen ihres Mannes zu mischen. Die Chodschigan Natyrboff scheute sich jedoch, dieses Mittel bei ihrem Mann anzuwenden, und entdeckte ihrem Mann, was sie vorhabe. Der Älteste war empört und erschreckt darüber, dass in seinem Aul Hexen und Zauberinnen vorkommen, und beschloss, dieses Übel auszurotten. Zu diesem Zweck berief er die angesehensten Leute des Auls zu einer Beratung, trug denselben die Angelegenheit vor und beantragte, die Hexe einem strengen Gericht zu unterwerfen. Vor allen Dingen begaben sich die Richter in die Hütte der Chakalo Chagutscheff und forderten von derselben die Herausgabe ihres Zauberkrauts. Als diese solchem Verlangen nicht nachkommen konnte, wurde sie auf den Hof geführt, mit Ketten an einem Pfahl befestigt und dann in so naher Entfernung von ihr ein Feuer angemacht, dass sie Brandverletzungen davontrug. Da dieses Mittel aber nicht fruchtete, so wurde die Unglückliche in einen Keller geschleppt und dort bewacht. Ein Kosak befreite sie aus diesem Gefängnis nach einiger Zeit. Das war jedoch nur der Anfang der Verfolgungen gegen alle die Personen, die durch irgendeine Tat den Verdacht erweckt hatten, dass sie im Besitz übernatürlicher Kräfte seien. Diese Personen wurden durch hoch aufflammendes Feuer geführt, um ihre Zauberei unschädlich zu machen. Einen unglücklichen Menschen, der als Zauberer bezeichnet war, hängte man so auf, dass er mit den Fußspitzen den Erdboden berührte, und geißelte ihn dann mit Dornen. Zum Schluss zwang man ihn noch, zwischen zwei Scheiterhaufen zu tanzen. Die meisten der Zauberei Verdächtigen wurden bis zum Einschreiten der Behörden in dumpfen Kellern gefangen gehalten, und der Untersuchungsrichter fand erschlagene Hunde, mit deren Lungen man die Verhafteten gespeist hatte, angeblich, um sie ihrer Zauberkraft zu berauben.«

Das genannte Werk berichtet auch aus Niepolds »Die gegenwärtige Wiederbelebung des Hexenglaubens« von regelrechten Hexenprozessen, die im neunzehnten Jahrhundert in Mexiko stattfanden: Zunächst wurde hier 1860, wie Tylors »Anfänge der Kultur« und nach ihm Peschels »Völkerkunde« berichten, zu Comarago eine Hexe verbrannt. Genaueres wissen wir aber über die Prozedur vom 7. Mai 1874 zu San Juan de Jacobo (einer von Indianern und Mischlingen bewohnten Stadt) im Staat Sinaloa, wo Diega Luga und ihr Sohn Geronimo Porres als Zauberer lebendig verbrannt wurden. Der offizielle Bericht des Richters J. Moreno vom 10. Mai 1874 über die Exekution schließt mit den Worten: »Der Fall war ein sehr trauriger, Herr Präfekt, aber es war notwendig, um den Bosheiten Einhalt zu tun, die zu verschiedenen Zeiten hier vorkamen. Ja trotz der Hinrichtung wurde mir gestern noch berichtet, dass der Angeklagte I. M. Mendoza gesagt habe, wir würden früher oder später noch büßen, was wir getan haben. Sie sehen hieraus, wie wenig diese Leute eingeschüchtert sind, aber ich versäume inzwischen keine Vorsicht. Die Angeklagten Mendoza haben aus Furcht sich geflüchtet; warum fliehen sie, wenn sie sich nicht schuldig wissen? Denn reine Wäsche bedarf keiner Seife!« Dann folgt die republikanische Schlussformel: *Libertad e independencia*!

Das interessante Aktenstück ist von Friedrich von Hellwald in Overziers »Deutsche Blätter, Organ für allgemeine Volksbildung«, No. 32, Köln, 8. Aug 1874, veröffentlicht worden. In der Tagespresse, die einem Bericht des »New York Herald« aus Mexiko vom 18. Mai folgte, wurden neben dem genannten Weib und ihrem Sohn noch Jose Maria Binilla und dessen Frau Diega genannt, als schon er vor jenen um des gleichen Verbrechens willen in Jacobo verhaftet, gerichtlich verhört und lebendig verbrannt wurde, weil, wie es in dem Bericht des dortigen Alcade an den Präfekten des Bezirks hieß, erwiesen worden wäre, dass sie einen gewissen Schneider Zacarias behext hätten. Die Bundesregierung zu Mexiko schritt zwar dagegen ein, jedoch zu spät. Ein weiterer Bericht hat dasselbe von einem Mädchen gemeldet, das Haare ausgebrochen hätte, das einem Strohkranz aus dem Weg gegangen war und alle Häuser gemieden hätte, an denen sich ein Hufeisen als Schloss befand. Mit ihr wurde ihr kleiner Bruder verbrannt. Auch aus der Stadt Concordia wurde dann ein ähnlicher Prozess konstatiert, doch fehlen uns hier offizielle Urkunden.

Das also wären von 1860 an wenigstens fünf mexikanische Hexenprozesse. Ein sechster spielte sich am 20. August 1877 zu San Jacobo ab, an welchem Tag daselbst fünf Hexen verbrannt wurden. Der Alcade Ignacio Castello berichtet darüber an den Distriktpräsidenten: »Der Unterzeichnete hat in Übereinstimmung mit der ganzen Bevölkerung befohlen, die Schuldigen zu verhaften und zu verbrennen. Es lebe die Unabhängigkeit und Freiheit!«

Immerhin ergibt sich aus diesen und ähnlichen Meldungen aus näher liegenden Gebieten, dass wenigstens die Staatsmacht diesem Treiben fern steht und höchstens nur irgendeine beschränkte Obrigkeit war, die solchen Gewaltakten, bei der sicherlich auch die Tortur zur Anwendung gelangte, einen Schein legitimen Vorgangs gaben. Man könnte auch im Hinblick auf die betreffenden Länder, die ja zumeist nicht als kulturell gereift galten, auch etwa behaupten, dass solches schon seit langer, langer Zeit in europäischen Kulturstaaten nicht möglich sei. Das wäre ein Irrtum. Selbst aus deutschem Gebiet weiß Soldan aus einer nicht allzu fernen Zeit Ähnliches zu erzählen: »Im Ahrtal, Rheinprovinz, trug sich im Herbst 1866 folgendes zu: Eine junge Dame, die eine Taube bei sich führte, war auf einem Ausflug in ein Haus eingetreten und hatte sich zur Erfrischung einen Teller voll Trauben reichen lassen. Sie hatte die Trauben bezahlt und war dann im schönen Ahrtal weiter gegangen. Während ihres Aufenthalts im Haus hatte sich aber ein Kalb im Stall an dem Strick, mit dem es angebunden war, erwürgt. Da sich nun die Bauern diesen Unglücksfall gar nicht erklären konnten, so gaben sie denselben dem Mädchen schuld, das sich durch die Taube als Hexe erwiesen habe. Schleunigst machten sie daher dem Bürgermeister von ihrer Entdeckung Anzeige, der dem Mädchen auch sofort nachsetzen und es verhaften ließ. Damit aber freilich endete der Fall.«

Dieselbe Quelle weiß auch von Verfolgungen und bestialischen Misshandlungen zu berichten, die in Holland, Belgien, Frankreich und England wider der Zauberei und Hexerei beschuldigte Personen um dieselbe Zeit vorgekommen sind. Allerdings ist bei all diesen Missetaten von der Mitwirkung irgendeiner Behörde oder obrigkeitlichen Person nicht die Rede, im Gegenteil, die Übeltäter wurden stets vor das Gericht gestellt und mehr oder minder hart bestraft. Der Glaube an Hexen und Zauberer wurzelt eben zu tief, um sich leicht ausrotten zu lassen, wie noch gegenwärtig häufig vorkommende Beispiele erweisen. Auch liegt es sehr nahe für Ereignisse, deren natürliche Ursachen dem schlichten Verstand und dem nur gering ausgebildeten Intellekt nicht leicht begreiflich sind und nicht gemacht werden können, einen übernatürlichen Grund anzunehmen. Vieles von der Schuld ist auch in der konfessionellen Beschränktheit zu finden, die nicht selten von denen genährt wird, die eigentlich für die Aufklärung zu sorgen hätten: von der Geistlichkeit. Aber freilich, deutlicher betrachtet, darf es uns nicht viel wunder nehmen, dass noch heute, wie hier und da die Zeitungen zu berichten wissen, seitens katholischer Geistlicher Exorzismen vorgenommen werden, Teufelsaustreibungen, und damit der verderbliche Glaube an Hexen und Zauberer, Unholde und anderes Teufelspack genährt wird. Die Kirche, die den Bestand eines persönlichen Teufels oder gar eine Legion derer annimmt, bleibt sich nur konsequent, wenn sie auch im praktischen Leben den Kampf wider ihn aufnimmt. Und es ist nicht minder gut erklärlich, dass sie diesen Höllenwesen Formen und Ausdrucksmittel zuspricht, die allgemein verstanden werden. Mit einem sozusagen philosophischen Teufel hätte das Volk nie etwas anzufangen gewusst. Es liegt in der Natur und im Organismus der katholischen Kirche, dass ihre Geistlichkeit bei solchen Dingen mehr in den Vordergrund tritt, aber es wäre ein Irrtum, sie ausschließlich für das Gedeihen des Aberglaubens verantwortlich zu machen. Wir haben bei der Erörterung der Hexenprozesse früherer Zeit gesehen, dass diese auch innerhalb der Reformation üppig gediehen, und wir wollen weiter unten auch durch ein Beispiel anführen, dass der verderbliche Aberglauben selbst in einem hervorragenden protestantischen Theologen noch in jüngster Zeit einen eifrigen Verfechter finden konnte.

Soldan (II, S. 340 ff.) führt als Vertreter des Hexenglaubens die Professoren und Jesuiten Johannes Perrone und Johann Peter Gury an, Ersterer »einst das Orakel des Papstes Pius IX«. Nachdem er Auszüge aus deren Schriften anführt, fährt er fort: »Dieser von der katholischen Kirche der Gegenwart gehegten und gepflegten Lehre vom Teufel und dessen Dämonen, von der Möglichkeit der Eingehung eines Bundes mit dem Teufel und einer mit teuflischer Hilfe ausgeübten, die Menschen an Leib und Seele schädigende Hexerei, entspricht nur der Magie, welche die katholische Kirche selbst mittelst ihrer Exorzismen ausübt, um die Werke des Fürsten der Finsternis zu zerstören und die Menschen von diabolischen Plagen zu befreien. In dieser Beziehung ist nämlich das katholisch-kirchliche Bewusstsein von dem (unzählige Male ausgesprochenen) Gedanken getragen: ›Wenn das, was man in der Kirche von der Wirksamkeit des Teufels und der Dämonen lehrt, nur auf Einbildung oder Täuschung beruhte, so wäre ja die exorzistische Gewalt der Kirche und der von der Kirche aufgestellte *ordo Exorzistarum* ganz unnütz; wozu wären dann also die Exorzismen da?‹«

Fassen wir nur eine einzige in der zweiten Hälfte dieses (19.) Jahrhunderts erschienene Schrift, nämlich den »*Modus invandi afflictos a daemone*« von Andreas Gassner, ins Auge, um uns darüber zu unterrichten, wie gegenwärtig die katholische Kirche mit ihrer exorzistischen Gewalt zu dem überlieferten Dämonenglauben steht.

Diese Schrift[1] ist natürlich mit kirchlicher Autorisierung erschienen. »Mit Gutheißung des hochwürdigen Ordensgenerals der minderen Brüder d. d. Rom 28. Januar 1851« (»was hiermit ausdrücklich bemerkt sein will«, setzt Gassner hinzu) ist im Jahre 1851 in München von dem Definitor Prov. Pater Franz Xaver Lohbauer das *Rituale ecclesiasticum ad usum Clericorum ord. S. francisci ref. Prof. Antoniano Bavaricae* herausgegeben. Aus diesem Ritual hat Dr. Andreas Gassner in Salzburg in seinem »Handbuch der Pastoraltheologie« einen Auszug geliefert, und ein Separatabdruck eines einzelnen Abschnittes dieses Handbuches ist es, den Gassner in der kleinen Schrift *»Modus invandi afflictos a daemone«* 1869 im Selbstverlag bei Endl &Penker in Salzburg erscheinen ließ.

Das Büchlein zerfällt in zehn Abschnitte, von denen der letzte (S. 22–75), der gerade die Hälfte der ganzen Schrift ausmacht, Vorschriften über die Anwendung der Beschwörungsformeln enthält. Vorher werden im zweiten Abschnitt die verschiedenen Gattungen der vom Teufel Angefallenen zusammengestellt und beleuchtet. Gassner unterscheidet unter denselben drei Gruppen: die *Maleficiati, Obsessi* und *Possessi*. Die *Maleficiati* sind entweder an ihren Leibern oder an ihrem Eigentum angezaubert und geschädigt. In ersterer Beziehung ist zu beachten, dass oft der Böse in ihrem (der *Maleficiati*) Körper an einem Glied eindringt und sie an gewissen Verrichtungen hindert oder ihnen Schmerzen verursacht. Dabei wird noch hinzugefügt: »Wurden vollends gewisse Gegenstände durch diabolischen Einfluss in den Körper des diabolisch Geplagten geschafft, so nennt man dieses *Maleficium* oder *Veneficium*, je nachdem es an sich unschädliche oder schädliche Gegenstände, z. B. Glasscherben, Federn und dergleichen sind.«

Repräsentieren die *Maleficiati* den untersten und ersten Grad diabolischer Anfechtung und Schädigung, so bilden die *Obsessi* oder die »Umsessenen« den zweiten Grad. Er sind »solche, in deren Leib ein böser Geist zwar noch nicht vollends eingedrungen ist, deren Leib er nicht ganz in Besitz hat, wozu er aber Anstrengungen gemacht hat, einem Feind gleich, der eine Stadt belagert.«

Der höchste Grad ist endlich der der »Besessenen«, der *Possessi* oder auch *Energumeni*. So heißen »solche, in deren Leib ein böser Geist eingedrungen ist und den er in allen oder doch den meisten Gliedern in Besitz hat und verschiedene eigentümliche Verrichtungen, Bewegungen und Wirkungen verursacht oder den natürlichen Verrichtungen hinderlich entgegentritt.« – Unter Berufung auf allerlei übel ausgelegte Bibelstellen werden dann die Besessenen noch als *Acreptitii*, *Benatici* und *Pythonici* unterschieden. Außerdem werden aber auch noch diejenigen hierher gerechnet, »deren Häuser oder Gemächer von diabolischen Erscheinungen geplagt sind«, sowie ferner (und zwar in lateinischer Diktion) diejenigen, *»qui Daemoni se subscripserunt, vel eum in vitro aut alio vase inclusum detinent, et ab eo, utut vellent, liberari nequeunt, item, qui habent spiritum incubum vel succubum* (!)« – Lateinisch führt nämlich der Verfasser das an, was deutsch er zu sagen sich schämt.

Im dritten Abschnitt behandelt Gassner die Zeichen und Mittel, um zu erkennen, ob jemand von einem bösen Geist geplagt sei oder nicht! Hierbei werden nun wieder fünf Klassen von *Maleficiatis* unterschieden: Erwachsene, Kinder, Verehelichte, Tiere und andere Gegenstände. Bei Erwachsenen werden sechs hinreichende Zeichen eines *Maleficii* um den so genannten *exorcismus probationis* vernehmen zu dürfen aufgezählt: »1. wenn der Geplagte vor Speisen und Getränken, die heimlich benediziert wurden, mehr Abscheu hat als vor anderen, 2. wenn er in Gegenwart des heiligen Sakraments und der heiligen Reliquien ungewöhnliche Furcht oder Schrecken äußert, nicht hinblicken kann und dergleichen, 3. wenn er die Leute ohne vorausgegangene Krankheit wie ein toller Hund anfällt, um sich schlägt, die Heiligen lästert, den Teufel um Hilfe anruft, 4. wenn er Nadeln, Nägel, Glasscherben und dergleichen erbricht, 5. wenn aus seinem Mund höllischer Gestank oder Schwefel-Pech-Kohlen- und Rußgeruch hervorgeht, 6. wenn sich in seinem Leib ganz ungewöhnliche Töne, z. B. das Quaken eines Frosches, vernehmen lassen.

Von den behexten Tieren (*animalia maleficiata*) heißt es, dass hinsichtlich ihrer *proportionaliter eadem ferma Signa (!) serviunt.* Und bei anderen Sachen ist es ein sicheres Signum *maleficii, si sine alia causa non habent suum effectum naturalem*, z. B. *si per plures horas flores laetis non coagulantur in butyrum* – also wenn der Schmand nicht zu Butter werden will, dann ist die Milch behext!«

Wir enthalten uns weiterer Mitteilungen aus dem Buch, in denen nichts anderes als der abergläubische Dämonismus, wie er einst aus dem Heidentum in die christliche Kirche eingedrungen war, unter kirchlicher Approbation und Autorisierung auch noch im neunzehnten Jahrhundert der Kirche gelehrt wird.

Als Verfechter der Existenz des leibhaften Teufels und des Hexenwahns auf protestantischer Seite ist aus der jüngsten Zeit hauptsächlich der erwähnte Theologe und Literaturhistoriker August Friedrich Christian Vilmar (1800–1868) zu nennen, einst Professor an der Universität zu Marburg, der Hochschule, die in der Geschichte des Hexenwahns und der Tortur eine bedeutsame Rolle spielte. In seinen 1874 erschienenen Vorlesungen über die Dogmatik lehrte er, wie Soldan angibt: Es gibt einen Teufel. Allerdings hat der Rationalismus seit Semler diesen Satz bestritten. »Es war dieses aber eine mehr als kindische Unwissenheit in Beziehung auf die ersten Elemente der Kulturgeschichte, indem es bei allen Völkern ohne einige Ausnahmen Dämonen, bei den meisten auch unter einem Haupt gibt.« Dazu kommen die bestimmtesten Aussprüche der heiligen Schrift. »Neben diese göttliche Offenbarung aber stellt sich, derselben folgend, die christliche Erfahrung aller Zeiten, die eine übermenschliche Finsternismacht aufweist, die in die Seelen hineinzudringen und das Werk der Erlösung in denselben zu stören, die Seelen mit Widerwillen und Hass gegen die Person Christi zu erfüllen sucht und in den Augenblicken, wo die Macht des Lichts dennoch hereinbricht, ein unaussprechliches Entsetzen erzeugt, die das Wort Gottes aus dem Herzen zu entfernen und besonders in der Todesstunde sich durch diesen Raub in den Besitz der Seele zu setzen sucht.« Der Teufel ist »ein kosmisches, geschaffenes Wesen, das mit seiner persönlichen Macht nicht allein die ganze Menschenwelt, sondern auch die Erde selbst umspannt, zwar von Gott verworfen ist und dereinst definitiv verdammt sein wird, zur Zeit aber noch in einem gewissen Verhältnis zur Himmelswelt steht.

Der Teufel ist der Versucher der Menschen, und die Möglichkeit dieser Versuchung liegt für den Teufel ganz offenbar darin, dass er zwar nicht etwa Allwissenheit besitzt, wohl aber eine geistige Sündenatmosphäre um sich hat, in der er jede Bewegung merkt, sie sei, wo sie in der Menschenwelt immer sei: Wo noch Sünde vorhanden ist, ist er sensibel für dieselbe (riecht er sie), und ebenso ist er empfindlich für alle die Stellen in der Menschenwelt, die von der Sünde befreit sind und durch die somit seine Atmosphäre verengert wird …

Der Teufel hat aber auch ein organisiertes Reich gegenüber dem Reich Gottes. Er hat zu seinen Diensten noch eine große Schar ihm affinierter, verwandter Geister *Daimones*, in ihrer Eigenschaft als den Menschen treibende, besitzende Geister *Daimonia* genannt. – Durch diese wirkt der Teufel gleichfalls auf die Menschen, und zwar nach der unangreifbaren Erzählung der Evangelien vorzugsweise durch körperliche Besitzung, woher diese Personen auch Besessene heißen. – In den meisten Fällen ist diese (körperliche) Besessenheit zugleich eine Besessenheit der Seele, schreitet, wenn nicht Mittel angewendet werden, die dem Teufel zu widerstehen geeignet sind, in den Gedankenkreis (Nus) über und bemächtigt sich zuletzt des Pneuma, indem sie den Menschen in den Irrsinn, in den Wahnsinn herabdrückt, so dass die geistigen Mittel alle Anwendbarkeit verlieren und der Teufel die Seele sich gleichsam erobert hat. Gänzliche Blindheit hat diese Zustände, die noch jetzt überall vorkommen, für Melancholie etc. gehalten. Wer aber nur einmal einen Besessenen gesehen hat, ist nicht einen Augenblick in Zweifel über den Grundunterschied, der zwischen Besessenen und Wahnsinnigen stattfindet … Das allgemeinste Zeichen ist beinahe durchgängig das, dass die Besessenen wissen, es sei ein fremder Geist in ihnen. In den letzten drei Jahrhunderten aber ist es besonders häufig, dass angeblich der Geist eines verstorbenen (bösen) Menschen die Besitzung ausübe. Dies ist nichts als Trug des Teufels, aber ungemein täuschend für Unerfahrene. Sodann ist eines der gewissesten Zeichen das, dass sie irgendwelches heilige Wort, zumal den Namen Christi, nicht aussprechen, oder wenn sie an *Signum crucis* als alte Lutheraner oder Katholiken gewöhnt sind, das Kreuzschlagen entweder nicht vertragen oder wenigstens nicht selbst vollziehen mögen. Dasselbe gilt meistens schon vom Händefalten zum Gebet. Dazu kommen Verfluchungen der Gottesgaben (der Frucht auf dem Feld) und heiliger Gegenstände (und wären es nur die Kirchengebäude), sodann Lästerungen. Dazu gehören dann Blicke, Mienen und Töne (Lachen), die gehört und gesehen sein wollen, um sie von allen und jeden, auch den grässlichsten Wahnsinnsäußerungen zu unterscheiden und sofort als Blicke, Züge und Töne aus einer Persönlichkeit der Finsternis herauskommend zu erkennen. In vielen, aber bei weitem nicht in allen Fällen kommt hierzu das Sprechen mit doppeltem Sprachton (den einen führt der Besessene, den anderen der Besitzende), das Reden oder wenigstens das Verstehen fremder wie gelernter Sprachen, Fernwissen, wunderbare Beweglichkeit der Glieder und Unabhängigkeit des Körpers von der natürlichen Schwerkraft ... Hiermit verwandt ist dann die Einwirkung des Teufels auf die Natur zum Schaden der Menschen und die Fähigkeit solcher Menschen, die sich von Gott lossagen und dem Teufel sich ergeben, auf die Natur einzuwirken, nämlich die Zauberei, die nach der Schrift wie nach der Erfahrung nicht in das Gebiet des Wahnglaubens verwiesen werden darf.«

Doch genug des Unsinns! Nur mit Betrübnis kann man daran denken, dass dieser gelehrte Herr Professor, der in nichts dem Verfasser des Hexenspiegels und anderen Zeloten, nachgibt, mehr als ein Dutzend Jahre den Lehrstuhl an der genannten Universität einnahm, dass viele seiner Schüler noch jetzt im Dienst der evangelischen Kirche Hessens stehen. »Gleichwohl«, bemerkt Soldan treffend, »hat dieselbe (seine Lehre nämlich) keine Früchte getragen, sie hat keine Hexenverfolgungen zum Zweck der Reinigung der Kirche von den Werkzeugen des Satans herbeigeführt – weil für diesen Wahnsinn nicht mehr die Justiz und die Folter zur Verfügung stehen.« Immerhin muss zugegeben werden, dass der Glaube an den Teufel und der Hexenwahn, wie sie uns aus Worten und Wirken katholischer Theologen entgegentreten, noch immer einen minder ungünstigen Eindruck zurücklassen als die gleichartigen Auslassungen des genannten neuzeitlichen protestantischen Theologen, sei es auch nur, weil wir gewohnt sind, aus den Kreisen des Letzteren mehr von Aufklärung und Wissenschaftlichkeit durchdrungene Äußerungen zu vernehmen.

Nicht selten finden wir die Ansicht vertreten, dass erst mit der Bekehrung der Völker zum Christentum, namentlich der Deutschen, der Glaube an den Teufel und an das Vorhandensein von

Hexen und Zauberern in diese Religion eingedrungen sei. Doch so richtig es auch ist, dass das Christentum bei den Bekehrungen so manchen heidnischen Bräuchen und Anschauungen Einlass gewährte und sie nach Möglichkeit anzupassen suchte: Der Dualismus im religiösen Glauben, die Annahme eines sozusagen guten und eines bösen *Prinzipes* war, wie aus der Schrift zur Genüge zu ersehen ist, dem Judentum vor Christus und somit auch dem ursprünglichen Christentum keineswegs fremd, obgleich sie sich eigentlich im Widerspruch mit dem reinen Monotheismus befindet. Ob dies schon frühzeitig vorhanden war und von dem ursprünglichen Heidentum herrührte, eine Annahme, die alle Wahrscheinlichkeit für sich hat, oder ob es sich erst später zufolge nachbarlicher Einflüsse geltend machte, braucht uns hier nicht näher zu beschäftigen. Immerhin ist der alte Orient auf die Ausbildung unseres Aberglaubens stark von Einfluss gewesen, namentlich Indien, woher Maximilian Perty in seiner Schrift »Der jetzige Spiritualismus und verwandte Erfahrungen der Vergangenheit und Gegenwart« (Leipzig 1877) Folgendes mitzuteilen weiß: »In Indien kommen auch in neuester Zeit noch Fälle vor, wo Menschen wegen angeblicher Zauberei gemartert und getötet werden, wie 1872 im Lande der Bheels eine alte Frau, die man in Verdacht hatte, einem Bunniah von Kooshulgurh namens Fatta Krankheit angezaubert zu haben. Der Bunniah selbst glaubte, diese Frau habe seine Leber verzehrt. Einige Bheels banden sie, wie sie dieses vermeintlichen Hexen früher sehr allgemein zu tun pflegten, an den Handgelenken an einen Bananenbaum und schwangen sie, um sie zum Geständnis zu bringen, vier Tage hin und her, bis sie starb, und verbrannten dann ihre Leiche.« Wir finden also hier in einer Bezichtigung der Hexerei die private Anwendung der Tortur, eine Gewalttätigkeit, die wahrscheinlich auch noch in der unmittelbaren Gegenwart dort wie auch anderweitig häufiger vorkommen mag, als uns Mitteilungen darüber überliefert werden. Seltsam ist, was derselbe Autor in einer anderen Schrift (»Die mystischen Erscheinungen der menschlichen Natur«, Leipzig 1861) gewissermaßen zur Entschuldigung der Hexenverfolgungen bemerkt: »Der Hexenprozess hatte in der Tat eine, wenn auch beschränkte Berechtigung. Es mochten viele von den Hexen und Zauberern Freude haben an böser Lust und die Intention, aus Eigennutz oder Rache anderen zu schaden; den wenigsten wird dieses gelungen sein, und so waren die meisten Verbrechen imaginär. Unendlich Größeres haben ihre Richter verschuldet. – Was in der Vision und ihrer inneren Welt sich begeben hat, das nahmen die Richter für greifbare Realität.« An einer anderen Stelle wieder bemerkt er im Hinblick auf die zuweilen vorgekommenen Geständnisse der Gemarterten über Zusammenkünfte von Hexen, Gebrauch der Hexensalbe: »Unzählige haben dies getan, und nur ein Teil davon war so unglücklich, inquiriert zu werden. – Diese imaginären Zusammenkünfte waren ein schlaff-wacher visionärer Zustand, in den sich die Betreffenden versetzten und im Geist mit anderen in gleichem Zustand Befindlichen sich begegneten. Sehr Geübte konnten sich durch den bloßen Willen in den Hexenschlaf versetzen, die allermeisten mussten hierfür eine narkotische Salbe unter den Armen und an den Geschlechtsteilen möglichst tief einreiben.« Treffend konnten Soldan und Hoppe (II, S. 377) diesen Schlussfolgerungen einer verrannten, auf Irrwege geratenen Wissenschaftlichkeit entgegensetzen: »Wir geben nur zu, dass, wenn der Geist des Menschen fort und fort unter der Macht und dem Eindruck gewisser Vorstellungen steht (wie das siebzehnte Jahrhundert von der Vorstellung des Hexenwesens beherrscht war), diese Vorstellungen zu Halluzinationen führen können, in denen er selbst das zu erleben glaubt, was er sich vorher nur gedacht hat – namentlich wenn der Mensch narkotische Mittel auf sich einwirken lässt; und wir wollen daher gern zugeben, dass unter den Millionen Hexen, die justifiziert worden sind, einzelne sich mit Salben narkotisiert und den Versuch gemacht haben, anderen mit dämonischer Hilfe zu schaden, und dass sie darum auch erlebt zu haben glaubten, was alle Welt den Hexen nachsagte. Aber nur als Ausnahme von der Regel kann dieses angenommen werden. Der Satz Pertys: ›Unzählige haben dieses getan‹ etc. lässt sich aus den Akten der Hexenprozesse nicht erweisen. Die Hexenprozesse bieten eine Erscheinung dar, die man wohl gerne in Pertys Weise erklären möchte, nämlich die so häufig vorkommende Tatsache, dass Hexen bei der Konfrontation mit anderen, die sie nur, um von der Folter zu kommen, in lügenhafter Weise als Mitschuldige bezeichnet hatten, mit dem Ausdruck vollster subjektiver Wahrhaftigkeit diesen ins Gesicht hinein ihre angeblichen Malefizien vorhalten. Hier zeigt sich ein psychologisches Phänomen, das durch die Folterqual, durch die Seelenangst, durch die Verzweiflung erzeugt war. Aber die Annahme, dass diese Unglücklichen im Hexentum narkotische Salben gebraucht hätten, ist doch unzulässig. Die Akten der Hexenprozesse bieten für Pertys Hypothese keinen Anhaltepunkt, indem dieselben fast durchweg bei dem Verhafteten das Bewusstsein ihrer Unschuld erkennen lassen, und außerdem konstatieren dieselben die Tatsache, dass sich die Hexenprozesse überall, wo sie einmal Platz gegriffen hatten, aus sich selbst heraus fortsetzten und mehrten.

Derselbe ist auch gegen diejenigen geltend zu machen, welche die Phantasmen der Hexen aus Geisteszerrüttung herleiten wollen. Ludwig Meyer, Direktor der Irrenanstalt in Göttingen, sagt in einem überaus interessanten Aufsatz über ›Die Beziehungen der Geisteskranken zu den Besessenen und Hexen‹ (Westermanns Jahrbuch der Illustrierten Deutschen Monatshefte, B. X., S. 258 ff.): ›Es waren wieder – wie bei den Besessenen – Geisteskrankheiten, die den eigentlichen Typus der Hexen darstellten. Geisteskranke bildeten den Mittelpunkt der Hexenprozesse wie der Teufelsaustreibungen, nur dass bei jenen unverhältnismäßig mehr geistig Gesunde in den verderblichen Kreis hineingezogen wurden.‹ Wir können diesen Satz in der Beschränkung zugeben, dass hier und da die Geisteskrankheit einzelner den ersten Anlass zum Beginn einer Hexen Verfolgung gegeben hat; wenn indessen dieser Satz zum eigentlichen Erklärungsprinzip des Hexentums erhoben werden soll, so zeigen sich alsbald unlösbare Schwierigkeiten. Oder gibt es denn wirklich eine methodische Raserei, die in tausend Köpfen den gleichen Weg durch tausend fest bestimmte Einzelheiten nimmt? Gibt es einen geistigen Rapport der Wahnsinnigen untereinander, so dass der eine vor Gericht aussagen kann, was und wann der andere gerast habe.[2] Gibt es eine Politik der Verrücktheit, die oft viele Jahre lang den eigenen Irrwahn schlau verbirgt und ableugnet, um ihn erst unter den Schmerzen der Tortur für Wahrheit zu geben? Und warum hat dieser schlaue Irrwahn nur so lange bestanden, bis er zum Scheiterhaufen führte, während er den weit gemächlicheren Tummelplatz in den heutigen Irrenhäusern verschmäht?«

Man braucht übrigens nur die Entstehung der Hexenprozesse und die bei diesen beobachteten Vorgänge im Auge zu behalten, um die Hinfälligkeit dieser Erklärungen zu erkennen. Allerdings war hier Wahnsinn mit im Spiel, aber diese Geisteskrankheit äußert sich bei den Verfolgern und nicht bei den Verfolgten, mögen einzelne Fälle auch hier nicht ausgeschlossen sein. Deutlich lassen die überlieferten Akten der Hexenprozesse erkennen, in welcher Weise den Beschuldigten das Teufelsmärchen mit allen dessen Einzelheiten suggeriert wurde, und es wäre selbst nicht erstaunlich, wenn die schlichten, erschreckten und eingeschüchterten Beschuldigten selbst an die ihnen zur Last gelegten Missetaten geglaubt hätten. Doch die Tortur mit ihren entsetzlichen Qualen, die Furcht vor ihr oder die Drohungen, noch Schmerzhafteres ausstehen zu müssen, konnten leicht bewirken, dass die bezichtigte Person alles, was die verrückten oder bösartigen Gewalthaber ausgesagt haben wollten, zugestand, wie schon früher bemerkt wurde.

Es ist übrigens nicht erstaunlich, dass ein Psychopath die wissenschaftliche Erklärung einer Erscheinung ausschließlich auf dem ihm am nächsten liegenden Gebiet sucht und dabei unter Vermeidung der sich sozusagen von selbst aufdrängenden Gründe zu falschen Schlüssen kommt. Ähnliches zeigt sich auch bei Vertretern anderer Wissenschaften in diesem wie in anderen Fällen. Der gelehrte Jurist Rosshirt versucht in seiner Schrift: »Geschichte und System des Deutschen Strafrechts« die Ausbreitung des Hexenglaubens hauptsächlich aus dem von ihm behaupteten Mangel eines geordneten schriftlichen Kriminalverfahrens und aus einem ungewöhnlichen Zustand des Geschlechtsverhältnisses abzuleiten. Andere wieder glaubten diesen betrübenden Vorfällen wieder andersartige, ihnen naheliegende wissenschaftliche Erklärungen geben zu können, von denen wir hier füglich absehen können, uns mit dem Bewusstsein begnügend, dass der Hexenwahn wenn auch nicht gänzlich, so doch ziemlich abgetan ist und kaum jemals wieder so gefährlich in Erscheinung treten könnte wie in vergangenen Tagen.

XIV. Kapitel

Die Tortur im neunzehnten Jahrhundert – Galizien – Vereinigte Staaten – Orient – Russland – Russische Gefängnisse – Politische Verbrecher in Russland – Russisches Strafgesetz – Gefängnis für Politische in Russland – Kriminaluntersuchung im Deutschen Reich – Untersuchungshaft

Aus verschiedenen bereits angeführten Fällen ist zu ersehen, dass die Tortur auch in der jüngsten Zeit zur Anwendung gelangte und, wie wir hinzufügen können, noch gelangt, Beispiele, die nur zu deutlich bekunden, dass in dieser Grausamkeit eine gewisse Ursprünglichkeit liegt und deren Ausübung nicht erst später willkürlich in unser Kulturleben hineingetragen wurde. Es lag und liegt leider noch nur zu nahe, dass Gewalthaber – das Wort in seiner einfachen Bedeutung gebraucht – einen harten Zwang mit peinigenden Mitteln ausführten und ausführen, um eine ihnen genehme Aussage zu erzielen. Wollten wir alles als Tortur betrachten, was in dieser Beziehung im übertragenen Sinn noch erfolgt, so ließe sich eine lange Reihe von Foltermitteln und -methoden anführen, die vielleicht oft noch viel empfindlicher sein mögen als die einer vergangenen, uns als barbarisch geltenden Zeit.

Allerdings lässt sich anführen, dass die peinliche Frage nunmehr aus unseren Rechtsbüchern verschwunden ist, doch nur aus den Rechtsbüchern. In der Praxis kommt sie selbst im Gerichtsverfahren europäischer Völker nur zu häufig vor, und die Klagen, die darüber laut werden, mögen nur ein schwaches Echo dessen sein, was tatsächlich geschieht. Mancher Wehlaut mag hinter dicken Kerkermauern verhallen, und selbst wenn die Kunde solcher Misshandlungen in die Öffentlichkeit dringt, wird es oft nicht geglaubt und noch öfter nicht beachtet. Besonders bei politischen Verbrechen, Verschwörungen gegen die bestehende Staatsgewalt scheint die peinliche Frage selbst in Ländern mit europäischer Kultur vorzukommen. Ferner kommt es auch vor, dass übereifrige Polizeibeamte bei der ersten Untersuchung eines Straffalls zu diesen Mitteln greifen. In Österreich scheint besonders in Galizien diese Praxis in Übung zu sein. Im Jahre 1901 wurde ein Prozess gegen einige Polizeibeamte dieses Kronlandes verhandelt, wobei die Anwendung einer regelrechten Tortur ans Tageslicht kam. Im nachfolgenden Jahr wussten die Zeitungen wieder von Ähnlichem zu berichten. Eine Notiz lautet:

»*Die Tortur auf einer österreichischen Polizeiwache.* In Stanislaw bei Lemberg wurden zwei Polizisten zu vier bzw. sechs Wochen Arrest verurteilt, weil sie mehrere Personen, die in Haft gebracht wurden, in geradezu unmenschlicher Weise behandelt hatten. Sie wendeten die Prozedur des sogenannten »Anbindens« an, indem sie ihren Opfern die Hände rücklings zusammenbanden und die Bedauernswerten in dieser Position an Haken oder an der Türklinke aufhingen, so dass sie den Boden kaum mit den Fußspitzen berührten. Die Gemarterten schrieen fürchterlich, wurden in kurzer Zeit schwarz im Gesicht und brachen nach Abnahme vom Haken bewusstlos zusammen. Die beiden Angeklagten suchten sich damit zu verteidigen, dass sie dieses Verfahren beim Militär als Strafe in Anwendung gesehen und deshalb für erlaubt gehalten hätten. Der Staatsanwalt meldete gegen das milde Strafmaß Berufung an.«

Über ähnliche Vorkommnisse aus Ungarn wurde gleichfalls manches laut. Seltsam berührt der oben erwähnte Rechtfertigungsversuch mit dem Hinweis auf das beim Militär übliche Strafverfahren, eine Bezichtigung, die wohl nicht unwahrscheinlich genannt werden kann, denn es wurden zuweilen auch sonst Stimmen laut, die über dergleichen Marterungen im Militärdienst klagten. Dieser Zustand mag sich wohl aus den eigenartigen Verhältnissen in den verschiedenen Armeen erklären, wenn auch nicht begründen lassen, Verhältnisse, mit denen wir uns hier nicht weiter zu beschäftigen brauchen. Übrigens sind diese Vorkommnisse nicht örtlich beschränkt, sondern fast überall zu finden, und besonders häufige Klagen über martervolle Behandlung wurden aus den Reihen der in Afrika und Asien dienenden *französischen Fremdenlegion* laut. Unter solchen Umständen ist es nicht sehr verwunderlich, dass zuweilen die Militärmacht gegenüber den besiegten oder als Gefangene in ihre Hände gekommenen Feind mit harter, unnötiger Strenge vorgeht und zur Erpressung von Geständnissen die Tortur anwendet. Im Frühling des Jahres 1902 wurde in den *Vereinigten Staaten von Nordamerika* ein Prozess wider einige Offiziere verhandelt, die sich auf den Philippinen Grausamkeiten gegen die Bewohner zuschulden kommen ließen und gegen die auch die Anklage erhoben worden war, die Tortur angewandt zu haben. Das einzig Tröstliche bei all diesen beklagenswerten Erscheinungen ist, dass sie sich als Handlungen oder als Missbräuche einzelner erweisen und dass die Staatsmacht in der Regel bemüht ist, die Schuldigen zur Verantwortung zu ziehen.

Dass in der Türkei heute noch, besonders bei so genannten politischen Verbrechen, die Tortur mit aller Strenge gehandhabt wird, kann als gewiss angenommen werden, so wenig auch von dort her aus den dicken Kerkermauern hervor in die Öffentlichkeit dringt. Derlei Praktiken gehören einmal zu den unerlässlichen Hilfsmitteln der Regierungen des Ostens, und wir sehen sie, wie bereits schon früher bemerkt wurde, auch in Persien, China etc. zur Anwendung gelangen, oft mit allem Raffinement der Grausamkeit. Aber auch in anderen europäischen Staaten, besonders in den früher zu dem türkischen Reich gehörigen, finden wir die Tortur angewandt, mögen auch die nach westeuropäischen Mustern verfassten Gesetzbücher nichts davon zu sagen wissen. Unter der Regierung Milans soll in Serbien nicht selten ein Gefangener, oder auch eine Gefangene, »peinlich befragt« worden sein, und mancher auch starb »plötzlich« im Kerker. Ob diese Zustände noch in der unmittelbaren Gegenwart in Serbien und wohl auch in den anderen Balkanländern herrschen, entzieht sich unserer Kenntnis. Wir wollen hoffen, dass eine Wendung zur Besserung, zur Menschlichkeit eingetreten ist, sosehr auch zu befürchten ist, dass die Tradition machtvoll weiterwirkt.

Nicht sehr erfreulich klingt auch, was betreffs Anwendung der Tortur aus Russland zu melden ist, sosehr es auch zuweilen den Anschein hatte, als ob dieses Riesenreich nach einer gewissen Führung in humanitären Bestrebungen eiferte. Es sei nur an die Abschaffung kleinkalibriger Sprengstoffe und an das Schiedsgericht in Streitfällen zwischen Mächten erinnert. Freilich handelt es sich hierbei, soweit dergleichen Anträge überhaupt ernst zu nehmen sind, nicht um »politische Verbrecher«, gegen die ja überall, besonders aber in Russland, mit besonderer Strenge vorgegangen wird. Bestrebungen, Taten, sogar Worte, die gegen die vorhandenen Machthaber gerichtet werden, gelten als die ärgsten Verbrechen, mögen sie im Grunde genommen auch noch so berechtigt sein, noch so sehr von der Not der Zeit, den Drang der Verhältnisse herbeigeführt worden sein. Der im Mai 1902 hingerichtete Balmatschow, der einige Wochen vorher den Minister Schipjägin aus politischen Gründen ermordet hatte, wurde, wie Zeitungsberichte zu melden wussten, im Gefängnis der Tortur unterzogen, um von ihm die Namen seiner vermuteten Mitverschworenen zu erfahren. Er blieb standhaft verschwiegen, auch dann noch, als ihm vor seiner Hinrichtung die Begnadigung gegen Preisgabe seiner Genossen angeboten wurde. Ähnliche Vorfälle ließen sich aus Russland noch zahlreich anführen. So wenig auch der politische Mord zu billigen oder zu entschuldigen ist, sosehr man sich auch hüten muss, eine derartige Verschwiegenheit als heroische Tat zu preisen: Eine gewisse Achtung kann ihr doch nicht versagt werden, bei aller Missbilligung der Tat selbst.

Der bekannte amerikanische Publizist Georg Kennan, der seine so großes Aufsehen erregenden Aufsätze über Sibirien veröffentlicht hatte, gab uns auch Schilderungen aus den Achtzigerjahren des 19. Jahrhunderts, die unter dem Titel »Russische Gefängnisse« auch auf Deutsch von David Haek erschienen sind, denen wir nachfolgende Stellen entnehmen: »In den Gefängnissen, die nur für politische Verbrecher bestimmt sind, ist zwar weniger Unordnung und Unehrlichkeit zu finden als in den Provinzialgefängnissen niedrigeren Ranges; allein auch hier gelten Beamtenlaunen und Zeitverhältnisse viel mehr als die Bestimmungen des Gesetzes. Dieses darf wirklich nur in den seltensten Fällen im Widerspruch mit den Launen sein, die ein hochgestellter Beamter für die wichtigsten Staatsinteressen betrachtet. Wenn ein Staatsanwalt wie Strelnikow, ein Gendarmeriechef wie Mezzentsew der Meinung ist, er könne aus einem politischen Verbrecher ein Geständnis herauspressen, das die Verhaftung seiner Mitschuldigen ermöglichen würde, wenn er ihn einer gewissen Behandlung unterzöge, so säumt er keinen Augenblick, die vom Gesetz gezogene Grenze zu überschreiten. Um einen solchen Zweck zu erreichen, wird ein Beamter sich nicht die geringsten Skrupel machen, nach Mitteln zu greifen, die im höchsten Grad niederträchtig und ehrlos sind, Mittel, die den Gefangenen erbittern müssen und dic die Regierung schänden, die sie zulässt.

Die Behandlung der politischen Gefangenen hängt auch nicht wenig von der Stimmung der Beamten ab, wie sie zu verschiedenen Zeiten und unter verschiedenen Umständen vorhanden ist. Jeder Gewalttat der Verschworenen, die noch frei sind, folgt eine strengere und schärfere Behandlung ihrer gefangenen Genossen. So mag es kommen, dass heute die Beamten, erbittert über das Gelingen eines Anschlags, ihren Zorn, ob ihrer eigenen Unfähigkeit ihn vorher zu entdecken, an den Verschworenen auslassen, die in ihrer Gewalt sind, während sie morgen wieder besänftigt von der scheinbaren Untertänigkeit, oder befriedigt über die scheinbare Herstellung der guten Ordnung, die übermäßige Strenge der Gefängnisdisziplin mildern. Die natürliche Folge dieser Unterdrückung der gesetzlichen Vorschriften durch Laune und Willkür der Beamten ist der völlige Umsturz jeder systematischen und zielbewussten Leitung der Gefängnisse. Die Behandlung der Gefangenen erfolgt nicht wie das Gesetz will, sondern wie es der Staatsanwalt oder der Gendarmeriechef für gut findet. Und überdies sind dann noch Verhältnisse maßgebend, die eigentlich mit den Gefangenen selbst nicht das Geringste zu tun haben.

Ehe ich daran gehe, das tägliche Leben des russischen Revolutionärs im Gefängnis zu schildern, will ich die Aufmerksamkeit des Lesers auf drei Umstände lenken, die mit dem Gefängnisleben in enger Verbindung stehen und einen wichtigen Einfluss auf die dadurch hervorgebrachte Stimmung ausüben. Diese Umstände, deren Erörterung der Rest dieses Aufsatzes gewidmet sei, sind: 1) der Brauch, aufs Geratewohl zu verhaften, um Schrecken einzuflößen und in der Hoffnung, zu Aufschlüssen über geheime revolutionäre Bewegungen zu kommen; 2) die Anwendung der Einkerkerung als eine Art Tortur, um den Gefangenen zu Geständnissen oder zum Verrat seiner Freunde zu nötigen; 3) das monatelange, ja sogar jahrelange ungesetzliche Zurückhalten politischer Verdächtiger in Einzelhaft, indessen die Polizei im ganzen Reich nach Belastungsmitteln, die eine förmliche Anklage zulassen, herumschnüffelt. Diese ›Kunstgriffe‹ werden in Russland sehr häufig angewendet, und nichts mag mehr dazu beigetragen haben, die halberstickte Glut der Unzufriedenheit zur Loderflamme des Terrorismus anzufachen.

Wenn ich von Verhaftungen ›aufs Geratewohl‹ sprach, so wollte ich damit selbstverständlich nicht sagen, dass die russische Polizei wie ein brüllender Löwe durch die Straßen schreitet und jeden erfasst, der ihr in den Weg gerät. Die Verhaftungen Politischer, so umfangreich und unwillkürlich sie auch erfolgen, beschränken sich stets nur auf eine Klasse der Bevölkerung, auf jene Leute, die von Amts wegen als »neblago-nadezhni« gelten, eine Bezeichnung, die sich nur durch Umschreibung wiedergeben lässt. Blago bedeutet im Russischen gut, nadezhna Hoffnung, nadezhnost hoffnungsvoll und ne die Verneinung. Neblago-nadezhnost bedeutet daher: nichts Gutes zu erhoffen, was wir kurz mit ›politisch unzuverlässig‹ bezeichnen wollen. Diese Bezeichnung wird von der russischen Regierung auf alle Personen angewendet, deren politische Anschauungen ihr nicht passen, deren Tun und Lassen daher als ein der Polizeiaufsicht würdiger Gegenstand erscheint. Selbstverständlich sind keine statistischen Angaben über die Klasse der ›Unzuverlässigen‹ zu haben; doch ich weiß, dass im Jahre 1880 die Zahl jener, die öffentlich unter Polizeiaufsicht standen, nach amtlichen Berichten 2837 betrug und dass sie über das ganze Reich verbreitet waren, so in St. Petersburg 273, Moskau 101, Kaluga 315, Riazan 255, Twer 198, Kostroma 165, Archangel 96, in den übrigen Provinzen 1434, zusammen 2837.

Die unter Polizeiaufsicht stehenden Leute bilden jedoch nur einen verhältnismäßig kleinen Teil der großen Klasse Unzuverlässiger. Es sind dies meistens solche, die aus ihrer Heimat zwangsweise nach anderen Orten versetzt wurden, um ihre dortigen Verbindungen abzubrechen, und die in gewissen Zeiträumen von der Polizei in ihren Wohnungen kontrolliert werden. Tausende anderer, die nicht versetzt wurden, stehen unter geheimer Polizeiaufsicht, und wieder Tausende sind in den Registern der Gendarmerie und Geheimpolizei als verdächtig eingetragen. So oft die Extremsten der revolutionären Partei einen Anschlag ausführten oder nur versuchten, fasst die Polizei alle ›Unzuverlässigen‹, die in der betreffenden Stadt oder Provinz wohnen, und sperrt sie ein, Schuldige und Unschuldige, ohne Unterschied, um sie nach Belieben sich auszuwählen.

Als General Strelnikow zur Unterdrückung des Aufstandes in Südrussland vom Zaren mit unbeschränkter Vollmacht versehen wurde, ließ er binnen drei Tagen in Odessa allein nicht weniger als 118 Personen verhaften und einkerkern. Dann begab er sich nach Kiew, wo er 89 Personen fast gleichzeitig verhaften ließ, und befahl ferner die Gefangennahme vieler Hunderte in Charkow, Nikolajew, Pultawa Kursk und anderen südrussischen Städten. Die meisten dieser Verhaftungen erfolgten nicht einmal zufolge eines sogenannten ›begründeten Verdachts‹, sondern nur um Aufschluss über die Verschwörungen zu erhalten, die nach der Meinung der Polizei existierten, von ihr jedoch nicht entdeckt werden konnten. Viele der Verhafteten waren fast noch Kinder, Jungen und Mädchen im Alter von 15 bis 17 Jahren, die freilich nicht als gefährliche Verschwörer gelten konnten, die aber – und das hoffte man – so weit eingeschüchtert werden konnten, dass sie alles gestehen würden, was sie von dem Tun und Treiben, von den Äußerungen ihrer Freunde und Verwandten wussten.

General Strelnikows Plan war, gleichzeitig zahlreiche Personen verhaften zu lassen, die für ›unzuverlässig‹ galten, sie zehn bis vierzehn Tage in strenger Einzelhaft zu halten und sie dann einem Kreuzverhör zu unterziehen, in der Hoffnung, aus ihnen ein Geständnis in Bruchstücken herauszupressen, hier ein Wort, dort ein Wort, die, zusammengefügt wie die Stückchen einer zerschnittenen Landkarte, den Plan des revolutionären Anschlags erkennen lassen. Wenn z. B. ein junges Mädchen einer ›unzuverlässigen‹ Familie angehörte und man ein Brief von ihr auffing, der als ›verdächtig‹ gelten mochte; wenn man sie spät abends aus einem verdächtigen Hause kommen sah, so wurde sie – dergleichen geschah gewöhnlich nachts – von der Polizeipatrouille verhaftet, in einem geschlossenen Wagen in das Gefängnis von Odessa gebracht, in eine Zelle für Einzelhaft gesteckt, der fürchterlichsten Seelenpein überlassen. Sie erhielt keine Aufklärung dieses summarischen Vorgehens, und wenn sie die Schildwache draußen anrief, so erhielt sie nur die Antwort: »*Prikazano ne goworit.*« (Es ist nicht erlaubt zu sprechen.) Man kann sich den Eindruck, den dieses plötzliche Versetzen aus der Ruhe, Bequemlichkeit und Sicherheit der eigenen Schlafstube in die enge, finstere Zelle eines Gefängnisses für gemeine Verbrecher auf ein junges, unerfahrenes, für alle Geschehnisse empfängliches Gemüt eines Mädchens hervorbringen muss, besonders wenn der Vorfall nachts sich ereignet, denken. Angenommen selbst, es sei ein Mädchen von Mut und Entschiedenheit, so müsste doch ihre Selbstbeherrschung unter der Aufregung weichen. Die Laute, welche die nächtliche Stille eines russischen Gefängnisses stören – der gemessene Schritt der Schildwache, der unterdrückte Schrei, das Kreischen eines betrunkenen Vagabunden, der an sein Bett gefesselt wird, hie und da das Zuwerfen einer schweren Tür, das Schluchzen und der Weinkrampf anderer jüngst Verhafteter, die sich in den Nachbarzellen befinden, das zeitweilige und plötzliche Erscheinen eines unbekannten menschlichen Gesichts an der kleinen viereckigen Luke der Zellentür, wodurch die Gefangenen beobachtet werden – dies alles macht die erste Nacht, die das Mädchen im Gefängnis verleben muss, zu einer Erinnerung fürs ganze Leben. Doch ist das nur der Beginn der Prüfung, die ihr Mut, ihre Entschiedenheit noch bestehen muss. Es vergeht ein Tag, zwei, drei, zehn sogar! Und keine Nachricht wird ihr zuteil, auch nicht die geringste Andeutung über die Anklage, die gegen sie erhoben wird. Zweimal des Tags reicht ihr die schweigsame Schildwache durch die Türluke die Nahrung hinein, und das ist die einzige Unterbrechung ihrer öden Einsamkeit. Sie hatte keine Bücher, kein Schreibmaterial, nichts, was ihren Gedanken eine andere Richtung geben könnte, was die fürchterliche, fast unerträgliche Aufregung mildert. Geplagt von Furcht und Ungewissheit über ihr Schicksal schreitet sie unruhig in der Zelle auf und nieder, bis sie erschöpft auf das schmale Bett der Zelle sinkt und im Schlaf Vergessen ihres Elends sucht, wenn ihr nicht der Gedanke an ihr und ihrer Lieben Schicksal auch den Trost des Schlummers raubt.

Endlich, es mögen zwei Wochen nach ihrer Verhaftung sein, wenn sich annehmen lässt, dass Einzelhaft und Kummer ihre Willenskraft gebrochen haben, wird sie zum ›Dopros‹ (ersten

Verhör) geholt, das vor keinem Gerichtshof und ohne Zeugen stattfindet und vom General Strelnikow selbst vorgenommen wird. Er bemerkt vor allem, dass sie auf Grund dieses oder jenes Paragraphen des Strafgesetzes schwerer Verbrechen angeklagt sei und dass sie eine lange, vieljährige Verbannung nach Sibirien zu erwarten habe. Indes, ihre Jugend, Unerfahrenheit berücksichtigend und auch den Umstand, dass sie wahrscheinlich von verbrecherischen Freunden verführt worden sei, will er ihr versprechen, dass sie sofort in Freiheit gesetzt werde, wenn sie aufrichtige Reue und den Vorsatz zur Besserung bekunde, ein offenherziges Bekenntnis ablege und alle Fragen, die ihr vorgelegt werden, wahrheitsgetreu beantworte. Bliebe sie hingegen verstockt, so wäre sie der Nachsicht unwürdig, und als Anwalt der Krone würde er es für seine Pflicht halten, die ganze Strenge des Gesetzes gegen sie anzuwenden.

Die Ärmste weiß, dass der Hinweis auf Sibirien keine leere Drohung bedeute. In ihrer ›unzuverlässigen‹ Familie mag sie oft genug von Marie Prisedski sprechen gehört haben, die im Alter von 16 Jahren nach Sibirien verschickt wurde, weil sie ihre ältere Schwester nicht verraten wollte; ferner von den Geschwistern Iwitschewitsch, einem Mädchen von 17 Jahren, einem Knaben von 14 Jahren, die 1879 in Kiew verhaftet und nach Sibirien verschickt wurden, nur weil die älteren Brüder Revolutionäre waren und bei dem Widerstand, den sie ihrer Verhaftung entgegensetzten, erschossen wurden.[1)]

Es ist nicht zu verwundern, wenn ein junges Mädchen, das derart ihrer Familie entrissen wurde, entmutigt von der Einzelhaft, ohne Rechtsbeistand, ohne Kenntnis des Gesetzes, ohne hilfreiche Freundeshand, schließlich unter der Aufregung entsetzlicher Angst zusammenbricht und dem Untersuchungsrichter alles bekennt, was sie weiß. Wohl wird sie dann aus der Haft entlassen, aber nur um neue Qualen zu erleiden. Ihre besten Freunde, ihre Familienglieder werden verhaftet, eingekerkert und dann nach Sibirien verschickt, und sie ist ihr Leben lang den Selbstvorwürfen und Gewissensbissen preisgegeben, dass ihre Aussagen das Unglück herbeigebracht haben. Allein es kommt auch häufig vor, dass ein Mädchen standhaft bleibt und selbst nach monatelanger Einzelhaft sich weigert, die ihr vorgelegten

Fragen zu beantworten. In solchen Fällen wendet die Behörde noch weit schändlichere ›Kunstgriffe‹ an.

Im Jahre 1884 wurde Marie Kaluznaja, die 18jährige Tochter eines Kaufmanns in Odessa, unter der Anklage revolutionärer Umtriebe verhaftet, ins Gefängnis gesetzt und der erwähnten Behandlung unterzogen. Sie hatte jedoch Mut und Charakter und widerstand monatelang allen Versuchen durch Überredungen oder Drohungen, ein Geständnis aus ihr herauszupressen, ihre Freunde zu verraten. Schließlich versuchte es der Gendarmerieoberst Katanski mit einem geschickt gefälschtem Schriftstück, das angeblich das Geständnis ihrer gleichfalls gefangenen Genossen enthielt. Indes wurde dieses Schriftstück von der Gendarmerie selbst hergestellt, unter schlauer Benutzung aller von ihren Spähern hinterbrachten Mitteilungen. Es sollte dazu dienen, Fräulein Kaluznaja belastende Aussagen gegen ihre Genossen zu entlocken, die im Gefängnis der Untersuchung der gegen sie erhobenen schweren Anklagen harrten. Mit grausamer Heuchelei sagte Oberst Katanski dem Mädchen, er komme nicht zu ihr als Beamter, sondern als Freund; er wolle ihr das Geständnis ihrer Genossen zeigen, um ihr nun Gelegenheit zu bieten, sich zu retten, solange es noch Zeit ist. Sie könne ihren Genossen nicht länger nützen, da sie bereits ihre Schuld eingestanden haben, noch weniger sie schützen, wenn sie länger die Beantwortung der an sie gestellten Fragen verweigere. Gegen sie selbst liege keine ernstliche Anklage vor, und ihrer sofortigen Freilassung stehe nichts als ihre hartnäckige Weigerung im Wege. Sie brauche daher nur Reue zu bekunden, um eine Besserung ihres Geschickes zu veranlassen. Es sei auch unnötig, dass sie andere Tatsachen bezeuge als jene, welche die Polizei aus dem vorliegenden Schriftstück bereits kenne, Tatsachen, die von ihren Freunden bereits zugestanden wurden. Warum sollte sie nun ihr junges Leben einem irrigen, übertriebenen Ehrbegriff opfern, besonders wo er nicht mehr von Nutzen sein konnte, wo das Schicksal ihrer Genossen nicht mehr von ihrer Aussage abhing? Sie haben bereits eingestanden, und wenn sie nur das wiederholte, was jene schon zugegeben haben, so könnte das niemandem größeren Schaden bringen. Der Staatsanwalt soll nicht erfahren, dass ihr dieses Schriftstück bereits bekannt war; er möge annehmen, ihr

Anerbieten, Zeugnis abzulegen, sei der aufrichtigen Reue entsprungen. Dann wäre es auch zweifellos, dass er ihre sofortige Enthaftung veranlassen werde.

Fräulein Kaluznaja ging in die Falle. Sie ließ dem Staatsanwalt sagen, sie wäre zur Aussage bereit, und gab dann bei dem Verhör Tatsachen zu, die ihrer Meinung nach der Polizei bereits bekannt waren, die jedoch in Wirklichkeit nur Vermutungen waren. Nachdem das Mädchen derart unbewusst dem Zweck gedient hatte, zu dem sie verhaftet worden war, gab man sie frei und stellte sie unter Polizeiaufsicht. Als der Prozess ihrer Freunde verhandelt wurde, musste sie natürlich ersehen, dass keiner von ihnen ein Geständnis abgelegt habe und dass sich außer ihren Aussagen kein Belastungsbeweis gegen die Gefangenen vorbringen ließ.

Man kann sich leicht vorstellen, welche furchtbare Wirkung diese Erkenntnis auf ein Mädchen von so edlem und großmütigem Charakter ausüben musste. Sie sah ihre Freunde zufolge ihrer eigenen Aussage zur Zwangsarbeit verurteilt, ohne dass sie deren Schicksal geteilt hätte, noch ihnen sagen konnte, welcher Betrug da im Spiel war. Es schien, als hätte sie ehrlos ihre Freunde verraten, um sich selbst zu retten. Eine Zeitlang schien es, als würden sie Gewissensbisse zur Verzweiflung, zum Wahnsinn oder Selbstmord treiben. Doch sie beruhigte sich endlich, und in ihrem Geist reifte der Plan, etwas zu tun, was sie für das grausame Unrecht, das sie erlitten hatte, rächen würde, was der Welt beweisen mochte, dass sie nur unwissentlich ihre Freunde verraten habe und dass sie nicht davor scheue, ihr Los zu teilen. Sie verschaffte sich einen Revolver, ließ sich beim Obersten Katanski anmelden, und als er ihr entgegentrat, schoss sie auf ihn. Die Kugel streifte seinen Kopf, verwundete ihn leicht am Ohr und schlug in die Wand ein. Ehe sie noch einen zweiten Schuss abgeben konnte, hatte er ihr die Waffe entrissen. Dies geschah am 21. August 1884. Am 10. September wurde sie, des Mordversuchs angeklagt, in Odessa vor das Kriegsgericht gestellt. Ihr Wunsch war, mit den Freunden, die sie verraten hatte, nach Sibirien verschickt zu werden, sie wies daher jeden Rechtsbeistand zurück und machte auch keinen Versuch, sich zu verteidigen. Der Gerichtshof fand sie des vorsätzlichen Mordversuchs schuldig und verurteilte sie zu zwanzigjähriger Zwangsarbeit.

Dem Anfang des letzten Aktes dieses Trauerspiels habe ich beigewohnt.

Ich befand mich eben in Tschita, Ostsibirien, als Marie Kaluznaja, am 8. Dezember 1885, dieses Städtchen verließ, um zu den Minen von Kara zu ziehen, zu Fuß, im Sträflingskleid, mit einer Schar gefesselter Verbrecher, bei einer Temperatur von 20 Grad Fahrenheit unter Null.

Es gewährte mir eine wehmutsvolle Genugtuung zu wissen, dass dieses unglückliche Mädchen, als es an diesem bitterkalten Dezembermorgen müden Schrittes von der ›Etappe‹ zog, wenigstens den einen Trost finden konnte: Ein amerikanischer Reisender sei anwesend, der ihre Geschichte kannte und der die Welt aufklären wird, warum sie einen Mordversuch machte. –

Man könnte glauben, Fälle dieser Art wären Ausnahmen. Doch zu meinem Leidwesen muss ich sagen, dass ich ähnliche Geschichten in allen Teilen Sibiriens von Verschickten und Beamten erfahren habe. Ein Betrug, wie er an Marie Kaluznaja verübt wurde, ist in derselben Stadt Odessa früher schon wiederholt versucht worden. So wollte man z. B. kaum ein Jahr, ehe der erwähnte Fall sich abspielte, Fräulein Fanny Morenis, die jetzt in Transbaikalien als Verschickte lebt, ebenfalls mit einem angeblichen Geständnis täuschen. Auch bei Frau Kutitonskaja, die nun im Gefängnis zu Irkutsk sich befindet, wurde derselbe ›Kunstgriff‹ erprobt. In beiden Fällen war die List jedoch vergeblich angewendet.

Wenn Einzelhaft und Kunstgriff nicht wirken wollen, so versuchen es die Gendarmerie und die Offiziere des Justizdepartements mit anderen Mitteln, die vielleicht weniger ehrlos, aber doch nicht weniger grausam sind. Im März 1882 erkannte General Strelnikow, dass die Einzelhaft in dem düsteren, schlecht ventilierten Gefängnis in Kiew noch nicht genüge, um die Gefangenen zu zwingen, alles zu gestehen, was ihnen seines Erachtens nach von der revolutionären Bewegung bekannt war. Er beschloss daher ihnen das Leben noch unerträglicher zu machen, ihre »Halsstarrigkeit« zu brechen, indem er die Zellen ganz verdunkeln ließ. Unter dem Vorwand, verhindern zu wollen, dass die Häftlinge von den Fenstern aus sich untereinander verständigten, ließ er die Fenster aller Zellen, in der sich Politische befanden, mit einer Eisenblechkappe bedecken. Diese war groß genug, um das ganze Fenster zu umfangen, und sah einer niedrigen Schachtel ähnlich, der Deckel und Seitenwand fehlte. Oben und an beiden Seiten schloss sie dicht ans Fenster an, nur unten war sie offen. Den Häftlingen fehlte nun Licht und Luft fast gänzlich, und jede Zelle glich einem Keller. Der geringe Schimmer, der durch die Spalte unten in die Zelle drang, war just nur ausreichend, um den Häftlingen den Wechsel von Tag und Nacht erkennen zu lassen. Der Handwerker, der diese Hüllen anbrachte, sagte dem General Strelnikow, sie würden ihre Bestimmung nicht erfüllen, weil man trotzdem wie früher würde von einem Fenster zum anderen sprechen können. Doch er erhielt die barsche Antwort, das kümmere ihn nichts.

Natürlich wurde den Gefangenen unter solchen Umständen das Leben fast unerträglich. Die jungen, nervösen Mädchen, von jedem Eindruck zu beeinflussen, irrten ruhelos im Dämmerlicht ihrer Zelle umher, bis sie dem Wahnsinn nahe waren. Selbst die Gefängnisbeamten mochten es sich nicht versagen, diesen Unglücklichen ihre Teilnahme, ihr Mitleid zu bekunden.

Nun richteten die politischen Gefangenen eine Bittschrift an den Generalgouverneur Drenteln, worin sie ihn baten, er möge einen Offizier entsenden, der sich von ihrer Lage überzeuge und wenn möglich zu ihren Gunsten interveniere. Der Gouverneur der Provinz Kiew besuchte nun auf Befehl des Generalgouverneurs das Gefängnis. Als er nun in die Zelle eines jungen Studenten eintrat, den ich später in Sibirien kennen lernte, fragte er ihn: ›Wozu sind diese Blechkappen an den Fenstern?‹ Der Gefragte erwiderte, sie seien auf Befehl des Generals Strelnikow angebracht worden, um den mündlichen Verkehr der Häftlinge untereinander zu verhindern.

›Erfüllen Sie diesen Zweck?‹ fragte der Gouverneur.

›Nein‹, antwortete der junge Student. ›Wünschen Sie es, so will ich Ihnen beweisen, dass es jetzt ebenso leicht ist wie früher, von Fenster zu Fenster zu sprechen.‹

›Bitte, beweisen Sie mir's‹, sagte der Gouverneur.

Der Student trat ans Fenster und rief einen benachbarten Gefangenen an; sie sprachen miteinander, bis sich der Gouverneur für befriedigt hielt.

›Ich sehe ein‹, meinte er da, ›dass Ihre Lage eine sehr drückende ist, allein ich kann Ihnen für die nächste Zeit keine Änderung in Aussicht stellen. General Strelnikow ist mit Befehlen und Vollmacht von des Zaren höchsteigener Person ausgerüstet, er ist daher nicht vom Generalgouverneur, ja nicht einmal vom Minister des Inneren abhängig. Die Provinzialbehörden können daher in solchen Fällen nichts tun.‹

Am Tag nach diesem Besuch des Gouverneurs im Gefängnis wurde General Strelnikow in Odessa ermordet. Die Fensterkappen wurden jetzt gleich entfernt, zur größten Freude der politischen Gefangenen, die, kühn gemacht durch diesen Erfolg, dem Gouverneur vorschlugen, das Material zu einem Monument für den Erfinder dieser Blechkappen zu verwenden.

Aus räumlichen Gründen ist es mir nicht möglich, hier die vielen anderen Methoden zu erörtern, die Gendarmerie und Beamte des Justizdepartements anwenden, um den Verhafteten Geständnisse zu erpressen. Für eine der grausamsten halte ich das Mittel, alte, schwache Eltern in Schrecken versetzen, indem man ihnen sagt, ihre Söhne oder Töchter würden gehängt werden, wenn sie kein Geständnis ablegen wollten. Die armen alten Leute werden dann in die Gefängniszellen geschickt, wo sie schreckensbebend und halbblind vom Weinen ihre Kinder anflehen, die ›Halsstarrigkeit‹ aufzugeben. Die Beamten wissen recht gut, dass die Häftlinge nicht gehängt werden, dass es sogar zweifelhaft sei, ob ihnen überhaupt ein Prozess gemacht wird; sie werden im Gefängnis nur darum zurückgehalten, weil der Staatsanwalt hofft, von ihnen endlich doch etwas zu erfahren. Wenn die Qual der Einzelhaft noch durch das Flehen der überaus geängstigten Eltern vermehrt werden kann, dann um so besser! Ein kleiner Schrecken wird den alten Leuten nicht viel schaden, und sie lehren ihre Kinder sie um so mehr zu beobachten; und die ›Halsstarrigkeit‹ der Gefangenen wird vielleicht durch den Anblick des Kummers und Elends ihrer Eltern weichen. Nach der Meinung der Beamten kann ein derartiges Vorgehen nur zum Nutzen beider Teile werden.

Die Mutter eines jungen Studenten in Kiew namens Zebunoff geriet durch die sehr deutliche Schilderung, die ihr General Strelnikow von der Art und Weise machte, wie ihr Sohn, wenn er nicht bekennen wollte ›mit der Schlinge um den Hals in der Luft baumeln‹ werde, in einen solchen Schreck, dass sie im Arm des Staatsanwaltes ohnmächtig zusammenbrach. Und doch wusste Strelnikow recht gut, dass nicht einmal genug Beweise zur Anklage vorhanden waren, viel weniger, um henken zu lassen. Dem jungen Studenten wurde auch nicht der Prozess gemacht, man konnte ihn ja ›auf administrativem Wege‹ verschicken.

Der hochbetagten Mutter eines Verschickten, den ich in Transbaikalien kennen gelernt habe, wurde vorgelogen, ihr Sohn würde zweifellos gehängt werden, wenn er nicht alles bekennen würde, was er von der revolutionären Bewegung wisse. Unter der Bedingung, dass sie das Möglichste anwende, um ihren Sohn zu einem Geständnis zu bewegen, wurde ihr dann gestattet, in seine Zelle zu gehen. Hier folgte nun eine furchtbare Szene. Halb wahnsinnig vor Angst sank die Greisin vor ihrem Sohn nieder, presste das tränenüberflutete Antlitz an seine Füße und beschwor ihn, mit einer vom Schluchzen halberstickten Stimme, bei seiner Liebe zu ihr, bei ihren gebleichten Haaren, er möge ihr versprechen, der Gendarmerie alles mitzuteilen, was er wisse. Es konnte für den Gefangenen nichts Erschütterndes geben als die Wirkung dieses Vorgangs. Er, der durch eine lange Einzelhaft geschwächt, niedergedrückt ist, sieht nun seine Mutter vor sich, zum ersten Mal seit seiner Verhaftung und vielleicht auch zum letzten Mal vor seinem Abgang nach Sibirien. Die Mutter entfernt sich schließlich verzweifelt; sie nimmt von ihrem Sohn Abschied wie von einem Sterbenden. Und der Sohn verzeichnet die schmerzlichste Stunde seines Lebens – die grausame Täuschung seiner Mutter, sein eigenes Weh, den Versuch der Polizei, die heiligsten Menschengefühle sich dienstbar zu machen – als Erinnerung, die seine Nerven stärken, sein Herz kräftigen wird, wenn der Tag der Rache erschienen ist.

Der Versuch, die tiefinnersten Bewegungen des menschlichen Gemütes als Mittel zu benutzen, um von den Häftlingen Aussagen zu erpressen, kommt in allen russischen Gefängnissen vor, in denen sich ›Politische‹ befinden. Die Einzelheiten wechseln natürlich, je nach den Verhältnissen oder der Verschlagenheit des Untersuchungsrichters. So wird z. B. einem Gefangenen nach monatelanger Einzelhaft eine Zusammenkunft mit seiner Mutter versprochen. Frohbewegt folgt er dem Kerkermeister durch den langen düsteren Korridor in den Gefängnishof, wo seine Mutter auf einer Holzbank sitzt, nur wenige Meter von der Tür entfernt, durch die er hinaustritt. Beim Anblick des innig geliebten Antlitzes, das der Kummer gealtert hat, seitdem er es zuletzt gesehen hat, überströmt sein Herz vor Liebe und Mitleid; er eilt auf sie zu, um sie zu umarmen. Doch der Kerkermeister hält ihn zurück mit dem Bemerken, die Zusammenkunft finde nicht hier statt, sondern in der Sprechzelle, wohin er jetzt auch abgeführt wird. Er harrt da sehnsuchtsvoll zehn Minuten – eine Viertelstunde – eine halbe. Endlich geht die Türe auf. Er fährt auf und zur Türe. Doch nicht seine Mutter ist es, die ihm entgegentritt, sondern der Staatsanwalt, der ihn fragt, ob er nun bereit sei, sich einem Verhör zu unterziehen. Der Häftling antwortet, man habe ihm eine Zusammenkunft mit seiner Mutter in Aussicht gestellt und nicht ein Verhör. Hierauf gibt ihm der Staatsanwalt zu verstehen, eine derartige Zusammenkunft zu gewähren sei eine Begünstigung, die man nicht an halsstarrige, verstockte Gefangene zu verschwenden pflegt. Wenn er nichts bekennen wolle, so werde man ihn sofort in seine Zelle zurückführen. Enttäuscht, erbittert kehrt er wieder in Einzelhaft zurück, das Herz voll neuem Hass und Rachedurst, während seine bekümmerte Mutter, deren Elend nur noch vermehrt wurde durch den kurzen Anblick ihres Sohnes im Sträflingskleid und unter Bewachung, in ihr fernes Heimatdorf zurückgekehrt.

In einem anderen Fall, von dem ich in Sibirien Kenntnis erhielt, handelte es sich um eine junge Frau mit ihrem kleinen Kind. Sie wollte nicht jene Fragen beantworten, die gestellt wurden, um eine belastende Aussage gegen ihre Freunde zu erhalten. Der Gendarmerieoffizier, der die Untersuchung vornahm, drohte ihr daher, er werde ihr das Kind fortnehmen. In ihrer furchtbaren Angst wandte sie sich an den Staatsanwalt mit der Frage, ob der Gendarmerieoffizier gesetzlich berechtigt sei, ihr das Kind fortzunehmen, weil sie ein Zeugnis verweigere. Der Staatsanwalt wich der direkten Antwort aus mit dem Bemerken, es wäre vernünftiger von ihr, wenn sie nicht die gesetzlichen Rechte des Untersuchungsrichters erörtern wollte, sondern ihm der Wahrheit gemäß alles zu gestehen, was sie wisse; in diesem Falle sei sie sicher, dass er kein Recht habe, sie von ihrem Kind zu trennen. Trotz dieser schrecklichen Drohung blieb die junge Mutter – sie war erst 22 Jahre alt, als ich sie in Sibirien kennen lernte – standhaft bei ihrem Vorsatz, die Freunde nicht zu verraten. Wohl verblieb ihr das Kind, aber wochenlang stand sie die fürchterlichste Angst aus, eine Angst, deren Erinnerung ihr schon die Tränen überfließen ließen, als sie mir die Geschichte erzählte.

Wenn ich so ausführlich die Methoden, die Gefängnishaft zur Erpressung von Aussagen zu verwenden, erörtert habe, geschah es, teils weil in meinen Tagebüchern eine Menge Anmerkungen just über dieses Verfahren verzeichnet sind, das sich überall in Russland der Beobachtung aufdrängte, teils wieder, weil es mir mehr als alles andere den Gemütszustand zu erklären vermag, in dem die sogenannte ›terroristische‹ Tätigkeit russischer Revolutionäre wurzelt. Wie immer man die moralische Seite eines solchen Vorgehens beurteilen mag, man kann sich der Erkenntnis nicht verschließen, dass solche Ursachen solche Wirkungen schaffen können; und es ist nicht nötig, den russischen Revolutionären blutgierigen Wahnsinn oder unmenschliche Rohheit zuzuschreiben.

Diese Schilderungen zwingen auch die Meinung auf, dass Beamte, die fähig sind, Gefangene derart zu behandeln, kalt und herzlos sein müssen; doch in vielen Fällen, vielleicht in den meisten, erweist sich eine derartige Meinung als irrig. Viele der Beamten sind im Grunde genommen nicht schlechter, nicht besser als andere Menschen. Allein sie sind in ein System hineingezwängt, wo kein Widerspruch geduldet wird, besonders kein Widerspruch, der in Russland als Auflehnung gegen Vorgesetzte, als Insubordination gilt. Sie sind gewohnt, sich mehr als Herr denn als Diener des Volkes zu betrachten; sie haben persönlich nie Gelegenheit gehabt, das Joch der Unterdrückung völlig zu empfinden; sie sind in dem langen Kampf mit furchtlosen, gewalttätigen Leuten gereizt, sind erbittert worden; sie verkennen den Charakter dieser Leute und die Motive ihrer Handlungsweise, sie halten sie für tolle Fanatiker und hinterlistige Meuchelmörder; endlich auch ist ihr Glück, ihre Aussicht auf Beförderung von dem Erfolg abhängig, der sich ihnen aus diesem Kampfe ergibt ...

Gegen eine Person, die eines politischen Verbrechens verdächtig ist, wird unter gewöhnlichen Umständen folgendermaßen verfahren: Ohne dass ihm die Ursache auch nur angedeutet wird, wird er verhaftet, gewöhnlich in der Nacht, und eingekerkert. Nach einer Einzelhaft von einer bis zwei Wochen wird er von einem Gendarmerieoffizier vorläufig verhört. Damit er sich nicht vorbereiten könne, wird ihm in der Regel nicht mitgeteilt, welche Anklagen wider ihn erhoben werden. Die Gendarmerie versucht, dieses Vorgehen nicht ungeschickt zu entschuldigen: ›Ist der Gefangene unschuldig‹, meinen sie, ›so geschieht ihm nichts. Ist er jedoch schuldig, so hat er kein Recht, Mitteilungen zu fordern, die ihm nur erleichtern könnten, den Untersuchungsrichter irre zu führen und sich der verdienten Strafe zu entziehen. Der Zweck des Verhörs kann ihm, wenigstens vorläufig, gleichgültig sein. Er muss nur die an ihn gerichteten Fragen wahrheitsgetreu beantworten.‹

Der Gefangene befindet sich derart, was seine Verteidigung und die seiner Freunde betrifft, entschieden im Nachteil. Beantwortet er die an ihn gerichteten Fragen, so erfolgt es ohne bestimmten Begriff über deren Zweck und Tragweite, verweigert er die Antwort, so verlängert er, vielleicht ganz unnötig, seine Haft und gibt der Gendarmerie Anlass, einen und den anderen der oben geschilderten ›Kunstgriffe‹ in Anwendung zu bringen.

Die meisten der Verhafteten wählen den Mittelweg, beantworten manche der Fragen und unterlassen es bei anderen. Das Verhör endigt, sobald der Gendarmerieoffizier erkennt, dass von dem Häftling nichts mehr herauszubringen ist. Er wird dann in seine Zelle zurückgeführt, und die Gendarmerie verwendet eine folgende Woche dazu, um seine Bekannten und Freunde auszuforschen, die Berichte der Polizei zu prüfen, die ihn vielleicht schon einige Wochen früher im geheimen beobachtet hat, um schließlich bei allen möglichen Leuten nachzufragen, die etwas über ihn wissen mögen. Diese Aussagen werden dann dem Staatsanwalt vorgelegt, dazu auch der Bericht des Gendarmerieoffiziers, der die Voruntersuchungen führte, nebst den besonderen Anmerkungen, die dieser zu machen für nötig fand. Der Staatsanwalt prüft sorgfältig das Beweismaterial, vergleicht die Aussagen von Angeklagten und Zeugen mit den Anmerkungen der Gendarmerie und stellt dann eine Reihe von Fragen auf, die dem Gefangenen beim eigentlichen Verhör vorgelegt werden sollen. Dieses, der ›Dopros‹, ist dazu bestimmt, die Untersuchung zu vollenden, so dass die Angelegenheit dem Justizminister vorgelegt werden kann.

Bis dahin wird also der Angeklagte nicht von der Natur der gegen ihn erhobenen Anklage verständigt. Er weiß nicht recht, ob er als Schuldiger oder als Zeuge verhaftet wurde. Er hat keine der Angaben vernommen, die dem ›Dopros‹ zur Grundlage dienen sollen. Er hat keinen Rechtsbeistand und weiß nicht, was seit seiner Verhaftung sich alles ereignet hat. Kurz, eine schwierigere Lage als die, in der er sich befindet, ist kaum denkbar.

Der Staatsanwalt beginnt das Verhör, indem er den Gefangenen sagt, er sei des Verbrechens angeklagt, das im Paragraph x des Strafgesetzbuches näher bezeichnet ist. Die meisten Anklagen gegen politische Verbrecher stützen sich auf §§ 245, 249 und 250 des Strafgesetzes. Sie lauten:

§ 245. Wer schuldig befunden wird, der Herstellung oder Verbreitung geschriebener oder gedruckter Dokumente, Bücher oder Abbildungen, die geeignet sind, zur Unehrerbietigkeit gegen die höchste Gewalt oder gegen die Person des ›Gossudar‹ (Zaren) aufzureizen, soll als Majestätsverbrecher zu Verlust aller bürgerlichen Rechte und zu Zwangsarbeit von zehn bis zwölf Jahren verurteilt werden.

Diese Strafe hat nach Abbüßung der Zwangsarbeit die Verbannung für Lebenszeit nach Sibirien zur Folge.

§ 249. Wer sich zu einem Aufruhr gegen die höchste Gewalt verbindet, d. h., wer Anteil nimmt an einer Versammlung oder Verschwörung, die eine Empörung wider den Zaren und das Reich bezweckt; wer den Umsturz der Regierung im Reich als Ganzes oder teilweise beabsichtigt; wer eine Änderung der bestehenden Regierungsform erstrebt oder der gesetzlichen Thronfolge; wer behufs dieser Zwecke eine Verschwörung anstiftet oder an einer solchen teilnimmt, sei es in tätiger, zweckbewusster Weise, sei es durch Lieferung oder Verteilung von Waffen oder durch andere Vorbereitungen zum Aufruhr – alle diese Personen, nicht nur die Führer, sondern auch ihre Genossen, Helfer und Hehler sollen aller bürgerlichen Rechte verlustig erklärt und mit dem Tod bestraft werden. Wer von solchen verbrecherischen Plänen und Vorbereitungen Kenntnis hat und die Regierung davon nicht pflichtgemäß verständigt, trotzdem er es vermag, der soll derselben Strafe verfallen.

§ 250. Wenn die schuldigen Personen nicht die Absicht bekundet haben, Gewalt anzuwenden, aber doch eine Gesellschaft oder einen Verein gegründet haben, der für die nähere oder fernere Zeit die Zwecke erstrebt, die im § 249 verzeichnet sind; oder wenn diese Personen einer derartigen Verbindung angehören, so sollen sie je nach dem Grad ihres verbrecherischen Wirkens, zu Zwangsarbeit auf die Dauer von ein bis sechs Jahren sowie zum Verlust aller bürgerlichen Rechte verurteilt werden2) … oder zur Kolonisation in Sibirien oder zur Einkerkerung in einer Festung auf die Dauer von ein Jahr und vier Monate bis zu vier Jahren.‹

Die Absicht dieser Bestimmungen scheinen mir ziemlich klar zu sein. Sie umfassen nicht nur alle Versuche, die Regierung mit Waffengewalt zu beseitigen, nicht nur alle Handlungen, die geeignet sind zur ›Unehrerbietigkeit‹ gegen den Zaren aufzureizen, sondern sie wollen auch die Absicht bestrafen, künftig einmal einen Regierungswechsel hervorzurufen, sei es auch infolge friedlicher Erörterung und Hebung der Volksbildung. Aber das ist noch nicht alles! Man kann ein treuer Untertan sein und nicht das geringste äußern, was als Ungehorsam gegen den Zaren und seine Regierung gedeutet werden könnte; erfährt er aber, dass seine Schwester, sein Bruder, sein Freund einer Verbindung angehöre, die eine ›Änderung der bestehenden Regierungsform anstrebt‹, so ist es seine deutlich vorgeschriebene Pflicht, freiwillig zum Gendarmeriechef zu gehen und seinen Bruder, seine Schwester, seinen Freund zu verraten. Unterlässt er das, so wird er laut Gesetz für sein Leben lang nach Sibirien verschickt.

Wird nun dem Gefangenen beim Verhör gesagt, er sei eines der Verbrechen angeklagt, die in den Paragraphen 245, 249, 250 des Strafgesetzes näher verzeichnet sind, so weiß er noch immer nicht, welcher Art das Vergehen ist, dessen er beschuldigt wird.

Er kann eines Majestätsverbrechens beschuldigt sein oder der Absicht, die bestehende Regierungsform jetzt oder später ändern zu wollen; er kann sich auch der Gefahr ausgesetzt haben, zu Zwangsarbeit verurteilt zu werden, weil er es unterließ, dem Gendarmeriechef die Vermutung mitzuteilen, dass seine Schwester vielleicht einer geheimen Verbindung angehöre. Doch ihm bleibt immerhin der Trost, dass er aus der Art seiner Bestrafung ungefähr erkennen wird, wessen er beschuldigt wurde.

Der ›Dopros‹ gleicht dem vorläufigen Verhör in allem Wesentlichen; nur dass er vom Staatsanwalt selbst vorgenommen wird, eine größere Zahl Taten zur Grundlage hat, daher auch strenger und eingehender erfolgt. Zum Schluss wird der Gefangene aufgefordert, seine Aussagen mit seiner Unterschrift zu bestätigen; dann wird er wieder in seine Zelle gebracht.

Der Staatsanwalt verfasst nun eine genaue Darstellung des Falls, die zeigt, wessen der Angeklagte mit Erfolg beschuldigt werden kann, und sendet sie mit allen Belegen an den Justizminister. Nach dem ›Dopros‹ werden dem Gefangenen, wenn er sich nicht ›halsstarrig‹ gezeigt hat, gewisse Erleichterungen gewährt. Er darf im Beisein eines Gefängnisbeamten wöchentlich zweimal mit seinen Verwandten zusammenkommen, er darf offene Briefe absenden und erhalten, er darf auch Bücher besitzen. Doch diese Begünstigungen haben ihre Schattenseiten! Die Besucher können im Gefängnis verhaftet werden, um auf ›administrativem Wege‹ nach Sibirien verschickt zu werden[3)]; die Polizei, durch deren Hände die Briefe gehen, kann deren halben Inhalt ausstreichen oder sonst wie vertilgen[4)]; und die einzigen Bücher, die man ihm gewährt, sind wahrscheinlich Bibel und Strafgesetz.[5)]

Die Schriftstücke, die sich auf den Prozess des Gefangenen beziehen, brauchen einen bis drei Monate, ehe sie ins Justizministerium kommen. Dort bleiben sie wahrscheinlich noch drei bis sechs Monate liegen. Und wenn sie endlich vorgenommen werden, so kann der Minister viererlei beschließen:

1) wenn die vorliegenden Beweise nicht ausreichend scheinen, um auch nur die Verhaftung des Angeklagten zu rechtfertigen, so kann er dessen Freilassung anordnen, wie es auch bei etwa achthundert ›Propagandisten‹ erfolgte;

2) wenn die vorliegenden Beweise zwar unvollständig sind, jedoch vermuten lassen, dass ein Prozess möglich wäre, so kann er die Akten dem Staatsanwalt zurückschicken, mit der Weisung, die Untersuchung fortzusetzen. Das bedingt einen Aufschub von wenigstens sechs Monaten;
3) wenn die vorliegenden Beweise ungenügend sind, um den Angeklagten vor Gericht zustellen; wenn sich ferner nicht annehmen lässt, dass eine fortgesetzte Untersuchung die Beweise vollständig machen werde; wenn jedoch der Minister trotzdem annimmt, der Angeklagte sei ›unzuverlässig‹ und seine Freigebung gefährlich – so kann er ihn auf ›administrativem Wege‹ für die Dauer von höchstens 5 Jahren nach Sibirien verschicken.
4) wenn die vorliegenden Beweise genügend scheinen, um den Angeklagten vor den Gerichtshof zu stellen, so bleibt er in Haft, bis sein Urteil gesprochen wird.

Vom Justizministerium werden die Akten an das Ministerium des Inneren gesandt, wo sie wieder eine Zeitlang liegen bleiben, bis sie vorgenommen werden. Der Minister des Inneren kann der Entscheidung des Justizministers zustimmen oder auch nicht. In ersterem Fall werden sie dem Zaren zur Genehmigung vorgelegt, in letzterem werden sie zur reiflichen Überlegung ›zurückgelegt‹ oder dem Staatsanwalt zur Vervollständigung zurückgegeben.

Die Folge dieses Vorgangs ist, dass die Periode zwischen Verhaftung und Freilassung oder Verurteilung, Verbannung des Gefangenen fast endlos verlängert wird, zumal jede Station, zufolge Anhäufung ähnlicher Akten in allen Provinzial- und Ministerialkanzleien, durch eine lange Verzögerung sich bemerkbar macht. Die neuesten Politischen, deren Fälle ich näher kennen lernte, waren ein bis anderthalb Jahre gefangen, bevor sie nach Sibirien verschickt wurden. In einzelnen Fällen ergab sich sogar eine noch viel längere Haft. Salomon Chudnofski, der jetzt in Tomsk als Verbannter lebt, musste auf die Erledigung seines Falles vom 27. Januar 1874 bis 18. Juli 1878 warten, also vier Jahre und sechs Monate. Fast die ganze Zeit verbrachte er in Einzelhaft, davon zwanzig Monate in den Kasematten von Petropawlowsk.

Eine solche Verzögerung muss Verwandte und Freunde selbst solcher Gefangenen verbittern, deren Schuld sich nicht leugnen lässt. Aber fast zum Wahnsinn muss der Schmerz jene treiben, die da wissen, dass ihre Söhne, Töchter, Schwestern, Freunde unschuldig sind und die sie noch vor dem Prozess durch natürlichen Tod oder Selbstmord im Gefängnis verlieren …«

In dem Aufsatz »Ein russisches Gefängnis für Politische« bemerkt der Verfasser: »Das größte Staatsgefängnis Russlands, wo alle wichtigen, gefährlichen politischen Verbrecher früher oder später eingesperrt werden, ist die Festung Petropawlowsk. Jeder der schon in Petersburg war, wird sich wohl des schlanken, vergoldeten Turms erinnern, der sich vom niedrigen Ufer der Newa gegenüber dem Winterpalast, etwa 400 Fuß hoch erhebt, aus der Ferne einer goldenen Lanze gleichend, die über das sumpfige Delta des Flusses und das seichte Gewässer des Finnischen Meerbusens hoch emporragt. Das ist der Turm der Festungskirche, unter der die Gebeine der russischen Zaren ruhen, um die herum aber, fast ebenso tief begraben, die Feinde der Zarenherrschaft schmachten. Vom Fluss aus, dem die Festung die Vorderseite zukehrt, ist nur eine lange niedrige, graue Steinmauer zu sehen, mit scharf vorspringenden und einfallenden Winkeln, einige Kanonen, die aus den Schießscharten lugen, eine von der Brustwehr aus hoch flatternde Flagge und alles überragend die weiße Kuppel und der blinkende Turm der Kathedrale sowie die rauchenden Essen der kaiserlichen Münze.

Den Haupteingang der Festung bildet ein langer, gewölbter Torweg, der nahe der Troitski-Brücke die Wallmauer durchbricht und in einen ansehnlichen berasten und schattigen Park mündet, der den ganzen Tag geöffnet ist und von den Bewohnern der ›Petersburger Seite‹ – so wird dieser Teil der Stadt genannt – als Durchgang benutzt wird. Hierbei ist es jedoch unmöglich, sich eine genaue Vorstellung von der Ausdehnung und Beschaffenheit von Russlands großem Gefängnis für Politische zu machen. Das Ganze bildet eine ungeheuer große Verbindung von Bastionen, Schanzen, Wällen, Baracken und Magazinen, die etwa drei Viertel englische Quadratmeilen bedecken mögen und von dem erwähnten Park sowie von einem Festungsgraben durchschnitten werden. Letzterer scheidet die Zitadelle von den Vorwerken.

In welchem Teil dieses riesigen Labyrinths die politischen Gefangenen gehalten werden, wissen diese selbst nicht. Sie werden nachts in die Festung gebracht, in dicht geschlossenen Wagen, zwischen Gendarmen; und wenn ihnen endlich befohlen wird auszusteigen, nachdem sie durch schwere Tore, zwischen widerhallenden Mauern und gewölbten Gängen entlang kreuz und quer gefahren wurden, befinden sie sich in einem engen völlig eingeschlossenen Hof, der keinen anderen Ausblick gewährt als auf den Himmel über ihnen. Wo dieser Hof sich befindet, können sie nur vermuten. Man hat Gründe anzunehmen, jener Teil der Festung, wo die politischen Gefangenen in Untersuchungshaft sind, sei eine Bastei, die auf der Flussseite, in Richtung der Börse, vorspringt. Die politischen Gefangenen jedoch, die ich in Sibirien kennen lernte, meinten, sie wären in der Trubetskoi-Bastei gefangen gewesen. Diesen Teil der Festung konnten sie mir genau beschreiben. Von einem Gefangenen, der sich jetzt in Ostsibirien befindet, erhielt ich sogar einen von ihm gezeichneten Plan der Bastei und der darin befindlichen Kasematten, dessen Größenangaben allerdings nur auf Vermutungen beruhen.

Die Trubetskoi-Bastei ist ein massiger fünfeckiger Bau aus Stein und Ziegeln, der ein Stockwerk hoch ist, eine Höhe – von der Spitze bis zur Basis gemessen – von etwa 100 Metern hat und eine Breite von etwa achtzig Metern. Sie steht in einem Hofraum, der ungefähr zehn Meter länger und breiter ist und der durch eine hohe, parallel mit der Bastei laufende Mauer abgeschlossen ist, so dass kein Ausblick möglich ist. Die Kasematten, die den politischen Gefangenen als Zellen dienen, befinden sich in zwei Stockwerken übereinander, an der Hauptfront, zwischen dem schmalen Vorhof und dem großen inneren Hof. Die Türen der Kasematten führen auf einen Korridor, der sich an der inneren Hauptmauer entlang zieht. Die Fenster zeigen die kahle Umfassungsmauer des Hofes, die so hoch ist wie die Bastei selbst und nicht nur jede Aussicht hindert, sondern auch in den unteren Zellen Luft und Licht verhindert.

In jedem Geschoss befinden sich 36 Kasematten, zusammen also 72, die einander an Form und Größe gleichen, die an den Ecken ausgenommen. Ursprünglich waren sie zur Aufnahme schwerer Geschütze bestimmt, sie sind daher geräumiger als gewöhnliche Gefängniszellen. Sie haben ungefähr acht Meter Länge, von der Türe bis zum Fenster gemessen, fünf und einen halben Meter Breite und bis zur leichtgewölbten Decke vier Meter Höhe, Wände und Decken sind aus Ziegeln, der Fußboden aus Beton.

Die starke Außenwand der Bastei ist in jeder Zelle von einem Bogenfenster unterbrochen, das sich etwa drei Meter hoch befindet und dessen tunnelförmige Öffnung mit doppeltem Gitterwerk versehen ist. Die untere Scheibe, rechts des eisernen Fensterkreuzes bewegt sich in Angeln, damit sie der Lüftung wegen geöffnet werden kann. Ohne sich auf etwas zu stellen, kann der Gefangene das Fenster nicht erreichen, und selbst dann hat er nur einen Ausblick auf den oberen Teil der Umfassungsmauer und auf einen schmalen Streifen Himmel.

Die schweren Türen sind aus Holz. In der Mitte jeder befindet sich ein viereckiges Loch, das durch eine in Angeln bewegliche Platte geschlossen werden kann. Diese wird wie eine kleine Zugbrücke auf und nieder gezogen, und in letzterer Stelle dient sie dazu, um die Nahrungsmittel aufzunehmen, die der Schließer für den Gefangenen hinstellt. Unmittelbar darüber befindet sich eine waagerechte Spalte, ähnlich der eines Briefkastens, die mit einem beweglichen Deckel versehen ist. Diese Vorrichtung, von den Gefangenen ›Judas‹ genannt, dient dazu, um dem Schließer zu ermöglichen, zu jeder Zeit in die Zelle schauen zu können, ohne dabei die Aufmerksamkeit des Gefangenen zu erwecken.

Die Einrichtung der Zelle besteht aus einem gewöhnlichen russischen Ofen, mit der Feuerung nach außen, aus einer eisernen Bettstelle, die an einem Ende eingemauert ist, so dass sie nicht von der Stelle gerückt werden kann, aus einer gesimsartigen Eisenplatte, die in der Nähe des Kopfendes des Bettes gleichfalls in die Mauer eingelassen ist und als Tisch dient, aus einem befestigten Waschbecken, einer Holzkiste mit Unratkübel, einem kleinen Muttergottesbild, vor dem der Häftling beten kann, und endlich aus einer Zinnschale, die unter dem Fenster an der Wand hängt, um die Feuchtigkeit aufzunehmen, die von den abschüssigen Seiten der Öffnung herabtropft ...

Nachdem der politische Gefangene nachts in diese Kasematte eingebracht worden ist, wird er vor allem völlig entkleidet. Dann wird er sorgfältig untersucht, ob er nicht in Haaren, Mund, Ohren, Nasenlöchern etwas verborgen habe. Hat sich der Gefängniswärter überzeugt, dass dies nicht der Fall ist, so erhält der Gefangene ein Häftlingskleid, das aus einem groben, grauleinenen Hemd, Hosen aus demselben Stoff, einem langen, blauleinenen Mantel, Wollstrümpfen und einem Paar Pelzpantoffeln besteht. Ist der Gefangene damit bekleidet, so zieht sich die Wache zurück, hinter ihr schließt sich die schwere Holztüre, der Schlüssel knarrt im rostigen Vorhängeschloss, und der Gefangene bleibt in der karg erhellten Zelle allein zurück. Ringsum Grabesstille. Kein Fußtritt, keine Stimme, kein Laut kündet von der Anwesenheit noch anderer menschlicher Wesen in der Bastei. Alle Viertelstunden läutet das Glockenspiel der Kathedrale harmonisch und feierlich die Melodie des russischen Kirchenliedes: ›Erbarm dich, unser, Herr!‹, und jede Stunde ertönt die Weise: ›Ehre, Ehr' sei Gott in der Höh'!‹ Die feuchte dumpfe Luft, die triefenden Mauern, die bedrückende Stille, der gedämpfte Ton der Glocken – dies alles scheint dem einsamen, in stilles Sinnen versunkenen Gefangenen zuzurufen: ›Du bist nicht tot, doch bist du begraben!‹

Niedergedrückt von dem Gedanken, dass solches nun das Ende all seines Hoffens, Strebens, Ringens für das Wohl des Vaterlandes sei, gepeinigt von der Angst um das Schicksal jener, die ihm teuer sind, erhebt er sich von dem schmalen eisernen Bett, auf das er sich im ersten Augenblick der Verzweiflung geworfen hat, und schreitet in der Zelle auf und nieder.

›Wie lange wird dies dauern?‹ fragt er sich. Er prüft im Geist die Geschehnisse vor seiner Verhaftung und die dann folgten, gedenkt der Fragen, die im ersten Verhör an ihn gerichtet werden dürften, und versucht dann die Zeit zu bestimmen, die er hier zubringen mag. Das Vergehen, dessen er beschuldigt werden könnte, scheint ihm nicht so arg zu sein, es sei nichts vorhanden, was die Untersuchung verzögern könnte – er dürfte also in wenigen Wochen vor Gericht gestellt werden und dann freigelassen.

Während er sich derart zu trösten versucht, bückt er sich, um den Pantoffel wieder anzulegen, der ihm vom Fuß geglitten ist. Und dabei gewahrt er die Spur eines Pfades, der von einer Ecke der Zelle zur anderen führt, in derselben schiefen Linie, die er jetzt durchmessen hat. Beängstigt von einem unbestimmten Gefühl nimmt er die kleine Lampe zur Hand und untersucht genauer die Spur. Es ist ein Pfad, eine seichte, aber doch bemerkbare Höhlung, die von menschlichen Fußtritten im festen Beton hervorgebracht wurde, eine Entdeckung, die auf ihn noch niederdrückender wirken muss. Nicht der erste Gefangene ist er also, der in dieser einsamen Zelle begraben wurde, nicht der erste, der sich durch Körperbewegung seine Gemütsstimmung zu beruhigen versucht. Jemand, der vielleicht auch eines politischen Verbrechens angeklagt war, der vielleicht auch eine rasche Erledigung der Sache erhoffte, hat diese Höhlung ausgetreten. Jemand, dessen Herz den Schmerz der Enttäuschung empfunden hat, musste diesen Weg von einer Ecke zur anderen nicht nur hundertmal, nicht nur tausendmal, nein, sogar hunderttausendmal zurückgelegt haben, bis unter seinen müden Füßen der harte Boden ausgehöhlt war und eine lange, seichte Rinne die Spur seiner steten Wanderung bezeichnete.

Geängstigt von diesen trüben Erinnerungen aus der Geschichte dieser Festung hat der Gefangene nicht mehr Kraft genug, in der Zelle auf und ab zu wandeln. Er wähnt, seine leichtbedeckten Füße fühlten die seichten Höhlungen, die von den Tritten seines Vorgängers herrühren; und jeder Schritt erinnert ihn an die Möglichkeit von Qualen, an die er am liebsten nicht denken möchte. Wieder setzt er sich auf sein schmales Bett und lauscht lange und aufmerksam nach irgendeinem Laut von der Außenwelt, nach einem, wenn auch nur leise vernehmlichen Beweis menschlichen Lebens, dass er ihn von dem peinigenden Traum einer unterirdischen Gruft befreie, dass er die Gespenster der Selbstmörder und Wahnsinnigen verscheuche. Und wieder klingen die Glocken der Festungskirche: ›Erbarm dich unser, Herr!' Doch der leise Klang des ernsten Gebets verklingt, und es scheint dann noch stiller zu sein als vorher.

Plötzlich bemerkt der Häftling, dass ihn von der Mitte der Zellentür her zwei Augen festen Blickes anstarren. In seinem Schrecken, seiner Erregung dünkt ihm für den ersten Augenblick, die Gebilde seiner Phantasie würden sich nun verkörpern, der Geist irgendeines politischen Gefangenen, der hier zum Selbstmörder geworden war, blicke nun zur unheimlichen Nachtstunde auf den trübseligen Ort, wo er vor langer Zeit zu einer schrecklichen Stunde seinen verkümmerten Leib zurückgelassen hatte, auf dem Boden liegend, das Haupt zerschmettert oder die Kehle voll Glasscherben.

Doch wie er in sprachlosem Schrecken diese geheimnisvollen ausdruckslosen Augen anstarrt, verschwinden sie plötzlich, und ein leises Geräusch, das durch den Deckel des ›Judas‹ hervorgebracht wird, lehrt ihn, dass es kein Gespenst war, sondern der Schließer, der vom Korridor aus in die Zelle schaute. Dem Gefühl augenblicklicher Erleichterung folgt um so ärgere Beklemmung, da er nun weiß, dass er trotz seiner Einsamkeit stets argwöhnisch beobachtet wird. Aus den Blicken eines unnatürlichen Beschauers hätte wenigstens Mitleid und Erbarmen gesprochen; doch der gleichgültige Späherblick, der von Zeit zu Zeit durch die Öffnung des ›Judas‹ auf ihn gerichtet wird, macht ihm die Lage noch viel unerträglicher. Selbst seine Einsamkeit scheint von einem wachsamen, rücksichtslosen, feindlichen Wesen, das er weder sehen noch hören kann, beherrscht zu werden.

Wenn sich des Gefangenen Erregung allmählich legt, so beginnt er die frostige Feuchtigkeit seiner Zelle zu verspüren, und schaudernd vor Kälte und Erregung kriecht er in sein schmales Bett und zieht die dünne Decke bis zum Hals hinauf. Und wenn er endlich in einen unruhigen Schlaf versinken will, so ist das letzte, was er vernimmt, der mitternächtige Klang des Glockenspiels: ›Gott segne den Zaren!‹«

In einem vierten Aufsatz, »Russische Staatsgefangene«, wird die Anwendung der Tortur in den russischen Gefängnissen merkwürdigerweise in Abrede gestellt. Es ist wohl anzunehmen, dass sich diese Negierung auf eine sozusagen regelrechte systematische Folterung bezieht, denn das, was wir aus dem Vorhergehenden entnommen haben – abgesehen von Mitteilungen anderer –, kann kaum anders als Tortur genannt werden. Die betreffende Stelle lautet: »Es liegt mir ferne, die Leiden der verurteilten politischen Gefangenen übertrieben darzustellen, um ungünstige Vorurteile gegen die russische Regierung zu schaffen oder Teilnahme für die russischen Revolutionäre zu erwecken. Ich will nur schildern, was ich mit gutem Grund für wahr halte. Stepniak und Fürst Krapotkin haben das Leben der verurteilten politischen Gefangenen noch mit dunkleren Farben geschildert, als meiner Ansicht nach hierher gehören. Ich habe in Sibirien mehr als fünfzig Verschickte kennen gelernt, die in der Festung Petropawlowsk gefangen waren, aber keiner wusste etwas von Zellen, die sich unter dem Niveau der Newa befanden, oder von dem bewussten Brief, den Netschajew mit seinem eigenen Blut geschrieben haben soll, oder von Kerkerzellen, die von Ratten wimmeln, von Auspeitschung Gefangener oder auch nur von einem einzigen Fall, wo der Gefangene gefoltert wurde.

Ich will nicht sagen, dass die betreffenden Angaben von Stepniak und Fürst Krapotkin ungenau oder falsch wären; ich erkläre nur der Wahrheit gemäß, dass mein Nachforschen nicht die Bestätigung dessen finden konnte. Wohl gibt es in der Festung Zellen, deren Atmosphäre so feucht ist, dass Salz und Zucker in kurzer Zeit flüssig werden; und diese Zellen dienen auch den Gefangenen zum Aufenthalt. Aber sie befinden sich keineswegs unter dem Niveau der Newa. Netschajew wurde wohl an die Wand seiner Zelle gekettet; doch zur Strafe, weil er sich an dem Gendarmerieoffizier Potapow vergriffen hatte. Bis dahin wurde er noch ziemlich gut behandelt. Möglich auch, dass er gepeitscht wurde, weil er mit seinem eigenen Blut einen Brief an Alexander III. schrieb; doch die Verschickten in Sibirien wissen nichts davon.

Mit den Flintenkolben, mit den Fäusten wurden die Gefangenen in der Festung von den Wachen zwar öfter geschlagen; allein von einer Auspeitschung konnte ich nicht das Mindeste erfahren, obgleich es eine gesetzlich zulässige Strafe ist. Auch die Folter ist, soweit ich mich erkundigen konnte, wenigstens in der letzten Zeit, weder in der Festung noch in einem anderen Gefängnis des europäischen Russlands in Anwendung gekommen. Ein hervorragender Revolutionär, den Stepniak recht gut kennen dürfte, zumal er dessen Biographie geschrieben hat, sagte in Sibirien zu mir:

›Glauben Sie mir, Mister Kennan, zu unserer Zeit wurde von der Folter in der Festung nicht einmal Erwähnung gemacht. Während meiner dreijährigen Haft hörte ich nur von einem Fall, der der Folter nahe kam, das war die zwangsweise Anwendung von Chloroform bei Oboleschew und Frau Witanjewa, um sie zur Aufnahme ihrer Photographien bewusstlos zu machen.[6)]

Doch widersetzten sich dem mehrere Soldaten der Gefängniswache, und einer weigerte sich sogar, den ringenden Gefangenen festzuhalten, mit dem Bemerken, er sei kein Henker und seine Pflicht sei nicht, Menschen zu vergiften.‹

Doch in der Hauptsache stimmen die Schilderungen von Stepniak und Fürst Krapotkin viel mehr mit meinen Erfahrungen überein, als die des Geistlichen Lansdell und noch einiger englischen Reisenden, die vor einigen Jahren die Trubetskoi-Bastei besucht und flüchtig betrachtet haben. Ich wenigstens halte es für zweifellos, dass eine lange Einzelhaft in den Kasematten einer russischen Festung, ohne Bücher, Schreibgegenstände, Bettzeug, ohne gehörige Nahrung, ohne jeden Verkehr – dass dies eine viel ärgere Strafe als ein Todesurteil bedeutet.

Eine bekannte Revolutionärin, Frau Wera Phillipowa – beiläufig bemerkt, eine schöne, gebildete Frau –, die 1884 in St. Petersburg vom Gerichtshof verurteilt wurde, erbat sich als Gunst, man möge sie lieber henken lassen, als nach der Schlüsselburg schicken. Ihre Bitte wurde abgeschlagen. Selbstmord und Selbstmordversuche kommen in den Festungskasematten sehr häufig vor; auch geschieht es, dass Gefangene sich an einem Offizier der Wache vergreifen, in der Hoffnung, vor das Kriegsgericht gestellt und erschossen zu werden. Während meiner Heimreise von Sibirien lernte ich in Moskau den Vorsitzenden eines Kriegsgerichtes kennen, und auf meine Frage hin gab er mir zur Antwort, dass der Revolutionär Muischkin im Sommer 1885 in der Schlüsselburg erschossen wurde, weil er den Gefängnisarzt geschlagen hatte. Der verzweifelte Gefangene wollte seinem Leben voll Elend durch Verhungern ein Ende machen, und es wurde der Festungsarzt in seine Zelle geschickt, um ihm die Nahrung gewaltsam einzuflößen. Der hohe Gerichtsbeamte, der mir diese Auskunft gab, gehörte weder selbst zu den Revolutionären, noch sympathisierte er mit ihnen. Er erzählte mir das trockenen Tones, ohne Erklärung oder Gefühlsäußerung. Und ich habe nicht die geringste Ursache, die Wahrheit seiner Äußerung zu bezweifeln.«

Doch genug dieser Berichte aus dem nordischen Reich! So beklagenswert diese Zustände auch sind, in der Behandlung verhafteter »Verdächtigter«, besonders politisch Beschuldigter stehen sie doch nicht in Europa so vereinzelt da, wie uns andere oder gar, wie wir selbst uns gewöhnlich glauben machen wollen. Nicht nur der Brünn überragende Spielberg, dessen Gefängniszustände uns Silvio Pellico (1789–1854) in seinem »*Le mie prigioni*« so meisterhaft zu schildern wusste, nicht nur zahlreiche andere Gefängnisse in Mitteleuropa, Italien etc. haben ähnliche Geschehnisse aufzuweisen, von denen uns zumeist nur geringe Kunde überliefert wurde. Denn nicht immer »reden Steine, wenn Menschen schweigen«. Auch unsere verschiedenen zur Zeit in Europa geltenden Kriminalsysteme haben hauptsächlich in ihren Untersuchungsformen manches aufzuweisen, was fast Tortur genannt werden kann, wobei wir von der schon erwähnten missbräuchlichen Anwendung der Strafuntersuchung ganz absehen wollen. Allerdings handelt es sich hierbei mehr um eine moralische als um eine physische Marterung, wobei sich aber Erstere noch qualvoller erweisen mag. Es kommt hierbei auch die Untersuchungshaft in Betracht, worüber die Strafprozessordnung für das Deutsche Reich vom 1. Februar 1877 besagt: »§ 112. Der Angeschuldigte darf nur dann in Untersuchungshaft genommen werden, wenn dringende Verdachtsgründe gegen ihn vorhanden sind und entweder er der Flucht verdächtig ist oder Tatsachen vorliegen, aus denen zu schließen ist, dass er Spuren der Tat vernichten oder dass er Zeugen oder Mitschuldige zu einer falschen Aussage oder Zeugen dazu verleiten werde, sich der Zeugenschaft zu entziehen. Diese Tatsachen sind aktenkundig zu machen. Der Verdacht der Flucht bedarf keiner weiteren Begründung:

1. Wenn ein Verbrechen den Gegenstand der Untersuchung bildet;[7)]
2. wenn der Angeschuldigte ein Heimatloser oder Landstreicher oder nicht imstande ist, sich über seine Person auszuweisen;
3. wenn der Angeschuldigte ein Ausländer ist und gegründeter Zweifel besteht, dass er sich auf Ladung vor Gericht stellen und dem Urteile Folge leisten werde.

§ 113. Ist die Tat nur mit Haft oder Geldstrafe bedroht, so darf die Untersuchungshaft nur wegen Verdachts der Flucht und nur dann verhängt werden, wenn der Angeklagte zu den in § 112 Nr. 2 oder 3 bezeichneten Personen gehört oder wenn derselbe unter Polizeiaufsicht steht oder wenn es sich um eine Übertretung handelt, wegen deren die Überweisung an die Landespolizeibehörde erkannt werden kann.

Nach Strafgesetzbuch § 361 Nr. 3 bis 8 gehören zu den zuletzt erwähnten Personen: Landstreicher, Bettler oder wer Kinder und Untergebene zum Betteln anleitet, ausschickt oder davon abzuhalten unterlässt, wer sich dem Spiel, Trunk, Müßiggang dergestalt hingibt, dass er für sich oder die Seinigen zur Ernährung fremde Hilfe durch Vermittelung der Behörde in Anspruch nehmen muss, unzüchtige Weibspersonen, die, wenn sie unter Polizeikontrolle stehen, die Vorschriften verletzen oder die ohne unter Aufsicht zu stehen gewerbsmäßig Unzucht treiben, wer aus öffentlichen Armenmitteln Unterstützung erhält und sich aus Arbeitsscheu weigert, die ihm von der Behörde angewiesene, seinen Kräften angemessene Arbeit zu verrichten, und schließlich, wer nach Verlust seines bisherigen Unterkommens binnen der ihm von der zuständigen Behörde bestimmten Frist sich kein anderweitiges Unterkommen verschafft hat und auch nicht nachweisen kann, dass er solches der von ihm angewandten Bemühungen ungeachtet nicht vermocht habe.«

Schon aus dem bisher Angeführten ergibt sich, dass die zuständige Behörde um Gründe zur Untersuchungshaft nicht in Verlegenheit zu geraten braucht, besonders wenn es sich um Personen handelt, die nicht in günstigen Verhältnissen leben. Zudem kommt noch, dass man nur zu leicht geneigt ist, in dem Beschuldigten, besonders wenn er in Untersuchungshaft genommen wurde, auch den Schuldigen zu sehen und ihn mit nachdrücklichen, oft auch von harten Worten begleiteten Fragen derart zuzusetzen, dass in manchen Fällen wohl von einer moralischen Tortur gesprochen werden kann. Zudem kommt, dass der Beschuldigte zuweilen auch von den untergeordneten Bediensteten des Gefängnisses nicht am glimpflichsten behandelt werden mag. Indes können wir alle diese Umstände weniger den offenbar vorhandenen Unzulänglichkeiten der Gesetzgebung der verschiedenen Staaten zuschreiben als der Beschaffenheit der menschlichen Natur, die nur zu leicht geneigt ist, in jedem Beschuldigten auch den Täter zu erblicken, besonders wenn man berufsmäßig mit dem Verbrecher oder Beschuldigten viel zu verkehren hat und wenn das Gemüt durch den Anblick und durch die Erfahrung von heuchlerischer Schuld einigermaßen verhärtet wird. Hoffentlich bringt die Zeit auch hierin einen Wandel, und es kommt der Tag, an dem mit aufrichtiger Befriedigung gesagt werden kann: Es gibt im Rechtsverfahren keine Tortur mehr!

XV. Kapitel

Übersicht der Geschichte der Tortur – Griechen und Römer – Mittelalter – Kreuzzüge – Inquisition – Ketzerverfolgungen – Hexenwesen – Reformation – Bamberger Halsordnung – Carolina – Neuzeit – Blütezeit der Tortur – Ende der Tortur in Europa – Achtzehntes Jahrhundert – Neunzehntes Jahrhundert – Neuzeitliches Untersuchungswesen im Strafverfahren – Schluss

Wir sind nun zum Schluss unserer Schilderungen der Tortur im Kriminalverfahren aller Völker und Zeiten gelangt, und es bleibt uns, nur noch einen Rückblick auf das Ganze zu werfen, in Kürze alles in Betracht zu ziehen, was hier ausführlich vorgebracht wurde.

Nicht ohne Schaudern sprechen wir das Wort Tortur aus, das für unsere heutigen Anschauungen der Inbegriff herzloser Grausamkeit ist, und dankbar blicken wir auf unsere Zeit, die wir, wenigstens bei den Völkern mit europäischer Kultur, von diesem Gräuel gänzlich befreit wähnen. Ein genaues Erwägen der Zustände und Verhältnisse will uns jedoch zeigen, dass einerseits die Tortur im Allgemeinen nicht gar so entsetzlich war, wie wir gewöhnlich anzunehmen geneigt sind, allerdings nur insofern, als Wahn und Fanatismus dabei nicht zur Geltung kamen, anderseits wieder, dass wir aufrichtig selbst unsere vielgerühmten humanitären Tage von diesem Übel nicht völlig freisprechen können, wenn es nun auch weniger formell und legal in Erscheinung tritt. Wir werden auch davon absehen müssen, die Tortur als Produkt der Barbarei zu betrachten, finden, dass sie leider zu den Kulturerscheinungen gehört, die im Fortschreiten der menschlichen Gesellschaft groß und stark geworden ist. Allerdings der Gedanke, dass der Stärkere den Schwächeren vergewaltigt, ihn auch mit grausamen Mitteln zur Aussage dessen zu zwingen sucht, was dieser von einer gewissen Sache weiß oder wissen könnte, ist leider nur zu natürlich, zu menschlich, könnte man sagen, und nur wer jeden harten Zwang, jede Gewalttätigkeit überhaupt aufrichtig verurteilt – und es würde bei einer genauen Prüfung aller etwa möglichen Fälle selbst bei dem ent-

Tortur, Beinschraube – Aus Millaéns, prax. Crim. 1541

schiedensten Philanthropen so manches Wenn und Aber laut werden –, nur der darf auch über die Anwendung der Tortur den Stab brechen. Wir finden sie in Sagen und Mythen der Alten erwähnt, finden sie bei Völkern mit noch ziemlich ursprünglichen Kulturformen wie auch bei Völkern mit alter, petrefakter Kultur. Oft auch wird sie in den Überlieferungen auch nicht erwähnt, ein Umstand, der uns weniger berechtigt, auf ihre Abwesenheit bei dem betreffenden Volke zu schließen als auf eine gewisse Zurückhaltung, eine Scheu, das auszudrücken oder niederzuschreiben, was der Empfindung gemäss nicht rühmlich ist, wenn auch an der Berechtigung nicht gezweifelt worden sein mochte.

Vergeblich forschen wir nach dem Ursprung der Tortur: Die Heimstätte der Gesellschaft dürfte auch die der »peinlichen Frage« gewesen sein, und vielleicht kam sie gegebenenfalls schon dort zur Anwendung, wo sich zum ersten Mal ein Mensch zu dem anderen gesellte. Man hat sie mit dem uralten Brauch der Ordalien in Verbindung gebracht. Eine Verwandtschaft beider muss allerdings entschieden zugestanden werden, doch lässt sich dabei wohl annehmen, dass Erstere früher vorhanden war als Letztere, deren Anwendung bereits eine gewisse Kulturhöhe, eine Ausbildung des Glaubens oder Aberglaubens voraussetzen lässt. Nehmen wir an, dass der ferne Orient die Urheimat des Menschengeschlechtes gewesen sei, so müssen wir ihn auch als die der Tortur erkennen. Auch ihre Ausbildung sozusagen erhielt sie an diesen alten Kulturstätten, wie alle Anzeichen darauf hinweisen. Von hier aus scheint sie mit anderen Kulturerrungenschaften den Griechen überliefert worden zu sein, womit jedoch keineswegs gesagt sein soll, dass sie bei diesen nicht auch schon ursprünglich vorhanden gewesen war. Sie kam hier hauptsächlich gegen Sklaven zur Anwendung, die im Allgemeinen nicht sehr menschlich behandelt wurden, finden sie aber auch, besonders bei Staatsverbrechen, gegen Freie angewandt. Die Foltermethode war einfach, aber grausam, und wir fanden hier das *Tympanum*, das wir später bei den Römern als *Equuleus* vorfinden und noch später bei den Deutschen und anderen Völkern als Streckleiter. In ähnlicher Weise wie die Griechen vom Orient erhielten wohl die Römer wie so manche anderen Rechtsbräuche auch die Tortur von den Griechen überliefert, um sie wieder in ihrer

Weise auszubilden. Später mag sich hierbei auch der direkte Einfluss des Orients geltend gemacht haben, der ja auch sonst so viel zur Entsittlichung und Verweichlichung der Römer beigetragen hat. Wie wir eben angedeutet haben, stimmte ihre Tortur in vielen Stücken mit der griechischen überein, erhielt aber allmählich durch die Gesetzgebung so manches, was den Griechen fremd war. Westphal kennzeichnet in seinem bereits angeführten Buch den Unterschied beider mit folgenden Worten: »Der Unterschied zwischen griechischer und römischer Tortur bestand hauptsächlich in folgendem: 1) Unter den Kaisern wurde die Privattortur abgeschafft, die bei den Griechen immer angewandt wurde. 2) Die Römer hatten besondere Verordnungen, wonach Sklaven nur ausnahmsweise zur Aussage wider ihren Herrn gefoltert werden durften, was bei den Griechen keine Geltung hatte. 3) Bei den Römern mussten zur Vornahme der Tortur einige Beweise vorhanden sein, die durch die Marter erst bestärkt werden sollten. Auch davon ist bei den Griechen nichts zu finden. 4) Die Römer hatten im Gegensatz zu den Griechen Vorschriften, die eine übermäßige Tortur untersagten. 5) Bei den Römern konnte auch der Freie als Verbrecher gefoltert werden, was bei den Griechen ausgeschlossen gewesen zu sein scheint. 6) Auch kannten diese keine Ausnahmen von der Folter, wie es bei jenen der Fall war. 7) Endlich ist auch ein Unterschied in der Art der Tortur zu verzeichnen.«

Hier wie dort finden wir den grausamen, von schnöder Rechtsklügelei geschaffenen und selbst in dem tyrannischen Orient nicht vorhanden gewesenen Brauch, die als Zeugen auftretenden Sklaven dabei zu martern und dadurch erst ihrer Aussage einen Wert beizumessen. Dass die Tortur überhaupt gewöhnlich nur gegen Sklaven zur Anwendung gelangte, also gegen Kriegsgefangene, und erst später, in der despotischen Zeit, bei besonderen Verbrechen gegen Freie zur Anwendung gelangen konnte, beweist, dass sie nicht für Menschen Würdiges gehalten wurde; Sklaven galten eben als Geschöpfe niederer Art.

Mit dem Fall Westroms übernahm Ostrom, das byzantinische Reich, der formelle Staatserbe des gesunkenen Imperiums, auch diese Errungenschaft und übte sie, der geografischen Lage und den nahen Einflüssen gemäß, mit vermehrter, orientalischer

Grausamkeit aus. Die eigentlichen Kulturerben Roms, die romanischen Völker, hielten größtenteils an den vorhandenen Rechtsgewohnheiten fest, somit auch an der Anwendung der Tortur, obgleich sich bei ihnen auch noch germanische und andere Einflüsse geltend machten.

Auch bei den Bezwingern der römischen Macht, bei den Germanen, finden wir, dass die Anwendung der Tortur von Rom stark beeinflusst wurde. Es wäre aber ein Irrtum anzunehmen, dass sie nicht auch bei diesen schon früher vorhanden war und zur Anwendung gelangte, wie wir an den betreffenden Stellen zu erweisen bemüht waren. Der Einfluss des zur Macht gelangten Christentums oder vielmehr Papsttums brachte das römische Recht erst in kirchlichen und später auch in weltlichen Dingen zur Geltung und damit auch die Tortur, die ja ohnehin nirgends völlig gefehlt hatte und demnach im Mittelalter immer ausgreifender in Erscheinung trat. Es wird den orientalischen Kreuzzügen in dieser Beziehung ein großer Einfluss zugeschrieben. Es mag ja immerhin sein, dass mit manchem anderen aus diesen wilden Kämpfen auch einiges, was die Tortur betrifft, nach dem Westen gelangte, wo es aber immerhin nicht als Fremdling erscheinen mochte. Bedeutsamer für die Ausbildung der peinlichen Frage dürften die Ketzerverfolgungen in Europa gewesen sein, die fortan mit grausamer Härte seitens der Kirche ausgeübt wurden, die sich durch das bisher nur mit mäßigen Strafen belegte Sektenwesen in ihrer Machtentfaltung bedroht fühlte. Es sei da nur auf die Ausrottung der Templer, die Verfolgungen der Albigenser, Waldenser und Stedinger hingewiesen, wobei allerdings oft auch materielle Interessen mit ins Spiel kamen. Doch die Ketzerverfolgungen mussten sich endlich erschöpfen, zumal bei den Völkern und auch bei einem großen Teil der Geistlichkeit wenig Sympathie für diese selbst sowie für das Treiben der eingesetzten päpstlichen Ketzerrichter vorhanden war, die mit barbarischer Strenge ihres Amtes walteten, die Tortur erbarmungslos anwandten und die Scheiterhaufen lodern ließen. Besonders in Deutschland sehen wir deren Wirken bald gewaltsam eingeschränkt, während in den romanischen Staaten deren Einfluss noch lange fortwährte, dank der heiligen Inquisition. Der von Dominik de Guzman gegründete und nach ihm benannte

Dominikaner-Orden war es hauptsächlich, der die Inquisition mit allen ihren Schrecken und Verderben leitete und deren Wirken besonders Spaniens Geschichte bis zum neunzehnten Jahrhundert schändete, wo diese Institution auf der Pyrenäenhalbinsel unter den Kolbenstößen französischer Soldaten zusammenbrach. Welche Opfer dieser Orden, der in kennzeichnender Weise einen Spürhund mit brennender Fackel im Maul im Wappen führte, in Spanien an Menschenleben gekostet hat, findet der Leser in dem Werk vermerkt, womit jedoch keineswegs gesagt sein will, dass diese Zahlenangaben erschöpfend seien. Was bei den Ketzerverfolgungen dieses Ordens noch besonders hervorzuheben ist, besteht in der Hereinziehung des Teufelskultus, Zauber- und Hexenwesens in die Sache, ein recht schlauer und geschickter Zug, der jedoch keineswegs nur auf Berechnung beruhte, nicht nur eine einfache Spekulation auf die Wahnvorstellungen der Menge war. Wenigstens wird von dem Ordenstifter Dominik in der »goldenen Legende« erzählt, er habe einige von Ketzern verführte Frauen zum wahren Glauben bekehrt und ihnen in der Kirche auch gezeigt, welchem Herrn sie bis dahin gedient hatten. Aus ihrer Mitte sei nämlich eine Katze mit großen, feurigen Augen, kurzem aufrecht stehenden Schwanz gesprungen, wäre einige Zeit um diese Frauen herumgeschritten, um schließlich am Glockenstrang hinaufzuklettern und zu verschwinden. Es ist nicht anzunehmen, dass der fanatische Dominik einen trügerischen Hokuspokus mit diesen Weibsbildern getrieben habe, es lässt sich daher wohl nur annehmen, dass es sich hierbei um ein nachträglich erfundenes Histörchen handle, das aber immerhin zeigt, welche Anschauungen man ihm zutrauen konnte und welche Ansichten in den ihm nahe gestandenen Kreisen vorhersehend waren. Es ist übrigens auch nur ganz natürlich, dass die kirchlichen Eiferer in ihren Ketzerverfolgungen bei den Gegnern den Teufel mit im Spiel wähnten, denn diese Erklärung des angenommenen Abfalls vom wahren Glauben und somit von Gott konnte nach all ihren Vorstellungen nur als ein Höllentrug dienen. Allerdings ist keineswegs ausgeschlossen, wahrscheinlich sogar, dass später die Schlauen um den Stuhl Petri den bei den Völkern und ganz besonders bei den Deutschen grassierenden Wahn von Zauber-

Die Inquisition in Spanien: Geißelung.

und Hexenwesen ausnutzten, um die Verfolgungen, die oft auch, wie bereits bemerkt, einen sehr materiellen Beweggrund hatten, eine volkstümlichere Form zu geben. Und es gelang auch in der Tat allmählich. Der Hexenwahn setzte sich nach und nach so fest, dass er später auch die Kirchenreformation durchdrang und auf Seiten dieser eine fast noch größere Verfolgungswut mit obligater Tortur und Verbrennung herrschte.

Inzwischen war aber fast in ganz Europa das römische Recht zur allgemeinen Geltung gekommen und damit auch die Tortur ein unerlässliches Rechtsmittel geworden. Es wurde von ihr, besonders in Deutschland mit seinen unzähligen Herren und Herrchen, Rechten und Sonderrechten, mehr Missbrauch als Gebrauch gemacht, und es war schon als ein Fortschritt zum Besseren zu verzeichnen, dass die Bamberger Halsordnung erschien und in dem Wirrwarr der Justiz einigermaßen Regelung brachte. Dieses Gesetz mit seinen Torturvorschriften wurde nicht nur von verschiedenen anderen kleinen Herrschern angenommen, es diente auch der bald darauf von Kaiser Karl V. erlassenen Halsgerichtsordnung zum Vorbild. Letztere stimmt auch, wie aus den mitgeteilten Stellen zu ersehen ist, großenteils mit Ersterer überein. Die damaligen Strafrechtszustände Deutschlands in Betracht genommen, bildete die Carolina wohl einen wesentlichen legislativen Fortschritt, dessen Bedeutung jedoch nicht sehr hoch zu bewerten war, weil niemand der vielen kleinen Herrscher zur Annahme dieses Reichsgesetzes verpflichtet war und nach seinem eigenen Belieben und Gutdünken peinlich vorgehen lassen konnte. Immerhin war die Carolina aber ein gewisses Feststehendes in der Erscheinungen Flut und galt, namentlich in späteren Zeiten, vielen Rechtslehrern und anderen Juristen als maßgebend. Mehr Einfluss jedoch hatte auf die Hexenverfolgungen der einige Jahre früher erschienene » Hexenhammer«, der, trotz seiner katholischen Herkunft, trotz seiner oft in das Wahnwitzige hineinragenden Sentenzen selbst von protestantischen Rechtsgelehrten und Richtern als Orakel betrachtet wurde. Wir haben in unserer Darstellung der Erörterung des Hexenwesens einen breiten Raum gewährt, weil bei derartigen Prozessen die Tortur zumeist zur Anwendung gelangte, in Deutschland wenigstens, obgleich auch bei anderen Prozessen mit der peinlichen Frage keineswegs gezögert wurde. Die Blütezeit der Hexenprozesse, wenn diese Giftpflanze überhaupt diese immerhin ein Gefühl des Wohlwollens erweckende Bezeichnung verdient, finden wir im sechzehnten und siebzehnten Jahrhundert. Welche Schreckensszenen damals der von religiösen Eifer, Dummheit und zuweilen auch von den gemeinsten und hässlichsten Motiven angeregte Verfolgungswahn gezeitigt, wie viele Hekatomben von Menschenleben er erfordert hatte, lässt sich aus unserer Darstellung so ziemlich ermessen. Mit Befriedigung aber sehen wir auch, dass es nicht an Männern fehlte, die, der Zeitströmung und anderen Widerständen zum Trotz, den Kampf gegen Hexenwahn und Tortur schon frühzeitig aufnahmen und deren anfangs oft ungeachtet gebliebenes, gering geschätztes und mit Verfolgungen erwidertes Streben viel dazu beigetragen hatte, dass diese gesellschaftlichen Krebsschäden eingeschränkt und schließlich fast völlig beseitigt wurden. Mit

Befriedigung kann es uns auch erfüllen, dass unter diesen Streitern für Wahrheit und Recht sich auch katholische Ordensgeistliche befanden und damit wenigstens teilweise das moralisch ausglichen, was ihre Amtsgenossen vorher verschuldeten. Anderseits wieder sehen wir, dass die Anwendung der Tortur eine mit den einfachsten Geboten der Menschlichkeit in Widerspruch stehende Behandlung und Verteidigung erfuhr durch die zur Urteilsfällung herangezogenen Rechtsgelehrten an den Universitäten. Man könnte sagen, dass sie oft in ihrer strengen Sachlichkeit alle sonstigen Anforderungen der Vernunft und des Gefühls außer Acht ließen. Allerdings muss aber auch zugegeben werden, dass von dieser Seite in manchen Fällen auch ein wohltätiger Einfluss ausging, Maßregeln nach Möglichkeit verhindert wurden, deren Ausführung ungerecht und auch sonst noch schändlich gewesen wäre.

Als besonders bemerkenswert müssen wir auch die Tatsache hervorheben, dass kein anderes Land so viele neue Foltermittel eingeführt hat als Deutschland, obwohl an anderen Stellen die Tortur in der Regel nicht milder, zeitweise sogar viel strenger ausgeübt wurde. Wir ersehen diese Tatsache aus den verschiedenen diesen Werkzeugen beigelegten Namen oder auch aus der Gesamtbezeichnung wie z. B. Bamberger Tortur. Die Erklärung dieser Eigentümlichkeit dürfte in der trotz der Kaiserwürde vorhandenen Vielherrschaft zu suchen sein, wobei jede Machtstelle bemüht war, die andere durch gewisse selbstständige Anordnungen zu übertreffen oder doch sich von ihr dadurch zu unterscheiden. In den romanischen Staaten finden wir die römischen, von der Inquisition grausam ausgebildeten Torturmittel in Anwendung, und von den slawischen Staaten ist hier nicht viel Eigenartiges zu vermelden. Auch sie standen hiermit entweder unter dem Einfluss der Inquisition, was z. B. Polen betrifft, oder gaben dem Ganzen eine byzantinisch-orientalische Gestaltung wie in Russland, von wo als besondere klimatische Eigenart nur die erwähnte Eistortur zu erwähnen ist.

Die zweite Hälfte des siebzehnten Jahrhunderts hatte bereits eine beträchtliche Abnahme der Tortur in Europa zu verzeichnen, so toll auch in dem vorhergegangenen Teil dieses Säkulums mit der peinlichen Frage vorgegangen wurde. Wir sehen nunmehr bereits ein Schwanken in deren Anwendung, besonders was die Hexenprozesse betrifft, Vernunft und Menschlichkeit begannen fast unwillkürlich gegen diese Rechtsmittel sich aufzulehnen. Es ist nur zu natürlich, dass durch Jahrhunderte eingewurzelte Bräuche sich nicht rasch ausroden ließen, es brauchte noch eine gute Spannzeit, bis ernstliche Versuche gemacht wurden, dem Strafverfahren eine andere, minder martervolle Form zu geben. Dem achtzehnten Jahrhundert war dies vorbehalten, das sich so gern das »illustre« nennen hörte und in der Tat auch einen neuen Aufschwung des Geistesleben zeitigte, in einem Zeitalter gipfelte, das die stolzen Namen Voltaire und Rousseau trug. Aber selbst zu einer Zeit, wo schon damit begonnen wurde, die Tortur aufzuheben, wo zwischendurch den Schnörkelzügen des Rokoko sich bereits ernste Formen neuer Gestaltungen sichtbar machten und selbst einem minder fein ausgebildeten Ohr über seinem Haupt bereits der Flügelschlag einer anderen, neuen Zeit deutlich vernehmbar war, aus den Wolken bereits das Wetterleuchten der großen französischen Revolution zuckte – selbst zu dieser Zeit wurde noch der Versuch gemacht, die bereits ersterbende Tortur im Rechtsverfahren durch neue Gesetze zu beleben. Es sei hier nur die Theresiana genannt, deren auf die Tortur sich beziehende Stellen in diesem Werke vollinhaltlich wiedergegeben wurden. Es ist ein merkwürdiges Geistesprodukt, das sich bemüht, zwischen zwei verschiedenen Geistesrichtungen die Mitte zu halten, dem Alten nicht entsagen will, ohne sich jedoch auch von dem Neuem abhalten zu können oder vielleicht auch nicht zu wollen. An manchen Stellen macht die Theresiana den Eindruck, wie an geeigneter Stelle bereits bemerkt wurde, als wären deren Verfasser oder Urheber Krypto-Radikale, die nur aus wohl bedachten Gründen davor scheuten, der »unmündigen Menge« die Botschaft einer neuen, freieren Zeit zu verkünden, und deswegen sogar den von ihnen heimlich mit Voltaire'schen Spottlächeln betrachteten Hexen- und Zauberwahn einige kleine Konzessionen machten. Aber so entschieden auch die Torturregeln der Theresiana lauten, es war das unter den vorhandenen Umständen Möglichste getan, um deren Missbrauch seitens der untergeordneten Gerichtsstellen zu vermeiden, zu verhindern, dass völlig Unschuldige gemartert werden.

Übrigens war diesem Gesetzbuch kaum irgendein praktischer Wert beizumessen, weil es schon nach wenigen Jahren beseitigt wurde, mit ihr auch die Tortur im Kriminalverfahren der österreichischen Erbländer, die in einigen Staaten bereits früher aufgehoben wurde und in anderen bald unter dem Einfluss der französischen Revolution fallen sollte. Allerdings währte dies da und dort noch bis zum zweiten Jahrzehnt des neunzehnten Jahrhunderts, wurde aber bereits früher schon nur in Ausnahmefällen angewandt.[1)]

Im neunzehnten Jahrhundert, bis zum Beginn des zwanzigsten, hörten wir nur von vereinzelten Fällen, wo die Tortur entweder von untergeordneten Beamten widerrechtlich vorgenommen wurde oder in einzelnen kulturell etwas zurückstehenden Ländern, entgegen den gesetzlichen Vorschriften, zur Anwendung gelangte, besonders gegen politischer Verbrechen Beschuldigte. In Ländern außereuropäischer Kultur gedeiht sie noch ebenso unumschränkt und wahrscheinlich auch in denselben Formen wie in alten Tagen, soweit der Einfluss der europäischen Kultur, was zumeist leider nur besagen will, der europäischen Waffen, einigermaßen Wandel geschaffen hat.

Ganz beseitigt können wir aber die Tortur des im Rechtsverfahren der verschiedenen europäischen Völker noch nicht nennen, abgesehen von deren bereits bemerkten missbräuchlichen und latenten Anwendung. Das neuere Untersuchungsverfahren in Strafprozessen pflegt zwar nicht mehr Daumenschrauben, spanische Stiefel und andere dergleichen freundliche Überredungsmittel zum Geständnis anzuwenden, enthält aber noch in legaler Weise genug, um für ein peinliches Befragen zu gelten. Es lässt sich kaum annehmen, dass die Untersuchungshaft mit ihrer mehr oder minder strengen Isolierung jemals im Strafverfahren ganz zu entbehren sein wird. Aber es wird wohl Sorge dafür getragen werden müssen, dass dieses »notwendige Übel« eben als solches anerkannt werde, dass der Grundsatz, niemand sei schuldig, bevor er von den zuständigen Richtern nach sorgfältiger Prüfung des Tatbestandes und aller für und wider ihn sprechenden Umstände verurteilt wird, auch praktisch die ausreichendste Geltung finde und dass der wegen Verdacht in Haft Genommene mit der möglichsten Rücksicht behandelt werde, immer vor Augen gehalten, dass er überhaupt unschuldig sein könnte und der an ihm ausgeübte Zwang zwar gesetzlich berechtigt ist, aber immerhin doch im besten Fall nur ein legaler Gewaltakt ist. Noch schwerer, als dieser Regel über manche Vorurteile und Traditionen hinweg uneingeschränkte formelle Geltung zu verschaffen, dürfte es sein, sie praktisch allseits durchzuführen. Der pessimistische Grundzug der strafrechtlichen Tätigkeit ist gewohnt zu sehen und sieht selbst unwillkürlich in jedem Beschuldigten auch den Schuldigen, der nötigenfalls mit aller Entschiedenheit zum Geständnis gebracht werden muss, und die tatsächlichen Vorkommnisse rechtfertigen sogar einigermaßen diese Annahme. Ferner ist in Betracht zu ziehen, dass die mit der Untersuchung eines Straffalls betrauten Beamten häufig, ob mit mehr oder mindere Berechtigung möge dahingestellt sein, die Überführung des Täters als für ihre amtliche Laufbahn nützlich betrachten, als eine Probe ihrer Leistungsfähigkeit, die sie ihren Vorgesetzten und auch sich selbst abzulegen verpflichtet sind. Von solchen Ausgangspunkten aber wird nur zu leicht die Grenze überschritten, die die nötige Untersuchungsfrage zu einer peinlichen Frage gestaltet, selbst ohne Anwendung von Territion oder wirklicher Tortur. Noch gegen Ende des achtzehnten Jahrhunderts konnte Ernst Christian Westphal als Erklärung bemerken: »Die Tortur ist heutigen Tages dasjenige Zwangsmittel, dadurch man einen, der eines Verbrechens verdächtig ist, zu dessen Geständnis zu bringen sucht. Bei den Alten war sie zwar auch dieses gleich mit, jedoch war sie daneben noch derjenige Schmerz, der bei der Aussage besonders eines Knechts zu mehren Glaubwürdigkeit der Sache dem Zeugen angetan wurde.« Selbst das Letztere können wir als noch nicht ganz beseitigt betrachten, sofern wir auch eine nicht physische Marterung als Tortur zu betrachten geneigt sind. Auch Zeugen gegenüber kommen nur zu häufig Worte und Maßregeln zur Anwendung, die dieser sehr peinlich empfinden muss, zuweilen sogar vor die schmerzliche Wahl stellen, entweder eine Aussage zu machen, die er als Verletzung geheiligter Pflicht betrachten müsste, oder gegen besseres Wissen die Unwahrheit vor Gericht auszusprechen, ebenfalls mit Verletzung seiner sittlichen Empfindung und überdies noch von der Möglichkeit bedroht, wegen Meineid streng bestraft zu werden. Die

Unmöglichkeit, den Zeugenzwang völlig durchzuführen, wurde zwar fast allseits von der Gesetzgebung anerkannt und unter Umständen – bei naher Verwandtschaft, Beichtgeheimnissen, vertraulichen Mitteilungen an Anwälte etc. – eine Verweigerung der Zeugenschaft für zulässig erklärte, auch in Fällen, wo sich der Zeuge selbst eine Anklage zuziehen kann. Doch abgesehen davon, dass diese Verweigerung in vielen Fällen als eine stumme Bezichtigung der Tat betrachtet werden kann und wohl oft auch wird, sind unsere gesellschaftlichen Beziehungen so mannigfaltig und vielgestaltig, dass die berechtigte moralische Anziehungskraft zwischen Personen kaum durch derartige Einschränkungen festgestellt werden kann. Freilich erhebt sich da die Frage: Wie denn anders? Es ist nicht leicht, eine befriedigende Antwort darauf zu finden, aber es darf nicht von vornherein die Hoffnung aufgegeben werden, sie überhaupt zu finden. Es gab eine Zeit, die wähnte, ohne Anwendung der Tortur überhaupt nicht über eine Missetat rechtlich entscheiden zu können, und diese Zeit entschwand, um günstigeren Zuständen Platz zu machen. Auch unsere Zeit mit all ihrem geistigen Rüstzeug wird zu einer überwundenen Vergangenheit werden, und – *spiro, spero*! – ihre Nachfolgerin wird den letzten Rest dessen zu beseitigen wissen, was in unserem Rechtsverfahren als Seelenzwang bezeichnet werden kann, als Rudimente des entschwundenen Torturverfahrens, trotz alledem und alledem!

Fußnotenverzeichnis

Erster Teil

I. Kapitel

1) Spuren der Gottesurteile finden sich nämlich im Salischen Gesetz (Tit. 56.). Die Salier waren eine fränkische Völkerschaft, ihre Gesetze waren in der ersten Hälfte des 5. Jahrhunderts, als Chlodwig den größten Teil Galliens erobert hatte, durch einige dazu auserwählte Männer aus den alten Gewohnheiten und Herkommen gesammelt und in lateinischer Sprache niedergeschrieben. Aber die unter Tit. 56. vorgeschriebene Probe des siedenden Wassers beweist, dass, da diese Gesetze lange vor Chlodwig und der Einführung des Christentums bei den Franken abgefasst sind, die Ordalien bei ihnen schon in heidnischer Zeit im Gebrauch waren. Durch die späteren Verbesserungen der folgenden fränkischen Könige ist jene Stelle nicht ins Gesetz gekommen, sondern schon vorher darin gewesen, wie aus einer Fuldaer Handschrift – deren Abdruck B. J. Herold 1557 in Basel in Folio besorgt hat –, die diese Verbesserungen nicht enthält, zu erweisen ist. Endlich war auch die Probe des kalten Wassers bei den am Rhein wohnenden heidnischen Kelten zuerst angewandt worden, insbesondere wenn man bei einem neugeborenen Kind ermitteln wollte, ob es im Ehebruch erzeugt wurde. Man gab es in einem Schild dem Fluss preis, sank der Schild unter, so war dies ein Zeichen, dass die Mutter schuldig sei.

2) Als die Gemahlin Karls des Dicken eines verbotenen Umgangs mit einem Bischof angeklagt war, reinigte sie sich von der Anklage durch die Probe des wallenden Kessels, die Gemahlin Kaiser Heinrichs II. bei ähnlicher Beschuldigung durch Hinschreiten über eine glühende Pflugschar.

3) Fälle dieser Art bringt Hormayrs Taschenbuch für Geschichte zur Kenntnis unserer Zeitgenossen.

4) Müller, Reichstags-Theater unter Max I, angeführt von J. F. Malblank in dessen Geschichte der peinlichen Gerichtsordnung, S. 75.

5) In Tibet kennt man den »Kesselfang« ebenfalls. Dort wirft man einen schwarzen Stein ins siedende Wasser. Beide Parteien tauchen zugleich ihren Arm in den Kessel, und der den weißen zieht, ist der Unschuldige.

6) Die Geistlichkeit, niemals verlegen, das Heidnische ins Christliche zu übersetzen, gab vor, das Wasser in dieser Probe sei ein Bild der Taufe, daher kann kein durch Sünden Toter in dasselbe aufgenommen werden. Gegen Zauberinnen und Hexen wurde dieses Wasserurteil häufig angewendet, und noch im vorigen Jahrzehnt kam ein solcher Fall bei Danzig vor, dass man eine der Hexerei verdächtigte Frau in den Strom warf und, weil sie sich auf der Oberfläche einige Minuten zu halten vermochte, in dem Verdacht gegen sie umso mehr bestärkt wurde.

7) Am Ende des 6. Jahrhunderts war es, als eine spanische Synode verordnete, dass man diejenigen Reliquien, die in der Kirche der Arianer gefunden wurden, durch das Feuer prüfen solle. In der Folge nahm man auf diese Verordnung häufig Rücksicht. Als im Jahr 1010 einige von Jerusalem kommende Mönche ein Stück von dem Handtuch, womit Christus die Füße der Jünger abgetrocknet haben soll, mitgebracht hatten, wollten viele nicht daran glauben. Die Mönche legten daher die Leinwand in das Feuer einer Rauchpfanne, es bekam ganz die Gestalt des Feuers, wurde aber endlich unversehrt aus demselben herausgezogen.

8) S. Schrökh D. G. Bd. XXIII., S. 54 ff.

9) Hludovicus Hludovici Regis filus decem homines aqua et decem ferro calido, et decem aqua frigida ad judicem misit coram eis, qui cum illo erant; petentitus omnibus et Deus in illo judicio declararet, si plus per rectum illi habere deberet portionem de Regno, quum pater suus ille dismisit ex ea parte, quam cum fratre suo Carolo per consensum illius et per sacramentum accepit. Qui omnes illaesi reperti sunt. (Annal. Bertianiani ad ann. 876.)

10) Einen Fall dieser Art berichten Matthäus Paris aus dem Jahre 1085 und die Fuldaer Annalen vom Jahre 858 einen anderen.

11) Es lautete: Gerechter Gott, der Du bist ein Anfänger des Friedens und richtest die Billigkeit, wir bitten Dich untertäniglich, dass Du dieses verordnete Eisen einer jeden Zweifelhaftigkeit segnen und heiligen wolltest. Also dass, wofern ein Unschuldiger dieses feurige Eisen wird in seine Hand nehmen, er unverletzt bleibe. Und so er schuldig und sträflich, sei Deine Kraft hierin gerecht, durch dieselbe zu erklären, welchermaßen über die Gerechtigkeit nicht herrsche die Ungerechtigkeit, sondern die Falschheit werde unterworfen der Billigkeit durch unseren Herrn etc. (Das Original dieses Formulars ist zu finden bei Aventinus Annal. Boic. I. IV. c. 14. Ein anderes in. Goldasts rer. Alam. Tom. II. p. 2., S. 139.)

12) Eine Synode zu Soissons (744) beschloss: wenn eine Frau ihren Mann anklagt, dass er ihr nie die eheliche Pflicht geleistet hat, sollen beide ans Kreuz gehen (*exeant inde ad crucem*) und, wenn es wahr befunden würde, geschieden werden. (Schrökh D. G. Bd. XIX., S. 483.)
Zwei Fälle dieser Art ereigneten sich unter der Regierung Karls des Großen. Bei einem Streit zwischen den Bürgern von Verona und ihrem Bischof wegen Wiederaufbau der Stadtmauern wählte jede Partei – um durch einen Ausspruch Gottes entscheiden zu lassen, auf welcher Seite das Recht sei – einen jungen Geistlichen. Diese standen in der Kirche während der Messe am Kreuz, bis der, der von den Bürgern erwählt worden war, halbtot zu Boden fiel. (Hieronymi della Corte hist. Veron. IV., S. 178.) Ein im Jahre 775 ausgebrochener Streit zwischen dem Bischof von Paris und dem Abt von St. Denis über das Eigentum einer kleinen Abtei wurde auf dieselbe Weise entschieden. Er fiel zum Vorteil des Abtes aus, da der Repräsentant des Bischofs zuerst seine Stellung veränderte. (Mabillon de re diplom. VI., S. 498.) Noch ein Beispiel dieser Art erzählt Rudolph von Fulda. In dem Teich des Klosters Bischofsheim war ein neugeborenes Kind gefunden worden. Alle Nonnen mussten sich der Kreuzesprobe unterziehen, und die Schuldige wurde auf diese Art entdeckt.

13) Der leichtgläubige Glaber Radulph (Hist. L. V. c. I.) erzählt ein hierher gehörendes Märchen. Ein ihm bekannter Kleriker sollte, zum Beweise, dass er ein ihm vorgeworfenes Verbrechen nicht begangen habe, das Abendmahl genießen. Sogleich nach dem Genuss drang aus der Mitte seines Nabels der weißeste Teil von dem empfangenen Opfer zum Merkmal der Unwürdigkeit des Teilnehmenden hervor. Er bekannte alles und übernahm die ihm gebührende Buße.

14) Schon die Nibelungen (V. 984–986) und das Gedicht Iwain (V. 1355–1364) erwähnen das Bahrrecht. In Shakespeare Richard III. (Act. I. Sc. 2) lautet es: O Gentlemen, see, see! Dead Henry's wounds! Open their congeald mouths and bleed afresh.

15) Über das Vorkommen des Bahrrechts in Schottland hat Walter Scott im Minstrelsy (Vol. II., S. 52–55 der zweiten Ausgabe und S. 419–422 der vierten Ausgabe) merkwürdige Zeugnisse angeführt. In der Schweiz war es gleichfalls im Gebrauch (Anselms Berner Chronik zum Jahre 1503).
Noch im 17. Jahrhundert ist das Bahrrecht sogar durch ausdrückliche Gesetze in einigen Gegenden Deutschlands vorgeschrieben worden. In einer Hessen-Darmstädtischen Landesordnung vom Jahre 1639 heißt es:
»Da auch ein Täter ungewiss, doch gewisse Personen des Todschlags halber berüchtigt und verdächtigt wären, soll man derselben sich bemächtigen, sie zu dem Entleibten führen und denselben gewöhnlichermaßen anrühren lassen.«
Wie weit man bei dem Gebrauch dieser Probe gegangen ist, zeigt folgendes Beispiel: An die Juristenfakultät in Tübingen wurden um die Mitte des 17. Jahrhunderts Kriminalakten eingeschickt, in denen folgende Stelle enthalten war:
»Nachdem auf fleißige Inquisition sich der Täter nicht angeben wollen, ist man verursacht worden, ein Bahrrecht anzustellen, bei solchem hat Niklas und Baltas kein Zeichen an dem Körper, der allbereits 36 Stunden ermordet gewesen und teils in einem Gewölbe, teils etliche Stunden vor dem actu unter freiem Himmel bei ziemlich kaltem Wetter, mit aufgedeckter Brust und Bauch gelegen habe, erweisen wollen, und seynd beide auf ihrer ersten Aussage *satis confidenter* verharret.«

»Es haben vier auf den Entleibten gewartet, da der Entleibte mit einer Hellenparth kommen, seynd obvermelte zween hinweg geloffen.«

»Auf Vorführung des Jörgen hat der Körper aus dem Mund blutigen Schaum gegeben.«

»Dieser ist *praesens* geblieben, da der Occisus gestochen worden, hat aber nicht Hand angelegt.«

»Nach dessen Ab- und Vorführung Clausen, des Wächters (der *rationi officii* und auff fordern zugelaufen, auch Friede machen wollen und dem Entleibten seinen Hellenpart genommen) hat gedachter Körper aus den Wunden Blut gegossen, und solche (die über das Herz gewesen) nicht anders gebebt, als wenn das Herz noch lebte.«

»Dessen ungeachtet hat gedachter Wächter die ihm angehaltene *formulam juris jurandi* dreimal geleistet: Er hat 1) zween Finger auf des Entleibten Mund, 2) auf den Stich und 3) auf den Nabel gelegt, auch dem Pfarrer, so ihm seines Gewissens erinnert, nachsprechen müssen, die Tat aber nicht bekennen wollen.«

»In Gegenwart Lorenzen, mit dem der Entleibte, da er den Stich bekommen hat, zu tun gehabt, und gerungen, hat der Körper blutigen Schaum aus dem Mund abermal gegeben, sowohl auch etwas Bluts aus den Wunden.«

»Folgendes Tages hat der Wächter sich selbst als Täter angegeben.«

»Ex hoc apparet, vulnus, corpusque mortui gradus culpae observasse.«

»Da der Jörg *praesens* gewest, ist recht natürlich rot Blut aus dem Mund geschäumt.«

»Dieser war fast der Anfänger des Händels. Ergo hat der Mund ex rancore geschäumt, *sed non vulnus*, weil er nicht der Täter.«

»Da der Wächter gegenwärtig, hat sich beim Mund nichts erzeugt. Da er aber die zween Finger auf die Wunden gelegt hat, ist recht natürlich Blut daraus über die Seiten gelaufen, dass der Chirurg solches wegwischen müssen. Da er zween Finger auf den Nabel getan, hat die Wunde wieder ebbulirt aufgejorren und gezuckt gleichwie die Pulsadern schlagen.«

»Der Lorenz hat mit dem Occiso gerungen, im Nachsprechen ist dem Toten blutiger Schaum zum Maul ausgelaufen, als er auf die Wunde die Finger gelegt, hat die Wunde wieder gezuckt und sich geregt. Da Lorenz abgeschieden war, hat sie nicht mehr gezuckt. (Chrph. Besold Thesaur. practic., S. 83.)«

Samuel Stryck führt in seinem *Tractus de jure sensuum diss. VII. de tactu* folgenden Fall aus Pommern an. Im Jahre 1669 wurden von dort Akten, die einen Kindsmord betrafen, an die Juristenfakultät in Frankfurt an der Oder geschickt. Nach denselben war es anfangs zweifelhaft, ob die Mutter oder Großmutter den Mord begangen hat. Man führte beide zum Körper des Kindes, der schon einige Tage in der Erde gelegen hatte. Als ihn die Mutter berührte, wobei sie die Worte aussprechen musste: »Habe ich Schuld an deinem Tod, so gebe Gott ein Zeichen an dir«, so geschah kein Zeichen, als aber hierauf die Großmutter den Körper, mit Hersagung derselben Worte berührte, war das Gesicht sogleich rot überzogen, und aus den Augenwinkeln kam Blut, worauf sie sogleich die Schuld bekannte.
Mehrere Rechtsgelehrte des 17. Jahrhunderts meinten in ihren Schriften, das Bahrrecht sei deswegen, nachdem schon alle anderen Gottesgerichte abgeschafft gewesen waren, beibehalten worden, weil viele Beispiele beweisen, dass Gottes Hand hier deutlicher als bei den anderen zu spüren sei. (Schottel v. Baarr. § 8. *Hippolyt Marsilius in praxi crim. dilegenter* Nr. 181.) Noch im vorigen Jahrhundert empfehlen mehrere Juristen diesen Brauch. Kayser, in seiner Anweisung zum Inquisitionsprozess (Altenb. 1710, S. 146.) sagt: »Welche Gerichte das Bahrrecht exerzieren wollen, dieselben mögen sich nur in Acht nehmen, dass der tote Körper zur selben Zeit nicht gerührt, nicht gewendet werde, sondern wenn er eine gute Zeit still gelegen hat, erkaltet, und also nicht zu vermuten, dass er natürlicher Weise mehr bluten können, alsdann kann die verdächtige Person zum Anrühren angehalten werden. Was sich hier ereignet, muss sorgfältig registriert, der Verdächtige zur Haft gebracht, umständlich examiniert, ferner Erkundigung eingezogen und die Akten hernach zum Verspruch des Rechtens verschickt werden.«
Erst um die Mitte des 18. Jahrhunderts wurde das Bahrrecht, meist stillschweigend, durch den Nichtgebrauch in Deutschland, wo es am gewöhnlichsten gewesen ist, aufgehoben.

16) Das Recht, so hie stehet, ist durch das neue Recht verändert worden, das Kayser Otto gesetzt hat, nämlich, dass man einen misstätigen Mann soll mit Gezeugen überwinden, ut infr. art. 66. in text. & glos. Der Ritter, selb dritte: der Bürger, selb fünffte: der

Bauer, selb siebende. Also wurde es darnach auch gewillkört in der Marck. Nun möchtestu fragen, nachdem dann dieses gewillkört ist, ut supr. eod. art. prox. in glos. num. 5. stehet dann gemeldtes auch noch, oder nicht? Etliche sagen nein. Dann eines Landes Willkür, die in eine Gewohnheit gebracht wird, verdruckt ein Recht und ist zu halten für ein Recht. Ich sage dir aber, dass dieses Artikels Recht und Satzung noch heutiges Tages stehet. Und hindert es diesfalls die Willkür nicht.
Dann die Willkür vermochte sonst, dass man einen solchen misstätigen Mann, der in die vier Ende des Landes erwiesen war, mit Gezeugen überwinden mochte, ob ihn niemand in derselben Weise retten mochte. Dann da ihn jemand also errettete, mochte man ihn also nicht überwinden. Darum ist die Willkür hierwieder nicht. Dann dieser Tote möchte vielleicht noch nicht überwunden oder ein verweist Mann gewesen seyn, darum man ihn noch überwinden müsste, als hie stehet. Dann man soll keine Untat in gemein glauben, sie werde dann vorhin genugsam erwiesen. Dass auch diese Willkür nicht wieder dies Recht aufkommen sei, kannst du darbey merken, dass man den beklagten Mann verteidigen möchte, dergestalt, als er würde angesprochen. Und würde dann der Tote also der Auflage entschuldiget, so ließ man ihn ledig, und verteilt zu Hand den Kläger als einen Mörder. Dann wer einen Toten oder sonst einen, als einen Mörder gewundet oder getötet, vor Gericht bringet, so er seine Klage auf ihn nicht mag erweisen, ist er selber der geziegenen Gewalt und Mords überwunden, als hienieden stehet art. 69. Geschehe es dann, dass die, die den Toten die Klage entnehmen, damit dem Kläger seinen Leib abgewonnen, so geschehe ja das wider der Sachsen Recht, das lehret, dass ein jeglicher Mann seinen Leib, sein Gesundheit und sein Gut, näher sey, zu allen ut art. prox. in gloss. fin. & ar 47. in gloss. fin. supr. & infr. 2 art. 36. Und hiewiederumb war auch das, dass der Kläger vielleicht diesen hat aus Hass gemordet. So er dann die Untat darnach auf ihn mit seinem Eid erhalten möchte, könnte er damit den Toten, weil er sich der Auflage nicht entreden möchte, überreden, da er doch in der Wahrheit gar unschuldig war. Was aber nicht sein soll. Hierauf antwortete: Wir sagen hie, dass allein auf den Fall ob keine Beweisung der geschehenen Verfestung vorhanden ist, dass man alsdann zu Recht darum fechten mögen, ut infr. lib. 3

art. 88. in text. War es aber nicht, so möchten sieben Männer der Tat halben schweren, auf welcher Seiten dieselben wären, einer wieder den anderen, an welches Leib es auch ging. Dann unter zweyen Bösen, ist allezeit das wenigste bös, als in diesem Fall der Kampf ist, zu erwählen. Und also möchten sie ihr Recht durch den Kampf auf Gott stellen. Nun möchtestu über das vielleicht also sprechen: Wie dann, bewiese es die Tat nicht, ob er ihm auf den Hals zum Warzeichen ichts gebunden hätte, da er ihn tötet? Sage, zu Recht hilft solches nichts. Dann hat er ihnen können töten, so ist er auch sein also mächtig gewesen, dass er ihm auf den Hals hat binden mögen, was er gewollt hat. Gloss.

II. Kapitel

1) Vgl. Fränkel, der gerichtliche Beweis nach mosaisch-talmud. Recht, 1846, S. 21, 71, 83, 116, 155–160 und Baba Kamma 26.

2) Vgl. Maier und Schümann, der attische Prozess, S. 387–392, 671–674, 475 ff.

3) Qui se sierit testarier libripensve fuerit, ni testimonium faiatur, inprobus intestabilisque esto. Gellius, noct. attic. 15. 13, 11. § 6 Inst. II, 10. L. 26 D. 28, 1. Bruns, font, jur. Rom, S. 23.

4) L. 1. pr. § 1 D. de test, XXII, 5. L. 21. § 1 D. XXII. 5. L. 16. C. 4, 20.

5) L. 19. Cod. de test. IV, 20.

6) Quinctilian. Inst. orator. V, S. 7, 9.

7) L. 1. § 2 D. de test. XXII, 5. A. M. Geib, Geschichte des Römischen Kriminal-Prozesses, S. 338.

8) Vgl. auch L. 1 § 3 D. de inspiciendo ventre XXV, 4.

9) Das Zeugnis von Sklaven galt selbst in republikanischer Zeit nur, wenn es durch die Folter bekräftigt war, z. B. L. 1 § 10. L. 6 D. de quaest. XLVIII, 18.

10) L. Salic. T. 52. L. Ripuar. T. 50.

11) Cap. III vom J. 803 c. 20, Cap. VI vom J. 803. c. 5, Cap. I vom J. 809 c. 13, Cap. II vom J. 809 c. 14.

12) Maurer, Geschichte des altgermanischen Gerichtsverfahrens. S. 91, 209.

13) c. 80 C. II qu. 3.

14) c. i. 3. 6. 9. 10 X de testibus cogendis vel non II, 21.

15) c. 5 X II, 21 aus dem Jahre 1190 von Clemens III.

16) c. 2. 5. 9. 10 X II, 21. – Vgl. überhaupt: Rosshirt, in der Zeitschrift für das Strafverfahren III, S. 96–100.

17) Art. 72: »darauff dann dieselbig Oberkeyt verstendige kundtschafft verhörer, vngeacht, ob sie nit des gerichts weren, auff ansuchung dess, der kundtschafft füren will, vnd ob es die notturfft erfordert vnd begert wird, Compulsorial und Compass brieff geben soll, dadurch die Zeugen zu gebührlicher sag zu bringen seindt.«

18) So sagt Tittmann, Handbuch des Strafrechtswesens, 2. Aufl., III, § 780 von der Tortur: »Man bediente sich besonderer, Schmerzen und Martern erregender Instrumente, um Angeschuldigte zu gewissen Antworten zu nötigen.« Und noch Quistorp, Grundsätze, 6. Aufl., bezeichnet im § 730 die »Marter« als »ein bloßes Hilfsmittel, die Wahrheit zu erforschen«.

19) Tenzel, *de tortura testium. – Carpzov, Quaestion. CXIX, Observ. III.*, Johann Samuel Friedrich von Böhmer, *Meditationes in const. crimin. Carolinam* zu Art. 72. § III. S. 267. – Quistorp, Grundsätze des teutschen peinlichen Rechts. 6. Aufl. § 702.

20) Wer sich eines Verbrechens für schuldig erklärt, muss für wahnsinnig gehalten werden; sich selbst anklagen kann man nur in einem Augenblick des Zornes oder in einer Art Trunkenheit oder aus Verachtung oder in Folge der Heftigkeit des Schmerzes oder aus Furcht vor der Folter. Kein Mensch kann gegen sich zu seinem Verderben aussagen, wenn er dazu nicht gezwungen wird. *Quintiliani declam*

21) Hätte der Verfasser gesagt: »Ein Verbrechen kann nur bestraft werden, um andere daran zu verhindern, dasselbe zu tun oder damit es derselbe Mensch nicht noch einmal tue«, so würde er selbst die Falschheit jenes Schlusses gefühlt haben. Solange der Urheber eines Verbrechens unbekannt ist, bleibt er ungestraft und frei und kann mit seiner Freiheit dasselbe wie vorher tun. Also ist es gut, ihn zu entdecken, um ihn unschädlich zu machen. Diderot.

22) Es ist nichts gewisser, als dass die Gottesgerichte – Feuer-, Wasser- und ähnliche peinliche Proben – der Folter Ursprung sind. Ebenso gut wie die Martern, sogar noch weit nachdrücklicher, lassen sich die Gottesgerichte verteidigen. War jemand höchst verdächtig, gleichwohl aber noch einige kleine Bedenken gegen die völlige Überzeugung aus dem Weg zu räumen, dann und nicht eher wurde der Zweikampf oder die Wanderung über glühende Pflugscharen oder das Eintauchen des Armes in siedendes Wasser gerichtlich zuerkannt. Der Richter war ungerecht: Gott sollte den Ausspruch tun. Seht da, Carpzovs und Bartolus' Schüler! Eine höchste und beste Entschuldigung, weshalb ihr die Marter für etwas Gutes haltet. Man schaffte die Feuer- und Wasserprobe ab und erschnappte dafür deren Aftergeburt, die Folter, so dass man statt einer abscheulichen Sache eine noch weit abscheulichere eingeführt. Hommel.

23) Es hätte heißen müssen: »Standhaftigkeit, Geduld, Kraft zu leiden und Widerstand gegen den Schmerz«, nicht Fähigkeit des Fühlens. Dass diese in jedem Menschen »begrenzt« ist, heißt, dass es einen Grad des Schmerzes gibt, über den hinaus der Mensch nichts mehr fühlt. Das wollte der Verfasser hier aber nicht sagen. Diderot.

24) Bei dem Kapitalverbrechen genügt das Geständnis eines Angeklagten allein nicht zu seiner Verurteilung, wenn nicht noch andere Beweise hinzukommen, da ein solches Geständnis vielleicht nur die Wirkung der Verwirrung und Verzweiflung ist. Domat, Zivilgesetze: Buch III, Abteilung 5.

25) Der Verfasser kann nicht leugnen, dass hierin die Hauptschwierigkeit und die Schwäche seiner Entgegnung liegt. Man foltert einen Angeklagten, um seine Mitschuldigen zu entdecken, und entdeckt auf diese grausame Weise sicherlich auch täglich welche. Jeder verabscheut die Folterung vor der Gewissheit des Verbrechens, aber bei dem Verbrecher ist diese Zusatzqual nötig, um ihm außer den Namen seiner Mitschuldigen und dem Mittel, sie zu ergreifen, auch die Angabe zu ihrer Überführung erforderlicher Beweise zu entreißen. Die Bestrafung des Verbrechens ist durch die Notwendigkeit, ähnliche zu verhindern, gerechtfertigt. Wenn jenes also derart ist, dass sich Mitschuldige voraussetzen lassen, wie bei Einbrüchen oder Massenermordungen, und wenn weder Zeugen noch Beweise genügen, um den verwirrten Faden aufzulösen, so ist die peinliche Frage ebenso und aus demselben Grund gerecht wie jede andere Strafe. Diderot.
Hommel sagt hingegen: »Gerichtshalter und Amtsleute sind oft ebenso blut- als geldgierig, so dass sie schon für ein Verbrechen halten, wenn der eine des anderen Verbrechen nicht anzeigt. Ich muss dies für widernatürlich und abscheulich erklären. Der Grund zu diesem Aberwitz wird aber wohl schon auf den hohen Schulen gelegt worden sein, wo einige Professoren immer noch Menschenfresser sind. Weder Vernunft noch Natur befiehlt, die Verbrechen des anderen anzuzeigen, und man halte die Kinder dazu ja nicht an, weil dies nichts anderes heißt, als ihnen Vertrauen gegen Freunde einflößen und ihr Herz vorzeitig vergiften. Man verlangt, dass die Menschen sich untereinander selbst zerfleischen sollen, was doch selbst nicht einmal die Wölfe tun, wenn sie nicht sehr hungrig sind. Das geschriebene Recht redet die Vernunft: ›Niemand‹, sagt es, ›ist eine Missetat anzuzeigen verbunden.‹« *L. 48, §1 sqq. de furt. tot. tit. C.: ut nemo invitus agere vel accusare cog. C. C. C. art. 214 Spec. Sax. lib. 2, art. 60.* – Diese Ansicht ist wohl richtiger. Waldeck.

V. Kapitel

1) *Dodechinius ad an. 1185: Rex Nativatem Domini Vormaciae (Worms) celebravit, ubi Hermanus Palatinus Comes, et Emicho Comes de Linengen et Gotfridus de Spanheim, et Henricus de Katzenelboge et Conradus Comes de Kirberg, Henricus de Dodissen et allii ex parte praedicti Hermanni canes. portaverunt, et sic dominus. Arnoldus episcopus ab exeommunicatione eos absolvit.*

2) »Wir setzen auch und bestimmen durch dieses Edikt, dass, wer einem anderen Schaden zufügen und ihn zu verletzen beabsichtigt, ihm mindestens drei Tage vorher durch eine sichere Botschaft absagen soll. Würde der Verletzte in Abrede ziehen, dass ihm vorher abgesagt worden sei, so soll der Bote, wenn er noch lebt, schwören, dass er von Seiten seines Herrn zu bestimmter Stelle und Zeit abgesagt habe. Ist der Bote tot, so soll der Herr in Verbindung mit zwei wahrhaften Männern schwören, dass er ihm abgesagt habe.« Reichsabschied von Nürnberg 1187.

3) Neander, Allgemeine Geschichte der christlichen Religion und Kirche, 3. Aufl., B. II., S. 170.

4) Nach den Jahrbüchern Pskows gab es zu Nowgorod allein 60000 solcher Schlachtopfer.

VI. Kapitel

1) Der Byzantiner, auch oft schlechtweg als Goldstück bezeichnet, hatte einen Metallwert von etwa acht, einen heutigen Goldwert aber von wohl 64 Reichsmark.

2) Der Verfasser spielt hier auf Ludwig XVI. an, der bekanntlich vor seiner Hinrichtung im Temple gefangen saß.

3) Mutii, Germ. Chron. Lib. XIX bei Pistor. Germ. Script. T. II. p. 80g.

4) Alberici Monachi Chronicon ad. ann. 1233.

5) Chron. Hirsaug. ad. ann. 1215 und 1233.

6) Schminckius, de expeditione cruciata in Stedingos Marb., 1722, Ritter, de pago Steding etc. Viteb. 1751.

VII. Kapitel

1) Was man bis dahin kanonische Inquisition genannt hatte, unterschied sich wesentlich von dem Verfahren der jetzt aufgekommenen *Inquisitio delegata.* S. Biener, Beiträge zur Geschichte der Inquisitionsprozesse, S. 60 ff.

2) H. A. Zachariä, Handbuch des deutschen Strafprozesses, B. 1, Göttingen 1861, S. 106.

3) Ebenda, S. 101.

4) Ebenda, S. 107–109, 114.

5) *Can. 4. caus 2 qu. 1: Nihil absque legitimo et idoneo accusatore fiat. Nam et Dominus noster J. Ch. Judam furem esse sciebat; sed quia non est accusatus non est eiectus. – Can. 5. caus. II., qu. 3: Si quis iratus crimen aliquod cuilibet temere obiecerit, convitium non est pro Akkusatione habendum.* Das fünfte Buch der *Dekretialen Gregors* beginnt mit den Worten: *Si legitimus non fuerit accusator, non fatigetur accusatus.*

6) *Vgl. die von Zachariä, S. 114f., aus dem Corp. iur can. zusammengetragenen Stellen, Can. 1 caus XV qu. 5: Si negaverit, ventiletur causa canonice; et si vel sponte confessus, vel legitimis testibus fuerit approbatus canonica feriatur sententia. – Can. I, caus XV, qu. 6; Confessio vero in talibus non compulsa sed spontanea esse debet. – Omnis enim confessio, quae fit ex necessitate, fides non est. – Confessio. ergo in talibus non extorqueri debet, sed potius sponte profiteri. Pessimim enim est de suspicione aut extorta confessione quempiam iudicare (!).*

7) Über das Schmecken der Ketzerei s. die nähere Bestimmung bei Limborch (*Hist. Inqu., S. 113*), wo es nach Simaneas heißt: *Propositio est haeretica, quae contraria est scripturae, aut ecclesiae, aut decretis concilii generalis etc. – Propositio sapit haeresim, quae prima verborum significatione et prima facie sensum habet haereticum, quamvis pie intellecta possit habere sensum catholicum.*

VIII. Kapitel

1) S. Féréal, Mystères de l'Inquisition, S. 50, Fußnote.

2) Féréal (S. 227) verzeichnet hier folgende Anführung Quinets: »*Après l'avoir fait suspendre (le prevenu), on l'interrogera dans sa torture sur ledit fait seulement (sur le fait en question), en le maintenant suspendu plus on moins longtemps, ad arbitrio, selon la qualité de la cause, la gravité des indices, la condition de la personne torturée et autres choses semblables que le juge devra considérer (et qu'il ne considérait pas toujours, en Espagne du moins), afin que justice ait son effet, sans que personne soit indûment lésé. (›Maniére de donner la corde au prévenu qui refuse de répondre, ou ne veut pas répondre, avec précision‹, p. 286 et 287.) Si dans la torture le prévenu persiste dans la négative, on terminera 1' examen (le tourment) comme il suit: MM. les inquisiteurs ne pouvent tirer de liu (de l'accusé) rien de plus, ordonneront que le prévenu soit légèrement decendu le la corde à laquelle il est suspendu, qu'on le délie, qu'on remette l'articulations du bras qu'on le rhabille, qu'on le ramène à sa place après l'avoir tenu suspendu dans la torture pendant un demi-heure à l'horloge de sable, et la notaire signera …)*

3) Llorento schreibt, a. a. O., III. Kapitel: »*Le grande quantité des condamnés que l'on faisait mourir par la feu fut cause que le préfet de Sevilla se vit dans la nécessité de faire construire, hors la ville, un échafaut permanent en pierre, sur lequel on élevera quarte grandes statues de plâtre; ces statues étaient creuses en dedans; c'est dans ce creux que l'on enfermait vivants les nouveaux chrétiens relaps, pour les y faire périr lentement, au milieu d'une horrible combustion. Cet échafaud, appelé ›Onemadaro‹ (brûloir) existait encore naguère.*«

IX. Kapitel

1) Die angezogene Bibelstelle lautet nach Luthers Übersetzung abweichend von oben: »Da sich aber die Menschen begannen zu mehren auf Erden und zeugten ihnen Töchter; da sahen die Kinder Gottes nach den Töchtern der Menschen, wie sie schön waren. und nahmen zu Weibern, welche sie wollten. Da sprach der Herr: Die Menschen wollen sich meinen Geist nicht mehr strafen lassen, denn sie sind Fleisch. Ich will Ihnen noch Frist geben hundert und zwanzig Jahr. Es waren auch zu den Zeiten Tyrannen auf Erden, denn da die Kinder Gottes die Töchter der Menschen beschliefen und ihnen Kinder zeugten, wurden daraus Gewaltige in der Welt und berühmte Leute.

2) Die diesbezüglichen ältesten patristischen Zeugnisse liegen in Justins Apologia I vor.

3) Justinus Apol. 1 c. 25 und 26 Athenag. Legatio 29, Clemens Alex. Cohort. ad gentes 52, Origenes Homil. 16 in Ezech. und c. Celsum an zahlreichen Stellen. Tertull. Apolog. c. 23, Clemens, Strom. 1, 17 usw.

4) Cod. Just. IX. Tit. 18, de malef. et mathemat. Letztere bedeuten Astrologen. Dabei werden jedoch, wie Soldan bemerkt, die öffentlich angestellten Haruspizen nur als veralteter Aberglaube bezeichnet und nicht bedroht. (Cod. Theod. Lib. Tit. 16. 1 und 2).

5) Gothofred, ad. Cod. Theodos, lib. IX. tit. 16. 6. – Die angeführte Stelle ist von Soldan. S. 100 ff.

6) C. Bötticher, Der Bauernkultus der Hellenen, Berlin 1856, S. 532.

7) Cod. Theodos, lib. IX. tit. 16, 7 und 9, *Nec haruspicinam reprehendimus sed noceatur exerceri vetamus.*

X. Kapitel

1) *Decret. XIX 5. Credidisti, ut aliqua femina sit, quae hoc facere possit, quod quaedamadi a bolo decaptae se affirmant necessario et ex praecepto facere debere, id est cum daemonum turba in similitudinem mulierum transformata, quam vulgaris stultitia Holdam (eine andere Lesart ist Unholdam) vocat, certis noctibus equitare debere super quasdam bestias et in eorum se consortio annummeratam esse.*

2) Priscillian war Stifter einer gnostischen Sekte in Spanien, wurde 380 von der Synode zu Saragossa als Häretiker exkommuniziert und 385 in Trier hingerichtet. Seine Anhänger, die Priscillianisten, pflanzten seine Lehren im Geheimen fort.

3) Lamothe-Langon, Hist. de l'Inquis. en France, Paris 1829 T. II., S. 614. – Histoire de Languedoc. T. IV., S. 17

XI: Kapitel

1) Vgl. L. Rapp »Die Hexenprozesse und ihre Gegner aus Tirol«, Innsbruck 1874, S. 5 ff.

XII. Kapitel

1) »figur und reumen«: bedeutet die Holzschnitte und die Reime.

XIII. Kapitel

1) Dieser Artikel stimmt wörtlich überein mit Artikel XII der B. und XXXIV b. des P. I.

2) B. Artikel XXXVI und P. I. Artikel XXX schließen an dieser Stelle. P. II stimmt mit C überein. B. Artikel XXV fehlt bei den anderen und lautet: Gemeyn gnugsam Anzeigung.
XXXV. Item so yemand einer missetat halb bespracht würdet, vnd er in seinen wortten nit bestendig ist, sünder damit mereklicher geferlicher weiss wanckelt vnd falt, den mag man peinlich fragen.

3) B Artikel XLII und P I Art XXV enden hier. B fügt jedoch hier und bei mehreren nachfolgenden Artikeln hinzu: »wo dise sunderliche anzeigungen der missetat, wider ein verdachte person nit gnugsam erfunden werden mögen, so sucht weiter dauoren in den artickelnn die zu gemeiner anzeigung allerley misstat gesatzt sein am XXXV artickel anfahend.«

4) P II Artikel XXXV endet hier.

5) Der nachfolgende Satz fehlt in B. und in P. I.

6) B. fügt hier noch hinzu: »was aber ein redliche anzeygung einer mysstat vnd zu peinlicher frag gnugsam ist, such hieuorn jm sechsvndzweinzigsten artickeln anfahend.

7) Der nachfolgende Satz fehlt in B. und im P. I.

8) Das Nachfolgende dieses Artikels ist nur in der C. vorhanden.

9) Der entsprechende Artikel der B. und ähnlich auch des P. I lautet:
So der gefangen auff redlichen verdacht mit peinlicher frag angriffen und nit vngerecht vberwunden wirt.
LXIII. Item so der beclagt auf einen solchen argkwon vnd verdacht, der zu peynlicher frag (als vor stet) genugsam erfunden, peynlich einbracht, mit marter gefragt, vnd doch durch eygne bekantnuss oder beweysung, der beclagten missetat nit vberwunden wirt, So haben doch Richter vnd ancleger mit gemelter ördenlichen vnd in recht zulessigen peynlichen frage, kein straff verwürckt, dann die bösen erfunden anzeygung, haben der geschehen frage entschuldigte vrsach gegeben, wann man sol sich (nach sag der recht) nit allein vor verbringung der vbeltat, Sunder auch vor aller gesteltnuss des vbels (so bösen leumundt oder anzeygung der missetat machen mögen) hüten, vnd wer das nit thete, der würde deshalb gemelter seyner beschwerdt, selbs ursacher sein, Doch was sich für ziemliche gerichts kost, dem nachrichter vnd anqern dienern des gerichts, nach laut diser vnser Ordnung zugeben gebürt, sol in disem fall durch die ancleger dannest auch bezahlt werden, wo aber solche peynliche frag di-

ser vnser rechtmessigen Ordnung widerwertig gebraucht würde, so weren die vrsachen derselben vnbillichen peinlichen frage streflich, Vnd sölten darumb nach gestalt vnd geuerlicheyt, der vberf arung, alles nach erkanntnuss vnser Hoffrete, straff vnd abtrag ley den.

XIV. Kapitel

1) Sofern sie nämlich häretisch war. Decr. Gregor Lib. V Tit VII Cap. 8 et. 13. Sext. Decr. Lib. V Tit. II Cap. 19. – Johann XXII. drohte den Zauberern außer der Bestrafung durch den ordentlichen Richtern besonders die Konfiskation an.

2) S. Kochs Vorrede zu seiner Ausgabe der Carolina, Gießen 1769. Desselben Institut, jur. crim. § 140. Giss. 1770.

3) Ofrenbach in Fichardi Consil, Tom. III, S. 116 . . *ut taceam, confiscationem hodierno tempore, jure novissimo (solo crimine majestatis laesae et haereseos expecto) non obtinere, neque bona damnatorum vel delinquentium judicibus aut coruno officiis lucro fieri, sed jure sucessionis ad proximos haere des transire eorumque esse – und Fichard selbst, Tom. II, S. 414: Bona damnatarum manet apud illorum haeredes – solo laese majesiatis crimine exepto.*

XV. Kapitel

1) K. A. Bierdimpfl, »Sammlung der Folter-, Straf- und Bußinstrumente des bayrischen Nationalmuseums«.

2) Bopp in: Rotteck und Welcker: Staatslexikon, Bd. VII, S. 4.

XVI. Kapitel

1) Grimm, Deutsche Rechtsaltertümer, Bd. II, S. 923. Le Brun, Histoire des pratiques superstitieuses, II, S. 290 ff.

2) Grimm, a. a. O. S. 924. Auch da Fresne, Gloss. v. Aquae, erwähnt Fälle aus älterer Zeit, wo die Sache in dieser Weise genommen wurde.

3) Besonders in Bourgogne, Anjou und in der Nähe von Paris. Noch 1696 unterwarfen sich in Montigny bei Auxerre einige Verdächtige freiwillig der Probe und ließen ein Notariatsinstrument darüber aufnehmen. Die Herrschaft schlug den Prozess derjenigen, die nicht genügend bestanden, nieder. Le Brun II, S. 290 und 294.

4) Ausland 1837, V: 271.

5) Cannaert, Bydragen S. 219. Vgl. außerdem über das Hexenbad Dreyer, Sammlung vermischter Abhandlungen zur Erklärung deutscher Rechte und Altertümer, Rost. 1756, II, S. 859 ff.

6) Wenn es bei Nithardt ad. ann. 835 heißt: *Gerbergam, more maleficorum, in Ararim mergi praecipit*, so ist dies ohne Zweifel nicht von einer Probe, sondern von einer Hinrichtung zu verstehen. Wenigstens heißt es von demselben Fall bei dem *Auctor vitae Ludovici Pii: Gerberga – tanquam venefica aquis prafocata est* (Duchesne, II, S. 312 und 362).

7) Hitzig und Demme, Annalen, 1843, S. 313.

Zweiter Teil

I. Kapitel

1) Winde sind nichts anderes denn gute und böse Geister. Tischreden, Walch 1182.

2) Ratsprotokoll vom 2. April 1545. »Ordonné, qu'ils soient murés et ne soient ôtes de là jusqu'à ce qu'ils confesse la vérité; autrement finiront leurs jours à tel tourment.«

VII. Kapitel

1) »Die Priester stellten den Grundsatz auf, dass die Römisch-Katholischen, als ihre Hauptfeinde, miteinander dem Teufel, der Messe und den Hexen zugetan waren, die ihrer Meinung nach alle drei zu Unheilstiftern vergesellschaftet und natürliche Verbündete sein mussten.« Walter Scott, Briefe über Däm.

IX. Kapitel

1) Der Genannte, als Mitschuldiger verhaftet, hatte im Gefängnis einen Selbstmord verübt aus Scham über die ihm durch die Verhaftung zugefügte Schande.

2) Es handelt sich hier um die Besitznahme Posens durch Preußen.

XI. Kapitel

1) Die betreffenden Abbildungen nebst Text sind, soweit es nötig ist, in diesem Band wiedergegeben.

XIII. Kapitel

1) Soldan und Hoppe bemerkten hier: »Wir berichten über dieses Buch nach den sehr ausführlichen Exzerpten, die F. Nippold in seiner Schrift ›Die gegenwärtige Belebung des Hexenglaubens‹, S. 18–35, aus demselben mitgeteilt hat.«

2) Dieses hat auch der abergläubische Le Loyer eingesehen, nur dass freilich diese Einsicht ihn desto mehr an der objektiven Wirklichkeit der Hexerei festhalten ließ: »*Les sorcières sont interrogées séparément et à part, et toutes concordamment tombent en mesmes confessions, remarquent les circonstances et dépendances, s'accordent du temps, de l'heure et de la façon sans varier, comme il serait très difficile qu'elles ne variassent, s'il y avait de la mélancolie et fureur en elles. Puis confrontez les ensembles, elles y persistent.*« »*Discours et histoires des spectres*« etc., Paris 1605, S. 136.

XIV. Kapitel

1) Iwan Maximowitsch Prisedski ist ein reicher Gutsbesitzer im Bezirk Zinkowski, Provinz Pultawa. Seine Loyalität für den Zaren wurde nie bezweifelt, hingegen wurden alle seine Kinder – drei Töchter und ein Sohn – wegen politischer Vergehen nach Sibirien verschickt. Zwei der Mädchen leben in Semipalatinsk, an der Grenze Mittelasiens; die dritte befindet sich im Gefängnis der Minen von Kara, und der Sohn war bis vor kurzer Zeit zwangsweise im Dorfe Tunka, nahe der Grenze der Mongolei, angesiedelt. Drei dieser Personen lernte ich während meiner letzten Reise in Sibirien kennen, und sie haben einen recht günstigen Eindruck auf mich gemacht. Es dürften sich kaum wohlerzogenere, gebildetere und einnehmendere junge Leute finden als diese. – Die Geschwister Iwitschewitsch – ein Mädchen von 17 Jahren und ein Knabe von 14 Jahren – wurden nach Kirinsk, Provinz Jakutsk, etwa 4500 Kilometer östlich von St Petersburg verschickt.

2) Hier ist eine Verbannung auf Lebenszeit nach Sibirien mit inbegriffen.

3) Ein junger Revolutionär namens Majdanski wurde 1880 in Odessa gehenkt. Seine Mutter, eine alte Bäuerin, kam ins Gefängnis, um auf ewig von ihm Abschied zu nehmen. Es wurde ihr nicht erlaubt, ihn zu sehen, dagegen wurde sie verhaftet und »auf administrativem Wege« in die Provinz Krasnojarsk, Ostsibirien, verschickt.

4) Ich besitze einen derartigen Brief. Er umfasste ursprünglich vier eng beschriebene Seiten im Großformat. Die Polizei ließ nur folgende Worte stehen:
Mezzen, 8. Dezember 1880.
Mein teuerer Iwan Iwanowitsch!
Ich sende dir acht Rubel. Augenblicklich kann ich nicht mehr für dich tun .... (vier Seiten gestrichen) ... Herzlichsten Gruß, Alex

5) Bibel und Strafgesetz waren die einzigen Bücher, die den jungen Verschickten von St. Petersburg, die ich in Sibirien kennen lernte, in der ersten Zeit ihrer Haft erlaubt waren. Das geschah sicherlich nur, um sie zur Tugend zu leiten, um sie vor Verbrechen zu warnen. Es lässt sich jedoch annehmen, dass diese Lektüre den meisten politischen Gefangenen einen lehrreichen Vergleich – russische Beamte würden es einen rebellischen Vergleich nennen – zwischen russischen und christlichen Gesetzen geboten und somit die weise Absicht der Polizei vereitelt hat.

6) Beide wurden als verdächtig an der Teilnahme einer Verschwörung gegen das Leben des Generals Mezzenisew in der Festung eingekerkert. Sie wollten sich nicht fotografieren lassen und wurden daher gewaltsam chloroformiert. Frau Witanjewa verlor das Bewusstsein und blieb ruhig, Obeleschew jedoch wurde von der Chloroformierung fast bis zur Raserei aufgeregt, so dass man von dem Versuch, ihn zu fotografieren, absehen musste. Es waren dabei anwesend Major Nikolski, ein Gendarmerieoffizier, der Festungsarzt Doktor Wilms und einige Aufseher.

7) Das Strafgesetzbuch für das Deutsche Reich vom 15. Mai 1871 erklärt in § 1: »Eine mit dem Tod, mit Zuchthaus oder mit Festungshaft von mehr als fünf Jahren bedrohte Handlung ist ein Verbrechen.«

XV. Kapitel

1) In Preußen wurde die Tortur durch Erlass vom 3. Juni 1740 eingeschränkt, gänzlich beseitigt jedoch erst durch Kabinettsordre vom 4. August 1754. Anlass zu dieser gab ein Vorfall ähnlich dem, der zur Aufhebung der Tortur zu Genf geführt hatte (s. II, S. 142). Es wurde nämlich in Berlin eine Witwe ermordet und der Tat ein bei ihr wohnender Kandidat beschuldigt. Er leugnete, wurde der Tortur unterzogen und – gestand. Auf Einschreiten mehrerer Bürger jedoch unterzog Großkanzler von Cocceji die Sache einer neuen Untersuchung, wobei die Unschuld des Kandidaten erwiesen und die wirklichen Täter – zwei Brüder der Ermordeten – entdeckt wurden.